索·恩·人物档案馆

005

你最珍视的东西在哪里
你的心就在哪里

Fryderyk Chopin

肖邦：生平与时代

Alan Walker

〔英〕艾伦·沃克 著　　胡韵迪 译

社会科学文献出版社
SOCIAL SCIENCES ACADEMIC PRESS (CHINA)

索·恩
THORN BIRD
忘掉地平线
Beyond the horizon

纪念我的外祖父

爱德华·欧内斯特·惠特比

我睿智的顾问和最好的朋友

中文版序

我很高兴为中文版《肖邦：生平与时代》作序，向中国读者介绍此书。毫无疑问，肖邦的音乐不需要过多介绍。如今有不少中国钢琴家活跃在国际音乐舞台上，很多在著名的钢琴比赛中折冠夺魁，包括最负盛名的华沙肖邦国际钢琴大赛。

很难想象肖邦会对此作何感想，他十分恐惧这样的大场面，尤其是登台演出，而钢琴比赛核心就是演出。但他也一定会被这些演奏者的极高水准所打动，这些顶尖的年轻钢琴家通过他们精湛的演奏体现了对肖邦音乐的深刻理解。最重要的是，如果肖邦发现他已被奉为乐界先贤，与舒伯特、门德尔松、舒曼和勃拉姆斯等其他浪漫主义作曲家相提并论，他一定会十分惊讶。在肖邦的时代，这种情况似乎难以想象，但如今我们却认为这是理所当然的。

有人说，每一本传记中都有作者自己的影子，此话不假。我与肖邦音乐的渊源要追溯到我的童年时期。我在英格兰的一个工业小镇长大，从小学习钢琴，练习肖邦的玛祖卡和前奏曲，对于年幼的钢琴演奏者来说，有一些乐曲并不算难。接触到肖邦叙事曲和谐谑曲之后，我开始学习这些作品的演奏风格，对它们也有了更深入的了解。渐渐地，肖邦的音乐成了我生命中不可或缺的一部分。后来，作为英国广播公司的音乐制作人，我有幸与许多世界知名的钢琴家合作，包括威廉·巴克豪斯、舒拉·切尔卡斯基、路易斯·肯特纳、弗拉多·佩尔穆特和阿图尔·鲁宾斯坦等。在封闭的录音棚里聆听这些钢琴大师的演奏、与他们进行探讨，让我对钢琴演奏和音乐内涵有了更多感悟。尤其是鲁宾斯坦，他让我了解到演奏肖邦作品的理想标准。在那些遥远的岁月里，我学到的东西让我铭记至今。要想把肖邦的作品弹好，就必须要注意音色的美感、织体的清晰，演奏时忠于乐谱，最重要的是要做到自我克制。对于多数钢琴家来说，最后这一点是最难的。演奏者是为作曲家服务的，而作曲家并不是为演奏者服务的。在最糟糕的演奏中，观众能记起的只有演奏者炫目的技巧。

关于音乐，就谈这么多了。本书是一部肖邦传记，讲述他的生平故事，希望我的序言能让更多中国读者关注此书。肖邦生活中很多鲜为人知的细节与他的音乐有着千丝万缕的联系，因此不论是对于演奏者还是音乐爱好者来说，这些故事都有着重要意义。在早期的肖邦传记中，事实经常被想象取代，为了讲述一个好故事，人们常常不惜牺牲真相。近些年来，一些波兰学者对肖邦的生平，尤其是肖邦在华沙度过的青少年岁月进行了研究，得出了一些颠覆性的新结论，您也可以在本书中了解到相关内容。肖邦的音乐能带我们进入一个更美妙的世界。我希望读者能从本书中获益、受到启发，加深对肖邦音乐的理解。

艾伦·沃克

加拿大麦克马斯特大学

目　录

致　谢 xxv

自我提笔撰写《肖邦：生平与时代》一书至今已十年有余。一路走来我得到了很多人的帮助，无法一一感谢。但我要特别感谢以下这些人，因为没有他们的帮助，这本书很有可能半路夭折、无法完成。

笔者多次造访华沙期间曾得到多位波兰学者的支持与鼓励，在此对他们致以谢意。感谢国家肖邦研究院和华沙肖邦博物馆的院长兼馆长阿图尔·什克莱纳博士允许我进入这两家机构进行研究。他的员工，尤其是马尔钦·孔尼克博士、伊沃纳·沃津斯卡，以及研究院图库的伊莎贝拉·布特凯维奇给予了我莫大的帮助。他们总会耐心解答我咨询的问题，还会为我端上一杯香气宜人的热茶。我在肖邦博物馆也受到了类似的热情款待，该博物馆藏有许多永久展出的珍贵藏品。我也要感谢博物馆负责人马切伊·亚尼茨基允许我进入博物馆进行研究，感谢玛格达莱娜·库利格为我介绍了馆内档案——在这里我有充分的时间研究一系列珍贵文件，包括肖邦本人的日记、各类音乐手稿以及他 14 岁时创办并编辑的报纸《萨伐尼亚信使报》。我也不会忘记肖邦出生地热拉佐瓦沃拉纪念馆馆长马丽奥拉·沃伊特
凯维奇给予我的慷慨帮助，她毫不吝啬地与我分享关于这栋建 xxvi
筑及周边庄园的历史信息，帮助我避免了一些错误，也解决了我的一些困惑。波兰国家版肖邦作品集的副主编帕维乌·卡明斯基非常慷慨地解答了我的问题，也为我提供了一些肖邦乐谱编辑方面的有益见解。我们在华沙见面之前已多次通信，就相关问题进行了有益的讨论，他对我的作品表现出的兴趣让我心怀感激。我也要感谢弗罗茨瓦夫医学院的塔德乌什·多博什教授，2014 年 4 月肖邦的心脏被从圣十字教堂安放处暂时移出时，他在现场见证了整个过程，他与我分享了他的一些所见所闻。

任何言语都不足以表达我对波兰著名肖邦学者彼得·梅斯瓦科夫斯基的感激之情。他是一个既博学又热心的人，从一开始便十分乐于与我分享肖邦在波兰时日常生活中的细节。我向他提出了无数个关于肖邦在波兰时人际关系方面的问题，不论这些问题有多么生僻，他总是礼貌又友好地一一为我解答。不仅如此，他还带我造访了青少年时期的肖邦曾到访过的萨伐尼亚和桑尼基，以及华沙城内外与肖邦有关的地方，包括具有历史意义的波瓦茨基公墓——肖邦的所有直系亲属以及他的诸多好友、同行都长眠于此。最后我们还去了安东尼·拉齐维乌亲王的狩猎别墅安东宁，肖邦曾到这里做客，与擅长大提琴的亲王和他的家人共同演奏音乐。这些考察也与我经常提到的“传记地理学”的理念十分契合：一定要到自己所写的地方亲眼看一看，避免写出的东西缺乏真实感。

我也十分感谢马略卡岛巴尔德莫萨修道院的肖邦博物馆馆长加夫列尔·克格拉斯·奥林的热心帮助，他为我澄清了1838~1839年那个悲惨的冬天肖邦在马略卡岛上的一些复杂经历。此外，他也提供了一些关于普莱耶尔从巴黎运来的那架钢琴的证明文件，我将相关内容写进了“马略卡岛上的冬天”一章。

自从肖邦离开之后，诺昂也发生了翻天覆地的变化，如今
xxvii 肖邦在这里生活过的痕迹几乎已无处可寻。和肖邦决裂后，乔治·桑抹掉了很多他的印迹，剩下的也都被时间冲刷殆尽了。即便如此，对于有意来此探寻的人来说，诺昂依然飘荡着许多昔日的幽灵。走进与老宅一墙之隔的小教堂，看到坚硬的长椅上零星坐着几位做礼拜的人，也不失为一种有益的体验。过去，当地的工匠们带着家人来这里参加礼拜日的弥撒，他们在这里受洗、结婚，最终被埋葬在旁边的墓地里。1847年5月，正是在这间小教堂里，桑把她的女儿索朗热嫁给了雕塑家奥古

斯特·克莱桑热，后来酿成了一场暴风雨。这场风波撕裂了她的家庭，也导致了桑和肖邦的决裂。在本书中，我们也为这个戏剧性的故事留出了篇幅。但在这里，我只想说这些建筑承载了昔日回忆，可能也见证了人世间的悲欢离合。

我对由井丽莎（Lisa Yui）尤其心怀感激。每当我向她求助时，她总能用渊博的学识解答我的问题。她从一开始就为此书做出了许多贡献，帮我解决了大大小小的各种问题，推动着我找到答案，像对待自己的著作一样对待我的这本书。根据当代的研究按首字母顺序整理肖邦作品目录是份极为棘手的工作，在由井博士的帮助下，这份表格最终得以成形。由井博士也为我提供了一些关于卡米耶·普莱耶尔和钢琴家玛丽·莫克的婚姻以及婚姻破裂的最新研究，我将它们写进了“英国插曲”一章中。在撰书早期最需要帮助的时候，理查德·齐姆达斯教授和加博尔·切普赖吉教授给予我重要的支持，多年来他们的友好问候也不断地推动这一项目的进展。

肖邦研究领域的重要资料涉及的文本形式和语言多种多
样。伊丽莎白·扎贝克和安娜·彼得罗夫斯卡帮我翻译了大量
的波兰语文本，有些文本来自18世纪华沙的报纸，还有些来
自认识肖邦的人所写的日记或回忆录。彼得罗夫斯卡女士在我
撰书的早期阶段帮我查阅了各类波兰档案，为我解决了诸多问
题。多米妮克·卡普利耶则为我查阅了散落在各类文献中的法 xxviii
语翻译，并在原译文欠佳时提出了改进意见。她也负责了大量
的文案工作，阅读了全书的打印稿，在我们还没有意识到有问
题的时候就提出了解决方案，展现出了过人的能力。我也要特
别感谢麦克马斯特大学图书馆文献研究中心的布里奇特·惠特
尔帮我编制家谱、地图、作品清单，并在撰写工作因我糟糕的
电脑技术而几乎陷入停滞时帮了我大忙。这项工作之所以能够
进展下去，在很大程度上也要感谢她的同事贝弗利·拜扎。在

技术方面，我向来十分愚笨，有时问题积累得越来越严重，迫使我不得不找她帮忙，而她总能为我提供紧急的技术支持。本书中的谱例是由亚历克斯·伯特索斯（Alex Burtzos）嵌入的，他花了大量时间编辑谱例供出版使用。肖邦经常使用特殊的记谱方式，在复制肖邦谱例的过程中，亚历克斯·伯特索斯也从作曲家的视角提出了自己的独到见解，在工作中展现出了专业风范。

感谢伦敦大英图书馆手稿部的尼古拉斯·贝尔及其他馆员、华盛顿特区国会图书馆音乐部的戴维·普莱拉及其他馆员、纽约摩根图书馆的弗兰·巴鲁利奇及其他馆员、纽约茱莉亚音乐学院莉拉·艾奇逊图书馆的简·戈特利布及其他馆员为我提供查看原始手稿的机会。多年来我曾多次造访这些图书馆，工作人员每次都对我和我的工作表现出了大力支持，对此我深表感谢。

与其他传记作家相比，笔者在记叙肖邦1848年的英国之行，尤其是为期11周的苏格兰之行上花费了更多的笔墨。此行是由肖邦的苏格兰学生简·斯特林和她富有的姐姐凯瑟琳·厄斯金安排并资助的。为了探求苏格兰之行背后的更多细节，我前往了爱丁堡的总档案馆、苏格兰国家书馆以及格拉斯哥的米切尔图书馆，获得了馆员的慷慨帮助。我仔细研究了一些资料，包括简和凯瑟琳的遗嘱。遗嘱让我们看到了斯特林家所拥有的财富，也证明了她们确实能在肖邦最后的、贫穷的日子里
xxix 为肖邦提供重要的经济支持。在此我也要感谢威廉·怀特多年来给予我的支持，他以非比寻常的热情回答了我关于肖邦苏格兰之行的诸多晦涩问题，为我指明了一些很可能会被我忽略的信息来源。他曾多次将我带出常见的误区，引导我走上一条更为正确的道路。他成了我心目中的“苏格兰智者”——他肯定否认我给他起的这个外号，但从他对家乡的深入了解来看，这

个称号他当之无愧。

我也有幸遇到法勒、斯特劳斯和吉罗出版社（Farrar, Straus and Giroux）的副总裁依琳娜·史密斯——此书的编辑。她从看到草稿的那一刻起就表现出了对此书的兴趣，将我列为她的合作作者，并坚持亲自编辑此书。我们的合作进行得非常愉快，完全没有出现作者与编辑间常见的摩擦，她坚定而友好的建议也让我受益匪浅。有编辑如此，夫复何求？

艾伦·沃克

伦敦／华沙

2017年夏

肖邦家谱

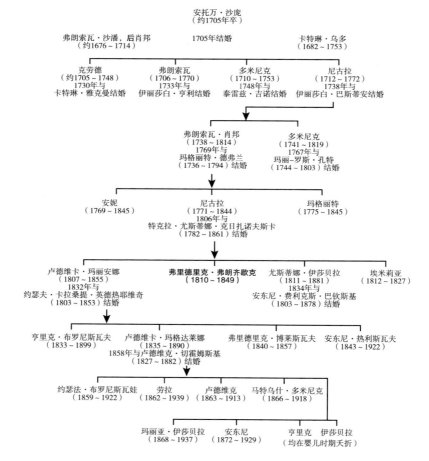

安托万·沙庞
（约1705年卒）

弗朗索瓦·沙潘，后肖邦
（约1676～1714）

1705年结婚

卡特琳·乌多
（1682～1753）

克劳德
（约1705～1748）
1730年与
卡特琳·雅克曼结婚

弗朗索瓦
（1706～1770）
1733年与
伊丽莎白·亨利结婚

多米尼克
（1710～1753）
1748年与
泰雷兹·吉诺结婚

尼古拉
（1712～1772）
1738年与
伊丽莎白·巴斯蒂安结婚

弗朗索瓦·肖邦
（1738～1814）
1769年与
玛格丽特·德弗兰
（1736～1794）结婚

多米尼克
（1741～1819）
1767年与
玛丽-罗斯·孔特
（1744～1803）结婚

安妮
（1769～1845）

尼古拉
（1771～1844）
1806年与
特克拉·尤斯蒂娜·克日扎诺夫斯卡
（1782～1861）结婚

玛格丽特
（1775～1845）

卢德维卡·玛丽安娜
（1807～1855）
1832年与
约瑟夫·卡拉桑提·英德热耶维奇
（1803～1853）结婚

弗里德里克·弗朗齐歇克
（1810～1849）

尤斯蒂娜·伊莎贝拉
（1811～1881）
1834年与
安东尼·费利克斯·巴钦斯基
（1803～1878）结婚

埃米莉亚
（1812～1827）

亨里克·布罗尼斯瓦夫
（1833～1899）

卢德维卡·玛格达莱娜
（1835～1890）
1858年与卢德维克·切霍姆斯基
（1827～1882）结婚

弗里德里克·博莱斯瓦夫
（1840～1857）

安东尼·热利斯瓦夫
（1843～1922）

约瑟法·布罗尼斯瓦娃
（1859～1922）

劳拉
（1862～1939）

卢德维克
（1863～1913）

马特乌什·多米尼克
（1866～1918）

玛丽亚·伊莎贝拉
（1868～1937）

安东尼
（1872～1929）

亨里克　伊莎贝拉
（均在婴儿时期夭折）

序　言 3

当亚历山大看到自己面前广阔的疆域时，他流泪了，因为再也没有能被他征服的地方了。

——普鲁塔克（Plutarch）①

I

虽然无法证明，但我可以断言，就在我写下这篇序言的时候，在半径为 50 公里的范围内，一定有人正在演奏着或者欣赏着肖邦的音乐。我现在正好位于多伦多附近，但不论我把地点换到哪里，这个说法都能成立。不论是纽约、伦敦、柏林、维也纳、莫斯科还是北京，不论在哪个时区里，有太阳照耀的地方，就有肖邦的音乐。他的音乐让无数听众着迷；世界各地的电台播放着他的作品；即使其他作曲家的唱片销量下降，他的唱片销量也丝毫不受影响；“肖邦音乐会”依然深受人们喜爱，成了音乐厅的固定演出；肖邦国际钢琴比赛在世界各地不断涌现。最后，也是最重要的一点，肖邦已经成为一个民族的象征。他是波兰大地最著名的儿子。试问还有哪一个作曲家能够获得这样的称号呢？

音乐学的前浪不断被后浪吞噬。人们一度认为肖邦是一 4
位“沙龙作曲家”，他写的都是玛祖卡、圆舞曲、夜曲这样优美动人的音乐小品，不足以被载入史册。我们的前辈不曾想到，一首只有几分钟长的乐曲（如第 28 号作品中的一些前奏曲），其音乐内涵竟然比博凯里尼（Boccherini）所有的弦乐四重奏加起来还要丰富。过去，只有创作交响乐、歌剧、清唱剧的作曲家才能被称为“伟大”。现在一切都发生了改变，

① 《名人传》，第八卷。

但正如我们将在本书中所看到的那样，这些改变并不是一蹴而就的。

II

据说，柏辽兹曾说过：“肖邦从生下来身体就每况愈下。”[1]今天我们依然能在文献资料中看到这样的说法。我们无法确定肖邦是什么时候感染上的肺结核，导致他身体越来越虚弱，最终因此而丧命，但他应该很早就患上了这一疾病。他的妹妹埃米莉亚（Emilia）14岁时就因肺结核病逝，多年后他的父亲米柯瓦伊（Mikołaj）也死于这一疾病。肖邦的不少好友和合作伙伴同样被它夺去了生命，包括他的校友扬·马图辛斯基（Jan Matuszyński）和扬·比亚沃布沃茨基（Jan Białobłocki）。不必往远处说，就在肖邦的父母相识相爱并生下肖邦的热拉佐瓦沃拉（Żelazowa Wola），这座庄园的主人卢德维卡·斯卡尔贝克（Ludwika Skarbek）就因肺结核而殒命。在华沙经常与肖邦来往的一些文艺界人士也是如此，包括指挥家、管风琴家威廉·维费尔（Wilhelm Würfel）和诗人尤利乌什·斯沃瓦茨基（Juliusz Słowacki）。19世纪头十年里，波兰的肺结核疫情十分严重。据估计，在肖邦生活的时代，中欧有1/5的人口患有肺结核，共有几十万人被它夺去了生命。

美国肺病专家埃斯蒙德·朗（Esmond Long）曾提出一个耐人寻味、如今仍不时引发我们思考的问题：“肖邦在课上咳嗽的时候，把肺结核传染给了多少个学生呢？”[2]他的学生
5 中至少有两个因为“奔马痨”（这个词生动地描述出了肺结核

[1] 这句被广泛引用的话可能是人们对他的一句话（“然而，肖邦已经在音乐界消失很久了”）的误读，原句出自他在1849年10月27日的《辩论杂志》（*Journal des débats*）上发表的肖邦讣告。

[2] LHT, p. 18.

晚期病情加重时病人的状态）而早逝。保罗·冈斯伯格（Paul Gunsberg）和卡罗伊·菲尔奇（Károly Filtsch）病逝时分别只有12岁和15岁——虽然无法证明他们的病和肖邦有直接联系。[①] 但不管怎么说，交叉感染是常有的事。由此引申出的另一个问题是，为什么在米柯瓦伊·肖邦家的六个人中，有三人死于肺结核，而另外三人却平安无事呢？肖邦的母亲尤斯蒂娜（Justyna）、姐姐卢德维卡（Ludwika）和妹妹伊莎贝拉（Izabella）都没有出现过肺结核的症状。我们知道每个人对肺结核的抗病能力不同，她们的抵抗力可以长时间保护她们不受肺结核侵害。而且有些感染者可以存活很多年，几乎不表现出什么症状，而有些人则会很快死亡。肖邦和他的妹妹埃米莉亚就是两个典型的例子。埃米莉亚出现肺结核症状后不到两年就病逝了，而肖邦却与病魔缠斗了二十多年。

乔治·桑（George Sand）和肖邦亲密无间地生活了八年，但她也没有患上肺结核。两人在马略卡岛以及后来前往桑在诺昂的乡间别墅短住期间，桑的孩子索朗热（Solange）和莫里斯（Maurice）在肖邦病情越来越严重的时候和他朝夕相处，他们也没有得病。这些情况曾让医生们大惑不解，他们给出的诊断也各不相同。维多利亚女王的医生、1848年曾在英国给肖邦治疗过的詹姆斯·克拉克爵士（Sir James Clark）持有一个错误的观点，他认为肺结核根本不是传染病，而是一种易生病的体质，不会传染给病人的接触者，在本书中我们也认为这是个难以理解的观点。相比之下，在肖邦1838年坎坷的马略卡之旅中为他治疗的几位西班牙医生坚信肺结核具有传染性。截然不同的观点导致了截然不同的治疗方法。詹姆斯·克拉克爵士及其支持者主张患者应充分休息，去阳光充沛、气候

① SHC, p. 152.

干燥、空气新鲜的地方生活。他们的口头禅是“去南方”。而为肖邦治疗的西班牙医生做法则极为不同。他们向政府汇报了肖邦的病情，导致他的床褥被烧、家具被毁，由于人们害怕被
6 传染，肖邦只能生活在一种近乎隔离的状态下。肖邦见过了各路医生，也尝试了各式各样的疗法，包括放血、医蛭、水泡、大杂烩一般的食谱和稀奇古怪的药材。让我们感到惊讶的是，肖邦在短暂的一生中咨询过的医生足足有33位之多。[①]多年来，跟形形色色的医生打交道花掉了他不少积蓄，这可能也是肖邦有时会缺钱的原因。

那么肺结核对肖邦的创作造成了哪些影响呢？有时肺结核给他带来的仅仅是一些不便，他还有精力四处奔走，处理日常事务。但病情严重时，他的日常活动就会陷入停滞。长期乏力、持续咳嗽、喉咙发炎、呼吸不畅、神经疼痛导致他无法正常工作。乔治·桑告诉我们，在从马略卡岛返回西班牙本土的艰难旅途中，肖邦咳出了“一盆一盆的血”。这是他去世前十年的事情。而正是在这最后的十年里，肖邦写出了降b小调和b小调奏鸣曲、《f小调幻想曲》、《幻想波兰舞曲》及《船歌》这样的杰作，这着实令人惊叹。实际上在生命的最后两三年里肖邦上下楼梯都需要男仆帮忙。医生让他服用的各类药物中有用于缓解症状的鸦片制剂，这些具有镇静作用的药物可能也让他无心工作。简而言之，创作对于肖邦而言是件奢侈的事情。

但最终又是创作给他带来慰藉，虽然这个过程充满了艰辛。肖邦的创作过程通常是缓慢而痛苦的。从手稿上大量的修改痕迹就能看出他内心的激烈挣扎。为了找到合适的结构，有时他会把一个乐句反复修改五六次，结果常常又回到了最初的版本。但研究肖邦手稿时，哪怕是影印本，我们能体会到的那

① 每位医生的姓名及大约的治疗日期详见 SHC, pp. 153–54。

《升 g 小调前奏曲》(op.28，no.12) 手稿

种快乐也是不可否认的。比起盯着冷冰冰的、号称更清晰易读
的印刷版乐谱，研读手稿给人带来的满足感是无穷的。手稿体 7
现的是个性。在更悠闲的年代曾被称为“笔迹书法”[比起近
些年音乐学界常用的“五线谱笔迹学”(Rastrology) 这个令
人望而生畏的新词，过去的说法显得文雅多了] 的字迹之下
隐藏着另一个世界。那里蕴含着无限丰富的情感——希望、欢
乐、匆忙、闲适、痛苦甚至是狂喜，各种情绪从笔尖宣泄而
出，争先恐后地出现在乐谱上，静静等候着诠释者的到来。简
而言之，手稿是个好朋友。看到手稿时，我们看到的是作曲家
生命的一部分，它在我们的脑海描绘出挥之不去的画面。肖邦
独自一人在房间里，以钢琴为伴 (他都是在钢琴键盘上创作
的)，常常在一页乐谱上花费几周时间，他来回踱着步，因沮

丧而折断铅笔。肖邦修改乐谱时，一定要让别人看不出他最初
8 的想法。对于多数作曲家来说，在有问题的地方画一条删除线就足够了，但肖邦不一样，他要把这几个小节都涂黑。

肖邦内心的挣扎无疑与摧残他的疾病有一定关系，但更重要的影响因素是他对完美的追求，这是他一生不曾改变的特点，也是他的一个优秀品质。这个品质是大有裨益的。我们可以明显看出，如今肖邦的作品在音乐厅里仍备受欢迎，虽然他的作品总数较少，但他的知名作品的比例比其他作曲家都要高。

III

近些年肖邦研究领域出现了很多新进展，如果不能反映出这一点，那么就没有必要写这本肖邦传了。我可以举几个例子：在描述肖邦生平时，不能不参考的一份资料就是乔治·吕班（Georges Lubin）的乔治·桑书信集（共二十六卷），这部权威的资料完成于1995年，为我们厘清了乔治·桑与同时代人物，尤其是与肖邦之间的关系。最著名的乔治·桑传记作家柯蒂斯·凯特（Curtis Cate）的著作同样不能忽略，他细致地调查了几乎所有相关问题，为人们揭开了乔治·桑复杂个性的神秘面纱。在叙述桑和肖邦的恋情时，我引用了上述两位学者著作中的内容，同时也尝试探索这段关系中经常被匆忙敷衍过去的一些问题。除了家人以外，肖邦与桑的关系比任何人都亲近。他与桑的相遇、两人在马略卡岛度过的“蜜月”、在诺昂和巴黎共度的八年时光，还有最终导致关系破裂的那场风波都被人们异常仔细地研究过。早期的乔治·桑传记作家安德烈·莫鲁瓦（André Maurois）说过一句很有道理的话：在传记作品中，“主角很容易被大量的文献资料所淹没”。尽管如此，引证出处仍十分重要，因为没有信息的来源，就无法构成完整的证据

链。桑生活中的大事件对肖邦的生活有着诸多影响，甚至在某些时候，想要讲清楚肖邦的生平，就不能不提到乔治·桑。

至于肖邦早年在波兰的生活经历，这一研究领域已发生了 9
翻天覆地的变化，因此现在比任何时候都有必要对肖邦的童年和少年时代进行更加完整、准确的梳理。彼得·梅斯瓦科夫斯基（Piotr Mysłakowski）和安杰伊·西科尔斯基（Andrzej Sikorski）的著作为我们了解作曲家早年在华沙的生活经历打开了全新的视野，指出很多人们曾信以为真的事迹不过是传闻和猜想。他们的著作《弗里德里克·肖邦：身世》（*Fryderyk Chopin: The Origins*，2010）为我们摒弃了不少错误的信息。两位学者对教堂保存的出生、婚姻和丧葬记录，以及财产抵押合同、银行账户、波兰和法国多个城镇乡村的地方档案进行了细致的调查，因此他们的著作对于肖邦研究者来说是不可或缺的资料。彼得·梅斯瓦科夫斯基后来的研究《肖邦的华沙》（*The Chopins' Warsaw*，2013）也同样重要，它带我们走进了肖邦家庭核心成员的生活，让我们以一种全新视角窥见了肖邦一家人在波兰首都的日常生活。撰写肖邦传记时，几乎不可能不参考这些材料，本书的前几章也引用了其中的内容。

肖邦生命中的重要人物很容易辨认，他们在所有正统的肖邦传记中都有出现。青少年时期的肖邦在波兰有很多朋友，其中包括华沙中学的同学扬·马图辛斯基、多米尼克（多穆希）·杰瓦诺夫斯基（Dominik Dziewanowski）、扬（亚希）·比亚沃布沃茨基、尤利安·丰塔纳（Julian Fontana）及蒂图斯·沃伊切霍夫斯基（Tytus Woyciechowski）。肖邦早期的第二号作品《“让我们携手同行”变奏曲》就是献给沃伊切霍夫斯基的。但我们对这些年轻人实际上又有多少了解呢？翻阅一本又一本的肖邦传记时就会发现，我们对他们知之甚少。他们来去匆匆，没能给我们留下足够深刻的印象，但对肖邦而言，他们都是极为重要的朋友。此外还有在华沙中学教过肖邦的老师，包括绘画老师齐格蒙特·沃格尔（Zygmunt Vogel）教授、化学老师约瑟夫·斯克罗茨基（Józef Skrodzki）教授、历史和古典文学老师瓦茨瓦夫·马切约夫斯基（Wacław Maciejowski），还有最重要的学校校长塞缪尔·林德（Samuel Linde）博士，他也是编纂了波兰第一本词典的著名语文学家。从华沙中学毕业后，肖邦进入了华沙音乐高中，这一阶段对他影响最大的是音乐高中创始人兼校长约瑟夫·埃尔斯纳（Józef Elsner）。他们都是肖邦传记中经常出现的人物。从肖邦后来的评论中可以明显看出他十分敬重这些老师，也感谢他们给予他的优质教育。但要真正了解这些人物，我们经常要对一些普通读者很难找到的、晦涩难懂的资料进行深入的挖掘。至于其他，所有历史都是传记。在本书中我尝试为其中的一些人物赋予他们自己的形象，写出他们的“短篇故事”，也许这样不仅能让他们的形象生动起来，也能将肖邦的形象衬托得更鲜明。

IV

肖邦的书信仍是我们了解他生平及作品的主要信息来源。实际上只有借助书信，我们才能理清肖邦日常活动的时间线。虽然肖邦不像舒曼和柏辽兹这两位专业音乐批评家那样在遣词造句上十分讲究，但他的书信也为我们提供了大量无法从别处获得的宝贵信息。肖邦不以文学家自居，也从没想过自己的书信会被全世界的读者阅读。他写信不是为了流芳百世（比如李斯特有时就会修改书信的草稿），而是尽其所能回复来信者提出的事宜。但他的书信风格十分有趣，能把我们带进他的世界。给家人或波兰朋友——沃伊切赫·格日马瓦（Woyciech Grzymała）、尤利安·丰塔纳、约瑟夫·埃尔斯纳等人——写信时，他会自然而然地使用波兰语。给其他人写信时，他会使用从少年时期就熟练掌握的法语。一个显著的例外是肖邦给父亲米柯瓦伊·肖邦写信时也用法语，虽然他们在家里说波兰语，法国出生的米柯瓦伊也会说波兰语，即便带有明显的口音。在华沙中学读书时，肖邦学习过意大利语、德语和英语，但他没有用后两种语言写过信。肖邦很乐于向亲密的朋友表达内心深处的感受。而面对其他人时，他则会有所防备，戴上礼貌客套的面具，很少表露真实想法。肖邦极具讽刺天赋，对于他不喜欢的人，或是在他看来虚伪的人，他总会毫不留情地挖苦一番。他也喜欢讽刺那些虚荣的大人物，有时他在书信边缘画的一些人物卡通速写比文字更有力地表达了他的真实想法。肖邦也时常会展现出荒诞的幽默感。十四岁时他便模仿保守派 11
的《华沙信使报》（*Warsaw Courier*）创办了自己的讽刺报纸《萨伐尼亚信使报》（*Szafarnia Courier*），报道自己在萨伐尼亚地区马佐夫舍村度假时的乡间生活，无拘无束的幽默语言和滑稽可笑的“新闻报道”让人难以相信它们出自一个少年之手。肖邦钟爱双关语，经常妙语连珠，即便在身体不适和面对死亡时也是如此。

这些第一手资料是那些从小就认识肖邦并和他一起长大的朋友提供给我们的。在欧根纽什·斯克罗茨基（Eugeniusz Skrodzki）、欧斯塔黑·马里尔斯基（Eustachy Marylski）、约瑟夫·西科尔斯基（Józef Sikorski）的短文中，他们对肖邦及其家人的回忆是我们很难从别处找到的。肖邦的教父弗里德里克·斯卡尔贝克（Fryderyk Skarbek）写过一本重要的自传，书中他对肖邦家人的描述为我们提供了无限宝贵的信息。我在撰写本书过程中也大量参考了以上著作及其他波兰语资料，以便更全面地描绘出肖邦青少年时期的经历。

肖邦不怎么喜欢写信。他的回信经常拖很久，有时一封信要写好几天。短的信只有一两行，用以确认这样或那样的预约及社交活动。肖邦现存最长的一封信有将近六千个单词，花了他一周的时间才写完。这封信是1848年8月中旬肖邦到达苏格兰不久后写给家人的，信中详述了他在英国列岛暂住的经历。他将这份旅行日志托付给身在巴黎的朋友沃伊切赫·格日马瓦，请他“像对待我最伟大的作品一样”对待它，并将其转寄给华沙的家人。[①] 目前保存下来的肖邦书信大约有八百封，但这可能只是他所有书信中的一小部分。曾经在人们手中流传的肖邦书信很多都已下落不明，没能被保存下来成为学术资料。肖邦生活的时代正值欧洲革命，而且肖邦去世后许多掌握这些书信遗产的人对它们毫不重视，这些都导致了重要信件的遗失和永远无法填补的空白。费迪南德·赫西克（Ferdynand Hoesick）在他的重要著作《肖邦书信汇编》（*Chopiniana*）的前言中提到了这个令人惋惜的情况：

> 12 奇怪的是，亚当·密茨凯维奇（Adam Mickiewicz）、尤利乌什·斯沃瓦茨基（Juliusz Słowacki）和约阿希姆·勒莱韦尔（Joachim Lelewel）这些名人的书信都被当作重要遗迹或传家宝虔诚地保存着，肖邦的书信却未能得到人们的善待。拥有书信的人没有妥善保管它们，这些珍贵的信件被“借走”，却从来没被归还。最后就出现了这样的结果：肖邦给托马什·涅德茨基（Tomasz Nidecki，肖邦在华沙中学的一位师兄）写了一系列的信，最后只有两封被保存了下来。为什么会这样？因为其他的信都被“借走”或送人了。[②]

---

① CFC, vol. 3, p. 381; KFC, vol. 2, p. 262（所有肖邦的波兰语书信均出自此资料）。

② HFC, pp. iv–v.

赫西克没有说明可以由此得出什么令人沮丧的结论，那么我们来说明。写传记需要的重要资料很多都已遗失，因此很有可能我们根本无法写出一部权威详尽的肖邦传记。学术界最不喜欢的就是空白的领域，因此猜测、假说纷纷涌入以填补空白，从肖邦咽气的那一刻起，这便成了肖邦研究注定面临的命运。

迄今为止最完整且我们不得不依赖的一部肖邦书信集是三卷册的《弗里德里克·肖邦书信集》（*Correspondance de Frédéric Chopin*），由波兰学者布罗尼斯瓦夫·叙多（Bronisław Sydow）和他的合作者苏珊·谢奈（Suzanne Chainaye）及丹尼丝·谢奈（Denise Chainaye）编著，于1953~1960年出版。这部书信集实际上是肖邦波兰语信件的法语翻译，波兰语信件收录于叙多本人的两卷册《弗里德里克·肖邦的书信》（*Korespondencja Fryderyka Chopina*, 1955）。出版之后的六十年里，虽然此书有着一些人们公认的缺点，但没有一个肖邦传记作家能绕过它。现在，这部书信集正逐渐被注释版波兰语书信集替代，它正在华沙大学的支持下由一系列杰出波兰学者编纂出版，主编为索非娅·赫尔曼（Zofia Helman）、兹比格涅夫·斯科夫龙（Zbigniew Skowron）和汉娜·弗鲁布莱夫斯卡－斯特劳斯（Hanna Wróblewska-Straus），完成后共三卷。撰写此书时，波兰语版书信集只出版了前两卷，涵盖了肖邦1816~1839年的书信。

V 13

肖邦的传记，或者说任何作曲家的传记，都为人们带来了一个老生常谈的话题。研究一个人的生平对理解这个人的音乐有多大帮助呢？对此人们持有两种针锋相对、难以调和的观点。一种观点认为作曲家的生平和音乐作品是密不可分的。没有生活，作曲家们就写不出这样的作品，因此它们一定带着作曲家的生活印记，反映了他们的欢乐、悲伤、成功和不幸。所以研究两者之间的联系至关重要，对于演奏者和听众都是如此。

另一种观点认为音乐是独立存在的，它的好坏与创作者没有关系。音乐如同数学方程式，不受世间万物的影响，与它的创造者毫无关联。我们不需要知道它的创造者是谁。抛开作者生平，音乐作品依然可以很好地展现其价值。因此，寻找作品与外部世界的联系、重建这种世俗的关系就显得徒劳无功了。从这个角度来看，音乐成了一个无题之解。进一步说，传记成了一座通往虚无的桥。

我们很容易看出肖邦的情况验证了以上哪种观点。他的生活和音乐似乎在两个相互平行的平面上展开，完全没有交点。肖邦的练习曲、前奏曲、夜曲、玛祖卡和波兰舞曲似乎非凡尘之物，如此超凡脱俗。就连他的叙事曲——虽然这个名字让人感觉它一定是“关于”什么的——也未能透露任何让大多数人感到值得去了解的秘密。曾有很多人尝试将肖邦的乐曲与波兰民族诗人亚当·密茨凯维奇的史诗联系起来。但这样一来，他们就势必要对这些独一无二的音乐作品进行削足适履的解读，将乐曲生搬硬套地嵌入诗人碰巧编织出来的故事中去。

多数肖邦同时期的作曲家——如柏辽兹、李斯特、门德尔松和舒曼——都喜欢为他们的音乐配上画面、诗歌或有寓意的名字，试图向听众“解释”乐曲的内涵。那是个标题音乐大行其道的时代，艺术的统一成为当时的流行理念。相比之下，肖邦几乎可以被称为这段音乐史上的另类——他是一位言行一致
14 的古典作曲家，在喧嚣的浪漫主义中踽踽独行。虽然这个说法与肖邦是“浪漫主义钢琴王子”的普遍观点不同，但它确实经得起推敲。肖邦对标题音乐十分不屑。罗伯特·舒曼曾就肖邦

的《"让我们携手同行"变奏曲》("一首第2号作品")写过一篇著名的评论,从肖邦对这篇评论的反应就能看出他对标题音乐的态度,这篇评论不仅让肖邦出了名,也让肖邦笑出了声。[①]舒曼称他在这部作品中听出了音乐主题的出处、歌剧《唐璜》中的人物,第一段变奏讲述的是唐璜向迷人的泽林娜求爱,第二段是"一对情侣彼此追逐,一路欢笑",而降b小调的慢板变奏在舒曼看来则代表了诱惑的场景。这些解读出乎了肖邦的意料,因为他在创作时并没有想到过这些画面。但此事的后续也值得一提,因为它为我们解开了文献资料中经常出现的一个谜题。舒曼的文章见报后不久,肖邦就给他的朋友、这部作品的受题献者蒂图斯·沃伊切霍夫斯基写信说他收到了一篇关于变奏曲的乐评,让他捧腹大笑。

> 几天前我收到了一份十页的评论,是卡塞勒(Cassel)的一个德国人写的,评论里充满了赞美之词。在冗长的前言之后,作者一个小节一个小节地对乐曲进行了分析,说它不是一首普通的变奏曲,而是一幅了不起的画卷。他说第二段变奏是唐璜和莱波雷洛到处游荡,第三段是他亲吻了泽林娜,左手表现出了马塞托的愤怒——他说柔板第五个小节里的降D代表唐璜亲吻泽林娜。普莱特(卢德维克伯爵)昨天问我这个降D在哪里,我要被这个德国人的想象力笑死了。[②]

人们曾认为这篇"分析"也是出自舒曼之手,因为它的风格和舒曼已发表的那一篇如出一辙。如今我们知道这位"卡塞

---

① AmZ, 1831年12月7日。

② CFC, vol. 2, p. 43; KFC, vol. 1, p. 201.

勒的德国人”是弗雷德里希·维克（Friedrich Wieck），舒曼未来的岳父，当时他正好陪着天才女儿克拉拉路过华沙，享受着女儿作为钢琴演奏家进行的首次巡演给他带来的荣耀。维克为这首变奏曲折服，把它加入了克拉拉的演出曲目中，还亲自把这篇评论寄给了肖邦。后来他蛮横无理地说这首乐曲是因为他女儿在音乐会上的演奏才出了名。① 因此，对于我们经常在文献资料中看到的“降 D 代表唐璜亲吻泽林娜”的说法，我们只需知道肖邦对这类评论的嘲讽态度以及对这种解读的反感，就知道这不过是个荒诞不经的说法。

VI

肖邦作为钢琴演奏家的声誉似乎很难说清。他一生只举行了不到 20 场公开演出，一般只演奏自己的作品，只有一两场除外。早年间他在华沙、维也纳、慕尼黑和巴黎举行过大型公演，后来也曾在爱丁堡、曼彻斯特和格拉斯哥演出。规模最大的一场是他去世之前几个月在曼彻斯特举行的演出，共有 1200 名观众到场听他演奏。但肖邦是个不愿登台的演奏家。他曾向李斯特承认：“我不适合办音乐会，我会怯场。人们的呼吸让我窒息，好奇的眼神让我动弹不得，陌生的面孔让我说不出话。” ②

他演奏的声音微弱，无法撑起大型音乐厅的场面。但这绝不是他虚弱的身体状况造成的。肖邦对那个时代强力度的演奏

---

① 在发表之前，这篇评论曾被 AmZ 退稿。因此维克把它寄给了肖邦，无疑是想获得他的肯定。最后这篇文章发表在了《凯西利亚：音乐世界杂志》（*Caecilia: Eine Zeitschrift für die musikalische Welt* , vol. 14, 1832）上。当维克尝试把文章翻译成法语并在《音乐评论》上发表时，肖邦提出了反对意见，拒绝“为这个没头脑的德国人牺牲自己的音乐原则”。亨利·普莱曾茨（Henry Pleasants）在 MWRS（pp. 17–18）中对这件事进行了精彩的概述。

② LC, p. 84.

家嗤之以鼻，经常说他们使用蛮力发出的粗暴声音像是愚蠢的犬吠。他天生喜欢声音的细腻变化和丰富色彩。海涅将他称为“钢琴界的拉斐尔”，恐怕没有比这更巧妙、恰当的说法了。音色清脆悦耳的普莱耶尔钢琴是他的画板，让他尽情挥洒出彩虹般绚烂的色彩。肖邦发现了普莱耶尔钢琴后，就再也没离开过它。肖邦在华沙和巴黎贵族家的沙龙里演奏时感到最自在，听 16
众都是他熟悉的上流人士，他们围在钢琴旁陶醉地欣赏他的演奏。在回顾这样的场景时，李斯特略带讽刺地将其称为“肖邦教会”，把听众称为前来做礼拜的信徒。尽管如此，肖邦在一些场合的演奏被传为佳话，查尔斯·哈雷（Charles Hallé）、费迪南德·希勒（Ferdinand Hiller）和费利克斯·门德尔松（Felix Mendelssohn）等著名音乐家也曾为肖邦的演奏深深迷醉。但并非所有人都为肖邦所折服。据说西吉斯蒙德·塔尔贝格（Sigismond Thalberg）听完肖邦的音乐会后，在回家的路上一直叫嚷着他需要听一些噪音。他抱怨说自己一整晚听到的都是弱音，“现在，为了平衡，我需要一点强音”①。《法国通讯》（*Le Courrier français*）的乐评人有一句话说得很好：“[肖邦]演奏的魅力是微观上的。只有坐在钢琴旁边的听众才能最好地欣赏到他的才华。”②

VII

肖邦对同时期音乐作品的冷漠态度经常引起人们的讨论。舒曼和门德尔松的音乐无法打动他，他认为这样的音乐还不如不存在。柏辽兹的音乐让他困惑。至于李斯特的音乐，肖邦几乎到了鄙视的地步，虽然他承认李斯特在钢琴演奏方面的绝对

---

① MMML, pp. 75–76.

② 1841 年 5 月 10 日刊。

地位。他倒是十分尊敬贝多芬，但也从不像19世纪其他音乐家那样，对这位音乐大师赞不绝口。我们知道他曾演奏过贝多芬的第26号作品“葬礼”奏鸣曲，也在学生的要求下教授过他们一两首其他奏鸣曲。但他承认在19世纪30年代听到哈雷演奏《降E大调奏鸣曲》（op.31，no.3）之前，自己一直认为这部作品“非常庸俗”，这件事就可以充分说明他的态度。[①]1845年人们在德国波恩（Bonn）举行贝多芬像揭幕仪式来纪念这位作曲家75周年诞辰时（数百名音乐家出席了这一活动），肖
17 邦也收到了邀请，但他对此事的唯一评论是：“你们猜我会不会去！”[②]肖邦最欣赏的两位作曲家是巴赫和莫扎特，肖邦对巴赫的作品究竟有多少了解仍是个值得探讨的问题。布莱特克普夫与黑特尔音乐出版社的巴赫作品集纪念版是肖邦去世之后才出版的，而且他在崇尚天主教的波兰可能从来没听过这位新教音乐大师所作的康塔塔和弥撒曲。但我们知道肖邦最熟悉的一部巴赫的作品是《四十八首前奏曲与赋格》——他在少年时代就熟练掌握了其中很多曲目，成年后还能背谱演奏。对此我们必须要感谢他的两位老师，一位是他唯一的钢琴老师沃伊切赫·日维尼（Wojciech Żywny），另一位是后来他唯一的作曲老师约瑟夫·埃尔斯纳。肖邦对莫扎特的了解则是另一回事了。肖邦十分熟悉他的钢琴奏鸣曲和一些室内乐［尤其是《E大调钢琴三重奏》（K.542），他曾公开演奏过这部乐曲］，对他的歌剧的热爱也是无条件的。莫扎特的歌剧中，肖邦最喜欢的一部可能是他少年时代就听过的《唐璜》。他也喜欢《安魂曲》，在巴黎曾两次观看演出，包括1840年法国为拿破仑皇帝举行国葬时的公演。可能就在第二次听到《安魂曲》时，他产生了

① HLL, p. 35.

② CFC, vol. 3, p. 201; KFC, vol. 2, p. 137.

让人在自己的葬礼上演奏这部乐曲的愿望，最终他的朋友们克服了种种困难帮他实现了这个愿望。

肖邦对后世产生的巨大影响是人们公认的。斯克里亚宾（Scriabin）、德彪西（Debussy）和普罗科菲耶夫（Prokofiev）都承认受到过肖邦的启发。如果乐曲背景中没有“革命”练习曲的映衬，斯克里亚宾著名的第8号作品《升d小调练习曲》就会变得难以想象。而德彪西12首练习曲标题页上的正式题词（“以此纪念弗里德里克·肖邦”）也无法掩盖这些乐曲与肖邦音乐在织体上的相似性，这样的联系在乐曲中随处可见。普罗科菲耶夫承认在创作第三交响曲“火天使”（The Fiery Angel）中的谐谑曲时，他的直接灵感来源就是肖邦《降b小调钢琴奏鸣曲》中的终曲。没有肖邦的先例，加布里埃尔·福莱（Gabriel Fauré）无法写出他的船歌、夜曲和叙事曲。拉威尔也对肖邦无比景仰，这一点从他为纪念肖邦
100周年诞辰而写的颂文中就能看出。[①]我们也不应忘记还有 18
无数作曲家为肖邦极强的个人魅力所折服，模仿大师的风格创作了他们自己的作品。其中的一位代表是费利克斯·布卢门菲尔德（Felix Blumenfeld）——海因里希·涅高兹（Heinrich Neuhaus）和弗拉基米尔·霍洛维茨（Vladimir Horowitz）的老师，他的作品赢得了不少人的喜爱，因此被称为“俄国的肖邦”。

VIII

人们常说评论肖邦的音乐并非易事。阿图尔·鲁宾斯坦（Arthur Rubinstein）曾说，听肖邦的作品感觉就像回家一样——这句话道出了很多人的心声，似乎也让进一步的讨论变得毫无

---

① 《音乐通讯》，1910年1月1日。

意义。尽管如此，现有的评论文章大体可以分成两派，两派都声称自己有着“正统”的血统，但他们的主张却大相径庭。“风花雪月”派历史悠久，吸引了不少著名作家加入，但并非所有评论者都具备音乐知识。不论诗歌多么优美，归根结底它们都是作者的自述，基本属于作者对音乐魅力的有感而发——这种魅力也是它吸引人的主要原因。而大约一个世纪前由胡戈·莱希滕特里特（Hugo Leichtentritt）开创的“深入分析”派[①]近些年占据了主导地位，但如今该学派为专门创造出来的术语和无比复杂的图表所累，而这些东西与他们要描述的音乐有时也关系甚微。除此之外，任何试图通过解构来分析肖邦音乐美妙之处的做法都注定会失败，这跟拆开钟表了解时间的本质没什么区别。

由于众说纷纭，即便想要对这一领域的研究进行简单梳理，传记作家也都面临一个问题：如何才能恰当地将肖邦的生平组织起来，使得叙述既反映出这个话题的复杂性，又能让普通读者读懂呢？也许我们可以借用萨默塞特·毛姆（Somerset Maugham）的一句妙语：“传记写作有三条法则，但谁也不知道是哪三条。”决定将“生平与时代”作为本书的主题后，我承认
19 自己最终选择了一条不无问题的老路。但鉴于以往的肖邦传记很少涉及时代背景，因此这是个有待填补的空白。肖邦在波兰和法国生活时经历的政治、军事、社会动乱必然会对他产生影响。他经历了两次革命：一次是1830~1831年他在异乡遥遥观望的波兰革命，另一次是1848年他亲历的法国革命。那时的欧洲战场上尸横遍野，报纸上充斥着大屠杀的新闻。霍乱的暴发夺去了数千人的生命，迫使幸存者大规模地逃离欧洲城市，包

① 《肖邦音乐作品分析》（*Analyse von Chopin'schen Klavierwerke*），第二卷，柏林，1921~1922。

括巴黎。不论以何种标准而言，这些都是灾难性的大事，但在如今我们能看到的净化版的肖邦传里，它们却频频被忽略。

有一点是毋庸置疑的，肖邦享誉全球的音乐使人们对他的生平充满兴趣——这也是让传记作家笔耕不辍的最根本原因。当我们不断被他的叙事曲、谐谑曲、夜曲、波兰舞曲、玛祖卡以及他体裁多样的所有其他作品吸引时，便会自然而然地思考那些经久不衰的问题：这些音乐的创作者是什么样的人？他生活在什么时代，什么地方，和谁生活在一起？是什么样的环境激发了他的创作灵感，让它们被唤醒，又是什么让它们再次沉睡？人们需要答案，于是传记作家拿起了笔。对肖邦的研究是有重要意义的。他的作品和性格如此紧密地编织在了一起，成为彼此的延伸。没有了他的音乐，这个被剩下的躯壳将很难引起我们的关注。因此在接下来的章节中，我们将以肖邦的生平事迹为切入点，由此引出对音乐的评论，尽管这样的取舍必然会让一些人感到些许遗憾。

21

肖邦的家世

儿童乃是成人的父亲。

——威廉·华兹华斯[1]

I

1787年，一个16岁的年轻人——尼古拉·肖邦（Nicolas Chopin）离开他的出生地法国，不远千里穿越欧洲，来到了波兰。在很长一段时间里，人们一直在猜测他这样做的原因，直到近现代谜团才被解开。这个年轻人与自己的过去完全决裂，在此后的岁月里，他也从未向自己的孩子们提起过法国那些出身卑微的亲戚。尼古拉·肖邦热情地拥抱波兰，将波兰视为自己的祖国。他对波兰产生了强烈的爱国之情，后来他的家庭正是因为受到了这种感情的影响才会那样团结。我们现在知道尼古拉·肖邦1771年4月15日出生在法国洛林省（Lorraine）一个名叫马兰维尔（Marainville）的村庄。但如果不是因为他晚年从华沙炮兵与军事工程学院（School of Artillery and Military Engineering in Warsaw）的法语教授岗位上退休时，必须填写相关信息才能领取退休金，这些信息和与他卑微出身相关的细节我们可能都无从知晓。在申请表中，他不仅说明了自己出生于马兰维尔，也提到他的父亲是弗朗索瓦·肖邦（François Chopin，1738~1814），
22 母亲是玛格丽特·德弗兰（Marguerite Deflin，1736~1794）。由于当时华沙被俄国统治，这份文件也一直隐藏在俄国的档案中，直到1925年才重见天日[2]。有了这些信息，只需要查阅马

---

[1] 引自威廉·华兹华斯《不朽颂》（“Ode: Intimations of Immortality”）。

[2] 由波兰学者斯坦尼斯瓦夫·佩斯维特－索乌坦（Stanisław Pereświet-Sołtan）发现。巴黎肖邦协会（Paris Chopin Society）会长爱德华·冈什（Édouard Ganche）在1927年1月15日的《波兰》（*La Pologne*）上发表了一些发现，人们才了解到这一信息。

兰维尔的出生和死亡登记簿，就可以补全整个故事了。我们了解到尼古拉的父亲是一个车轮匠，除了尼古拉以外，他还有两个孩子——安妮（Anne，1769~1845）和玛格丽特（Marguerite，1775~1845），她们是弗里德里克·肖邦（Fryderyk Chopin）的姑姑。肖邦的家世背景中，让人百思不得其解的一点就是，虽然后来肖邦在巴黎声名大噪，但与他相距不到 300 公里的两位老太太却对这位出名的侄子一无所知，而肖邦也不知道自己还有两个姑姑。弗朗索瓦·肖邦退休后就不再做车轮生意了，而是成了一个葡萄酒酿造商。巧合的是，尼古拉·肖邦退休后也开始种植葡萄，虽然波兰的气候并不太适合葡萄生长。他还经常向已经出名的儿子炫耀他在新爱好方面有多么成功。

马兰维尔，这个尼古拉长大的地方，跟波兰有着千丝万缕的联系。自从 1737 年路易十五将洛林和巴尔公爵的头衔授予他的岳父，也就是被废黜的波兰国王斯坦尼斯瓦夫·莱什琴斯基（Stanisław Leszczyński），一大批波兰贵族带着他们的家人背井离乡，聚居在了洛林。1772 年，波兰被俄国、普鲁士和奥地利几个传统敌对国家第一次瓜分后，洛林的波兰人口又得到了进一步的增长。很快，洛林就出现了一个蓬勃发展的波兰移民社区，在这里波兰的语言和风俗随处可见。1780 年，马兰维尔庄园被米哈乌·扬·帕克（Michal Jan Pac）伯爵——一位波兰贵族——买下。就是在这里，10 岁的尼古拉引起了庄园经理人亚当·韦德利赫（Adam Weydlich）的注意，这个波兰经理人有一位知书达理的妻子，名叫弗朗索瓦丝（Françoise），出生于巴黎的她对尼古拉悉心培养，教他待人接物，送他去学习长笛和小提琴，因此后来尼古拉可以相当熟练地演奏这两样乐器。尼古拉也研读伏尔泰的作品，晚年仍喜欢引用伏尔泰的名句。这些对于尼古拉来说都是十分优越的条件。他天性勤勉、忠诚、节俭，而这些品质也伴随了他一

23 生。由于身边的人都说波兰语，尼古拉到了15岁左右可能已经熟练地掌握了波兰语。1787年帕克伯爵去世，庄园和周边的土地也被卖掉来偿还他的债务，而韦德利赫一家，也许是由于担心即将爆发的法国大革命和随之而来的社会动乱，带着尼古拉回到了波兰。年轻的尼古拉在韦德利赫的哥哥弗朗齐歇克（Franciszek）家里住了一段时间，弗朗齐歇克是华沙一家所谓的骑士军官学校（Knights' School）里的德语和拉丁语教师。以往人们认为，尼古拉刚到华沙的几年里曾在帕克伯爵生前所拥有的一家烟草厂做会计，因为以前韦德利赫经常让尼古拉处理帕克伯爵庄园里的事情，他掌握了记账和商业交易的相关知识，所以他从事这样的工作显然是合理的。但近些年来，人们更倾向于相信另一种记载得更为明确的说法。1788年2月，韦德利赫在《华沙公报》（*Warsaw Gazette*）上刊登了一则告示，称将开办一所寄宿女校，开设法语课程。我们了解到弗朗索瓦丝·韦德利赫夫人也参与了这件事，她看出尼古拉流利的法语是他的（也是他们的）巨大优势，认为17岁的尼古拉有成为法语教师的潜力。尼古拉最初的两个学生是亚当·韦德利赫的孩子——亨里卡（Henryka）和米哈乌（Michał）。不久后，10岁的扬·德凯尔特（Jan Dekert）也成了尼古拉的学生，而且尼古拉和他的家人建立起了深厚友谊。德凯尔特后来成为一位神父，在1844年5月尼古拉去世的时候，作为主教的扬·德凯尔特在葬礼上发表了感人至深的演讲。从他的致辞里我们也了解到了尼古拉刚到波兰时的一些重要经历。①

在1787年那个动荡不安的秋天，当尼古拉·肖邦走下公共马车时，迎接他的是一个怎样的城市呢？英国旅行作家威廉·考克斯（William Coxe）曾对当时的华沙进行过一番生动的描

① 德凯尔特的悼词手稿藏于华沙肖邦博物馆，索引号 M/393。

述。这个城市里聚居着乌克兰人、立陶宛人、俄国人、犹太人，当然还有波兰人。考克斯对于这样一个仅有不到 7 万居民的城市里居然有着“如此之多的外国人”感到惊讶不已。这个由相互隔离的群体所构成的不稳定混合体被考克斯生动地称为“永不熔化的大熔炉”——总是处于一触即发的边缘，受到一 24
点刺激就能爆发。而在华沙动荡的历史中，处处都存在着这样的导火索。考克斯写道：

> 整个城市都笼罩着阴郁的气氛，富有和贫穷、奢侈和潦倒形成的鲜明对比，在这个不幸的国家里随处可见。街道很宽敞，但是铺砌得坑坑洼洼；教堂和公共建筑宏伟壮观；贵族的官邸数不胜数、富丽堂皇；但是大多数的民居，尤其是郊区的民居，都是简陋寒酸的木屋。①

远在异国他乡的尼古拉也曾认真考虑过是否应该回到法国去，但他自己说当时疾病缠身，两次都没有成行。所以他留了下来，与韦德利赫一家生活在一起，在学校里教了四年法语。当时，波兰的时局愈发动乱，也正是在此时四年议会（Great Sejm）召开了，1791 年颁布了著名的《五三宪法》，承诺给波兰人更多基本的自由权利，这部宪法在一定程度上效仿了 1788 年的美国宪法。在席卷全国的民族主义大潮下，尼古拉把自己的名字改成了波兰语的米柯瓦伊（Mikołaj），从此这个名字伴随了他一生，因此我们在叙述中也将使用这个名字。他之所以决定留在波兰，是出于一个现实的考虑：假如回到洛林，他可能会被法国军队征兵。在仅存的一封他写给父母的书信中，尼古拉 / 米柯瓦伊写道：“仅为了从军而离开这里，即便

---

① CTP, vol. 1, p. 150.

是为我的国家效忠，我仍会感到遗憾。”① 写下这些文字时的他并不知道，仅仅三年后，他便加入了华沙的民兵组织，带领支队与波兰士兵并肩作战。

1793 年，叶卡捷琳娜大帝统治下的俄国入侵波兰，镇压不断壮大的民族独立运动，并与普鲁士联手又一次瓜分了波兰，将波兰的新宪法撕了个粉碎。波兰人起义反抗压迫者，并在波兰民族英雄塔德乌什·柯斯丘什科（Tadeusz
25 Kościuszko）将军的带领下打了几场漂亮的胜仗。在马切约维采（Maciejowice）一场关键的战役中（1794 年 10 月 10 日），柯斯丘什科受伤被俘。② 波兰人打了几场断后战役之后，便撤退到华沙的郊区维斯瓦河（Vistula）右岸的普拉加区（Praga），在那里采取了守势。11 月 3 日，亚历山大·苏沃洛夫（Alexander Suvorov）将军率领一支 17000 人的军队抵达了普拉加郊外，发起了猛烈的炮火攻击。这让波兰人以为苏沃洛夫准备进行旷日持久的围攻，但俄国人却在夜色的掩护下对波兰人发起了奇袭。普拉加战役就在次日，也就是 11 月 4 日的凌晨 3 点打响。就在俄国军队肆虐前夕，米柯瓦伊·肖邦和他的支队受命前往城中另一个位置驻守，因此躲过了之后的屠城。俄国军队无视苏沃洛夫将军的命令，在城里展开了暴虐行为，所到之处，烧杀淫掠无恶不作。至普拉加区沦陷时，有 2 万名男女老少惨遭屠杀。这场针对平民的大屠杀规模之大，史

---

① CFC, vol. 1, p. xlix. 1790 年 9 月 15 日书信。

② 他被囚禁在圣彼得堡的彼得保罗要塞（Peter and Paul Fortress）。也许因为他是一名美国公民（因参加了美国独立战争而被授予的荣誉），同时也被授予了法国荣誉公民的称号，他并没有被处决。他的伤口渐渐痊愈，并在叶卡捷琳娜大帝死后，被叶卡捷琳娜的儿子沙皇保罗一世赦免。他回到美国，与托马斯·杰斐逊交往甚密。此后柯斯丘什科仍为波兰的事业奋斗，回到法国，并接受拿破仑的邀请参与策划对抗俄国的战役。1817 年，柯斯丘什科去世后，他的遗体被送往克拉科夫，人们为他举行了民族英雄的葬礼，将他埋葬在克拉科夫大教堂波兰国王的墓地中。

无前例，成为波兰历史上难以磨灭的惨痛记忆。正如苏沃洛夫将军后来所写的，“整个普拉加区尸横遍野、血流成河”[1]。他向叶卡捷琳娜大帝汇报战果时，仅用了三个词，即“全胜——普拉加——苏沃洛夫”。叶卡捷琳娜大帝以同样简洁的形式回复了他：“了不起，陆军元帅，叶卡捷琳娜。”苏沃洛夫因为这场在历史上被称为“普拉加大屠杀”的战役而被授予元帅军衔，这件事也成为他和他所指挥的俄国军队名誉上的污点。至
此，波兰被俄国、普鲁士和奥地利（作为后来者，奥地利也 26
分得了一杯羹）三面包围，这场起义难逃失败的命运。1795年，波兰被第三次瓜分，波兰这一主权国家在地图上消失了。直到1919年签订《凡尔赛条约》，波兰主权才得以重新建立。1807年，拿破仑对他的领土进行了一点调整，设立了华沙公国（Duchy of Warsaw），弗里德里克·肖邦就出生在这里。1815年拿破仑战败后，战胜国在维也纳会议上建立了所谓的波兰会议王国（Congress Kingdom），它实际上只是一个没有主权的附庸国。几年后，沙皇亚历山大一世自封为波兰国王，会议王国完全落入了俄国的统治之下。波兰著名历史学家诺曼·戴维斯（Norman Davies）将当时的波兰称为“上帝的游乐场”，这个令人感到绝望的描述恐怕再合适不过了。

II

波兰艰难坎坷的历史是这个民族难以忘怀的伤痛，有几十万人献出了他们的生命，用鲜血浸染了这片土地。因此讲述肖邦的生平事迹时，不免要提到这动荡的年代。从肖邦的童年到青少年时期，他身边就有无数人在争取波兰主权的长期斗争中献出了宝贵的生命。不少年轻人加入了拿破仑的波兰军团，

---

① MRCG, p. 446.

并在 1812 年与他的大集团军并肩对抗俄军，肖邦从小就是听着这样的事迹长大的。拿破仑攻占莫斯科时，一共有 98000 名波兰士兵与法国人并肩作战。维斯瓦地区的波兰轻骑兵是拿破仑进入莫斯科的先锋队，同时是他被迫撤退时的断后军。波兰军团的 98000 人中，只有 26000 人最终回到了家乡。① 战后的几代人时常能在华沙的街道上看到这些老兵——马切约维采、奥斯特罗文卡（Ostroleka）和博罗季诺（Borodino）战役中
27 的幸存者——他们缺胳膊少腿，手上和脸上布满了刀疤，似乎是在不断提醒着人们波兰所遭受的苦难。正如这个年代的所有波兰儿童一样，小肖邦也对这样的景象十分熟悉。老兵中最著名的一位是约瑟夫·索文斯基（Józef Sowiński）将军，他在 1812 年的战争中失去了一条腿，后来安装了义肢帮助他走路。这位民族英雄被亲切地称为“木腿老兵”。他在 1831 年的波兰起义中起到了重要作用，并在同年秋天的华沙保卫战中牺牲。肖邦在他的“斯图加特日记”中缅怀了索文斯基，将他称为“那位值得尊敬的爱国者”。

1795 年波兰被第三次瓜分之后，所有不确定因素都被引燃。韦德利赫的学校关门之后，米柯瓦伊也不得不自食其力，四处奔波，在华沙给几个富裕的波兰家庭当法语家教，以维持生计。1797 年，他搬到了卡利什（Kalisz）地区，他作为家庭教师的好名声开始流传开来。次年他搬到了马佐夫舍（Mazovia）地区的萨伐尼亚村（Szafarnia），在家境优渥、拥有大量地产的杰瓦诺夫斯基（Dziewanowski）家担任住家家教，并与这家人建立了长期的友谊。（多年之后弗里德里克·肖邦还同父亲一起去萨伐尼亚过暑假。）后来，米柯瓦伊又去了切尔涅沃（Czerniewo）庄

① 由于波兰士兵在战场上表现英勇，拿破仑曾说 800 个波兰士兵可以对抗 8000 个敌人。拿破仑被流放到厄尔巴岛上时，他留在身边的护卫都是波兰轻骑兵。

园，在富有的翁钦斯基（Łączyński）家做家教。这家人的一个女儿就是后来拿破仑的情妇、拿破仑之子亚历山大·瓦莱夫斯基（Alexandre Walewski）的母亲——玛丽·瓦莱夫斯卡（Marie Walewska）。1802 年，米柯瓦伊在华沙西边约 60 公里的热拉佐瓦沃拉谋得了一个新职位，为卢德维卡·斯卡尔贝克伯爵夫人的五个孩子做家庭教师，至此，他的早期事业告一段落。

III

鉴于卢德维卡·斯卡尔贝克伯爵夫人（1765~1827）和她的孩子们对于肖邦一家产生了重要影响，我们有必要对这位夫人多介绍几句。卢德维卡·斯卡尔贝克出生在托伦（Toruń），父亲是当地一位富有的银行家，名叫雅各布·芬格（Jakub Fenger）。由于家境殷实，她受到了卡茨佩尔·斯卡尔贝克（Kacper Skarbek）伯爵的求婚。据记载，卡茨佩尔·斯卡尔 28
贝克是一个游手好闲、一心想要攀龙附凤之人，他给卢德维卡的生活带来了诸多不幸。卡茨佩尔出现的时候，就背负着不光彩的历史，债台高筑。还不到 18 岁时，他就诱拐了一名名叫尤斯蒂娜·东姆布斯卡（Justyna Dąmbska）的年轻姑娘并跟她结了婚，但婚后没几年便抛弃了她，给她留下了三个年幼的孩子和一群堵着门的债主。大约在 1789 年，这场婚姻被宣告无效。① 卡茨佩尔将卢德维卡视为他的救命稻草，而结果证明

① 从弗里德里克·斯卡尔贝克（卡茨佩尔的长子、肖邦的教父）的回忆录中我们得知，这个姑娘的母亲难以接受女儿奉子成婚，许下了一个毒誓："要是我踏进我女儿家一步，就让狗把我吃了吧。"而现实有时比小说还魔幻，她居然一语成谶。婚礼之后大约一年，这位母亲屈服了，同意去小两口家过复活节。在乘雪橇走在附近冰封的荒野上时，她得了重病，还没等到达两口子在伊兹比察（Izbica）的家，就死在了路上。她的遗体被放在了一个寒冷的客厅里，与复活节的食物放在了一起。当天半夜几只野狗被火腿的香味吸引，从窗户跳了进来，咬掉了她的脸颊。SPFS, p. 30，另见 MCW, p. 22。

他找对了人。在1791年的大婚之日，卡茨佩尔的新岳父雅各布·芬格偿还了他的所有债务，拿出了一大笔钱作为嫁妆，并在波兰西部的莫泽罗沃（Modzerowo）买下两个庄园作为结婚礼物送给他们。而卡茨佩尔却劣习难改，他与卢德维卡又生了五个孩子，肆意挥霍得到的财富，过着“富贵而奢靡”的生活，后来他逃到海外躲债，在债主们追不到的波兹南大公国（Grand Duchy of Poznań）定居下来。[1]饱受煎熬的卢德维卡向新教教会申请了离婚（她从小就是路德宗信徒），1806年获得了批准。这时卢德维卡已经41岁。但她有着过人的聪明才干，也继承了父亲的商业头脑。1798年她的父亲去世后，为避免卡茨佩尔的债主上门追债，她开始以自己的名义购买庄园，其中包括在1799年买下的热拉佐瓦沃拉庄园。

卢德维卡的几个孩子刚搬到热拉佐瓦沃拉的新家时都才不到10岁，他们分别是：弗里德里克·弗洛里安（Fryderyk Florian，1792~1866）、安娜·埃米莉亚（Anna Emilia，1793~1873）、阿纳斯塔齐-特奥多（Anastazy-Teodor，1795~1812）、米乌哈（Michał，1796~1834）和卡齐米日（Kazimierz，约1800~1805）。米柯瓦伊·肖邦到来之后不
29 久，他们就被这位身材瘦削、气质坚定、黑头发、深色眼眸、喜欢引用伏尔泰名句的法语家教折服。他沉着又权威，善于激发孩子们对世界的好奇心，因此很快受到了学生们的爱戴。在波兰语和法语的双语授课之后，米柯瓦伊时常会带着他们走出门，坐在宅子附近高大的栗子树下，给他们绘声绘色地讲述波兰的历史故事。有时他们也会沿着穿过庄园的乌特拉塔河（Utrata）散步，探索当地的地理环境，记录附近的鸟类和植物。有时他们会在老水车旁边稍作停留，顺便讨论一下水力的

① SPFS, p. 8.

奇妙之处，以及如何利用水力改善庄园的经济状况。

米柯瓦伊的话题从不会过于艰深，孩子们可以轻松地与这位年轻的老师一问一答地讨论。渐渐地，米柯瓦伊被视为斯卡尔贝克家中的一员；他会与伯爵夫人和孩子们一起用餐，成为庄园里受人爱戴的权威人士。他从不把自己的学生当作小孩子，而是平等地对待他们，因此也受到了学生们的无限崇敬。米柯瓦伊与卢德维卡的长子弗里德里克·斯卡尔贝克的情谊尤其深厚，米柯瓦伊培养了他的才智，后来他不仅成为一名学者、华沙大学的经济学教授，也成为弗里德里克·肖邦的教父。

卢德维卡伯爵夫人喜欢邀请她华沙的朋友来热拉佐瓦沃拉参加周末的聚会。与波兰其他的大庄园一样，音乐会是斯卡尔贝克家中常见的消遣活动，在结束了一周的工作之后，庄园主们会邀请朋友和邻居到家里来做客，为他们安排各式各样的娱乐活动。也许就是受到了这样的邀请，1805 年，当时刚成立的华沙中学（Warsaw Lyceum）的校长塞缪尔·博古米乌·林德（Samuel Bogumił Linde）博士出现在了热拉佐瓦沃拉，与米柯瓦伊·肖邦成为朋友，并看中了他的学生——当时还是青少年的弗里德里克·斯卡尔贝克。多年前卢德维卡伯爵夫人曾在托伦做过林德的学生，她自然也希望自己的长子能够得到老师的教导。几个月后，在米柯瓦伊的帮助下，年轻的斯卡尔贝克通过了华沙中学的入学考试，成为中学的第一批学生。多年之后，当弗里德里克·斯卡尔贝克回顾自己在热拉佐瓦沃拉度过的那段幸福安宁的日子时，也向曾经的导师表达了敬意，将他的人格魅力写进了回忆录里：

> 米柯瓦伊·肖邦成了我的老师，我搬进陌生的新家后 30
> 一直承蒙他关照。在给我和弟弟们上了几年课之后，他被

> 聘为华沙中学的法语教师，并一直在那里工作到退休、领取退休金。当时多数的法语家教都是移居法国的波兰人，或是放弃了神职的牧师，会把我们这一代年轻人带上一条不适合波兰的教育道路。但肖邦不一样，他在法国大革命之前就来到了波兰，曾在同乡开办的一家位于华沙的烟草工厂做文员或会计。[①]他既不崇尚共和党夸夸其谈的自由理念，也没有法国移民的固执偏见，更不是对君主和教堂有着偶像式崇拜的保皇派。他是一个高尚、正直的人，投身于波兰青年人的教育事业，从不试图将他们变成法国人或给他们灌输当时法国的主流价值观。他在波兰受到了热情款待，找到了合适的谋生之道，因此他对波兰人心怀尊敬和感激，致力于将波兰人的后代培养成有用之才，以此来报答他们。他在我们国家定居多年，与多个波兰家庭建立起了深厚情谊，特别是因为他娶了一位波兰姑娘，通过婚姻的纽带……他成了名副其实的波兰人……这样一位受人尊敬的老师，一直是我本人和我家人的挚友，直至他去世。在他的启蒙下，我产生了对知识的渴望，所以当我进入学校学习时，这种求知欲给我带来的心智上的整体发展比任何专业性的训练都要有益。[②]

1805年，卢德维卡5岁的儿子卡齐米日夭折，这给她带来了极大的精神打击。而此时卢德维卡刚刚被卡茨佩尔·斯卡尔贝克抛弃，急需找一个人帮助她操持家业。当听说她的一个庄园里工作了多年的管理员雅各布·克日扎诺夫斯基（Jakub

---

① 米柯瓦伊·肖邦曾在烟草厂附近居住，但正如我们前文所说，他并没在那里工作过。烟草厂是一间济贫院，也是一个监狱，里边的人“靠出卖劳动力赚钱”。MSFC, p. 160.

② KCOL, p. 6，另见 SPFS, pp. 8–11，87–88。

Krzyżanowski）去世并留下了一个孤苦伶仃的女儿尤斯蒂娜时，卢德维卡为她提供了容身之所，让她来热拉佐瓦沃拉担任女管家，在这里尤斯蒂娜遇到了米柯瓦伊·肖邦。尤斯蒂娜·克日扎诺夫斯卡当时 24 岁，因为家中没有地产，所以（按照那个时代的标准）被认为很难嫁出去。米柯瓦伊也已经 35 岁，是个彻头彻尾的单身汉，因此卢德维卡为尤斯蒂娜和米柯瓦伊做了媒，两人初次会面后不到一年便结婚了。 31

IV

肖邦的母亲特克拉·尤斯蒂娜·克日扎诺夫斯卡（Tekla Justyna Krzyżanowska）与卢德维卡一家关系并不一般，她被当作家人一样平等对待。因此人们猜测两家有些亲戚关系，但并无证据可以证明。一些波兰学者苦苦寻找证据，但并没有发现两家有这样的联系。与常见的说法不同，尤斯蒂娜家与斯卡尔贝克一家并无血缘关系。① 只能说尤斯蒂娜身上体现出了很多传统美德，使得她在卢德维卡家颇受重视。她精打细算，性情温和慈爱，是一个出色的女管家。当代的一些研究者说她有着亚麻色头发、宝蓝色眼睛，长相属于典型的波兰人——从目前仅存的一幅绘制于她 47 岁的画像来看也确实如此。尤斯蒂娜颇具音乐天赋，歌声优美，可能钢琴弹得也不错，可以给米柯瓦伊的长笛伴奏。她的歌声应该是肖邦在婴儿时期最早听到的声音之一。她最爱的一首歌是波兰歌谣《月亮升起来了》（Już miesiąc zeszedł），这段旋律后来被肖邦用到了他青年时期的作品《波兰民歌幻想曲》（op.13）中。

① MSFC, p. 68.

尤斯蒂娜是个虔诚的罗马天主教教徒，会定期去教堂礼拜，这是她日常生活中的道德指南，也不免对她的孩子产生了
32 影响。她去克拉科夫郊区（Krakowskie Przedmieście）的加尔默罗会天主教堂礼拜时经常会带上肖邦，让肖邦跪在她的长椅前“谦卑而虔诚地”[①]读祷告词。肖邦深爱着母亲。多年之后乔治·桑发现肖邦唯一真正爱过的女人就是尤斯蒂娜。据说在临终的几小时前他还呼唤着母亲。

米柯瓦伊和尤斯蒂娜的婚礼于1806年6月28日[②]在热拉佐瓦沃拉教区布罗胡夫村（Brochów）的圣洛克和施洗者圣约翰罗马天主教堂（Roman Catholic Church of St. Roch and John the Baptist）举行。教堂的登记簿上有这样一条记录：

> 本人，伊格内修斯·马里扬斯基（Ignatius Maryański），教区助理神父，已在三个礼拜日的礼拜仪式上向会众宣读婚礼预告，并未在教规中发现有关禁止单身汉米柯瓦伊·肖邦先生——热拉佐瓦沃拉的家庭教师，与未婚女子尤斯蒂娜·克日扎诺夫斯卡（娘家姓）结婚的内容，因此根据本教堂的仪式，在弗朗齐歇克·格雷姆贝茨基（Franciszek Grembecki）先生和卡罗尔·亨克（Karol Henke）先生的见证下，合法宣布两人婚约成立，并祝福他们。

婚礼之后，米柯瓦伊和尤斯蒂娜住进了庄园里一个简朴的

① MSFC, p. 38.

② 正确，见 MSFC, p. 166。

小屋，这是卢德维卡为两人准备的。小屋类似一个平房，周围的绿树掩映着白墙。房子距离斯卡尔贝克的宅邸不远，这样尤斯蒂娜可以继续管理庄园的事务，米柯瓦伊也可以继续辅导斯卡尔贝克家的孩子们。就是在这样一个简单的房屋里，1810年3月1日晚上6点，肖邦出生了。虽然肖邦只在这里度过了生命中的前7个月，但现在这个地方已经成为国家级纪念馆。

肖邦在四年前他父母结婚的地方——布罗胡夫的圣洛克和施洗者圣约翰罗马天主教堂接受了洗礼。不知道出于什么原因，教区神父将肖邦的出生日期错误地写成了“2月22日”。但是在他的一生中，肖邦和他的家人都说他的生日是3月1日，也一直在这一天为他庆祝生日。我们也可以在他的书信中找到充分的证据。[①]受洗证明上写着： 33

> 1810年4月23日，本人，前文所述［布罗胡夫的助理神父约瑟夫·莫拉夫斯基（Józef Morawski）］，为用水（ex aqua）进行了洗礼的婴儿弗里德里克·弗朗齐歇克主持了洗礼仪式，孩子出生于2月22日，父母分别是法国人米柯瓦伊·肖彭（Choppen）［误］及其合法配偶尤斯蒂娜·克日扎诺夫斯卡（娘家姓）。教父和教母是：切普林内村（Ciepliny）的弗朗齐歇克·格雷姆贝茨基先生以及热拉佐瓦沃拉的未婚女伯爵安娜·斯卡尔贝克（Anna Skarbek）。

---

① 1833年，肖邦被选为巴黎波兰文学协会会员时写了一封感谢信，信中他声明自己出生于1810年3月1日（pp.235–36）。肖邦给F.-J.·费蒂斯提供的出生日期也是这一个，收录于费蒂斯的《音乐家传记词典》（1836年）中。肖邦的亲朋好友也给出过相关的确凿证据。肖邦去世后，简·斯特林曾在1851年3月1日给肖邦的姐姐卢德维卡写了一封信，信中写道：“有一天他跟我说：‘我的母亲，也就是说我的家人，女主人［乔治·桑］和你，都知道我的生日，而你记得我的生日。’” GSFC, p. 127.

34 这里的拉丁语 ex aqua 值得我们注意，指的是在此之前家人曾用普通的水为婴儿进行了洗礼。这种“紧急洗礼”通常是当新生儿生命垂危，又无法及时找到神父洗礼而进行的。这样的仪式可以由任意一位基督徒进行，到教堂进行“正式洗礼”之前无须进行声明。对比肖邦的出生证明和受洗证明，可以看出正式洗礼被拖延了几周，可能意味着肖邦出生之后出现了一些健康问题。卢德维卡伯爵夫人的两个孩子成了肖邦的教父和教母，再次体现了两家之间的亲密关系。肖邦的名字是以弗里德里克·斯卡尔贝克的名字命名的，洗礼时弗里德里克身处巴黎，由弗朗齐歇克·格雷姆贝茨基代表出席，而肖邦的中间名也是以后者的名字命名的。肖邦的教母是斯卡尔贝克伯爵夫人 17 岁的女儿安娜·斯卡尔贝克。洗礼当天出具的出生证明上也再次出现了错误的出生日期。

热拉佐瓦沃拉的肖邦出生地；照片（约 1932 年）。房子前边的锥形建筑物是肖邦纪念碑，1894 年在俄国作曲家米利·巴拉基列夫（Mily Balakirev）的推动下揭幕

> 1810年4月23日，下午3时。本人，布罗胡夫的教区神父、华沙行政区索哈切夫区（Sochaczew）布罗胡夫代理登记员特此证明，米柯瓦伊·肖宾（Chopyn）[误]，40岁，居住于热拉佐瓦沃拉，向我展示了一个男婴，该男婴于今年2月22日下午6时出生在家中，是他与28岁的配偶尤斯蒂娜·克日扎诺夫斯卡（娘家姓）的孩子，他希望给孩子起名为弗里德里克·弗朗齐歇克（Fryderyk Franciszek）。在热拉佐瓦沃拉居民、38岁的庄园管家约瑟夫·维日科夫斯基（Józef Wyrzykowski）和40岁的弗里德里克·格斯特（Fryderyk Geszt）的见证下，米柯瓦伊做出了上述陈述并向我展示了孩子。孩子的父亲和两位见证人在阅读本出生证明后声称他们具备读写能力。我们签署了该文件。
>
> 布罗胡夫教区神父、代理登记员 扬·杜赫诺夫斯基（Jan Duchnowski）神父
>
> 父亲 米柯瓦伊·肖邦

米柯瓦伊·肖邦为什么会在出生日期错误的证明上签字仍是个未解之谜。有人认为米柯瓦伊签名的时候文件上的详细内 35
容还没有写完整——不协调的签名位置也证明了这一点。米柯瓦伊的名字被写错了两次，出生证明上写的是“肖宾”，而洗礼记录上写的是“肖彭”，可见主持的神父多少有些马虎。①

① 也有人提出了一种很有说服力的观点，认为这些文件是仪式举行完几个月后才录入教堂记录中的，也许布罗胡夫教堂是为了以此掩饰登记工作上的失职。如果真是这样的话，肖邦出生的年份就变成了1809年。关于肖邦真实的出生年份仍然众说纷纭，没有定论，玛里奥拉·沃伊特凯维奇（Mariola Wojtkiewicz）在WZW（pp.57-62）中详尽地汇总了各方资料。

V

米柯瓦伊和尤斯蒂娜还有另外三个孩子，都是女孩。卢德维卡·玛丽安娜（Ludwika Marianna，1807~1855）是肖邦家四个孩子中的老大，她是以教母卢德维卡·斯卡尔贝克伯爵
36 夫人的名字命名的。1807~1808年，正如弗里德里克·斯卡尔贝克在回忆录中描述的那样，“由于不断有军队经过，国家动荡不安”，斯卡尔贝克和肖邦两家人临时前往华沙避难，因此卢德维卡·玛丽安娜出生在华沙，而非热拉佐瓦沃拉。在几个孩子中，她的行为举止、逻辑表达与父亲最相似。卢德维卡最早在一所私立女校上学，这所学校由博古米瓦·维武茨卡（Bogumiła Wiłucka）女士开办，位于华沙的新斯维亚特街（Nowy Świat）。长大后她通晓多门外语，对艺术，尤其是诗歌和音乐，也有着高雅的品位。她将意大利语的《圣维罗

米柯瓦伊和尤斯蒂娜；安布罗日·米罗斯谢夫斯基（Ambroży Mieroszewski）绘（约1829年）

尼卡传》（*Life of Saint Veronika*）译成了波兰语。她的著作《约齐奥的旅行》（*Józio's Journey*）以斯卡尔贝克伯爵夫人孙女的视角记录了肖邦一家在杜什尼基－兹德鲁伊（Duszniki-Zdrój，德语为Bad Reinerz）小住的经历。这部游记也成了肖邦传记作家不可或缺的参考资料。卢德维卡极具音乐天赋，她会弹钢琴，也会作曲。她18岁时就创作了一首让肖邦都为之折服的玛祖卡，肖邦认为这是“她的完美之作，华沙人很久没有听过这样的玛祖卡了，在玛祖卡中无出其右”①。肖邦与卢德维卡的感情最深。在肖邦生命的最后时光里，卢德维卡前往巴黎陪在他床边，悉心照料，直到他去世。后来也是卢德维卡将肖邦的心脏带回了华沙，最终这颗心脏被安放在圣十字教堂的柱子中。

卢德维卡在成长过程中受到了波兰爱国主义的熏陶。她是波兰女子慈善协会（Polish Ladies Benevolent Society）中的一位“同志”，该协会的会长之一就是卡塔日娜·索文斯卡（Katarzyna Sowińska，在1830~1831年起义期间保卫华沙的约瑟夫·索文斯基将军的妻子）。该协会对外宣称其宗旨是为受沙皇压迫而流离失所、勉强维持温饱的人提供经济救助。但她们还有一个秘密使命，那就是让消极抵抗的星星之火继续燃烧下去。该协会位于华沙气派的克拉科夫郊区大街，据记载13岁的弗里德里克·肖邦也曾在这里参加过几次慈善“音乐晚会”。卢德维卡经常光顾卢什切夫斯基（Luszczewski）家的沙龙，当时首都华沙的文学精英经常在这里聚会，而他们热烈的讨论也总是离不开政治话题。

卢德维卡在1832年11月嫁给了约瑟夫·卡拉桑提·英德热耶维奇（Józef Kalasanty Jędrzejewicz，1803~1853）博

---

① CFC, vol. 1, p. 44; KFC, vol. 1, p. 60.

37 士，此人是华沙玛丽蒙特农林研究所（Marymont's Institute of Agriculture and Forestry）的行政法学教授，婚礼的地点正是布罗胡夫的圣洛克教堂——她父母结婚以及肖邦受洗的地方。两人结合后生育了4个孩子，分别是亨里克（Henryk）、卢德维卡、弗里德里克和安东尼（Antoni）。随着时间的推移，我们可以很明显地看出两人的婚姻并不美满。卡拉桑提对家庭生活的要求和他对学术的要求一样高。严谨的性格让他成为一名好律师，却没有成为一个好丈夫，而卢德维卡一直在苦苦挣扎着挽救这场婚姻。虽然并无太多证据可以证明，但似乎卡拉桑提把出名的肖邦一家视为一种难以忍受的负担。他似乎对肖邦这位有名的小舅子有着一种莫名其妙的嫉妒。在肖邦临终之际，他对妻子和肖邦的所作所为也是一个令人痛心的故事，我们会在后边详细讲述。

肖邦家的第三个孩子尤斯蒂娜·伊莎贝拉（Justyna Izabella，1811~1881）是在肖邦一家定居华沙之后出生的。据肖邦自己说，尤斯蒂娜是几个姐妹中跟他长相最相似的一个。她成长在有名的姐姐和哥哥的阴影之下，因此很少引起肖邦研究者们的注意。我们认为她与姐姐上的是同一所学校，米柯瓦伊·肖邦聘请来给寄宿生上课的家教老师可能也教过她，其中有一位叫安东尼·巴钦斯基（Antoni Barciński，1803~1878），他原本是数学老师，后来成了督学，1834年与伊莎贝拉结了婚。两人结婚后没有生育子女。伊莎贝拉和姐姐卢德维卡一样是波兰女子慈善协会的成员，同时为华沙孤儿和贫困儿童慈善协会（Orphans and Poor Children of the Warsaw Charitable Society）工作，该协会主要为十一月起义失败后无家可归的人提供帮助。伊莎贝拉对文学表现出了
39 极大的兴趣，1836年她出版了一部关于手工艺人的两卷本著作，名为《沃伊切赫先生：作品与经济》（*Mr. Wojciech, an*

卢德维卡·肖邦；安布罗日·米罗斯谢夫斯基绘制的油画（1829 年）

Example of Work and Economy），是她与卢德维卡合作完成的。作为肖邦家几个孩子中最健康、最长寿的一位，伊莎贝拉从去世的家人手中获得了大量与肖邦有关的物品，到了晚年她也成了肖邦生平事迹资料的主要提供者。作为兄弟姐妹中最后一个去世的人，伊莎贝拉合法继承了肖邦的遗产。她不辞辛劳地宣传着哥哥的作品，但拒绝从中获利。

埃米莉亚（Emilia，1812~1827）是四个孩子中最小的，她出生的时候非常虚弱，家人一度怀疑她可能活不下来。和哥哥一样，埃米莉亚在华沙出生后三周多，家人用普通的水为她进行了紧急洗礼。埃米莉亚挺了过来，但身体一直不太好。直到 1815 年 6 月 14 日，在两岁半的时候，她才在华沙的圣十字教堂（Church of the Holy Cross）接受了正式的洗礼。14 岁时，她因肺结核去世。在肖邦家的几个孩子中，埃米

伊莎贝拉·肖邦；安布罗日·米罗斯谢夫斯基绘制的油画（1829年）

38

莉亚似乎是最早熟的。据卡齐米日·沃依齐茨基（Kazimierz Wóycicki）回忆，埃米莉亚11岁时就抄写了伊格内修斯·胡姆尼茨基（Ignatius Humnicki）的悲剧《俄狄浦斯王》（*Oedipus*）全书。我们发现两年后她还帮助卢德维卡翻译德语儿童作家克里斯蒂安·戈特蒂尔夫·扎尔茨曼（Christian Gotthilf Salzmann）的长篇小说。埃米莉亚从小就喜欢诗歌和其他文学，经常把自己的幻想编织成小故事和小短剧。小故事通常都采用寓言的形式，可见她受到了波兰著名儿童作家克莱门蒂娜·坦斯卡（Klementyna Tańska）的影响。在暖洋洋的夏日里，她会坚持走到花园，坐在花丛边，在微光闪烁的维斯瓦河畔给围在身边的孩子们读故事。她最喜欢的一本书是《一千零一夜》，但她的朗读经常被阵阵咳嗽打断，有时由于体力不支，她会被带回家休息，直到康复才能再次出门。她苍白的脸、“天使般明亮的双眸”、红红的高颧骨以及柔弱的身姿似乎都预示了她夭折的命运。他和弗里德里克以过家家的方式创办了“文学娱乐协会”，弗里德里克是会长，她是书记。他们的作品之一是用韵文写成的滑稽喜剧《误会：被当成了小丑》（*The Mistake, or The Presumed Joker*）。在1824年12月6日米柯瓦伊·肖邦的命名日，两人将这部剧作为惊喜礼物表演
给父亲看。弗里德里克出人意料地表演了一个肥硕的市长，而 40
埃米莉亚则演他幽灵般的女儿。肖邦研究者安德烈·克拉维耶（André Clavier）专门为埃米莉亚写了一本书，最后也毫不令人意外地将埃米莉亚称为“含苞待放的天才”。

说起肖邦家庭里其乐融融的气氛，没有什么比孩子们为父母准备的贺卡更能体现这一点了。他们在花边精美的羊皮纸上用铜版花体字认认真真地写上祝语，签好名字，在父母的生日和命名日送上祝福。6岁的肖邦为父亲命名日所写的贺卡尤其感人：

> 在您命名日这一普天同庆的日子里，我亲爱的爸爸，
> 也让我送上我的祝福。愿上帝保佑您生活幸福，远离烦 41
> 恼。这是我最真诚的祝愿。
>
> F. 肖邦
>
> 1816年12月6日

这个传统一直延续了很多年，最精彩的一个生日祝福是1826年4月17日四个孩子在父亲55岁生日时献上的一首诗[①]。原诗是波兰语韵文，这里我们翻译成了散文。

① 米柯瓦伊认为他的生日是1770年4月17日，实际上是4月15日。

埃米莉亚·肖邦：象牙片上的水彩画，佚名绘

亲爱的父亲：

等不到天明，等不到破晓，您的孩子们已热切地期待为您送上内心已掩藏不住的祝福。但是，亲爱的父亲，生
42 日的祝福年复一年，今天又能有什么新奇的呢？感恩和学识会随着时间增长，但爱却是恒久不变的。让我们省去赘言，愿全能的上帝保佑您。

埃米莉亚·肖邦

伊莎贝拉·肖邦

弗里德里克·肖邦

卢德维卡·肖邦

每逢佳节，家庭音乐会是必不可少的，一家人会读读诗，演一出短剧，给孩子们一个展示才艺的机会——这几个孩子的

“亲爱的父亲”，6岁的肖邦在父亲命名日送上的祝福（1816年12月6日）

才艺可真不少。圣诞节和新年是最热闹的，像所有波兰家庭一样，尤斯蒂娜会准备传统美食，全家人互送礼物，唱起颂歌。肖邦应该没有读过华兹华斯的名句——“我们幼小的时候，周围是天国祥云”，但他一定会对这句话产生强烈共鸣。在最后的岁月里，身在异乡之时，肖邦所有的精神慰藉都来自童年的回忆。

VI

1810年，肖邦出生后不久，我们发现塞缪尔·林德博士再次出现在了热拉佐瓦沃拉，这次他来是为了完成一个特殊的任务。华沙中学的法语讲师夏尔·马埃（Charles Mahé）一病不起，并且没有好转的迹象。新学年将近，林德急需找个人来接替他的职位。他想起了斯卡尔贝克家孩子们的法语家教，也就是他的得意门生弗里德里克·斯卡尔贝克伯爵一直赞不绝口的导师。米柯瓦伊会同意接受这份工作吗？刚开始米柯瓦伊有些犹豫，因为他的孩子还小，不太想举家搬出热拉佐瓦沃拉这个熟悉的地方，尤其有传言说现任法语教员可能会康复起来。但当林德向他保证这是一个长期的职位，并承诺在中学所在地萨克森宫（Saxon Palace）给他们一家提供住所时，重返华沙
43 这件事就成了一个难以抵挡的诱惑。米柯瓦伊离开波兰首都已经 15 年了（除了偶尔回去），他确实有些想念华沙。此外，他也知道华沙能给他的家人提供更好的条件。所以米柯瓦伊和尤斯蒂娜花了整个夏天将家里的所有东西搬到了市中心。到了 9 月，一切都安顿了下来。

华沙：童年与少年时期，1810 ~ 1824 44

愿你心中常记民族性、民族性，还是民族性。

——斯特凡·维特维茨基致肖邦[①]

I

1810 年 10 月 1 日，肖邦出生 7 个月后，米柯瓦伊开始在华沙中学担任法语助理教师。当时他们的公寓还没有准备好，因此一家人在克拉科夫郊区大街的扬·伯姆公馆（Jan Böhm House）住了一段时间。[②]1811 年 7 月 9 日，伊莎贝拉在这里出生。直到 1812 年的夏天，肖邦一家才搬进萨克森宫。11 月 9 日，肖邦最小的妹妹埃米莉亚出生了。为了补贴微薄的收入，养活家中不断增加的人口，米柯瓦伊开办了一所专收男生的寄宿学校，在公寓隔壁的房间为学生提供食宿，同时为他们进入华沙中学学习做准备。由于经营有道，寄宿学校的声名很快就传了出去。尽管住宿费高达每年 4000 兹罗提，比很多波 45
兰家庭的年收入还要高[③]，波兰的贵族家庭还是争先恐后地把孩子送到这里来。对于天资聪颖的学生，如果家长无法支付全部费用，学校也可以适当降低一些学费。寄宿学校的收入不是个小数目，这也解释了为什么后来肖邦家能承担得起奢侈的海外之旅，到西里西亚的巴特·赖纳兹和波希米亚的卡尔斯巴德度假。肖邦离开波兰到海外定居之后，米柯瓦伊也能毫不费力地为肖邦提供大笔资金。他还把不少钱借给了家里的朋友，包括安东尼·沃津斯基（Antoni Wodziński）和米哈乌·斯卡尔贝

---

① CFC, vol. 1, p. 269; KFC, vol. 1, p. 179.

② MCW, p. 59.

③ 米柯瓦伊成为正教授后，他的年薪也从没超过 3000 兹罗提。

克——两人后来都没有把钱还上，后者自杀的时候还欠着米柯瓦伊 23000 兹罗提，而且没在遗嘱里提到还钱的事。但不论按什么标准来说，肖邦一家都算是富裕的。

米柯瓦伊是个尽职尽责的老师，1814 年 6 月 1 日他晋升为法语语言及文学正教授。此外，从 1812 年 1 月 1 日开始，他还担任了炮兵与工程军官学校的法语讲师。

华沙中学是由出生于普鲁士的塞缪尔·博古米乌·林德博士一手创办并经营的，1804 年至 1831 年学校存续期间，他一直是这所学校的校长。林德是一位著名的字典编纂家，他编纂了第一部六卷册的国家级波兰语词典。林德来自托伦，从莱比锡大学（University of Leipzig）的神学专业毕业之后定居在了华沙。尽管林德完全成了一个波兰人，但他一直没能改掉普鲁士口音，常被他的波兰学生（一般是私下里）拿来开玩笑。华沙中学开设的课程十分全面，不仅有人文学科——以外语、历史和古典文学为主——还有理科及相关学科，如算术、几何、化学和植物学。在 1822 年的期末典礼上，他在讲话中强调学校的宗旨是“塑造人格与心灵”，并推崇教育“让人受益终生”的理念，因为“一个高尚的人才能成为优秀的公民”。
46 学校要求学生穿着军装风格的校服，长度及膝、腰部系带、有肩章装饰的浅蓝色长大衣，搭配饰有白色裤线的裤子，以及黑鞋和军帽。学生们穿着这种令他们看起来像木偶的制服，走在华沙的街上十分显眼。肖邦在校期间可能也曾穿过这种与他不太搭调的服装。

1817 年，波兰军队的总司令康斯坦丁大公（Constantine Grand Duke）买下了萨克森宫，把这里改为总指挥部，并将宽敞的萨克森广场作为部队的阅兵场。因此华沙中学搬到了卡齐米日宫（Casimir Palace），这时学校已有 600 多名学生。肖邦家在宫殿的住宅区分到了一处住所，位于右侧配楼三层，并把寄宿生也带到了这里。肖邦家的寄宿生人数没有少过 6 个，最多的时候能到 10 个，其中有欧斯塔黑·马里尔斯基（Eustachy Marylski）、彼得·杰瓦诺夫斯基（Piotr Dziewanowski）、多米尼克（多穆希）·杰瓦诺夫斯基、尤利安·丰塔纳、扬（亚希）·比亚沃布沃茨基和蒂图斯·沃伊切霍夫斯基，他们大多成了肖邦一生的挚友。在同一栋配楼里住着的有中学的教授、教职员工和他们的家人，有些在附近另一栋配楼里新成立的华沙大学工作。约瑟夫·斯克罗茨基教授是肖邦家的一个近邻，他的儿子欧根纽什（笔名维利斯瓦夫）后来记录了与肖邦家相处时的温馨细节。在斯克罗茨基楼下，二楼住着林德校长、他的妻子卢德维卡和两个女儿。一楼住的是尤利乌什·科尔贝格博士一家。科尔贝格在华沙大学理学院教制图学和地形学，他的儿子威廉（威卢希）与肖邦成了好朋友，肖邦有一首早期的波兰舞曲就是献给他的。科尔贝格旁边住的是诗人卡齐米日·布罗津斯基（Kazimierz Brodziński）一家。欧根纽什·斯克罗茨基说在米柯瓦伊·肖邦教导下，学生能够培养出礼貌得体的举止和良好的学习习惯："他相信一个品行不端的人获得再多奖章也无用。"[①] 弗里德里克·斯卡尔贝克也在回忆录中提到了这一点，他说那些有幸在肖邦 47
家寄宿的学生后来无一例外都有所成就，并且对米柯瓦伊心怀感激。

随着米柯瓦伊逐渐富裕起来，他买了一架布赫霍尔茨（Buchholtz）三角钢琴。肖邦在波兰生活时，这架钢琴一直是他的最爱。他少年时期的作品——从 g 小调、降 B 大调波兰舞曲到 e 小调和 f 小调钢琴协奏——都是在这架钢琴上创作的。最终这件乐器在 1863 年的起义中被俄国士兵损毁。

---

① SRCY, Bluszcz（Ivy）, no. 32, July 28（August 8）, 1882.

II

这时弗里德里克的钢琴演奏已经开始引人注目了。米柯瓦伊和尤斯蒂娜总是乐于邀请邻居们参加家里的聚会，并让弗里德里克在聚会上展示才艺，因此他在卡齐米日宫就已经有了一群现成的观众。有一种流传甚广的说法是肖邦大约在 4 岁的时候开始跟着母亲尤斯蒂娜学习钢琴。据说肖邦一听到钢琴的声音就大哭了起来——仿佛是在琴声里听到了祖国的声音——他也会在姐姐卢德维卡上钢琴课的时候央求着爬到琴凳上，与姐姐一起坐着，键盘发出的声音是如此令他着迷，引得他尝试着去触碰那些神奇的琴键。在肖邦的传记中总能看到这样动人的传说，有不少类似的故事在肖邦的家族里世代流传着。不论真实情况是否如此，肖邦确实很快就超过了卢德维卡。到了他 6 岁的时候，不论尤斯蒂娜准备教他什么，他都似乎早就学会了。这时候，米柯瓦伊和尤斯蒂娜觉得应该给肖邦找一位专业的老师了。

他们选择了沃伊切赫（阿达尔伯特）·日维尼［Wojciech（Adalbert）Żywny］，一位 60 岁的波希米亚音乐家。日维尼早年间来到波兰，在卡齐米日·萨皮耶哈（Kazimierz Sapieha）亲王的宫廷里做小提琴乐师。萨皮耶哈宫廷日渐衰败，波兰第一次被瓜分之后，日维尼搬到了华沙，但由于学小提琴的学生不多，他也教起了钢琴来维持生计。他出现在肖邦的生活中时，已是一名颇受欢迎的音乐教师，受到了华沙众多
48 上流家庭的尊敬。在此之前日维尼就会定期到肖邦家去，给卢德维卡上课，同时米柯瓦伊也聘请他给寄宿生上音乐课。① 日维尼是巴赫的拥趸，强调用这位复调大师的作品为学生打下坚

① MFPC, pp. 19–20.

实基础。这样的练习让肖邦受益终生，巴赫的 48 首前奏曲与赋格也伴随了他一生。日维尼本人也许只能算是一个平庸的演奏者，在小提琴和钢琴方面都是如此，但这一点被他的教学才能所弥补，他能够将自己对音乐的热爱传递给年少的学生们。

日维尼是个古怪的人，文献资料中有很多故事体现了他的奇特。在流传至今的所有对日维尼的描写中，欧根纽什·斯克罗茨基的人物速写大概是最好的，同时构成了其他版本的基础。欧根纽什·斯克罗茨基经常看到日维尼出入肖邦家。

> 日维尼是个典型的老传统，如今已经看不到这种人了。他的鼻子特别大，由于鼻烟吸得过多，从年轻时他的鼻子就是紫色的。日维尼对鼻烟很上瘾，以至于他的鼻子、下巴、白领带、马甲、大衣的领子上都落满了烟灰。甚至连他匈牙利款式的靴子上也都是鼻烟……烟灰还经常会落在钢琴键盘上。他学生的手，不管是男生还是女生，被日维尼碰到过之后都会染上伯纳丁（Bernardine）廉价烟草的浓重气味。除了带着一个装着半斤鼻烟、盖子上绘着莫扎特或海顿画像的大鼻烟盒以外，日维尼还会随身带着一支铅笔，用来在乐谱上做标记，也常常用来敲学生的指关节……①

日维尼穿着不合身的衣服，黄色的假发时常半耷拉着，他走在华沙的鹅卵石街道上时一定非常显眼。有人说他最爱穿的颜色是绿色，不仅是外套，连裤子也是这种显眼的颜色。他也喜欢穿颜色各异的马甲，有传言说 1795 年波兰第三次被瓜分后，前国王斯坦尼斯瓦夫·奥古斯特退位时他的财产被拍卖，这些马甲就是用国王的裤子改的。日维尼会为这样的装扮再配 49

① SRCY, Bluszcz（Ivy）, no. 33, August 4（16）, 1882.

沃伊切赫·日维尼；油画，安布罗日·米罗斯谢夫斯基绘（1829 年）

上一条颜色艳丽的大号手帕——如同视觉上的强音符号——每当被鼻烟刺激得打喷嚏时，他会抽出手帕，如同抽出一条彩虹。①

你可能会认为这样的形象会吓到肖邦家的孩子们。但实际
50 上他们很喜欢日维尼，并将他视为家中的一员。日维尼也经常
会在课后留下吃晚饭。这样的场景令人难忘，尤其是赶上命名

① 在 1825 年 10 月 30 日给朋友扬·比亚沃布沃茨基的信，15 岁的肖邦对日维尼进行了一番充满爱意的描写。日维尼正在给一个名叫查耶坦·古尔斯基（Cajetan Górski）的寄宿生上课，后者“在钢琴边已经昏昏欲睡”。正在桌边给扬写信的肖邦决定活跃一下气氛，给日维尼读了一段他写的信，想展示一下他散文中的“音乐性”。日维尼听完之后十分高兴，他整了整假发，“拍拍手，吸了口鼻烟，擦了擦鼻子，把手帕卷成了小号的形状，然后放进了他那垫得厚厚的绿夹克里”。肖邦故意拼错了几个波兰语单体，以体现日维尼浓重的口音。小肖邦试着用语言模仿日维尼的笑声——从“哼，哼，呵，呵”渐强变成“嘻，嘻，嘻嘻嘻嘻”——也让我们再次看到了他的模仿天赋。CFC, vol. 1, p. 40; KFC, vol. 1, pp. 58–59.

日或生日的时候，尤斯蒂娜·肖邦会端上她做的拿手菜。日维尼喜欢坐在女主人的旁边，第一个品尝她准备的美味佳肴。但他的牙几乎都掉没了，因此看到他品尝肉丸、饺子，或是尤斯蒂娜最拿手的面包时，孩子们总会忍不住发出阵阵笑声。

日维尼是唯一正式教过肖邦的钢琴老师。6 年之后，在肖邦 12 岁的时候，他们就不再上课了。从那之后肖邦开始在键盘上探索自己的道路，凭借着钢琴方面的过人天赋，19 岁时他已经成为一位成熟的演奏家，并已经开始创作《十二首练习曲》（op.10）中的第一首，以便给自己一些新的技术性挑战。作为老师，日维尼最出色的一点就是他没有干预肖邦的发展，而是允许肖邦去探索自己的道路。日维尼自己也是一位作曲家，虽然他的作品没有一首流传至今，但他通过授课对一位作曲家的未来产生了影响。他通过胡梅尔（Hummel）、莫扎特、里斯（Ries）及贝多芬的早期作品让肖邦了解到了音乐是如何构建的。当时贝多芬的作品引起了人们的一些争议，但也开始在华沙流行起来。不论练习什么曲目，日维尼总会给肖邦介绍一些有益的历史背景和作曲家的生平。

III

在肖邦师从日维尼的这些年里，日维尼总是鼓励肖邦进行即兴演奏和创作。对于肖邦而言，这两者的区别不大，因为他的创作都是从即兴演奏开始的。他的创作也从未真正离开过钢琴。肖邦 7 岁时已经写出不少波兰舞曲和变奏曲。这些乐曲没能被保存下来，但我们可以从华沙的报纸上了解到它们的存在。肖邦在 1817 年出版了第一部作品，一首 g 小调的波兰舞曲，题词中写着“致维克图瓦·斯卡贝克尔（Victoire Skarbek）伯爵夫人，弗里德里克·肖邦，8 岁的音乐家”。优雅的法语题词和工整的手稿可能都出自日维尼之手。这位老师 51

在游说伊齐多尔·西布尔斯基（Izydor Cybulski）神父的私人出版社印刷发行肖邦的作品时也发挥了重要作用。乐曲的受题献者是卢德维卡伯爵夫人的外甥女维多利亚·斯卡尔贝克（Wiktoria Skarbek）①。这首波兰舞曲和年少的作曲家受到了波兰报纸的赞美。

> 这首波兰舞曲的作者，一个年仅8岁的男孩，是华沙中学法语语言文学教师米柯瓦伊·肖邦先生的儿子，是一位真正的音乐天才。他不仅能够以高超的技艺、出色的理解力演奏难度极高的钢琴曲，而且已经创作了不少舞曲和变奏曲。他的作品引得音乐鉴赏家惊叹不已，尤其是考虑到他的年纪还如此之小。如果这个孩子出生在德国或法国，他一定已经享誉各国了。希望这篇评论能够让人们意识到，我们的国家里也出现了天才，但由于缺少宣传，他们还未能引起社会的广泛关注。②

对于一个儿童而言，能写出这样的作品实属不易，甚至可以与莫扎特这个年纪时的作品媲美。开篇的几个小节抓住了波兰舞曲庄严雄壮的特点。而在第五小节出现了一个连绵的琶音，横跨四个半八度，让钢琴广阔的音域在指尖下跃动。在这里儿童成了成人的父亲。同样值得注意的还有开篇主题的后半部分（最后五小节），右手大胆地越过了左手——横跨了三个八度——这一点无疑赢得了评论家们的赞叹。从这首早期

① 并非如多数文献中所说是她的女儿。维多利亚的父母多年前就分开了，卢德维卡伯爵夫人在热拉佐瓦沃拉收留了母女俩，她们也因此结识了米柯瓦伊和尤斯蒂娜·肖邦。肖邦出生的时候，维多利亚（1791~1828）就住在热拉佐瓦沃拉，也许因此人们误以为她是卢德维卡的女儿。

② Pamiętnik Warszawski（Warsaw Album）, vol. Ⅳ, book Ⅹ, 1818.

《g 小调波兰舞曲》乐谱第一页（1817 年）；由 I. J. 西布尔斯基（I. J. Cybulski）平版印刷

的波兰舞曲中可以看出米哈乌·奥金斯基（Michał Ogiński, 1765~1833）亲王对肖邦的影响，奥金斯基是一位战斗英雄，也热衷于在战场外进行音乐创作。战场上他与塔德乌什·柯斯 52
丘什科将军并肩对抗俄军，其神勇表现致使叶卡捷琳娜大帝悬赏取他的性命。在肖邦这个年代的所有年轻人眼里，奥金斯基是一位民族英雄。他创作了 20 多首为钢琴而作的波兰舞曲，包括带有爱国主义色彩的乐曲《向祖国告别》，肖邦音乐中的气质也和这首乐曲中的忧郁气质有异曲同工之妙。《g 小调波兰舞曲》中左右手交错的演奏技巧可能也曾在奥金斯基的作品里出现过。

IV

肖邦作为钢琴演奏者第一次公开亮相是在 1818 年 2 月 24 日，当时他还不到 8 岁。日维尼急于将这位天才学生展示给华沙的权贵们，因此他可能也参与策划了这场音乐会。这是一场慈善音乐会，由亚当·恰尔托雷斯基（Adam Czartoryski）亲王的女儿索非娅·扎莫伊斯卡（Zofia Zamoyska）伯爵夫人赞助，地点设在拉齐维乌宫，邀请了不少华沙的名门望族参
53 加。不久前这位伯爵夫人刚刚成立了华沙慈善协会（Warsaw Charitable Society），为拿破仑战争中受重伤或流离失所的数千名波兰人筹集并发放善款。① 当时协会的主席是诗人及政界元老尤利安·乌尔森·聂姆策维奇（Julian Ursyn Niemcewicz），他也是波兰宪法的签署人之一。小肖邦演奏了阿达尔伯特·吉罗维茨（Adalbert Gyrowetz）的一首《e小调协奏曲》，这位作曲家与日维尼一样是波希米亚人，创作了 30 首歌剧、19 首弥撒曲和 60 首交响乐——其中有一两首由于过于出色，常被误认为是海顿的作品。这首技巧华丽但略显肤浅的协奏曲非常符合当天听众的品味，能展示出演奏者的高超技巧，同时又不需要观众全神贯注地聆听。这位年幼的音乐大师演奏得如此镇定自若，他瞬间就成了华沙上流社会的“宠儿”。还有一些音乐家也参加了这场音乐会，但只有肖邦被历史铭记。据说尤斯蒂娜给弗里德里克置办了一身当时流行的英国男童装扮，短灯笼裤搭配白色蕾丝领子的黑天鹅绒礼服。弗里德里克回到家时，尤斯蒂娜问他观众最喜欢的是什么，据说他的回答是：“我的领子，妈妈！”② 姑且不论这个著名的轶事是真是假，但确实要承认这很符合我们对成年后的肖邦的了

---

① 2 月 21 日《华沙公报》上的一则公告写道：“音乐以柔和的旋律触动我们的灵魂，轻柔地激起我们的情感，无疑有助于缓解人类的痛苦。”公告将这位少年钢琴家的名字写成了“乔邦”（Schoppin），并补充说票价“同平常价格”——这是票价非常高的委婉说法。

② 肖邦的妹妹伊莎贝拉向卡拉索夫斯基讲述过许多诸如此类的家庭轶事，后者将这则轶事写进了其具有开创意义的肖邦传记里。KCLB, p. 19.

解。他对自己的外貌形象一丝不苟，甚至到了有些偏执的程度。演出前他总要找来裁缝、发型师、贴身男仆，满足所有要求后才能上台接受观众的检验。

首演成功之后，弗里德里克被华沙的报纸称为“波兰的莫扎特”，很多大门也向他敞开。波兰的名门望族，包括扎莫伊斯基（Zamoyski）、萨皮耶哈、切特维廷斯基（Czetwertyński）、拉齐维乌、恰尔托雷斯基、卢贝茨基（Lubecki）、沃利茨基（Wolicki）和普鲁萨克（Pruszak）等家族，都邀请这位音乐神童到他们的沙龙里演出。亚历山德拉·坦斯卡（Aleksandra Tańska）曾参加过这样的一场聚会，她在日记中写道：“格拉博夫斯卡（Grabowska）邀请我参加她的晚会——一场大型的聚会。其间小肖邦弹了钢琴——这个孩子还不到8岁，但据艺术鉴赏家说，他可能会取代莫扎 54
特。”[1] 肖邦也许没能“取代莫扎特”，但和这位被相提并论的奥地利神童一样，肖邦的艺术人格也是在贵族的豪华宅邸里形成的。小肖邦早期的演出经历都是在华沙的沙龙里给波兰的权贵和他们的朋友们弹琴。肖邦与切特维廷斯基和拉齐维乌家族关系最好。依达莉亚·切特维廷斯卡（Idalia Czetwertyńska）公主的两个儿子卡利克斯特（Kalikst）和博雷斯（Borys）后来成了肖邦在华沙中学的同学。肖邦与拉齐维乌家族关系更近，后来肖邦还多次到拉齐维乌家的安东宁庄园做客，在很多文献资料中都能找到相关记载。拿破仑战争的动荡过后，波兰会议王国在1815年成立，这时肖邦只有5岁。新秩序带来的稳定环境为波兰首都的文化发展提供了必要条件。在这之后的

① 亚历山德拉·斯塔尔切夫斯卡（娘家姓坦斯卡），《我的生平故事》（*Historia mego życie*），华沙，1842, p. 243。亚历山德拉是肖邦姐妹们喜欢的波兰儿童故事作家克莱门蒂娜·坦斯卡的姐姐。

15 年里，贵族的沙龙成了华沙艺术生活的中心。喜剧、诗歌朗诵、艺术展、室内音乐会都在这些鎏金的宅邸中举行，从某种意义上说这些宅邸在首都文化生活中的重要性不亚于波兰国家剧院（Polish National Theater）和华沙音乐学院（Warsaw Conservatory）。这样的情况一直延续到华沙起义失败，之后所有活动都停止了。在这 15 年里肖邦成长为一名音乐家，1830 年 11 月起义爆发前不久他离开祖国时已经羽翼丰满了。[1]

我们不知道小肖邦是否会怯场，但可能性不大，因为他似乎很享受人们给予他的高度关注。之所以提到这一点，是因为这与他成年后公开演出前所承受的痛苦形成了鲜明对比。肖邦从很早开始就不喜欢举办大型音乐会，这一点从 1830 年他在维也纳第一次亮相的时候就初见端倪。后来，肖邦在法国定居之后，乔治·桑也曾取笑过他不愿在公共场合演出已经到了病态的程度。有一次肖邦同意了一场演出之后，完全陷入了惊
55 慌失措的状态中，这被乔治·桑描述为“肖邦式梦魇”[2]。这样的问题从来没有在肖邦的童年时期出现过。在贵族的沙龙里，他的观众都是受人尊重的精英，他们能够欣赏他演奏中的细腻韵味，让他感到十分自在。这种私密的演奏环境是肖邦一生所钟爱的。他最后一次在巴黎登台演出时（1848 年 2 月），卡米耶·普莱耶尔（Camille Pleyel）用鲜花和地毯装饰了他的三百人音乐厅，并在钢琴旁摆了半圈椅子，让肖邦最亲密的朋友坐在这里——再现了沙龙里的气氛，好让肖邦能更自在地演奏。

1818 年 10 月，沙皇亚历山大一世的母亲沙皇皇后玛丽亚·

---

① 哈利娜·戈尔德贝格（Halina Goldberg）在 GCW（pp. 147–76）对华沙沙龙里的艺术生活进行了细致的描述。

② CGS, vol. V, p. 283.

费奥多罗芙娜（Maria Feodorovna）到访华沙。当时俄国皇室正在访问波兰会议王国，其背后真正的政治企图是吞并波兰。由于访问行程包括视察新成立的波兰大学，沙皇皇后也顺便造访了附近的华沙中学。全校师生对她表示欢迎，当她来到米柯瓦伊·肖邦的班级时，米柯瓦伊向她介绍了弗里德里克，当时弗里德里克虽然还不是中学的学生，但被米柯瓦伊偷偷带进班里来见沙皇皇后。弗里德里克向她献上了自己的两份舞曲手稿。这次与皇室的接触多半是肖邦的父亲安排好的，10 月 6 日的《通讯员公报》（*Correspondents' Gazette*）也报道了此事。如今这两首舞曲已无迹可寻，它们如同肖邦少年时期的其他作品一样，消逝在时间的长河中，这两首舞曲也未能引起皇后的注意。

与皇后见面后不久，可能也是因为这个缘故，弗里德里克被召进波兰会议王国总督康斯坦丁·巴甫洛维奇·罗曼诺夫（Constantine Pavlovich Romanov）大公的住所布吕尔宫（Brühl Palace）演出。康斯坦丁是沙皇亚历山大的弟弟，小肖邦创作的一首军队进行曲给他留下了深刻印象，他让人重新编曲，并让军乐团在他经常用以检阅部队的萨克森宫阅兵场上演奏。后来这首乐曲没有以肖邦的名字出版，如今也无迹可寻了。

布吕尔宫是俄国统治力量的所在地，康斯坦丁的政治指令都是从这里发出的。自从波兰会议王国成立并成为俄国的附属国之后，他就开始对波兰进行全权统治。 56

康斯坦丁通常被认为是个残暴的人，从扁平的脸庞就能看出他粗野的性格。他对波兰人的恶劣行径也让他招致不少骂名。一位作家将他形容为“古怪，甚至疯狂”。他情绪暴躁、喜怒无常，稍被激怒就会大发雷霆。作为波兰军队的统帅，他经常会 24 小时一刻不停地操练士兵，直到怒气平息，时常导

1825 年，康斯坦丁大公在萨克森广场上集结部队悼念沙皇亚历山大一世逝世；扬·费利克斯·皮瓦斯基（Jan Feliks Piwarski）的平版印刷画（1829 年）

致士兵和马匹的死亡。[1] 因此，全军上下怨声载道，对他喜怒
57 无常的指挥敢怒不敢言。康斯坦丁有时只是因为一时兴起就对普通士兵施以侮辱人格的惩罚，这直接导致了波兰士兵的高自杀率。[2] 由于士兵的一点小错就公开处以鞭刑的例子不在少数，不禁让人好奇他的这种不健全的人格是如何形成的。

V

其实我们从康斯坦丁的祖母叶卡捷琳娜大帝身上就能找到答案，她为康斯坦丁的成长营造了一个不良的环境。我们也不

① NFC, vol. 1, p. 33. 阅兵每周进行一次。几百名步兵构成紧密的方阵，军官骑在马上——有些阅兵式是大公亲自编排的。小弗里德里克在卡齐米日宫的家中应该可以定期看到阅兵，但这件事可能没有给他留下深刻的印象。MFPC, pp. 19–20.

② CM, vol. 2, p. 309.

妨简单了解一下康斯坦丁严酷的成长环境，这有助于我们了解为什么他后来会对波兰施以如此严酷的统治，而肖邦也是在这样的政治环境中长大的。

康斯坦丁出生之后不久，就被祖母叶卡捷琳娜从摇篮中抱走了。尽管康斯坦丁父母——她的儿子保罗大公和还没有从生产中恢复过来的玛丽亚大公夫人——极力反对，她还是执意要亲自抚养康斯坦丁，一如她亲自抚养了康斯坦丁的哥哥——后来的沙皇亚历山大一世。叶卡捷琳娜的培养方式颇为严苛，甚至可以说是严酷。从婴儿时期，两个男孩就过上了斯达巴式的生活。他们用冷水洗澡，睡在硬板床上。饮食十分清淡，屋里的温度不允许超过 15 摄氏度。此外，室内不能同时点燃两支以上蜡烛，以免空气变得污浊。他们甚至还要学习在园中耕地，种植蔬菜。叶卡捷琳娜已经为康斯坦丁规划好了他的宏图伟业。他是要肩负重任的。一旦叶卡捷琳娜打赢了眼下这场与土耳其的战争并将克里米亚变成附属国之后，康斯坦丁的使命就是统治君士坦丁堡并重建拜占庭帝国，这是她梦想中的世界，而康斯坦丁在其中要发挥重要作用。甚至在他出生之前，叶卡捷琳娜就已经为他起好了符合这远大宏图的名字。康斯坦丁有一个希腊保姆，是特地从纳克索斯岛（island of Naxos）找来的，为的是教他说一口流利的希腊语。因为如果未来拜占庭的皇帝不会说人民的语言，那就太不可思议了。

康斯坦丁最爱的一项活动是玩玩具士兵。他会在屋里摆上颜色各异的玩具士兵，熟练地用教科书上训练部队的方法摆弄 58
这些没有生命的小人，把他们从这里移动到那里。后来他操练真正的士兵，看着那些士兵因体力不支而倒下，这不过是他童年游戏的一种延伸。康斯坦丁实际的战绩并不出色，说明他缺乏作战的能力。

从孙子们的幼年一直到青少年时期，叶卡捷琳娜都在努力为他们物色合适的妻子，最好是跟她自己一样出身于德国上等贵族。这样不仅能保证罗曼诺夫微弱血脉的延续，也能加强她与欧洲的政治纽带。①康斯坦丁的新娘候选人最后落在了萨克森－科堡（Saxe-Coburg）家族的三名公主身上，她们被召集到莫斯科，并排站在年轻的康斯坦丁面前让他挑选。1796年2月，这场包办婚姻的婚礼在圣彼得堡举行时，新娘尤利亚妮（Juliane）公主14岁，康斯坦丁才17岁。1831年成为波兰流亡政府领导人的亚当·恰尔托雷斯基也出席了婚礼，后来他在回忆录中写到了这场婚礼上的怪诞仪式，并尖锐地评论道：

> [尤利亚妮]公主嫁给了一个刚刚成年、性格暴躁、喜怒无常的年轻人，他的性格已经引起了不少非议……这
> 59 是个令人惋惜的场景，一个美丽端庄的小公主因为一个男人随随便便的选择来到异国他乡，皈依当地的宗教，而显然她的丈夫不会关心她幸福与否。

对此他又加上了一句揭露真相的评论：“[康斯坦丁]跟他

① 罗曼诺夫的血脉确实非常微弱。叶卡捷琳娜与他人串通刺杀了她的丈夫沙皇彼得三世并获得了皇位，篡夺了她儿子、未来的沙皇保罗一世的继承权。实际上，保罗是否能够有资格戴上罗曼诺夫的皇冠也并无定论。一些历史学家认为他可能是叶卡捷琳娜和情人谢尔盖·萨尔季科夫（Sergei Saltykov）的私生子，因为叶卡捷琳娜的先夫沙皇彼得三世的一个严重缺陷就是不举。叶卡捷琳娜之所以对她孙子的未来有着近乎偏执的规划，很大程度上与这个不可告人的秘密有关：他们没有一丁点儿罗曼诺夫的血统。叶卡捷琳娜的死并没有她的人生那么辉煌。在一次与宫廷官员的会见之后，她去上厕所，坐在便桶上时突发严重的中风。由于身体被卡在了门后，侍从们很难移动她的身体。他们无法抬起她沉重的身躯，于是把她放在床垫上拖出了房间，她躺在床垫上昏迷了36个小时。叶卡捷琳娜的苏格兰医生约翰·罗杰森（John Rogerson）被传唤了进来，给她放了血，但最终没能救活她。每过几小时，侍从们就会战战兢兢地进入房间，查看她有没有生命迹象。最终在1796年11月17日晚9:45，叶卡捷琳娜被宣告死亡。

的密友说起蜜月的时候，用极其粗鲁的语言谈论他的妻子。”①

忍受了三年煎熬之后，尤利亚妮逃离这场婚姻回到了德国，并拒绝接受任何人调解劝说。

VI

肖邦第一次踏进布吕尔宫时，迎接他的就是这样的景象。之后不久，事情就变得更离奇了。与尤利亚妮公主分居多年之后，康斯坦丁获得沙皇的批准与她离婚。1820 年，他与波兰出生的乔安娜·格鲁津斯卡（Joanna Grudzińska）走进了一场门不当户不对的婚姻。乔安娜是沙皇皇室在波兰的典礼官亚当·布罗尼奇（Adam Bronic）的三个继女之一，他们一家住在皇家城堡里，几乎从康斯坦丁看到这位 20 岁金发少女的那一刻起，就决心让她先成为自己的情人，然后成为妻子。康斯坦丁对她十分着迷，为了能与乔安娜结婚，他将俄国王位让给了弟弟尼古拉。大婚之际，沙皇亚历山大给了乔安娜皇室头衔，将她封为沃维茨卡（Łowicka）王妃。乔安娜经常劝阻丈夫对波兰实施暴政，因此被称为“波兰的守护天使”，她在波兰人民眼中就是这样的形象。在私下里她经历了什么使得她和康斯坦丁永远地绑在了一起，我们不得而知，因为这是他们的私事，而康斯坦丁也似乎越来越喜怒无常。

1822 年，康斯坦丁和他的大批随从搬进了华沙郊区刚竣工不久的雄伟城堡贝尔维德宫（Belvedere Palace），在那里
继续他的暴政。②来到贝尔维德宫的人们一定会对宫殿里来来 60

① CM, vol. 1, pp. 103–104.

② 与大多数资料里的说法不同，幼年时期的肖邦并没有在贝尔维德宫演出过。贝尔维德宫是沙皇亚历山大在 1818 年买下送给康斯坦丁的，但 1818~1822 年进行了翻修，当时康斯坦丁并没有住在里边。直到 1822 年肖邦才第一次到贝尔维德宫演出。MCW, pp. 74，76.

往往、形形色色的用人感到惊奇，这里有人高马大的退伍胸甲骑兵，也有穿着制服的侏儒，其中有一个是康斯坦丁从土耳其战役中带回来的。沃维茨卡王妃经常邀请肖邦来这里为康斯坦丁和宾客们演出。她相信这个男孩的演奏能够安抚她丈夫的不稳定情绪。有一次康斯坦丁发现小肖邦即兴演奏时眼睛注视着天花板，就问他是不是在那里“找到音符的”。也许大公自己都没意识到这句话的深意，即便是在这个年纪，肖邦的灵感似乎就来源于钢琴键盘以外的地方。由于经常去城堡演出，肖邦和康斯坦丁的私生子保罗成了朋友。保罗是康斯坦丁与他之前的法国情妇约瑟芬·弗里德里希（Josephine Friedrichs）生下的孩子。康斯坦丁与乔安娜·格鲁津斯卡结婚时，将这个情妇嫁给了一个名叫古斯塔夫·韦斯（Gustav Weiss）的俄国上校，但把他心爱的儿子留在了身边。保罗只比肖邦大两岁，有时会在他的法语家教亚历山大·德·莫里奥罗勒（Alexandre de Moriolles）伯爵的陪伴下突然造访肖邦家，坐着俄式的四驾马车——四匹马并驾齐驱，最外面的两匹马上分别坐着一个哥萨克人（Cossack）——把肖邦接到贝尔维德宫。所有人都知道这代表着什么：大公再次无端发怒，沃维茨卡王妃担心引发严重后果，于是叫小俄耳甫斯来施展魔力驱散宫殿里的恐怖气氛。

莫里奥罗勒伯爵有一个女儿，名叫亚历山德里娜（Alexandrine），肖邦为康斯坦丁演奏完，经常会与她和保罗一起跑到花园里玩耍。亚历山德里娜和肖邦互相怀有纯洁的爱慕之情，对于肖邦来说，这种情愫可能只是他青少年时期对一个更为成熟的女性产生的“迷恋”。亚历山德里娜比肖邦大 9 岁，并非如多数肖邦传记中所说是个孩子。肖邦用她的姓给她起了个亲切的外号，在书信中称她为“莫里奥罗卡”
61 （Moriolka）。而她将肖邦称为“小魔鬼”，可能是因为他时常开玩笑地偷吻她。肖邦可能是为数不多的与这位少女建立了正常情谊的人。生活在贝尔维德压抑气氛下的人很难过上正常的生活。肖邦曾经教莫里奥罗卡弹钢琴，和她一起弹二重奏，这些都成了她与世隔绝的生活中的亮点。所以当她看到自己的名字出现在肖邦《F 大调玛祖卡舞曲型回旋曲》（op.5，1826）的题献页上时，她一定十分开心，她也因此被一些后人所铭记。亚历山德里娜也十分珍视这份友情。1830 年 3 月 22 日，肖邦在华沙国家剧院为人数众多、品味高雅的观众演奏《克拉科维亚克回旋曲》（Krakowiak Rondo）和《f 小调协奏曲》并大获成功后，亚历山德里娜送了肖邦一个大花环，祝贺他在音乐上征服了这个城市。

VII

1819 年 11 月 21 日，意大利女高音歌唱家安洁丽卡·卡塔拉妮（Angelica Catalani）在华沙举行了观众们期待已久的演出。她是美声唱法界公认的明星，在市政厅举行了四场极其成功的音乐会。在此期间她住在亲戚康斯坦蒂·沃利茨基（Konstanty Wolicki）家，也正是在沃利茨基家高雅的沙龙里，小肖邦听到了卡塔拉妮的歌声，而她也请小肖邦弹了钢琴。她非常欣赏肖邦的演奏，送了肖邦一块金表，这块表被他作为珍贵的纪念品终身收藏。表上的题词写着：

> 卡塔拉妮夫人
> 赠予 10 岁的肖邦
> 于华沙
> 1820 年 1 月 3 日

肖邦与华沙贵族的交往很大程度上塑造了他的个性。肖邦

长大后展现出的文雅气质经常在巴黎和伦敦沙龙里为人称道，
而这些都与他的早年经历有关。无论面对多么显赫的人物，肖
62 邦从来都镇定自若，他熟悉波兰贵族特有的官爵头衔和排场盛
大、能追溯到18世纪或更早的古老习俗。在巴黎的沙龙里，
尤其是在有期盼收复祖国的波兰流亡者参加的沙龙里，肖邦身
上的这种气质总能受到人们的称赞。

1823年2月到3月，肖邦又为华沙慈善协会举行了两场演出，这次是在索非娅·扎莫伊斯卡（Zofia Zamoyska）伯爵夫人的宅邸里（由于屋顶的颜色而被称为“蓝宫”）。宅邸的配楼里住着很多艺术家和杰出的知识分子，因此这里也被称为“波兰的雅典”。2月24日，肖邦在音乐学院交响乐团的协奏下演出了费迪南德·里斯的一部钢琴协奏曲，由音乐学院教授约瑟夫·亚武雷克（Józef Jawurek）担任指挥。3月17日，协会又邀请他在第九届“音乐晚会”上演奏了几首独奏曲。这两场音乐会体现出弗里德里克是一位早成的艺术家，也成为他钢琴演奏事业的转折点。2月26日，《女性信使报》（*Kurier dla Płci Pięknej*）总结道：“可以确定地说，我们从未在首都见过这样一位演奏家，他在这么小的年纪就能轻松演奏如此高难度的曲目，无与伦比的柔板展现了出色的表现力和准确度。”此外，为避免读者抓不住重点，《女性信使报》还将音乐会称为民族的骄傲：

> 在最近一期莱比锡《音乐广讯报》（*Allgemeine musikalische Zeitung*）中，一篇来自维也纳的文章报道称，有一位同样年轻的业余钢琴家利斯特（List）[误]在演奏胡梅尔的协奏曲时以其准确、自如及力度震惊了所有人。这次音乐晚会之后我们完全不必羡慕维也纳出了一位利斯特先生，因为我们的首都也有一位毫不逊色，甚至

可能更出色的演奏者，他就是年轻的肖邦先生。[1]

据我们所知，这是李斯特和肖邦第一次被人们拿来对比， 63
此后公众对于两人孰优孰劣的讨论就从没有停息过。

此时日维尼的课对于肖邦来说已经显得多余了。这个 12 岁的男孩已不能再从这位老师那里学到什么了。但两人的感情依然很深，尽管课程马上就要结束了，日维尼仍是肖邦家中一个不可替代的角色。用肖邦的话讲，他仍“给我们带来欢乐”[2]。肖邦再也没有跟别的老师正式学习过钢琴，这也许是他能给这位老师的最大赞美了。此前肖邦为表达他的感激之情，在一首《降 A 大调波兰舞曲》中致敬了日维尼，乐曲的题献词为：“献给 A. 日维尼先生，感谢他对弗里德里克·肖邦的栽培，于华沙，1821 年 4 月 23 日。”4 月 23 日是圣沃伊切赫的纪念日，即日维尼的命名日，这一天弗里德里克为老师演奏了他新作的曲目，让日维尼颇为惊喜。

VIII

1823 年的夏天，肖邦到热拉佐瓦沃拉的斯卡尔贝克家做客，在那里度过了一个短暂的假期。经过几个月的用功学习，他通过了华沙中学的入学考试，被分到了四年级。为庆祝通过考试，肖邦和家人来到热拉佐瓦沃拉，呼吸波兰乡间清新宜人的空气，为新学年的紧张课程养精蓄锐。在肖邦一家离开后的十三年里，热拉佐瓦沃拉发生了很多变化。1814 年，原本的庄园宅邸被大火烧毁（可能是拿破仑撤退时的一支分队造成

---

① 1822 年 12 月 1 日，11 岁的李斯特在维也纳演奏了胡梅尔的《a 小调协奏曲》并引起了轰动。1823 年 1 月的《综合广讯报》用夸张的语言将这位匈牙利的天才描述为“从云朵上跌落的演奏大师”以及“小赫拉克勒斯”。

② CFC, vol. 1, p. 81; KFC, vol. 1, p. 80.

的），只有右侧的配楼幸免于难。①卢德维卡伯爵夫人的大部分财产都被大火烧掉了，但她成功地重建家业，1818 年她将庄园卖给了儿子弗里德里克·斯卡尔贝克，之后继续住在这里。在热拉佐瓦沃拉温暖的夏夜里，她让仆人把钢琴推到草坪
64 上，请肖邦为全家人举行一场即兴的音乐会，音乐也总会引来当地村民的围观。如果不是因为俄国作曲家米利·巴拉基列夫（Mily Balakirev）曾在 1894 年前往热拉佐瓦沃拉参加他本人推动举行的肖邦纪念碑揭幕仪式，我们可能永远不会知道这些事。当时巴拉基列夫遇到了一位年迈的村民，这位年过八旬的老人安东尼·克雷夏克（Antoni Krysiak）认识肖邦一家，他回忆起了当时的场景。

> 在一个星光璀璨的美好夜晚，庄园里的人把钢琴推到室外的云杉树下。弗里德里克先生经常在树下弹琴……他即兴的演奏让听者着迷，热泪盈眶。音乐声飘过果园，飘进村民们的耳朵里，他们也来到庄园，站在栅栏外听这位华沙来的小客人演奏……弗里德里克经常来斯卡尔贝克先生家过暑假。②

在遥远年代的亲历者当中，年事已高的克雷夏克是为数不多还健在的一位，因此组织者给了他一件带腰带的新长袍和一顶上好的羊皮帽，邀请他出席了揭幕仪式。如今我们还能找到

---

① H-BZW.

② 亚历山大·波林斯基（Aleksander Poliński）《肖邦故居现在怎么样了？》（Co się dzieje z domkiem rodzinnym Chopina?），发表于《漫步者》（*Wędrowiec*），1891 年 11 月，第 101~102 页。另见亚历山大·赖赫曼（Aleksander Rajchman）发表于《华沙音乐、戏剧及艺术回顾》（*Warsaw's Musical, Theatrical, and Artistic Echo*）的文章《肖邦的摇篮》（Kolebka Chopina），1891 年 11 月 2 日。

他穿着这身衣服出席典礼的照片。[1]克雷夏克的回忆也不一定准确，因为巴拉基列夫说这位老村民有时会把斯卡尔贝克和肖邦弄混。此外，学者也经常指出在资料中只能找到两次肖邦回到出生地的准确记录：一次是在1825年12月24日，那时是初冬，他不太可能在室外演奏；另一次是1830年的夏天，在他永远地离开波兰之前不久，这和克雷夏克的回忆也不是非常吻合。但肖邦也可能经常回到出生地。热拉佐瓦沃拉距离华沙仅60公里，坐马车当日就可以往返。巴拉基列夫和安东尼·克雷夏克的相遇是毋庸置疑的，而关于肖邦造访热拉佐瓦沃拉的第一手证词也可以通过其他人的说法来证实。肖邦未婚妻玛丽亚·沃津斯卡（Maria Wodzińska）的妹妹约瑟法·科希切尔斯卡（Józefa Kościelska）在接受费迪南德·赫西克（Ferdynand Hoesick）采访时，说肖邦有时会在暑假去热拉佐瓦沃拉住一段时间，她也曾和肖邦一同去过那里。[2] 65

让我们再回到华沙，1823年9月15日，肖邦穿上了华沙中学规定的校服（并且穿了三年），走下分隔学校住宅区和教室的楼梯，踏进了卡齐米日宫一层的四年级教室。这是十几岁的肖邦第一次踏入正式课堂，在老师的监督下学习。此前他一直在家跟着父亲和辅导住宿生的家教上课，所以新环境可能会让他感到胆怯。但从肖邦坐下的那一刻起，他便发现身边都是自己的朋友。坐在同一组的有尤利安·丰塔纳、多米尼克·杰瓦诺夫斯基、扬·马图辛斯基和多米尼克·马格努谢夫斯基，都与他年龄相仿。而老师都是米柯瓦伊·肖邦的同事，有一些还是他的邻居。自华沙中学创立以来，校长塞缪尔·林德聚

① 复印版照片请见KCOL, p.98；巴拉基列夫的回忆请见1949年10月10日的《苏联音乐》（*Sovietskaya Muzyka*）。

② HSC, Part Two, pp. 287–88.

集了华沙知识阶层中的精英。他们在肖邦的各类传记中很少被提及，这里我们进行一个简单的介绍：瓦迪斯瓦夫·亚西辛斯基（Władysław Jasiński）教授数学，瓦茨瓦夫·马切约夫斯基教授古典文学，约瑟夫·斯克罗茨基教授化学和科学，托马什·杰孔斯基主讲波兰文学，塞巴斯蒂亚诺·钱皮（Sebastiano Ciampi）则教授古典语言学和希腊语。德高望重的画家齐格蒙特·沃格尔当时已经60岁，他是波兰最优秀的油画大师，在华沙中学教授绘画和透视法。这些导师为学生提供了波兰最好的教育，对他们的发展产生了深远影响。

66 华沙中学纪律严明又不失慈爱。林德很受学生们欢迎，他总是透过无框眼镜凝视着学生，认真地听他们朗读作业，他把学生称为“我的孩子们”。

> 他经常为请病假的老师代课［米柯瓦伊家的一个小寄宿生欧斯塔黑·马里尔斯基这样写道］。一般他会讲解西塞罗（Cicero）的演讲……他的课是那么有趣，讲授的知识是如此丰富！……有时他给文学老师代课……我们会感觉时间怎么过得这么快，我们意犹未尽。看到这种情况，如果课没有讲完，他会在休息日把我们叫到教室，再讲几个小时的课。上完他的课之后，其他老师的课都会显得索然无味！①

虽然我们很难整理出肖邦的课程表，但一般认为他学习了现代语言、波兰史、古典文学（包括一些拉丁语）、数学和绘画。尤其在绘画上，他展现出了过人的天分，在齐格蒙特·沃格尔的指导下，小肖邦的速写本很快就画满了从各个制高点俯瞰华沙和周边地区的铅笔画。小肖邦也擅长画人物，不仅经常画同学的漫

---

① HSC, Part One, p. 91; KCOL, p. 64.

画，有时也画教授。当塞缪尔·林德听说肖邦画了这样一幅肖像向他“致敬”时，他没收了这幅作品。但据说他又把画还给了肖邦，还称赞“画得不错！”，可见这幅画一定有些艺术价值。肖邦 15 岁时为林德绘制的一幅更为正式的粉笔画被保存了下来，如今藏于拉多姆市美术馆（Municipal Museum of Radom）。

恶作剧、漫画和波兰曲折历史中的英雄传说都是肖邦青少年时期生活中的一部分。一天的学习结束后，男孩们有时会围在肖邦家的钢琴旁，伴着肖邦的配乐，听波兰的历史传说，或在暮色中轮流讲鬼故事。欧斯塔黑·马里尔斯基曾回忆起这样的夜晚：“傍晚，当我们有一些可自由支配的时间时，我们会讲讲波兰的 67
历史传说，比如瓦迪斯瓦夫三世（Warneńczyk）国王之死、若乌凯夫斯基（Zółkiewski）的事迹，或是统治者的征战，小肖邦会在钢琴上把故事演奏出来。有时他的音乐会让我们落泪，日维尼也为他的演奏所陶醉。很快弗里德里克就在华沙出名了。”①

据米柯瓦伊家的寄宿生卡齐米日·沃津斯基说，有一次孩子们疯闹起来，当天负责的数学老师安东尼·巴钦斯基无法控制住他们。弗里德里克进来看到了这个混乱的场面后，便将所有同学召集到钢琴旁，承诺给大家讲一个冒险故事，说的是一群强盗打算趁夜打劫一户人家，并用钢琴给这个情节剧配乐。强盗爬上梯子，正准备从窗户翻进屋里时，突然屋里传出了声响，他们被 68
吓得赶快躲进草丛的阴影里。故事讲得很精彩，更不用说肖邦的配乐了，随着夜色渐深，孩子们被不知不觉地带入了梦乡。随后弗里德里克用一声巨响把孩子们叫醒了。很难想象这位后来成为“绝对音乐”领军者的作曲家会为一个故事即兴配乐，尤其是这样一个不太符合他风格的故事。这让传记作家尼克斯不得不在正式叙述肖邦生平之前承认：“那些认为绝对音乐领域之外再无救

① HSC, Part One, p. 90; KCOL, p. 68.

塞缪尔 · 林德博士；肖邦绘制的粉笔画（约 1825 年）

赎的人……会伤心地摇头。”[①] 不管怎样，这件事让那些在“绝对音乐领域之外”的、坚持认为肖邦后来有一两部作品可能受到了某些未说明的主题影响的人获得了些许安慰。

弗里德里克也有着过人的模仿天赋。他能敏锐地观察到滑稽的事物，还能根据角色特点变化表情或把身体弯曲成几乎任何形状。弗里德里克小的时候身体非常灵活，可以把脚绕过脖子扮演小丑。他能让观众捧腹大笑，也能让他们动容落泪。有时，他还会扮演一些出人意料的角色吓观众一跳，如自负的讲师、谄媚的乞丐，或是放高利贷的犹太人，仿佛他早就准备好了这些角色可以随时表演。他也能根据角色的特点变换声音，时而洪亮，时而哀鸣，时而恳切，时而狡黠。如果肖邦没有成为

① NFC, vol. 1, p. 50. 安德鲁 · 卡里克 · 高（Andrew Carrick Gow）通过画作《肖邦的音乐故事》（*A Musical Story by Chopin*, 1879 年）纪念了这一场景，该画藏于伦敦的泰特美术馆。

音乐家，可能会成为一个演员。多年后肖邦在诺昂给乔治·桑的客人表演角色模仿时，乔治·桑也是这么说的。费迪南德·希勒（Ferdinand Hiller）从未忘记，那年在巴黎肖邦走进卢德维卡·普莱特（Ludwika Plater）伯爵夫人的沙龙，扮演成皮埃罗（意大利即兴喜剧中的一个丑角），在他的波兰同胞身边蹦蹦跳跳了一个小时后，一句话没说就走了。[①]

当时塞缪尔·林德的情况十分令人同情，他的妻子卢德维卡 69
刚刚去世，留下了两个年幼的女儿，卢德卡和安娜。他一直希望能生个儿子继承家业，但是妻子怀孕五次都是死胎，而这时他已经 51 岁了。他仍不放弃，又娶了一个年纪只有他一半的姑娘路易莎·努斯鲍姆（Luiza Nussbaum），结果又生了四个女儿。林德的家庭生活和他越来越多的女儿成了学生间闲聊的话题。他的第二任妻子生下第一胎时，人们误把期待当作事实，误传他生了个男孩。“是个男的！”在写给扬·比亚沃布沃茨基的信中，弗里德里克用他仅会的几个拉丁语词宣布道：“林德，是的林德，有继承人了。”但在这封信的后半部分，他不得不因收到了新的消息而更正之前的说法。“抱歉！是个女的，不是男的。”[②]

IX

1824 年，随着夏季的临近，弗里德里克虚弱的身体和消瘦的外表让家人担心了起来。他一整年都在辛勤地学习各类课程，包括一些没接触过的新课程。肖邦是个完美主义者，他希望每一科都能取得优异的成绩。父母请来家庭医生弗朗索瓦·吉拉尔多（François Girardot）给他开了一些增进食欲的药片，帮助他增加体重。吉拉尔多制定的食谱让肖邦难以忍受，

---

① NFC, vol. 1, p. 256.

② CFC, vol. 1, pp. 56–57; KFC, vol. 1, p. 67.

他每天要喝半酒壶的草药茶、6杯烤橡子咖啡来促进消化，再抿几口甜酒（他不喜欢这种酒），吃大量成熟的水果。吉拉尔多是一个著名的内科医生，曾经在拿破仑麾下的波兰轻骑兵团担任外科医生，在1814年与俄军作战时中弹失去了一条腿。华沙很多上流家庭都请他做家庭医生，因此他开出的这看似普通的药方其实不可小觑。

多米尼克·杰瓦诺夫斯基是弗里德里克在华沙中学的同班同学，他从1822年开始就在肖邦家寄宿。他的父母在华沙西北方向200公里外的马佐夫舍省萨伐尼亚村拥有大量地产。当多穆希邀请弗里德里克陪他一起回庄园度暑假时，尤斯蒂娜和米柯瓦伊非常支持，因为在乡间小住无疑有益于弗里德里克的
70 身体健康。前文我们提到大约30年前，米柯瓦伊还没结婚的时候曾在萨伐尼亚给多米尼克的父亲尤利乌什做法语家教，正是通过这层关系，尤利乌什才把多穆希送进了华沙中学。米柯瓦伊很怀念萨伐尼亚，因此不久后他也前往萨伐尼亚与弗里德里克和杰瓦诺夫斯基一家相聚。

出发之前，弗里德里克先要完成学校的功课，并参加期末考试，为此他熬夜学习。期末典礼在7月24日举行，由卡利斯基（Kaliski）主教主持，全校师生都参加了这一重要仪式。教育部部长也出席了典礼，发表了讲话，并宣读了优秀学生名单。获得表彰的学生包括多米尼克·杰瓦诺夫斯基、尤利安·丰塔纳和威廉·科尔贝格。两名学生获特等奖：弗里德里克·肖邦和扬·马图辛斯基。肖邦的奖品是加斯帕尔·蒙日（Gaspard Monge）编写的《全国及各地区学校统计数据概要》——肖邦传记作家卡齐米尔·维申斯基（Casimir Wierzyński）曾幽默地称这个奖品“荣誉大于乐趣”。[①]

---

① WLCD, p. 42.

游历波兰：萨伐尼亚的假期，1824 ~ 1825 71

> 目前为止我还没掉下过马背，因为马儿还没把我甩下去；不过要是哪天它想把我丢下去，我可能会摔得很惨。
>
> ——肖邦给威廉·科尔贝格的信[①]

I

毕业典礼之后的第二天，在多米尼克的姑姑卢德维卡的陪伴下，弗里德里克和多米尼克乘马车前往萨伐尼亚。杰瓦诺夫斯基家族在波兰很有名望，多米尼克的叔叔曾在拿破仑的轻骑兵部队里担任军官，作为将领的他在索莫谢拉山口（Somosierra Pass）的冲锋中牺牲。和他一同带领连队的军官以及连队中一半的士兵也英勇牺牲，但最终山口被拿下，一周后拿破仑占领了马德里。这一英雄事迹被波兰人广为传颂，杰瓦诺夫斯基一家也沾了光。杰瓦诺夫斯基家在萨伐尼亚的宅邸十分豪华，墙上挂着家族的族徽。多米尼克的父母尤利乌什和奥诺拉塔（Honorata）热情地欢迎了弗里德里克。[②]他们热爱
音乐，喜欢钢琴，也早就听说了弗里德里克的过人天赋。尤斯 72
蒂娜·肖邦按照吉拉尔多医生的要求，给奥诺拉塔提供了一份弗里德里克需要严格遵守的食谱。除了服用药片和药酒以外，吉拉尔多不允许肖邦吃当地人常吃的粗粮黑面包，要求他吃城里的细粮白面包，为此肖邦时常向父母抱怨。

---

① CFC, vol. 1, p. 13; KFC, vol. 1, p. 40.

② 奥诺拉塔是多米尼克的继母。多米尼克的父亲和母亲维多利亚（Wiktoria）于 1817 年离婚。顺带一提，杰瓦诺夫斯基一家的爱国情怀让他们付出了很大的代价。1831 年华沙起义失败后，尤利乌什因与波兰游击队合作，1833 年被俄国人逮捕，囚禁于华沙。获释后他仍处于警察的监视下。1838 年，他将萨伐尼亚庄园转让给了 27 岁的多米尼克，然后在附近的一个庄园里生活。而多米尼克也在起义中扮演了积极的角色，起义后被流放两年，1833 年回到家乡。1848 年因参与密谋反对俄国的革命活动而入狱。

II

弗里德里克早上7点起床。他每天练琴练到满足为止，见到喜欢的景色就画到速写本上，或是悠闲地在附近转一转，坐着杰瓦诺夫斯基家的马车神气地兜风，呼吸新鲜空气。弗里德里克也参加了不少体育活动，他会和多米尼克在萨伐尼亚的庄园里漫步，与房舍周围的奶牛和猪来个亲密接触（有时这些动物也会走进屋里），跟当地的居民闲聊，或是骑马兜风。有时这两个小伙伴会走得远一点，探访附近的索科沃沃（Sokołowo）、拉多明（Radomin）、罗德宗（Rodzone）、博切尼克（Bocheniec）等村庄。这是肖邦第一次亲身体验波兰的乡间生活，他感到十分开心。

8月10日，弗里德里克前往附近的索科沃沃，探望住在那里的朋友扬（亚希）·比亚沃布沃茨基。在索科沃沃，他给父母写了一封信，这是肖邦现存的最早的一封书信。弗里德里克首先在信中描述了他的日常生活，自嘲了自己第一次骑马的经历，他用一个无法翻译的双关语说："我骑在法语动词'connaître'（认识）的过去分词上。"［connaître的过去分词是connu，与波兰语中"koniu"（马）的发音相似。］然后他又回到关于黑面包以及能否让医生准许他吃黑面包这个重要的问题上。

73 索科沃沃

1824年8月10日，周二

亲爱的爸爸妈妈：

……我最近食欲很好，胃口也变大了，为了满足我瘪瘪的肚子，我需要医生批准我吃乡下的面包。吉拉尔多不准我吃黑面包，但他说的只是华沙的黑面包，不是乡下的黑面包。他不让我吃是因为黑面包是酸的，但萨伐尼亚的面包一点儿也不酸。前者是黑色的，后者是白色的。前者是用粗面粉做的，后者是用细面粉做的。总之如果吉拉尔多能尝尝的话，他会发现这种面包比其他面包还好，一定会允许我吃一些的，毕竟医生总是让病人吃他们医生自己爱吃的东西……我想吃的东西，母亲怎么会不允许呢？难道我还没有表达清楚我想吃乡下的面包吗？如果吉拉尔多在华沙的话，我可以请杰瓦诺夫斯卡夫人给我一块面包装在小盒子里寄给他。他只要尝一口，就会允许我吃的。所以看在我这么坚持的份儿上，希望你们能批准（卢德维卡小姐和约瑟法小姐①也同意，她们也觉得你们会同意的，于是有一次给我吃了一点），这样我就可以再也不提这件事儿了……

我们迫切地期盼父亲的到来，我恳求父亲从布热齐纳［华沙的一位音乐商］那里购买［费迪南德·］里斯的《四手联弹摩尔民歌钢琴变奏曲》并带给我。②我希望能和杰瓦诺夫斯卡夫人一起演奏。另外也请父亲带上我的药方，或带一瓶药来，我今天算了一下，剩下的药只够吃 27 天。

最后想向卢德维卡问一下父亲和母亲的健康状况，此外没有其他事情了。相信父亲的肾已经不疼了吧。热情 74
拥抱卢德维卡、伊莎贝拉、埃米莉亚、祖齐亚（Zuzia）、德凯尔特夫人和莱什琴斯卡（Leszczyńska）小姐。也向蚱蜢③和霍门托夫斯基（Chomentowski）问好。亲吻我

① 多米尼克的两位姑姑。

② 当时费迪南德·里斯新出版了一部四手联弹变奏曲，该乐曲是基于爱尔兰作曲家托马斯·摩尔（1779~1852）的《爱尔兰传统民歌》创作的。少年时期的肖邦也基于这一主题创作了自己的四手联弹变奏曲，1965 年人们发现了该作品的手稿。

③ “蚱蜢”是一个昵称，但目前不知道指的是谁。

挚爱的父母的手和脚。

你们的儿子，

F. 肖邦[①]

III

关于弗里德里克在萨伐尼亚小住时的情况，他自创的讽刺报纸《萨伐尼亚信使报》是最好的信息来源。这份报纸讽刺性地模仿了波兰当时的主流报纸——保守派的《华沙信使报》。弗里德里克是报纸的主编，也是唯一的撰稿人，使用“肖邦”的变体词“皮洪先生”（Mr. Pichon）作为笔名。《华沙信使报》上的报道都要经过审查才能发表，因此《萨伐尼亚信使报》也得经过审查，而这一重任落在了多米尼克的姑姑卢德维卡·杰瓦诺夫斯卡的肩上。《萨伐尼亚信使报》和《华沙信使报》一样，分为两个栏目。“国内新闻”主要报道萨伐尼亚当地的事情，“国外新闻”则报道周边地区的事情。肖邦用假正经的语气描述萨伐尼亚及周边乡村的生活，从每一页纸上都能看出他滑稽又顽皮的幽默感。他再一次讲述了骑马时的失败经历、农场里猪和奶牛的纷争、听到的原生态波兰民歌，以及在附近乡间探险时的各种奇遇。弗里德里克每隔一段时间就会给华沙的家人寄去一份《萨伐尼亚信使报》，也许是以此代替给家人寄去的他们期盼已久、可能也更愿意看到的书信，但当他们看到弗里德里克以国家要闻的形式描写田园风光时，大概也会会心一笑。以下段落节选自仅存的四期《萨伐尼亚信使报》，肖邦一共写了六期，另外两期已无处可寻。[②]

---

① CFC, vol. 1, pp. 6–9; KFC, vol. 1, pp. 37–38.

② 现存的四份《萨伐尼亚信使报》的复印件及其注释请见 CKS。

国内新闻 75

1824 年 8 月 16 日刊

> 8 月 11 日。弗里德里克·肖邦先生每天都骑马，他的技术如此高超，经常一动不动地——躺在地上。（经 L. D. 审查）
>
> 8 月 12 日。一只母鸡瘸了，一只公鸭与鹅打架的时候断了一条腿。一头奶牛病得很重，在花园里吃草……因此有关部门于本月 14 日颁布法令，禁止任何小猪仔进入花园，违者处以死刑。（经 L. D. 审查）

萨伐尼亚也有一些音乐之夜。晚饭结束后，大家会围坐在钢琴旁，举行一场即兴音乐会。肖邦有时会与杰瓦诺夫斯卡夫人一起演奏二重奏，但最精彩的还是肖邦的独奏。当时他新排练了一首卡尔克布雷纳的作品，这首难度很大的协奏曲让所有听众都为之折服。有时杰瓦诺夫斯基家里的一些音乐家客人也会参加音乐会，其中包括一位水平一般的柏林钢琴家赫尔·贝特尔（Herr Better），肖邦听了他的演奏后把他写进《萨伐尼亚信使报》嘲讽了一番。

> 8 月 13 日。赫尔·贝特尔的钢琴演奏表现了他过人的才华。这位柏林演奏家的风格与赫尔·伯格（一位斯科利莫的钢琴家）相似。他以极快的速度超越了拉戈夫斯卡夫人（一位当地的钢琴家），他的演奏让人感觉每一个音符都发自他的大肚子，而非发自他的内心。（经 L. D. 审查）

肖邦可能很不喜欢这种与他自身风格不同的“做作”演奏。后来他在巴黎定居后，还经常滑稽地模仿这些人的演奏，逗得朋友们大笑。

8月15日。昨晚有一只猫潜入更衣室，打翻了一瓶果汁。一方面这只猫被抓获后理应被处以绞刑，但另一方面它也值得嘉奖，因为它打翻的是最小的一瓶果汁。（经L. D. 审查）

76 **国外新闻**

1824年8月16日刊

8月16日。罗德宗村的一只狐狸咬死了两只无辜的公鹅。如有任何人抓获此肇事狐狸，请及时联系当地司法机关，有关部门将依照法律法规对狐狸严惩不贷。将肇事狐狸扭送至司法机关者将得到这两只公鹅作为奖励。

国内新闻

1824年8月27日刊

皮洪阁下饱受蚊子困扰……蚊子咬得他满身大包，但还好没有咬在鼻子上，否则鼻子就显得更大了。

8月25日。今天凌晨，公鸭先生偷偷溜出鸭舍，被发现时已溺死。公鸭的家人拒绝透露其自杀的原因。

国外新闻

1824年8月31日刊

8月29日。皮洪先生路过涅什扎瓦［肖邦可能指的是涅什科韦兹纳］时，碰到乡下的卡塔拉妮①坐在栅栏上扯着嗓子唱歌。他立刻就被吸引住了，仔细聆听歌曲的旋

---

① 指歌唱家安洁丽卡·卡塔拉妮，她在1820年曾送给弗里德里克一块金表。

律和歌者的声音，但遗憾的是他竭尽全力也没有听懂歌词。他在栅栏边来回走了两趟，但仍是徒劳——一个字也没听懂。最后，在好奇心的驱使下，他从兜里掏出三个格罗希（groszy），问歌者能否再唱一遍。一开始她噘着嘴严词拒绝了；但最终她屈服于三个格罗希的诱惑，下定决心又唱了一首短小的玛祖卡。本刊编辑在有关部门和审查 77
员的批准下，将其中一小节引用如下：

看哪，狼在山的那边
为生命起舞；
看他有多伤心，
因为他没有媳妇。

在拉多明村，一只猫发疯了。所幸它没有咬到人。猫跑到一片田地里，在那里被杀掉了。直到这时它才停止狂暴的行为。（经 L. D. 审查）

国内新闻

1824 年 9 月 3 日刊

9 月 1 日。皮洪先生演奏《小犹太人》时，杰瓦诺夫斯基先生叫来犹太放牛人，并询问他对这位年轻的犹太演奏家有什么看法。这位年轻的摩西站在窗边，把他的鹰钩鼻探进屋里听演奏。听完，他询问皮洪先生是否愿意在犹太婚礼上演奏，他可以付至少十个弗罗林。这让皮洪先生想要马上开始走上这样的音乐道路，谁知道呢？也许以后他会以这类商业音乐演出维生。（经 L. D. 审查）

这里的《小犹太人》可能是肖邦《a 小调玛祖卡》的一个早期版本，也是肖邦第一次提到这首乐曲。后来他对乐曲进行了润色补充，作为第 17 号作品中的第 4 首出版。①

78

一般认为，这首以响亮的、“民族性”的和声为特点的玛祖卡受到了肖邦在萨伐尼亚地区听到的犹太音乐的影响。不同寻常的开篇旋律（利底亚调式）在结尾复现，全曲最后以 F 大调的“错误”和弦渐弱结束。这很容易让人联想到后来的一些让人感觉悬而未决、没有结尾的乐曲（如舒曼《童年景象》中的“央求的孩童”和李斯特的《灰色的云》），不禁让人怀疑这首年轻的玛祖卡是否开了这一先河。弗里德里克之所以荒唐地将自己称为“年轻的犹太演奏家”，大概和家里人经常开的一个玩笑有关。弗里德里克的鼻子很大，他自己也经常调侃这一点。

马佐夫舍地区（玛祖卡的发源地）的犹太人很多，其中不少都在萨伐尼亚这样的大庄园里工作。当地的牧民、牛奶工、屠夫可能也都是犹太人。做买卖的犹太人也经常到庄园来出售商品。在当时的波兰，犹太人被看作二等公民，因此肖邦觉得拿他们开玩笑是件很正常的事情。反犹太主义的语言在那个时代非常普遍，在肖邦后来的书信中我们也能看到一些这样的语言。

---

① 人们习惯于将这首玛祖卡称为《小犹太人》，但当代的一些研究表明这样的说法并不准确。被肖邦称为《小犹太人》的手稿已经遗失，学者们认为我们今天所知的这首曲子可能和原作并无实质联系。CKS 第 43 页里总结了正反两方的一些观点。

国外新闻

1824 年 8 月 27 日刊

> 罗德宗村的一个佃户每晚都在庄园的玉米地里放牛。之前一直平安无事，但 24 日晚上牛犊被狼咬死了。庄园主看到这个喜欢占小便宜的犹太人付出了这样的代价很是高兴；不过这个犹太人大为恼火，声称谁要是能够抓获罪魁祸首，就把整只牛犊送给这个人。（经 L. D. 审查）

几天之后，14 岁的肖邦又用黑色幽默讲述了另一个关于 79
当地犹太人的故事。

国内新闻

1824 年 8 月 31 日刊

> 8 月 29 日，一辆运货马车载着一车犹太人行驶着。这一大家子人包括一位胖妈妈，三个成年人，两个青少年，还有六个小孩。他们像荷兰鲱鱼一样挤在一起。突然马车轧到了一块石头，车翻了，这些犹太人按照以下顺序躺在了地上：最底下是小孩，头冲哪的都有，大多四脚朝天地躺着，被胖妈妈压着，而胖妈妈被几个犹太男人压得喘不过气，混乱中无檐便帽掉了一地。（经 L. D. 审查）

《萨伐尼亚信使报》的最大意义是它让我们了解到了肖邦的性格。这么年轻的孩子能如此纯熟地运用讽刺手法实属不易，这可能也与他的模仿天分有关。

没过多久，米柯瓦伊·肖邦也来到萨伐尼亚，与杰瓦诺夫斯基一家度过了轻松愉快的几天。他的到来也没能逃过《萨伐尼亚信使报》编辑的细致观察，弗里德里克向读者抱怨父亲“每天吃四个面包，注：此外还要吃一顿非常丰盛的晚餐和三道菜的夜宵”，以此影射自己受到的饮食限制。

从肖邦写给华沙中学的好友威廉（威卢希）·科尔贝格的信中也能看出这段日子的灿烂色彩，当时科尔贝格也在波兰的乡下过暑假。

萨伐尼亚，1824 年 8 月 19 日

亲爱的威卢希！

谢谢你还记得我；但我很生气，你居然这么小气、过分，只写了这么几句话给我。你是要省纸、省笔、省墨吗？
80 也可能你太忙了。肯定是这么回事！忙着开心地骑马，根本没空想起朋友。无论如何吧，我们拥抱一下就和解吧！

很高兴听你说在乡下玩得很开心，因为这才是去乡间度假的目的所在。我也玩得很开心，也和你一样骑了马。骑得怎么样就不说了，至少马慢慢走的时候，我能颤颤巍巍地坐在马背上，像一只骑在熊背上的猴子。目前为止我还没掉下过马背，因为马儿还没把我甩下去；不过要是哪天它想把我丢下去，我可能会摔得很惨……

我的琐事就说到这吧，我知道这些事会让你感到无聊。苍蝇总是落在我高挺的鼻梁上，不过没关系，这是它们的惯例了……你是不是已经觉得无聊了？如果没有的话，请回信给我，我可以给你详细讲讲。

让我以友谊，而非赞美，来结束这封信。保重，亲爱的威卢希，期待你的来信——但这次别只写几句话了。四周后见。热情拥抱你。

你真诚的朋友，

F. F. 肖邦

也向你的爸爸妈妈问好，拥抱你的兄弟。[1]

---

① CFC, vol. 1, pp. 12–14; KFC, vol. 1, pp. 40–41.

暑假过后，弗里德里克向他的朋友们展示了他在萨伐尼亚创作的另一首玛祖卡，他后来将这首《降A大调玛祖卡》进行了修改，并作为第7号作品中的第4首出版。[①]乐曲中的和声让人难以相信它们出自一位少年之手，这些和声也再次体现了波兰乡间生活对肖邦产生的重要影响。尤其引人注目的一点是肖邦使用了六级音升高半音的多利亚调式，这种旋律不大可能是他在音乐学院里学习到的，多半是在马佐夫舍的村子里听到 81
的。从肖邦的音乐里也能看出他对生活的细致观察。

主旋律在遥远的A大调上的大胆回归也十分引人注目。之所以说“大胆”，是因为它显得与整首玛祖卡格格不入，仿佛年轻的肖邦直接将远处传来的一段音乐写进了乐曲中，这个片段也许是流浪的克莱兹默乐队演奏的，似乎渐行渐远，正要消失。这时14岁的作曲家又通过一个突兀的和弦转回了主调降A大调。正是这首玛祖卡让保守派批评家路德维希·莱尔斯塔勃（Ludwig Rellstab）十分气愤。[②]

① 手稿上有威廉的哥哥奥斯卡·科尔贝格（Oskar Kolberg）的题词：“弗·肖邦，作于1824年。”

② “如果肖邦阁下将这首作品展示给一位大师看，想必那位大师一定会撕掉乐谱，丢到他的脚下，我们在这里只是象征性地做这件事。”《伊里斯》，柏林，1833年7月12日。

随着夏日的光照变短，萨伐尼亚最重要的丰收时节临近了。农民拿着镰刀在地垄间劳作，有节奏地割着麦子，时不时地唱首歌缓解一下疲劳。中午他们会停下来吃点东西，喝点水，找个阴
82 凉处躲避烈日，然后继续工作，将割下来的麦子打成捆，之后再进行手工打谷。粮食储存在庄园宅邸附近，留够过冬的粮食后，剩下的一般会被卖掉。有一回，弗里德里克和多穆希碰到了一群购买余粮的犹太商人。肖邦为他们即兴演奏了一首犹太人婚礼上的舞曲《马尤费斯》（*majufes*），商人们高兴地围成了一圈跳起舞来。肖邦的演奏大受欢迎，还被邀请去参加附近的一个犹太婚礼，在婚礼上这位年轻的钢琴家沉浸在欢乐和音乐之中。肖邦像海绵一样吸收着这些经历带给他的音乐灵感，将它们加到伴随了他一生的音乐记忆素材库中。他很少承认自己作品中的民间音乐元素，也不会特意去追求这种风格——这一点和后世的匈牙利作曲家巴托克（Bartók）、科达伊（Kodály），以及英格兰作曲家沃恩·威廉斯（Vaughan Williams）不同。但民族音乐无形中为他一系列的玛祖卡和波兰舞曲奠定了基调，为他的乐曲赋予了一种难以形容的“波兰气质”，而这种气质是无法仅靠引用一两首波兰民歌的旋律获得的。①

IV

1825 年，沙皇亚历山大一世来到华沙，以波兰国王的身

① 我们并没忘记肖邦的《为钢琴和交响乐队而作的华丽的波兰民歌幻想曲》（op.13），这是肖邦唯一“收录”了波兰主题的大型作品。

份召开第三届议会。军乐团在广场上演奏，国家剧院上演着晚会，贵族们灯火通明的宅邸里举办着盛大舞会。这些盛况都围绕着一个庄重的事件：全国议会于 5 月 13 日开幕。借着这个机会，当地一位名叫菲德利斯·布伦纳（Fidelis Brunner）的乐器制造商决定向人们展示他的一项新发明——风鸣梅洛迪孔琴（Aeolomelodikon）。这种乐器是华沙大学里的一位科学家、肖邦家的朋友雅各布·霍夫曼设计的。风鸣梅洛迪孔琴这个机械就如同它的名字一样复杂奇特。它结合了管风琴和钢琴两种乐器，通过铜管将声音放大，配有音栓和踏板，可以模 83
仿各类吹奏及铜管乐器。所有音栓都打开时，听起来就像一个六十人的管弦乐团在演奏。

霍夫曼找到米柯瓦伊·肖邦，希望能请弗里德里克（“华沙首屈一指的钢琴家”）公开演奏这一乐器。刚开始米柯瓦伊可能也有些顾虑，但当他听说沙皇批准了布伦纳的请愿，想要亲自听听这件乐器时，他的所有顾虑都被打消了。御前演出被定在了有着宽大拱顶的福音教堂（霍夫曼和布伦纳都是该新教教堂的会众，华沙中学的校长塞缪尔·林德博士碰巧是他们的教友）。除了沙皇亚历山大及其随从外，拉齐维乌亲王和他的家人也随同波兰贵族一起出席了演奏会。弗里德里克穿着华沙学院的全套校服登台，向观众鞠躬行礼。这是 15 岁的肖邦见过的身份最为尊贵的观众。当年的纸质节目单已无处可寻，但我们了解到肖邦即兴演奏了一首自由幻想曲，将这件乐器的风采展现到了极致。沙皇亚历山大对肖邦的演奏大为赞赏，并分别奖赏弗里德里克和布伦纳一枚金戒指。《华沙信使报》也就此事刊登了一篇短评。①

但对于霍夫曼和布伦纳来说非常不幸的是，随后出现

① 1825 年 6 月 7 日刊。

了一件类似的乐器吸引了所有人的注意力，抢走了两人的风头。这种新乐器（也是结合钢琴和管风琴的一个尝试）和风鸣梅洛迪孔琴有着一样不知所云的名字，名叫风鸣潘塔莱翁琴（Aeolopantaleon），是由华沙的一位家具匠约瑟夫·德乌戈什（Józef Długosz）在肖邦后来的作曲老师约瑟夫·埃尔斯纳（Józef Elsner）的资助下设计制作的。在 5 月 27 日音乐学院大厅里举办的一场慈善音乐会上，风鸣潘塔莱翁琴第一次公开亮相，由肖邦进行测试演奏。肖邦即兴演奏的自由幻想曲赢得了观众的热烈掌声，随后他演奏了莫谢莱斯《g 小调钢琴协奏曲》第一乐章，也受到了观众们的热烈欢迎。音乐会最终以埃尔斯纳的康塔塔结束，该曲以圣歌《天佑吾王》（*God Save the King*）为主题，非常应景。① 由 140 余名表演者组成的交
84 响乐团和合唱团参加了演出，拉齐维乌亲王也再次出现在了座无虚席的观众席上。由于演出大获成功，6 月 10 日又加演了一场。这一次肖邦演奏了他的新作《c 小调回旋曲》（op.1），这使他首次吸引了海外专业期刊的注意。这篇文章出现在莱比锡的《音乐广讯报》上，一般认为这位匿名的“华沙通讯员”就是埃尔斯纳本人。作者特别对肖邦的即兴演奏给予了高度评价，称肖邦的演奏“体现了丰富的乐思，为观众留下了深刻印象”②。另外，值得一提的是风鸣梅洛迪孔琴和风鸣潘塔莱翁琴

---

① 我们可以从 BFC 第 28 页上找到一份难得的节目单。

② 1825 年 11 月 6 日的《综合广讯报》上也有一篇对风鸣潘塔莱翁琴的描述。当天参加音乐会的还有一位来访的意大利歌唱家，节目单里只将她简单地称为“比安基夫人”（Mme Bianchi）。这个比安基夫人并非帕格尼尼的情人安东尼娅·比安基（Antonia Bianchi）——很多人都误认为这里说的是那位艺术家——她其实是男高音埃利奥多罗·比安基（Eliodoro Bianchi）的前妻卡罗莱娜·克雷斯皮·比安基（Carolina Crespi Bianchi）。在这场音乐会进行的时候，安东尼娅正和帕格尼尼住在巴勒莫（Palermo），已有了八个月的身孕，六周之后她生下了儿子阿基利（Achilli）。CPG, vol. 1, pp. 243–44.

最终都没有成功。这种“混合乐器”可能会受到一时的推崇，但无望流传于后世。

议会结束后，沙皇亚历山大在华沙停留了六周，于6月中旬离开华沙。从此波兰人再也没有见过他。几个月后他就去世了，而这件事为波兰带来了无尽的苦难。

V

这一学年结束后，肖邦在多穆希·杰瓦诺夫斯基的陪伴下迫不及待地回到萨伐尼亚过暑假。两人在7月中旬抵达了庄园的宅邸。这一次肖邦令人难以置信地开始把打猎和射击活动作为田园生活的消遣，他和大家一起去狩猎，回来时腰上挂着一只兔子和一对山鹑——都是他当天的“战利品”。更令人惊讶的是，我们发现肖邦还做起了木匠活，很难想象身体虚弱的肖邦还能干这样的活计。他先设计制作了些棋子，然后做了几把木质长椅，这些椅子被放在了萨伐尼亚的公园里，在那里伫立
了很多年。（1842年，卢德维卡·肖邦路过这里时曾写信告诉 85
弟弟：“你在萨伐尼亚做的长椅已经没有了。只能找到人们为纪念你而制作的仿制品。”①）

《萨伐尼亚信使报》也停刊了，但是从肖邦写给朋友扬·比亚沃布沃茨基、扬·马图辛斯基和家人的信件中，我们能还原一些这里发生的故事。弗里德里克和多穆希在马佐夫舍游历的范围更广了，他们坐着杰瓦诺夫斯基家的马车，从新的视角了解这里的乡村生活。在一次短途旅行中，他们拜访了哥白尼的出生地托伦。弗里德里克被这座中世纪城市深深吸引，这里有着哥特式教堂、著名的托伦斜塔，市政厅的“窗户像一年中
的日子那么多，大厅如一年中的月份那么多，房间如一年中的 86

① CFC, vol. 3, p. 116; KFC, vol. 2, p. 71.

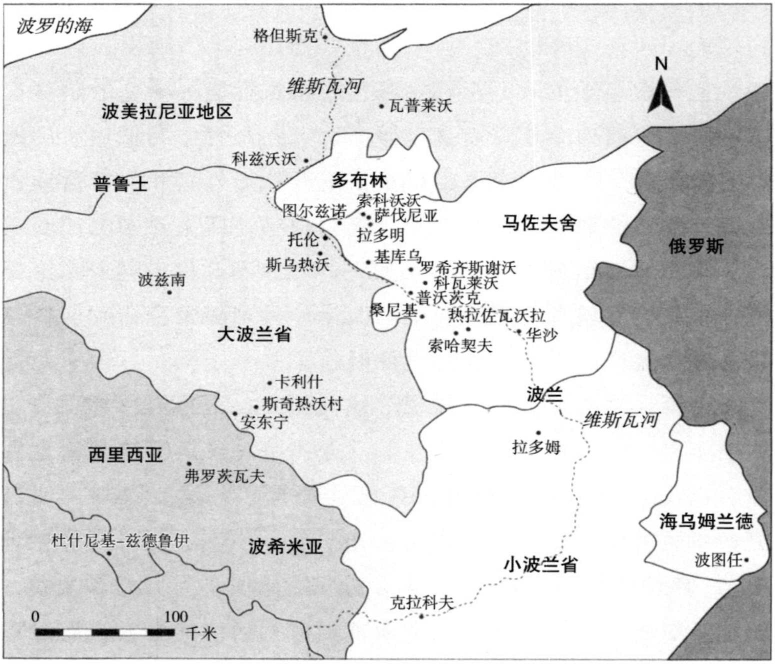

肖邦在波兰的足迹：1815~1830

星期那么多”。当他看到哥白尼曾居住的房子已经弃置坍塌时，他感到义愤填膺。据说伟大的波兰天文学家出生的房间被“一帮狼吞虎咽吃着土豆，不时释放一些气体［放屁］的德国人”占据。“先不说哥白尼的事儿了，”弗里德里克在给扬·马图辛斯基的信中说，“我们说一说托伦的姜饼吧。托伦最让我印象深刻的就是姜饼了……没什么比姜饼更棒了！”在那个时代，托伦的姜饼已经和现在一样有名了。除了点心以外，一台运沙子的德国机器也让弗里德里克非常着迷，“德国人称之为沙机（Sandmaschine）”①。

8月底，两个小伙伴回到萨伐尼亚，这一年的暑假再次以欢腾热闹的丰收节日结束。弗里德里克描述了他和多穆希在奥诺拉塔·杰瓦诺夫斯卡（Honorata Dziewanowska）夫人的陪同下去奥布罗沃（Obrowo）短途旅行，正当晚餐快要结束时，他们听到院子里传来了难听的歌声，便赶快跑出去看是谁在唱歌。一队老农妇正向房子走来，用鼻子哼唱着一个传统旋律。四个当地的姑娘戴着花冠，按照习俗捧着刚收割下来的庄稼走在最前面，用高半个音的尖锐嗓音伴着一把断了根弦的破小提琴唱歌。这个场景十分有趣。两个马倌藏在宅邸旁，等姑娘们踏过门槛时，就将一桶水泼在她们身上。热闹欢腾随即开始，人们载歌载舞，弗里德里克也参与其中。天色渐暗，人们拿来了蜡烛，摆在台阶上。提琴手即兴演奏着一首玛祖卡，但似乎快撑不下去了。为了让乐曲继续下去，弗里德里克抓了一把巴塞特拉（一种只有一根线的低音提琴），尽力演奏下去。他还

① CFC, vol. 1, pp. 34–35; KFC, vol. 1, p. 52. 直到19世纪80年代，人们还一直将科佩尔尼卡（Kopernika）和佩卡雷（Piekary）街角一栋破败的公寓楼误认为哥白尼出生的地方。所有的游客，包括肖邦在内，都曾到这里向哥白尼致敬。而这位天文学家实际上出生在附近的科佩尔尼卡街15号，这里如今成了尼古拉·哥白尼博物馆。

一度抓住了个姑娘一起跳舞。当农民的队伍再次集合，准备前
87 往下一个村庄重复这一套丰收仪式时，人群便散去了。①

VI

从萨伐尼亚回到华沙后不久，15 岁的肖邦便接到了一个意料之外的新任务。他被任命在华沙圣母显圣修女教堂（Church of the Nuns of the Visitation）每周日的礼拜仪式上演奏管风琴。该教堂位于华沙的克拉科夫郊区大街上，是华沙中学的官方教堂，学生和教职员工每周日都会到这里来参加弥撒。②我们推测肖邦之所以会得到这样的一个任务，是因为他不久前成功地为沙皇亚历山大演奏了簧钢琴，并因此受到了人们的关注。在肖邦写给亚希·比亚沃布沃茨基的信件中，他炫耀道："我被任命为华沙中学的管风琴演奏者。哦，我的天哪，我居然成了一个如此重要的人——地位仅次于神父（Reverend the Priest）！我在圣母显圣修女教堂每周演奏一次，在别人唱歌的时候伴奏。"③华沙著名音乐期刊《音乐运动》（*Ruch Muzyczny*）的编辑约瑟夫·西科尔斯基曾在上学的时候参加过该教堂的礼拜仪式，他对当时的事记得很清楚。

> 华沙大学还在的时候，学校会在周日及重要节日的早上组织学生参加显圣教堂的礼拜仪式。由埃尔斯纳创办

---

① 写给父母的信，1825 年 8 月 26 日。KFC, vol. 1, pp. 53–55.

② 这栋建筑里有一块牌子上铭刻着："以此纪念弗里德里克·肖邦，1825~1826 年，他曾在这间教堂里以华沙中学学生的身份演奏管风琴。"

③ CFC, vol. 1, pp. 44–45; KFC, vol. 1, pp. 60–61. 虽无可靠证据，但常有人认为肖邦当时曾跟捷克作曲家威廉·维费尔（Wilhelm Würfel）学习过管风琴。维费尔是肖邦家的朋友，他从 1821 年开始在华沙音乐学院教管风琴。但肖邦从没有上过他的课。

> 的音乐学院在校生和已毕业的学生组成的唱诗班在管风琴或管弦乐队的伴奏下演唱宗教歌曲。肖邦也经常来这个教堂，尤其是在他离开华沙前的最后一年里，他曾在这里演奏管风琴，有时弹早期音乐大师的赋格作品，有时弹他自己的即兴创作。对踏板的使用是管风琴演奏中的一个难点，但肖邦使用起踏板来却轻松又熟练……
>
> 有一次在弥撒间歇，唱诗班和管弦乐队刚演奏完，肖邦 88
> 坐在管风琴前，拿出了知名管风琴演奏家的风范，以刚才的弥撒曲为主题开始即兴演奏。他展现出的乐思如此巧妙，华丽而流畅的旋律倾泻而出，所有围在他身边的人……都入神地听着，忘记了自己身在何处，以及来这里做什么。他们沉浸在音乐的遐思中，直到生气的教堂司事跑上楼冲他们喊："你们以上帝的名义做什么呢？神父已经开始准备唱《愿主与你们同在》（*Dominus vobiscum*）了，圣坛上的侍者一直在摇铃，结果管风琴还一直停不下来。"老太太［修道院院长］确实生气了。①

欧根纽什·斯克罗茨基也在回忆录中记录了肖邦在该教堂管风琴楼厢里的经历。当时教堂的管风琴演奏者叫比亚韦茨基（Białecki），他的演奏水平很一般，他对乐器的控制力总有些不尽如人意。

> 有一次，在圣母显圣修女教堂里，肖邦与一位管风琴演奏者发生了一点摩擦。这个可敬的人名叫比亚韦茨基，他的演奏如同被拴在磨盘上的马。由于演奏过于机械，肖邦实在听不下去了，走到键盘前开始毫无顾忌地即兴演

---

① 《纪念肖邦》，《华沙图书馆》（*Biblioteka Warszawska*），1849 年 12 月。

> 奏，甚至不在意主持弥撒的神父是否允许他这样做。不过显圣教堂的管风琴主管对他这一任性的举动并未深究。但另一次的情况更严重，在一次全体学生参加的弥撒仪式上，肖邦听到比亚韦茨基弹出了一个不和谐的音，或是不协和和弦里都没有的错音，他几乎是用蛮力将比亚韦茨基推开，自己坐在键盘前开始演奏。①

据斯克罗茨基回忆，弗里德里克也演奏了“早期音乐大师的赋格作品”，虽然他没告诉我们具体是哪些乐曲。这些在管
89 风琴楼厢演奏的经历对肖邦很有帮助。多年后，他受邀在法国马赛的圣母山教堂（Church of Notre-Dame-du-Mont）男高音歌唱家阿道夫·努利（Adolph Nourrit）的葬礼上演奏了管风琴。

VII

从萨伐尼亚回到华沙后的几个月里，肖邦一直在给亚希·比亚沃布沃茨基写信。除了给亚希更新华沙中学发生的各种琐事、分享家人和朋友的情况外，肖邦的书信也让我们了解到了当时华沙的音乐生活。10月29日，肖邦在华沙剧院看了一场罗西尼的歌剧《塞维利亚的理发师》（*Il barbiere di Siviglia*），由当地一个水平一般的艺术团表演。肖邦很喜欢其中的音乐，回到家后用歌剧的主题写了一首波兰舞曲。“我打算明天把它印出来。”他对亚希说。但据我们所知，最终这首舞曲并未被印出来，手稿据说也遗失了。肖邦以幽默的口吻描述了《塞维利亚的理发师》这场演出，他写道：有两位业余女歌唱家，其中一位好像得了感冒，全程一直在打喷嚏，另一

---

① SRCY, Bluszcz（Ivy）, no.36,1882年8月25日（9月6日）。

位穿着晨袍和拖鞋，“配着音乐打哈欠”。在肖邦写给亚希的信中有很多开玩笑的话，他这么做是有原因的。亚希当时身患重病，时日无多，因此弗里德里克拼命地想要帮他振作起来。弗里德里克在萨伐尼亚过暑假时，特意绕道去了比亚沃布沃茨基家的索科沃沃庄园看望亚希，发现骨结核可能已经影响到了亚希的脊柱，导致他已无法行走。[①] 他之前刚在比绍夫斯韦达（Bischofswerda）接受了痛苦的热疗，但病情没有任何好转。年轻的亚希已经没法回华沙继续学业，因此医生建议他留在家里，尽可能让那不可避免的结果来得更晚一些。弗里德里克把他觉得所有有意思的琐事都写进了给亚希的信里。比如当时有一位名叫亚历山大·伦比耶林斯基（Alexander Rembieliński）的钢琴家来到了华沙，他是当地教育部部长的侄子。伦比耶林斯基在巴黎留学了六年，肖邦对他的演奏大加 90
赞赏。“我从来没听过这样的钢琴演奏，”肖邦告诉亚希，“你可以想象，对于我们这些从没听过真正出色的演奏的人来说，这是种莫大的享受。”肖邦对其他钢琴演奏者一般都持批判态度，因此他对伦比耶林斯基的评价可以说是很高了。他尤其欣赏伦比耶林斯基饱满流畅的演奏，以及他左手的力度“与右手一样有力”，肖邦觉得这一点尤其难能可贵。[②]

随着年底临近，冬雪初降，华沙城被白雪笼罩。斯卡尔贝克伯爵夫人邀请弗里德里克和卢德维卡到热拉佐瓦沃拉与她和家人一起过圣诞节。两个孩子很高兴能回到这个充满回忆的地方，他们乘坐挂着铃铛的马拉雪橇在白雪覆盖的路上行驶了 60 公里，于 12 月 24 日到达了热拉佐瓦沃拉。在信仰天主教的波

① 从肖邦回到华沙之后给亚希写的信中，我们得知他去探望了这位朋友。CFC, vol. 1, p. 36; KFC, vol. 1, p. 56.

② CFC, vol. 1, p. 42; KFC, vol. 1, p. 59.

兰，圣诞节是个美好的节日，斯卡尔贝克家也和波兰所有的施拉赫塔（Szlachta）贵族一样，在他们的庄园里按照传统习俗过圣诞节。他们吃着传统美食，喝着传统饮料，围在火边唱圣诞颂歌，与家人交换祝福和礼物。在圣诞节前夜的晚餐之前，弗里德里克给亚希写了一封信：

> 1825 年 12 月 24 日
>
> 我亲爱的亚希！
>
> 你肯定猜不到我在哪里给你写信！……你一定还以为我在卡齐米日宫配楼的三层吧？不对！那么应该是……或者是……别猜了！你肯定猜不到：我正在热拉佐瓦沃拉给你写信。

弗里德里克讲述了几天前华沙的一场庆祝活动。他和父亲受邀到华沙音乐学院的指挥教授、捷克音乐家约瑟夫·亚武雷克的家中参加晚宴。亚武雷克有着浓重的捷克口音，所以当他说晚饭会用“泻药”（lax）招待大家时，肖邦感到十分困惑。难道说男主人腹痛，想让大家和他一起腹痛？肖邦很疑惑。而
91 当“泻药”端上来时，他发现亚武雷克说的实际上是一种专门从格但斯克进口的大鲑鱼（德语为 Lachs）。晚宴上，音乐也是必不可少的。当天晚上一位刚从维也纳来到华沙的捷克钢琴家利奥波德·恰佩克（Leopold Czapek）为宾客演奏了钢琴曲，但肖邦只说“他的演奏没什么好说的”，便对这位钢琴家一笔带过。更让肖邦感兴趣的是一位来自布拉格的单簧管演奏者，这个名叫扎克（Żak）的年轻人能用单簧管同时吹奏出两个音，这让所有人都倍感惊奇。肖邦也对这样一个能自己给自己伴奏的单簧管演奏者赞叹不已。但对于亚希来说，他的圣诞节过得十分凄惨，肖邦打趣的话语可能也无法让他的精神振奋

起来。这封信的结尾很感人：

> 我发自内心地拥抱你，祝你身体健康。希望你每天都能好一些。这是我们全家的希望，尤其是
>
> 我，
>
> 你最真挚的朋友。

之后感性的肖邦又加上了一段令人唏嘘的附言：

> 我家里的所有人，如果他们知道我在给你写信，都会送上他们的问候。①

仅仅两年后，亚希就死于这场痛苦的疾病，他在索科沃沃的家中去世，年仅 22 岁。

① CFC, vol. 1, pp. 45–47; KFC, vol. 1, pp. 61–62.

92

十二月党人起义，1825 ~ 1826

沙皇尼古拉——波兰的苦难之源。

——亚当·恰尔托雷斯基亲王[①]

I

弗里德里克和卢德维卡回到华沙后，发现全城弥漫着一种不祥的气氛。我们有必要回顾一下当时发生的事情。1825 年 12 月 1 日，沙皇亚历山大一世在克里米亚半岛附近、地处偏远的塔甘罗格因斑疹伤寒去世，他最小的弟弟尼古拉继位。华沙进入了服丧期，但人们都暗暗为这位君主的驾崩而高兴。在这六周内，剧院被关停，音乐会被取消，人们的正常生活停滞了下来。而在圣彼得堡，一些持异见的俄国军官带领了约 3000 名士兵，于 12 月 26 日在元老院广场上集结，声称他们忠于尼古拉的哥哥康斯坦丁大公，拒绝效忠尼古拉。而由于康斯坦丁娶了乔安娜·格鲁津斯卡，按照规定，贵贱通婚的康斯坦丁和他的后代无法继承罗曼诺夫皇位，因此他已于五年前秘密宣
93 布放弃皇位继承权。康斯坦丁可能会后悔当初没有将这个正式声明公之于众，导致俄国军队并不了解这一情况。此时谣言四起，有人称沙皇亚历山大是被谋杀的，现在他的棺材里躺着的是一个无名士兵的遗骸。[②]趁着皇室发生混乱，“十二月党人起义”开始了。

---

① CM, p. 124.

② 俄罗斯的知识阶层中流传着一种说法，认为虔诚的亚历山大由于未能阻止父亲沙皇保罗一世被谋杀而心怀愧疚，此后在西伯利亚的一个修道院里隐居，每日祈祷，以修道士的身份度过了余生。虽然有句格言说“推断屈服于真相”（Fictio cedit veritati），但真相也并非总会占据上风。20 世纪 20 年代，苏联人打开亚历山大的棺椁时，发现里边空无一物。

刚刚登基的沙皇尼古拉亲自出现在圣彼得堡与反叛军对峙，但他的调停人米哈伊尔·米罗拉多维奇（Mikhail Miloradovich）伯爵在发表演讲时被射杀。尼古拉下令骑兵发起进攻，但战马在广场结冰的鹅卵石地面上纷纷滑倒，导致溃散。尼古拉恼羞成怒，下令开炮攻击，反叛军受到重创，作鸟兽散，纷纷逃到了涅瓦河（Neva River）的冰面上。炮击追着他们打到了冰面上，不少士兵落入冰水中淹死。起义的领导人被逮捕，押送到冬宫审判，并被判处绞刑。支持这些军官的普通士兵被处以鞭刑，之后被拴上铁链流放到西伯利亚。

公开处决五名十二月党人的那个早上发生了一件不寻常的事。行刑时，几条绳子纷纷断掉，没能勒死几位起义者。围观的人们都认为应该暂缓或取消行刑，但尼古拉下令拿来新的绳子，重新施以绞刑。这一骇人听闻的事件很快传到了华沙，引起了公愤，整个西方世界也一片哗然。尼古拉想以此展示他的政治铁腕，并向波兰发出了警告。对沙皇的抗议在俄国内部引发了人们的爱国反抗，同时重新燃起了广大波兰人对俄国的不满情绪。华沙的咖啡厅里人人都在讨论反抗俄国的话题。人们冒着生命危险参加各种地下会议。这些活动都是在共济会、爱国协会等组织的掩护下进行的——根据波兰宪法，这 94
些组织是完全合法的，但自从尼古拉成为沙皇，同时自动成为波兰国王之后，他们才开始参与反抗沙皇的活动。华沙有三个共济会，其中一个名为“金色烛台下”，成员包括米柯瓦伊·肖邦的几位同事，如约瑟夫·埃尔斯纳、卡齐米日·布罗津斯基（Kazimierz Brodziński）、尤利乌什·科尔贝格，以及国家歌剧团的指挥卡罗尔·库尔平斯基（Karol Kurpiński）。米柯瓦伊从没加入过共济会，但他深知“观其友而知其人”的道理，因此行事也十分谨慎。俄国的秘密警察为了清除异见者，几乎无孔不入。在臭名昭著的尼古拉·诺沃西利佐夫（Nikolai Novosiltsov）伯爵的领导下，秘密警察在深夜逮捕了上几百名爱国协会的成员，并将他们关在加尔默罗修道院（Carmelite Monastery）的地下墓室里。后来墓室容纳不下之后，诺沃西利佐夫又挪用了市政厅和布吕尔宫的地下室，在那里继续他的严酷审讯。而这些都发生在距卡齐米日宫肖邦家公寓不远的地方。

华沙人民发起了多种形式的消极抵抗。其中教堂举行的活动成效最为显著。全城的教堂都为布拉格区惨遭亚历山大·苏沃洛夫部队屠杀的死难者举行了纪念弥撒。虽然大屠杀已经过去了三十年，但这段历史已经铭刻在了民族的记忆中，并且时刻可能重新点燃革命之火。1826 年 1 月 20 日，波兰政治家斯坦尼斯瓦夫·施塔谢茨（Stanisław Staszic）逝世，进一步激发了人们的爱国热情。施塔谢茨是一位身份显赫的贵族，也是波兰国家科学院的创始人，他去世后将所有土地都留给了农民。一个月后，他的葬礼成了爱国主义运动中的一个标志性事件。施塔谢茨的遗愿是死后被埋葬在华沙郊区别拉内（Bielany）的卡马多雷斯教堂（Camaldolese Church）墓地。在那个隆冬时节，大学生们抬着他的灵柩走了十公里，从圣十字教堂一路走到墓地，沿途有超过两万名吊唁者（几乎是 1/5 的华沙居民）为他送行。弗里德里克·斯卡尔贝克在墓前发表
95 了一篇演讲。[①] 棺材下葬的时候，吊唁者们将他的墓布撕成小片收藏，作为对这一庄严场合的纪念。肖邦也拿到了一片，并

---

① 演讲全文刊登于《斯坦尼斯瓦夫·施塔谢茨葬礼演讲选集》（*Zbior mow na obchodzie pogrzebowym X. Stanislawa Sztasica*），克拉科夫（Kraków），1826 年出版。他用华丽的辞藻将施塔谢茨描述为“一位伟大的政治家、人民的朋友、民族的救星、让波兰起死回生的人”。我们也许可以肯定肖邦也读到了这些激动人心的话语，并因此对斯卡尔贝克感到钦佩。

把它当作神圣的遗物保存了起来。不久后他创作了《c 小调葬礼进行曲》（在遗作中出版），以此悼念施塔谢茨。[1]

在这些慷慨激昂的日子里，正如肖邦在信中所说，他很少在凌晨 2 点前回家。这种行为带来的后果也不难预测。他虚弱的身体经不住这样的折腾，导致了慢性喉炎，并伴有头痛和扁桃体肿大。家里给他请了一位新的家庭医生——弗里德里克·勒默尔（Fryderyk Roemer），他给肖邦戴上了一顶睡帽，并用医蛭从他的喉咙处吸血。[2] 为了不让肖邦和他的父母过于担心，勒默尔只说肖邦患的是“黏膜炎”。而实际情况要严重得多，肖邦的症状久久不见消退，我们现在看来这应该是肺结核的早期症状。值得注意的是，这是我们第一次发现肖邦向别人抱怨了他的健康状况。

这些骚乱可能会给肖邦的学习带来负面影响，但我们却

① 见扬·艾凯尔（Jan Ekier）的权威著作《波兰国家版肖邦作品全集解析》（*Introduction to the Polish National Edition of the Works of Fryderyk Chopin*），第 63 页，华沙，1974 年。文中推翻了肖邦的姐姐卢德维卡和尤利安·丰塔纳为这首作品赋予的较晚的创作日期。艾凯尔赞成这首进行曲是为纪念施塔谢茨而作的观点。

② CFC, vol. 1, p. 50; KFC, vol. 1, p. 63.

发现，随着期末的临近，肖邦更加心无旁骛地努力着，以期完成华沙中学高难度的课程。他下定决心要拿到毕业证书，否则
96 他无法进入新成立的华沙大学附属音乐高中学习。肖邦经常学习到深夜，勤奋地学习各门必修课程，包括拉丁语、历史和数学。他有时会凌晨就起床修改早上要交的作业，或者偷偷摸摸地在钢琴上创作。家里的其他成员可能也会被他的夜间活动打扰，但米柯瓦伊和尤斯蒂娜从没试图阻止过他。

II

弗里德里克不喜欢参加体育运动，只是偶尔和其他男生玩玩球。不过有一回，他享受了一次滑冰的乐趣——最后却以悲剧收场。冬天，圣十字教堂附近奥博兹纳街（Oboźna Street）上的喷泉池会被改为室外滑冰场。在1826年的元旦前后，15岁的弗里德里克与朋友欧根纽什·斯克罗茨基滑冰时不慎摔倒，头部受伤，鲜血直流。欧根纽什被吓得够呛。“他面色苍白，无法起身。我在他的伤口上敷了些雪。好在科兹沃夫斯基（Kozłowski）先生……不怎么出门，透过窗户看到了发生的一切。他赶快找人来帮忙，几分钟后医生就来了［弗里德里克·斯温茨基（Szwencki），一位住在附近的外科医生］。还好弗里德里克除了受点惊吓以外并无大碍，第二天就去上学了。”[①] 由于肖邦扭伤了腿，在之后的几天里，他不得不拄着拐杖一瘸一拐地走路。痊愈后，他便把拐杖送给了跛腿的同学安东尼·罗戈津斯基（Antoni Rogoziński）。[②]

冬去春来，在和煦的春夜里，华沙中学的学生经常在卡齐米日宫后边的植物园里散步，或坐在长椅上闲聊。欧根纽什对

---

① SRCY, *Bluszcz*（Ivy）, no. 33, August 4（16）, 1882.

② CFC, vol. 1, p. 53; KFC, vol. 1, p. 65.

卡齐米日宫的正面，1824 年；拉萨尔（Lassalle）根据扬·费利克斯·皮瓦斯基的画作制作的版画。肖邦家的公寓位于右侧配楼的三层

植物有着孩子般的好奇心，他喜欢在花园里搜寻动植物，把小虫子装进自己的标本集里。他注意到肖邦经常跟一个女孩在一起，显然肖邦对她很着迷。我们并不知道这个女孩是谁，但可 97
能是华沙中学里一位教职员工的女儿。也许是为了讨好弗里德里克，欧根纽什也摘了点花送给她，弗里德里克从兜里掏出几块糖给了他。显然欧根纽什并非唯一发现了这个情况的人，因为他又说："有一天肖邦教授来到花园里，用他清亮、坚定的声音询问我：'告诉我，好孩子，你看见我的儿子弗里德里克了吗？'我犹豫了一下，从表情来看他可能因为弗里德里克来这里生气了，于是我回答道：'没有，我没看见他。''但他确实来这里了。'肖邦教授坚持说。'是的，'我回答道，'但我刚才没看见他。'为了掩饰因说谎而羞红的脸，我转过身玩起球来。"几分钟之后，米柯瓦伊·肖邦放弃了搜寻，欧根纽什确定警报解除后，赶快跑去找到正在跟小姑娘聊天的弗里德里克，把刚

才发生的一切告诉了他。“你做得很好。”弗里德里克说。

98 然后他把手伸进兜里，掏出了一块糖给欧根纽什。“我感到很困惑，”欧根纽什说，“我说了谎，他却因此表扬我。”①

III

转眼1826年的夏季临近，但肖邦仍然没有完全康复。更令一家人担忧的是埃米莉亚的身体每况愈下。13岁的埃米莉亚开始出现肺结核的症状。家里请来了专治肺结核病的威廉·马尔切（Wilhelm Malcz）医生，看来今年是不可能再让肖邦到萨伐尼亚村过暑假了。遵照马尔切的建议，尤斯蒂娜带几个孩子到西里西亚著名的温泉胜地杜什尼基－兹德鲁伊（旧称“赖纳茨温泉”）进行为期五周的“疗养”。当时人们普遍认为含有矿物质的温暖泉水对身体虚弱的人大有裨益，因此赖纳茨温泉也吸引了不少有钱人来度假。与肖邦一家同行的还有斯卡尔贝克一家——包括卢德维卡·斯卡尔贝克伯爵夫人（她本人也是肺结核患者）、弗里德里克·斯卡尔贝克伯爵和他的妻子普拉克塞达（Prakseda），以及他们的小儿子约瑟夫。斯卡尔贝克一家先和肖邦的姐妹卢德维卡及埃米莉亚乘坐私家马车前往杜什尼基－兹德鲁伊。肖邦要等华沙中学公布期末考试成绩，因此他和母亲晚了几天出发。7月27日，他得到了自己通过考试并被音乐高中录取的消息。这天晚上，他和朋友威卢希·科尔贝格一起在国家剧院观看了罗西尼的歌剧《偷东西的喜鹊》（*La gazza ladra*），庆祝取得好成绩。作为对演出的纪念，肖邦在他新创作的《降b小调波兰舞曲》三声中部加入了歌剧第一幕中的一段短抒情曲（“Vieni fra queste braccia”——到我怀里来），这段乐曲是科尔贝格的最爱。手稿上写着这样的

---

① SRCY, *Bluszcz*（Ivy）, no. 33, August 4（16）, 1882.

话（可能出自科尔贝格的哥哥奥斯卡之手）：“再会！威廉·科尔贝格（出发前往赖纳茨的前夕）1826年。”

次日，7月28日，肖邦和尤斯蒂娜踏上了500公里的旅程，99
动身前往赖纳茨温泉。比格尔旅馆（Bürgel Hof）的登记簿显示，母子俩8月3日到达了目的地。[①]

赖纳茨是个风景如画的地方。周边是景色秀美的绿地，纵横交错的小路两边种满了鲜花，远处能看到低矮起伏的小山。这是肖邦第一次见到山。一家人每天会在附近散散步，呼吸新鲜空气，路过颇具人气的大熊旅馆（Bear Inn）时也会偶尔停下吃些茶点。肖邦还爬上了一座附近的小山。在给威卢希·科尔贝格的信中，他夸耀说自己沿着100多级几乎是在峭壁上垂直凿出来的台阶爬上了隐居山（Einsiedelei Hill），山顶有座修道院，旁边有一个小教堂和菜园，菜园由一位独居教士打理，“那里的景色美极了”[②]。然而，爬山耗费了他全部体力，最后他不得不手脚并用地下了山。疗养的日程非常严格，肖邦每天要喝两杯矿泉水，早上6点喝第一杯，同时还要服用一些乳清。温泉水要从疗养院的井中打上来，每一个井口都设

① KCOL, p. 109. “来自波兰华沙的肖邦夫人和她的儿子弗里德里克·肖邦刚刚［到达］进行疗养。下榻于比格尔先生的旅店。”

② CFC, vol. 1, p. 62; KFC, vol. 1, p. 70.

有一个木台，上面站着的女服务员在长绳上拴一个罐子，然后将绳子降到井下几英尺冒着热气的水面上，舀起满满一罐水交给病人。肖邦分到的井叫作“热泉”（Lau-Brunn），他每天跟大家一起排队领取自己的份额。温泉水的味道如同墨水，每个病人会分到一块姜汁饼干来盖掉苦涩的余味。喝完水之后是每天的例行散步，散步时还会有蹩脚的管乐乐队伴奏，他们跑
100 调的演奏让肖邦十分厌烦，肖邦说他们是“一帮难以形容的漫画人物，领头的那位巴松演奏者形容枯槁，隆起的鼻子像是被鼻烟堵住了，把害怕马的女士们都吓跑了”①。一天，赖纳茨的平静生活被坏消息打破了，一位病人去世，留下的孩子们成了孤儿。弗里德里克同意举办一场慈善演奏会，并得到了疗养院里阔绰客人们的广泛支持。8 月 11 日，音乐会在疗养院的主厅举行。8 月 16 日又举行了另外一场。我们的小慈善家最终为孩子们筹集到了足够的善款，解了他们的燃眉之急，让他们获得了当地政府福利机构的帮助。值得一提的是，这两场演奏会是肖邦第一次在波兰国境以外演出。《华沙通讯》（*Warsaw Courier*）简短地报道了这两场演奏会，这篇报道可能出自弗里德里克·斯卡尔贝克之手。②

肖邦逝世 45 年后，一本名为《音乐回声》（*Echo Muzyczne*）的期刊试图为肖邦的赖纳茨疗养之行添加一些浪漫色彩，为这两场演奏会加入了一些虚构的细节。1894 年 8 月 20 日的杂志上刊载了一篇文章，为读者提供了关于“肖邦少年时期的爱恋”的一些不实细节。文章写道，肖邦在“热泉”的服务员是一位美丽的捷克少女，名叫利布萨（Libusza）。肖

① CFC, vol. 1, p. 60; KFC, vol. 1, p. 69.

② 斯卡尔贝克和家人住在附近的库多瓦（Kudowa）温泉，他很可能就是在这里发出的报道。“这位年轻人经常在华沙演出，”斯卡尔贝克在介绍了这两场演奏会的悲惨背景后写道，“他的才华在华沙颇负盛名。”《华沙通讯》，1826 年 8 月 22 日。

邦对她非常着迷，还到女孩位于赖纳茨的家中拜访，见了她的父亲，一位当地铸铁厂的工人。几天之后女孩的父亲被铸铁厂的重型碾轧机压死，家里的孩子成了孤儿。肖邦挺身而出，举办演奏会为利布萨筹集去往布拉格姑姑家的路费。这个故事完全是虚构出来的，但老一代的肖邦传记作家，甚至年轻一代的一些作家，经常不愿意舍弃这类动人的传说。

赖纳茨的田园生活中唯一的不足就是这里没有一架像样的钢琴可以让肖邦练习。在写给埃尔斯纳的信里，肖邦对小镇的美景赞不绝口，但抱怨说：“想象一下，这里连一架像样的钢琴都没有，我见过的钢琴给我带来的兴奋和失望一样多。幸好这样煎熬的时光不长了；很快我们就要告别赖纳茨，下月11日就准备启程回家了。”[1]如果这里的钢琴给肖邦“带来的兴奋 101
和失望一样多”，我们不禁好奇他举行的音乐会究竟效果如何。此行的四年之后，卢德维卡·肖邦出版了一本书，名为《约齐奥的旅行》(*Józio's Journey*)，为我们提供了一些难得的细节。卢德维卡以一行人中年纪最小的成员——7岁的约瑟夫·斯卡尔贝克的视角对这次旅行进行了自传式的描述。[2]虽然书中内容以寓言故事的形式呈现，且卢德维卡在一定程度上模仿了她的文学偶像克莱门蒂娜·坦斯卡的写作风格，但其中也包含了卢德维卡自己的观察，因此是我们了解赖纳茨之行的一个重要依据。顺带一提，如今赖纳茨里的主要步行道被命名为“弗里德里克·肖邦大道”。

近些年来，有人指出华沙的医生让肖邦和埃米莉亚去赖纳茨疗养也许是一个严重的错误。每年夏天有几百名肺结核病人

---

① CFC, vol. 1, pp. 64–65。这是肖邦第一封用法语写的信，影印版手稿请见KCOL, pp.110–111。

② 《约齐奥的旅行》，华沙，1830。

集聚到这里，交叉感染的风险非常高，尤其有些病人已经处于肺结核晚期。在疗养院去世的病人也不在少数。从“疗程”的效果来看，埃米莉亚在回到家后不到一年（即 1827 年 4 月）去世，卢德维卡·斯卡尔贝克也在仅仅八个月之后的 1827 年 12 月随她而去了。肖邦的身体则时好时坏，回到华沙之后，马尔切医生依然没有意识到自己的错误，建议肖邦明年再去“热泉”疗养一次。波兰的医学学者切斯瓦夫·谢尔卢日茨基（Czesław Sielużycki）在评价这次赖纳茨之行时黯然地写道：“如今赖纳茨仍以肖邦的造访而闻名，但对于肖邦一家而言，这却是个代价沉重的错误。”①

IV

斯卡尔贝克伯爵夫人带着她的孙子及肖邦家的两姐妹在 9 月的第一周回到了华沙。肖邦和他的母亲则比他们晚了几天，
102 9 月 11 日到达了华沙。两拨人都途经弗罗茨瓦夫（当时的布雷斯劳）到达了斯奇热沃村（Strzyżewo），探望了肖邦的教母安娜·斯卡尔贝克一家。当时安娜已经和斯特凡·维肖沃夫斯基（Stefan Wiesiołowski）结婚，居住在斯特凡继承的大庄园里。安娜已是三个孩子的母亲了，还有一个孩子也即将出世。刚在赖纳茨温泉经历了严格的治疗日程后，肖邦很享受安娜家轻松温馨的气氛。维肖沃夫斯基的庄园有樱桃果园环绕，附近还有一个果园和菜园。②庄园距离安东尼·拉齐维乌亲王的避暑狩猎别墅安东宁（Antonin）只有 15 公里远。当热爱音

① SHC, p. 111.

② 卢德维卡·肖邦在《约齐奥的旅行》里对斯奇热沃村庄园之行进行了概述。在此逗留期间，斯卡尔贝克一家带着约齐奥去祖父卡茨佩尔·斯卡尔贝克的坟墓进行了缅怀，卡茨佩尔早年间为躲债远走他乡，后来回到了这里，在女儿安娜的陪伴下度过了晚年，于 1823 年去世。

肖邦；伊丽莎·拉齐维乌小姐绘制的铅笔画（1826 年）

乐的拉齐维乌听说肖邦就在附近时，便邀请肖邦到他的别墅做客。拉齐维乌曾在华沙看过几次弗里德里克的演出，十分清楚他的音乐才华。16 岁的肖邦为拉齐维乌和他的朋友们演奏时，公爵的女儿伊丽莎坐在后边为肖邦画了一幅铅笔画像，在所有现代的肖邦肖像集中几乎都能看到这幅画像。① 103

虽然肖邦在斯奇热沃村和安东宁的停留很短暂，但它们对肖邦健康的积极影响可能比整个赖纳茨温泉的疗养还要显著，毕竟温泉疗养的效果可能并没有宣传的那么好。在这里的短暂停留帮助肖邦为接下来返回华沙、进入音乐高中一年级跟随约瑟夫·埃尔斯纳学习做好了准备。

---

① 波兰学者亨里克·诺瓦奇克（Henryk Nowaczyk）已对伊丽莎·拉齐维乌画作的绘制日期以及这幅画与肖邦 1826 年和 1829 年安东宁之行的关系分别进行了清晰的阐述。详见 NCGB, pp. 316–23。

104
华沙音乐高中，1826 ~ 1828

有日维尼和埃尔斯纳这样的老师，最笨的蠢驴也能学到东西。

——肖邦 ①

I

1826 年 9 月底，肖邦开始了在华沙音乐高中的正式学习。要详细介绍肖邦的高中并非易事，但其主要情况如下。学校成立于 1821 年，是从原来的华沙音乐学院分出来的。几乎从一开始，华沙音乐学院的创校校长约瑟夫·埃尔斯纳和新任校长卡洛·索利瓦（Carlo Soliva）就发生了激烈的争执，导致学院内部分裂。卡洛·索利瓦是一位意大利声乐教授，被任命到音乐学院管理实践类课程。埃尔斯纳认为他平庸无能，后来两人关系破裂，埃尔斯纳因此离开了学院。最终两人找到了一个折中的办法，分别管理两所相互独立的教育机构。索利瓦领导重组后的音乐学院，教授实践课程；埃尔斯纳领导新成立的音乐高中，教授理论课程。音乐学院仍位于原来的圣伯纳丁女子修道院（Convent of Sisters of Saint Bernadine）旧址，而
105 音乐高中成为华沙大学的附属高中，位于卡齐米日宫，也就是肖邦家所在地。索利瓦和埃尔斯纳的不和持续了多年，肖邦升入高中时争执仍处于最激烈的状态。肖邦选择了音乐高中而非音乐学院，可能是受到父亲的影响，米柯瓦伊希望他能学习一些大学里的人文课程，而不仅仅是音乐。这时埃尔斯纳已成了华沙大学的作曲教授，肖邦入学之前已经跟着他上了几个月的非正式课程，入学后埃尔斯纳成了他主要的授课老师。

---

① CFC, vol. 1, p. 112; KFC, vol. 1, p. 96.

我们了解到埃尔斯纳非常宽待肖邦，经常会在肖邦身体不适时通融他请假。从肖邦的信件中我们得知他每周跟埃尔斯纳上六个小时的课，主要学习和声、对位法和作曲。他也继续学习了德语、意大利语和英语——虽然肖邦后来去了英国，但也没怎么说过英语。埃尔斯纳深知这个学生天分过人，因此在其他课程方面，他给了肖邦很多的自由选择。从肖邦入学后不久给亚希·比亚沃布沃茨基写的一封信中可以看出，虽然他的同龄人很多都选择在高中毕业后进入全日制大学深造，但他不打算选择这条道路。想要考入大学，高中生需要在最后一学年复习所有课程，而肖邦不愿意这么做。他写道："把所有课程再上一遍实在荒唐，还不如在这一年内学点其他东西。"① 肖邦很有远见，他已经意识到自己的人生开始走上了一条与其他学生不同的道路。音乐学院和音乐高中的课程也有不少的交集。索利瓦经常找肖邦为他的声乐课伴奏，肖邦也参加了音乐学院的多台演出。有一段时间，肖邦一边学习音乐，一边上一些非正式的大学课程，但后来没有继续下去。他有时会去旁听波兰著名诗人卡齐米日·布罗津斯基讲授的波兰文学课，听老师讲解亚当·密茨凯维奇（Adam Mickiewicz）的史诗歌谣。肖邦也上了著名历史学家费利克斯·本特科夫斯基（Feliks Bentkowski）的一节波兰历史课。肖邦没上过钢琴演奏课，因为在这种课上他已经学不到什么新东西了。可以说肖邦的学习是有很大自由度的。他将主要精力都投入到了作 106
曲上，也正是在这一方面埃尔斯纳起到了重要作用。埃尔斯纳还住在原来音乐学院的楼里，位于皇家城堡旁的马林什塔特街（Mariensztat Street）。由于当时音乐学院的学生还不太多，埃尔斯纳有时在自己的家里，而不是在卡齐米日宫正式的教室

① CFC, vol. 1, pp. 67–68; KFC, vol. 1, p. 73.

里，给肖邦和其他学生上课。[1]

埃尔斯纳与肖邦之前的老师日维尼有着天差地别。埃尔斯纳是一位作曲家、表演家、指挥家、管理者、教师，在经营学校方面，他能力全面，十分称职，他也对肖邦青少年时期的音乐发展产生了最重要的影响。早年间埃尔斯纳曾到过巴黎、德累斯顿、维也纳等很多地方，建立了一些重要的人脉，培养了伴随他终生的广泛兴趣。埃尔斯纳于1769年出生在布雷斯劳（Breslau）附近的格罗特考（Grottkau），早年做过牧师，后来他放弃了这个职业，到维也纳学了一段时间的医学。正是在奥地利的首都，埃尔斯纳找到了他真正的兴趣所在，开始全身心地投入音乐学习中。他是一位出色的小提琴手，曾就职于布吕恩（Brünn）的一个交响乐团，但他的音乐才华在指挥和作曲上展现得最为充分。他曾在伦贝格（利沃夫的德语旧称）做实习指挥，并在这里遇见了他的第一任妻子克拉拉·阿布特（Klara Abt），但阿布特婚后不到一年就去世了。1799年，埃尔斯纳获得了一个让他一举成名的职位——华沙歌剧团的首席指挥。仅仅几年内，他就将华沙歌剧团打造成了一个民族性的团体，将它从压制本土文化发展的普鲁士剧目中解放了出来。埃尔斯纳致力于打造用波兰语表演的波兰歌剧。这项民族事业也得到了年轻有为、才华横溢的歌剧团副指挥卡罗尔·库尔平斯基（Karol Kurpiński）的支持。卡罗尔在1810年被埃尔斯纳任命为副指挥，最终在指挥台上接替了埃尔斯纳的工作。埃尔斯纳的第二任妻子是波兰出生的卡罗利娜·德罗兹多夫斯卡（Karolina Drozdowska），两人于1802年结婚。在之后几年里，埃尔斯纳的家庭完全被波兰化，他本人也能说一口流利的波兰语。

① MCW, p. 117.

埃尔斯纳创作了大量的作品，包括27部波兰歌剧（多数是由国家歌剧团在他的指挥下演出的）、8部交响曲、6部弦乐四重奏以及无数的钢琴曲。他的很多作品是宗教或世俗颂歌，包括24首为拉丁弥撒经文所谱的乐曲和55首康塔塔。很多颂歌展示出了他精湛的对位技法，用一位传记作家的话说，“似乎体现了他对这种教条的曲式并不反感”[1]。埃尔斯纳的作品没能流传于世，也没能走出波兰国界，但让他获得了同行们的尊重。他的学生都极其崇拜他，肖邦尤为如此。 107

埃尔斯纳曾说过一些关于音乐和音乐家的至理名言，并在教学生涯中对这些理念身体力行。这些话体现了一位优秀导师的博学与智慧，让他完全脱离了当时狭隘的教学方法。埃尔斯纳深知“教育”（education）一词的拉丁语词根（educere）意味着“指引前进”。而他也确实指引着学生不光去探索身边的世界，也探索内心的世界。像他这样优秀的老师无意让学生成为自己或其他人的复制品。他知道自己最重要的作用是要让学生不再需要自己，这也是所有老师都要做出的最大牺牲。他对肖邦的评价在文献资料里占据了特殊的地位，但这些评价不光让我们了解到了肖邦，也让我们了解到了他本人。有人批评年轻的肖邦不按规矩作曲时，埃尔斯纳说出了那句著名的话：“随他去吧。他走的是自己的道路，因为他的天赋不同寻常。”

埃尔斯纳的文章书信中散落着很多至理名言，比如以下这些：

> 1. 没有被学生超越的老师不是好老师。
>
> 2. 不能只想着怎么弹钢琴。应该将演奏看作一个更加全面地了解音乐的方式。

① NFC, vol. 1, p. 37.

3. 学习作曲不应该受到太多狭隘规则的限制，尤其是对于天赋过人的学生来说。要让他们自己去发现规则。

108 4. 不应该只给学生讲一种方法或是一种观点。

5. 学生的水平仅仅达到或超过老师的水平是不够的，学生应该发掘出自己的特点。

6. 艺术家应该多去感受身边的世界。只有做到这一点，只有通过这样的影响，他才能找到真正的自我。

7. 作品中的各部分应该有着相同的目标：它们属于同一个整体。否则作品的美感就会缺失，所有美感都是通过各部分结合在一起产生的。

最后一句话出自埃尔斯纳的《旋律与圣歌论文集》（*Treatise on Melody and Chant*），让我们看到埃尔斯纳对于音乐结构有着相当现代的理解。[①] 我们可以看出“各部分结合”的理念与勋伯格的“基本形态”（Grundgestalt）概念有着异曲同工之妙。“基本形态”是一个概括性的基本概念，指对立的主题结合起来构成一个统一的整体。我们不知道埃尔斯纳是否和肖邦直接地讨论过这个概念，但如果从这个方面着手研究肖邦的大型作品——尤其是奏鸣曲、叙事曲和谐谑曲——我们都能得到有价值的结果。

有人说肖邦是埃尔斯纳最得意的门生，这个说法其实不太准确。肖邦的成绩不如托马什·涅德茨基（Tomasz Nidecki）和伊格纳齐·多布任斯基（Ignacy Dobrzyński）这两位年长一些的同学。他们的成绩都很好，也非常勤奋地按照教学大纲的要求，为拉丁语弥撒经文谱曲，创作三重奏、赋格和奏鸣曲等古典风格的乐曲，而肖邦则对此没什么兴趣，甚至可以说他完全把教

---

① Ms. 2276. Biblioteka XX Czartoryskich, Kraków.

学大纲抛在了一边。埃尔斯纳教授作曲时，让学生按照现有作品的框架——曲式、核心设计、主题对比、节奏等——一小节接一小节地创作自己的乐曲，这个方法有助于帮助学生掌握大型曲式，因此一直沿用至今。涅德茨基就是凭借根据这个方法创作的《管弦乐伴奏的四声部弥撒曲》（Mass for Four Voices, with Orchestral Accompaniment）获得了波兰政府的海外交流奖学金。一两年后肖邦申请类似的奖学金时被政府拒绝，可能因为他无法或者不愿意提交这样一部满足学术要求的作品。

II 109

在肖邦音乐高中的同学中，有几位曾是肖邦家的寄宿生，他们从华沙中学毕业后也进入音乐高中继续深造。尤利安·丰塔纳和卢德维克·涅德茨基（托马什的弟弟）与肖邦同岁，是肖邦的同班同学。伊格纳齐·多布任斯基（Ignacy Dobrzyński）当时读高二，后来成为一名受人景仰的交响乐作曲家。约瑟夫·斯特凡尼（Józef Stefani）和托马什·涅德茨基比他们几个年长些，水平也更高。斯特凡尼创作了多首知名的波兰舞曲和具有民族色彩的芭蕾舞剧，最终成为华沙国家剧院的芭蕾总监。托马什·涅德茨基是音乐高中里的明星学生，受到了其他同学的景仰。后来他去了维也纳，在莱奥波尔德施塔德剧院（Theater in der Leopoldstadt）担任总监，1838 年回到华沙，接替库尔平斯基担任了国家剧院的总监。

这些学生获得的成就都要归功于约瑟夫·埃尔斯纳，没有他的亲切教导，这些学生的才华恐怕都还来不及绽放就枯萎了。埃尔斯纳经常请他的“孩子们”到家中参加即兴演奏会。他的女儿埃米莉亚有着十分优美的嗓音，也经常参与这些聚会。卢德维克·涅德茨基常为她伴奏，两人日久生情，后来结了婚。

肖邦师从埃尔斯纳期间完成的作品数量十分惊人。以下作品中，只有两部（协奏曲）是他在1829年7月从音乐高中毕业后完成的。其余都是在这三年间（1826~1829年）创作并在他19岁生日之前完成的。

1.E大调德国民歌引子与变奏曲（“瑞士少年”）（1826年）

2.F大调玛祖卡回旋曲，op.5（1826年）

3.为钢琴和管弦乐队而作的莫扎特“让我们携手同行”变奏曲op.2（1827年）

4.多首钢琴独奏曲，包括e小调夜曲，op.72，no.1
110 （遗作）（1827年），以及几首少年时期的华尔兹、玛祖卡、波兰舞曲，这些作品直到肖邦去世后才出版

5.C大调双钢琴回旋曲，op.73（遗作）（1828年）

6.为钢琴和管弦乐队而作的A大调华丽的波兰民歌幻想曲，op. 13（1828年）

7.为钢琴和管弦乐队而作的克拉科夫回旋曲，op. 14（1828年）

8.c小调第一奏鸣曲，op. 4（遗作），献给埃尔斯纳（1828年）

9.g小调钢琴三重奏，op. 8（1828~1829年）

10.为钢琴和管弦乐队而作的f小调第二钢琴协奏曲，op. 21（1829~1830年）

11.为钢琴和管弦乐队而作的e小调第一钢琴协奏曲，op. 11（1830年）

12.最早的波兰歌曲，包括为斯特凡·维特维茨基的两首诗歌《愿望》（“Życzenie”）和《她的爱》（“Gdzie lubi”）谱的曲

肖邦也跟埃尔斯纳学习了管弦乐编曲。以上这些作品中有五部都是为钢琴和管弦乐队而作的大型作品。这引出了一个老生常谈的话题：肖邦不擅长处理管弦乐作品，在为钢琴演奏添加重要的背景时，他并没有展现出很高的水平。这种说法作为一种观察而言是正确的，但是如果作为一种批评却缺乏说服力。陶西格（Tausig）和克林德沃特（Klindworth）都认为可以对这两部协奏曲进行重新编曲，对声音的平衡进行一些调整。但他们的版本也并没有为乐曲增色多少，任何一个敏锐的指挥家彩排一次也可以让乐队实现这样的效果。肖邦的版本里，钢琴和乐队伴奏的搭配是得当的，乐队为钢琴的演奏起到了恰到好处的衬托作用，使得钢琴演奏者能够一次又一次地展现出让我们沉醉于其中的精湛演奏。

III

肖邦也在米奥多瓦街上安杰伊·布热齐纳（Andrzej Brzezina）的音乐商店度过了不少时间，他经常到这里翻阅来自维也纳、巴黎、柏林的最新作品，并在店铺隔壁的琴房里视
奏（prima vista）乐曲。通过这种非常重要的学习方式，肖邦 111
了解到了波兰以外更广阔的音乐世界。可能就是在布热齐纳的商店里，年轻的肖邦接触到了约翰·菲尔德（John Field）的夜曲集。这位爱尔兰作曲家用右手展现出美声唱法般的旋律（明显是受到人声的启发），左手用大跨度的琶音伴奏，展现出多种和声进行的方式，将肖邦深深地迷住了。受到了菲尔德影响的肖邦也许从中看到了未来的发展方向，在这一时期创作出了早期的《e 小调夜曲》。但他认为这首乐曲不值得出版，手稿一直被存放在作品集里，直到他去世后才被丰塔纳收录进了肖邦遗作中，以第 72 号作品第 1 首出版。

在这首乐曲中，所有肖邦成熟时期的音乐特点都已经体现了出来：右手歌唱般的旋律，左手彩虹般的琶音和弦，主旋律再现时的灵活变化，以及延音踏板给整个织体带来的丰富色彩。年轻的肖邦还在副题中加入了声乐中的“二重唱”（在遥远的 B 大调上），这种对比手法也成了他后期夜曲的标志性特点——在第 27 号作品第 1 首《升 c 小调夜曲》和第 2 首《D 大调夜曲》中尤为显著。

近代波兰学者塔德乌什·杰林斯基（Tadeusz Zieliński）认为，鉴于乐曲中体现出的丰富情感（他认为不像是这么年
112 轻的人就能具备的），以及上文所提到的一些标志性特点，这首乐曲的创作时间应该比 1827 年晚得多。[1] 但针对这个问题，我们也可以给出不同的解释：如所有天才一样，当时的肖邦已经具备了从未来汲取养分的超前能力。《e 小调夜曲》体现了

[1] ZFC, pp. 812–13.

肖邦在青少年时期就能带着梦游者走入梦境般的笃定，走进他自己的未来。① 顺带一提，肖邦与菲尔德的唯一一次相遇是在 1832 年的巴黎，当时这位爱尔兰钢琴家正在进行最后一次欧洲巡演。两人对彼此都怀有深深的矛盾之情，可能与肖邦将这一体裁从创始人菲尔德那里“偷走”，成为最具代表性的作曲家不无关系，我们会在后文详细讲述此事。

IV

弗里德里克和埃米莉亚从赖纳茨回来后的一年里，两人的健康状况一直让米柯瓦伊和尤斯蒂娜十分担忧。米柯瓦伊不断督促弗里德里克不时喝点红酒，作为一个在法国洛林葡萄园附近长大的法国人，他相信红酒有强身健体、“制造健康血液”的功效。但肖邦一生都不喜欢酒精，总是拒绝喝酒。家庭医生威廉·马尔切也给出了严格的医嘱，让肖邦叫苦不迭。他对亚希·比亚沃布沃茨基说：“我按照马尔切的要求，喝催吐剂，像匹马一样吃燕麦粥。”“我必须每天 9 点上床睡觉，”他懊恼地补充道，“所以一切晚会和舞会都与我无关了。”② 马尔切也为埃米莉亚制定了严格的治疗安排，在埃米莉亚的食谱中加入了大量她不喜欢的羊奶。卢德维卡想尽办法哄劝妹妹，让她“为了爸爸”喝些羊奶，但到了 1827 年 2 月，埃米莉亚的情况直转急下，卧床之后就再也没能起来。4 月 10 日，悲剧降临，埃米莉亚死于肺结核。那一年她 14 岁。在这些令人痛苦的事情发生时，肖邦向亚希倾诉：

---

① 第一个将这首夜曲的创作年份确定为 1827 年的人是尤利安·丰塔纳，他在肖邦遗作集中标注了这一日期。值得格外注意的是，在扬·艾凯尔编著的波兰国家版肖邦作品集中，这首乐曲的创作时间被标注为 1828~1830 年。

② CFC, vol. 1, p. 68; KFC, vol. 1, p. 73.

113 华沙，［1827 年 3 月 12 日］

> 家中被疾病笼罩。埃米莉亚已经卧床四周了。她开始咳嗽吐血，妈妈吓坏了。马尔切医生决定进行放血治疗。她被放了一次血后，又放了第二次；然后医蛭、水泡、芥子泥、草药都用上了。毫无意义！整个过程中埃米莉亚水米未进，瘦到脱相；直到最近她才开始稍微有些恢复。你能猜到我们有多么煎熬。请你自己想象一下吧，因为我实在无法形容。①

肖邦的父母在前一年前请来了马尔切医生，取代了此前给埃米莉亚和弗里德里克治疗的两位医生——吉拉尔多和勒默尔。两位医生都曾使用医蛭从脖子上肿大的腺体中吸血，让两个孩子痛苦不堪，这种治疗不仅收效甚微，还导致了埃米莉亚的持续性出血。马尔切医生是华沙慈善协会的副会长，也是慈善界的名人。鉴于他的极高声誉，他提出的治疗方案让肖邦的父母难以拒绝。但可以说马尔切的治疗方法加速了埃米莉亚的死亡。反复的放血、通便、水泡、禁食虽然都出于治疗的目的，但在这种情况下，埃米莉亚很难活下来。曾有一位权威的医学人士将她接受的治疗称为“野蛮疗法”，这种说法让人很难否认。②17 岁的肖邦目睹了这一切，亲眼看着妹妹咳嗽至死成为他青少年时期永久的阴影。

---

① CFC, vol. 1, pp. 73–74; KFC, vol. 1, p. 76.

② LHT, p. 5. 埃米莉亚经历过两次用手术刀切割的放血。这种治疗的目的是“让疾病流出”。医生在皮肤下垫一层布片，并在创口敷上欧亚瑞香（*Daphne mezereum*）防止创口愈合。埃米莉亚也接受了医蛭疗法；此外用热石灰在皮肤上烫出水泡也是治疗方法的一种；最后，医生还使用了含有毒素的狼毒乌头草，让病人通过口服或皮肤吸收。如果超剂量使用，乌头的毒素是致命的。这种药物常见的副作用包括出汗、恶心、呕吐，毒素还会入侵呼吸系统，干扰心肌，导致心脏骤停。目前没有发现针对这种毒素的解毒剂。

约瑟夫·斯克罗茨基教授和他的小儿子欧根纽什也参加了 114
埃米莉亚的葬礼，瞻仰了她的遗容，后来欧根纽什写道：

> 一口白色的棺材被放在公寓门口用春花装饰的架子上。埃米莉亚似乎发着光，看起来就像是睡着了一样。在她憔悴苍白的脸上，人们仍旧能够看到她美丽的双颊、甜美的微笑和温柔的气质。当时还是孩子的我们并不理解发生了什么。然后灵车开了过来，穿着黑袍的日姆斯基（Rzymski）神父戴上四角帽，为逝者吟诵圣歌。当送葬的队伍准备离开，我们听到埃米莉亚家人的痛哭时才意识到，以后再也见不到我们的埃米莉亚了。

送葬的队伍一直从卡齐米日宫走到埋葬埃米莉亚的波瓦茨基公墓（Powązki Cemetery）。她的墓碑上写着这样的墓志铭：“埃米莉亚·肖邦在生命中的第十四个春天去世，她的一生如同绽放的花朵，本应结出美丽的硕果——1827 年 4 月 10 日。”①

埃米莉亚的姐姐卢德维卡去世后也葬在了这个墓地，之后埃米莉亚的墓碑被移到这位更出名的姐姐身旁，所以她被埋葬的具体位置我们已不得而知。肖邦一家始终没能从小女儿的夭折中完全走出来，据说尤斯蒂娜余生都穿着黑色衣服度过。所以当肖邦一家从卡齐米日宫的公寓搬走时，他们也没有什么可留恋的，因为这里充满了关于病痛和死亡的痛苦回忆。后来大学扩张，肖邦家的公寓被改为教室。学校给肖邦一家分配了克拉辛斯基宫（Krasiński Palace）旁的新住处，一家人欣然接受，搬进了新家。

① SRCY, *Bluszcz*（Ivy）, no. 32, July 28（August 9）, 1882.

V

1827 年 7 月，弗里德里克在音乐高中的一个学年结束了。虽然过去几个月来他一直承受着痛苦，但他依然勤奋地学习
115 着，努力按照课程标准要求自己。在 7 月 17 日的学年评语中，埃尔斯纳以一贯简洁的评语表扬了弗里德里克：“作曲与对位法课程：一年级的弗里德里克·肖邦，才华出众。”葬礼过后，肖邦一家深陷埃米莉亚夭折的痛苦之中，因此当克萨韦里·兹博恩斯基（Ksawery Zboiński）伯爵邀请弗里德里克前往华沙西北 100 公里处的科瓦莱沃（Kowalewo）庄园做客时，全家人都很支持。兹博恩斯基是肖邦家的故交，也是埃米莉亚的教父，他可能在几周前的葬礼上就跟米柯瓦伊·肖邦讨论过邀请弗里德里克的事情。这样一来，弗里德里克也能免于在承受丧亲之痛的同时遭受搬家的折腾。他可以逃离华沙，呼吸乡间清新宜人的空气，再次享受游历波兰给他带来的乐趣。如今旅行已成为肖邦暑假里必不可少的一部分了。而这次的行程安排更加大胆，他将穿越波美拉尼亚（Pomerania）地区，一直到北方的港口城市格但斯克。

1827 年 7 月 6 日，肖邦在兹博恩斯基伯爵的科瓦莱沃庄园给父母写了一封信，从信中我们了解到肖邦可能在音乐高中暑假正式开始之前几周就离开了华沙。在从科瓦莱沃出发的那天早上，他写信向家人描述了具体的行程。“现在是早上八点。空气清新，阳光灿烂，鸟儿歌唱……外边有个池塘，青蛙的叫声很宜人……我们首先前往普沃茨克（Płock），明天去罗希齐斯谢沃（Rościszewo），之后再去基库乌（Kikół），然后我们会在图尔兹诺（Turzno）和科兹沃沃（Kozłowo）分别

停留几天，最后前往格但斯克。”① 肖邦最终是否到达了通往波罗的海的门户城市格但斯克呢？这一点我们只能靠想象了，因为现存的肖邦书信中没有一封是描写这座城市的。② 去往格但斯克的路途艰辛，还要跨越普鲁士的边界，这个年纪的肖邦不 116
太可能独自踏上这样的旅程。安杰伊·布科夫斯基（Andrzej Bukowski）推测和肖邦同行的还有兹博恩斯基伯爵和他的两位表亲，他们在沿途城市有一些生意上的事情需要处理。③ 我们从“肖邦在波兰的足迹”这张地图（第 94 页）上可以看出兹博恩斯基一行人用了四周多的时间走了几百公里。我们了解到兹博恩斯基和他的两位表亲在 8 月 9 日到达了格但斯克，并在“三个摩尔人”（Drei Mohren）酒店住了 5 天。如果十几岁的肖邦也跟他们在一起，他应该用的不是自己的名字，而是以伯爵“家属”（nebst familie）的身份登记的。格但斯克有很多不错的景点可供游人参观，不难想象感性的小肖邦第一次看到波罗的海和海港中进进出出的轮船时，心情应该十分激动。肖邦很可能也像大多数游客一样参观了宏伟壮观、以 15 世纪的天文钟而闻名的圣玛丽教堂（St. Mary’s Church）。他可能也去了奥利瓦（Oliwa）郊区的天主教堂，那里有一件乐器吸引了众多音乐家慕名前来：教堂里有世界最大的管风琴，它有 83 个音栓、5100 个铜管、3 个键盘，上边装饰有会动的小天使和吹小号的大天使，演奏时需要七个人同时鼓风。华沙

① 在叙多的肖邦通信集里，这封信的日期被错误地标注为“科瓦莱沃，周五［1825 年］”，这一错误后来也出现在了多个文献里。正确的日期应该是 1827 年 7 月 6 日，人们经常把肖邦的格但斯克之行与 1825 年肖邦的托伦之行混淆，但实际上它们是两次不同的行程。正在修订的《肖邦书信集》（*Korespondencja Fryderyka Chopina*）第一卷第 222 页厘清了这几个事件的正确顺序。

② 我们最多只能说肖邦计划了这一行程，而且后来也没有出现让他放弃这一计划的原因。MSFC, p. 242.

③ 《肖邦的波美拉尼亚之旅》（*Pomorskie wojaze Chopina*），格但斯克，1993。

克拉辛斯基宫的肖邦家会客厅；安东尼·科尔贝格绘制的水彩画（1832年）。坐在桌边的是米柯瓦伊和尤斯蒂娜·肖邦夫妇及他们的女儿卢德维卡和伊莎贝拉。当时肖邦已经离开了华沙

中学校长塞缪尔·林德博士的哥哥约翰·林德牧师也住在格但斯克，他是圣三一新教教堂的牧师。因此肖邦不去托比亚斯街（Tobiasz Street）的牧师家拜访一下就离开格但斯克也是不太可能的。但这些都只是我们的猜测。如果肖邦确实去了格但斯克，他应该在8月15日就离开了这座城市，因为有证据表明在此后的几天里他到达了安东尼·谢拉科夫斯基（Antoni Sierakowski）伯爵家。这位热爱音乐的伯爵是兹博恩斯基的亲戚，他在距离格但斯克约100公里的瓦普莱沃（Waplewo）有一座宏伟的宫殿。在谢拉科夫斯基伯爵的孙子亚当为伯爵撰写的传记中，我们找到了肖邦曾到访瓦普莱沃的证据。作者写道，安东尼本人是一位优秀的小提琴演奏者，创作了不少作
117 品，之后他说："著名作曲家肖邦是他的朋友，并曾经到瓦普

莱沃做客。”[1] 作者写道，在商业气息浓重的格但斯克地区，瓦普莱沃宫是这里的“文化绿洲”。

之后肖邦从瓦普莱沃返程，在途中停留了几个地方后，于 9 月初回到华沙，住进了克拉辛斯基宫三层的新家。此时他已经离开家两个月了，新家里的一切都已收拾停当。连他心爱的布赫霍尔茨三角钢琴也已经被摆放在了会客厅的窗边。起居室上方有一个空着的阁楼，但没有上去的楼梯，于是一家人在卧室的储物间里搭了个楼梯，米柯瓦伊为肖邦准备了一架立式旧钢琴和一张桌子，方便他在阁楼里不受打扰地学习和工作。“这里将成为我的避风港。”肖邦写道。[2] 肖邦家的会客厅也将在华沙音乐界扮演重要角色，肖邦将在这里举办演奏会，为 118
华沙艺术界和文化界精英首演他的新曲目，包括两部钢琴协奏曲。在接下来的三年里，肖邦一直住在克拉辛斯基宫，直到他在 1830 年 11 月 2 日永远地离开波兰。

VI

肖邦完成埃尔斯纳日常布置的和声和对位法练习后，还在悄悄地创作自己的作品，包括《玛祖卡回旋曲》（op.5）和早期的《“瑞士少年”变奏曲》。但将这位 17 岁钢琴大师的才华展现得最淋漓尽致的，是他根据莫扎特的歌剧《唐璜》选段《让我们携手同行》（“Là ci darem la mano”）创作的变奏曲。这部作品最开始可能只是埃尔斯纳在 1827 年初夏给肖邦留的一项期末作业，目的是鼓励他创作钢琴和管弦乐队演奏的大型作品。我们猜测在肖邦踏上前往格但斯克的漫长旅程之前，就

① 安杰伊·布科夫斯基:《瓦普莱沃：波美拉尼亚地区一个被人遗忘的地方》（*Zapomniana placówka kultury polskiej na Pomorzu Nadwiślańskim*）, p. 109。

② CFC, vol. 1, p. 93; KFC, vol. 1, p. 86.

已经完成了这部作品，一路上他断断续续地进行了修改。即便是对于现代钢琴家而言，这部变奏曲也包含了不少技术难点。肖邦在20岁生日之前曾两次公开演奏这部作品，反响极佳，由此可以看出当时他已经成为一流的钢琴大师。肖邦是否看过《唐璜》的演出呢？1823年1月5日，华沙国家剧院在库尔平斯基指导下表演了《唐璜》，肖邦应该对这个版本很熟悉，因为它是用波兰语演唱的。《华沙公报》的记者写道："在波兰歌剧院表演过的歌剧中，没有什么比《唐璜》的两首终曲以及唐璜和泽林娜的二重唱《让我们携手同行》更优秀、更恰到好处的了。"有趣的是，这篇报道还提到这首二重唱"经常由康斯坦奇娅小姐在法国的舞台上演唱"①——她就是我们将在"遥不可及的爱人"一章中提到的康斯坦奇娅·格瓦德科夫斯卡（Konstancja Gładkowska）。

《"让我们携手同行"变奏曲》的设计非常简单，包括一个慢节奏的前奏、一个主题、五段由乐队间奏衔接的变奏，以及
119 一个波兰舞曲风格的终曲。《让我们携手同行》（亦称《把手给我，哦亲爱的/轻声允诺》）是歌剧音乐里最著名的一段旋律。它出自歌剧的第一幕，是唐璜引诱泽林娜时两人的二重唱。莫扎特在这一场景里使用了A大调，而肖邦则升了半个调将其转为降B大调，可能是为了在钢琴键盘上演奏时更为舒适。

① 1828年5月28日刊。

接下来的变奏带有明显的“华丽风格”（stile brillante），胡梅尔、克莱门蒂、莫谢莱斯、韦伯都是这一风格的代表，这些人都是肖邦在青少年时期创作钢琴和乐队演奏的乐曲时效仿的对象。（内涵更为深刻、乐队分量更重的贝多芬钢琴协奏曲当时还没流传到华沙，肖邦也是后来才接触到贝多芬的作品。）华丽的乐段、高超的技术以及需要手指灵活性（Fingerfertigkeit）才能完成的高难度演奏都是“华丽风格”的特点，而肖邦一直深受其影响，直到离开华沙之后才有所改变。第一段变奏中的“华丽风格”尤为明显，很有胡梅尔的风采，肖邦一年之后就在华沙见到了他。

第四段变奏让我们想起“肖邦”在华沙曾有“钢琴界的帕格尼尼”之美誉，《华沙信使报》的报道就曾使用过这个说法。
帕格尼尼著名的跳音被肖邦用到了这段变奏中。后世的钢琴家 120
很感激肖邦将这段旋律转成了降 B 大调，如果用原本的 A 大调，这个乐段演奏起来会更加困难。

第五段变奏带我们走进了弗雷德里希·维克的“幻想画卷”中。（我们在序言中提到了维克对乐曲的奇特解读，虽然这种解读为肖邦所不屑。）但不管怎么说，这部作品的确是受舞台上一个戏剧性的浪漫故事启发所作的歌剧音乐。第五段变奏之后，乐曲进入了标着“波兰”（Alla Polacca）的终曲，莫扎特歌剧中著名的旋律被升华，穿上了波兰舞曲的外衣。肖邦在这里出人意料地加入了民族元素多半是为了取悦埃尔斯纳，而这一点却激怒了肖邦的宿敌路德维希·莱尔斯塔勃（Ludwig Rellstab），他将这部作品称为“斯拉夫作曲家对莫扎特杰作进行的破坏性的创作”[①]。

肖邦最终将“暑假作业”提交给埃尔斯纳时，埃尔斯纳意识到了这部作品的卓越之处，于是将手稿寄给了维也纳的托比亚斯·哈斯林格（Tobias Haslinger），强烈建议他出版这部作品。后来，舒曼拿到印刷出来的乐谱时，给出了音乐批评史上最著名的一句评论：“脱帽敬礼吧，先生们，这是个天才！”[②]

121 VII

肖邦在克拉辛斯基宫新家的第一场音乐会是在米柯瓦伊·肖邦的命名日 12 月 6 日举行的。会客厅里挤满了人，一家人

---

① 《伊里斯》，1830 年 11 月 5 日刊。

② *AmZ*, 1831 年 12 月 7 日刊。变奏曲的原始手稿藏于摩根图书馆，索引号 C549. L139。在手稿的最后两页，我们可以看到肖邦基于莫扎特的主题尝试了几个不同版本的“变奏”，他将日期标注为“1827 年”。手稿里也有一段被删掉的变奏，其中使用了两手向相反方向移动的琶音，这段变奏原本被标为“变奏四”，但后来被删掉。值得一提的是，肖邦对待自己的手稿十分随意。没有合适的纸，他就拿手稿的最后一页当速写本。这份手稿上画着一座纪念碑，还有一个身着制服、军人模样的卡通形象，此人可能是一位将军或是海军上校，穿着高领制服，戴着肩章，头发向后梳着。我们猜测由于肖邦总是从生活中取材，纪念碑和军官可能都是他在前往格但斯克的途中见到的。

还借来了椅子方便音乐高中和华沙大学的重要客人落座。这一天来观看演出的有埃尔斯纳、弗里德里克·斯卡尔贝克、雅各布·霍夫曼教授，以及肖邦家的常客斯克罗茨基一家。帮忙筹备了音乐会的沃伊切赫·日维尼骄傲地穿戴上了专为这个场合准备的新领巾、新马甲，十分显眼。演奏会以莫扎特、海顿、贝多芬的室内音乐开场，接着肖邦家的姐妹演奏了几首乐曲。随后肖邦便登台了。欧根纽什·斯克罗茨基不记得 17 岁的肖邦演奏了什么，但“记得肖邦演奏完人们报以经久不息的热烈掌声。斯卡尔贝克……从椅子上跳起来，热情地拥抱肖邦，对他精彩的演出表示祝贺”①。

肖邦成功的演奏会过后仅三周，弗里德里克·斯卡尔贝克的母亲卢德维卡伯爵夫人就于 12 月 31 日因喉结核在华沙病逝。这一哀讯也让肖邦一家十分悲痛，卢德维卡一直是肖邦家的精神灯塔，对于肖邦家的孩子来说她就像是祖母一样的存在。热拉佐瓦沃拉的庄园里承载着孩子们最欢乐的回忆。卢德维卡伯爵夫人的过世也为肖邦家带来了阴霾。她在卡茨佩尔·科齐茨基医生家病逝，很可能是因喉咙手术失败而死。② 肖邦还没有从卢德维卡夫人的病逝中缓过劲来，就收到了亚希·比亚沃布沃茨基于 3 月 31 日死于骨髓结核病的消息。亚希缓慢而痛苦的死亡虽然并非在意料之外，但对于肖邦而言仍是一个沉痛的打击。在不到一年的时间里，结核病就从肖邦身边带走了三个亲朋好友，先是埃米莉亚，然后是卢德维卡伯爵夫人，现在又是亚希，似乎不断地提醒着肖邦它的威力。尽管医生使用的语言非常隐晦，但毫无疑问肖邦已经知道自己也患上了肺结核。

与此同时，他在工作学习里寻找解脱，在学校里加倍努 122

① SRCY, *Bluszcz*（Ivy）, no. 33, August 4（16）, 1882.

② MCW, p. 147.

力，创作了《c小调钢琴奏鸣曲》(op.4)，并将这部乐曲献给了约瑟夫·埃尔斯纳。手稿标题页上用法语写着：

> 献给华沙皇家大学教授、
> 华沙慈善协会成员、
> 圣斯坦尼斯劳斯骑士约瑟夫·埃尔斯纳先生的
> 钢琴奏鸣曲，弗里德里克·肖邦作曲

埃尔斯纳也亲手将受献词写在了这一页上。埃尔斯纳显然对学生的作品非常满意，于是再次联系了维也纳的托比亚斯·哈斯林格，建议他出版这一作品。但哈斯林格没有理会，可能是担心出版一位不知名的少年作曲家的作品会让他亏本。多年后，肖邦出了名，这位狡猾的出版商给肖邦寄了几份校样，但肖邦拒绝校正，因为这位出版商并没有为他的手稿付过钱。哈斯林格可能私下里给奥地利和德国的音乐家寄过一些校样，因为肖邦曾在1839年告诉尤利安·丰塔纳："我父亲写信说哈斯林格出版了我之前创作的奏鸣曲，受到了德国批评家的赞赏。"[①] 但他的这句话说早了，因为后来是卡尔·哈斯林格（托比亚斯的儿子）在1851年，也就是肖邦去世之后，才出版了奏鸣曲的未授权版本，而且这一版本中没有肖邦给埃尔斯纳的献词。丰塔纳最终获得了这首乐曲的版权，将它收录进了我们熟悉的丰塔纳遗作中。

1828年春天，肖邦结识了约翰·内波穆克·胡梅尔，当时胡梅尔来到华沙，在4、5月举办了一系列音乐会。这时的胡梅尔已经55岁，名气正盛。他是"华丽风格"的代表人物，以精湛自如和机械般精准的演奏著称。肖邦认为他的演

---

① CFC, vol. 2, p. 349; KFC, vol. 1, p. 354.

奏是高超技艺和古典规范的完美结合。也许胡梅尔没能让钢琴唱起歌来（毛雷齐·莫赫纳茨基在《华沙日报》上对胡梅尔进行了批评，他认为胡梅尔的演奏“太过德国”），但他能 123
够轻松完成高难度的乐段，演奏稳如泰山，这一品质让肖邦十分钦佩，并努力效仿。胡梅尔不仅仅是一位著名的钢琴演奏家，也是一个即将逝去的时代的最后一位代表性人物。胡梅尔从小在莫扎特家中寄宿，跟着莫扎特上课。之后他师从海顿，并接替海顿在匈牙利艾什泰哈齐（Esterházy）王子的宫廷乐队里担任队长。后来胡梅尔前往维也纳师从阿尔布雷希茨贝格（Albrechtsberger），并因此结识了贝多芬，与贝多芬建立了坎坷的友谊。贝多芬临终时，胡梅尔就站在他的床前，还作为贝多芬的扶柩者为他送行。胡梅尔登上华沙国家剧院的舞台时，人们仿佛看到了时代的缩影。尽管胡梅尔和肖邦年龄相差很大，但两人惺惺相惜。波兰起义后，肖邦在维也纳逗留期间，胡梅尔也没有忘记这位来自华沙的青年音乐家，他最先向肖邦伸出援手，并将肖邦保护在自己的羽翼之下。

7 月 22 日，肖邦顺利完成了音乐高中第二学年的课程，埃尔斯纳在这一学年的报告中又写了一句简短而隐晦的评语：“作曲指导。弗里德里克·肖邦：天赋异禀，第二年，在维持健康的路上走远了。”

VIII

实际上，肖邦在学期结束之前已经“走远了”。1828 年的夏天，肖邦的同学、家境殷实的康斯坦蒂·普鲁萨克（Konstanty Pruszak）邀请他到马佐夫舍的桑尼基庄园过暑假。桑尼基位于华沙以西 80 公里处，是全省最豪华的宅邸之一，庄园里有一个剧院，经常有一些业余音乐家在此演出。普鲁萨克家族的历史可追溯到 15 世纪，家里挂着贵族族徽。两年后波兰起义爆发时，康斯坦蒂的父亲亚历山大·普鲁萨克向波兰军队资助了20000兹罗提，其富裕程度可见一斑。这也导致了俄国人对他的打击报复。后来他的庄园被洗劫一空，府邸几乎完全损毁。

肖邦在桑尼基认识了康斯坦蒂的妹妹奥莱西亚（Olesia），
124 并给她上了几节钢琴课。肖邦觉得这个姑娘很有魅力，很适合介绍给他的朋友蒂图斯做妻子，但是蒂图斯却没有一点兴趣。肖邦与康斯坦蒂和奥莱西亚一起探访了周边几个村庄，再次接触到了波兰民间音乐。可能就是在桑尼基，肖邦创作了《g小调钢琴三重奏》的第一乐章，他打算将这部作品献给拉齐维乌亲王。也是在这里，肖邦完成了《C大调回旋曲》（遗作第73号），他随即将这首乐曲修改为双钢琴曲，这也是他创作过的唯一一首双钢琴曲。后来他和好友毛雷齐·赫内曼在布赫霍尔茨钢琴厂试奏了这部作品，"效果很不错"。但《C大调回旋曲》一直没能得到肖邦的重视，因此肖邦将它称为"我的孤儿"。最后这部作品被尤利安·丰塔纳接手，"算是找到了一位继父"。①

桑尼基庄园是个非常舒适的地方，弗里德里克可以在这里随心所欲地弹钢琴、创作乐曲。这时他已经18岁了，喜欢跟普鲁萨克家的一位年轻的女家庭教师在桑尼基开阔的庭园里散步。两人的关系其实很单纯，但玛丽安娜·普鲁萨克伯爵夫人注意到了这两个年轻人每天都出去散步，最终导致了一场尴尬的误会。后来女家庭教师怀孕了，人们误以为肖邦就是孩子的父亲。经过进一步的调查，人们找到了真正的肇事者。但直到所有人都回到华沙后的三四个月，普鲁萨克一家也住回了他们在马尔沙尔科夫斯卡（Marszalkowska）大街上的宅子里时，这件事

① CFC, vol. 1, p. 93; KFC, vol. 1, p. 87.

才被调查清楚，当时怀孕的姑娘已经开始显怀了。肖邦给蒂图斯写了封信解释他的窘境，信中他将孩子的父亲称为“N”。

> 华沙，1828 年 12 月 27 日，星期六
>
> N 让马尔沙尔科夫斯卡街宅邸里的家庭女教师陷入了麻烦。这个姑娘怀孕了，但是女主人伯爵夫人拒绝与引诱者产生任何瓜葛。最糟的是整件事情水落石出之前，人们怀疑我就是那个引诱者，因为我在桑尼基住的一个多月里经常跟这个姑娘在花园里散步。确实——散步——仅此而 125
> 已。她并没什么魅力。我像个傻子一样，对她一点也不动心——还好没动心。[1]

真相查明之前，肖邦的父母还被叫去问话，这让肖邦倍感尴尬。由于家庭教师怀孕无法上课，肖邦的父母接受了普鲁萨克夫人的要求，让肖邦代替她完成教学任务。似乎这还不够，肖邦还成了这个私生子的教父。肖邦告诉我们他感到难以拒绝，因为这是姑娘亲自要求的！[2] 孩子接受完洗礼后，普鲁萨克一家悄悄地把家庭教师打发到了格但斯克，把孩子送去领养了。

9 月初肖邦从桑尼基回到华沙时，这件事情还没有得到解决。但刚回到华沙肖邦就收到了一个好消息。米柯瓦伊的同事费利克斯·亚罗茨基（Feliks Jarocki）教授邀请肖邦一同前往柏林进行一次短途旅行，将在一周之内出发。

---

① CFC, vol. 1, p. 92; KFC, vol. 1, p. 86. 为保护“N”的身份，这段话是肖邦用意大利语写下的（当时他和蒂图斯正在学习这门语言）。最后私生子的父亲被认定为肖邦的朋友兼同学约瑟夫·诺瓦科夫斯基（Józef Nowakowski，1800~1865），他和肖邦在音乐高中都是埃尔斯纳的学生。

② CFC, vol. 1, p. 162; KFC, vol. 1, p. 123.

126 第一次海外之旅：柏林和维也纳，1828 ~ 1829

> 弗里德里克·肖邦，三年级学生；天赋异禀，音乐天才。
>
> ——约瑟夫·埃尔斯纳[①]

I

1828年初夏，普鲁士国王腓特烈·威廉三世发布皇家公告，宣布将于9月14日至29日在柏林大学举行为期两周的自然科学大会，由著名探险家、科学家亚历山大·冯·洪堡担任主席。这一公告引起了德国内外的热烈反响，欧洲各地的杰出科学家都受到了邀请。华沙大学动物学教授、肖邦家的朋友费利克斯·亚罗茨基博士也收到了邀请函。亚罗茨基毕业于柏林大学，三年前他发表了一篇动物学方面的重要论文，引起了学术界的关注。当亚罗茨基提议带弗里德里克一起前往柏林时，米柯瓦伊欣然同意了。在目前这个重要阶段，年轻的肖邦需要
127 一个更广阔的音乐舞台，而前往柏林，借此机会结识一些科学界、艺术界的重要人物无疑是个不容错过的好机会。此时的弗里德里克也成了父亲的一个经济负担。他仍住在家里，没有固定收入。就算是再有才，想要在华沙靠音乐家这份职业获得丰厚的收入也是一个遥不可及的想法。米柯瓦伊看到儿子有着巨大的发展潜力，但可能也考虑了这些问题。于是柏林之行便敲定了。9月9日星期二，亚罗茨基教授和肖邦坐上了公共马车，启程前往普鲁士的首都。

经过了五天的旅行，“我们在周日下午3点左右乘公共

---

① 出自1829年7月20日埃尔斯纳给肖邦的毕业评语。复印版文件请见BC, abb. 27。

马车到达了这座庞大的城市”，肖邦写道。[①] 两人在王储旅店（Kronprinz Inn）登记入住之后，亚罗茨基带着肖邦去拜访了他曾经的导师——柏林大学的校长、自然科学大会秘书马丁·利希滕施泰因（Martin Lichtenstein）。之后利希滕施泰因又把肖邦引荐给了洪堡，但学术资料中关于这次会面的信息很少。实际上，肖邦对此次自然科学大会并没什么兴趣。他勉强参观了动物学展览中的 13 个宏伟的展厅，亚罗茨基还带他参加了科学家联谊晚宴。但肖邦感觉这些大人物们都沉浸在自己的世界里，他们高深的学术讨论被肖邦称为“像漫画一样”，甚至还被他用漫画描绘了出来。

更让他感兴趣的是施莱辛格音乐商店和腓特烈大街（Friedrichstrasse）上的基斯林钢琴厂。但令他失望的是，他没有找到一架能用于练习的钢琴，所以在柏林的日子里，他只好用王储旅店里的一架劣质钢琴练习。

到达柏林后的第二天，肖邦便开始探索这座城市，漂亮的建筑、宽阔的大道、施普雷河上的大桥都让他赞叹不已。他发现，与华沙相比柏林是如此之大，人口也很分散，他写信告诉家人说柏林完全可以容纳下当前人口的两倍。这个城市处处体现出的井然与整洁给肖邦留下了深刻印象。在亚罗茨基的陪伴下，肖邦参观了宏伟的皇家图书馆，被馆内的丰富藏书所吸引。在图书馆里，他发现一位年轻人正在费力地逐字抄写着波兰民族英雄柯斯丘什科将军的书信原稿。此人正是柯斯 128
丘什科的德国传记作者，27 岁的卡尔·法尔肯施泰因（Karl Falkenstein）。当法尔肯施泰因发现身边站着的这两个人正是波兰人，能够轻松读懂他苦苦钻研的一段文本时，便请求亚罗茨基帮他翻译成德语，并逐字逐句地记在了笔记本上。

---

① CFC, vol. 1, p. 82; KFC, vol. 1, p. 81.

科学大会于9月18日星期四正式开幕，普鲁士王储出席了开幕式。亚罗茨基为弗里德里克求得了一张门票以及礼堂里的一个座位。肖邦发现加斯帕雷·斯蓬蒂尼（Gaspare Spontini）、卡尔·策尔特（Carl Zelter），以及颇负盛名的费利克斯·门德尔松（Felix Mendelssohn）也出现在了现场，但是他没敢上前去接近他们。他请亚罗茨基允许自己不去参加仪式之后洪堡组织的私人晚宴。他对父母说自己感觉像个局外人，不想去"不属于自己的地方"①。由于肖邦的羞涩，他与门德尔松擦肩而过。门德尔松本可以帮肖邦敲开柏林的许多大门。但此时两人的命运没有交会。肖邦更愿意把时间花在歌剧院里。他观看了斯蓬蒂尼的《费尔南德·科尔特兹》（*Fernando Cortez*）、奇马罗萨（Cimarosa）的《秘婚记》（*Il matrimonio segreto*）、翁斯洛（Onslow）的《货郎》（*Colporteur*），还有韦伯的《魔弹射手》（*Der Freischütz*），他认为这一版本的《魔弹射手》不如两年前在华沙看的那场。肖邦还去了维也纳声乐学院，听了卡尔·策尔特指挥的亨德尔的《圣塞西利亚日颂歌》（*Ode for Saint Cecilia's Day*），对此赞叹不已。他写道："这是最接近我理想中伟大音乐的演出了。"②

自然科学大会闭幕的前一天，主办方安排了最后一场宴会。肖邦为这些科学家居然能消耗掉如此之多的食品酒水而震惊，他们渐渐不再拘束，借着酒劲在策尔特的指挥下唱起歌来。街头巷尾的柏林人也拿当地啤酒突然变大的酒劲开起了玩笑，其中的一个笑话甚至被用在了皇家城市剧院（Königstadt Theatre）的喜剧舞台上。一位酒客问道："为什么柏林的啤酒

① CFC, vol. 1, p. 85; KFC, vol. 1, pp. 83–84.

② CFC, vol. 1, p. 87; KFC, vol. 1, p. 83.

现在这么好喝？”另一位酒客回答说：“你不知道是因为城里来了不少科学家吗？”

II 129

9月28日，亚罗茨基和弗里德里克启程返回华沙。路过波兹南时，两人受邀去泰奥菲尔·沃利茨基（Teofil Wolicki）大主教的家中赴宴。途中公共马车需停靠在苏莱胡夫（Züllichau）小镇更换马匹。当马车在市集广场停下来时，他们才知道由于没有现成的马匹，乘客需要等待几个小时。就在这里发生了那件著名的轶事。弗里德里克发现隔壁房间里居然放着一架旧钢琴。虽然看起来很破旧，但钢琴的状态还不错，音都是准的。于是他便坐下开始即兴演奏。音乐吸引了同行的旅客，人们陆续走了进来，很快房间便成了演奏会现场。肖邦在他的即兴演奏中加入了一些波兰歌曲，随着驿站站长、站长妻子和他们的两个漂亮女儿的加入，观众又多了起来。波兰幻想曲徐徐展开，就连刚才在车上抽烟引得所有人厌恶的德国老烟枪也被深深陶醉，忘记了点烟。突然，美妙的音乐被隔壁洪亮的叫喊声打断：“先生们，马匹已经备好了！”引得正在兴头上的听众们纷纷发出抱怨。先是驿站站长请求肖邦继续演奏，但肖邦说他们已经来不及了，得尽快赶到波兹南。接着驿站站长的妻子恳求他再回到钢琴旁，最后连两个年轻的女儿也一起哀求了起来。驿站站长甚至承诺说只要肖邦能弹完曲子，一会儿再多给他配几匹马。肖邦同意了，波兰歌曲的旋律再一次从钢琴上流淌而出。演奏结束时，一位仆人端来几杯红酒，驿站站长向肖邦举杯道：“为波吕许谟尼亚的宠儿干杯！”听众里有一位上了年纪的老先生，肖邦刚开始演奏时他就走进了屋里，此时他难掩激动之情，走到肖邦跟前说道：“我虽然老了，但我是一个接受过正规训练的音乐家；我也是弹钢琴的。我能看出你的演奏技术非常精湛。如果莫扎特能听到你的演奏，他会紧紧握着你的手说‘好极了！’我这样无足轻重的小人物不敢这样做。”有人猜测这个提到了莫扎特的人是苏莱胡夫教育学院的音乐老师坎托·弗雷德里希·克勒（Cantor Friedrich
130 Kähler）。听到这样的赞美后，肖邦又演奏了一首玛祖卡，然后便重新启程了。驿站站长向肖邦道别时，说他会永远记住弗里德里克·肖邦这个名字。[1] 肖邦在这架不知名的钢琴上即兴演奏了一首怎样的幻想曲呢？一个月之后，肖邦将这首乐曲改编成了为钢琴和管弦乐队而作的《华丽的波兰民歌幻想曲》（op.13）。

几小时后，弗里德里克和亚罗茨基到达了波兹南，两人在天主教堂旁沃利茨基大主教的宅邸住了两天。除了达成他们到波兹南的最初目的——参加宴会——以外，肖邦还借此机会拜访了安东尼·拉齐维乌亲王。拉齐维乌亲王是普鲁士的波兹南总督，当时正和家人住在不远处的总督府里。拉齐维乌亲王热情地问候了肖邦，并邀请这位年轻的客人当晚到他家的沙龙里演奏乐曲。于是肖邦再次进行了即兴演奏，但这次面对的是完全不同的听众。1887年，艺术家亨里克·谢米拉兹基（Henryk Siemiradzki）在他著名的画作《肖邦在安东尼·拉齐维乌亲王沙龙里的演奏》中描绘了这一场景。画中的人物有拉齐维乌亲王（坐姿）、他的女儿伊丽莎公主（站在他身边）和万达公主（伊丽莎身后），还有拉齐维乌家及普鲁士上流社会的其他成员。画中最右边坐着的是亚历山大·冯·洪堡。虽然这个画面是画家想象出来的，但它向我们展示了演奏会当晚高雅的气氛，比任何语言描述都更加生动。

---

① 虽然当代学者对这件并无记载的轶事的真实性表示了质疑，但我们猜测肖邦的家人可能听他讲述过此事，之后对故事进行了加工，并转达给了肖邦的第一位传记作者莫里茨·卡拉索夫斯基。KCLB, pp. 54–55.

131

肖邦在安东尼·拉齐维乌亲王沙龙里演奏；亨里克·谢米拉兹基绘制的油画（1887 年）

拉齐维乌亲王是一位才华横溢的作曲家，也是一位优秀的大提琴演奏家，肖邦的《g 小调钢琴三重奏》（op.8）就是献给他的。肖邦造访波兹南的时候已经完成了第一乐章，其余的三个乐章也在逐步成形的过程中。肖邦当时一定也跟亲王提到了这部正在创作中的作品，可能还为他演奏了几个段落。1829 年初，四个乐章全部完成，同年晚些时候，肖邦将这部作品献给了拉齐维乌亲王。拉齐维乌亲王的热情回复如下：

安东宁，1829 年 11 月 4 日

非常感谢你将三重奏惠赠于我。如果你能早点出版这部作品就更好了，这样你途经波兹南前往柏林时我便能有幸与你合奏了。我亲爱的肖邦，请收下我对你才华的不断关注，以及我对你的崇敬之情。

安东尼·拉齐维乌亲王[①]

① CFC, vol. 1, p. 139; KFC, vol. 1, p. 111.

III

1829年4月，肖邦在音乐高中的学习接近尾声，为了让肖邦出国进修音乐，米柯瓦伊·肖邦向政府申请了资金。他的请求被送到了教育部部长斯坦尼斯瓦夫·格拉博夫斯基（Stanisław Grabowski）的手中。

132 阁下惠启！

本人在华沙中学任教已有20年，自信尽心竭力、恪尽职守，因此斗胆向阁下呈上一个谦卑的申请，请仁慈的阁下出面向政府提请。如蒙恩准，我会把它看成对我的最高奖赏。

我有一子，在音乐方面天赋过人，希望在此方面继续进修。他曾有幸为沙皇、波兰国王亚历山大陛下演奏，仁慈的先皇陛下亲授他一枚珍贵的戒指，以示对他的认可。总指挥大公阁下也多次听过他的演奏，由此也可证明他的才华。此外，众多备受尊敬的人士和专家也认为，如果能有机会继续深造，完成必要的学习，他很有可能在其选择的职业中为国争光。他已完成前期的学习，对此华沙音乐高中校长、华沙大学教授埃尔斯纳先生可以证明。现在他需要的就是访问外国，即德国、意大利、法国，以便让他按照最好的模式完善自己。

由于本人资源有限，仅依赖教师的工资收入无法为这次为期三年的游学支付所有费用，因此向部长阁下提出谦卑的请求，恳请政府从总督可支配的资金里拨款，供犬子出国学习之用。

阁下谦卑的公仆，怀着最崇高的敬意致上，

米柯瓦伊·肖邦，

华沙中学教授，

1829 年 4 月 13 日，于华沙①②

格拉博夫斯基部长批准了这份申请，同时给内政部部长塔德乌什·莫斯托夫斯基（Mostowski）公爵附了一条备注，要求每年拨款 5000 兹罗提。然而莫斯托夫斯基授意他的手下官 133
员弗朗齐歇克·科塞茨基（Franciszek Kossecki）拒绝了这一请求。科塞茨基将军给米柯瓦伊的回复如下：

致华沙中学教授米柯瓦伊·肖邦先生

国家政务委员（Councillor Secretary of State）来函

兹回复米柯瓦伊·肖邦 4 月 13 日为儿子海外游学、提高钢琴演奏水平提出的奖学金申请，经委员会与内政部讨论，现按照国家政务委员会主席阁下的指示通知申请人，委员会未能接受该申请人的请求。

1829 年 6 月 10 日

科塞茨基将军③

在这份文件的边缘，有一行用铅笔草草写下的文字："给申请人否定答复。"如此一位家喻户晓的、波兰最伟大的音乐家，在申请经济资助时却被自己的国家拒绝，这在今天看来有点难以想象。莫斯托夫斯基在给科塞茨基将军的备忘录中写

① CFC, vol. 1, pp. 95–96; KFC, vol. 1, pp. 87–88.

② 此书信译文参考了《肖邦通信集》，林洪亮选译，中国社会科学出版社，2010，第 48 页。——译者注

③ KCOL, p. 262。波兰学者斯坦尼斯瓦夫·佩斯维特 – 索乌坦（Stanisław Pereświet-Soltan）对这件令人匪夷所思的事进行了更详细的考证，P-SCB, pp. 64–66。

道："公共资金不应用于［草稿中的原词是"浪费在"］这类艺术家身上。"在备忘录的页边空白处，有一行用铅笔草草写下的直白文字："给申请人否定答复。"看来如果米柯瓦伊想要把儿子送出国，就只能自己出钱了。[①]

IV

与此同时，一系列异彩纷呈的演出正在华沙国家剧院轮番上演。5月17日，沙皇尼古拉到华沙举行波兰国王加冕典礼，
134 整个皇室和王公贵族们也接踵而至。亚当·恰尔托雷斯基亲王和安东尼·拉齐维乌亲王也在随行人员的陪同下来到了华沙。突然之间，华沙因各类庆典和场面隆重的大型活动而变得热闹非凡，杰出的艺术家们也齐聚华沙。据估计，华沙当时的人口在一夜之间增长到了约20万。16岁的匈牙利音乐天才斯蒂芬·海勒（Stephen Heller）一年前在此举行首演时就曾引起轰动，此时他正按照父亲的安排进行着为期两年的艰苦巡演。[②]他在华沙率先举办了音乐会，再次引起了轰动。备受敬仰的波兰钢琴家玛丽亚·希马诺夫斯卡（Maria Szymanowska）也出现在了公众的视野里，立刻引起了人们的关注。波兰著名小提琴家卡罗尔·利平斯基（Karol Lipiński）被从伦贝格（利沃夫）请了回来，在壮大后的国家剧院交响乐团担任首席小提琴家。但当尼科罗·帕格尼尼（Niccolò Paganini）5月21日到达华沙时，这些艺术家的光芒全部被掩盖了，整个城市都在侧耳倾听帕格尼尼的声音。这位意大利小提琴家当时正处于鼎盛时

① 格外讽刺的是，波兰起义失败后，当莫斯托夫斯基部长和他的家人于1831年逃亡到巴黎时，他们找到肖邦并请求他给女儿鲁扎（Róża）上钢琴课。肖邦将《四首玛祖卡》（op.33）献给了她。

② 然而事实证明这不是个明智的做法。年轻的海勒到达奥格斯堡后就因精神过度紧张而崩溃，放弃了巡演生涯。BSH, pp. 7–8.

期，他将在华沙停留两个月，举办12场音乐会。5月23日，他在波兰首都进行了首演，登上国家剧院的舞台时，他所面对的是与他同样显赫的观众。当晚整个俄罗斯皇室都出席了音乐会。康斯坦丁大公、随行的高级军官及夫人，以及为出席加冕典礼而来的贵族都坐在观众席上。肖邦也观看了这场演出，并将帕格尼尼的演奏描述为“绝对完美”①。在肖邦听到的乐曲中，有一首是帕格尼尼刚刚出版的第10号作品——以意大利民歌《威尼斯狂欢节》为主题的著名变奏曲。肖邦听完便基于同样的旋律尝试创作了一组类似的变奏。就这样，一首包含91个小节的美妙乐曲诞生了。以悠扬起伏的主和弦及属和弦琶音为基础，肖邦用右手呈现了一系列越来越复杂的变奏，多年之后他在著名的《摇篮曲》中采用了同样的设计。

135

这一设计思路在下面这段变奏中体现得尤为明显，倾泻而出的音符背后隐藏着古老的意大利旋律。虽然最终呈现的音乐仍未能超越琐碎的主题，但它展现了这位19岁的作曲家在处理技术问题上的潜力。这样的尝试对于肖邦而言很有必要。当他攻克这样的乐段，并将其吸收内化后，它们都会成为肖邦厚积薄发的基础。

---

① CPG, vol. 1, p. 342. 帕格尼尼的首场音乐会让他获得了10953弗罗林的高昂收入。帕格尼尼在华沙演奏的完整曲目可参考泽维尔·雷伊（Xavier Rey）的《尼科罗·帕格尼尼——浪漫的意大利人》（*Niccolò Paganini— le romantique Italien*），巴黎，1999，第327~328页。

这些三度双音均来自帕格尼尼本人的变奏曲，这类音型在他的作品里十分常见。在这里，年轻的肖邦仿佛在说：“我也可以。”实际上，对比两人的作品我们可以发现，下面这段变奏是肖邦基于帕格尼尼的第三段变奏创作的。

直到 1881 年，这首《纪念帕格尼尼》才在华沙期刊《音乐回声》的增刊中出版。如今它很少被人演奏，但对于肖邦发烧友和愿意研究肖邦成长历程的人来说，它仍是一首充满魅力的作品。

136 V

5 月 24 日，在帕格尼尼首演后的第二天，沙皇尼古拉举行了他的加冕典礼。这场庄严的仪式在圣约翰大教堂举行，300 人的唱诗班演唱了埃尔斯纳专门为加冕仪式创作的弥撒曲，由作曲家亲自指挥。接着，皇家城堡里举办了国宴和御前音乐会，帕格尼尼为 130 名受到特别邀请的波兰嘉宾演奏了乐曲。沙皇赏赐了帕格尼尼一枚钻石戒指，以示他对演出的认可。

加冕引发的敏感政治局面正好为波兰的年轻人提供了抒发爱国之情、表达不满情绪的机会。明明华沙就有同样出色的、土生土长的小提琴家，为什么还要从国外邀请帕格尼尼为沙皇演奏呢？此话中的小提琴家指的是卡罗尔·利平斯基，不少人把他看作帕格尼尼的劲敌。两位小提琴家的第一次相遇是在十年前，当时利平斯基到意大利找到帕格尼尼，在帕多瓦联袂举办了两场音乐会。这可能就是两人之间较量的开端，但需要补充的是，这场较量并没有任何公开的敌意。受到他的偶像路德维希·施波尔（Ludwig Spohr）的影响，利平斯基的音色圆润饱满，因此他也成了古典乐派的主要代表。（利平斯基后来成了约阿希姆和维尼亚夫斯基的老师。）而帕格尼尼并没有明显受到哪位前人的影响，因此自成一格，被归为“浪漫派”。

沙皇的加冕竟出人意料地引起了这样一场音乐冲突，而这场冲突对波兰人来说并非无足轻重。在整个加冕庆典期间，利平斯基一直担任着国家剧院交响乐团的首席小提琴家，所以当帕格尼尼在距他几步之遥的舞台上演奏高难度的乐曲时，他处于一个屈从的地位。对于利平斯基来说，这种情况没有什么大不了的，因为他的名字位于加冕荣誉获得者之列，如今也获得了“俄国沙皇和波兰国王的第一提琴手”的伟大称号。正如帕格尼尼的主要传记作者所说，这一称号的分量不亚于帕格尼尼获得的钻戒，但利平斯基的支持者并不甘心。[①] 这场论战甚至登上了媒体，人们催促利平斯基举办一场自己的音乐会，向帕格尼尼发起挑战，赢取舆论支持。但曾在意大利见过利平斯基并十分欣赏他的卡洛·索利瓦并不赞成这一想法。帕格尼尼自从到达华沙之后，几乎每晚都举办音乐会，获得了极高的威 137

① CPG, vol. 1, p. 337.

望，因此不如就此息事宁人。[①] 如果放在平时，友好和善的利平斯基不会被激怒。但媒体爆出了一些蓄意煽动者的言论，传言说利平斯基实际上是帕格尼尼的学生，这一失实说法也得到了这位波兰小提琴家的否认。事态发展到如此地步，利平斯基于是宣布将在 6 月 5 日举办独奏音乐会。

然而事实证明这是个错误的决定。音乐会当天华沙突降雷雨，音乐厅里只坐了一半的观众，虽然帕格尼尼也在其中。演出获得了不错的评价，也有媒体对两位小提琴家进行了客观的比较，而非一味向着帕格尼尼说话。《大众杂志》（*Dziennik Powszechny*）就刊载了一篇这样的文章，作者对帕格尼尼进行了批评，引起了一阵骚乱。这篇文章的作者是克雷斯滕·拉赫－希马（Krystyn Lach-Szyrma），他是华沙大学的哲学教授，也是“波兰青年”运动的主要成员。

> ［帕格尼尼］只有在演奏他本人的作品时才能展现出出色水准……他的演奏具有特殊风格，因此演奏他人的作品时他面临着难以克服的困难。无论是高亢、有力的音色，果敢、热情的运弓，还是纯净如歌的演奏——总之，凡是需要展现出乐器自身之美的地方，他都只展现了技术上的灵活性……
>
> 而在此方面，利平斯基则与他形成了鲜明对比。这位伟大的艺术家严格遵守演奏的正统原则。他从不逾越优秀品味的标准，也反对所有花哨的装饰。如果说帕格尼尼是个浪漫主义者，那么利平斯基则称得上优秀的古典主义

---

① 意大利出生的索利瓦处于一个微妙的位置，不能明确支持任何一边。帕格尼尼大多数时候住在他家，而且帕格尼尼在华沙逗留期间，索利瓦的妻子也一直在照顾他 3 岁的儿子阿希尔。这位小提琴家几乎和他的儿子形影不离，在欧洲巡演期间走到哪里都带着这个年幼的孩子。

> 者。他的运弓远比帕格尼尼优秀，在音色力度和饱满度、音乐表现力、和声方面也优于帕格尼尼。在快速演奏上两 138
> 人难分伯仲，但是在轻顿弓、从自然音色向和声的自然过渡以及左手拨弦方面，帕格尼尼则略胜一筹。[①]

这样偏袒的语言被认为是对帕格尼尼的中伤，进一步激起了媒体的论战，两位小提琴家各自的支持者纷纷发表对立观点。人们邀请帕格尼尼做出回应，但他对此置之不理，保持沉默。而另一方面，利平斯基则被卷入论战，恶意批评者对他公开嘲讽，要求他承认自己是帕格尼尼的学生，并说是他授意拉赫－希马写了这篇文章。对于这两件事情，利平斯基给出了优雅的回复。

> 我的音乐基础知识是父亲教的，我没有在任何大师门下或在音乐学院里学习过。如果我真的有幸接受过帕格尼尼的指导，我会毫不犹豫地承认，并将其视为自己的荣幸……1818 年，我在意大利结识了帕格尼尼，并有幸被他称作“瓦伦特（Valente）的小提琴教授”。我们联袂举办了两场音乐会，我们的交集不过如此……
>
> 我从来没有被这样不实的事情羞辱过，不论是在国内还是国外。我从没有被这样指责过，除了在我自己国家的首都，一个我第二次造访的地方。尽管我十分钦佩帕格尼尼的伟大才华，但我不能也不会让别人对我们进行比较，因为我选择的是一个完全不同的音乐体裁，我在这条道路上不断努力完善自己，以期有一天我可以对我的同胞说——“我也是

① 1829 年 6 月 13 日刊。

一名艺术家”（*anch'io son pittore*）。[①]

帕格尼尼在7月14日举办了最后一场演出，这场音乐会是专为波兰音乐家的遗孀和孤儿举行的。作为给埃尔斯纳的献礼，他首次（显然也是最后一次）演奏了刚刚完成的《华沙奏鸣曲》，这首乐曲是他以埃尔斯纳的一首玛祖卡为主题创作的变奏曲。
139 两天后，埃尔斯纳邀请这位小提琴家来到音乐高中，并将肖邦引荐给了他。帕格尼尼在他的红色笔记本中写道，他见到了“肖邦，年轻的钢琴家”。为了调和帕格尼尼和利平斯基的关系，埃尔斯纳为两人安排了一场践行宴。但不幸的是，利平斯基不得不提前离开华沙，于是埃尔斯纳用筹到的钱买了一个黄金鼻烟壶送给了帕格尼尼。埃尔斯纳告诉我们，他把礼物“以华沙的艺术家和音乐爱好者的名义送给了帕格尼尼，以纪念他的华沙之行，并在祝词与冒着气泡的香槟酒之间为他送别”[②]。

帕格尼尼于7月19日离开了华沙。第二天，肖邦参加了音乐高中的毕业考试，并取得了优异的成绩。在肖邦的结业报告里，埃尔斯纳写道：“斯邦，弗里德里科［误］，三年级学生；天赋异禀，音乐天才。”

VI

肖邦到国外接受考验的时刻到来了。政府拒绝资助肖邦

---

① CPG, vol. 1, p. 340.“我也是一名艺术家！”这句话常被误认为是米开朗基罗的名言，实际上它是科雷吉欧（Correggio）第一次看到拉斐尔画的音乐守护神——圣塞西莉亚时发出的感叹。利平斯基的回复被刊登在了1829年6月20日的《华沙公报》上。

② 鼻烟盒上用意大利语刻着：“致尼科罗·帕格尼尼骑士。仰慕他才华的人敬上。华沙，1829年7月19日。”（*Al Cav Niccolò Paganini. Gli ammiratori del suo talento. Varsovia 19 Luglio 1829.*）1829年7月22日的《波兰公报》对此进行了报道。

出国游学的事情让米柯瓦伊和埃尔斯纳耿耿于怀，但他们不能因此放弃远大的理想。肖邦一直在为他的首次欧洲音乐之旅做准备，在这次旅途中，他将先在维也纳取得在海外的第一场胜利，然后到布拉格和德累斯顿逗留几日。毕业典礼后的第二天，一些都已准备就绪。米柯瓦伊自己提供了这次旅程所需的全部资金——他向来对儿子的发展给予慷慨的支持。7 月 22 日周三的早上，肖邦和他的四位旅伴在华沙邮局旁坐上了公共马车，沿着古老的邮道前往华沙和维也纳之间的中点克拉科夫，踏上了旅途的第一程。除了肖邦以外，同行的还有他的四位同学——伊格纳齐·马切约夫斯基、马尔切利·采林斯基（Marceli Celiński）、米奇斯瓦夫·波托茨基和阿尔方斯·勃兰特。华沙大学的波兰史教授——26 岁的罗穆亚尔德·胡贝（Romuald Hube）负责带领这支小队伍。马车日夜兼程，每 140
40 公里停靠一次驿站更换马匹，用了不到两天的时间到达了克拉科夫。

这是肖邦第一次见到这座波兰古都。克拉科夫的古老建筑及其背后的悠久历史激发了几位年轻人心中的爱国之情，他们在这座城市里逗留了近一个星期。7 月 26 日，几人雇了一位农夫的马车，前往奥伊楚夫（Ojców）参观 14 世纪波兰国王卡齐米日三世的城堡废墟。参观结束时已是傍晚，想在天黑之前赶回克拉科夫已经不大可能了，于是肖邦和伙伴们决定到佩斯科瓦·斯卡瓦（Pieskowa Skała）村因迪克（Indyk）家的旅馆暂住一晚，这间旅馆就位于城堡另一边的普龙德尼克河（Prądnik River）对岸。不幸的是车夫在暮色中走错了路，导致马车被卡在了湍急的河水中。几位年轻的探险家纷纷跳下马车，涉水走到了河对岸。当时已经是晚上 9 点了，但他们仍需要爬上滑溜溜的岩石，在潮湿的草地里跋涉 3 公里才能到达因迪克家的旅馆。最终到那里时，他们从腿到脚全都湿透了。在一封写给家人的长信里，肖邦讲述了这次夜间历险。写到因迪克家的旅馆时，他专门给伊莎贝拉写了一段话：

> 伊莎贝拉！我们住在坦斯卡小姐[1]住过的旅馆里！好
> 心的因迪克夫人给壁炉生上了火，我的朋友都脱掉了衣服
> 围在壁炉旁烤火。我自己坐在墙角，膝盖以下全湿透了，
> 考虑着是否也脱掉衣服烤火。突然！我看到因迪克小姐从
> 房间里走出来拿被褥。我灵机一动，找到了不少克拉科夫
> 的羊毛帽子。这些帽子都是双层加厚的，像睡帽一样。我
> 用 1 兹罗提买了一顶，把它撕成两半，然后脱下鞋子，分
> 141 别裹住两只脚。我又用绳子把它们固定了一下，这样我就
> 不会感冒了。我坐到了壁炉旁，喝了一点红酒，跟我的好
> 朋友们有说有笑地聊天，而此时因迪克夫人已经在地上帮
> 我们铺好了床铺，我们在这里睡了个好觉。[2]

对于这次历险，肖邦总结道："看到了奥伊楚夫的美景，湿透也值了。"第二天，一行人回到了克拉科夫，在城里又游览了两天后，他们再次启程，沿着邮路走走停停地前往奥地利。7 月 31 日，肖邦第一次见到了奥地利帝国的首都。

VII

一到维也纳，肖邦便马上找到出版商托比亚斯·哈斯林格，并将埃尔斯纳的介绍信交给了他。哈斯林格的音乐商店位

---

① 克莱门蒂娜·坦斯卡－霍夫曼（1798~1845），她是青少年期刊《儿童娱乐》的编辑，因其笔下的探险故事而享誉波兰。肖邦的这段话是写给伊莎贝拉的，伊莎贝拉对文学有着浓厚兴趣，也由于受到坦斯卡－霍夫曼历险故事的影响，十分关注孤儿和被遗弃儿童的命运。

② CFC, vol. 1, pp. 98–99; KFC, vol. 1, p. 89.

于维也纳最著名的格拉本（Graben）大街上。这里是维也纳音乐家们的一个重要社交场所，他们来此阅览书籍，在店里的钢琴上试演新作，甚至在商店出售音乐会的门票。贝多芬、海顿、莫扎特和格鲁克的半身像在墙边一字排开，为这个地方平添了些庄重感。一盏华丽的水晶灯照亮了整个主厅。前文提到，几个月前埃尔斯纳曾将两份肖邦的手稿——肖邦青年时期创作的《c 小调奏鸣曲》和《“让我们携手同行”变奏曲》——寄给了哈斯林格，但没有收到回复，因此肖邦见到哈斯林格之前也有些忐忑。多亏有了埃尔斯纳的介绍信，哈斯林格彬彬有礼地接待了肖邦。对这位年轻的访客嘘寒问暖一番后，他为没在家的哈斯林格夫人表达了歉意，之后这位出版商给肖邦展示了一些新奇的小玩意，还坚持邀请肖邦听他儿子卡尔弹钢琴。哈斯林格最后终于谈到了重点，他向肖邦保证变奏曲一周之内就能在他著名的“音乐厅”（Odeon）系列里出版。“这我还真没想到。”肖邦兴高采烈地告诉父母。之后哈斯林格又提出了另一个想法，但这个想法就让肖邦没那么高兴了。他说要向维也纳的观众展示这几首变奏曲，还有谁能比作曲者本 142
人更合适呢？肖邦已经两周没有摸过钢琴了，因此感到有些为难。

在接下来的几天里，肖邦结识了不少维也纳音乐界的知名人士，其中有些是在哈斯林格的商店里见到的。他们都鼓励肖邦举办演奏会，于是他便渐渐屈服了。通过引荐，肖邦依次见到了著名小提琴家、弦乐四重奏首席伊格纳茨·舒潘齐格（Ignaz Schuppanzigh），他也是贝多芬的一位故友；克恩滕大门剧院（Kärntnertor Theater）院长文策尔·加伦贝格（Wenzel Gallenberg）伯爵，他的妻子朱列塔·圭恰迪常被误认为是贝多芬“不朽的爱人”；知名记者约瑟夫·布拉赫特卡（Joseph Blahetka），他 18 岁的女儿莱奥波尔迪娜（Leopoldine）是车尔尼的学生，当时已是维也纳的著名钢琴家了；以及两位当地著名的钢琴制作商——马特乌斯·安德烈亚斯·施泰因（Matthäus Andreas Stein）和康拉德·格拉夫（Conrad Graf）。但最后让肖邦下定决心举办音乐会的人是威廉·维费尔，他曾是华沙音乐学院的老师，多次听过肖邦的演奏。维费尔此前是克恩滕大门剧院的首席指挥，最近刚刚退休，由于比较了解整个流程，他主动提出帮助肖邦安排这场演奏会。到达维也纳一周之后，肖邦告诉父母："我已经下定决心［举办演奏会］了。布拉赫特卡说我是一位可以与莫谢莱斯、赫尔兹、卡尔克布雷纳相提并论的一流演奏家，一定会引起轰动。"肖邦很高兴听到维费尔将他介绍为"一位在大家的劝说下同意举办音乐会的年轻人"，维费尔还巧妙地加上了一句："注意：是免费的！"① 这无疑是为了取悦加伦贝格（Gallenberg）公爵，他对剧院预算的控制非常严格。接下来就需要肖邦选一架钢琴了。施泰因和格拉夫都为他提供了一些钢琴，并愿意让他免费使用。大家都建议肖邦选择在维也纳十分受欢迎的施泰因，但肖邦更喜欢格拉夫的钢琴，坚持要在音乐会上使用这一品牌。他向父母保证，为了不冒犯施泰因，他会亲自向这位钢琴商表示感谢，同时还煞有介事地说："希望上帝与我同在——不要担心！"②

但实际上，需要担心的事情还是很多的。音乐会将在 8 月 11 日举行。肖邦只有两天的时间与指挥弗朗茨·拉赫纳
143 （Franz Lachner）排练整套曲目，除了《"让我们携手同行"变奏曲》以外，肖邦还决定再加上《克拉科维亚克回旋曲》。

---

① CFC, vol. 1, p. 104; KFC, vol. 1, p. 91.

② CFC, vol. 1, p. 104; KFC, vol. 1, p. 90.

克恩滕大门剧院

1829 年 8 月 11 日，星期二

指挥：弗朗茨·拉赫纳

贝多芬：《普罗米修斯》序曲

肖邦：《克拉科维亚克回旋曲》

罗西尼：《比安卡与法里埃洛》中的咏叹调

（夏洛特·费尔特海姆，女高音）

肖邦：《“让我们携手同行”变奏曲》

瓦卡伊：变奏回旋曲及合唱，出自《彼得大帝》

（夏洛特·费尔特海姆）

幕间休息

《假面舞会》——两幕芭蕾喜剧

排练进行得很不顺利。赶时间印出来的《克拉科维亚克回旋曲》乐谱中出现了大量的错误，引起了管弦乐团的抗议，导致肖邦差点放弃这场演出。但这时有人劝说肖邦发挥他的优势：进行即兴创作。他放弃了《克拉科维亚克回旋曲》，替换为一首两个主题的自由幻想曲：一个主题来自肖邦前一天晚上才第一次听到的布瓦尔迪厄（Boieldieu）的歌剧《白衣女郎》，另一个来自波兰传统祝酒歌《啤酒花》（*Chmiel*）。

肖邦走上克恩滕大门剧院的舞台时，这里已经见证了音乐史上的诸多伟大时刻。多年来，莫扎特、韦伯等维也纳的古典大师曾多次在此演出，使这座剧院成了音乐圣地。贝多芬的《费德里奥》（*Fidelio*）序曲和第九交响曲、韦伯的歌剧《尤瑞安特》（*Euryanthe*）、舒伯特的歌曲《魔王》（*Erlkönig*）都是在这里首演。剧院可容纳 1650 名观众，不算特别大，但它似乎将表演者和听众包裹了起来，拉近了双方的距离。这里可以说是肖邦维也纳首演的理想地点了。

演出当天剧院并没有坐满观众，但观众十分热情。他们甚至会在《“让我们携手同行”变奏曲》中起分隔作用的乐队齐奏部
144 分鼓掌，掌声压过了乐队的声音，让肖邦陷入了窘境。《啤酒花》即兴曲震惊了所有人，因为维也纳的观众很少听到这种具有民族特色的音乐。肖邦告诉父母：“我在观众席中安插的密探告诉我，观众们在他们的座位上随着音乐起舞。”① 肖邦的旅伴马尔切利·采林斯基和罗穆亚尔德·胡贝都成了他的“密探”，他们坐在剧院里几个具有战略性的位置，以便偷听观众的评论。观众里有不少知名人士，包括贝多芬的朋友和资助人莫里茨·利赫诺夫斯基（Moritz Lichnowsky）伯爵、莫里茨·迪特里希施泰因（Moritz Dietrichstein）亲王——据说钢琴家西吉斯蒙德·塔尔贝格是他的私生子，以及指挥家、单簧管及钢琴演奏家康拉丁·克罗伊策。卡尔·车尔尼也出席了音乐会，并和所有人一道来到后台祝贺肖邦。迪特里希施泰因建议肖邦在维也纳过冬，巩固他在这里取得的成功。而肖邦则有些意外地发现，自己竟一战成名了。

自然也有些对肖邦的赞美是有所保留的。布拉赫特卡认为肖邦的演奏音量过小——肖邦一生中经常听到这样的评论。他发现评论家的话里总有个“但是”，不过他认为被人说弹奏得太

① CFC, vol. 1, p. 106; KFC, vol. 1, p. 93. 肖邦即兴演奏这首让听众闻之起舞的祝酒歌时，它的旋律还从没被人用乐谱写下来过。乐曲最早由齐格蒙特·格洛格尔（Zygmunt Gloger）在他著名的波兰民歌曲集（1900~1903）里出版。这段肖邦熟悉的民歌旋律可能是这样的：

奥斯克·科尔贝格在 1876 年 11 月 11 日写给莫里茨卡·拉索夫斯基的信中回忆道，肖邦是以 3/8 拍演奏的这首古老民歌。

狂欢的歌词在农民之间世代相传，赞美在年轻人新婚之夜发挥作用的啤酒花。KK, vol. 62, pp. 661–62.

轻总比被人说太响要好。一两天后，布拉赫特卡请肖邦听了莱奥波尔迪娜的演奏，肖邦写道："她很漂亮——但她很吓人地砸 145
钢琴。"① 此外肖邦也听说观众里一位女士遗憾地说他在台上看起来有些普通。毫无疑问，观众们习惯看到表现更活跃的演奏者，而肖邦的平静让他们不太习惯。但肖邦依然能客观地看待这个问题，他说："如果这是他们能找出的唯一问题，那我也没什么好担心的了。"② 他和车尔尼也更熟悉了起来，还被车尔尼邀请到家里一起演奏钢琴。"他是个好人，但仅限于此。"肖邦如此评价这位著名的钢琴教育家。此外，他又加上了一句透露内情的评论："车尔尼先生本人比他的作品感情丰富多了。"③

在维也纳，肖邦也有机会听到了一些没听过的作品。他观看了罗西尼的《灰姑娘》（*La Cenerentola*）、《莫西在埃及》（*Mosè in Egitto*）以及梅耶贝尔的《十字军在埃及》（*Il crociato in Egitto*）；他也出席了舒潘齐格的门生、维也纳著名小提琴家约瑟夫·梅塞德（Joseph Mayseder）的两场演奏会。肖邦和李赫诺夫斯卡（Lichnowska）伯爵夫人喝了茶，见了指挥家冯·赛弗里德（von Seyfried）骑士，还与康拉丁·克罗伊策长谈了一番。他也和乐团指挥弗朗茨·拉赫纳有来往，两人肯定谈到了拉赫纳的朋友弗朗茨·舒伯特，后者在肖邦到达维也纳几个月前刚刚去世。当时舒伯特和贝多芬都被埋葬在韦灵公墓（Währing Cemetery）。没有证据显示肖邦去墓地凭吊过两位大师，但墓地就在肖邦的步行范围内，所以如果说他真的去了，那也没什么好意外的。实际上，不管肖邦走到哪里，他都会受到维也纳上流社会的欢迎，而要求他举办第二场音乐会的呼声也越来越高。受到第一场音乐会的鼓舞，以

① CFC, vol. 1, p. 107; KFC, vol. 1, p. 93.

② CFC, vol. 1, p. 106; KFC, vol. 1, p. 93.

③ CFC, vol. 1, p. 113; KFC, vol. 1, p. 96.

及在所有新朋友的催促下，他再一次妥协，但值得注意的是，对此肖邦有他自己的理由。

> 我不会再举办第三场了，我是在他们的坚持下才同意
> 146 举办第二场的。此外，我想到华沙的人可能会说："什么！
> 他只开了一场音乐会就消失了！是不是反响不好？"①

第二场音乐会定在了 8 月 18 日。这次依然是在克恩滕大门剧院，肖邦也依然没收取费用。这次他决定演奏《克拉科维亚克回旋曲》，其中难以辨认的部分已经被肖邦的波兰同学托马什·涅德茨基重新翻印。涅德茨基在华沙音乐学院时是埃尔斯纳的得意门生，如今已在维也纳成名。目睹了第一次排练时的事故，涅德茨基出手相助，精心地修改了《克拉科维亚克回旋曲》的乐谱。应所有人的呼声，肖邦同意再次演奏《"让我们携手同行"变奏曲》。

克恩滕大门剧院

1829 年 8 月 18 日，星期二

指挥：弗朗茨·拉赫纳

林德帕因特纳：《山魔王》（*Der Bergkönig*）序曲

肖邦：《克拉科维亚克回旋曲》

梅塞德：波兰舞曲

（约瑟夫·考伊尔，小提琴）

肖邦：《"让我们携手同行"变奏曲》

幕间休息

芭蕾

① CFC, vol. 1, p. 110; KFC, vol. 1, p. 95.

肖邦的名声已经传开，人们说他是不容错过的钢琴家，因此有不少观众慕名前来。肖邦自己描述说，当他走上舞台时，迎接他的是三轮掌声，一次比一次响亮。《克拉科维亚克回旋曲》大获成功，捷克作曲家阿达尔伯特·吉罗维茨（肖邦小时候在波兰就演奏过他的协奏曲）起立鼓掌，并大喊道："了不起！"交响乐团也已经和钢琴旁的这位天才少年化解了矛盾，
对肖邦报以热烈掌声。变奏曲再次取得成功，肖邦在维也纳乐 147
坛的名声也得到了巩固。而所有这些，在肖邦看来，都是碰巧发生的。他本来没打算在维也纳演出，但当他准备离开奥地利首都时，他满意地得知自己第一次在国际舞台上取得了成功，此事带来的影响一直延续了几个月。

在维也纳的最后一天，肖邦向他的新朋友和老朋友一一告别。舒潘齐格期待他早日归来，肖邦回答说他也愿意回到维也纳继续深造。对此，这位小提琴家给出了对肖邦的最高赞美，说他已经是一位完美的艺术家了。肖邦也与记者布拉赫特卡和他的女儿——"年轻漂亮的钢琴家"莱奥波尔迪娜告了别。莱奥波尔迪娜将自己的一部签名作品送给了肖邦，作为临别赠礼。布拉赫特卡也对肖邦能在华沙这样闭塞的地方学到如此之多而感到惊讶。肖邦的回答成了一句名言："有日维尼和埃尔斯纳这样的老师，最笨的蠢驴也能学到东西。"①

而最初发起这一切活动的出版商托比亚斯·哈斯林格并没有兑现一周之内出版《"让我们携手同行"变奏曲》的承诺。这部作品一直到第二年才被印刷出来。

VIII

8 月 20 日晚上 9 点，肖邦和他的旅伴们坐上了公共马车，

---

① CFC, vol. 1, p. 112; KFC, vol. 1, p. 96.

行驶了一整夜后，他们于次日中午到达了布拉格。一行人在黑马旅馆（Hotel zum schwarzen Roß）登记入住，在这里肖邦第一次尝试了波希米亚拉格啤酒。他拿着在维也纳获得的推荐信四处奔走，首先拜访了著名的捷克哲学家、布拉格国家博物馆馆长瓦茨拉夫·汉卡（Václav Hanka）。汉卡与很多波兰人都保持着通信联系，尤其是支持捷克独立的波兰人士。他也
148 认识弗里德里克·斯卡尔贝克，听说肖邦是斯卡尔贝克的教子时他十分高兴。他还热情地邀请肖邦在博物馆的重要来宾签名册上题词。一开始，肖邦不知道应该写些什么。所幸他的旅伴伊格纳齐·马切约夫斯基帮了大忙，写了一段四行诗，肖邦很快就为这首诗配上了一段玛祖卡。① 随后汉卡还为肖邦及其旅伴们安排了城市观光的行程。他们游览了老城区的城堡山、圣维特大教堂，参观了城中的多处历史遗迹，包括1410年建成的古天文钟，还在伏尔塔瓦河上的查理大桥欣赏了风景。布拉格是莫扎特最喜欢的城市，肖邦在这里处处都能看到莫扎特的印记。

第二天他去了国家剧院，莫扎特曾在这里举行过几场成功的演出。肖邦将维费尔的推荐信交给了剧院总监约翰·斯蒂帕内克（Johann Stiepanek）和乐长弗里德里希·皮克西斯（Friedrich Pixis），后者是钢琴家约翰·皮克西斯（Johann Pixis）的哥哥［后来肖邦的《华丽的波兰民歌幻想曲》（op.13）就是献给这位钢琴家的］。他们都劝肖邦在布拉格办一场音乐会，但肖邦明智地拒绝了。考虑到连帕格尼尼都曾受到布拉格音乐批评家的奚落，肖邦并不打算冒这个险，因为一旦失败，他在维也纳取得的成功也将毁于一旦，“所以我选择

---

① 复印版签名页请见KCOL，p177，肖邦为马切约夫斯基的短诗谱了一首《G大调玛祖卡》。

沉默”[①]，肖邦如是说。皮克西斯邀请肖邦到家中详谈。在皮克西斯家的楼梯间里，他们碰见了德累斯顿著名的钢琴演奏家奥古斯特·克伦格尔（August Klengel），他在前往意大利演出的途中路过布拉格，因此前来拜访皮克西斯。克伦格尔在门外等了有一会儿了，于是皮克西斯安排两位钢琴家来了一场即兴演奏会，以此向克伦格尔致歉。肖邦婉拒了这一邀请，但他很快就后悔了，因为克伦格尔完整演奏了他仿照巴赫的“十二平均律”而作的《48 首卡农与赋格》，每个调上两首乐曲，肖邦不得不从头听到尾。单调乏味的演奏持续了两个多小时，其间肖邦一直坐在椅子上，脸上带着礼貌的微笑。“他弹得不错，”肖邦婉转地说，“但其实还可以更好——（嘘！）。”后来他和 149
克伦格尔聊了很久，两人变得熟悉了起来。“我认为他比可怜的老车尔尼好多了——（嘘！）。”[②]

8 月 25 日，肖邦启程前往德累斯顿。他先是路过了以温泉闻名的特普利茨（今天的特普利采），在此逗留期间他还去杜克斯（Dux）参观了瓦伦斯坦（Wallenstein）的城堡。他看到了这位杰出将领的一块头骨、将他刺死的长戟，以及一些其他遗迹。特普利茨有很多波兰人，其中卢德维克·韦姆皮茨基（Ludwik Łempicki）在华沙的时候就认识肖邦，他盛情邀请肖邦当晚和他一起去克拉里－阿尔德林根（Clary-Aldringen）亲王和王妃的庄园，这座豪华的大庄园将整个小城包围了起来。肖邦知道自己肯定会被邀请演奏钢琴，于是便换上晚礼服，戴上了在维也纳演出时佩戴的白手套。晚上 8:30，他和韦姆皮茨基走进了亲王豪华的宅邸。这样的环境让肖邦感到十分

---

① CFC, vol. 1, p. 116; KFC, vol. 1, p.99.

② CFC, vol. 1, p. 118; KFC, vol. 1, p. 100. 克伦格尔孜孜不倦地创作了 120 多首卡农与赋格，一首比一首难以理解。

自在。参加聚会的人不多，但都身份显赫。房间的一边站着几位有官衔的绅士，一位军官正和一位英国海军上校聊着天。还有一位名叫莱泽尔的萨克森将军，他的胸前挂满了徽章，脸上有一道刀疤。他们的身边摆着一架上好的格拉夫钢琴，静静地等待着演奏者。

肖邦在信中告诉家人：

> 用茶时我和亲王聊了许久，用茶过后亲王的母亲邀请我“赏光”演奏一曲（用一架上好的格拉夫钢琴）。于是我同意“赏光”，也请他们“赏光”给我一个即兴演奏的主题。听到此话，原本坐在大桌旁绣花、编织的女士们立刻小声讨论了起来：“找个主题！找个主题！”三位美丽的小公主把头凑在一起，然后其中的一位把讨论结果告诉了弗里切先生（我猜他可能是克拉里小王子的家庭教师），在大家的一致同意下，他给了我一个罗西尼歌剧《摩西》的主题。[1]

肖邦的即兴演奏受到了大家的好评，公主央求他再多
150 停留些日子，但肖邦急着启程。“我期盼能早日回到你们身边，我亲爱的爸爸妈妈，”他写道，“我有好多有趣、奇妙的见闻和经历要讲给你们听！”莱泽尔将军听说肖邦返回华沙途中会经过德累斯顿，于是匆匆给萨克森国王的宫廷大臣弗里森（Friesen）男爵写了封推荐信，请他向德累斯顿的知名艺术家引荐肖邦。在法语写就的浮华的外交辞令之下，将军用德语匆匆写上了：“肖邦先生是我所见过最出色的一位钢琴

---

① CFC, vol. 1, p. 120; KFC, vol. 1, p. 101.

家。”①

第二天，8 月 26 日，肖邦和朋友们到达了德累斯顿，入住了柏林城市酒店（Hotel zur Stadt Berlin）。这是肖邦第一次看到这座被称为“易北河上的明珠”的城市。他参观了著名的美术馆，游览了城市中的历史建筑，并在 8 月 28 日去剧院观看了由爱德华·德弗里恩特（Eduard Devrient）主演的歌剧《浮士德》。当时正值歌德的 80 岁生日，德国举国上下都在举行庆祝活动。演出从晚上 6 点持续到 11 点，肖邦将其描述为“可怕又震撼的幻想之作”②。

IX

9 月 12 日肖邦回到华沙时，迎接他的是一个令人不太愉悦的意外事件。波兰媒体拿到了一份维也纳报纸对肖邦的正面评价，但在翻译的时候出了问题。原文是“肖邦将他的音乐追求置于取悦听众之上”，但波兰媒体却报道说“他将取悦听众置于自己的音乐追求之上”，将意思完全颠倒了。直到维也纳记者亲自来到华沙，这件令人恼火的事才得以澄清。《艺术戏剧广讯报》（*Allgemeine Theaterzeitung für Kunst*）实际上很欣赏肖邦谦逊的态度以及他不愿为了单纯炫技而放弃音乐追求的做法。“这是一位有自己道路的年轻人，虽然他的风格与其他演奏家有很大差别，但他知道如何在自己的道路上获得他人的欣赏。”（1829 年 8 月 20 日）《维也纳艺术杂志》（*Wiener* 151
Zeitschrift für Kunst）特别谈到了《克拉科维亚克回旋曲》中与众不同的半音体系，并补充道：“不得不承认他的作品体

① Herr Chopin ist selbst einer der vorzüglichsten Pianospieler, die ich bis jetzt kenne。CFC, vol. 1, p. 121; KFC, vol. 1, p. 101.

② CFC, vol. 1, p. 123; KFC, vol. 1, p. 102.

现了细致和深度。”（1829年8月29日）也许最让肖邦高兴的是《音乐广讯报》的评论，该报将他称为“一流的大师”（1829年11月）。

这一年早些时候帕格尼尼在华沙的演出，以及演出引发的波兰媒体对演奏技巧的激烈讨论仍是波兰音乐界的热门话题。肖邦对帕格尼尼的评价只有“绝对完美”四个字，但足以让我们看出帕格尼尼对肖邦产生的深远影响。尽管肖邦对1829年春夏之交这场音乐盛会的评论寥寥无几，但我们知道他也一直在密切关注着媒体上关于演奏技巧的论战。维也纳媒体对肖邦的评论被翻译发表之后，讨论变得更加激烈，学者们提出了下列问题：炫技的演奏对音乐本身造成多大的影响？狮子能和羔羊和平地共处一室吗？对于这个被帕格尼尼带起来的话题，19岁的肖邦在不久之后以令人赞叹的方式给出了答案。从这时起肖邦开始专注于创作一种新的音乐体裁，其主要功能就是展示各式各样的演奏技巧，这一体裁就是练习曲。在肖邦1829年10月20日写给朋友蒂图斯·沃伊切霍夫斯基的信中，他第一次提到了著名的第10号作品练习曲集，“我用自己的特殊方式写了一首重要的技巧练习曲，下次见面的时候我会弹给你听”。这里说的就是第一首C大调练习曲。三周之后，在1829年11月14日另一封写给蒂图斯的信里，他又写道：“我已经写成了几段练习曲——如果你在我身边的话我会弹给你听。”[1] 由于草稿已经丢失，肖邦此处说的是哪几首乐曲我们已不得而知。一些学者认为这几首早期的练习曲包括第8首F大调、第9首f
152 小调、第10首降A大调和第11首降E大调练习曲的早期版本。[2] 我们可以确定的是手稿里的前两段“练习曲”就是后来

① CFC, vol. 1, pp. 139, 143; KFC, vol. 1, pp. 111, 113.

② 见莫里斯·布朗（Maurice Brown）的目录，第42条。

的第 10 号作品中的第 1 首 C 大调和第 2 首 a 小调练习曲。这两首练习曲的署名日期为 1830 年 11 月 2 日，正是肖邦永远离开华沙的那一天——应该是他为这次漫长的海外之旅做最后准备而整理作品时写上的。①

X

从肖邦回到华沙的那一刻起，再进行一次更远大的海外之旅的想法就一直在他心头萦绕。这次更遥远的旅程可能要持续三年之久，涉及德国、法国、意大利等国——基本按照米柯瓦伊在这一年早些时候申请政府资金时设计的路线进行。华沙对于肖邦来说已经没有可发展的空间了，显然如果肖邦想要在欧洲成名，就必须到海外谋求发展，获得一流大师的指导。肖邦一直在学习外语，他会说波兰语及法语，德语和意大利语也在进步。米柯瓦伊也为这次旅行准备好了资金。但为什么肖邦总是犹豫不决、一再拖延呢？从他的书信中可以看出他一而再再而三地修改着出发日期，行程一直处于不确定的状态，甚至有时只是因为一个闪念就又修改了日期。真相就是，这个年轻人恋爱了。用约瑟夫·埃尔斯纳后来的话说，他沉沦在了“一双美丽的双眸”之中。②

① 这些手稿都是誊清本，可能由卢德维卡·肖邦抄写，从中我们可以推断出这些手稿的最初版本就是一年前肖邦致蒂图斯的信中提到的乐曲。手稿藏于华沙的肖邦博物馆中，索引号 M/190–91。

② CFC, vol. 2, p. 81; KFC, vol. 1, p. 221.

153 ## 康斯坦奇娅·格瓦德科夫斯卡：遥不可及的爱人，1829～1830

> ……我已经找到了我的梦中情人，六个月来我忠诚地爱着她，但没有跟她说过一句话。
>
> ——肖邦①

I

我们无法确定肖邦第一次见到年轻的歌唱家康斯坦奇娅·格瓦德科夫斯卡具体是在什么时候，但可能是在1829年的早春。当时卡洛·索利瓦安排他华沙音乐学院的几位得意门生举办了一系列演唱会，肖邦也观看了这几场演出。与大多数文献中说法不同的是，康斯坦奇娅的父亲并非皇家城堡领主，而是华沙老城中一栋公寓楼的管理员。②她有着出色的女中音，立志要在歌剧舞台上有所成就。4月21日，她举办了自己的音乐会，肖邦先是被她的声音吸引，接着为她的女性魅力所折服。但由于极其不自信，肖邦不敢坦露自己的心迹，几个月来他一直默默地爱慕着康斯坦奇娅。康斯坦奇娅和另外五位索利瓦的女学生都住在音乐学院旁的旅馆里。索利瓦的死对头埃尔斯纳很看不惯
154 索利瓦，因为他允许这些年轻漂亮的女生与俄国驻地军官一起演唱二重奏，甚至还允许（用埃尔斯纳的话说是“鼓励”）军官到旅馆来。1825年，索利瓦娶了他的女学生玛丽亚·克拉莱夫斯卡（Maria Kralewska），引得当地人议论纷纷，也遭到了埃尔斯纳的谴责。康斯坦奇娅是个很有魅力的人，身边总是围绕着各种仰慕者。肖邦没有与其他仰慕者竞争的经验，于是掩藏了自己的感情，默默忍受着煎熬。康斯坦奇娅的父亲去世后，

---

① CFC, vol. 1, p. 132; KFC, vol. 1, p. 107.

② MSFC, p. 257.

她在国家奖学金的支持下继续学习音乐。她的母亲——生活在拉多姆（Radom）的萨洛梅亚·格瓦德科夫斯卡（Salomea Gładkowska）夫人从此只有一个想法：为女儿找个有钱的丈夫，将她从歌剧舞台上解救出来，让她远离这个给未婚女性带来诸多是非的职业。萨洛梅亚经常到华沙看望女儿，我们猜想她可能也会透过长柄眼镜打量着华沙的青年，观察他们是否有潜力成为合适的女婿。

当时的华沙是个小城，这两位年轻人多半也在那一季的年度晚会和社交活动上注意到了彼此。当时肖邦已经是华沙的名人，康斯坦奇娅也了解他在乐坛的地位。但由于两人没有任何留存至今的书信，我们无法确定康斯坦奇娅是否知道肖邦对她的感情，更无法知晓她是否做出了回应。但肖邦的感情是强烈的，他正处于青春萌动的阶段。一个周日的早上，在所有音乐生都必须参加的教堂礼拜上，肖邦不经意地发现康斯坦奇娅瞥了他一眼，他吓了一跳，大脑一片空白地走出教堂，跌跌撞撞地走上了人行道。在这种浑浑噩噩的状态下，他碰见了帕里斯医生（一位家庭医生），只能搪塞说刚才有一只狗从他的两腿间跑了过去，导致他失去了平衡。“有时我真是疯疯癫癫的，想起来太糟糕了。”肖邦评论道。① 还有一次，他在晚会上演奏施波尔的钢琴五重奏时，被一位很像康斯坦奇娅的年轻女士吸引了注意力，无法将目光从她身上移开。那天晚上，肖邦感觉自己的心被永远地征服了。② 关于肖邦对康斯坦奇娅的痴迷，最确凿的证据就是他在 1829 年 10 月 3 日写给挚友蒂图斯·沃 155
伊切霍夫斯基的自白书。这封信构成了故事的重要部分，其中的内容经常被学者引用——

① CFC, vol. 1, p. 199; KFC, vol. 1, p. 142.

② CFC, vol. 1, p. 193; KFC, vol. 1, p. 139.

> 我已经找到了我的意中人，也许这是件不幸的事，六个月来我忠诚地爱着她，虽然没有跟她说过一句我对她的情感；我总是梦见她，她是我协奏曲柔板乐章的灵感，也是今早我寄给你的这首短小圆舞曲的灵感。除你以外，没人知道其中的含义。请注意标着“X”的那个乐段。我要是能弹给你听该多好，亲爱的蒂图斯！在这个三声中部（trio）里，低音的旋律必须要突出，直到第五小节中的高音降 E 出现。但是我何必多此一举告诉你呢，你自己就能体会出来。①

肖邦让蒂图斯理解和体会的是什么？如今我们已无法知晓。《降 D 大调圆舞曲》（遗作 op.70，no.3）的中段一定是包含了某些私密的回忆，因为后来肖邦表示后悔将这个乐段寄给了蒂图斯，担心他的好朋友会生气。“我发誓我只想让你开心——因为我深爱着你。”②

II

蒂图斯在 1824 年秋天进入华沙中学学习，成了米柯瓦伊·

① CFC, vol. 1, p. 132; KFC, vol. 1, pp. 107–108.

② CFC, vol. 1, p. 135; KFC, vol. 1, p. 109.

肖邦的学生，肖邦因此与他结识，对他十分仰慕。蒂图斯比肖 156
邦大两岁，身强体壮，性格自信。简而言之，他具备了肖邦所不具备的品质，肖邦没有兄长，于是将他看作自己的哥哥。从两人的信件中，可以看出肖邦在情感上对蒂图斯十分依赖，渴望得到他的认可。“每场音乐会之后，你的目光比埃尔斯纳、库尔平斯基、索利瓦和其他所有人的表扬都重要。”[①] 他用夸张的方式如此写道。蒂图斯是一个优秀的业余钢琴演奏者，虽然他不是专业学音乐的，但可能也在音乐学院上过几节课。1826年，他获得华沙中学的毕业证书，进入大学学习法律和管理。那时他已经成为肖邦的至交和知己，肖邦常向他倾诉内心最深处的想法。1828年，蒂图斯在父亲去世后放弃学业，回到位于华沙东南300多公里的波图任（Poturzyn），帮母亲管理他将来要继承的大庄园。这也就是为什么肖邦给蒂图斯写了一系列重要的信件，通信从蒂图斯离开波兰首都就开始了，正好与肖邦暗恋康斯坦奇娅的时期重合。

身边没有了蒂图斯，肖邦陷入一种混乱的心理状态，他开始将内心最深处的爱恋甚至欲望从“遥不可及的爱人”转移到了他最好的朋友身上。这便开启了一个宽泛的话题，不少肖邦传记作者都曾探索过这个问题，但始终没有找到满意的答案。很明显肖邦不知道如何处理内心翻涌的这些感受，或者向谁去倾诉这些感受。结果，可能是怕被拒绝，他没有向康斯坦奇娅坦露心迹，而是转向了蒂图斯。这种心理上的转变带来了一系列的猜想，有学者认为对康斯坦奇娅爱而不得的感情愈演愈烈，导致肖邦出现了一些潜在的同性恋趋向。从他给蒂图斯写的信中就能看出这种奇怪的迹象，比如以下这些内容——

① CFC, vol. 1, p. 145; KFC, vol. 1, p. 114.

> 你不喜欢被亲吻。但今天请允许我亲吻你。①
>
> 157 我不想再继续写这些事情了。我只想爱抚你，跟你在一起。②
>
> 给我你的唇，我最亲爱的爱人。我坚信你还爱着我，我仍旧害怕你，像害怕暴君，我不知道为什么，但我害怕你。③
>
> 我把你的信作保存着，像保存着爱人的丝带。我有丝带，所以写信给我，一周后我们就可以宠爱彼此了。④
>
> 我知道我对你的爱无可救药，我说这些废话，是为了让你更爱我……我对你的感情促使我寻找一些非同寻常的手段，好让你的心有所回应。⑤

这些情感显然表达给康斯坦奇娅更为合适，但肖邦却将它们表达给了蒂图斯。曾有人指出，在波兰语中男性之间夸张的说话方式可能会让其他国家的人看来有些令人不适的暧昧。在过去那个强调骑士精神、称谓浮夸的时代尤为如此。当然，我们也要考虑到有些细微差别可能在翻译过程中被遗失。甚至也许我们可以将“给我你的唇，我最亲爱的爱人”理解成现代英语中的“让我拥抱你，我最亲爱的朋友”，但这样解释就会让原文失去一些诗意，也会失去一些真实。然而，对于以下这段不涉及任何语言学问题的文字，我们又该如何理解呢？

---

① CFC, vol. 1, p. 94; KFC, vol. 1, p. 87.

② CFC, vol. 1, p. 144; KFC, vol. 1, p.114.

③ CFC, vol. 1, p. 206; KFC, vol. 1, p. 146.

④ CFC, vol. 1, p. 184; KFC, vol. 1, pp. 134–35.

⑤ CFC, vol. 1, p. 194; KFC, vol. 1, p. 140.

> 现在，我要去洗漱了。现在不要拥抱我，我还没有洗好。但你呢？就算涂上拜占庭的芳香油，你也不会拥抱我——除非被磁力吸引。但自然界中确实有这种力量。今天你会梦到拥 158
> 抱我的！你必须为昨晚让我做的噩梦付出代价！①

这段话带着露骨的情欲，因此正如一些传记作者所说，不免让人怀疑蒂图斯和肖邦之间是否有过一段短暂的同性之恋。我们倾向于否定这一观点，但由于蒂图斯写给肖邦的信没有一封被保存下来，我们也无法得出确切的答案。但就算有，正如肖邦的信件中所体现的那样，蒂图斯也不是一个愿意接受直白示爱的人。更可能的情况是肖邦躲在克拉辛斯基宫隐蔽的房间里，怀着激动的心情让自己的笔信马由缰地写下他的青春幻想，才有了这些和其他类似的段落。顺带一提，在华沙起义之后，蒂图斯从波兰军队退伍后和阿洛伊西娅·波莱蒂尼奥（Aloysia Poletyło）女伯爵（奇兹夫达尔纹章的拥有者）结了婚，生下了四个孩子。他们的第二个儿子弗里德里克就是以肖邦的名字命名的。②

如果 1829 年肖邦向蒂图斯的“坦白”确实如信中所说，那么同年早些时候他前往维也纳、布拉格和德累斯顿进行为期六周的旅行时，他也不太可能完全忘了康斯坦奇娅。1829 年 9

---

① CFC, vol. 1, p. 189; KFC, vol. 1, p. 137. 在阿瑟·赫德利（Arthur Hedley）撰写的肖邦传记中，赫德利提醒英语读者在阅读这些和其他类似的段落时（HC,p.17）不要只看字面意思，但后来他又将多数段落从他的《肖邦书信选集》中删去，留下的段落也被抹去了色情色彩。他写道：“一定要记住，一百年前斯拉夫人使用的被严重歪曲的语言对应的并不是那些会让西欧人感到羞耻或尴尬的事情。”对此皮埃尔·阿祖里（Pierre Azoury）提出了一个很好的观点，他问道：为什么肖邦在给其他好友，如扬·比亚沃布沃茨基、扬·马图辛斯基写信时没有这么热情洋溢？他指出：“唯一合理的解释就是，肖邦对蒂图斯的感情是不同的，而且他只对蒂图斯一人有这种感情。”ACC, p. 190.

② CFC, vol. 2, p. 351; KFC, vol. 1, p. 355.

月肖邦回到华沙时，已被维也纳的媒体称为“一流的钢琴家”，他的身份发生了改变。尽管多了些自信，但肖邦的私生活似乎依然如故，他还是没能鼓起勇气向康斯坦奇娅表白。

159 III

1829年秋，肖邦再次受邀到安东尼·拉齐维乌亲王的安东宁别墅做客。这栋狩猎别墅建在亲王的地产上，距波兹南公国的边界不远，以亲王自己的名字命名。肖邦上次造访这里还是在三年前。他先前往附近的斯奇热沃村看望了教母安娜·维索沃夫斯卡（Anna Wiesiołowska），然后到安东宁住下了。亲王非常喜欢与音乐家交往，他本人也因作曲和大提琴演奏方面的才华而广受赞誉。他的家中有常驻的弦乐四重奏乐队，有时自己也会加入，演奏海顿、莫扎特和贝多芬的曲目。拉齐维乌热爱打猎，但由于波兹南的府邸不够大，无法邀请众多宾客与他一起参与夏季狩猎，于是他在1821年委托柏林的著名建筑师卡尔·申克尔（Karl Schinkel）设计了一些方案，花了五年的时间建成了安东宁别墅。当时的一篇文章描述说，别墅周围的森林里有野猪、红鹿、牡鹿、狼等动物自由地漫步，“无疑是个狩猎胜地”。

> 在一片被冷杉和橡树森林环绕的地方，伫立着一栋仿佛由魔法变出来的豪华建筑……它的外部装饰、造型、结构都与森林里寂静的野生环境相得益彰；这栋别墅并非由石头或砖块建造，而是全部由木头建成的，呈现出森林本来的色调。①

① 《人民之友，即每周要闻》（*Przyjacyel Ludu czyli Tygodnik Potrzebnych i Pożytecznych Wiadomości*）, vol. 3, no. 1, 1836年7月2日。

安东宁：拉齐维乌亲王的狩猎别墅

安东宁别墅的房间很多，装潢豪华。拉齐维乌一家的房间都在二层，楼上是客房。年轻的肖邦和拉齐维乌一家，尤其是亲王两个漂亮的女儿伊丽莎和万达度过了轻松惬意的八天。这两位公主是他 1826 年到访时认识的，他欣然同意给两人中年纪较小的万达公主上钢琴课，因为万达的青春魅力可以让他不去想康斯坦奇娅。“她很年轻，17 岁［实际上是 21 岁］，而且漂亮。”他写道。“她把小手放在琴键上时是那么可爱。”他对蒂图斯说。[①] 一次钢琴课上，肖邦给她演奏了他的新作品《f 小调波兰舞曲》（遗作 op.71，no.3）。万达深深地喜欢上了这 160

① CFC, vol. 1, p. 141; KFC, vol. 1, p. 112.

首乐曲，每天都让肖邦弹给她听。当万达坚持要学习自己弹这首乐曲时，肖邦不得不让蒂图斯把乐谱尽快还给他（他把唯一的手稿寄给了蒂图斯），因为他担心凭记忆写出的乐谱会有错误。此外，他还为万达写了一首钢琴和大提琴合奏的《波兰风格》（*Alla polacca*），好让她和拉大提琴的父亲能一起演奏些有挑战的曲目。大提琴的部分包含了不少被肖邦鄙视为“浮夸装饰”的特殊技巧，如双音、装饰音跑句等，可能是他咨询了
161 安东尼亲王的意见之后写下的。[这部作品后来作为《引子与华丽的波兰舞曲》（op.3）出版，献给了维也纳著名大提琴家约瑟夫·默克。] 三个人排练这首乐曲时，25 岁的伊丽莎公主像三年前一样，坐在后边又画了一幅铅笔画，日期为 1829 年 11 月 4 日。[1] 也正是这一次，肖邦将他题有献词的新作《钢琴三重奏》（op.8）送给了拉齐维乌亲王，并收到了亲王亲切的受献词。接着，亲王开心地向肖邦展示了他的新作——歌剧《浮士德》的乐谱，其中包含了一些新颖的做法（包括将交响乐团置于舞台下、序曲之后没有停顿直接进入第一幕），被认为可以搬上柏林和波兹南的歌剧舞台。拉齐维乌早年间曾有幸见到过歌德，并与这位伟大的诗人讨论过这部文学巨著。最让肖邦感到惊奇的是魔鬼的那段咏叹调，靡菲斯特在玛格丽特的窗前唱着歌引诱她时，能听到附近教堂唱诗班的庄严圣歌，为这一段同时赋予了神圣和亵渎的意味。“我完全没想到 [这样的东西] 会出自一位总督之手。”他评论道。[2] 拉齐维乌的妻子卢德维卡亲王妃的谦逊态度也使得肖邦在安东宁的小住更加愉快。“她知道决定一个人的并非出身，”他评论道，“她举止优

---

① 1826 年的铅笔画请见第 113 页。

② CFC, vol. 1, p. 140; KFC, vol. 1, p. 112.

雅，让人无法不爱她。”①

肖邦说他有意多停留一段时间，“直到被赶出天堂”，但由于一些“个人原因”他不得不离开了——暗指对康斯坦奇娅的思念驱使他回到华沙，更何况《f小调钢琴协奏曲》的终曲还没有写完。当他向“两位夏娃”，也就是两位公主告别时，没人能预料到这个修养颇高的家庭不久后将被不幸的阴霾所笼罩。肖邦离开后不到一年，安东尼亲王就因对波兰人表现出过多的同情而被免去了波兹南总督的职务，并在1833年去世。伊丽莎公主也在一年后追随他而去，年仅31岁。两年后，她 162
的母亲卢德维卡亲王妃也投入了死神的怀抱。最后只剩万达公主孑然一身，但她嫁入恰尔托雷斯基家族后不久也与世长辞，享年37岁。随着一家人一个接一个地躺进了教堂的坟墓，平日里的欢声笑语和艺术带来的纯粹喜悦消失不见，安东宁别墅被死寂笼罩，只剩鬼魂在这里游荡。

IV

后世对康斯坦奇娅是心怀感激的，肖邦以她为灵感创作了《f小调钢琴协奏曲》中的小广板（Larghetto）。这一乐章有着肖邦作品中最优美的旋律。它的表现力达到了如此高度，以至于起装饰作用的华彩经过句和装饰音与其原本要装饰的旋律融为了一体。如果这种水准的音乐确实是单相思的产物，那么我们只能惊叹于肖邦居然在他的青年时期就能够将情感升华并创作出如此深刻的作品。这部作品标志着肖邦彻底告别了此前作品中标志性的、较为肤浅的“华丽风格”。不仅如此，小广板乐章也称得上肖邦对声乐的致敬。

---

① CFC, vol. 1, p. 140; KFC, vol. 1, p. 112.

从安东宁回来之后的几周里，肖邦完成了这部协奏曲的收尾工作。1830 年 3 月 3 日，肖邦在克拉辛斯基宫家中的会客厅里举行了半公开的排练，由库尔平斯基指挥一个小型乐队进行伴奏，观众只有几位受到特别邀请的朋友。我们了解到“埃尔斯纳喜上眉梢”，“日维尼热泪盈眶”。《华沙信使报》报道：
163 “年轻的肖邦超越了所有华沙的钢琴家。他是‘钢琴界的帕格尼尼’。”[①] 接下来就是将这部协奏曲展示给华沙的听众了。不到两周时间，音乐会就已准备就绪。3 月 17 日，肖邦在国家剧院为 800 名观众演奏了这部作品。在音乐会的下半场，肖邦首次演奏了《华丽的波兰民歌幻想曲》（op.13）。然而他对自己的演奏并不满意，部分原因是他家里的钢琴（被专程运到了剧院）声音太弱，只有前几排观众能听清他的演奏。埃尔斯纳说钢琴的低音“模糊不清”。于是大家当场决定再举办一场音乐会。3 月 22 日，肖邦再次回到国家剧院，用一架更响亮的维也纳三角钢琴进行了演奏，这架钢琴是热爱音乐的俄国将军彼得·迪亚科夫（Piotr Diakow）专门借给他在音乐会上使用的。他再次演奏了《f 小调协奏曲》，但将幻想曲替换成了《克拉科维亚克回旋曲》（op.14），最后以流行民歌《风俗奇怪的小镇上》（*In the Town They Have Queer Customs*）为主题演奏了一首即兴曲。对于肖邦来说，音乐会十分成功，观众起

① 1830 年 3 月 4 日刊。

立致以热烈掌声，高呼着“再来一场！”《女性杂志》(*Ladies Journal*) 用一首十四行诗赞美了他，《大众日报》(*General Daily News*) 称除莫扎特以外没人能和肖邦媲美。但这样的赞美引起了《官方公报》(*Official Journal*) 的反对，它认为不宜使用这种过激的语言，并与《华沙公报》展开了一场小规模的论战，重新点燃了关于库尔平斯基和埃尔斯纳以及他们所代表的不同音乐传统孰优孰劣的争论。这样的论战使肖邦的情绪有些低落，他在给蒂图斯的一封情绪化的信里（日期为“埃米莉亚的祭日”），写了下面的对句来安慰自己：

> 试问世间有谁，
> 所得只有赞美。

然而，有一篇评论也许会让肖邦感到欣慰。这篇文章刊载于《波兰信使报》(*Polish Courier*)，作者将他的演出比作“优美的演说，这也正是他的音乐所处的自然环境”[①]。这篇评论的作者是当时还默默无闻的沃伊切赫·格日马瓦。之前由于 164
参加“十二月党人起义”，他被沙皇尼古拉判处三年监禁，此时刚刚被释放。格日马瓦后来成了肖邦的挚友，也是未来肖邦在巴黎最坚定的支持者。

V

肖邦最早的几首“波兰歌曲”就是在这个时期创作的。这些乐曲经常被人们忽视，但如果我们结合肖邦的生平来看，就能看出它们的重要性了。当肖邦为波兰两位著名诗人的诗作谱

---

① 1830 年 3 月 26 日刊。此外格日马瓦还敏锐地补充道，肖邦祖国也为他的音乐打上了烙印，从他的作品中可以听到“田野、森林以及乡村民歌的回声”。

上曲时，我们就不难看出他心里想的是康斯坦奇娅了。

《愿望》（*Życzenie*）
（斯特凡·维特维茨基）（1829 年）
如果我是天空中的太阳，我将只为你而闪耀……
如果我是灌木丛中的鸟儿，我不会在别处歌唱……
我永远在你的窗前，只为你而唱。

《痴迷》（*Czary*）
（斯特凡·维特维茨基）（1830 年）
不论何时，不论何地……我总能看到她在我面前……
白天我的思绪里都是她，晚上的影子都是她的模样，
我的梦里和幻想里都是她。我很确定这是痴迷。

《离开我的视线！》（*Precz z moich oczu！*）
（亚当·密茨凯维奇）（1830 年）
在每一个地方，每一个角落，
我们曾一起哭泣嬉戏的地方，
165 我将永远在你身边，天涯海角，直到永远。

虽然有些乐曲也曾被抄写并在私下里流通，但它们大多躺在肖邦的稿件里无人问津，直到肖邦去世。从这个意义上来说，这些乐曲也和他对康斯坦奇娅所压抑的情感不无相似之处——一直沉默无声，不被外界所知。

肖邦和康斯坦奇娅相遇的第一个证据出现在 1830 年 4 月 10 日他写给蒂图斯的信中。肖邦写道，他在康斯坦丁大公的副官弗雷德里希·菲利普斯（Friedrich Philippeus）上校家中参加了一场盛大的晚会，其间肖邦为卡洛·索利瓦和俄国军

康斯坦奇娅·格瓦德科夫斯卡；佚名铅笔画像，创作于肖邦离开华沙之后十年左右

官格雷塞尔（Gresser）伴奏，两人演唱了罗西尼歌剧《意大利的土耳其人》（*Il turco in Italia*）中的二重唱。他对蒂图斯说："格瓦德科夫斯卡夫人问起了你。"我们推测如果康斯坦奇娅的母亲在晚会现场，那么康斯坦奇娅可能也在那里。在1830年6月5日的信中，我们可以清晰地看到肖邦已经和康斯坦奇娅足够熟悉，开始帮她发展事业了。

这件事的起因也颇为有趣。当时俄国沙皇和贵族再次来到波兰首都参加波兰议会，著名的女高音歌唱家亨丽埃塔·166
桑塔格（Henrietta Sontag）也来到华沙，为王公贵族们举行了十一场音乐会。这位24岁的歌唱家当时已经享誉欧洲。七年前，韦伯专门为她量身打造了歌剧《欧丽安特》。次年，也就是1824年，贝多芬同意让她在《第九交响曲》和《庄严弥撒》的首演上献唱，她也从此被写进了史册。肖邦听了她的音乐会，对她的演唱赞不绝口，称赞桑塔格的音域如此之宽广：

肖邦在信中写道，她的渐弱表现十分完美，滑音也很精彩。她的音阶，尤其是半音阶，可谓无出其右。桑塔格的仰慕者称她为“天堂的使者”，这一说法也得到了肖邦的认同。在拉齐维乌的介绍下，肖邦结识了桑塔格。拉齐维乌希望桑塔格在他的沙龙上演唱一首乌克兰民歌，请肖邦帮她改编乐曲。这样的机会实属难得，因为桑塔格的家门前总是聚集着大群的仰慕者——“宫廷大臣、议员、地区总督、将军、副官等”，用肖邦的话说，所有人都望着她漂亮的眼睛，谈论着天气。而肖邦却越过了警卫，进入了桑塔格家的内室。“你想象不到能与她近距离接触我有多么高兴，”他写道，“就在她的房间里，和她并肩坐在沙发上。”凭借这一特权，他还顽皮地补充说，他发现穿着晨服的桑塔格比穿全套晚礼服时漂亮百万倍。

肖邦应该也听说过桑塔格的绯闻。1827 年她与卡洛·罗西（Carlo Rossi）伯爵秘密结婚（她出身卑微），悄悄怀孕并生下了孩子；不久前普鲁士国王被她的歌声打动，赐予了她贵族身份，好让她与罗西伯爵公开地生活在海牙。但由于获得了这一头衔，身为伯爵夫人的桑塔格只能放弃歌剧舞台，仅
167 参加专为贵族举办的“御前演出”，她此行来到华沙也只举办此类音乐会。沙皇尼古拉听完她的演唱，将她称为“夜莺”（*Rossi*-gnol）——对于更擅长跟将军而非诗人打交道的沙皇尼古拉来说，这个双关妙语多半不是他自己想出来的。

肖邦被桑塔格的魅力所吸引，与她相处时也感到十分舒

服，于是向她咨询如何才能让康斯坦奇娅的歌唱事业打开局面。我们猜测在肖邦（通过索利瓦）的安排下，桑塔格为康斯坦奇娅进行了试音。肖邦告诉我们6月初他旁听了这次试音。到达桑塔格的房间后，肖邦发现现场除了桑塔格，还有卡洛·索利瓦和他的两位得意门生：康斯坦奇娅和安娜·沃乌库夫（Anna Wołków）。两人演唱了一首索利瓦的二重唱，"但桑塔格小姐说她们的声音太紧张了"。她说："虽然她们接受了良好的训练，但必须改变发声方式，否则两年内就会走到职业生涯的尽头。她说沃乌库夫有着很好的天赋，也能唱出不错的效果，但'声音太过尖锐'。她邀请她们经常过来，以便尽可能向她们展示自己的发声方法。"[①] 显然，桑塔格很愿意帮这两位姑娘准备她们在国家剧院的首演，此时距首演只有一个多月了。

沙皇尼古拉的到来也吸引了不少艺术家。普鲁士国王的御用钢琴师、16岁的西吉斯蒙德·沃利策（Sigismund Wörlitzer）和车尔尼才华横溢的学生安娜·德·贝尔维尔（Anna de Belleville）都来到了华沙。"她的演奏令人陶醉，"肖邦评论后者说，"触键异常轻盈，非常优雅。"而对于年轻的沃利策，肖邦只是敷衍地赞美了一句："这个年轻人弹得不错，但远远配不上宫廷乐师这个头衔。"[②] 沃利策的保留曲目是莫谢莱斯著名的《亚历山大变奏曲》，他凭借这首乐曲享誉欧洲。这一曲目是个政治上的正确选择，乐曲原本是莫谢莱斯在维也纳会议期间为沙皇亚历山大一世创作的，现在又被献给了亚历山大的弟弟沙皇尼古拉。6月，桑塔格、沃利策和贝尔维尔三位艺术家在皇家城堡为尼古拉献上了一场御前演出，但肖邦没有受到邀请。肖邦对此事的回应非常简短："人们对于我 168

① CFC, vol. 1, p. 171; KFC, vol. 1, p. 128.

② CFC, vol. 1, p. 164; KFC, vol. 1, p. 124.

的缺席倍感意外，但我不这么觉得。”① 肖邦的爱国情怀已广为人知，可能也有人看到他出入华沙的咖啡馆里与年轻的激进人士交往。在政局动荡的年代，华沙的洞穴（Dziurka）、干森林（Suchy Las）、灰姑娘（Kopciuszek）等咖啡馆成了反抗运动的集结地。不管怎样，这件事很快就淡出了大众的视线。6 月 28 日，沙皇宣布议会结束，随行的贵族们也一同离开了华沙。王公贵族们离开之后不久，7 月 8 日肖邦就受邀到国家剧院参加歌唱家芭芭拉·玛耶洛娃（Barbara Majerowa）的慈善音乐会并演奏他新出版的作品《“让我们携手同行”变奏曲》。施莱辛格拖了一年多之后，终于完成了任务。布热齐纳的音乐商店里，乐谱的突然到货引发了一阵热潮，为这个乐季画上了圆满的句号。

VI

7 月 10 日，音乐会结束后仅两天，肖邦就踏上了 300 多公里的旅程前往波图任，并在蒂图斯·沃伊切霍夫斯基家的乡间宅邸住了近两周。两个年轻人已有一年多没见面，此时有聊不完的话题。他们在庄园里骑马，踏过被早秋染成金黄色的田野，而肖邦也再次沉浸在了波兰农民的歌声中。每天早上，肖邦会被卧室窗边哗哗作响的白桦树叫醒，后来他还在给蒂图斯的信中怀念了这一景象。肖邦甚至还学习了如何使用十字弩，但由于他的力气太小，不能很好地操作。很可能就是在这次造访中，肖邦将题有献词的《“让我们携手同行”变奏曲》送给了蒂图斯，两人也许还在钢琴上一起演奏了这首乐曲。这份厚礼可以说是两人友谊的最佳见证。在波图任的田园生活中，两人可能也谈到了康斯坦奇娅，以及蒂图斯喜欢的一个无名女

① CFC, vol. 1, p. 172; KFC, vol. 1, p. 128.

孩，这个话题引起了肖邦的兴趣。除此之外，两人谈论最多的就是肖邦下一次的海外之旅——几个月来肖邦一直犹豫不决， 169 消耗着蒂图斯的耐心。拖延症，这个时间的小偷，一直是肖邦性格中的弱点。它让肖邦失去决断力，有时会持续好几周。

当肖邦听说康斯坦奇娅7月24日就要在国家剧院首度登台亮相，演唱帕埃尔（Paër）的歌剧《阿涅塞》（*Agnese*）时，他马上结束了波图任的假期，匆忙赶回了华沙。“格瓦德科夫斯卡的演唱堪称完美，”他写信告诉蒂图斯，“她在歌剧舞台上比在音乐厅里的表现更出色。”为了展示康斯坦奇娅的特殊天赋，索利瓦专门为她写了一首咏叹调，放在了歌剧的第二幕。“效果非常好，”肖邦写道，“我知道效果会很好，但没想到会这么好。”[①]而《波兰信使报》却发表了一篇苛刻的评论，说她的声音是喊出来的。“不能仅仅因为一个人能发出声音，就把它称作歌唱，即使音是准的……也许格瓦德科夫斯卡小姐曾经有过出色的声音，但非常遗憾，现在她没有了。”这篇评论激怒了不少人，但《波兰信使报》又发表了第二篇评论，说康斯坦奇娅和安娜·沃乌库夫（后者也同时进行了个人首演，演唱了罗西尼的《意大利的土耳其人》）都不适合在歌剧舞台上发展，因为“她们的声音毫无魅力，而这种魅力才是歌唱的灵魂”[②]。这些匿名发表的刻薄文字实际上出自律师兼记者毛雷齐·莫赫纳茨基之手，由于文风尖锐，他被称为“辩论界的罗伯斯庇尔”。有人认为他写这样的文章是出于政治目的，他想要毁掉索利瓦在音乐学院里开设的声乐学校，为此不惜牺牲两位年轻女歌唱家的前途。不论是什么原因，他和肖邦之间原本热忱的友谊就此终结，他也从肖邦的朋友圈中消失了。此前莫

---

① CFC, vol. 1, p. 175; KFC, vol. 1, p. 130.

② 1830年7月31日及9月1日刊。

赫纳茨基和肖邦经常在华沙的咖啡厅里与其他艺术家来往，但自从他公开诋毁康斯坦奇娅之后，肖邦便与他断绝了联系。

170 VII

转眼已是8月中旬，但肖邦仍未确定何时启程。由于他的家人都去热拉佐瓦沃拉短期度假了，于是肖邦决定去那里与他们会合。据我们所知，这是他最后一次回到出生地。在如此轻松的环境下，肖邦原本可以将康斯坦奇娅的事情倾诉给家人，但他没有这么做。有人认为是肖邦极强的自尊心阻碍了他，也许的确如此——这种自尊心以他人的赞美为养分，而且正如卢梭所说，通常我们只有在即将失去它的时候才会意识到它的存在。（多年后乔治·桑也注意到了这一点，她说："肖邦很在意别人的看法。"①）米柯瓦伊和尤斯蒂娜都是慈爱的家长，但米柯瓦伊是家中的权威，肖邦可能也希望得到父亲的认可。而且在肖邦即将出国的紧要关头，"暗恋"肯定是米柯瓦伊最不愿听到的事情。于是，肖邦按照他和姐妹们从小接受的教育，"假装一切安好"。肖邦离开华沙之后，妹妹伊莎贝拉给他写了一封信，在这封透露了实情的信中她坦白道："只要你不说，我也不会说。但我是知道此事的。"②也许我们可以肯定地说，她的这句话代表了肖邦全家的态度。

肖邦出发前，让人愈发担忧的是欧洲各国出现了动乱，可能会影响到弗里德里克的行程。巴黎爆发了七月革命，经过三天街垒旁的肉搏战（光荣三日）后，查理十世的统治被推翻，曾经的奥尔良公爵、没有合法继承权的路易－菲利普被推举为国王。路易－菲利普是一位平民国王，在中产阶级的支持下登

---

① CFC, vol. 2, p. 252; KFC, vol. 1, p. 324.

② CFC, vol. 2, p. 102; KFC, vol. 1, p. 231.

上了王位。沙皇尼古拉轻蔑地将他称为“杂货商之王”。动乱蔓延到了德国、奥匈帝国以及意大利，一些人担心华沙也会受到影响。学生们开始在咖啡馆和地下聚会场所密谋推翻俄国统治的计划。自从当局对官方报纸实施审查后，地下出版社便加班加点地工作，革命小册子在华沙流通，给人们带来外界的消息。另一方面诺沃西利采夫（Novosiltsev）的密探也在加紧工作，四处抓捕造反者。军队营房外墙上出现的涂鸦（“士兵们，做好准备保卫祖国吧！”）让贝尔韦德宫陷入了恐慌，康斯坦丁大公开始二十四小时不间断地操练军队。一群大胆的革命者还在贝尔韦德宫门前立了一块牌子，写着“公寓新年招租”。傍晚，人们时常能听到维斯瓦河一带的布拉格区传来步枪的射击声，那是反叛者头领被统一处决的声音。 171

在热拉佐瓦沃拉度假时，人们的话题也常常离不开动乱。在此期间肖邦还拜访了热爱音乐的彼得·谢姆贝克（Piotr Szembek）将军，当时这位将军正带领着他的波兰部队驻扎在索哈切夫附近。听说肖邦正在出生地度假时，谢姆贝克将军便派副官阿尔方斯·恰伊科夫斯基（Alfons Czaykowski）驾着四轮马车去接他。“谢姆贝克很喜欢音乐”，肖邦写道，“他小提琴拉得很好，之前师从罗德（Rode），是帕格尼尼坚定的拥趸。”谢姆贝克将军让他的乐队为肖邦演奏。“我听到了一些很了不起的东西。”肖邦评论说。其中一位军号演奏者最让肖邦印象深刻，他能以极快的速度演奏半音阶，同时还能表现出很细微的强弱变化。营地有一架钢琴，将军让肖邦演奏了一首又一首，最后肖邦回到华沙已经很晚了。当晚剧院里正在上演罗西尼的《意大利的土耳其人》，但肖邦错过了大半部分。他在信中写道：“将军最喜欢《f小调协奏曲》中的柔板。”[①]

---

① CFC, vol. 1, pp. 181–82; KFC, vol. 1, p. 133.

转眼9月来了又去，肖邦还没有启程。他写信对蒂图斯说："我还没走。我没有勇气定一个日子。"但随后他就确定了日期，宣布将在"告别音乐会"后几天的10月16日离开华沙。他买了一个旅行箱，打包了一套新衣服，订了几块有他名字首字母的镶边手帕，校正装订了一些乐谱手稿，包括几首还未出版的练习曲和协奏曲。但他依然拖延着时间。出发日期被修改为10月20日，但到了这一天他还是没走。直到10月底，他才买了一张11月2日离开华沙的车票。

172 VIII

与此同时，肖邦将所有精力都放在了10月11日在国家剧院举行的"告别音乐会"上。他邀请格瓦德科夫斯卡和沃乌库夫在音乐会上献唱，请索利瓦担任指挥。索利瓦很乐意帮忙，但他说必须得到教育部部长审批，才能让这两位学生和女声合唱团参加演出。这些学生是国家出钱培养的，所以部长的审批是必要的。"你想象不到审批的过程有多麻烦。"① 肖邦抱怨道。这次音乐会上，他将首次演奏新作《e小调协奏曲》(op.11，现在我们称之为"第一协奏曲"，因为它比前一部《f小调协奏曲》出版时间更早）和《华丽的波兰民歌幻想曲》(op.13)。9月25日，肖邦在一支小型管弦乐队的伴奏下在家中进行了彩排，邀请了埃尔斯纳、库尔平斯基、日维尼、索利瓦、恰佩克、卡钦斯基（Kaczyński）、凯斯勒等一众华沙乐界精英来观看。肖邦暗自窃喜能够看到这些冤家对头们共处一室。库尔平斯基和索利瓦互相看不上眼，埃尔斯纳和索利瓦彼此也没什么好感。"这些先生面对面共处一室，历史上还是第一次，"肖

① CFC, vol. 1, p. 202; KFC, vol. 1, p. 144.

邦评论道，“而我家则有幸见证这一历史时刻。”①

彩排当天上午，肖邦去音乐学院借了些谱架和提琴弱音器。“没有这些东西，我的柔板［小广板］无法成功。”彩排后大家都认为协奏曲很出色，但最优秀的还是最后的回旋曲。索利瓦认为这一乐章最出色，库尔平斯基赞扬了其原创性，埃尔斯纳则肯定了乐曲的节奏。现在就看它是否也能赢得华沙听众的认可了。

华沙国家剧院 173

1830 年 10 月 11 日

卡罗尔·戈尔纳：交响乐

肖邦：e 小调钢琴协奏曲快板，op.11（作曲家本人演奏）

索利瓦：合唱团伴唱的咏叹调（安娜·沃乌库夫演唱）

肖邦：e 小调钢琴协奏曲小广板和回旋曲，op.11（作曲家本人演奏）

幕间休息

罗西尼：《威廉·退尔》序曲

罗西尼：《湖上少女》选段《哦，我为你流了多少眼泪》

（康斯坦奇娅·格瓦德科夫斯卡演唱）

肖邦：《华丽的波兰民歌幻想曲》，op.13（作曲家本人演奏）

指挥：卡洛·索利瓦

施特赖歇尔钢琴

① CFC, vol. 1, p. 197; KFC, vol. 1, p. 141.

音乐会后的第二天，肖邦热情洋溢地向蒂图斯描述了这场演出。他说“告别音乐会”远远超出了他的期望。现场座无虚席，观众掌声热烈，安娜·沃乌库夫“如同穿着蓝衣的天使”，她的演唱也非常迷人。康斯坦奇娅身着一袭白裙，头发上戴着玫瑰花，“衣服衬得肤色极美”。索利瓦将罗西尼《湖上少女》中的咏叹调降了一个调，好让乐曲更适合康斯坦奇娅的嗓音。在“我讨厌一切”（tuto detesto）这几个字上她流畅地转到低音 B，以至于“杰林斯基说这一个音值千金”[①]。我们猜测也许就是在这场音乐会以及前期的排练中，康斯坦奇娅和肖邦第一次进行了深入的交流。这首名为《哦，我为你流了多少眼泪》（*O quante lagrime per te versai*）的咏叹调在音乐会上的出
174 现可能只是个巧合，但我们不禁猜测其背后的深意。让肖邦有些喜出望外的是，演出时他并不紧张，他告诉蒂图斯自己很自信，“和独自演奏时一样”。他在施特赖歇尔钢琴上演奏的协奏曲“如时钟般精准”。掌声经久不息，他谢幕了四次。索利瓦的指挥也令人印象深刻，“他帮了我很大忙，让我很难报答他”[②]。排练过程中，索利瓦发现肖邦的乐队部分有很多错误，于是把乐谱带回家，花了不少时间修改。

除了表面信息以外，这场“告别音乐会”暗含什么其他音乐上的深意吗？之所以问这个问题，是因为肖邦将小广板乐章称为“浪漫曲”，据我们所知，这是他唯一一次使用这个词语。同时作为唯一一首被肖邦附上了文字标题的乐曲，他给出的说明也不容忽视。这一次，他依然将内心的想法告诉了蒂图斯：

---

① CFC, vol. 1, p. 208; KFC, vol. 1, p. 147. 福斯滕·杰林斯基是音乐学院的一位声乐教师，他指导合唱团为这场音乐会进行了排练。

② CFC, vol. 1, p. 208; KFC, vol. 1, p. 147.

新协奏曲的柔板是E大调。它要呈现的不是一种有力的效果；相反，它是一首浪漫曲，平静而忧伤，给人的印象是一个人温柔地看向某处，便唤起了万千甜美回忆。如同美好的春夜里月光下的遐想。因此伴奏要轻；在小提琴的琴弦间夹上梳子（肖邦对小提琴弱音器的叫法），声音被包裹住，产生鼻音般的悦耳音色……我的脑海中不由自主地出现了一些想法，我放任自己沉沦其中，也许这是非常错误的。你肯定能明白我的意思。①

175

肖邦提到“月光下的遐想”和“唤起了万千甜美回忆”时，几乎是在暗示这个乐章承载了一个想象出来的爱情场景。作为一位很少对自己的音乐进行解释以保留音乐朦胧之美的作曲家来说，肖邦的这段注释值得我们注意。有没有可能音乐背后也隐藏着跟康斯坦奇娅有关的思绪呢？这段浪漫曲显然与前一部《f小调协奏曲》中的小广板如出一辙，两者有很多相似之处——如咏叹调般的旋律、模仿声乐的华彩经过句，以及贯

① CFC, vol. 1, p. 166; KFC, vol. 1, p. 125.

穿全曲、如梦如幻的夜曲风格。弦乐的声音被全程弱化，这一点可能借鉴了莫扎特《C大调钢琴协奏曲》（K.467）中的行板乐章（被后世的一些听众通俗地称为“埃尔薇拉·马迪根”），弦乐的朦胧音响为钢琴主旋律回归时倾泻而出的音符营造了绝佳的氛围。

音乐史学家倾向于认为肖邦的协奏曲普遍受到了胡梅尔和莫谢莱斯的直接影响，但他的慢乐章就是个反例。随着浪漫曲的展开，乐曲呈现出了万花筒般的丰富色彩，让人耳目一新，在此前任何一部为钢琴和乐队而作的乐曲中都找不到这样的例子。相反，后来舒曼和格里格的协奏曲倒是有类似的效果，他们也会在慢节奏乐章中使用弦乐弱音器。

176

肖邦的协奏曲中鲜有比开篇主题再现前这几小节更引人入胜的乐段了。旋律围绕着“月光下的幻想”展开，如同上天的恩赐般美妙。它让人怀疑年轻的肖邦是不是穿越了时空，从德彪西的练习曲或是拉威尔的《镜子》里偷来了这几个无与伦比的小节，让琴键发出了光芒。

演出成功之后，康斯坦奇娅和肖邦交换了戒指，但没有证据表明这样的交换代表着订婚。肖邦还请他的朋友、在大学里学医的扬·马图辛斯基帮忙，在他出国期间向康斯坦奇娅转交他的信件，马图辛斯基也同意了。两人的书信内容我们不得而知，但这个安排足以证明两人的关系上升到了一个新高度，如果肖邦后来回到了华沙，再续前缘也不是件完全不可能的事 177
情。10 月 25 日，“告别音乐会”两周后，康斯坦奇娅在肖邦的纪念册中写下的深情祝语就印证了这一点，这段话很可能是她在克拉辛斯基宫的肖邦家写下的。

> 你的命运如此多舛
> 但这也是一笔财富。
> 如今你即将远行，请铭记
> 波兰人民爱你。K.G.

在第 2、3 页之后康斯坦奇娅又加了几句，抒发了她的爱国之情：“在国外你也许会获得更多赞美与嘉奖，但他们不会比波兰人更爱你。”然而康斯坦奇娅没有机会看到，在肖邦离开波兰、她本人也结婚之后，肖邦用铅笔加上了一句：“哦他们会的！”

康斯坦奇娅后来怎么样了呢？ 1832 年 1 月 31 日，她嫁给了约瑟夫·格拉博夫斯基（Józef Grabowski），约瑟夫家境优渥，在华沙拥有一栋宏伟宅邸——泰珀宫（Tepper Palace）。他曾在圣彼得堡的波兰公使馆工作，起义爆发后不久便回到了华沙。康斯坦奇娅的母亲看中了他，由于肖邦也已经出国，她很快就定下了婚约。婚礼后大约两年，伊莎贝拉因哥哥失去“遥不可及的爱人”安慰他时写道：“我跟你一样惊讶，她竟如此不顾及他人的感受。显然那间宫殿对她的吸引力更大。”[①] 婚礼之后，约瑟夫在彼得库夫地区的拉杜奇村（Raducz）附近买下了一个庄园，和他年轻的新娘过上了乡间生活。康斯坦奇娅如愿以偿告别舞台，全身心投入家庭，最终生了五个孩子。她从学生时期起就受到黄斑病变的困扰，后来眼疾恶化，即便到波兹南和巴黎看了最好的眼科医生，最终她还是失明了。她以惊人的毅力忍受着疾病的痛苦。老年之后，当别人将卡拉索夫斯基写的肖邦传读给她听时，她表示十分惊讶，完全不知道青年时期的肖邦曾对自己有过这种感情，但她不后悔。“我不
178 确定肖邦是否能像我真诚的约瑟夫那样成为一个好丈夫，”她说，“他是性情中人，充满幻想，不够可靠。”[②] 在 1889 年 12 月去世之前，她烧掉了所有肖邦的信件和纪念品，将许多秘密带进了坟墓。

IX

肖邦准备离开华沙之际，朋友们为他举行了几场践行派对。其中一场在杰尔纳街（Dzielna Street）肖邦的同学约瑟夫·赖因施密特家里举行，后来赖因施密特回忆了当晚的事。米柯瓦伊·肖邦参加了派对，此外肖邦家的一位朋友、刚从巴黎学医归来的卢德维克·科勒博士也在现场。肖邦的同

---

① CFC, vol. 2, p. 102; KFC, vol. 1, p. 231.

② HFCZ, vol. 2, p. 68.

学，包括多穆希·马格努谢夫斯基（他帮约瑟夫组织了派对）、蒂图斯·沃伊切霍夫斯基、维克托·海尔米茨基（Wiktor Chelmicki）、康斯坦蒂·加申斯基和尤利安·丰塔纳也都去了。晚饭过后，大家纷纷向肖邦献上祝词。首先是科勒博士，他祝愿肖邦在海外收获成功与名望，并希望他“永远不要忘记他离开的祖国和朋友”。丰塔纳坐在钢琴旁弹了几首波兰民歌，大家随着音乐载歌载舞起来。最后肖邦在大家的劝说下坐到了钢琴旁。“他的指尖流淌出了那么多动听的波兰旋律，我们怀着激动的心情、饱含热泪地聆听着。”[①] 也是在这天晚上，他根据斯特凡·维特维茨基的诗作创作了祝酒歌《欢乐》（*Hulanka*）。

肖邦出发前一晚，他先去了科齐亚街（Kozia Street）上的卡塔日娜·布热津斯卡（Katarzyna Brzezińska）咖啡馆向一些朋友告别，然后去剧院度过了当晚剩下的时光。[②] 第二天，11 月 2 日，他启程前往维也纳。在沃拉区靠近城市边界的老驿站等公共马车时，他还收到了一份惊喜。埃尔斯纳带着音乐学院的一支小型男声合唱队，在吉他伴奏下为肖邦演唱了一首他专门为肖邦创作的送别康塔塔。乐曲的每一节都以下面的这段爱国主题诗句结尾： 179

> 今天你要离开祖国
> 但我们的心依然在一起，

---

① 《肖邦的践行派对》，1934 年 6 月 16 日第 24 期《铅锤》（*Pion*）刊登的约瑟夫·赖因施密特的回忆。

② 当晚国家剧院正在上演罗西尼的《塞维利亚的理发师》。见卡齐米日·瓦迪斯瓦夫·沃伊齐茨基（Kazimierz Wladyslaw Wojcicki）的《华沙文学咖啡（1829~1830）》（*Kawa literacka w Warszawie*（*1829–1830*），华沙，1873，第 23 页。

你的才华我们永铭记，
让我们衷心祝福你：
“愿好运与你常相伴！”①

当我们想到不久后波兰遭遇的血雨腥风时，这样一份珍贵的心意更让人感到唏嘘。在这个时刻自然少不了离别的泪水。但好消息是蒂图斯最后一刻同意伴肖邦同行到维也纳，两人将在西里西亚边境的卡利什会合，这多少为肖邦减轻了一点离别之苦。肖邦坐上公共马车，车夫吹响了出发的号角，老驿站也渐渐消失在视野里。过去肖邦也曾有过这样的远行，但这次的远行与以往不同。肖邦并不知道，这次他将永远地离开祖国。

① 由《华沙信使报》编辑卢德维克·德穆谢夫斯基（Ludwik Dmuszewski）作词。一位有心人在沃拉驿站摆了块牌子提醒着我们：“1830年11月2日，肖邦的朋友们在这里向离开祖国波兰的肖邦永别。”

华沙起义，1830 ~ 1831 180

每一位波兰人都应终生为压迫或流亡做好准备。

——亚当·恰尔托雷斯基亲王[①]

I

1830 年 11 月 29 日晚，华沙起义爆发了。一群反对俄国的波兰军校学员冲进贝尔韦德宫，试图刺杀康斯坦丁大公。但这场起义从一开始就出了岔子。维斯瓦河附近的老啤酒厂燃起了照亮夜空的大火，这本应是起义开始的信号，但大火提前了 30 分钟，让俄国卫戍部队提早戒备了起来。密谋者冲进贝尔韦德宫之后，却发现大公的卧室空无一人。原来大公收到了警卫的消息，穿着睡衣从秘密通道进入了妻子乔安娜的房间。他的一位手下，秘密警察的高级官员马特乌什·卢博维兹基（Mateusz Lubowidzki）少校，在军校学员试图破门进入卧室时截住了他们，但被刺刀刺死。与此同时，俄国少将亚历山大·冈德列（Alexander Gendre）从后门逃出，在宫殿外遇到了波兰起义者的埋伏并中弹身亡。混乱中，人们把他当成了康斯坦丁，于 181
是喊道："大公死了！"可能就是这一假警报让康斯坦丁赢得了时间，他回过神来，撤离了贝尔韦德宫，逃过了一场让他措手不及的大火。最终他在护卫和部队的保护下逃到城外驻扎下来，等待着他的弟弟沙皇尼古拉的指示。[②]

一场反抗俄国统治的史诗般的斗争由此展开，持续了十个月之久。在这一过程中，波兰人打了几场英勇的战役，但由

---

① CM, vol. 2, p. 331.

② 关于起义刚开始几小时里发生的事情，各类文献说法不一。我们主要参考了 DGP, vol. 1, pp. 318–19。康斯坦丁最终没有看到这场冲突的结局，他在 1831 年 6 月 15 日华沙沦陷之前就因霍乱而死。

于力量悬殊，波兰人一直处于被动，最终还是没能摆脱俄国的统治。

II

如我们所知，起义爆发三周之前，肖邦在蒂图斯的陪伴下于 11 月 2 日离开了华沙。一路上他们途经弗罗茨瓦夫、德累斯顿和布拉格。两人在弗罗茨瓦夫停留了四天。11 月 8 日，在当地乐长约瑟夫·施纳贝尔（埃尔斯纳的一位老朋友）的坚持下，肖邦在“资源”音乐厅举办了一场音乐会，演奏了《e 小调协奏曲》中的浪漫曲和回旋曲。肖邦原本没有举办音乐会的计划，这场演出纯属偶然。一天早上，施纳贝尔盛情邀请肖邦观看他的排练，乐团中有一位业余钢琴演奏者正准备在当晚演出莫谢莱斯的《降 E 大调钢琴协奏曲》。中间乐队休息的时候，施纳贝尔问肖邦是否愿意试试这架钢琴。肖邦已经几周没有练琴了，但他不想失礼，于是坐在钢琴旁，草草地弹了《“让我们携手同行”变奏曲》中的几段。但这足以让乐团的钢琴独奏畏缩了，施纳贝尔临时找不到人，只能邀请肖邦做替补了。乐团里的德国演奏者们都被肖邦非同寻常的技艺惊呆了。“他的演奏如此轻柔！”（Was für ein leichtes Spiel hat er!）当
182 晚演出时，观众们尤其喜欢他以奥柏《波尔蒂契的哑女》（*La Muette de Portici*）为主题即兴演奏的安可曲。但除此之外，这场音乐会如今已几乎被人们遗忘，肖邦也没有从中获得任何收入。

11 月 12 日，肖邦和蒂图斯到达了德累斯顿，由于肖邦去年曾到过这里，不少人还记得他。他在这个萨克森王国的首都停留了一周，奔忙于社交和应酬之间——用他自己的话说，“像条狗一样”。他每晚都去歌剧院，观看奥柏的《魔鬼兄弟》或是罗西尼的《湖上少女》。在德累斯顿期间，肖邦遇见了奥

诺拉塔·科马尔伯爵夫人和她的三个女儿——德尔菲娜、卢德米拉和纳塔利娅。23岁的德尔菲娜以其惊人的美貌远近闻名，但当时她已和丈夫米奇斯瓦夫·波托茨基伯爵分居，后来科马尔一家移居巴黎之后，她也偶尔跟肖邦学习钢琴。早期的一些传记作者认为肖邦和德尔菲娜有过一段恋情，传闻还有一系列露骨的信件可以为两人炙热的爱情作证，这个话题我们将在本书的尾声中讨论。在旅途的最后一程布拉格，肖邦和蒂图斯吃了丰盛的一餐，等换完马匹，他们就登上了公共马车，进入奥地利的边境，向着首都前进。两人于11月23日到达维也纳，入住了高档的伦敦城市酒店，后来他们发现这家酒店太贵，于是很快搬到了莱奥波尔德施塔德区的金色羊羔酒店，在这里落脚之后再去寻找长期的住处。

仅仅五天后，他们便收到了华沙起义的消息。经过几个辗转反侧的夜晚和痛苦的讨论之后，蒂图斯匆忙赶回华沙参加战斗。（他成了波兰的陆军少尉，并在战斗中获得了金十字英勇勋章。）肖邦很想和他一起回去，但家人写信劝他不要冒险回国，他也不敢贸然回家。即便如此，几小时后他还是冲动地打包了行李，赶下一班公共马车去追赶蒂图斯，直到他意识到自己的做法毫无意义，才放弃了这个念头。他后来写道："我诅咒离开［华沙］的那一刻。"[1] 他发现，他的姐妹至少还可以为 183
伤员包扎伤口，但他如果回去，只会成为父亲的负担。

此前肖邦和蒂图斯在老城中心找到了一套不错的三居室公寓，位于科尔市场（Kohlmarkt）里一栋楼的四层。但蒂图斯离开后，肖邦发现他负担不起一个月70弗罗林的房租。但他又不愿放弃这里，因为公寓的位置十分理想。阿特里亚、哈斯林格和梅切蒂（Mechetti）的音乐商店都在附近，克恩滕大门

① CFC, vol. 1, p. 237; KFC, vol. 1, p. 162.

剧院也离得不远。正巧之前的租户（一位英国海军上将）有几位朋友想来看看房间，他们对房子非常满意，当场出价 80 弗罗林租下了整套公寓。肖邦的房东太太拉赫曼诺维奇男爵夫人有一些波兰亲戚，对肖邦也十分友好。她带肖邦看了五层一个宽敞的房间，价格是 10 弗罗林，肖邦欣然接受，高兴地调换了房间。“10 弗罗林的房子住着和 70 弗罗林的一样好。”他写信告诉父母。[①] 康拉德·格拉夫也帮了他大忙，免费帮肖邦把一架上好的格拉夫钢琴搬上了五楼。

肖邦对自己的住处和日常生活进行了清晰地描述。他的房间宽敞整洁，有三扇窗户，可以俯瞰科尔市场。他说，从窗户看向下面的街道，路上的行人就像小矮人一样。窗户之间的镜子让室内看起来更加宽敞明亮。他的床在窗户对面靠墙放着。床的一边是他的格拉夫钢琴，另一边摆着沙发，房间中央放着一张大大的桃花心木桌子。楼里的用人每天早上把他叫醒，并端上咖啡。他会穿着晨袍一边弹钢琴，一边把咖啡晾凉。他的德语老师会在 9:00 左右来上课。天气好的话，他会围着老城区的城墙散步，到一家名叫伯米申·科申（Boemischen Koechin）的大众餐厅吃午饭，大学生也都喜欢到这里来用餐。下午他会去拜访朋友和同行，傍晚时分回到家，换上晚礼服，去参加派对或其他活动，一般在晚上 10:00 或之后回到
184 家。“我回到家，弹会儿钢琴，大哭一场，看点东西，笑一会儿，上床躺下，吹灭蜡烛，然后总是梦见你们。”[②]

康斯坦奇娅也经常出现在他的梦里，这一点从他给扬·马图辛斯基的信中就可以看出（扬仍是两人之间正式的传信人）。“她还爱我吗？”肖邦直白地问道。他担心自己给康斯坦奇娅

---

① CFC, vol. 1, p. 233; KFC, vol. 1, p. 160.

② CFC, vol. 1, pp. 246–47; KFC, vol. 1, p. 166.

的信被人截住，导致她的名誉受损。在下一封给扬的信里，肖邦赞美康斯坦奇娅是为他“带来平静的天使”。他让扬告诉康斯坦奇娅：“把我的骨灰撒在她的脚下。”对于这样夸张的表达，康斯坦奇娅没有回复，以至于肖邦问他的传话人：“你把我的纸条传给她了吗？我今天后悔了。也许她在愚弄我，把我的话当成了笑话。”康斯坦奇娅身边的俄国军官让肖邦吃了醋，他轻蔑地将他们称为“戴肩章的”。有时他抑制不住自己的情绪。“我一想到她可能会忘记我，就把头发都揪掉了！那些家伙！格雷塞尔！别佐布拉佐夫！皮萨热夫斯基！我受不了了。今天我感觉自己像是奥赛罗！”[①] 这个比喻有些极端，但并不是肖邦凭空想出来的。肖邦刚刚在克恩滕大门剧院听了罗西尼的《奥赛罗》，扮演奥赛罗妻子苔丝德蒙娜的萨宾·海涅费特给肖邦留下了深刻的印象。所有熟悉莎翁戏剧的人应该都知道这个场景。奥赛罗听信了谣言，认为苔丝德蒙娜与年轻的少尉卡西奥关系暧昧，对自己不忠，在愤怒中杀死了她。当他发现自己错怪了清白无辜的苔丝德蒙娜之后，便自杀了。肖邦说自己一离开华沙，就不太关心康斯坦奇娅的事了，但如果 20 岁的肖邦将自己看作奥赛罗，将康斯坦奇娅看作苔丝德蒙娜，将俄国“戴肩章的”看作卡西奥，那么显然他在说谎。实际上，在接下来的几个月里，他一直没有摆脱对康斯坦奇娅的思念。

III

肖邦最早的一位访客是他之前的旅伴罗穆亚尔德·胡贝，当时胡贝结束了意大利的旅程正准备返回波兰，但由于无法入境，滞留在了维也纳。他在肖邦的公寓借宿了一段时间，并在 185
肖邦感冒卧床期间照顾他。后来胡贝回忆说：“肖邦总在弹琴，

① CFC, vol. 1, p. 245; KFC, vol. 1, p. 166.

通常是修改乐句，有时也会即兴演奏。”[①]另一位访客是胡梅尔，肖邦到达维也纳之后没几天胡梅尔就来拜访了他，肖邦为此感到十分荣幸。胡梅尔没有忘记两年前见到的这位华沙来的青年钢琴家。胡梅尔的儿子欧根也一起来了，从他为肖邦画的肖像中可以看出他很有绘画天分，他还画了一张关于肖邦房间的画，被肖邦收录到了纪念册中。还有一位每天不辞辛苦爬上楼的访客是肖邦的波兰朋友托马什·涅德茨基，他每天早上来练钢琴，立志要学会《e小调协奏曲》，跟肖邦弹二重奏。

过去给了肖邦不少帮助的威廉·维费尔此时已一病不起，没办法爬上五楼（此后不到两年他就因结核病去世了），因此肖邦去维费尔家拜访了他。在维费尔家，他认识了波希米亚小提琴家约瑟夫·斯拉维克（Josef Slavík），并对他的演奏大加赞赏。斯拉维克比肖邦年长四岁，是一位出色的演奏家，也是皇家乐团的首席。肖邦说他是第二个帕格尼尼，技艺惊人。“他能一弓拉出96个顿音。”肖邦惊叹道。[②]他们曾在一起排练，肖邦还一度考虑以贝多芬的某个主题作一首变奏曲，供两人在维也纳演出使用，但最后并没有付诸实践。斯拉维克带肖邦去了康斯坦奇娅·拜尔夫人家，虽然拜尔夫人已经与一位德累斯顿的波兰人结了婚，但她依然毫不掩饰自己对这位年轻小提琴家的迷恋。两位音乐家为拜尔家的朋友们演奏了乐曲，甚至还在拜尔夫人的派对上跳了一曲玛祖卡。肖邦在描述这件事的时候又调皮了起来，他告诉我们，斯拉维克像只绵羊一样躺在地板上——这个姿势无疑是为了提醒大家舞蹈来自乡间。还有一个长鼻子、麻子脸的德国老伯爵妇人用指尖优雅地拉起裙摆，“就像古时候那样”，摇摆着她长长的、瘦瘦的腿，跳着华尔

① HRP, p. xxv.

② CFC, vol. 1, p. 236; KFC, vol. 1, p. 161.

兹舞步。（是在玛祖卡的伴奏下！）为了配合舞伴，她把头保 186
持在一个僵硬的角度，以至于她的颈骨清晰可见，吓坏了她身边的这些贵族朋友们。肖邦在信中津津有味地向父母描述了这个场景。肖邦在康斯坦奇娅·拜尔的派对上感觉很自在，但拜尔夫人的名字总给他带来些许伤感。“我喜欢去拜访她，因为她让我想起……”他对扬·马图辛斯基如是说，不忍写下遥不可及的爱人的名字。“她的乐谱、手帕、餐巾上都有她的名字。”

> 肖邦也遇见了西吉斯蒙德·塔尔贝格，看了他的一场音乐会，但并未感到印象深刻。
>
> 塔尔贝格很有名，但和我不是一类人。他比我年轻，很受女士们的欢迎。他以［奥柏的］《哑女》为主题写了一些大杂烩，用踏板而不是用手弹弱音，他弹十度音就和我弹八度音一样轻松，穿饰有钻石纽扣的衬衫。塔尔贝格不喜欢莫谢莱斯，难怪他只喜欢我协奏曲中的齐奏部分。他也写协奏曲。①

塔尔贝格的演奏就像他的钻石纽扣一样——华而不实。这位奥地利钢琴家对肖邦协奏曲的评价暗指只有钢琴不出声的时候，这首乐曲才能让人听得下去，肖邦以此进行了巧妙的回复。肖邦十分善用讽刺。当时法兰克福钢琴家、作曲家阿洛伊斯·席姆特（Aloys Schimdt）受到了维也纳媒体的猛烈抨击，肖邦听完此人的演奏后评论道：“他有 40 多岁，但创作的乐曲有 80 岁了。”②

---

① CFC, vol. 1, p. 243; KFC, vol. 1, p. 165.

② CFC, vol. 1, p. 254; KFC, vol. 1, p. 172.

随着圣诞节的临近，收不到家里消息的肖邦陷入了深深的乡愁之中。圣诞节前夜，他闲逛着走进了圣斯蒂芬大教堂。参加传统耶稣诞生礼拜仪式的会众还没到，肖邦站在哥特式立柱旁的黑暗角落里，被壮观的教堂和无边的寂静所震撼，陷入了一种失神的状态。直到教堂司事走过来点燃圣坛深处的细蜡烛时，肖邦才被他的脚步声从阴沉的思绪里拉了回来。“脚下是坟墓，身后也是坟墓；现在只差头顶上的一个坟墓了，”他写
187 道，“我的心中产生了一种忧郁的和谐——我从未感到如此孤独。”① 人渐渐多了起来，灯光也亮了起来，仪式即将开始，肖邦竖起他的大衣领子抵御寒冷，跟着人群走向皇家礼拜堂，参加了圣诞节弥撒仪式。凌晨1:00，他回到家，瘫倒在床上，再次梦见了远在华沙的朋友和家人。

肖邦很快发现，1831 年的维也纳已不是他两年前来过的维也纳了。11 月的起义改变了公众的态度，人们对波兰人心怀疑忌。波兰上一次被瓜分时，不少波兰人就流亡到了奥地利。如果波兰人继续制造麻烦，奥地利就会和普鲁士及俄国这两位邻居统一战线。在一家意大利餐厅用圣诞节晚餐时，肖邦无意中听到了邻桌的对话，让他怒火中烧。其中一个人说：“上帝创造波兰人就是个错误！”另一个人回答道：“是的，波兰没有什么能拿得出手的。”这似乎和梅特涅（Metternich）那句名言如出一辙：“波兰一无是处。”（In Polen ist nichts zu holen）。② 这两个洋洋得意的用餐者让肖邦大为恼火。“这些 ** 也就现在能高兴一阵。”他断言道，放任自己写了一句脏话。那时没人能预料到，几个月后，华沙就遭遇了一场大屠杀。

① CFC, vol. 1, p. 240; KFC, vol. 1, p. 163.

② CFC, vol. 1, pp. 242–43; KFC, vol. 1, p. 165.

IV

在这样沮丧的深渊中，《b小调谐谑曲》的初稿问世了。关于肖邦究竟是从何时开始创作这部作品的，学者们众说纷纭，有些学者认为该曲创作于1835年，也就是作品出版的那一年。但我们说这首乐曲与1830年圣诞节肖邦的孤寂情绪有关是有依据的。尼克斯将开场的和弦比作“绝望的嘶吼”，将随后的旋律比作一个灵魂不知所措地想要摆脱将它困住的处境，“却无力挣脱”。①

188

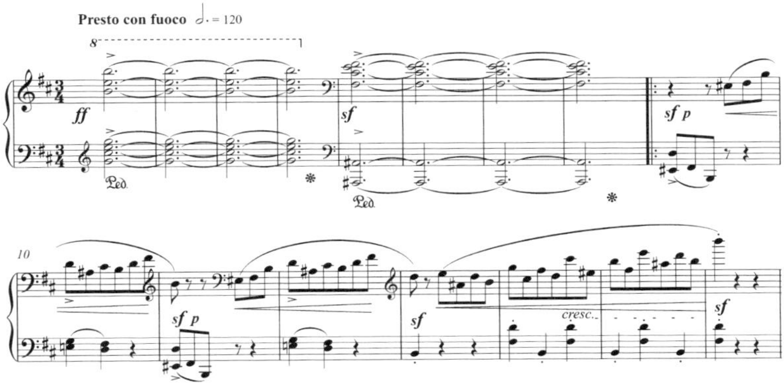

谐谑（scherzo）在意大利语中是“笑话”的意思。但肖邦的四首谐谑曲都没有什么幽默的意味，尤其是这一首。对于曲名和内容的反差，舒曼给出了一针见血的评论：“如果‘玩笑’披着这样的黑纱，那‘沉重’该穿什么呢？”② 这首谐谑曲是“沉重”的拟人化，将沉重表现到了极致。音乐躁动不安，

① NFC, vol. 2, p. 257.

② *NZfM*, May 12, 1835, p. 156.

甚至充满愤怒。旋律如愤怒的急流般从钢琴中宣泄而出，直到三声中部出现（并非肖邦的说法）才平静下来，而在这一部分，乐曲和波兰的联系被彰显出来。肖邦重新演绎了波兰著名的圣诞颂歌《睡吧，圣婴》（*Lulajże Jezuniu*），这是一首波兰儿童耳熟能详的歌曲，其歌词也与耶稣降生有关。

睡吧，圣婴，我的掌上明珠，
睡吧，我最爱的宝贝。

睡吧，圣婴，睡吧，睡吧，
但是您，美丽的母亲，却含泪安抚着他

这是肖邦在异乡度过的第一个圣诞节，颂歌让他想起了家的温暖。他所处的环境处处都能激起他对过往圣诞节的怀念之情。关于这段旋律，有几个变体版本流传至今，帕德雷夫斯基（Paderewski）的版本是这样的：

189

肖邦对这段旋律进行了精彩的重新演绎（而非只是引用），并将其升华到了一个全新的高度。各处和声进行的方式被美化，右手摇篮似的来回摇摆。一位传记作家将重复出现的高音升 F（在整个乐段中持续出现）比作耶稣诞生时天上闪烁的那颗星——这个比喻也说得通，还为我们理解这一晦涩难懂的乐段提供了一个生动的解释。

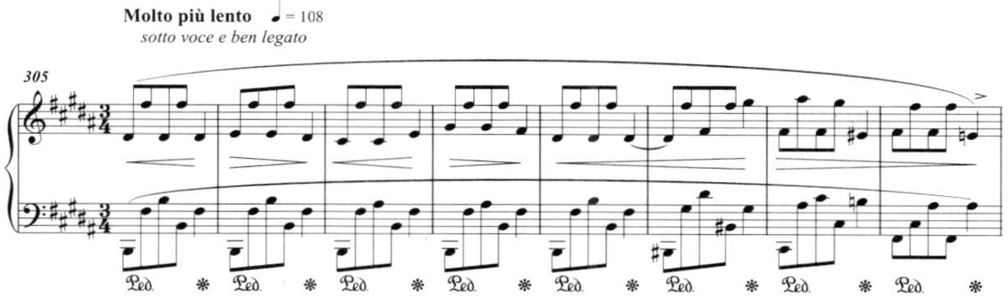

肖邦最后一次在波兰听到这首圣诞颂歌可能是一年前他去华沙圣伯纳丁教堂参加圣诞节礼拜的时候。这间教堂也叫圣安妮教堂，位于音乐学院旁，是包括康斯坦奇娅在内的声乐专业女生进行礼拜的场所。在圣诞节早上写给扬·马图辛斯基的书信最上方，肖邦写下一句话，表达了这些回忆给他带来的感伤。“维也纳。圣诞节（1830 年），周日早上。去年此时我还在圣伯纳丁教堂。今天我穿着晨袍独自坐着，咬着戒指写着信。”① 我们不知道这枚戒指是否就是康斯坦奇娅送给他的那一枚，但乐曲接下来的部分似乎暗示确实如此，有力地证明了肖邦还是忘不了她。随着圣诞颂歌的收束（cadence），一支新旋律出现了，而这支旋律有着不同的渊源。

190

这段旋律直接引用了肖邦前一年受康斯坦奇娅启发而作的歌曲《愿望》。（“如果我是天空中的太阳，我将只为你而闪

① CFC, vol. 1, p. 236; KFC, vol. 1, p. 161.

耀。”）这一乐句重复了三次，每一句的起点都比上一句更高，盘旋上升后无法到达目的地，再次落回初始的位置，如同未能实现的愿望。随后颂歌再次出现，为这段美好的回忆赋予祝福，也为三声中段画上一个圆满的句号。

摇篮曲的静谧氛围被突如其来的重击打破，谐谑曲开篇“绝望的嘶吼”再次出现。肖邦将再现的引子直接嵌入颂歌的结尾，抹掉了圣诞颂歌的痕迹。第一声重音没有完全消灭美好的遐思，但第二声重音让它烟消云散了。乐曲在这一刻达到了戏剧性的高潮。波兰小说家斯坦尼斯瓦夫·普日贝谢夫斯基（Stanisław Przybyszewski）第一次听到这里时，说这是备受折磨的“灵魂发自内心的嘶吼”①。

接着狂乱再次出现，谐谑曲的第一部分被完整再现。本曲最后的几个和弦应如何理解呢？我们似乎明白了为什么肖邦向扬·马图辛斯基透露说他在外边假装平静，“但回到家我会把怒火发泄在钢琴上”②。在这首情绪激动的乐曲中，他的怒火在
191 最后一页上变得显而易见。*fff* 力度的不协和和弦将骨骼和肌腱拉伸到极限，仿佛不仅是钢琴，连演奏者都要去承受肖邦压抑已久的狂乱情绪。

① PPS, p. 102.

② CFC, vol. 1, p. 238; KFC, vol. 1, p. 162.

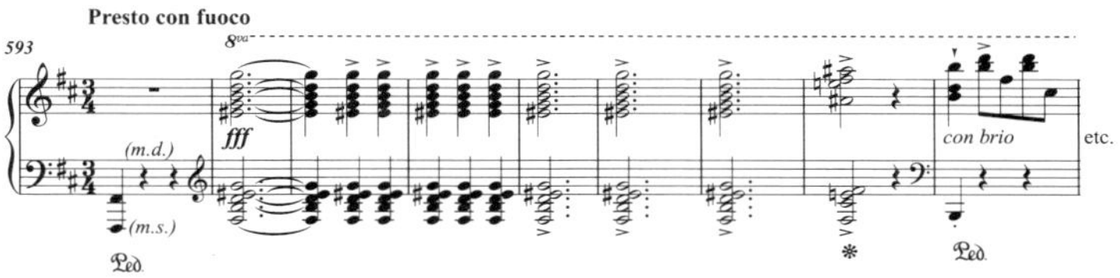

V

谐谑曲手稿还墨迹未干，肖邦就于1月25日收到消息，波兰的独立斗争迎来了重要转折点。几周以来与俄国的谈判没有收到任何成效，华沙议会投票废除了沙皇尼古拉波兰国王的头衔。只需要这一个理由，尼古拉就可以毫不犹豫地向波兰宣战。沙皇确认他的哥哥康斯坦丁大公已安全离开华沙之后，集结了12万人的部队，在汉斯·冯·迪比奇（Hans von Diebitsch）的指挥下，于2月4日跨过波兰边境，向首都进发。而波兰凭借一支仅有3万人的部队，打了一系列英勇的守卫战，阻截了俄国人的进军。1831年2月14日，这场俄波战争的第一枪在斯托切克打响。约瑟夫·德韦尔尼茨基（Józef Dwernicki）将军带领一支波兰分队击溃了俄国人，阻断了他们的行军。这大大鼓舞了波兰人的士气，让人们看到了胜利的希望。接下来是一场又一场的胜利。2月25日的格罗胡夫（Grochów）战役中，俄国军队死伤了一万人，但波兰人也为胜利付出了高昂的代价，死伤七千人。在3月31日的大登贝（Dębe Wielke）战役中，波兰人趁着夜色横渡了维斯瓦河，奇袭并歼灭了整个俄国军团，俘虏了一万人，包括两名将军。战役又持续了两天，最后波兰大胜，缴获了俄国军队的武器和国旗。4月10日，另一个俄国军团也在伊加涅（Iganie）被击溃。

波兰人初期获得了这么多的胜利，为什么之后却无法保持 192

这一势头，给了迪比奇将军重整旗鼓的机会呢？这是因为华沙的一些政治家主张与俄国和谈，导致国会内部出现了分歧。亚当·恰尔托雷斯基亲王是主张和谈的主要人物，甚至在这些早期的战役期间，他就派出使者前往巴黎、维也纳和伦敦，游说各国政府支持波兰与俄国进行和谈。但这些努力没有取得任何成效，因为执拗的沙皇尼古拉拒绝与任何人谈判。这一年早些时候，泽维尔·卢贝茨基－德鲁茨基（Xavier Lubecki-Drucki）亲王带着一整套正式和谈方案从华沙前往圣彼得堡，尼古拉不仅拒绝见他，还提出只有波兰会议王国无条件投降，才同意进行谈判——但如果波兰投降，就没有必要谈判了。而恰尔托雷斯基遭遇的另一个阻碍是已表现出和谈意愿的迪比奇将军死于霍乱。当时霍乱正在俄国军队中肆虐，导致俄军损失惨重。沙皇尼古拉派伊凡·帕斯克维奇（Ivan Paskevich）将军接替了迪比奇的职位。在俄国与南边邻居土耳其无休止的战争中，帕斯克维奇将军参与了多场战役，屡获战功。沙皇给帕斯克维奇下的命令很清楚：不惜一切代价摧毁波兰。这场战争的目的就是毁灭波兰。

VI

动荡不安的消息不断从波兰传来，但肖邦依然继续进行着创作。《四首玛祖卡》（op.6）和《五首玛祖卡》（op.7）都创作于他身处维也纳的时期。这些作品让玛祖卡首次成为一个高雅的、可以登上音乐会舞台的艺术体裁。肖邦本人写道：“这些乐曲不是用来跳舞的。”[①] 为人们理解乐曲本质提供了重要线索。它们实际上是“关于玛祖卡的玛祖卡”，是肖邦对祖国的回忆，如果只解读成农民跳舞的音乐，其精髓就被破坏了。还

① CFC, vol. 1, p. 236; KFC, vol. 1, p. 161.

有一点值得我们注意。肖邦一生共创作了60多首玛祖卡，而这两部作品就是这一漫长系列的开端。

玛祖卡贯穿了肖邦艺术创作的每一个阶段。肖邦其他的 193
代表性体裁——包括波兰舞曲、夜曲、叙事曲和谐谑曲——都不具备这一特点。有些体裁肖邦可能时隔多年才创作一次，但玛祖卡不是这样，肖邦似乎把创作玛祖卡当作了他的终生事业。

《四首玛祖卡》op.6

No.1，升 f 小调

No.2，升 c 小调

No.3，E 大调

No.4，降 e 小调

《五首玛祖卡》op.7

No.1，降 B 大调

No.2，a 小调

（对 1824 年版本的修改）

No.3，f 小调

No.4，降 A 大调

（对 1824 年版本的修改）

No.5，C 大调

这些乐曲虽不像原始的玛祖卡那样为农民创作，但也与它们的起源有着千丝万缕的联系。从每一页的乐谱上都可以明显看出肖邦对祖国的怀念之情。我们在这些乐曲中首次窥见了肖邦用波兰语“扎尔”（Żal）一词形容的情感世界。这个词代表渴望、悔恨、怀念、忧郁、悲伤，甚至包含了所有这些情感。肖邦的音乐充满了这种难以形容的气质，听过的人都能体会到，但要想仔细分析它却十分困难。第一首《升 f 小调玛祖卡》的开头几小节就展现出了这样的气质，这首乐曲是肖邦到达维也纳之后不久，首次意识到自己已远离祖国时创作的。

194 李斯特在他的肖邦传中曾经提到过“Żal”这个词。他和肖邦同在巴黎时，有一天晚上肖邦演奏完之后，在场一位贵族夫人被他的音乐深深打动，问肖邦音乐里的伤感是从哪里来的。他找不到合适的表达，只能用波兰语说：“Żal！”“他似乎很享受这个音节，”李斯特评论说，“不断地重复着，似乎在品味其中的含义……感受它表达出的深深忧伤。”①

《五首玛祖卡》(op.7)大约也是在同一时期完成的。这几首“灵魂之歌”都是肖邦在他的格拉夫钢琴上创作的。其中的第一首，《降B大调玛祖卡》，很快在各地流传开，1832年出版后仅一两年，就成了人们的“最爱”，尤其在华沙颇负盛名。后来，卡尔克布雷纳以这首玛祖卡为主题创作了他的第120号作品——基于肖邦的一首玛祖卡创作的华丽钢琴变奏曲。

① LC, pp. 79–80.

这首玛祖卡实在是太有名了，以至于我们经常忽略它的独创性。华兹华斯曾说诗歌是“在平静中回忆起的情感”，奇妙的是，这句话也同样适用于《降 B 大调玛祖卡》这样的音乐。对比鲜明的中段正是这句话的绝佳体现。肖邦童年时期在马佐夫舍乡间度过的夏日时光似乎历历在目，在那些欢乐的岁月里听到的音乐激起了无限的回忆。左手模仿“风笛的持续低音”，右手不断重复固定调式旋律，这些都是肖邦直接从他对家乡的宝贵回忆中汲取而来的。

195

比起肖邦在信中向家人朋友倾诉的情感，这个乐段更能让我们了解肖邦的心境。语言有时会混淆真相，但音乐中交织的音符不需要翻译。

创作于同一时期的《富有感情的慢板》（*Lento con gran espressione*）也体现了同样的心境。11 月华沙起义后，肖邦备感孤寂和思乡，便创作了这首乐曲。在波兰它有时也被叫作“回忆夜曲”（Reminiscence Nocturne），这是个非常恰当的名字。肖邦在乐曲中多次引用了此前的作品，使得它成了所有作品中最与众不同的一首。在给家人的信中，他随附了一份抄本，并题上了以下文字：“献给我的姐姐卢德维卡，把它作为学习我的第二协奏曲［《f 小调钢琴协奏曲》］之前的练习。”在卢德维卡的肖邦作品列表中，她将这首乐曲描述为“带有夜曲风格的慢板”，并附上了一条备注——“从维也纳寄给我的”。撰写肖邦传记的第一位波兰作家马尔切利·安东尼·舒尔茨在 1875 年发现了手稿，并说服波兹南的莱特格贝尔（Leitgeber）出版社以《柔板》这个概括性的名字出版了乐曲。现代的版本都重新采用了卢德维卡的叫法，将其归为夜曲。《富有感情的慢板》可以说是肖邦人生经历的音乐写照。在肖邦的所有作品中，以这种方式写成的乐曲仅此一首。开篇四小节由简单反复曲调构成的引子与接下来夜曲般的旋律为唤醒回忆做好了铺垫。

196

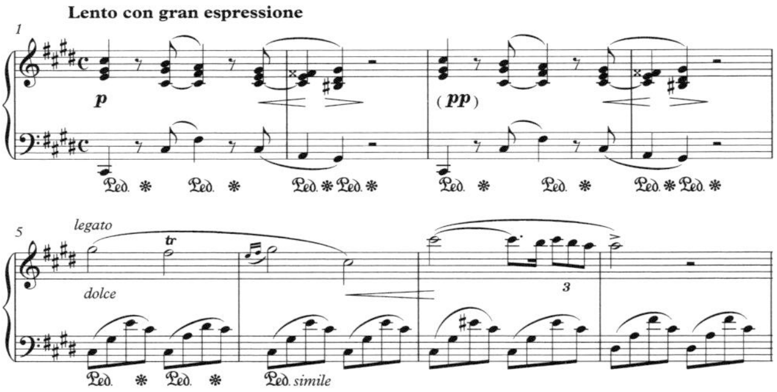

接着四段自我引用以蒙太奇的形式出现：其中一段来自歌曲《愿望》，他在《b小调谐谑曲》也引用了这段旋律，其余三段来自《f小调钢琴协奏曲》的首尾两个乐章。肖邦对素材的运用如此娴熟，以至于这25个小节（12~46）好像就是专为这首乐曲而作的，完全听不出它们是从其他作品中搬过来的。第一个引用来自《f小调协奏曲》回旋曲的开头，以如下的形式呈现：

手稿上这个乐段原本的记谱方式十分有趣。旋律的节奏和协奏曲中的节奏一样，是 3/4 拍，但伴奏部分却是夜曲标志性的 4/4 拍。结果构成了一个开创性的复节奏型（bi-metrical），这在 1830 年非常少见，也预示了交错节奏将在肖邦后来的作品里起到重要的作用。

1836 年肖邦请卢德维卡抄写了一份乐谱，以便将其收录 197
在他送给未婚妻玛丽亚·沃津斯卡的作品集里。为了便于演奏，肖邦将这段改回了“正常的”节拍。[①] 这段旋律里有两个小节引用了协奏曲第一乐章副题中的第 41~42 小节。

之后乐曲直接进入了歌曲《愿望》带来的回忆中。

歌曲无缝衔接上了协奏曲终曲的“乡村舞蹈”部分（145 *ff* 小节，标注着“诙谐地”），无疑也体现了肖邦对家乡的思

① 肖邦复节奏型的复印版手稿请见 KCOL, p.264。

念。在管弦乐队版本的夜曲中，这段的乡村气质更是被弓背击弦（col legno）的演奏手法表现得淋漓尽致——弓背击弦指的是用提琴的弓背而非弓毛击弦演奏。

要知道肖邦的“回忆”都来源于当时还未出版的作品，因此《富有感情的慢板》本质上是一部私人作品，首先它是为卢德维卡创作的，其次是给家人好友，也就是给那些能够辨别引用出处的人创作的。这首乐曲由米利·巴拉基列夫在1894年
198 10月17日进行首演，当时正值肖邦逝世45周年之际，人们在热拉佐瓦沃拉的肖邦出生地举行了纪念碑揭牌仪式和一系列纪念活动。可以说这首乐曲是个非常应景的选择。当时乐曲中包含的回忆已广为人知，而在纪念活动上演奏《富有感情的慢板》可以看作一个转折点，标志着肖邦在祖国获得了更广泛的认可。

VII

在维也纳，肖邦和约翰·马尔法蒂医生成了好朋友。马尔法蒂曾在贝多芬临终之际为这位作曲家治疗。他的不少病人都是宫廷里的贵族，妻子是波兰女伯爵海伦娜·奥斯特罗夫斯卡，因此他十分关心波兰人的境遇。他很照顾肖邦，经常和肖邦一起用餐，给他开各种药方。马尔法蒂对于肖邦来说是个慰藉，肖邦愿意向他吐露心声，称他是“无与伦比的马尔法蒂”。肖邦陷入悲伤和迷惘时，马尔法蒂能帮他重拾自信，振作精神。马尔法蒂认为（也许是在他和贝多芬的交往中领悟到的），伟大的艺术家属于全世界，而不是某一个国家，他鼓励肖邦摆脱波兰给他带来的痛苦，放眼全世界，但肖邦感到他无法接受这个建议。马尔法蒂在维也纳郊区席津（Hietzing）有一栋宽敞的别墅，5月初，肖邦和胡梅尔一同前往，和医生一家共度了一整天。

肖邦还去了帝国图书馆，图书馆里大量的音乐手稿引起了他的注意。他仔细查看架上的曲集时，发现其中一本赫然写着“肖邦”这个名字。拿下来之后他惊讶地发现这是他的《“让我们携手同行”变奏曲》，原来是哈斯林格在肖邦不知情的情况下将手稿提供给了图书馆。这个发现让他喜忧参半。一方面他很高兴看到自己的作品被欧洲的重要图书馆收录，但另一方面哈斯林格没有付他一分钱，这让他的喜悦大打折扣。肖邦时常 199
会受到这种私下交易的困扰，因此后来他对所有出版商，尤其是哈斯林格，都抱有爱恨交加的态度。

此时肖邦还靠着父亲汇给他的钱生活，他收到俄国卢布后还要以高昂的汇率兑换成奥地利弗罗林。到了6月，他的钱几乎都花光了，米柯瓦伊不得不再次帮忙。“我发现你已经把后边旅程需要用的钱花了，”米柯瓦伊写道，“所以我又寄了一小笔给你——本想多寄一点，但只能承担得起这么多了……只能靠你自己节俭了……尽量节省一些吧。没法多给你些钱，我心如刀绞。”① 肖邦对父母说，虽然生活得很节俭，“我还是需要父亲给我再多一点钱，不然我［从维也纳］踏上旅程时钱包就空空如也了”②。父子之间的通信让我们清晰地看到，虽然肖邦经常说他不想成为父亲的负担，但有需要时，他还是经常向父

① CFC, vol. 1, p. 286; KFC, vol. 1, p. 179.

② CFC, vol. 1, p. 275; KFC, vol. 1, p. 182.

亲要钱。他一直没能掌握理财之道，定居巴黎之后，米柯瓦伊还会批评他花钱大手大脚。肖邦的个人资产不多，但有一枚沙皇亚历山大赏赐给他的钻戒，因此他让米柯瓦伊卖掉戒指，尽可能多汇些钱给他。

肖邦经常去普拉特游乐场闲逛，享受春日里的花香，参观画廊和剧院，但时不时仍会感到悲伤。难过的时候他会去拜访沙谢克（Szaszek）夫人，这位夫人是一个波兰移民，经常召集波兰朋友举办派对，在朋友的陪伴下，肖邦会感到精神振奋一些。他会在派对上给大家表演他所谓的“最新沙龙小把戏”，模仿维也纳的将军们，肖邦将这些身着制服、胸前挂满勋章、趾高气扬的将军们模仿得惟妙惟肖，逗得所有人笑得前仰后合。他也会去维也纳的啤酒馆，听（老）约翰·施特劳斯和约
200 瑟夫·兰纳在晚餐时间演奏圆舞曲。施特劳斯在 1825 年组建了自己的管弦乐团，备受人们欢迎。每天有上百人坐在桌边，喝着啤酒，聊着天，听着施特劳斯演奏一首又一首的圆舞曲。施特劳斯将维也纳的圆舞曲带进了室内，将这种形式简单的奥地利田园舞蹈转化成了如今我们熟悉的舞会音乐。在这些演出的启发下，肖邦创作了他圆舞曲作品中最出色的一首：《降 E 大调圆舞曲》（op.18）。这不是肖邦创作的第一首圆舞曲，却是第一首他同意出版的，出版时间为 1834 年。

从中不难发现施特劳斯的影响，尤其是插段的编排方式，不光有主题对比，还有调性上的对比。以下属调降 A 大调呈现

的第一个插段不仅对演奏者的手指有极高要求，也需要钢琴具备出色的重复击弦能力，我们认为肖邦的格拉夫钢琴应该可以做到这一点。

随着圆舞曲的展开，我们的耳朵一直沉浸在这种新奇的对比之中。在后边的一个插段中，肖邦在遥远的降 b 小调上模仿了“雪橇铃铛”的声音，这样的效果在施特劳斯的圆舞曲中也相当常见。在钢琴键盘上，这一手法呈现出一种特殊的魅力，一连串的装饰音几乎喧宾夺主地挤掉了主旋律上的音符，营造出了一种出其不意的不协和效果。

VIII 201

对于通过举办音乐会来充实干瘪的钱包，肖邦早已不抱什么希望了。维也纳仿佛已经关上了大门，肖邦从前在这里取得的成就都已烟消云散了。肖邦 1829 年来到维也纳时，克恩滕大门剧院的经理加伦贝格伯爵十分赏识肖邦。而剧院的现任经理是精明的芭蕾总监路易·杜波特（Louis Duport），他决心扭转前任留下的亏损局面。杜波特愿意向肖邦敞开剧院的大门，但前提是肖邦必须承担所有成本，并且同意演出的所有收入归剧院所有。在一封写给约瑟夫·埃尔斯纳的信中，肖邦一反常态直白地说道：

> 我处处受阻，举步维艰。一场场平庸的钢琴音乐会几乎毁了这门艺术，观众都被吓跑了。华沙的局势也让我在维也纳的地位每况愈下，但也许去法国对我更为有利。不管怎么说，我希望最终能一切顺利，希望在狂欢节［维也纳的节日］结束之前，我能演出我的第一首协奏曲，这首协奏曲也是维费尔的最爱。①

4月4日，肖邦与当地其他十名演奏者一起在雷杜滕大厅（Redoutensaal）参加了为加西亚－韦斯特里斯夫人举办的慈善音乐会，作为嘉宾演奏了曲目。在节目单上，他被简单地称为“钢琴演奏者”。这是一个不够尊重的描述，而且他也没有拿到报酬。眼看维也纳之行就要竹篮打水一场空，肖邦决定6月11日在克恩滕大门剧院举办一场个人音乐会，演奏他的《e
202 小调协奏曲》，请当地指挥家D. 马蒂斯担任指挥。此时已临近夏季，这一年的乐季接近尾声，贵族家庭大多已经离开维也纳前往乡间别墅度假，城里的媒体评论家也所剩无几。四处潜伏的霍乱影响了演出的上座率。（如果因霍乱关停剧院，交响乐团就会失业，因此精明的杜波特仍不计后果让肖邦冒险演出。）演出的结果自然是花销大、收入少，导致肖邦亏了不少钱。②这也让米柯瓦伊更加上火，因为他给肖邦汇的钱都打了水漂。亏了钱又事事不顺的肖邦知道他必须要离开维也纳了，他在这

---

① CFC, vol. 1, p.251; KFC, vol. 1, pp. 170–71.

② 1831年6月18日的《大众剧院报》简要地提到了这场鲜为人知的音乐会。

里很快就没钱可赚了。

意大利一直是他的首选目的地。但这时意大利爆发了动乱，全国各地都受到了影响。博洛尼亚、摩德纳、安科纳、帕尔马以及罗马都陷入动乱之中；烧炭党（Carbonari）在全国各地建立起了革命组织，因此前往意大利并不是明智的选择。巴黎是个比较安全的选择，但俄国大使馆不太可能给肖邦签发法国签证，因为七月革命刚刚平息，法国对俄国充满了敌意，此时也接收了不少一心想要给俄国找麻烦的波兰流亡者。在这种情况下，怎么可能再放行肖邦去法国呢？因此肖邦转而申请前往伦敦，在这个动乱的年代，伦敦是一座象征稳定的灯塔。但俄国人先是“漏掉”了肖邦的护照，导致他又被耽搁了一阵子。与此同时他还要办理健康证明，证明没有感染霍乱，否则他无法跨越奥地利国界。肖邦拿到签证时已经是 7 月底了，但这份签证最远只允许他到达慕尼黑。“没关系，”他说，“我去找法国大使迈松先生签字。”[①] 这样他便拿到了签有“中转巴黎前往伦敦”的护照。肖邦永久定居巴黎后，经常拿护照上的这句话开玩笑说：“我在这里只是中转。”

7 月 20 日，肖邦在阿尔方斯·库梅尔斯基（Alfons
Kumelski）的陪同下前往慕尼黑，库梅尔斯基是一位波兰生 203
物学家，刚刚完成学业准备返回华沙。他们途经林茨和萨尔茨堡，拜访了莫扎特的出生地。在一封写给家人的信中，库梅尔斯基说他们走下马车时正是 6 点，大主教宅邸屋顶上古老的大钟正在报时。但肖邦听到后感到很惊讶。钟声是一首有名的二重唱，出自奥柏新推出的歌剧《石匠》（*Le Maçon*）。这个年代久远、机械老旧的古钟怎么可能提前一个多世纪预测到奥柏的作品呢？难道是奥柏借鉴了古钟的旋律吗？肖邦打听了一

① CFC, vol. 1, p. 272; KFC, vol. 1, p. 181.

下，才惊奇地发现敲钟人是一位歌剧发烧友，他摸清了古钟的机械原理，常把自己喜欢的乐曲编排到大钟上。

由于父亲承诺寄给他的资金还没有到，肖邦只好在慕尼黑再多停留一阵子。为了省钱，他和库梅尔斯基在宫廷大提琴乐师卡尔·舍恩切（Carl Schönche）家中借宿，舍恩切的公寓位于市中心的布来涅大街（Briennerstrasse）。肖邦从维也纳带来了几封推荐信，滞留期间，他借助这些推荐信在这座巴伐利亚王国的首都发展了一些人脉。所以当他决定举办音乐会时，当地的音乐家纷纷前来支援。在爱乐协会的赞助下，肖邦的音乐会于 8 月 28 日中午在慕尼黑音乐厅剧院（Odeon Theater）举行，由四位歌剧院的歌唱家和一位单簧管演奏家助演。肖邦在小型乐队的伴奏下演出了《e 小调协奏曲》和《华丽的波兰民歌幻想曲》。协奏曲分成了两部分，第一乐章和第二乐章之间，男高音歌唱家拜尔先生在单簧管和钢琴伴奏下演唱了一首抒情短曲（可能是舒伯特的那首）。音乐会得到了慕尼黑杂志《植物》（*Flora*）的好评，作者提到协奏曲的“演奏细腻动人”——但这一评论更多是对他的演奏而非作品的赞美。波兰幻想曲则更受欢迎（“这些斯拉夫民歌总能让听众兴奋起来”），作曲家和作品受到了“一致好评”。[①]

后来肖邦的资金终于到了，他在 9 月初离开了慕尼黑，途经斯图加特时，他入住了当地的一间旅馆。库梅尔斯基则留在
204 了慕尼黑，没有与肖邦继续同行，因此肖邦发现自己在陌生的城市里孑然一身。坏消息从波兰传来，局势每况愈下。波兰人在战场上节节败退，目前正在华沙周围挖战壕，建起最后的防线，准备与俄国人背水一战。肖邦到了斯图加特之后，才了解到整场战役的惨烈情况，以及华沙被血洗的惨状。

① 1831 年 8 月 30 日刊。

IX

1831年6月中旬，伊凡·帕斯克维奇将军担任了俄军的指挥。他麾下有74个步兵营，100多个骑兵中队，50个哥萨克骑兵连和318门重机枪，共约20万人。而波兰有一支15万人的部队，但大多驻守在全国各地有危险的地方。

在华沙保卫战中，波兰人部署了一支4万人的部队和95门马拉大炮。不少平民也应召入伍，帮忙挖战壕、建堡垒，在华沙城周围建起了一道马蹄形的防御工事，士兵们埋伏好准备迎战俄军。俄军派出了8万人和390门大炮，包围了华沙城。最后的总攻在9月6日凌晨4:00打响。俄军集中火力攻击一个关键据点：位于沃拉区天主教堂墓地、重兵把守的54号堡垒。“木腿老兵”约瑟夫·索文斯基将军带领着一支约1300人的军团守卫这一据点。俄军派出了11个营的兵力进攻堡垒，索文斯基寡不敌众，自己也在这场战役中牺牲。在激烈的肉搏战中，为了扭转局势，一个波兰士兵抱着同归于尽的念头点燃了火药库，炸掉了整个堡垒，波俄双方损失惨重。教堂的墓地里埋葬多年的尸骨上盖满了新的遗骸。战斗很快蔓延至华沙城中心，但直到几小时后，索文斯基的遗体还被刺刀钉在沃拉墓地里的炮架上，“用木腿姿势诡异地站立着”[1]。9月7日到 205
8日的午夜，华沙投降，郊区被火海淹没，大批难民逃离这座城市。

俄国当局对波兰的报复来得迅速而猛烈。帕斯克维奇受令严惩波兰人，于是他便在华沙城中大举肆虐。1万名波兰官员被革职，送往俄国服劳役。波兰军队中8万名将士被充军，发往高加索地区，到达离土耳其边境不远的达吉斯坦地区参加沙

① DGP, vol. 2, p. 238.

皇与沙米尔（Shamil）的战争。俄国对波兰平民的报复也极为残酷。800名因起义而失去父亲的“遗孤”在刺刀的胁迫下离开母亲，被送入俄国步兵团接受“再教育”。在华沙以外的地区，人们甚至受到了更严厉的惩罚。波多利亚（Podolia）有5000多户人家流离失所，被俄国当局剥夺了土地和财产后，他们被送到高加索地区，成了沙皇俄国统治下百万农奴中的一员。原本在家族中世代相传的雅致宅邸和庄园地产，如今都被当作战利品交给了俄国的将军和他们的朋友。

部队、法院、大学、政府部门，几乎所有波兰会议王国的残存机构都被废除，唯有教堂逃过一劫。[①]波兰被彻底从地图上抹去，并入俄罗斯帝国，接受俄国军事统治。帕斯克维奇获得了一个新封号——“华沙王子”，但波兰人称他为“莫吉廖夫的恶狗”，因为他的手下米哈伊尔·穆拉维约夫总督在莫吉廖夫举行了公开集体绞刑。在沙皇尼古拉的坚持下，有着皇室血统的罗曼·桑古什科（Roman Sanguszko）亲王被判终身苦役，跟一群犯人拴在一起，历经3300公里的艰难险阻徒步走到西伯利亚，全程共花了10个月。（约瑟夫·康拉
206 德在他著名的短篇小说《罗曼亲王》中描述了桑古什科亲王的经历。）剩下的波兰人被迫承受惩罚性的税收，为占领和统治波兰的大批军队埋单。由于财政部被废除，波兰的官方货币兹罗提也被俄国卢布取代。波兰不少家庭因此陷入了危机，他们的存款在一夜之间变得一文不值——肖邦家也一度面临

① 至于为何如此，教宗格列高利十六世向“波兰所有大主教和主教”发布的教宗通谕（1832年6月9日）给出了答案。通谕中含蓄地批评了华沙起义，呼吁人们摒弃暴力。“在我主脚下，我们流下了太多眼泪，”身处安全之处的罗马教宗哀悼道，“我们为一些教众的悲惨遭遇感到悲痛。悲痛过后，我们也祈求我主能够让你们的教区摆脱频繁激烈的斗争，重获和平，接受合法当局的统治。”毫无疑问，文中所说的“合法当局”指的就是沙皇俄国。

俄国士兵绑架波兰儿童，1831 年 9 月，尼古劳斯·莫林（Nicolaus Maurin）根据 M. 特瓦罗夫斯基（M.Twarowski）的画作制作的版画

着这个问题。成千上万的波兰人流亡海外，构成了我们今天所说的“波兰大移民潮”（The Great Emigration）的核心。人们纷纷逃往西欧避难，有些还去了美洲。崇尚自由的巴黎、伦敦、纽约坚决反对俄国对波兰的压迫，由此燃起的反俄情绪延续了整个世纪。[①]

华沙起义的领袖后来都怎样了呢？亚当·恰尔托雷斯基亲王和他的九位同僚被判斩首，另有 350 人被判绞刑。但大多数 207
人逃过了抓捕，包括恰尔托雷斯基。在军队的帮助下，他逃到了加利西亚，最后定居在了巴黎。由于沙皇尼古拉拒绝谈判，一直寄希望于和谈的恰尔托雷斯基从一个被动的保守派转变成

① DGP, vol. 2, pp. 232–45.

了一个积极的革命派。恰尔托雷斯基在回忆录中痛斥尼古拉，将他称为“波兰的苦难之源”①。

X

肖邦启程前往斯图加特时，波兰的惨剧才刚刚开始。在他的“斯图加特日记”中，我们可以看到他的痛苦与日俱增。这本纪念册原本是肖邦一年前在华沙收到的礼物，其中只有格瓦德科夫斯卡和日维尼的几句赠言，肖邦自己也很少翻开。但突然间，肖邦开始向这个小本子倾诉他躁动不安的思绪，他在这些纸页上吐露的心声也成了肖邦研究领域的重要资料。身在斯图加特的肖邦，甚至在凝视旅馆房间里的那张床时都会陷入阴郁的思绪之中。

208 真奇怪！在今天我要睡的这张床上，曾躺过多少将死之人，但我却丝毫不觉得厌恶！毫无疑问，床上躺过的死人不止一个，而且谁知道它又躺了多久呢？但是我又比死人强多少呢？像个死人一样，我收不到父亲、母亲、姐

① CM, p. 124. 这里我们有必要多介绍一些关于恰尔托雷斯基的情况。在克拉科夫，恰尔托雷斯基从俄军手中死里逃生，并用“乔治·霍夫曼”的名字向梅特涅申请了一份假护照。由于巴黎政局仍不稳定，恰尔托雷斯基首先去了英国，希望得到英国议会的支持。1831 年 12 月 22 日，他隐姓埋名到达伦敦，身上的衣服几乎就是他的全部家当。一周后，他见到了英国外交部部长帕默斯顿勋爵。他发现帕默斯顿是个态度冷漠、小心谨慎的政治家，不太愿意与俄国对立。恰尔托雷斯基滞留伦敦期间，下议院举行了两场关键性的辩论。在 6 月 28 日第一场辩论中，俄国的行为受到了议员的一致谴责，沙皇尼古拉被描述为“罪大恶极”。帕默斯顿提出这种说法不适于在议会中使用，引起一些议员的争论，一些人进一步将沙皇贬低为“披着人皮的怪物”（CM,vol.2,p.336）。英国媒体十分同情波兰人（斗争进入白热化阶段时，1831 年 8 月 11 日发行的《时代周刊》写道：“他们的事业是光荣的——波兰对自由的追求触动了所有英国人。”）恰尔托雷斯基的妻子和三个孩子不久后也到达了伦敦，恰尔托雷斯基原本打算在伦敦定居，但最后去了巴黎，他本人解释说这是因为妻子安娜亲王妃不适应英国的气候。

妹、蒂图斯的消息。像个死人一样，我没有爱人。我没法与身边的人沟通。像个死人一样，我面色惨白、周身冰冷，对身边的一切漠不关心。死人放弃了生命，我也活够了。①

肖邦写下这些语句时，并不知道华沙已经沦陷了。俄国人9月8日占领华沙，十天后肖邦才看到关于华沙惨遭血洗的报道。②一般来说，人们对肖邦的印象大都是“讲究”“贵族气质”“冷漠”“高雅”等。但他向这本日记倾诉的话语却仿佛出自另一个人。

斯图加特。写下上面那些内容时，我并不知道敌人已经打到了我的家门口！华沙郊区被占领——被烧毁！亚希［马图辛斯基］，你在哪里？威卢希［科尔贝格］应该已经在保卫战中牺牲了吧。我仿佛看到马塞尔［采林斯基］被铁链拷着。英勇的爱国者索文斯基成了无耻流氓的阶下囚。上帝啊！你真的存在吗？你存在，却不为我们报仇雪恨。也许对你来说，俄国佬的罪恶还不够深重，或者你自己就是个俄国佬？

之后肖邦的思绪转到了家人身上：

我可怜的老父亲！他可能已经食不果腹。他是不是已

① SAC, p. 41.

② 9月18日，柏林和慕尼黑的报纸第一次对帕斯克维奇部队攻占华沙的事件进行了报道，因此肖邦应该是在此之后才得到了华沙沦陷的消息。关于这一日期，索非娅·赫尔曼和汉娜·弗鲁布莱夫斯卡－斯特劳斯在HW-S中给出了很有说服力的阐释。

经没有钱给妈妈买面包了？也许我的姐妹们已经被残暴的俄国佬践踏！帕斯克维奇，这个莫吉廖夫的恶狗，占领了欧洲最早的君主的宫殿！

209 莫斯科是不是统治全世界了？哦父亲，你何以在这种世道下颐养天年？母亲，苦命的母亲，你白发人送黑发人，为何只落得如此悲惨的下场？啊，波瓦茨基的墓地！［埃米莉亚被埋葬的地方］是否能给安息者最后一点安宁，还是也被铁蹄践踏，盖满了层层叠叠的尸体？他们烧毁了华沙城！啊，为什么我一个俄国佬也杀不了！哦蒂图斯，蒂图斯！

关于康斯坦奇娅：

她怎么样了呢？她在哪里？可怜的姑娘。也许她已落入了俄国佬的手中。也许俄国佬正在毒打她、掐她的脖子、谋杀她、杀害她。啊，我心爱的人！我在这里，孤身一人。来我身边吧。我会擦干你的泪水。我会抚平你的伤口，一起回忆往昔——那时没有俄国佬，那时俄国佬努力讨你欢心，但你却因为爱我，而对他们嗤之以鼻——为了我，而不是为了格拉博夫斯基[1]！你的母亲还在吗？是的，你还有母亲，一位严厉的母亲。我的母亲是如此慈爱，但也许我现在已经没有母亲了。也许她被俄国佬杀了，被谋杀了。我的姐妹们，疯狂地抵抗着。我的父亲陷入绝望，束手无策。没人能救她。而我在这里什么也做不了，两手空空，只能痛苦呻吟，只能向钢琴倾诉我的悲

① 约瑟夫·格拉博夫斯基，即康斯坦奇娅的未婚夫。这一点说明，肖邦在维也纳期间已经得知康斯坦奇娅即将结婚的消息。

> 痛。我还能做什么呢？上帝啊，让大地颤抖吧，把我们这辈人都吞没。愿袖手旁观的法国人遭受最严厉的天谴。①

肖邦在撕心裂肺的痛苦中发出了三个诅咒，分别是针对俄国人、法国人和上帝的。传说在这样的怒火下，他创作了“革命”练习曲（op.10，no.12），然而肖邦自己并没有确认过此事，而且练习曲的名字也不是他自己加上的。肖邦一直以温文尔雅的形象示人，但在斯图加特，他摘下了面具，在这一刻，210
我们窥见了放肆不羁、怒火迸发的肖邦。“斯图加特日记”让我们看到了肖邦复杂强烈、无法控制的情绪。其中有他对侵略者的仇恨、对俄国的诅咒、对复仇的渴望；有对家人安危的深深担忧，也有对自己的无能为力而发自内心的懊悔。由于意识到自己无法拿起武器保卫祖国，肖邦产生了深深的自卑，以及一种他特有的自我厌恶。在肖邦的生命中，这样直白的情绪表露仅此一次，几天之后他又重新戴上了面具，世人再也没有见过这面具下隐藏的感情。日记的结尾说明了一切：“我的心已经死了……我的痛苦无法用文字表达。”这本日记第一次被公布时（1871 年由克拉科夫大学的波兰文学教授斯坦尼斯瓦夫·塔尔诺夫斯基伯爵发表），其真实性遭到了人们的质疑。人们认为，温文尔雅的肖邦一贯很注意自己在人前的言谈举止，不太可能 211
会写下如此粗暴的语句。但笔迹学证据表明，这本日记确实出自肖邦之手。从心理学角度看，斯图加特成了肖邦的转折点。日记中有一句话很值得注意：“我……只能向钢琴倾诉我的悲痛。”当时肖邦是否意识到有一个更远大的使命在驱使着他前

① 见 SAC, pp.43–44，这份文献资料对纪念册的历史进行了介绍，并包含两页“斯图加特日记”影印版手稿。纪念册在二战期间被损毁，但其影印版和写有“斯图加特日记”的几页目前保存在华沙肖邦博物馆，索引号为 M.67–1953。

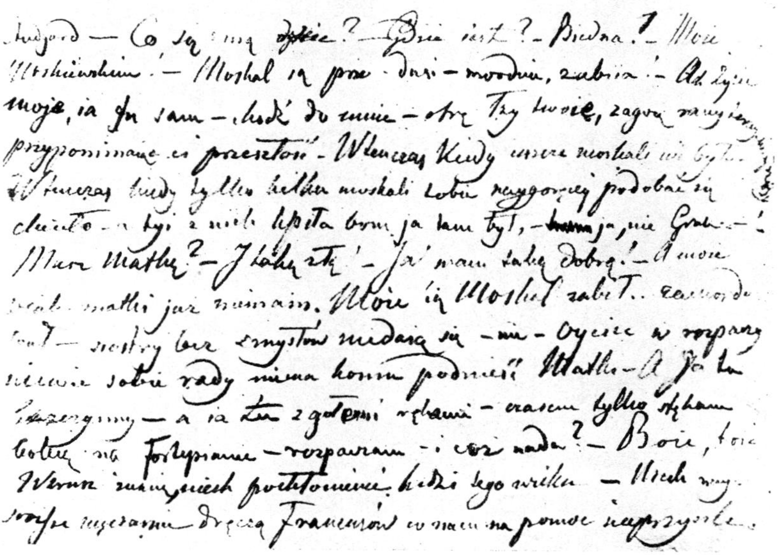

肖邦的“斯图加特日记”片段，1831 年 9 月“敌人已经打到了我的家门口”

行，这一点我们不得而知。但他的这句话却十分有预见性。

肖邦在斯图加特停留了一周多，之后便重新振作精神，踏上了最后一段旅程。他坐上了邮政马车，经由斯特拉斯堡前往巴黎。这段艰辛的旅程共 650 公里，马车将在沿途驿站停留几次，十天后才能到达目的地。

流亡巴黎，1831 ~ 1833 212

> 我必须想办法以钢琴家的身份在世界上开辟一条自己的道路……我要为自己创造一个新世界，这个志向也许太过高远，但没有什么能阻止我。
>
> ——肖邦 ①

I

10 月 5 日傍晚，从斯特拉斯堡始发、搭载着肖邦和其他旅客的马车停靠在了巴黎信使路（rue des Messageries）的客运大楼门口。② 此时天色已晚，也没有人来迎接肖邦。旅客们四散而去，消失在普瓦索尼埃区（Poissonnière）迷宫般弯弯绕绕的中世纪小巷子中。普瓦索尼埃区位于巴黎老城，毗邻蒙马特高地。肖邦不得不拖着沉重的旅行箱和厚厚的作品集找个地方落脚。中转的旅客一般会到贝热尔区（Cité Bergère）附近的一家小旅店暂住，肖邦在这里住了六周，直到找到合适的住处。

肖邦还不确定是否要一直待在巴黎。他在维也纳的俄国使 213
馆申请到的签证只允许他途经巴黎前往伦敦。但巴黎却成了他的归宿。11 月中旬，他在普瓦索尼埃大道 27 号六层找到了一间小公寓，公寓带一个小阳台，景色很好，一眼就能望到远处的先贤祠。搬入新家后不久，肖邦给此前与他从维也纳同行到慕尼黑，后来又去了柏林的生物学家阿尔方斯·库梅尔斯基写了一封信，在信中描述了他对巴黎的第一印象。当时的巴黎已

---

① CFC, vol. 2, pp. 52–53; KFC, vol. 1, p. 205.

② 肖邦到达巴黎的具体日期此前一直不为人知。直到近些年，巴黎警局的记录证实了肖邦到达的日期是 10 月 5 日。HW-S, pp. 100–101.

是一个拥挤的大都市，有着100万人口，面积是华沙的十倍，与肖邦去过的所有城市都不同。

> 1831年11月18日
>
> 这里有繁华盛况，也有破败景象；有最高尚的美德，也有最卑贱的恶行；每走几步就能看到治疗性病的小广告——到处都是吵闹、嘈杂、喧嚣和污秽，超乎你的想象。在这个天堂里，你很容易被淹没在人群中，从这个方面来说也十分方便：没有人关心你过得怎么样。冬天，你可以穿得像个流浪汉似的出入上流社会。前一天，你可能还在一家点着煤气灯、四周环绕着镜子和镀金造型装饰的餐厅里吃了一顿只要32苏的丰盛晚餐，第二天你可能就去了一个三倍价格，但菜量只够喂鸟的餐厅吃午饭……这里有如此多的慈善姐妹［指妓女］！他们追逐着男人，附近还有不少身强力壮的男子。很遗憾由于特雷莎送我的“纪念品”（虽然贝内迪克特给我治疗了，他说我的病不严重），我无法品尝禁果。我已经认识了几位当地的女歌唱家——这里的女士比蒂罗尔（Tyrol）的女士对“二重唱”更热衷。[①]

这里提到的“特雷莎”指的是肖邦在维也纳到慕尼黑途中
214 遇见的一个妓女，显然这件事是他和库梅尔斯基路过奥地利蒂罗尔时发生的。特雷莎的“纪念品”指肖邦不幸染上性病，他接受了贝内迪克特的治疗，致使他暂时无法进行性行为——肖邦委婉地称之为“禁果”。这段信息非比寻常，因为肖邦从没在其他任何一封信件中提到过这类事情。我们只能说这可能是肖邦的第一次性体验，是旅途中值得一提的一段故事。肖邦

① CFC, vol. 2, pp. 15–16; KFC, vol. 1, pp. 186–87.

提到这些“女歌唱家”时常在他住处附近出现，迫切希望表演“二重唱”，这个有趣的描述体现出他对这些妓女的求欢并不反感。

在六层楼的阳台上，肖邦能看到的远不止城市街道上熙熙攘攘的日常景象。当时巴黎的各党派正打得不可开交。法国国王路易－菲利普登基还不到六个月，虽然他声称自己代表着底层的贫苦人民，将他们称为“同志们”，但底层阶级已经开始反对这位“平民国王”了。对立党派狭路相逢，暴乱就在肖邦的窗台下爆发了。

> 其中有医学院的学生，也就是所谓的法国青年（Young France）组织，他们蓄着胡子，用特殊的方式扎着领巾——我要说明的是每个党派的穿着都不一样（我指的是极端主义者）：保皇党（Carlist）穿绿色马夹；共和党和波拿巴主义者，也就是法国青年，穿红色马夹；圣西门主义者，即“新基督教徒”（这些人自创了一门宗教，已经有了大量的信徒——他们也推崇平等观念）则穿蓝色的，等等。[1]

当冲突升级到不可收拾的局面时，宪兵出现了，他们吹着哨子，试图维持秩序。还有一次，吉罗拉莫·拉莫里诺（Girolamo Ramorino）将军搬进肖邦家对面的公寓之后，一大群波兰侨民和支持者聚集到这个区域向他致敬，引起了一场骚动。这位将军是一位意大利军事冒险家，曾在拿破仑麾下战斗，后来在华沙起义中与波兰人并肩作战，被人们视为英雄。肖邦写道：“上千名政府反对者从城市的四面八方涌来，举着 215

① CFC, vol. 2, p. 57; KFC, vol. 1, p. 208.

三色旗向拉莫里诺致敬。”[1] 即便楼下的人群不断欢呼着（“波兰万岁！”），但拉莫里诺始终没有露面，也许是不想引起路易－菲利普当局的不满。他派波兰副官蒂图斯·齐亚利斯基（Tytus Dzialyński）去安抚人群，副官向人们保证：“拉莫里诺将军改天会露面的。”这位行侠仗义的将军可能最终也没有露面，这引起了人们的不满。肖邦写道，他站在阳台上可以远远看到人们在先贤祠开始了大规模的游行示威。游行队伍如雪崩般挺进着，逐渐壮大的人群沿着塞纳河左岸冲上新桥（Pont Neuf），向拉莫里诺将军的住处涌来。政府派出骑兵阻止游行的人群，不少示威者受伤或被捕。此时肖邦家楼下也聚集了一群人，等着与城市那边的示威者会合。当局派出一支步兵驱散人群，但效果甚微，于是轻骑兵和宪兵一齐上阵驱散人行道上的人群，逮捕了带头的示威者。（“而这些都是在这个自由的国家里发生的！”肖邦惊叹道。）商店都关了门，街上时常能看到巡逻的警卫，有士兵经过时，人们会向他们发出嘘声。示威者们并不知道，拉莫里诺将军已经本着“谨慎胜过逞强”的态度悄悄搬出了公寓。这场骚乱持续了 12 个小时，最后以民众高唱《马赛曲》收场。在普瓦索尼埃大道近距离目睹了整场暴乱后，肖邦写道：“你无法想象他们吓人的声音给我留下的深刻印象。”[2] 肖邦向来不喜欢人群，尤其反感暴徒的极端思想，但很明显，身边这些革命运动也让他精神振奋了起来。

216

II

此时波兰“大移民潮”已全面展开，数千流离失所的波兰

---

① CFC, vol. 2, p. 57; KFC, vol. 1, p. 208.

② CFC, vol. 2, p. 57; KFC, vol. 1, p. 208. 拉莫里诺的奇事在战争史上都是十分少见的。在诺瓦拉战役（1849 年）中，他因作战不力及违抗军令被判枪决。他要求亲自指挥行刑队执行自己的死刑，最终也获得了这一特殊待遇。

人移居法国。波兰的知识阶层大多会说法语，而且老一辈人对拿破仑和华沙公国的事情还记忆犹新。据估计 1831 年之后，流亡法国的波兰人有六七千人之多。其中有诗人、记者、画家、音乐家、贵族、政治家和将军。诗人有亚当·密茨凯维奇、尤利乌什·斯沃瓦茨基、齐格蒙特·克拉辛斯基和西普里安·诺尔维特；画家包括泰奥菲尔·克维亚特科夫斯基和彼得·米哈沃夫斯基，后者画的一幅拿破仑骑在白马上的画像成为传世经典；流亡法国的将军有卡罗尔·克尼亚杰维奇、亨里克·登宾斯基和约瑟夫·贝姆，贝姆是一名出色的炮兵军官，后来被匈牙利部队招募入伍，参加了 1848 年匈牙利独立战争中的特兰西瓦尼亚战役，与奥地利人作战。贵族和政治家包括卢德维克·普莱特伯爵、瓦迪斯瓦夫·奥斯特洛夫斯基伯爵和卡齐米尔·卢博米尔斯基亲王。在音乐家中，肖邦少年时代的几位好朋友也在他到达后不久来到了巴黎，包括安东尼·奥尔沃夫斯基和尤利安·丰塔纳。丰塔纳后来成了深受肖邦信赖的书记官兼首席乐谱抄写员，也是肖邦遗作的编辑者。他在肖邦的生活中扮演了重要的角色，曾和肖邦在绍塞－昂坦街的公寓同住了几年（1836~1838），最终给肖邦当起了不拿报酬的大管家。

在所有生活在巴黎的波兰人中，跟肖邦关系最近的要数沃伊切赫（阿尔贝特）·格日马瓦了。1832 年底，个性张扬的格日马瓦与肖邦相识的时候，他的传奇经历已经可以写成小说了。他会说五种语言，包括波兰语、俄语、德语、法语、意大利语，对英语也略知一二——因为他的足迹遍及这些国家。格日马瓦的现代传记作者将他描述为“肖邦最信赖的密友”，我
们很难否认这个说法。[①] 肖邦给格日马瓦写了 70 多封信，比他 217
给任何人写的都要多。格日马瓦也对肖邦忠心耿耿。他欣赏肖

① ACC, pp. 109–26.

邦的音乐，也钦佩肖邦的为人。

格日马瓦曾参与推翻沙皇尼古拉的十二月党人起义，被判三个月监禁。在施塔谢茨·斯坦尼斯瓦夫的葬礼上，他发表了一篇慷慨激昂的演讲，又被报复心极强的尼古拉判了三年监禁，被丢进了圣彼得堡的彼得保罗要塞地牢里。回到华沙之后，36岁的格日马瓦被波兰政府任命为波兰银行董事，并在任职期间被派往英国，与英方谈判贷款和武器采购事宜，为波兰起义做准备。由于具备证券交易的相关知识，他在欧洲证券市场上赚了一笔钱，获得了财富自由。华沙起义爆发时，他身处英格兰，在那里公开支持反对派政府。后来在缺席审判中，他被俄国人判处死刑。1831年，格日马瓦随着波兰移民大军移居巴黎。在那里，他成了波兰银行董事会主席和拉弗尼耶海上保险公司董事长。他凭借着财富进入了上流社会，不论是在军官、政客的圈子，还是在贵族、文人的圈子，他都如鱼得水。长相英俊的格日马瓦是个万人迷，在华沙时他就娶了比他年轻很多的米哈利娜·克吕格尔（Michalina Krüger），两人生了一个儿子（名叫文岑蒂，出生于1820年，当时两人还未结婚），但除此之外，这段婚姻的其他情况鲜为人知。虽然结了婚，但他仍和不少女性交往甚密，其中包括乔治·桑。两人在1831年12月就相识了，当时乔治·桑将他称为“朋友和用餐伙伴”①。1836年，在肖邦和乔治·桑相识的过程中，格日马瓦作为两人的密友与参谋也发挥了重要作用。格日马瓦是波兰文学协会的联合创始人（这是一个除了文学以外各个领域都涉足的政治组织），在这个名字的掩护下他建立起了一个活跃的革命组织，后来因此受到法国当局的严密监控。1848年革命爆发后，路易-菲利普国王被迫流亡异国他乡，他也不得不隐姓埋名藏了起来。

---

① CGS, vol. II, p. 195.

III 218

这些在波兰大革命之后无家可归的人被浪潮冲上了民主法国的岸边，但如果不是后来亚当·恰尔托雷斯基亲王来到法国，他们很可能会被历史遗忘。1832年夏天，亚当·恰尔托雷斯基到达巴黎，成立了实际意义上的波兰流亡政府，为波兰侨民赋予了政治身份，改变了他们的命运。波兰侨民团结在这位优秀的领导人身边，不到一年，巴黎就成了波兰的新首都，恰尔托雷斯基也成了无冕之王。

肖邦的传记作者大多不愿讨论的一个问题是，肖邦对波兰的革命事业到底有多热衷。他在信里几乎从未提及此事，所以答案我们也无从知晓。但肖邦在波兰侨民当中十分高调，这样的证据可以说比比皆是。1833年，他在波兰文学协会的邀请下骄傲地加入了这一组织。他经常在恰尔托雷斯基位于鲁勒市郊（Faubourg-du-Roule）的豪华宅邸里演出。后来，恰尔托雷斯基买下了塞纳河上圣路易岛尽头的兰伯特府邸，并将这栋豪华建筑作为波兰流亡政府的办公地址，肖邦也曾在此演出支持波兰的革命事业。肖邦最得意的学生之一是恰尔托雷斯基的侄媳妇马塞利娜·恰尔托雷斯卡亲王妃（娘家姓是拉齐维乌）——这也让肖邦在恰尔托雷斯基家族中享受到了特殊待遇。多年后，在肖邦1848年著名的英国之行中，他也受到了恰尔托雷斯基的两位代理人（卡罗尔·舒尔切夫斯基少将和莱昂纳德·涅季维兹基）的欢迎，两人帮肖邦安排行程、打点住处。肖邦与恰尔托雷斯基家族的联系不应被一笔带过，这也体现出肖邦与波兰流亡者的关系比人们通常认为的更为密切。与此同时，巴黎的俄国大使馆是名副其实的情报部门，间谍监视着肖邦和所有侨民，并从旺多姆广场的总部向母国汇报消息。

肖邦在刚到巴黎的几个月里结识了一些非波兰籍的音乐

家，包括李斯特、柏辽兹、希勒和门德尔松。在所有人里，跟他最亲密的要数大提琴家奥古斯特·弗朗肖姆，肖邦后来的《大提琴奏鸣曲》（op.65）就是献给他的。弗朗肖姆是为数不
219 多的能让肖邦在相处时感到完全放松的人。安静、内敛、言谈得体的弗朗肖姆和肖邦有很多相似之处，肖邦也认为两人志趣相投。和弗朗肖姆在一起时，肖邦可以放心做自己，不必因顾及他人的感受而带上礼貌客套的面具。他们一起用餐，有时也相约去看戏剧或歌剧，有一次还一同前往昂吉安莱班（Enghien-les-Bains）泡温泉。但最重要的是，他们经常一起演奏室内乐。弗朗肖姆欣赏肖邦富有神韵的演奏，将他视为完美搭档，两人的配合也十分默契。他们经常在彼此的公寓里即兴演奏，有时也邀请一些朋友来观看。1837 年弗朗肖姆和阿梅莉·帕约（Amélie Paillot）结婚后，肖邦仍是两人家里的常客，肖邦很喜欢他们的孩子塞西尔、勒内和路易，三个孩子也很喜欢他。在波兰人以外的朋友里，除了他的学生阿道夫·古特曼（Adolf Gutmann）外，弗朗肖姆是唯一一个肖邦写信时用亲密的人称代词“你”（tu）称呼的人。在肖邦生命最后的黑暗时刻，弗朗肖姆给予了他情感上和物质上的帮助。他也是肖邦葬礼上的扶柩者之一。

IV

肖邦来到巴黎时带了两封推荐信，一封是马尔法蒂医生给意大利歌剧总监费迪南多·帕尔（Ferdinando Paër）的信，另一封是埃尔斯纳写给德高望重的歌剧和清唱剧作家让－弗朗索瓦·勒·叙厄尔（Jean-François Le Sueur）的信，勒·叙厄尔在音乐学院教授作曲，他的学生明星云集，包括柏辽兹、安布鲁瓦兹·托马（Ambroise Thomas）和夏尔·古诺（Charles Gounod）等。给帕尔的信发挥了重要作用，肖邦就

是在帕尔家遇见了罗西尼、亨利·赫尔茨和弗雷德里希·卡尔克布雷纳。卡尔克布雷纳是一位享誉欧洲的钢琴家，也是音乐界的一位重要人物，他对肖邦的早期支持对于肖邦来说非常重要。卡尔克布雷纳向肖邦介绍了他的商业伙伴卡米耶·普莱耶尔（Camille Pleyel），从此以后肖邦的名字就和这个钢琴品牌紧紧地联系在了一起。

肖邦与卡尔克雷伦纳第一次见面的场景让人真想用摄像 220
机录下来，或者哪怕只有麦克风也行。卡尔克布雷纳以其清晰精准的演奏闻名。他演奏音阶和跑句的速度让世人震惊。但不论速度多快，每个音符都如宝石般闪耀。上行和下行的琶音从键盘上倾泻而出，而演奏者仿佛毫不费力，只需稳稳坐在钢琴前，就能让钢琴顺从地演奏出每一个音符。帕尔将卡尔克布雷纳的演奏描述为“如台球一般闪亮”，他还曾用一个军事上的巧妙比喻说卡尔克布雷纳的“手指就像训练有素的士兵”，而他就像坐镇后方的将军，冷静地观察着前线的战况。任凭前线激烈厮杀，他依然泰然自若。不论多难的曲子，他都能以一种高贵的姿态藐视一切困难，仿佛一位禅僧，镇定自若、超脱一切。

肖邦一直期盼能听到卡尔克布雷纳演奏，看看这位大师是否真的如传言中所说的那么神奇。结果他听完这位大师完美的演奏发出了由衷的赞叹，肖邦的评论实际上也体现了他在钢琴演奏中追求的品质：“赫尔茨、李斯特、希勒，没人能跟卡尔克布雷纳媲美……我很难描述出他的镇静、优美的触键、无与伦比的平稳和体现在每个音符中的精湛技艺。他是个巨人，将赫尔茨、车尔尼踩在脚下，更不用说我了！”[①] 肖邦后来可能会后悔自己的这番评论，但当时他的确是有感而发。卡尔克布雷

---

① CFC, vol. 2, p. 41; KFC, vol. 1, p. 199-200.

纳也邀请肖邦来弹点什么，肖邦欣然接受，演奏了他的《e小调协奏曲》。卡尔克布雷纳听完问肖邦是否是菲尔德的学生，说他的演奏有克拉默的风格，但触键又像菲尔德。“这让我受宠若惊，”肖邦写道，“但更让我高兴的是卡尔克布雷纳也坐在了钢琴旁向我展示他的演奏，但被自己绕了进去，只好停下来。”卡尔克布雷纳很快从这个小失误中回过神来，肖邦补充道：“你应该听听他是如何处理反复乐段的——超乎我的想象。”此后两位音乐家几乎每天见面，友谊日渐深厚。随后卡尔克布雷纳提出了那个众所周知的建议，让肖邦跟他学习三年
221 钢琴，以便打下“坚实的基础”，在此期间肖邦不能公开演出，但三年后他会成为一个“杰出的艺术家”。

就我们所知的肖邦此前取得的成就而言，这是个令人咋舌的提议。但这就是卡尔克布雷纳的典型个性，他天生就有一种优越感。刚开始肖邦有些不确定，于是给家里写信寻求建议。米柯瓦伊·肖邦感到十分迷惑，他不能理解为什么自己的儿子要花三年时间给卡尔克布雷纳做学徒，以此打下“坚实的基础”。于是他向埃尔斯纳咨询，埃尔斯纳也强烈反对这个提议，他写道：“他们已经看出了弗里德里克的天分，担心被他超越，所以想在三年里控制他，限制他的自然发展。”① 卢德维卡告诫肖邦不要理会这个提议，之后还更进一步，说她听闻波兰著名钢琴家玛丽亚·希马诺夫斯卡将卡尔克布雷纳称为“无赖”，他真正的目的是压制肖邦的天赋。实际上，肖邦并不需

① CFC, vol. 2, p. 25; KFC, vol. 1, p. 192. 关于卡尔克布雷纳，斯蒂芬·海勒也给我们提供了一些有趣的信息，让我们更进一步了解了肖邦为何会做此决定。1838年海勒到达巴黎之后，拜访了卡尔克布雷纳，给他弹了段曲子，上了他的一两节咨询课，之后就决定跟他断绝联系。且不说贫穷的海勒支付不起每年500法郎的高昂“学徒费”，卡尔克布雷纳还要求海勒跟他学习五年，每个月接受卡尔克布雷纳助理的辅导并参加考试，并且未经卡尔克布雷纳允许不得出版音乐作品，以免败坏老师的名声！ BSH, p. 14.

要这些出于好意的建议，他决定听从自己内心的声音，走自己的道路。虽然肖邦拒绝了卡尔克布雷纳，但并没有证据表明他们的关系从此受到了影响。两人依然友好相处，还一起举办了音乐会。肖邦将他的《e小调钢琴协奏曲》献给了卡尔克布雷纳，使两人的早期关系得到了巩固。这部协奏曲是肖邦当时能给出的最好的礼物了。

V

一般在其他的肖邦传记中，卡尔克布雷纳至此就不会再出现了。但我们不妨多介绍一下此人的性格，以便了解如果肖邦真的接受了他的提议，将会受到怎样的影响。卡尔克布雷纳曾 222
在1814年移居英格兰，在那里住了十年，通过出版音乐作品、他著名的《钢琴技法》(*Piano Method*)和推广“导轨”，积累了不少财富。“导轨”是一个与键盘等长的轨道，基础较差的学生把手腕放在上面，可以避免手臂的上下运动。[①] 卡尔克布雷纳拿着从英格兰赚到的钱回到巴黎之后，入股了普莱耶尔钢琴公司，成为公司的董事，也帮着推广钢琴。此后，卡尔克布雷纳在普莱耶尔钢琴展厅的每一次演出都会体现在公司的股价上。

卡尔克布雷纳的极度自负和他所取得的成就，用尼克斯直白的话讲，构成了他性格的“核心”，他的其他品质全都是围绕这个核心形成的。[②] 即便与老朋友相处，卡尔克布雷纳也喜欢教导他们在社会中应如何处事，以及如何提高餐桌礼仪。他可能刚刚纠正完学生弹钢琴的手型，转头就兴致勃勃地向一起

---

① *Méthode pour apprendre le piano-forte à l'aide du guide-mains*(《使用导轨学习钢琴的方法》, op. 108.

② NFC, vol. Ⅰ, pp. 235–36.

普莱耶尔大厅，卡代街 9 号，巴黎；当时的一幅版画

223 用餐的人展示应该如何拿刀叉。他总是滔滔不绝地炫耀着国王赐予他的荣誉，以及他和贵族们的关系，简直到了不可救药的地步。他认为自己的每一次成功都是理所应当的；相反，别人的成功从来得不到他的认可，除非他认为此人或多或少受到了他的影响。他对精致、优雅、条理的追求到了偏执的地步，这是他性格上的特点，也是他音乐上的特点。一个人什么样，他的音乐便是什么样。

卡尔克布雷纳的虚荣心是出了名的强，有时他也会因此受到人们的嘲弄。在巴黎街头，人们时常能看到衣着华丽、穿着时尚的卡尔克布雷纳，他身上的礼服大衣、礼帽和手杖都是精心搭配过的。希勒对卡尔克布雷纳的回忆也十分有趣。希勒说，有一天，他和门德尔松、肖邦、李斯特在意大利大道上的一家咖啡馆门前叽叽喳喳地聊天。突然他们发现打扮精致的卡尔克布雷纳从远处走来。这几个不正经的小伙子知道卡尔克布雷纳容易在嘲讽之下失去风度，便在大街上围住他，吵闹地打趣他，见他被气得不行，便哈哈大笑。“男孩永远也长不大。”希勒为他们顽皮的行为辩解道。[①]路易·莫罗·戈特沙尔克（Louis Moreau Gottschalk）的回忆录也为我们提供了更多信息。虽然他描述的是十年后的卡尔克布雷纳，但他的说法证实了卡尔克布雷纳最后变成了一个滑稽的人。

> 他优雅的举止、过人的智慧和才华让他在社会中取得了巨大成功；但他的极度虚荣远近闻名，让人难以忍受。他认为自己无所不知、无所不晓，而且他曾明确说过，大概像18世纪著名舞蹈家韦斯特里斯（Vestris）那样说道：“欧洲有三个伟人：伏尔泰、腓特烈［大帝］和我。”[②]

另外值得一提的是卡尔克布雷纳的微笑，这个表情仿佛凝固在了脸上，表现出他无时无刻不对自己获得的成就感到满意。1843年，海涅听完卡尔克布雷纳的音乐会后揶揄道：“他的嘴唇流露出一种僵化的微笑，就像在博物馆里打开埃及法老的木乃伊时看到的那种微笑。”[③]克拉拉·舒曼（Clara Schumann）也表达了相同的看法。在一场音乐会中，当台上演奏起卡尔克布雷纳的六重奏时，她发现这位作曲家坐在前排，“甜美地微笑着，仿佛对自己和自己的作品极度满意。你 224

---

① “Jugend hat keine Tugend.” HMBE, pp. 22–23.

② GNP, pp. 220–21. 卡尔克布雷纳有一个年幼的儿子，名叫阿瑟。他希望儿子能像自己一样成功。有一次卡尔克布雷纳向法国国王吹嘘自己8岁的儿子能够即兴演奏，国王表示愿意亲自看看。这让卡尔克布雷纳十分高兴，于是阿瑟坐在钢琴前开始演奏。起初一切都很顺利，但突然间，音乐戛然而止。小男孩转向父亲，天真地说：“爸爸，我忘了……”“即兴演奏”也能忘谱，这可够让卡尔克布雷纳无地自容的了。阿瑟寡言少语的个性也让海涅再次嘲讽卡尔克布雷纳：“他的儿子很有前途，在谦虚这方面已经超越了他父亲。”HMB, p. 276.

③ HMB, p. 276.

看到他时，总觉得他好像在说：‘上帝啊，我和全人类都要感谢你创造出了像我这样的人类。’”①

VI

在刚开始的几周里，肖邦很不顺利，经费也所剩无几。他在维也纳和慕尼黑收到的父亲汇给他的钱也都花完了。此时肖邦的前途十分渺茫，在这个冬天也越过越凄惨。在卡尔克布雷纳的帮助下，肖邦在普莱耶尔大厅举行了巴黎的首演，这才迎来了转机。音乐会原定于1月15日举行，名字很响亮，叫作“由华沙的弗里德里克·肖邦举行的声乐及器乐宏大音乐会”。但节目单印好之后，卡尔克布雷纳突然生病，因此演出只好被推迟到了2月26日。肖邦在上半场演奏了他的《e小调协奏曲》，在下半场演奏了《“让我们携手同行”变奏曲》。几位音乐家也前来助阵，包括费迪南德·希勒、乔治·奥斯本、沃伊切赫·索文斯基、卡米耶·斯塔玛蒂（临时代替门德尔松）和卡尔克布雷纳本人。这些钢琴家共同演奏了一首声势浩大的钢琴六重奏，是卡尔克布雷纳专门为肖邦创作的，曲名也体现了乐曲的宏大气势，叫作《引子、进行曲与华丽的波兰舞曲》。

226 音乐会的上座率很低，肖邦赔了钱。乐评家弗朗索瓦-约瑟夫·费蒂斯（François-Joseph Fétis）也观看了演出，肖邦的演奏让他写下了一篇意义重大又极富远见的评论：

> ……这位年轻人放任自己肆意表达，不落窠臼，如果说他还没有找到钢琴音乐的新起点，但至少他窥见了我们苦苦追寻而无果的东西——大量的我们在别处不曾见到过的原创乐

---

① 原话出自音乐商海因里希·普罗布斯特，克拉拉显然觉得他的话很有意思，于是引用到了自己的日记里。LCS, vol. 1, p. 303.

225

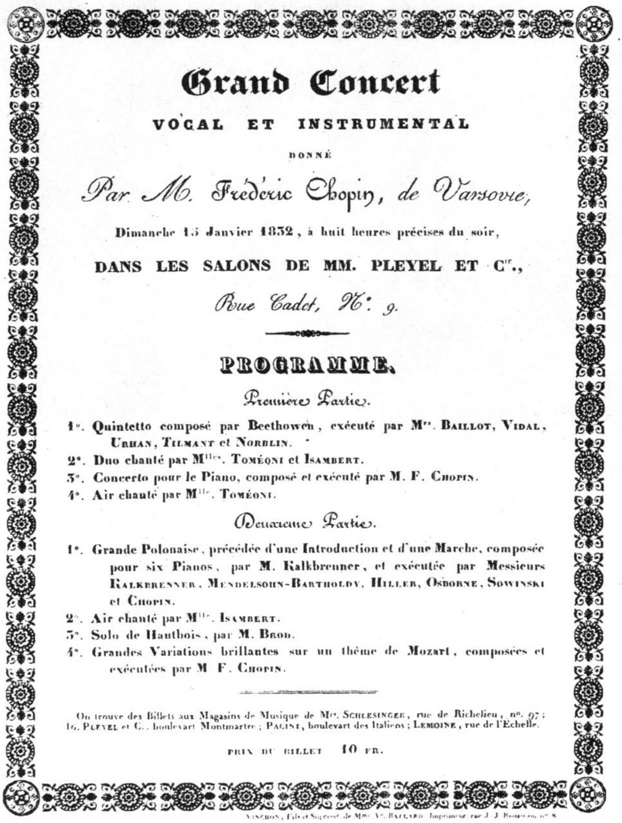

Grand Concert

VOCAL ET INSTRUMENTAL

DONNÉ

Par M. Frédéric Chopin, de Varsovie,

Dimanche 15 Janvier 1832, à huit heures précises du soir,

DANS LES SALONS DE MM. PLEYEL ET Cie.,

Rue Cadet, N°. 9.

PROGRAMME.

Première Partie.

1°. **Quintetto composé par Beethowen, exécuté par M^rs. Baillot, Vidal, Urhan, Tilmant et Norblin.**
2°. **Duo chanté par Mlles. Toméoni et Isambert.**
3°. **Concerto pour le Piano, composé et exécuté par M. F. Chopin.**
4°. **Air chanté par Mlle. Toméoni.**

Deuxième Partie.

1°. **Grande Polonaise, précédée d'une Introduction et d'une Marche, composée pour six Pianos, par M. Kalkbrenner, et exécutée par Messieurs Kalkbrenner, Mendelsohn-Bartholdy, Hiller, Osborne, Sowinski et Chopin.**
2°. **Air chanté par Mlle. Isambert.**
3°. **Solo de Hautbois, par M. Brod.**
4°. **Grandes Variations brillantes sur un thème de Mozart, composées et exécutées par M F. Chopin.**

On trouve des Billets aux Magasins de Musique de M^rs. Schlesinger, rue de Richelieu, n°. 97; Ig. Pleyel et C., boulevart Montmartre; Pacini, boulevart des Italiens; Lemoine, rue de l'Échelle.

PRIX DU BILLET 10 FR.

Vinchon, Fils et Success^r. de Mme. V^e. Ballard, Imprimeur, rue J.-J. Rousseau, n° 8

肖邦的巴黎首演节目单，1832 年 2 月 26 日（原定于 1 月 15 日举行）

> 思。我们并不是说肖邦先生拥有贝多芬那样强大的组织能力，也不是说他的音乐中有贝多芬音乐中的伟大创思。贝多芬创作的是钢琴音乐，但我在这里讨论的是钢琴家的音乐，相比之下，我在肖邦先生的灵感中看到了后者，它象征着新体裁的出现，也许会适时地对这门艺术产生影响。①

这段评论可谓鞭辟入里。费蒂斯意识到肖邦正在创造一个新的音乐形式，即由钢琴产生的音乐，而不仅仅是用钢琴演奏的音乐。同时他提到这种新形式将对音乐的发展产生影响，这一点也很有预见性。当晚观众席里还有另一个值得一提的人物，演出也给他留下了深刻印象，这个人就是22岁的弗朗茨·李斯特。多年后李斯特在他的《肖邦传》里回忆了当天的情景："我们还记得他在普莱耶尔大厅里的首演，最热烈的掌声也无法表达我们的喜悦，这位天才开启了一个浪漫诗意的新阶段，让我们在他的音乐中看到了令我们欣喜的创新。"②

这里也许我们有必要澄清一个观点，人们通常认为李斯特和肖邦之间有着深厚的友谊，但实际上并没有多少证据可以证
227 明这一点。早期两人之间可能有一些情谊，就算如此，这段情谊也没有持续多久，两人最后以不和收场。实际上两人的友情只有几个外人提到过，我们不能将其作为主要的参考依据。两人在音乐上的交往也不太深。李斯特确实欣赏肖邦的音乐，后来他在魏玛（Weimar）等地开设著名的大师课时，在课上也使用了肖邦的作品，演出时他也会演奏肖邦的乐曲，还就肖邦的作品讲过几节令人印象深刻的的分析课。但这种欣赏并不是双向的。肖邦认为李斯特的音乐都是空泛的炫技曲目，华丽且

---

① 《音乐评论》（*La Revue musicale*），1832年3月3日。

② LC, p. 147.

肤浅。他也对李斯特获得“大侯爵”（*grand seigneur*）这一称号颇有微词，尤其是19世纪40年代，李斯特的巡回演出大获成功，他一路慷慨解囊，赢得了人们的热烈反响。李斯特的“成功盛况”让肖邦很受打击，也影响了两人之间的友谊。

VII

艺术上的成功是一回事，经济上的成功则是另一回事。米柯瓦伊·肖邦对儿子面临的阻碍感到十分担忧，他一次又一次地劝阻肖邦不要把精力浪费在那些必定会亏钱的音乐会上。“这些花销必定会让你陷入窘迫的境地。”他担忧地写道。[①] 他又补充说家人身体还不错，还能吃得上饭，隐隐暗示了华沙被俄国人占领后家中的生活也有些艰难。也许就是因为这封信，肖邦一反常态，给巴黎音乐学院的音乐会委员会写了一封信，申请参加他们赫赫有名的演出，希望挣些演出费。

1832年3月13日，巴黎

音乐会委员会的阁下，

本人特此提交申请，希望能有机会在贵委员会著名的音乐会上演出，期望您批准。本人无其他头衔可支持申请，相信贵委员会支持艺术家的发展，衷心希望您能接受我的请求。 228

如能为您效劳，我将深感荣幸。

F. 肖邦[②]

但他的申请遭到了拒绝。信上有一条旁注，可能是秘书写

① CFC, vol. 2, p. 64; KFC, vol. 1, p. 212.

② CFC, vol. 2, pp. 66–67; KFC, vol. 1, p. 213.

的："申请过晚——已回复。"这便是肖邦成名之路上的又一次挫折。

VIII

1832年4月，肖邦到达法国6个月后，巴黎暴发了霍乱，人们纷纷逃离这座城市。最严重的时候单日死亡人数达1000人，连国王路易－菲利普的首相卡齐米尔·佩里耶也因这场瘟疫殒命。死亡人数攀升到18000人时，城里的棺材都售罄了，人们把尸体装进简陋的麻袋里，放在路边，等收尸的人用木质马车收走，然后马车再沿着鹅卵石铺成的街道把遗体送到当地的墓地去。当时巴黎市政厅共发放了1.2万份护照，但由于运送尸体的马车完全堵塞了巴黎的交通，很多人未能离开城市。海涅在《来自巴黎的报道》（*Berichte aus Paris*）中生动描绘了当时的景象。一天，海涅准备去看望一位朋友，到朋友家时正看见朋友的尸体被抬上马车。他叫了一辆出租车跟着马车到了拉雪兹神父墓地。在这里，他发现自己被几百辆运送尸体的车辆包围了。一位车夫试图插队，因此引起了一场骚乱，宪兵前来维持秩序，亮出了锋利的军刀。在骚乱中有些马车翻倒在地，把车上恐怖的货物洒了一地。海涅写道："我仿佛看到了最恐怖的一场暴乱——死人的暴乱。"①

彼时肖邦已经从普瓦索尼埃大道上的公寓搬到了附近一
229 个更宽敞的公寓，位于贝热尔住宅区4号的三层。这间公寓最大的好处就是不用再爬很高的楼梯了，但肖邦也在考虑自己能否承担得起房租。肖邦搬进来不久，批评家欧内斯特·勒古韦（Ernest Legouvé）就来拜访了他，对此勒古韦留下了一段有趣的描述。

① HMB, vol. 4, p. 121.

> 我们走上了一间装修过的小公寓的三楼，站在我面前的是一位优雅、苍白、忧郁的年轻人，他有一点外国口音，棕色的眼睛里有着无比纯净和柔和的神情，他栗色的头发几乎像柏辽兹的头发一样长，前额的头发也是那样垂下来……可以说肖邦有着三位一体的魅力。他的性格、演奏、作品三者相得益彰，就像是一个人的多个侧面，不可分割。①

在这个困难的时期，另一个来看望肖邦的人是他的波兰同胞安东尼·奥尔沃夫斯基，这位 22 岁的小提琴家曾是华沙音乐学院的学生。他发现肖邦十分忧郁，两人甚至没说几句话。“他想家了，”奥尔沃夫斯基给华沙的家人写信时说，“但请不要告诉他的父母，他们会担心的。这里的情况不太好。很多艺术家都赚不到钱。由于害怕霍乱，富人们都逃到外省去了。”②1832 年的春天，肖邦唯一一次公开演出是 5 月 20 日莫斯科瓦（Moskowa）亲王妃为帮助霍乱病人而举行的慈善音乐会，演出后他也没有拿演出费。此时的肖邦为自己的财务状况感到十分担忧，因此他考虑离开法国。从 6 月 28 日米柯瓦伊写给肖邦的信里就能看出这一点。“我想提醒你尽量节省些，免得一分钱都不剩，尤其你还打算前往其他国家。”③ 230

有一个未经证实的说法是安东尼·拉齐维乌亲王的弟弟

① LSS, vol. 2, pp. 158–59.

② CFC, vol. 2, p. 70.

③ Ibid., p. 71. 我们发现五个月之后米柯瓦伊又提到了这个话题，并说希望肖邦能够通过出版作品赚到足够的钱，“让你实现明年春天前往英格兰的计划……”（CFC, vol. 2, p. 76; KFC, vol. 1, p. 218.）次年4月米柯瓦伊提醒肖邦：“你说要去英格兰。拿什么去？ 在那样的国家里，一切都很昂贵！”（CFC, vol. 2, p. 88; KFC, vol. 1, p. 225.）虽然一些现代的肖邦传记作家认为肖邦曾计划前往美洲，但并无证据可以证明这一说法。

弗里德里克·肖邦；戈特弗里德·恩格尔曼根据皮埃尔－罗克·维涅龙绘制的肖像而制作的版画

瓦伦蒂·拉齐维乌亲王在一次偶然的会面中改变了肖邦的命运。据说瓦伦蒂听说肖邦打算离开法国，便决定帮他打消这个念头。他带肖邦去詹姆斯·德·罗斯柴尔德男爵家参加晚会，罗斯柴尔德是欧洲最有权势的金融家族，而男爵是家族中的族长。男爵夫人邀请肖邦演奏乐曲，肖邦精湛的技艺、优雅的演奏风格和钢琴上倾泻而出的美妙音乐立刻吸引了人们的目光。由于在波兰时他也经常在这种场合演奏，培养出了近乎完美的优雅风度，因此他的风度也同样赢得了人们的赞美。有几位女士当场提出想跟他学习钢琴，还将推荐他给朋友的孩子们当老师。不管这个故事是真是假，我们确实了解到在1832年初冬，肖邦结识了罗斯柴尔德家族，从此生活出现了转机。① 正是得

① 这个故事出自卡拉索夫斯基撰写的肖邦传记（1877），肖邦在巴黎时的波兰同行沃伊切赫·索文斯基提供了这些信息。

益于这些贵族，他的课时费稳定在了20法郎——这在当时属 231
于很高的价格。到了年底，他的学生数量已经饱和，他也实现了经济独立。他雇了一辆马车和一位男仆，经常出入上流社会。在写给老同学多穆希·杰瓦诺夫斯基的一封信里，他罕见地自负起来，炫耀起了这突如其来的好运。

> 我已经成功跻身最上流的社会，与外交官、亲王、大臣们打交道——我不知道是什么奇迹降临在了我身上，因为我毫不费力就做到了这一点。但这是很有必要的，因为他们说你的圈子决定了你的品位。如果你在英国大使馆或奥地利大使馆演奏过，你的才华就会得到更多认可。如果老蒙莫朗西家族最后的血脉沃德蒙（Vaudemont）亲王妃成了你的靠山，你的演奏水平也就更高……我到巴黎仅一年，就收获了艺术家们的友谊和尊重。证据就是：连最著名的音乐家都在我把作品献给他们之前就把他们的作品献给了我。
>
> 弗里德里克①

IX

1832年的圣诞节，夜曲这一体裁的开创者约翰·菲尔德在巴黎进行了首演，演出当天巴黎音乐学院音乐厅里座无虚席，约翰·菲尔德为观众献上了他的一系列作品。由于经常被拿来比较，肖邦很期待听到这位爱尔兰钢琴家的演奏。西欧的观众们已经很多年没有听到过他的演奏了。从1802年起菲尔德就一直生活在俄国，在圣彼得堡和莫斯科的演出大获

① CFC, vol. 2, pp. 82–83; KFC, vol. 1, pp. 222–23.

成功后，他声名大噪，成了富人推崇的钢琴教师，以此赚了不少钱，生活方式也渐渐奢靡了起来。他最有名的学生格林卡（Glinka）曾说："他的手指仿佛不是在击键，而是如同硕大的雨点倾泻在琴键上，像天鹅绒上散落的珍珠。""天鹅绒上散落的珍珠"这个说法渐渐被人们接受，成了菲尔德的标签。
232 菲尔德在伦敦爱乐协会举行了几场成功的演出，因此在他到达法国首都之前，人们已经期待好几周了。他被媒体称为"克莱门蒂最出色的学生"，代表了"一种仅存于我们记忆中的演奏流派"①，暗指巴黎当时流行的钢琴演奏风格过于聒噪。当天菲尔德的演出曲目包括他新创作的《c小调第七协奏曲》，乐曲难度很高，菲尔德直接照着手稿演奏。媒体对音乐会给予了高度评价（费蒂斯写道，观众"为之疯狂"，也照例提到了"菲尔德手指的非凡结构"②）。1833年1月20日和2月3日，菲尔德又在钢琴制造商让－亨利·帕普（Jean-Henri Pape）的音乐厅里举办了另外两场音乐会，但都不算成功。观众对会场颇为不满，音乐厅位于好孩子街（Rue des Bons-Enfants）19号，大厅宽敞但漏风严重，每当有观众开门进入，冷风就会灌入整个大厅，后来的观众"只好坐在前厅的衣帽间附近，痛苦不堪地与手杖和雨伞挤在一起"③。《音乐公报》（*Gazette musicale*）严肃地评价道：对于这个音乐厅，帕普先生无望获得任何赞美。尽管如此，菲尔德和帕普关系很好，他认为帕普的钢琴很顺手，在巴黎的音乐会上只用这一品牌的钢琴。肖邦也试过帕普的钢琴，但并不是十分满意。

---

① 《音乐评论》，1832年11月24日。菲尔德年轻时曾在伦敦给穆齐奥·克莱门蒂当了七年的学徒，一边跟着这位意大利大师学琴，一边在他的钢琴厂做推销员，推广克莱门蒂的钢琴。

② 《音乐评论》，1832年12月29日。

③ 《音乐评论》，1833年2月4日。

帕普实际上是个机械天才，在钢琴设计方面获得了300多项专利。他设计的钢琴形状各异，尺寸多样。凭借丰富的想象力，他设计了方形、六边形、椭圆形的钢琴，还有键盘多延伸出了一个八度的钢琴，但这些设计都如昙花一现，很快就消失在了人们的视野中。他尤其善于改进钢琴的内部结构，通过复杂的平衡系统，不断试验音锤与音板的相对位置，尝试用毛毡、皮革等材料等包裹音锤，以得到更清透的声音。帕普最伟大的发明是交叉上弦的方法，在不影响音质的条件下缩小了钢 233
琴尺寸，节省了空间；他制作的“立式小钢琴”只有一米多高。但帕普最出色的发明要数“炉式钢琴”了，演奏者在弹琴时，可以通过一个隐藏的加热装置做饭——都说厉害的钢琴家能让琴弦着火，这下演奏者们终于有希望梦想成真了。几个月前，帕普在伦敦办了一场钢琴展，塔尔贝格、莫谢莱斯等人都出席了他的展览，菲尔德可能就是在这里见到了帕普的新款钢琴，这款钢琴让帕普获得了“巴黎的布罗德伍德”称号。

肖邦听了菲尔德在巴黎举办的三场音乐会，但他认为这位爱尔兰钢琴家的演奏枯燥而苍白，令他倍感失望。菲尔德已经过了他的全盛时期。他在俄国奢侈的生活中染上了嗜烟酗酒的毛病，而这些恶习的危害此时已经开始显现。在圣彼得堡，人们鄙夷地称他为“醉鬼约翰”，据说他上课时经常睡着。菲尔德已经没有了年轻时的修长身材，不久后就患上了绝症（直肠癌）。在次年的欧洲巡演中，他在那不勒斯病倒，在医院里住了九个月，并进行了瘘管手术。俄国的医生给他开了缓解症状的药物，但药效猛烈，加重了他身体的负担。安托万·马蒙泰尔（Antoine Marmontel）在巴黎求学时曾拜访过菲尔德。他后来回忆说，菲尔德坐在扶手椅里，吸着一个硕大烟斗，身边摆满了大杯子和空酒瓶，他脸色发红，显然醉得很厉害。他让马蒙泰尔想起了莎士比亚笔下的人物福斯塔夫。但即便是在这样的身体状况下，马蒙泰尔说他仍然“能弹奏出美妙的音响，演奏快节奏乐段时也无比轻盈”①。菲尔德的个性是出了名的愚钝，当他进入上流社会时，这一点体现得尤为明显。有一回，他受邀到德卡兹（Descazes）公爵夫人家的晚会上演奏，他出现时衣着邋遢，肿胀的大脚上穿着过紧的鞋子。随着当晚的气氛逐渐热烈起来，菲尔德竟不管不顾地解开了衣服，脱掉了鞋子。就是在这样衣冠不整的状态下，在一群女士的嘲笑下，公
234 爵夫人将菲尔德领到钢琴前，而他用自己的演奏征服了巴黎的上流社会。

菲尔德在巴黎一直待到了5月（可能是为了见到著名的法国外科医生纪尧姆·迪皮特朗男爵），但他没有见肖邦的打算，众所周知他将肖邦轻蔑地称为“病恹恹的天才”②。当时肖邦刚出版了《降E大调夜曲》（op.9，no.2），和菲尔德早年创作的名为“浪漫曲”的《降E大调夜曲》（no.1）不无相似之处，因此引起了他的不满。

菲尔德（1814年）

《降E大调夜曲》

① MPC, pp. 98–99.

② *“Un talent de chambre de malade.”* GFF, p. 16.

肖邦（1833 年）

《降 E 大调夜曲》（op.9，no.2）

肖邦在华沙上学时就听过菲尔德的“浪漫曲”，也很欣赏菲尔德的其他钢琴作品。肖邦的《三首夜曲》（op.9）（肖邦最早的几首夜曲，而在此之前这一体裁一直是菲尔德的专属）在巴黎经出版商施莱辛格之手出版时，正是菲尔德在巴黎演出并受到人们广泛赞扬的时候，因此我们也可以理解为什么菲尔德会因此而生气。更让菲尔德难以接受的是，出版商施莱辛格在一本《钢琴家专辑：未出版作品》（*Album de Pianistes: morceaux inédits*）的曲集中，将肖邦的夜曲和菲尔德第 11 首夜曲——《降 E 大调夜曲》放在了一起，故意让人们对两位音乐家的作品进行对比。如今，人们常常会忽视菲尔德对肖邦的影响，但正如菲尔德的一位现代传记作者所说，两位作曲家的作品有着“极高的相似度”，这一点是不容忽视的。菲尔德开创了夜曲这一艺术形式，他对钢琴音乐的突出贡献毋庸置疑，毕竟是菲尔德探索出了夜曲风格中标志性的梦幻忧郁的意境。马蒙泰尔也将这些乐曲称为“微型的冥思”。而肖邦在菲尔德开创的音乐形式中加入了自己的特色，使夜曲发展成浪漫主义时期的一大重要体裁，这一点同样毋庸置疑。 235

X

菲尔德的事情过去约一周后，肖邦就获得了一份特殊的荣誉，这份荣誉比他此前在信中向多穆希·杰瓦诺夫斯基炫耀的事情还要珍贵：他收到巴黎波兰文学协会的来信，得知自己已被选为协会会员。尽管名字很隐晦，但波兰文学协会实际上是一个政治性团体，协会成员们冒着生命危险参加激进的政治活动。肖邦对确认函的回复洋溢着爱国之情：

> 致巴黎波兰文学协会主席
> 1833 年 1 月 16 日，巴黎
>
> 我很荣幸于昨天，即 15 日，收到当选为文学协会会员的通知。
>
> 主席先生，恳请您向同胞们传达我的感激之情，感谢他们对我的鼓励和抬爱。加入协会将激励我继续为实现协会的目标而努力，我愿意为协会效力，贡献我的力量，随时听候协会调遣。
>
> 怀着最诚挚的敬意，我将永远是
> 您的忠仆，
> F. F. 肖邦
> 1810 年 3 月 1 日出生于马佐夫舍省热拉佐瓦沃拉村①

236

到达巴黎仅 14 个月后，肖邦就成了波兰侨民中的名人，他的事业也开始腾飞。1833 年 4 月 25 日，肖邦在巴黎市政厅著名的“雅典娜系列音乐会”上首次引起了人们的热烈反响，他在纳西斯·吉拉尔（Narcisse Girard）的指挥下演奏了《e 小调钢琴协奏曲》中的小广板和回旋曲。一贯冷静谨慎的米柯瓦伊·肖邦没有被儿子的成功打动，而是责怪他对钱漠不关心。他写道：“我亲爱的儿子，听说你已经举行了音乐会，我

---

① CFC, vol. 2, p. 86; KFC, vol. 1, p. 224.

很高兴，但这次的花销仍旧超过了收入，我依然认为如果你没有足够的钱，便无法靠这个事业维生。不过如果你自己满意的话，那我们也支持。但我必须再次强调，虽然你很有才华，也得到了别人的奉承和赞美，但只要你还没有积攒起几千法郎，我便会认为你需要我的同情。赞美是如此虚无缥缈的东西，在贫困的时候，你不能靠赞美生活下去。”①

但肖邦显然对父亲的批评置若罔闻，1833年6月，他带着童年好友亚历山大·霍夫曼住进了绍塞－昂坦街5号一间更昂贵的公寓。霍夫曼从前一年的12月开始就借住在肖邦贝热尔住宅区的公寓里，此后一直跟肖邦同住了两年。霍夫曼在华 237
沙中学时曾是米柯瓦伊·肖邦的学生，后来毕业于华沙大学医学系。此时他在巴黎开设了自己的诊所。华沙起义时，霍夫曼在华沙部队里任军医并成为少校，起义失败后他随移民大潮来到法国避难。两人同住对肖邦来说是件好事，一方面可以分摊房租，另一方面霍夫曼也成了肖邦的“驻家医生”。霍夫曼和肖邦成为室友也让米柯瓦伊更放心，在年底的一封信里，米柯瓦伊对肖邦说：“向霍夫曼先生致以一千次的美好祝愿。你们在一起真是让我太高兴了。”②

---

① CFC, vol. 2, p.88; KFC, vol. 1, p.225. 在收到父亲1833年4月13日写于华沙的来信之前，肖邦已经在巴黎办了三场音乐会。米柯瓦伊在信中提到的可能是4月2日在意大利剧院为女演员哈丽雅特·史密森（Harriet Smithson）举办的音乐会，这场音乐会受到了媒体的广泛报道。一个月前，哈丽雅特在走下马车时摔倒，右脚脚踝以上两处骨折，完全无法行走。哈丽雅特的未婚夫埃克托尔·柏辽兹担心不已，请来众多热心的知名演员、歌唱家举办了这场音乐会，鲁比尼、坦布里尼、朱莉娅·格里西、李斯特、肖邦都参加了演出。据报道，肖邦和李斯特以四手联弹的形式演奏了乔治·翁斯洛第22号作品奏鸣曲。肖邦参加这场音乐会无疑是为了支持埃克托尔和哈丽雅特。音乐会最终为哈丽雅特筹集了6500法郎。远在华沙的米柯瓦伊也许不了解这些情况，只是看到肖邦又损失了钱，于是在信中表达了他的担忧。

② CFC, vol. 2, p. 99.

XI

肖邦已经在职业发展方面下定了决心：他要为钢琴音乐带来一些新东西。由于他并不打算靠巡演成名，那么教授钢琴课就成了他唯一的出路，同时这也让他有足够的时间创作出大量流传于世的作品。肖邦走上这条道路之后，从来没有回过头。早在 1831 年 12 月初，肖邦就和约瑟夫·埃尔斯纳通过信件讨论过这个话题。埃尔斯纳认为，想要在国际舞台上成名，最好的办法就是以波兰民族题材创作一部歌剧，并在欧洲主流剧院里演出。但刚刚独立起来的肖邦不这么认为。他礼貌但坚定地回复了埃尔斯纳，告诉恩师想要在巴黎制作一部歌剧有多么困难。“近二十个才华横溢的年轻人都在双手合十祈祷着有人能将他们的歌剧、交响乐、康塔塔搬上舞台，他们都是巴黎音乐学院的学生，但只有凯鲁比尼和勒·叙厄尔看过他们的手稿。”之后，他提到了问题的关键：

> 238 1830 年［肖邦离开华沙的那一年］我意识到自己还有很多不足，我也意识到自己和您所做出的典范还有很大的差距……但我怀着雄心壮志对自己说：“我要朝着他的成就努力，哪怕只是接近一点点，就算我无法创作出他的《矮子国王》（*Lokietek*）那样的歌剧，也许能创作出一部《长腿国王》（*Laskonogi*）。”① 但最终，我在这条路上失

① 肖邦这里提到的是两位著名的波兰国王，分别是被称为“矮子国王”的斯坦尼斯劳斯四世（1260~1333）和被称为“长腿国王”的斯坦尼斯劳斯三世（1168~1231），埃尔斯纳曾经根据矮子国王的故事创作了一部歌剧。埃尔斯纳创作了很多波兰爱国主义题材的作品。就在 1831 年 1 月，华沙起义的六周前，他制作了一部名为《民族崛起》（*Powstanie narodu*）的歌剧，其主旨是号召人民团结起来抗击敌人。

> 去了所有希望。因此，我必须想办法以钢琴家的身份在世界上开辟一条自己的道路，将您在信中提到的崇高的艺术追求放一放……我要为自己创造一个新世界，这个志向也许太过高远，但没有什么能阻止我。①

“为自己创造一个新世界”，21岁的肖邦对老师说的话似乎有些雄心勃勃，却很有预见性。这句话指明了他未来的发展方向，他也义无反顾地朝着这个方向走了下去。在写下此话之后的两年里，肖邦的事业取得了很大进展 。他未出版的作品越来越多，包括《两首夜曲》(op.15)、《十二首练习曲》(op.10)、《b小调谐谑曲》(op.20)、《g小调叙事曲》(op.23)，以及多首玛祖卡、圆舞曲等。这些作品的数量之多、沉默时间之久，着实令人惊讶。但这就是肖邦的意愿，他不愿出版任何一部自己不满意的作品。这些作品让我们看到肖邦已经摆脱了早期的“华丽风格”，不再按照胡梅尔和莫谢莱斯的模式创作，并已经开始探索他所说的新世界。肖邦已经开始向着实现自己许下的、与埃尔斯纳分享的诺言而努力，因此我们也必须说一说这个新世界了。

---

① CFC, vol. 2, pp. 51–53; KFC, vol. 1, p.205.

肖邦与键盘：钢琴界的拉斐尔

> 掌握演奏的方法对你来说轻而易举。你的大脑比手指忙。如果别人需要成日与琴键缠斗，你通常只需不到一个小时。
>
> ——米柯瓦伊·肖邦写给儿子的信（1831）①

I

239 肖邦才到巴黎不到两年，人们就把他与当时的杰出钢琴家相提并论了。此时他只有23岁，基本属于自学成才，却创作出了一系列在音乐史上占有重要地位的作品。我们可以在这个关键时期稍事停留，对他所说的为自己开辟的“新世界”进行一些探讨。

肖邦到达法国首都时，这座城市已吸引了众多作曲家兼钢琴家，他们炫奇争胜，无一不是为了在钢琴界获得至高无上的地位。这些人包括阿尔康、德赖肖克（Dreyschock）、赫尔茨（Herz）、欣滕（Hünten）、卡尔克布雷纳、李斯特、皮克西斯、奥斯本、索文斯基、施坦密蒂（Stamaty）、塔尔贝格、齐默尔曼等。他们要么住在巴黎，要么在巴黎精彩亮相。由于过分追求高超的演奏技巧，如今这些钢琴家被一些业内人士开玩笑地称作“空中飞人学派”。在这里，人们能听到卡尔克布
240 雷纳珍珠般的经过句，德赖肖克强劲有力的八度，还有塔尔贝格如同三只手演奏的奇妙效果。这一潮流被《音乐评论与公报》（*Revue et Gazette musicale*）称为“特技剧场”，此时正处于鼎盛时期。② 肖邦到达巴黎后不久，就对自己所处的环

---

① CFC, vol. 2, p. 21; KFC, vol. 1, p. 189.

② 1832年11月24日刊。

境做出了评价，并且他后来也一直坚持这样的看法："我真的不知道哪里还有比巴黎更多的钢琴家，在别处能找到这么多笨蛋和演奏家吗？两者有什么区别吗？"①

海因里希·海涅将巴黎的演奏家比作"蜂拥而至的蝗虫，要把巴黎吃干抹净"。当海涅用犀利的目光看着他心目中的"音乐马戏团"时，他不由得拿起笔，写了一系列《来自巴黎的音乐报道》（*Musikalische Berichte aus Paris*），对这些虚荣自大的炫技者进行抨击。他以讽刺为剑，以挖苦为棒。对于德赖肖克聒噪的演奏，海涅评论道："他发出地狱般的喧嚣声，人们听到的不是德赖肖克（Dreyschock）一个人的演奏，而是三乘以六十个（drei Schock）钢琴家的演奏。"为避免读者没读懂他的双关语，海涅还给出了致命一击，进一步说道："由于演唱会当晚刮的是西南风，你在奥格斯堡（Augsburg）就能听到他的演奏了。让弗朗茨·李斯特见鬼去吧。"卡尔克布雷纳则是被几句话一带而过："他就像是一颗掉进泥巴里的糖果。本身没有错，但没人会去理会它。"至于皮克西斯的演奏，海涅评论说他漂亮的旋律如此简单，尤其受到金丝雀贩子的追捧，因为这些曲子一听就会，贩子们可以回去教给他们笼子里长满羽毛的朋友来取悦顾客。而亨利·赫尔茨则和卡尔克布雷纳、皮克西斯一样，被归入"音乐木乃伊"之列。海涅说："他一直死气沉沉的，但最近结婚了。"暗指赫尔茨与法国交际花泰蕾兹·拉赫曼（Thérèse Lachmann）刚刚建立的、有重婚之嫌的婚外情。泰蕾兹虽然让赫尔茨的身体重焕生机，但她的挥霍无度后来也让赫尔茨陷入了经济困境。李斯特和塔尔贝格也被海涅灭了威风。对于传说中两位钢琴家在贝尔吉奥乔索（Belgiojoso）公主沙龙里进行的钢琴对决，海涅评论说

① CFC, vol. 2, p. 39; KFC, vol. 1, p. 199.

这只不过是一场“令人悲伤的误会”。除钢琴家之外，作曲家
241 和文学家也受到了海涅的不少戏谑。海涅听说梅耶贝尔害怕猫时，就评价道：“那是因为他前世的化身是只老鼠！”阿尔弗雷德·德·缪塞（Alfred de Musset）[曾经是乔治·桑的情人]被嫌弃是个“前途无亮的年轻人”[①]。然而，即便最痛恨海涅的人也不会愿意看到他生命最后几年中遭受的那种痛苦。海涅早年染上的梅毒发作，致使他瘫痪在床，他自嘲说只能躺在“坟墓般的床垫”里。但即便在那时，他仍旧谩骂着这个世界。海涅著名的诗里有一句话：“我的歌是有毒的”（Vergiftet sind meine Lieder）。这位文学巨匠终于从苦海中解脱之后，后世人铭记的正是他诗歌里的毒。但不管怎么说，海涅对那个时代的记录仍是最丰富多彩的，没有他的犀利文字，我们对 19 世纪 30 年代的巴黎就会少了很多生动有趣的了解。

海涅公开批评过众多钢琴家和艺术家，但有一个人成了罕见的例外。肖邦一直是海涅最欣赏的钢琴家。肖邦精巧细腻的演奏，以及他在键盘上呈现出的变化无穷的音色，都受到了这位德国诗人的青睐。因此海涅将肖邦盛赞为“钢琴界的拉斐尔”。

> 他的演奏让所有钢琴家黯然失色，也让人忘记了技巧，沉浸在音乐带来的甜蜜深渊中，沉浸在他精致又深刻的作品带来的喜悦悲伤中。肖邦是一位伟大又亲切的诗人，善用甜美的声音，只有莫扎特、贝多芬或罗西尼能和他相提并论。[②]

---

① 海涅对当时的音乐和音乐家的尖刻评论详见 HMB, vol. 9, pp. 275–86。

② HMB, vol. 9, p. 279.

肖邦和杂技派演奏家的最大不同，在于他无意将技术本身
作为演奏的目的，而这一长处正是得益于他没有接受过任何正
统的钢琴训练。他不属于任何流派，不遵从任何教义。他对钢 242
琴演奏的理解都是自己探索出来的。当同时代的钢琴家们在音
乐厅的舞台上如角斗士般相互厮杀时，肖邦却自成一格，创作
了一系列开拓性的作品，这些作品专为钢琴而作，从此成了永
恒经典。

II

肖邦的演奏技术在文献资料中是有据可查的。他主张在黑键上自由地使用拇指，还经常用拇指同时按下两个相邻的琴键，这是保守学派不能接受的；如果能弹出更好的连奏，他也不惮于用中指跨过食指以代替拇指；他主张用贴键的方法演奏出歌唱般的触键效果，也会借用管风琴中常见的同音换指来维持旋律线。当时不少演奏家喜欢坐高一点的琴凳，便于居高临下地猛击琴键，但肖邦则觉得矮一点的琴凳更舒服。当然最值得一提的是“抖动踏板”（flutter pedaling）这一技法，肖邦通过保持延音踏板的持续抖动，为他演奏的乐曲赋予了一层温暖的光辉，与此同时又能保证声音异常清晰。当时欧洲的音乐学院中崇尚保守的训练方法，经过那种严格训练的学生不可能展现出这样的原创性。肖邦强烈反对车尔尼及其支持者主张的“手指平均”理念，他认为每个手指都有可以突出的优势，不能一概而论。肖邦会告诉学生：“3 指是个很了不起的手指。”然后他会用以 3 指为主的指法把整个乐句弹一遍。他认为 3 指和 4 指是天生被韧带连在一起的“连体婴儿”，但与当时主流教学法不同的是，他不强调将两者刻意分开。直到肖邦去世时，他的《钢琴技法概述》（*Sketches Toward a Piano*

Method）①也没有完成，但从仅存的几页中我们可以看出，他对卖弄学问没有什么兴趣。

243 遗憾的是，肖邦没能像李斯特那样培养出几个优秀的学生来继承他的传统。他最有前途的学生可能是匈牙利神童卡罗伊·菲尔奇，但菲尔奇15岁时就去世了，大好前途也随之葬送。另一个学生是卡罗尔·米库利，他后来编辑了肖邦作品集，并对肖邦的演奏进行了有益的个人解读。此外还有阿道夫·古特曼，肖邦的《升c小调谐谑曲》就是献给他的，肖邦临终之际他也一直守在肖邦的床边。据说演奏风格最得肖邦真传的人是马塞利娜·恰尔托雷斯卡亲王妃，但当时像她这种社会地位较高的女性无法成为一名公开演出的钢琴家。除了以上几位，肖邦大多数的学生都是法国贵族的子弟，他们的财富和才华并不成比例。因此结果是显而易见的：肖邦死后，他的音乐传统也从世上消失了。李斯特的情况就好一些。他教过的400多位学生中，有一些成了名，包括冯·比洛（von Bülow）、陶西格（Tausig）、罗森塔尔（Rosenthal）、弗里德海姆（Friedheim）、拉蒙（Lamond）和冯·绍尔（von Sauer）。其中有些人活到了20世纪并灌录了一些著名的唱片，以这种方式让李斯特的传统流传了下来。因此和同时代的其他钢琴家相比，李斯特是最幸运的。②

III

在讨论肖邦和键盘时，有一个不容忽视的因素对肖邦

---

① 手稿藏于纽约摩根图书馆，其内容比我们一般认为的还要宽泛。全部手稿由让－雅克·艾格丁格出版（ECE，pp.190−97）。肖邦将这份文件遗赠给了作曲家夏尔－瓦朗坦·阿尔康。阿尔康是肖邦在奥尔良广场居住时的邻居及朋友，肖邦十分喜爱和欣赏这位朋友，与他讨论过手稿中的不少问题。

② 李斯特和肖邦的完整学生名单请分别详见LL和ECE。

产生了重要影响，那就是人声。肖邦对歌剧，尤其是意大利
歌剧的热爱是无条件的。肖邦听过众多顶尖歌唱家的演唱，
包括桑塔格、卡塔拉妮、施勒德－德弗里恩特（Schröder-
Devrient）、马利夫兰（Malibran）、维亚尔多（Viardot）、努
利（Nourrit）、拉布拉什（Lablache）等，他很欣赏这些人
的演唱，因此他把这些优美的歌声写进自己的旋律也就不足为 244
奇了。他的夜曲尤其体现了他对人声的热爱，夜曲的精髓就
源自歌剧和我们现在所说的美声唱法。比如《升 F 大调夜曲》
（op.15，no.2）第 18 和 20 小节出现的“滑音”（portamento）
就是一个例子。这种效果最早来源于歌唱家的喉咙，而不是钢
琴家的手指和手指下的键盘。

滑音是指从一个音平滑地过渡到另一个音，但钢琴无法发出真正的滑音。肖邦虽然也不能摆脱键盘上平均分布的这十二个半音的限制，但他的模仿已经很接近声乐中这个精彩的表现技巧了。再加上他细致入微的演奏，他的滑音可以表现得很逼真。练习这个乐段时，最好的方法就是先把它唱出来。正如汉斯·冯·比洛所说，“不会唱歌的人（不管唱得好不好听）弹不好钢琴”①。

如果说想要演奏出优美的音乐，首先要会唱歌，那么所

① BAS, part 2, p. 275.

有乐器都应该追求歌唱性。而对于钢琴来说，这一点尤其困难，因为钢琴属于打击乐器，它的声音从发出的那一刻起就在变弱。因此想要演奏出歌唱的效果，需要想点其他办法。在这里就得深入讨论一下肖邦音乐中的“质感”了。指法、踏板、乐句划分、细节处理、急缓重音（agogic accent）、明暗色彩（不光是旋律中单个音符的色彩，也包括和弦中每个音符的色彩），都被用来模仿人声。同时，直到今天我们也依然能看
245 到，每一位优秀的肖邦作品演绎者内心都藏着一个热爱歌唱的灵魂。

肖邦使用了各种手法模仿同时代的著名歌唱家，其中最引人注目的一个出现在《B大调夜曲》（op.62，no.1）中。他以一种特殊的方式使用了颤音（trill）。这个装饰音自古以来就是用于修饰单个音符的。在此之前，可能除了歌剧院里的花腔歌唱家，还从来没有人用它修饰过一整段旋律。在开篇主题再现的部分，肖邦用一系列闪烁的颤音将整段旋律中的所有音符都环绕了起来。

著名歌唱家珍妮·林德和亨丽埃塔·桑塔格都很擅长演唱这样的乐句。此外，85年之后，拉威尔在《G大调钢琴协奏曲》的第一乐章中也运用了类似的手法，显然与肖邦的夜曲一脉相承，可以说是这位法国作曲家对波兰前辈的致敬。另外值得关注的一点是“抖动踏板”的运用，在一小节中七次使用踏板可

以保持织体的清晰，避免颤音使旋律变得浑浊不清。

《B大调夜曲》（op.32）的最后几小节值得被载入音乐史册。这里的手法也来源于歌剧。几个带有预示性的“鼓点”将旋律引入了一段戏剧性的“宣叙调”（recitative），由男中音和女高音演唱，中间点缀着几个管弦乐团演奏的和弦。所有小节线都被去掉，直到最后才再次出现。这样的乐段很像是直接从贝利尼或多尼采蒂的悲剧中借来的——类似于（比如说）第二幕落幕之前、最后一幕即将开始的那几小节。此外还应注意肖邦对这首乐曲其他部分的编排，像极了根据歌剧总谱改编而成的钢琴曲。 246

这首夜曲是不是肖邦唯一一首以主音大调开始、以主音小调结尾的作品呢？在古典音乐史上这样的例子比较少见。我们马上能想到的是舒伯特的《E大调即兴曲》（op.90，no.2），这首乐曲就是以降e小调结尾的。再比如，勃拉姆斯的《降E大调狂想曲》（op.119，no.4）也是以降e小调结尾的。但是这样的例子并不多。

在《船歌》这首同样受声乐启发而作的乐曲中，有这样一个特殊的表情记号：*sfogato*（轻逸的）。这个意大利术语也来自花腔唱法。音乐词典对它的解释是“轻盈而轻松”，但实际上它还包含“放松”或“自由起来”这样的意思。在第 78 小节，肖邦告诉演奏者，要“甜美而轻逸”（*dolce sfogato*）。

这个特别的指示让安德烈·纪德（André Gide）不禁发问：除了肖邦以外，还有其他作曲家在钢琴作品里用过这个词吗？答案是肯定的，但是据我们所知，除肖邦以外只有一人。
247 几年后，李斯特在他的第 14 首《匈牙利狂想曲》中使用了这个词，要求演奏者在弗里斯卡（*friska*）乐段“轻逸”起来，逐渐进入乐曲的高潮。但无论如何，肖邦无疑是使用该词的第一人。

我们也不难看出，《升 c 小调夜曲》（op.27，no.1）开篇部分的灵感来自歌剧中的二重唱。在第 20 小节里，肖邦在女高音之外加入了女低音，在主题中添加了一个独立的部分构成复调。

理查德·瓦格纳曾轻蔑地将肖邦称为“右手作曲家”。但如果他认真思考一下，可能就会后悔说出这样的话了。因为正是肖邦的右手给钢琴演奏带来了超乎想象的变革，尤其是通过对人声的模仿，而且在这个例子中他对双声部进行了模仿。由于需要用一只手演奏出两套旋律，作曲的难点就在于如何将所有音符分配到五个手指上，同时保留住两个声部各自的乐句。肖邦此处的指法设计堪称典范，虽然对于手小的演奏者不太友好，但也能看出肖邦费尽了心思，尽量在不过多使用踏板的情况下演奏出旋律。这里的踏板用于增添色彩，而不是用来掩饰演奏连奏时可能出现的瑕疵。

肖邦乐曲中的复调音乐比人们想象的要多。织体中隐藏着很多内在的声音，等着人们去发现、去表现。优秀的演奏者能找到这些复调旋律，并准确将他们表现出来。而有些演奏者则会无中生有，坚持在原本没有复调的地方演绎出复调。[各个时代的演奏者都曾说在《平静的行板》和《降A大调练习曲》（op.25，no.1，即“竖琴”练习曲）等曲目中找到过无数幽灵般若隐若现的复调旋律。] 查尔斯·罗森（Charles Rosen）甚至说，肖邦是莫扎特之后最伟大的复调作曲家。[①] 我们虽很难 248
反驳这个观点，但擅长创作赋格的门德尔松在这个名号的角逐中有着很大胜算，而肖邦除创作了几首初级的赋格练习曲之外对这一体裁并无过多涉猎。肖邦的长项在于将两个或多个旋律平衡地编织在一起，在这方面几乎无人能及。而说到莫扎特，他隐忍克制的古典风范和热烈中透露出的冷静都是肖邦欣赏的品质。虽然肖邦的音乐有时充满了浪漫主义的热情和感性，但他的作品中也总是带着孤傲的贵族气质。

---

① RRG, p. 285.

IV

肖邦未完成的《钢琴技法概述》体现了他钢琴演奏中的一些基本观点。肖邦认为演奏时最理想的位置是五指分别落在E、F#、G#、A#、B 五个音上时。这个位置完全符合手的自然姿态，让演奏者感觉最舒服。

海因里希·涅高兹（李赫特、吉列尔斯等人的老师）认为这无疑是钢琴入门中最理想的手型。他曾对这个手型，也对肖邦，大加赞赏。他的评论可谓入木三分。

> 在键盘上，没有比它更自然的手型了……通过这个简单的练习，初学者能够马上对钢琴产生好感，会感到钢琴和键盘不是个陌生、可怕，甚至是带有敌意的机械，而是一个熟悉、友好的生灵，如果你温柔、大方地对待它，它也愿意和
> 249 你做朋友，它渴望人手的亲近，就像花朵渴望蜜蜂的驻足，
> 并愿意奉献出自己所有的花蜜。①

“渴望人手的亲近”这句充满诗意的表达背后还有更深刻的含义。这是钢琴史上第一次将手的舒适度作为关注的重点。一般来说，初学者最先练习的是别扭的 C 大调音阶，不是因为别的，只是因为这个音阶没有任何升降号。从 C 大调开始是视

① NAP, pp. 84–85.

唱练耳教学中的一个普遍的传统，不论是声乐还是器乐的训练都是如此。而通过关注手在键盘上的自然形态，肖邦将自己从C大调的固定模式和不舒适中解放了出来。① 这样的理念也有助于我们理解为什么他创作了大量带有很多升降调号的作品。手“落”在键盘上的舒适度一直是他关注的重点，当然这并不是他唯一的关注点。②

因此肖邦要求学生从B大调音阶开始练习，这个音阶的手型最简单，可以用到五个黑键。

当然在演奏下行音阶时，左手也处于非常自然的状态。下行和上行音阶就像左右手一样，是彼此的镜像。适合练音阶的调，同样也适合练琶音。肖邦曾从巴黎给华沙的外甥女卢德卡寄了一系列基础练习谱，其中包括以下琶音：

250

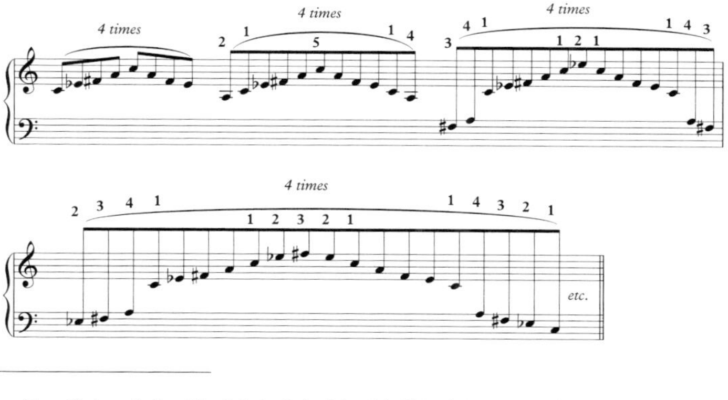

① 让－雅克·艾格丁格对这个观点进行了有说服力的阐释，详见ECE，p.100。

② NAP, pp. 84–86. 涅高兹提到肖邦去世后很多年里，仍有不少C大调的练习曲出现，他曾对此表示过困惑。他补充说：“也许是人们偏爱象牙色做的白键，憎恶乌木做的黑键，除此之外很难为这种一边倒的现象找到合理的解释了。”

他说首先一定要练的是减七琶音，因为它最适合手的形状和琴键的位置。此外如果将琶音反过来，从高音开始演奏，也能形成左手的镜像练习。肖邦在《钢琴技法概述》中阐述了这样的观点：

> 对于发明钢琴键盘的人，我们再怎么称赞他的才华也不为过，键盘和手的形状太契合了。还有比高出来的键（黑键）更精妙的设计吗？这些键专为长指设计，成为完美的支点。经常有一些对钢琴演奏一窍不通的人，不经思考就提议键盘应该设计成平的。但少了支点，手就会失去稳定性，进而导致在演奏升降调音阶时，大拇指的移动变得极为困难。[①]

之后他还辩论道，从逻辑上来说，那些想把键盘改成平面的人，应该准备好从每个手指上截掉一个关节，否则三度、六度以及所有连奏的演奏都会变得极为困难，甚至成了不可能。[②]值得注意的一点是，肖邦在《钢琴技法概述》中批评的
251 唯一一位老师是卡尔克布雷纳——那个一度被肖邦看作完美钢琴家的人。卡尔克布雷纳坚信不管弹什么曲子都要用手腕发力，并发明了“导轨”以训练学生做到这一点。肖邦反对卡尔克布雷纳的观点，因此也等同于批评了他的器械。可能正是出于这样的理念，肖邦发表了更深刻的见解。

> 长期以来，演奏者们一直在跟天性作对，试图通过训练让几个手指变得同样有力。但每个手指的构造不同，最

---

① ECE, p. 192.

② ECE, p. 195.

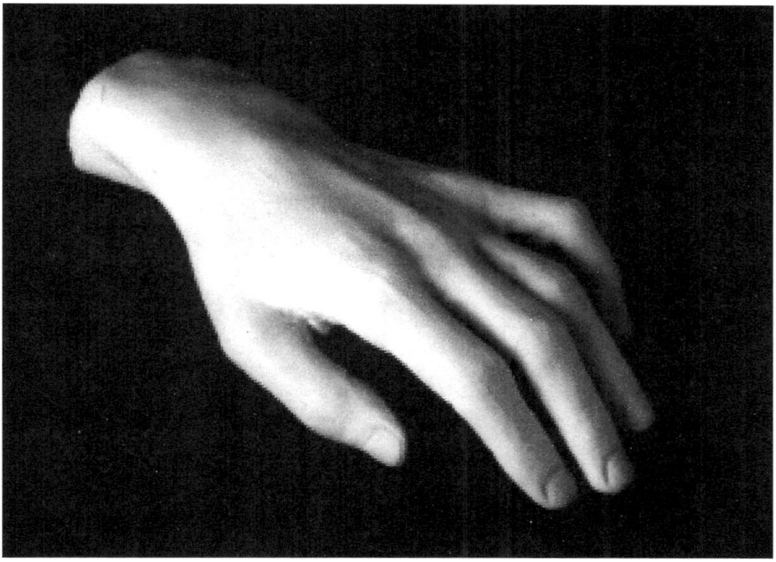

肖邦的左手；奥古斯特·克莱桑热（Auguste Clésinger）制作的大理石手模（1849 年）

> 好不要去试图破坏每个手指特有的触键效果，恰恰相反，应该让它们发挥各自的特色。每个手指的力度都是由其形态决定的：1指最宽、最短、最自由，因此也最有力；4指则在另一端；位于中间的3指是支点；然后是2指；4指，是最弱的那个，通过一根韧带与3指相连的连体婴儿，人们总想分开它们——这是不可能的，而且很遗憾地说，也是没有必要的。我们有多少根手指，就能弹出多少不同的声音。①

252 在钢琴教学法中，从来没有人为手指赋予不同的“个性”。而肖邦指出，每个手指的触键都有其独特的魅力。乍一看这个说法似乎有些天真，因为这等同于把演奏者变成了画家，把手指变成了油画刷。但对于肖邦来说，十指如同色彩丰富的调色板，让他演绎出多种多样的色彩。诗人泰奥菲尔·戈蒂耶（Théophile Gautier）曾说，肖邦的手指触碰琴键时，“琴键就像被天使的翅膀碰了一下”——这是个非常耐人寻味的说法。

V

“肖邦手指触击琴键时”具体是什么样的，不少人曾费了不少笔墨来描述这个情景。众多听过肖邦演奏的人都为我们留下了他们的描述，经过一番仔细甄别后，基本可以确定肖邦的演奏中究竟是什么吸引了当时的听众。这些证词不光来自舒曼、柏辽兹、李斯特、查尔斯·哈雷等知名音乐家，还来自费蒂斯、勒古韦、亨利·乔利（Henry Chorley）等资深评论家。肖邦的一些学生也留下了第一手的资料。这些评论者在很多问题上看法不一，但说到肖邦的演奏，大家的看法却十分一

① ECE, pp. 32–33.

致。当时钢琴界流行狂飙突进（Sturm und Drang）的风格，将钢琴家变成了演奏机器。而肖邦对色彩、细节和断句的处理让他独具一格，与其他人形成鲜明对比。正是肖邦沉静、轻柔的声音吸引并征服了所有人，这个声音似乎要诉说些什么，在喧嚣的世界里显得遗世独立。当同时代的演奏家正敲击着键盘制造着缺少内涵的声音时，肖邦则轻抚着琴键诉说着自己的感情。如今的钢琴演奏家也分为这两种。肖邦曾毫不留情地批评过“砸钢琴者”的演奏，我们在前文中也看到过不止一个例子了。肖邦的学生卡罗尔·米库利说他曾把重击钢琴的声音比作狗吠。由于演奏不够细腻，他们无法用音乐去表达自己——毕竟重要的信息是从细微之处表达出来的。没有这样的细节处 253
理，音乐的语言就不可避免地退化成了生命之初的样子，似乎成了新生儿含混不清的啼哭声。

肖邦应该就是秉持着这样的理念写出了《钢琴技法概述》：“我们用声音制造音乐，正如我们用词汇制造语言。”由于脑中回响着歌唱家的歌声，肖邦的演奏也有“呼吸点”，就像歌唱家会在某些地方吸一口气，再开始演唱下一句。每次肖邦听到乱七八糟的断句就会很生气，甚至对此深恶痛绝。有一次，他对米库利说：

> 就好像有人用自己听不懂的语言死记硬背地学会一篇演讲，背诵时不光不知道一个词有几个音节，而且还在词的中间停顿。这些冒牌音乐家都会在一个地方露怯，那就是断句。音乐不是他的母语，而是一种陌生的、他无法理解的东西。因此，就像前边说到的那个演讲者一样，他不要指望自己能给听众留下任何印象。①

① MCPW, p. iii.

在肖邦的时代，“手指平均”学派主导着钢琴界，这一学派主张把十个手指训练得同样有力。因此，市场上充斥着这样的练习曲目，以帮助钢琴学习者们实现“手指上的民主”。车尔尼是这一学派公认的权威，他的练习曲似乎要把人的手骨折断，如今仍是世界各地钢琴学习者的噩梦。他最有名的学生弗朗茨·李斯特似乎证明了车尔尼的训练方法就是走向辉煌的钥匙。很多钢琴家，如克拉默、克莱门蒂、斯塔玛蒂、斯蒂芬·黑勒等，也有着类似的追求，创作了自己的练习曲。但这些教学法一直受到一个关键问题的困扰，即如何让 4 指和 3 指分开，也就是让肖邦所说的“连体婴儿”分开。实际上，有很多演奏
254 家都曾因为过分追求这一点而葬送了自己的大好前途。这样的例子不胜枚举，最有名的受害者是罗伯特·舒曼。1829 年，就在肖邦遇到他不久前，舒曼发明了一个“手指上刑器”。他将无名指固定在一个杠杆上，可单独活动，与此同时其他手指被束缚住。最后舒曼的右手部分瘫痪，不得不放弃了演奏生涯。

而肖邦对于这个问题的看法却与众不同。与其分开这对“连体婴儿”，为什么不索性让两者待在一起呢？简而言之，他选择遵从自然规律，而不是与之对抗。他关心的是另一个但多少有些相关的问题。为什么顶尖的钢琴大师能让钢琴发出那么丰富多彩、细致入微的声音呢？肖邦认为答案在于每个手指的不同色彩和特性。多年之后，下一代的音乐教育家，包括马赛伊（Matthay）、莱谢蒂茨基（Leschetizky）、布赖特豪普特（Breithaupt）等人才开始研究音色的问题，并得出了各自的结论。但没有一个人会否认肖邦的核心观点，即手指本身决定了它发出的声音的质量。虽然肖邦演奏的音量相对较小，但他能用钢琴演奏出千变万化的音色，如万花筒一般丰富，在这一方面很少有钢琴家能与他媲美。毕竟，正因如此，海涅才会将肖邦称为“钢琴界的拉斐尔”。

肖邦的一个特点就是他的演奏圆润而轻盈，在教学时，他也很注重这一点。他经常会让学生在正式弹琴之前按摩、屈伸手掌和手指，减少手部的僵硬感，以便在落键时保持轻松舒适。保持手指的柔软灵活是他的宗旨。阿道夫·古特曼曾做出一个有趣的评论，他说为了达到这个目的，肖邦的指法都是经过精心设计的。确实，指法是推动一切的核心。尼克斯说肖邦的指法是“颠覆性”的，此言不假。对于所有练习肖邦乐曲的学生来说，肖邦的指法铺设了一条坦途，如果想更深入地探寻肖邦与琴键之间的特殊联系，这是一条必须要探索的路。

VI 255

肖邦会别出心裁地使用同音换指的方法来维持旋律的连续性，对此阿尔弗雷德·希普金斯（Alfred Hipkins）评论道：“他换指如管风琴演奏家一般频繁。”① 比如《G 大调前奏曲》中就有用 2 指和 5 指替换 1 指和 4 指的例子。②

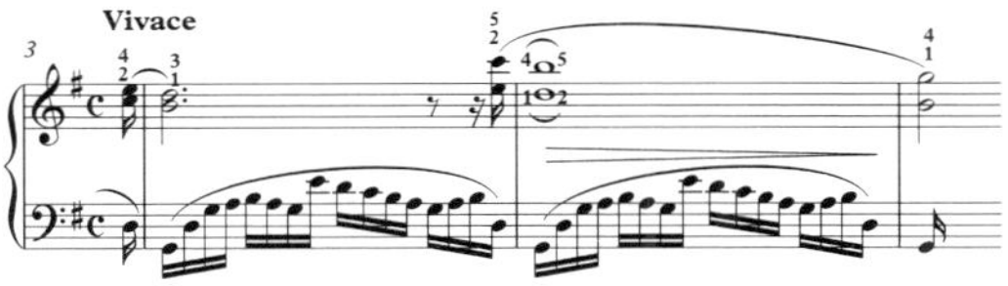

这不禁让我们想起少年时期的肖邦曾在教堂里演奏过管风琴。他在管风琴演奏中学到了许多技巧，其中最重要的就是

① HHCP, p. 5.

② 肖邦指法的出处十分广泛，有些来自他的学生（包括卡罗尔·米库利、简·斯特林、卡米耶·迪布瓦－奥米拉、弗里德丽克·米勒－施特赖歇尔等）使用过的乐谱，肖邦上课时会在乐谱上标记指法。但最主要的出处是肖邦的姐姐卢德维卡·英德热耶维奇手上的乐谱，人们认为卢德维卡在肖邦去世后拿到了这些原本属于肖邦的乐谱。

管风琴演奏中的难点——用特殊的指法进行连奏。管风琴演奏者无法像钢琴大师一样将手臂高高扬起，靠右脚踩踏板来维持声音的连续性。管风琴演奏者的手指一离开键盘，声音就会断掉，因此只能靠特别的指法维持旋律线的完整。这个技巧也在肖邦的钢琴演奏中留下了深深的印记。从当时的描述来看，肖邦演奏钢琴时，手指从没有离开过键盘，手臂也很少有“炫技”的机会。《b小调前奏曲》中也有不少左手手指相互替换的例子，其背后的逻辑不难理解。每次替换后，其余的手指就可以被空出来演奏接下来的旋律，确保了演奏的连贯和平稳。这在管风琴演奏中是十分常见的手法。

256

肖邦的指法也为人们打开了新的视野。肖邦告诉学生：“3指是个了不起的手指。”对于这一点，他自己提供了不少范例。在《g小调夜曲》（op.37，no.1）中，中指要连续奏出几个音符，最合理的解释就是肖邦希望用这种打破常规的指法改变这几个音的音色，就像歌唱家让声音的色彩黯淡下来以便突出乐句中的某些元音一样。

在《c小调夜曲》（op.48，no.1）开头的坎蒂列那（cantilena）中，3指也扮演了重要的角色。这里出现的“半声”（*mezza voce*）是肖邦最喜欢用的指示词之一。虽然钢琴演奏者可能会对这个词感到有些陌生，但没有一个歌唱家不知道这个词的含义，它指的是在音量和音色上减半。

在《降E大调夜曲》（op.9，no.2）中，小指在演奏主旋律时担起了重任。乍一看这是一种不同寻常的指法，很少有钢琴演 257
奏者会这样演奏，那么肖邦这样的设计有何用意呢？唯一合理的解释就是他在追求某一种音色，而5指最适合演奏这种音色。

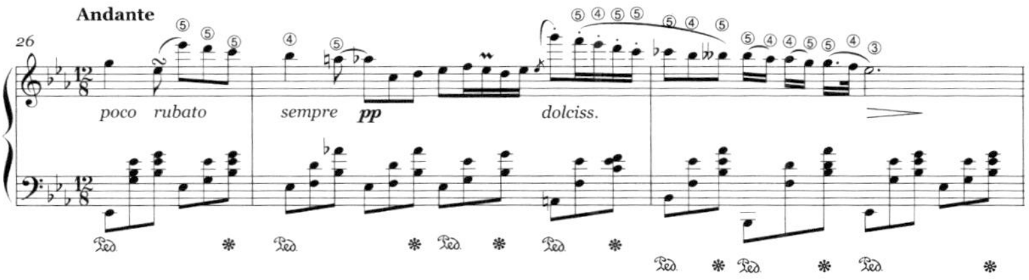

在肖邦的时代，钢琴教学界对拇指的使用看法不一。人们通常认为用拇指弹黑键是离经叛道的做法，尤其是本可以用其他手指演奏的时候。肖邦却毫不犹豫地解放了拇指。他甚至写了一首著名的《黑键练习曲》，大胆地让右手五个手指只弹黑键，拇指也不例外。这首练习曲是音乐史上的一座里程碑，象征着与保守的钢琴演奏传统的决裂。

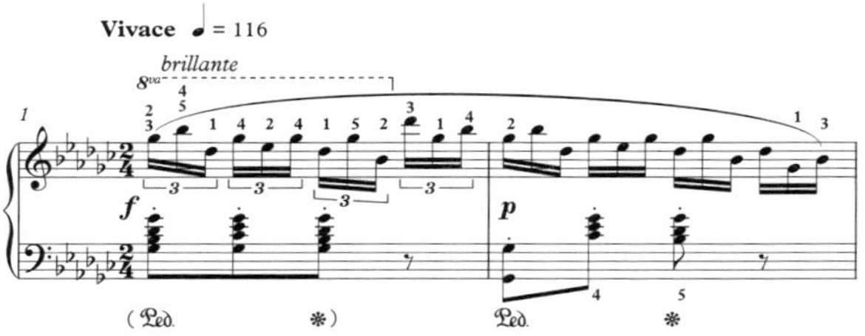

肖邦还通过很多其他方式解放了拇指。他经常用拇指弹奏出一系列连续的音符，在《三首新练习曲》中的《f小调练习
258 曲》中都有这样的例子。

在《船歌》中，肖邦对拇指的使用尤为大胆：

肖邦认为拇指是五个手指里最有力的，因此最适合强有力的旋律。在《e小调练习曲》（op.25，no.5）的中段，我们看到这样一个例子，旋律中的每一个音符（只有一个除外）都是用两手的拇指交替演奏的，营造出了一种“三只手”的效果。虽然塔尔贝格以这样的效果闻名，但也许肖邦在他之前就已经做到了这一点。

两只手在键盘中部交替演奏出旋律，被意大利钢琴家布索尼（Busoni）称为“至高无上的金子般的声音”。没有演奏旋律的那只手为演奏旋律的手伴奏，让人产生了三只手同时演奏的幻觉。同时我们也可以关注一下第 81 和 83 小节中巧妙的“替换”指法，左手的小指迅速跳到拇指的位置，好让拇指继续演奏下边的旋律。肖邦在这些细节上的精心设计让现代的钢琴演奏家都会感到迷惑又惊奇。

VII 259

“滑指”（finger sliding）也是肖邦的常用技巧。钢琴键盘分为上下两层，上层是黑键，下层是白键。手指从黑键滑到旁边的白键上并非难事，但这种指法不被当时的纯粹主义者接受。肖邦的作品里不乏这种对正统观念的藐视。在《a 小调圆舞曲》（op.34，no.2）中，他让拇指轻松地从升 D 滑到还原 E。

另一个例子出现在《降 b 小调奏鸣曲》（op.35）的“葬礼进行曲”乐章中，在下边这个乐句中，3 指和 4 指都要小心地从黑键滑到白键。

有时肖邦也会要求演奏者用一个手指同时按下两个相邻的琴键。在《c 小调夜曲》(op.48，no.1)中，右手的拇指起到了两个手指的作用，同时按下 C 和 D 两个音。

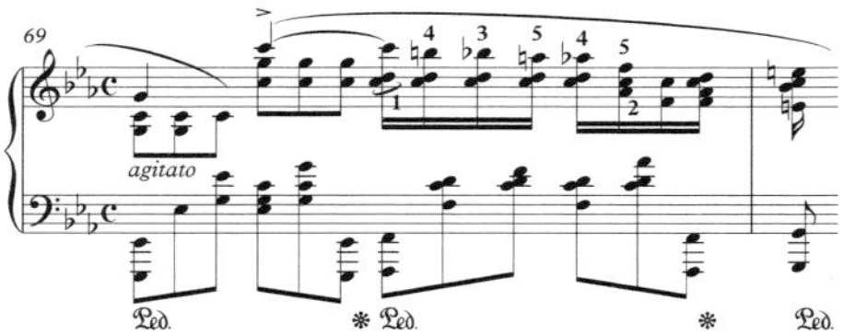

为了弹出更好的连奏，有时肖邦也会让一个手指跨过另一个手指。比如在下边这个《摇篮曲》(*Berceuse*)的乐句中，
260 右手的 4 指要跨过 5 指。

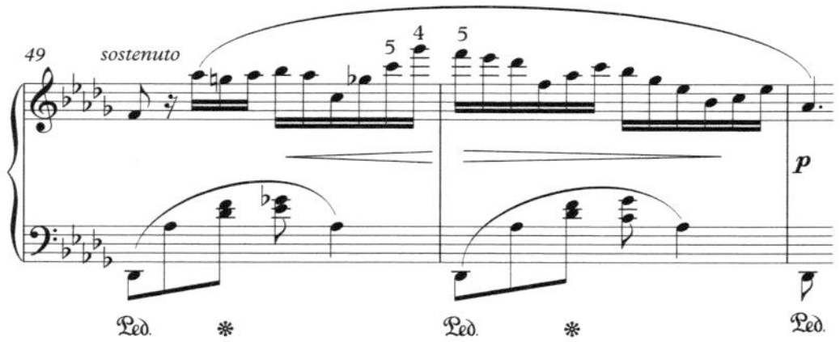

作为有幸最早听到肖邦演奏《摇篮曲》的人，肖邦的学生埃莉斯·佩鲁齐（Elise Peruzzi）曾回忆说，“他的‘极弱’(*pianissimo*)表现得十分出色。每个小音符都像铃铛一样，格外清晰。他的手指好像没有骨头一样，能够以极好的弹性表现出某些效果”。[1] 演奏下边这段同样出自《摇篮曲》的乐句

① NFC, vol. 2, p. 339.

时，需要的正是这种弹性。3 指和 1 指要同时跨过 4 指和 5 指。乍一看这样的指法似乎有些天马行空，但实际上其设计是很科学的，而且演奏起来也没有看上去那么难。两个旋律虽相互交织，只要手指有足够柔韧性并能按照肖邦的指法演奏，演奏者就可以毫不费力地维持两个旋律的独立性。而手指柔韧性不够的演奏者只能想些其他办法。

肖邦也很注重培养学生正确演奏连奏的能力。如果学生弹不好，就会受到他的严厉批评。据弗里德丽克·米勒－施特赖歇尔说，肖邦给出的最严厉的批评是“你连怎么将两个音连在一起都 261
不知道”①，这样的批评很像卡洛·索利瓦上声乐课时说的话。

肖邦的乐曲中也经常出现两只手演奏不同节奏型的例子。我们经常能在他的作品里看到不对称的节奏组合，有时是七对三，有时是九对四，还有《降 b 小调夜曲》（op.9，no.1）中的七对六。

① NFC,vol.2, p. 341.

这样的钢琴曲无疑颠覆了传统。唯一的合理解释是它们来源于肖邦的即兴演奏，之后他费劲地把演奏落在纸面上，通过这种方式进行“创作”。而《f小调叙事曲》(op.52)中还出现了更复杂的独立节奏，这次不仅左右两只手的节奏相互独立，在同一只手上也出现了两个相互独立的节奏型。谱面上是九(右)对六(左)的节奏，但在一连串的三连音中，每隔三个音又形成了一套高音旋律——在6/8拍的背景中又出现了一个5/8拍的旋律。

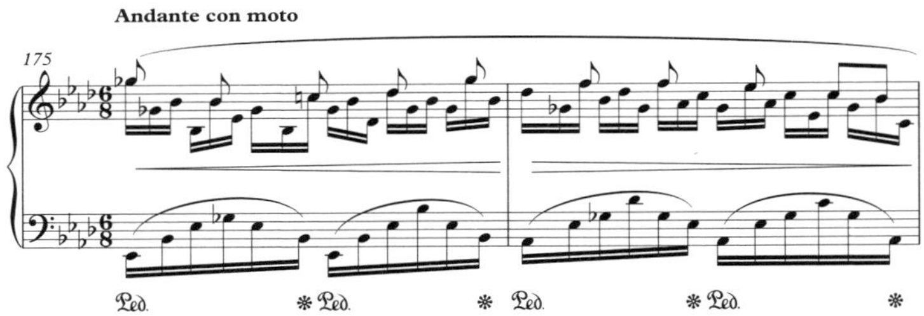

米库利曾评论说，肖邦的手腕非常灵活，因此他能相对轻
262 松地让小指跨过拇指，例如《降A大调即兴曲》(op.29)中突然出现了一个手腕内翻，5指“一跃”跨过1指，保证了旋律的连续性。

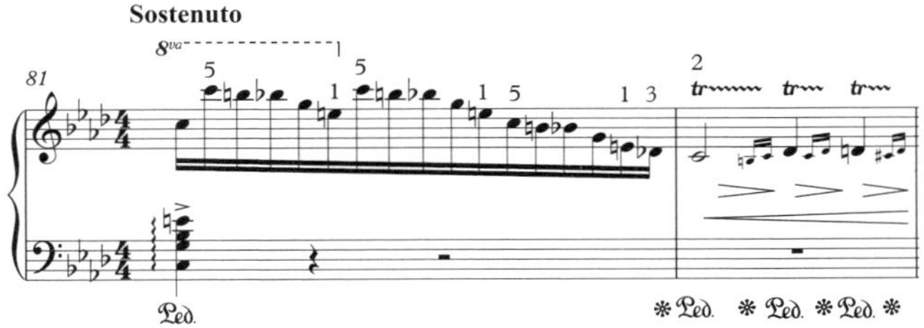

VIII

不少钢琴演奏者都认为，在肖邦所有作品中，《C 大调练习曲》（op.10，no.1）是最难的一首。我们知道，这首乐曲是肖邦 19 岁时，也就是他离开华沙前一年左右创作的早期作品。尽管其中的琶音跨越了十度音程，但肖邦自己并不觉得这首练习曲难度很大，而且他也不认为演奏者需要有很大的手才能弹好它。在给弗里德丽克·米勒－施特赖歇尔上课时，他强调说只要手的柔韧性够好，就能把它弹好。他建议施特赖歇尔每天早上练习这首曲子，因为早上手最松弛，而且开始的时候要弹得很慢。他说："如果你按照我的方法练习，这首曲子能帮你把手打开，还能练习到一系列的分解和弦，就像弓子划过琴弦那样。"但他略带调侃意味地提醒道："不过遗憾的是，这首曲子不能教你怎么演奏和弦，而是只能教你怎么分解和弦。"①

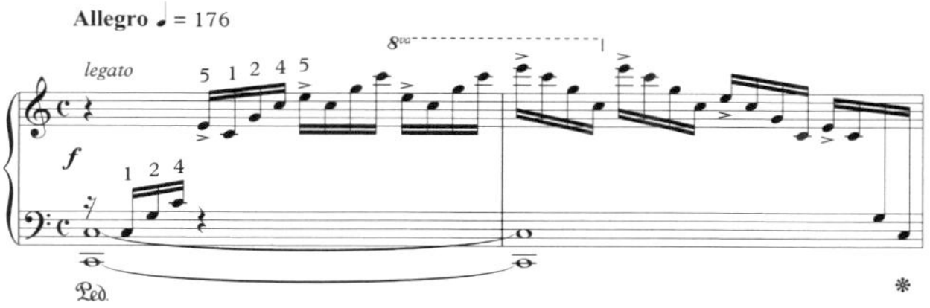

肖邦的手也许不算大，但柔韧性很好。海涅惊奇地发现这双手的伸展能力极具迷惑性："像蛇的嘴巴一样，能突然张开血盆大口吞下猎物。"米库利也再次为我们提供了有用的信息："一双为钢琴而生的手，虽然不大但柔韧性极好，因此能演奏跨度很大的琶音和乐段，让这些从未有人尝试过的东西流行了 263

① NFC, vol. 2, p. 341.

起来；不管演奏什么，他似乎都毫不费力，令人愉悦的自由和轻盈成了他最突出的特点。”① 肖邦使用的钢琴比较轻巧，不像现代的三角钢琴有着沉重的琴键，为演奏他的乐曲增加了不小的负担。当肖邦将这首琶音练习曲和音阶练习曲《a 小调练习曲》（op.10，no.2）放在一起时，两者各自的难点被结合在一起，构成了更大的挑战。第一首练习曲要求演奏者将手伸展到极限，而第二首则反其道而行之，考验着演奏者的耐力，恐怕只有最坚韧的演奏家才能经受得住这种考验。

“半音阶”练习曲里还有一个地方难倒了不少演奏者。右
264 手的 1 指和 2 指同时负责半音阶的伴奏，而主旋律则是由力度最弱的两个手指——4 指和 5 指演奏的。如果说肖邦有一首曲子是专为天生的“连体婴儿”写的，那么就是这首练习曲了。伊西多尔·菲利普（Isidore Philipp）称半音阶练习曲是“所有练习曲中最难的一首”，但我们认为肖邦可能不会认同这个有意思的说法。② 尽管如此，需要补充的一点的是，肖邦的校正稿表明这是唯一一首他详细标注了指法的练习曲，可以看出他对演奏者的担忧。

肖邦要求学生弹琴时保持松弛和柔软，不禁让人好奇他自

① MCPW.

② 《肖邦的练习曲》，《音乐》第 134 期，巴黎，1913 年 11 月，第 216 页。

《a 小调练习曲》（op.10，no.2）肖邦校正稿

肖邦坐在钢琴旁；雅各布·戈岑伯格（Jakob Goetzenberger）的铅笔画（1838 年 10 月）

己是以什么姿态弹钢琴的呢？弹琴时的肖邦是平静的，几乎静止不动。有些演奏者喜欢使用夸张的肢体语言，比如前后摇晃身体，或将手臂毫无意义地高高扬起。而肖邦会尽量避免这些动作，他把这样的动作称为“逮鸽子”。他的自然坐姿十分简

单。手肘与键盘齐平，双手稍向外展开（保持自然姿态），伸展手臂时无须刻意向左或向右倾斜身体便能触碰到所有的琴键。他的上身稍稍后倾，很少向前倾，唯一可以看到的只有手
265 的动作和手在键盘上的横向移动。他的右脚一直放在延音踏板上，即使不踩踏板也会放在那里。

IX

前文我们提到过肖邦对踏板的使用。曾多次听过肖邦演奏的巴黎音乐学院钢琴元老安托万·马蒙泰尔曾写道：

> 在他之前没有一个钢琴家能将轮流和同时踩踏板的技巧使用得如此高超娴熟。这个时代多数演奏家对踏板连续、过度的使用成了他们的一个主要缺陷，发出的声响让耳朵敏感的人感到疲劳和不适。而肖邦却恰恰相反，虽然
> 266 他也会频繁地使用踏板，但他能演奏出动人的和声、呢喃的旋律，让人迷醉和惊叹。①

马蒙泰尔提到肖邦有时会同时踩下两个踏板，但很遗憾肖邦从没在乐谱上做过这样的标注。尽管如此，这种用踏板演奏出的、直到肖邦去世后很久还让马蒙泰尔念念不忘的“动人和声”和“呢喃旋律”不在少数。比如《F 大调前奏曲》结尾出人意料地出现了一个不和谐降 E，给人以一种悬而未决的感受，而这个奇妙的效果必须通过延音踏板来实现——这里演奏者需要一直踩着延音踏板，直至乐曲结束。

---

① MPC, pp. 10–11.

众所周知，当肖邦演奏四手联弹的乐曲时，他总是坚持演奏第二声部，而一般来说演奏第二声部的人能够获得踏板的控制权。不论他的搭档是李斯特、卡尔克布雷纳、莫谢莱斯、车尔尼，还是其他他合作过的钢琴家，情况都是如此。他的搭档总是演奏第一声部，而他负责踏板，即安东·鲁宾斯坦（Anton Rubinstein）所说的“钢琴的灵魂”。

如何处理《降D大调夜曲》（op.27，no.2）的结尾部分也难倒了不少演奏者。

现代的演奏者大多不敢按照肖邦乐谱上的标注那样，在最 267
后三个小节一直踩着延音踏板（实际上肖邦没有注明在哪里抬起踏板），担心这样会使和声变得混乱。但在肖邦的时代，用普莱耶尔钢琴演奏这首夜曲的效果是非常迷人的。肖邦仿佛想让夜曲的旋律消失在夜色中，让这些交缠的和声在迷雾中留下一些若隐若现的痕迹。想要在现代钢琴上演奏出这种梦幻的效果，演奏者需要半踩踏板，稍稍放松琴弦上的制音器——这是个值得所有钢琴演奏者尝试的办法。

《b 小调奏鸣曲》的慢乐章中也有类似的要求，演奏者需要连续四个小节一直踩着延音踏板。

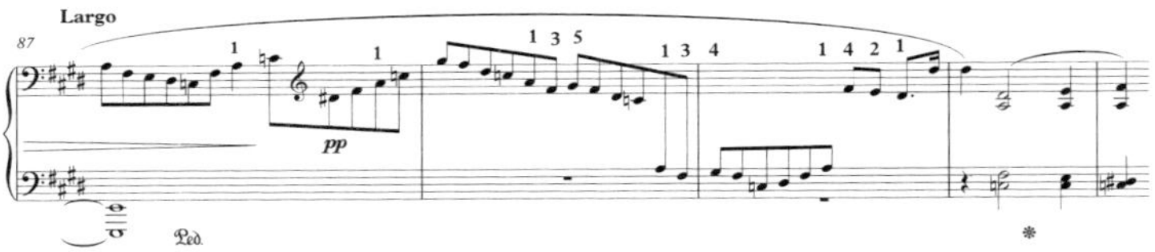

如此长时间地踩着踏板实为罕见。踏板被完全踩下，直到第 90 小节第二拍的和弦出现之后才被松开，旋律因此被蒙上了一层“柔光”，而这正是《b 小调奏鸣曲》的精髓所在。在这里半踩踏板恐怕并不是最佳的处理方法，它会让乐曲失去应有的光彩。

X

讨论了肖邦使用了哪些技巧，也要讨论一下他没有使用过的技巧。我们几乎翻遍他的作品也没有找到一个震音（tremolando）。这是肖邦同时代钢琴家最常用的，而且几乎被用滥了的技巧。震音是交响乐中常用的技法，钢琴本身无法自然地发出这样的声音，因此钢琴的震音听起来有些笨拙。众所周知，李斯特喜欢在他用歌剧和交响乐改编的钢琴曲中使用震音制造出华丽的效果。但即便是李斯特，他也曾提醒学生演奏震音时要小心谨慎，避免手指和手臂的过多动作，否则就成
268 了“煎鸡蛋卷”。肖邦不需要这样的建议，他几乎不使用震音，可能是认为这种技巧太过庸俗。①

① 我们能想到三个肖邦使用震音的例子来证明这一点。第一个出现在肖邦青年时期创作的《葬礼进行曲》（1826 年），其中有一段庄重的“鼓点声”，明显是在模仿当时军队中小军鼓的声音。另一个出现在《降 e 小调波兰舞曲》（op.26，no.2）中的第 97 小节，肖邦在左手上单独使用了一个很不显眼的震音。第三个出现在经常被人们忽略的《降 e 大调广板》中，这首只有 16 小节的乐曲在肖邦在世时一直没有出版，第 13 小节中有一处震音一闪而过，体现出肖邦对这一技巧的漠视。

此外，我们也发现肖邦从没使用过李斯特代表性的、机关枪般的重复单音。1823年，塞巴斯蒂安·埃拉尔（Sébastien Érard）给钢琴加上了重复击弦（“双重擒纵”）装置之后，钢琴演奏者从此可以持续不断地弹奏一个音，仿佛这个音永远不会弱下去。在李斯特作品中，最经典的震音出现在《威尼斯与拿波里》组曲《塔兰泰拉舞曲》华丽的中段，李斯特在旋律中加入了一连串的震音，再现了他在意大利听到的纪尧姆·科特劳（Guillaume Cottrau）创作的“那不勒斯歌曲”。

而肖邦则在创作中避免使用震音。要让钢琴歌唱，他有别的办法。另一个不得不提的技巧是李斯特尤其擅长的交替出现的八度，这一技巧甚至成了他的代表性技巧，被称为“李斯特八度”。两手拇指相扣，双手迅速地在键盘上来回移动，轮流演奏出八度。这样的演奏让我们的耳朵产生幻觉，仿佛八度双音的速度和力度都是正常八度的两倍。这种激流般的演奏让李斯特的观众深深为之叹服。他的第二首帕格尼尼练习曲是使用 269
这一技巧的经典范例。

但肖邦从不使用这种技巧。至于李斯特常用的刮奏，在肖邦的所有作品中也找不到一个例子。

XI

肖邦很幸运能在创作的巅峰时期遇到了普莱耶尔钢琴。1831年年底，肖邦第一次触碰到普莱耶尔钢琴的琴键时，就知道自己找到了最理想的钢琴。1831年12月，肖邦在信中写道："普莱耶尔钢琴是最完美的钢琴。"① 现在我们知道了普莱耶尔钢琴的哪些品质吸引了肖邦。

> 普莱耶尔追求偏暗的音色，能表现出细微的色彩和力度变化。为了捕捉到软面音锤发出的最细微震动，普莱耶尔使用了薄音板和轻质、低矮的弦码。这样一来，他的钢琴可以发出最微弱的声音。有力的击弦机可以弥补软面音锤力度不足的缺陷——但这样的力度不是为了发出更大声音，而是为了保持含蓄而清晰的音色，而这正是普莱耶尔钢琴的最大特点。演奏时越用力，音锤内部的紧密木质层的作用就会越明显，发出声音也就越明亮……击弦机各个部分的减震都会给演奏者带来一种舒适感，能让他们安心地表现出每一个细微的神韵。最后，
> 270 弱音踏板（*una corda*）也可以为轻柔的演奏增添更多丰富的色彩。②

但让我们感到惊叹的是，肖邦的多数乐曲都是在只有六个半八度的钢琴上创作的。仅用这78个音符，肖邦就为我们

---

① CFC, vol. 2, p. 48; KFC, vol. 1, p. 203.

② CSP, pp. 234–35.

创造了一个如此异彩纷呈的世界！肖邦有一架七个八度的钢琴，但他很少使用[①]。现代音乐会上使用的三角钢琴有88个键，有些型号的琴键更多。但演奏肖邦的音乐不需要这么多琴键。“石墙不足以为监狱，铁栏不足以为牢房。”[②] 肖邦与键盘的关系正是如此。肖邦在创作时很少用到这 78 个琴键以外的音符，他在这样的限制下所展现出的创造力不禁让我们钦佩。不过，我们也能在一些地方看出肖邦的挣扎。

例如，在《升 c 小调谐谑曲》中的第 197 小节，很明显肖邦需要一个左手的低音降 B，虽然现代钢琴都有这个音，但他的钢琴没有。

《f 小调幻想曲》第 110~112 小节的情况则更棘手，在第 112 小节，肖邦显然需要一个左手的八度降 B（主音），但不得已只能放上一八度个降 E（属音）：

---

① 在肖邦生命的最后几个月里，普莱耶尔借给了他一架有 82 个琴键的钢琴（序列号 14810），这是他生前的最后一架钢琴。肖邦死后，他的苏格兰学生简·斯特林将这架钢琴买下并送到了华沙，如今它被陈列在肖邦博物馆中。肖邦没有用这架钢琴创作过任何作品。

② 理查德·洛夫莱斯（Richard Lovelace）这首深刻的诗歌并非为音乐而作。但接下来的两句却十分适合肖邦：“只要心灵纯净安宁，无处不为隐居。”普莱耶尔钢琴就是他的“隐居之地”，在这里他能获得心灵上的安宁。肖邦在马略卡岛使用的普莱耶尔立式钢琴只有 78 个键。

271 从第 277~279 小节的主题再现（同时进行了移调）部分可以看出肖邦原本的想法。现代的钢琴演奏者们由于不再像肖邦一样受到键盘的限制，一般会在演奏时自行调整。

此外还有一些类似的例子为钢琴演奏者所熟知。比如在《降 b 小调谐谑曲》的三声中段（Trio），这次是右手部分的琴键不够用了。先来看第 281~284 小节中这个用于装饰旋律的上行琶音第一次出现：

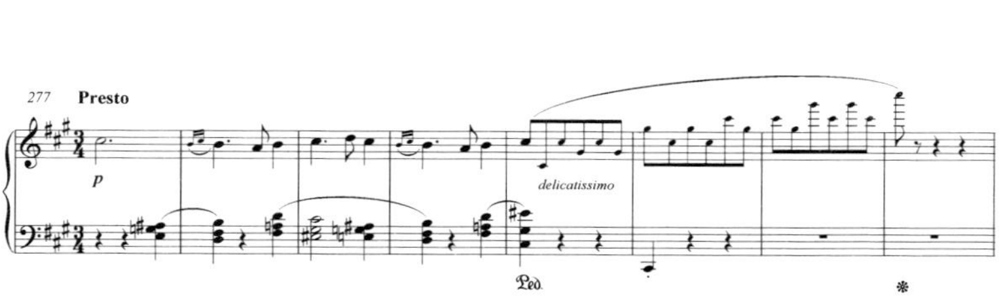

当主题在第 307~309 小节以转调的形式再现时，肖邦的键盘不够用了，不得不突然缩短了修饰的部分。

272

但即便被普莱耶尔钢琴的键盘牢牢限制住，肖邦仍能出人意料地呈现出一段相当优美的旋律。我们不希望这样的音乐因现代三角钢琴的出现而被人遗忘，现代三角钢琴虽然键盘跨度更大，但无法让我们感受到乐曲的独特魅力。

XII

肖邦广受赞扬的创新和声是他在音乐史上的一个突出贡献。和他的其他创新一样，这些和声也在他和钢琴键盘朝夕相处中产生，他的手指将耳朵带进了全新的听觉世界。比如《升c小调玛祖卡》（op.30，no.4）中的这个乐段：

这里出现了一连串围绕自己解决的七度和弦，直到这一音型结束也没有在调性上得到解决。正是这样的设计让约瑟夫·布若夫斯基把肖邦称为“音乐界的哥白尼”①。这个说法不无道理。从肖邦的时代回溯300多年，波兰天文学家哥白尼为

① BJT, p. 92.

273 后世打开了宇宙探索的新疆域，而肖邦则为他的后世开拓音乐世界的新领域。这个非凡的乐段问世70年后，勒内·勒诺尔芒在他的专题论文《现代和声研究》（*Étude sur l'harmonie moderne*）中充分地讨论了这些和声体现出的现代性。

肖邦的玛祖卡中包含了大量前卫的和声设计，每一个都被音乐理论学家们透彻地研究过。我们发现《升c小调玛祖卡》（op.50，no.3）高潮部分（第164~173小节）的和声与几十年后瓦格纳的《特里斯坦》（*Tristan*）前奏曲中的和声不谋而合。

据尼克斯称，他在撰写肖邦传记期间曾采访过晚年的李斯特，李斯特认为玛祖卡里有些乐段让他感到困惑，似乎这些乐段本不属于那里，而是被随意插入进去的。李斯特说肖邦的玛祖卡中“似乎有些不应出现的小节”。但也许是为了缓和批评的语气，他又补充说，让这些小节出现在那里，“也许除了肖邦没人能做到了”[①]。和声方面的成就只是肖邦的意外收获；但在开辟新天地的过程中，他的很多意外发现要经过甄选才会

① NFC, vol. 2, p. 231.

被收录到最终作品中，否则就会被抛弃。有一句话说得很好： 274
“作曲家肖邦对即兴演奏家肖邦是残酷无情的。”① 在钢琴上随性表达的灵感都要经过严格考量、提炼、修改，才能被写进作品中。不够优秀的灵感会被抛弃，这是肖邦对自己最为严苛的惩罚。

《g 小调叙事曲》结尾处不和谐的几小节在 19 世纪的听众看来一定是十分混乱的，因为即便是多次听过这首乐曲的现代听众，听到这里也会感到有些惊讶。

这些刺耳的不协和和声以增四度（魔鬼音程）开始，一路夹杂着七度、九度等各种“禁忌”音程，两只手用分解八度横扫着键盘相向而行。在这里，协和与不协和的传统界线被彻底打破。

XIII

此外还有两个重要的创作技巧值得我们讨论，它们也是在肖邦和钢琴键盘的朝夕相处中产生的，从特征上看可能也来源于即兴创作。我们将第一个技巧叫作“主题升华”，即对简单的旋律进行改写，让它以“宏大壮阔”的形式回归。这种手法由贝多芬始创，比如在“合唱”交响曲的终曲中，主旋律在《欢乐颂》中迸发出来，此后它便成为浪漫主义的经典手法。
我们在肖邦的叙事曲中能找到不少典型的例子。比如《g 小调 275

① 这条一语中的的评论出自乔恩·纽瑟姆（Jon Newsom），引自 SCP，p.180。

叙事曲》（op.23）中的第二主题，它第一次出现时是较为简单而直接的。

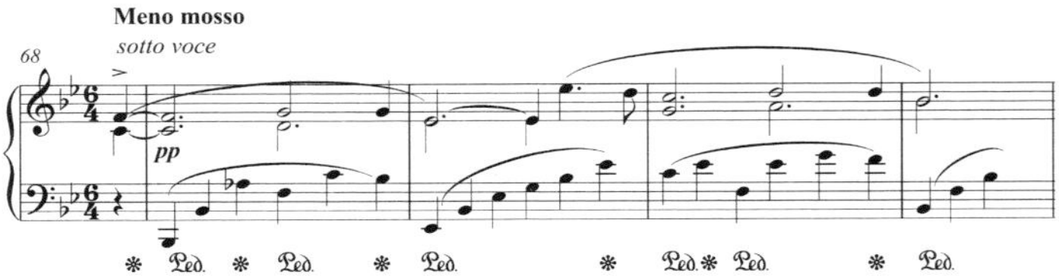

主题再现时，肖邦对它进行了升华，将它变化为这首叙事曲的一个宏大高潮。

另一个技巧是“展开性变奏”。这个术语最初由阿诺尔德·勋伯格（Arnold Schoenberg）提出，但那时这个创作技巧已经有200多年的历史了。“展开性变奏”准确地描述了这个被肖邦使用出了个人特色的技巧：它指的是为原始旋律加上越来越丰富的装饰，最初可能也来源于歌剧舞台。在最优秀的展开性变奏中，每次旋律重复出现时都经历了更丰富的变化，与背景融合得越来越深入。肖邦的音乐里，这样的例子比比皆是，《B大调夜曲》（op.9，no.3）中的一段就非常具有代表性。开篇旋律最初以基本形式出现，没有任何装饰。

第二次出现时，旋律加上了花腔歌唱家常用的装饰手法，276
但仍旧能听出装饰背后原始旋律的基本形态。

这个以旧推新的过程继续进行着。第三次出现时，肖邦将旋律与背景进行了更深入的融合，加入了更多变体，但始终没有和最初的旋律失去联系。

历史上使用过“展开性变奏”的音乐家有很多，在肖邦钟爱的作曲家莫扎特的作品中就能找到丰富的例子。莫扎特的音乐，不论是器乐曲还是歌剧，都为“展开性变奏”的实际应用提供了教科书式的范例。①

XIV

到了1849年，“巴黎炫技派”由盛转衰，开始逐渐淡出人们的视野。几个代表性人物也已各奔东西。在著名的“钢琴对决”之后，李斯特和塔尔贝格走上了不同的道路：李斯特以其出神入化的琴技征服了整个欧洲，而塔尔贝格则前往北美和南美进行马拉松式的长途巡演，因此成了百万富翁，他最终在意

---

① 莫扎特的《a小调回旋曲》（K.511）就是一个典型的例子，在这部伟大的作品中，主旋律每出现一次就是一次“展开性变奏”。肖邦对这首回旋曲十分熟悉，它可能也成了肖邦创作的范本。

大利波西利波买下了一栋豪华别墅，晚年开始种植葡萄，过上了奢华而舒适的退休生活。卡尔克布雷纳在 1849 年暴发的霍
277 乱中去世，而他最有名的学生斯塔玛蒂则由于持续受到肌肉问题（被描述为“风湿病”）的困扰，不得不停止公开演出，退居于音乐学院，成了一名受人尊重的教师，培养出了圣－桑、路易斯·戈特沙尔克等名徒。希勒回到老家法兰克福，成为下莱茵音乐节的音乐总监；而皮克西斯则放弃了舞台生涯，回到巴登－巴登（Baden-Baden）开办了自己的音乐教室。亨利·赫尔茨的命运尤其悲惨。他挥霍无度的妻子、交际花泰蕾兹·拉赫曼掌管家庭财政大权之后，将他本人和钢琴厂逼到了破产的边缘，他不得不前往美国重新积累财富。[①] 与此同时，阿尔康也正准备开始长期隐居生活，后来连他的朋友和同行都找不到他。1888 年，《吟游诗人》（*Le Ménestrel*）发布他的讣告时，甚至有人问：“阿尔康？谁是阿尔康？”而曾对这些钢琴家进行过犀利批评的海因里希·海涅如今也已瘫痪在“坟墓般的床垫里”，放下了手中的笔，看着自己狠毒的预言已成现实，享受着这份苦涩的胜利。19 世纪 30 年代降临在法国首都的这群“蝗虫”确实将巴黎“吃干抹净”了，在他们离开之后，剩下的人已算不上一个学派了。“炫技派”安息之时，最适合主持这场葬礼的人恐怕就是海涅了。

---

① 1848 年，赫尔茨到达新世界不久后，就举办了一系列他所谓的“音乐盛会”，这些音乐会能够让他赚到一大笔钱还清债务。有一次他举办了一场七架钢琴合奏的音乐盛会。由于只有六位演奏者，他从观众里找了一位完全不会弹钢琴的女士扮演钢琴家，让她模仿别人的动作，手指不要触碰琴键。但最后这个骗局还是被揭穿了，因为这位女士在乐曲长休止的段落还在进行着自己表演，引得观众哄堂大笑（HMVA, pp. 300–306）。还有一次赫尔茨宣传音乐会时声称将用一千支蜡烛点亮音乐厅。观众中有一位男士一根一根地数了蜡烛，发现只有 992 支，便向赫尔茨提出质疑。赫尔茨毫不畏缩，又买了八支蜡烛寄给了这个不高兴的观众（HMVA, pp. 123–250）。

但是令他们没想到的是，最后这个时代里被后世铭记的人居然是肖邦，就是那个“不属于任何学派、不遵从任何教义” 278
的肖邦。肖邦在19世纪三四十年代创作的作品几乎都成了如今的经典，而那个时代的其他人却没几个能享受到这份殊荣。当我们翻开肖邦的作品时，它让我们以全新视角去审视钢琴世界、键盘的自身属性，以及键盘与双手之间的关系。肖邦的作品为演奏者提供了无限的探索机会，这是人们所公认的。但如果只是如此，肖邦也不会比他同时代的作曲家优秀太多。肖邦作品的最大意义在于它有一种永恒的力量，能够将聆听者带入一个美好的世界。正如阿尔弗雷德·科尔托（Alfred Cortot）那句优美的名言所说：“音乐迫使人类去直视它的伟大。”

279 # 玛丽亚·沃津斯卡：“我的不幸”，1834 ~ 1837

“圣母玛利亚！”

——尤利乌什·斯沃瓦茨基[1]

I

当年在米柯瓦伊·肖邦开办的寄宿学校里，有三个学生——安东尼、卡齐米日和费利克斯——是沃津斯基家的三兄弟。他们的父亲文岑蒂·沃津斯基是一位富有的地主，在托伦的斯乌热沃（Służewo）拥有大量地产。肖邦和三兄弟是好朋友，也因此结识了他们的妹妹玛丽亚。玛丽亚比肖邦小九岁，每次她来华沙，肖邦都会给她上几节钢琴课。1831 年年底，波兰起义失败后，沃津斯基一家离开了动荡的波兰。他们在日内瓦暂时安顿了下来，而与此同时玛丽亚的伯父、沃津斯基家的族长马切伊则在德累斯顿定居。1834 年，沃津斯基一家就曾邀请肖邦到瑞士做客，但肖邦当时没能接受邀请。但肖邦给玛丽亚寄去了一份他新出版的《降 E 大调圆舞曲》（op.18），并题上了以
280 下文字：“献给 M. W. 小姐，曾经的老师 F. F. 肖邦敬上，1834 年 7 月 18 日。”[2] 此前玛丽亚给肖邦寄去了她自己创作的变奏曲，这首乐曲不仅体现了她日益提高的音乐水平，也体现出了她对这位从前给她上过课、如今已闻名遐迩的老师的敬意。

但是当费迪南德·希勒邀请肖邦一起去德国亚琛（Aachen）参加 1834 年 5 月中旬的“下莱茵音乐节”时，肖邦感到十分心动，于是两人从巴黎出发前往莱茵兰

---

① 出自斯沃瓦茨基的诗作《在瑞士》（*W. Szwajcarii*）。

② “Hommage à Mlle M. W. de la part de son ancien professeur F. F. Chopin. 18 jui. 1834.” 从肖邦写给玛丽亚的哥哥费利克斯的信上，我们得知肖邦用法语写下的月份 jui 指的不是 6 月（juin），而是 7 月（juillet）。

（Rhineland）地区。到达亚琛后，两人直奔剧院，观看希勒负责的亨德尔清唱剧《德博拉》（*Deborah*）的排练。他们在楼厅包厢里一边看着总谱，一边听排练。排练结束后，两人在下楼时碰到了费利克斯·门德尔松，肖邦上次见到门德尔松还是在两年前的巴黎。"[希勒] 跟我撞了个满怀，高兴得差点把我掐死，"门德尔松写道，"肖邦提前结束了他的钢琴课和希勒一起来的，所以我们才得以重聚。"之后门德尔松继续写道：

> 第二天早上，我们一起弹琴，让我十分开心。他们的演奏水平都精进了，肖邦成了顶尖的钢琴家，颇有第二个帕格尼尼的风范，他的演奏如此美妙，超乎想象[1]。

三个好朋友开开心心地度过了三天的时光，门德尔松还在剧院租了一个私人包厢，三人风风光光地观看了这场清唱剧的演出。音乐节过后，他们乘坐蒸汽船沿着莱茵河从杜塞尔多夫前往科隆。到了科隆，门德尔松告别两位朋友返回了莱比锡，而肖邦和希勒则继续前往科布伦茨。上了蒸汽船之后，希勒给母亲雷吉娜写了一封信，肖邦还在信中加上了一段滑稽搞怪的附言，从中也可以看出莱茵河之旅给他带来的愉悦心情。

> 尊敬的夫人！今天我像船上的蒸汽一样在空中飘散。
> 我感觉我的一部分飞向了我的祖国，另一部分飞向巴黎，281
> 飞到您的房间里向您致以问候及赞美……
>
> 您的仆人，
>
> 肖[2]

① HMBE, p. 31.

② CFC, vol. 2, p. 114; KFC, vol. 1, p. 239.

肖邦在巴黎的频繁演出被媒体广泛报道，远方的沃津斯基一家也一直密切关注着肖邦的消息。12月14日，有媒体报道肖邦在巴黎音乐学院的音乐会上演奏了《e小调协奏曲》中的小广板，由纳西斯·吉拉尔担任指挥。除此之外音乐会上的所有曲目都是柏辽兹的作品，包括《哈罗尔德在意大利》（*Harold en Italie*）和《秘密法庭的法官》（*Francs-juges*）序曲等大型作品，与这些宏大耀眼的交响乐相比，肖邦细腻的音乐可能会稍显逊色。但《音乐公报》认为这样的对比很精妙，将肖邦称赞为“心灵作曲家和无与伦比的钢琴家”。[①] 到了圣诞节，肖邦的事业更加锦上添花。他参加了弗朗索瓦·斯托佩尔（François Stoepel）在格夫雷斯府邸举办的音乐晚会，众多知名歌唱家和演奏家都出席了这场晚会，包括李斯特，他和肖邦以四手联弹的形式演奏了莫谢莱斯的奏鸣曲。有报道称两人的演奏让观众“兴奋不已”，于是他们又演奏了李斯特基于门德尔松的一首乐曲新创作的变奏曲，受到了《音乐公报》和《时代》（*Le Temps*）的盛赞。肖邦也时时刻刻心系着波兰同胞，1835年4月4日，他在意大利剧院参加了一场为波兰难民举行的慈善音乐会，再次演奏了《e小调协奏曲》中的慢乐章。

II

这时沃津斯基一家已从日内瓦搬到了德累斯顿，与马切伊伯父会合。此时的德累斯顿已聚集了大量波兰侨民。安顿下来之后，沃津斯基一家再次邀请肖邦到德累斯顿度假，于是肖邦同意在1835年的夏末去拜访他们。正巧当时肖邦的父母米柯

282 瓦伊和尤斯蒂娜正准备进行第一次的海外旅行——去波希米亚

① 1834年12月28日刊。

地区的卡尔斯巴德（卡罗维发利的旧称）温泉度假。听闻父母就在附近，肖邦决定在前往德累斯顿的途中赶去与他们会合。从巴黎出发之前，为避免俄国当局的阻碍耽误行程，肖邦申请了法国旅行证件，并在1835年8月1日拿到了护照。[①]确保了能够在欧洲各国之间畅行无阻，他踏上了为期十天的旅程，于8月15日到达卡尔斯巴德。但当地有三十多家旅馆，而肖邦忘了告诉父母自己住的是哪一家，以至于他的父母根本不知道去哪里找他。米柯瓦伊一家一家地问，终于在凌晨找到了还在睡梦中的肖邦，把肖邦带回了他和尤斯蒂娜下榻的金色玫瑰酒店。（米柯瓦伊直白地批评道："你老是这么马马虎虎的。"）阔别了五年的一家人终于团聚，沉浸在久别重逢的喜悦中。米柯瓦伊和尤斯蒂娜此行带着他们两岁的外孙——卢德维卡的儿子亨里克。卢德维卡两三周前刚生下第二个孩子，此时还在恢复中。[②]肖邦在父母身边待了整整一个月，他回忆着过去、逗逗小外甥、听着华沙动荡不安的消息（华沙大学和音乐学院都被关停了），也给父母讲述了他在巴黎的生活。米柯瓦伊可能也迫不及待地给儿子详细地讲述了几个月前在热拉佐瓦沃拉发生的悲剧，这件事让肖邦一家大为震惊。热拉佐瓦沃拉的新庄园主米哈乌·斯卡尔贝克，也就是肖邦的教父弗里德里克·斯卡尔贝克的弟弟，在宅邸的一间屋子里上吊自杀了。他在自杀前两天写了一封遗书，将所有的财产留给了一个叫弗朗齐歇克·克维亚

① SCP, p. 69.

② 卢德维卡1832年11月22日与律师卡拉桑提·英德热耶维奇在布罗胡夫教堂结婚，卢德维卡和肖邦都是在这个教堂里接受的洗礼。婚宴在热拉佐瓦沃拉举行，因为正如米柯瓦伊·肖邦所说，从华沙专程赶来的宾客很多，他甚至连让客人们喝上"一杯水"都困难。弗里德里克则为这对新婚夫妇送上了一首波兰舞曲和一首玛祖卡，"为了让你们快乐地跳舞并享受快乐的心情"。CFC, vol. 2, p. 75; KFC, vol. 1, p. 217 提到了这两首作品，但信中没有写明是哪两首乐曲，原稿很可能已经丢失。

托夫斯基的人，但米哈乌生前曾向米柯瓦伊·肖邦借了一大笔钱，高达22762兹罗提，当时米柯瓦伊也没有要求他做任何担
283 保。为了追回欠款，肖邦一家可以说是费尽了心思，最后新主人终于同意通过抵押的方式归还本金。大概就是因为有了这笔“失而复得”的钱，米柯瓦伊才安排了这样一次长达一个月之久的旅行。①

一家人团聚之后，肖邦和父亲一起给华沙的两个妹妹写了封信，在信中表达了家人团聚的喜悦。

卡尔斯巴德，1835年8月16日

我亲爱的孩子们，

这是你们第一次收到由我和爸爸合写的信。我们的喜悦无法用语言来表达！我们没完没了地拥抱着彼此——除此之外我们还能做什么呢？你们两个没来真是太遗憾了！小家伙［亨里克］很可爱。上帝对我们真是太好了。我语无伦次——今天什么也不要想了，好好享受生活给我们带来的喜悦吧。我感觉今天是很特殊的一天。我们的父母看起来还和以前完全一样，只老了一点点。我和亲爱的妈妈手挽着手散步，聊着你们的事儿，学着小外甥生气的样子，互相倾诉思念之情。我们吃喝都在一起；我们温柔地抚摸着彼此，然后又大喊大叫。今天我幸福极了。我又看到了爸爸妈妈身上那些小癖好、小习惯，还有我很久未亲吻过的手。②

① 马丽奥拉·沃伊特凯维奇在《一笔债的历史》中详述了这件事，详见WZW,pp.90–95。

② CFC, vol. 2, pp. 147–48; KFC, vol. 1, pp. 260–61.

玛丽亚·沃津斯卡；自画像，未标注日期

肖邦一家人首先到当地的警局完成了登记，支付了强制性的"度假税"。警局记录显示米柯瓦伊将自己描述为"教授，生于法国南锡"［而非马兰维尔］；肖邦写的则是"来自巴黎的教授"。他们之所以要隐藏自己的波兰背景，可能是因为肖邦一家处于间谍的监视之下。卡尔斯巴德是波兰革命者的聚集地。这里到处都是梅特涅的间谍，稍后我们也会看到一些间接证据说明弗里德里克受到了监视。[1] 在卡尔斯巴德享受了三周田园生活之后，在9月的第二个星期，肖邦和父母一同前往距波兰边境不远的杰钦（捷克语为 Děčín，德语为 Tetschen），284
富有又温文尔雅的弗朗齐歇克·图恩－霍恩施泰因伯爵邀请他

① 雅罗斯拉夫·普罗哈兹卡在《弗里德里克·肖邦在卡罗维发利》（*Fryderyk Chopin v Karlovych-Varech*）一书中讨论了这个猜想，该书于1951年出版于卡尔斯巴德。

们到家中的城堡做客。伯爵有五个孩子，其中安娜、约瑟菲娜和贝德日赫曾在去年秋天跟肖邦学过钢琴，他们非常高兴能再见到这位名师。约瑟菲娜尤其喜欢肖邦，她在日记里对肖邦的到访进行了一番动人的描述。肖邦不仅为大家演奏钢琴，有时还会模仿说着蹩脚法语的英国人，这个人物可能是他在卡尔斯巴德温泉遇见的，他模仿得惟妙惟肖，逗得所有人哈哈大笑。9 月 14 日，米柯瓦伊和尤斯蒂娜启程返回波兰，这段恬静愉快的日子也结束了。这是肖邦最后一次见到父母。分别时，尤斯蒂娜的眼泪止不住地流，他们走后肖邦几乎一天都没有走
285 出过他的房间。之后肖邦在杰钦又多停留了几天，9 月 15 日，他抄写了一份《降 A 大调圆舞曲》（op.34，no.1），送给了约瑟菲娜女伯爵。9 月 19 日，他在哥达城市旅店（Stadt Gotha Hotel）订好了房间，并和约瑟菲娜的哥哥一起踏上了前往德累斯顿的最后一段旅程。

III

肖邦很快就找到了沃津斯基一家。见到玛丽亚的那一刻，他一下就被吸引了。这个曾经的小姑娘如今已出落成了一位美貌出众的少女。诗人尤利乌什·斯沃瓦茨基在日内瓦的时候就爱上了玛丽亚，但他的爱未得到玛丽亚的回应，沃津斯基一家搬到德累斯顿后，他只能等这段单相思慢慢燃尽。[①] 肖邦和

① 斯沃瓦茨基曾为玛丽亚写下了他最浪漫的一首诗，名为《在瑞士》。这首诗创作于 1835 年，那时 26 岁的斯沃瓦茨基刚刚被迫与玛丽亚分离，这首热烈的情诗是这样开始的："她像一个金色的梦，从她消失的那一天，我因痛苦而枯萎，因渴望而昏厥，我不知道为什么我灵魂的骨灰没有随着她的离去飞向天使，为什么没有被我爱的她救赎。"玛丽亚是否读过这首情诗呢？更重要的是，肖邦是否读过呢？《在瑞士》直到 1839 年才被出版，但肖邦很有可能在巴黎的波兰友人那里读到过这首诗。这首长诗里，斯沃瓦茨基将玛丽亚塑造成了一位真正的女神，后半段有两小节都以"圣母玛利亚！"结尾。

玛丽亚相处得十分愉快，两人一起弹琴（那时她已经成了一位优秀的钢琴演奏者[①]）、聊天、长时间地散步，不过这些活动都是在玛丽亚的母亲特雷莎的监护下进行的。德累斯顿是个很适合谈情说爱的地方。这里有"易北河上的佛罗伦萨"之美誉，文化底蕴丰厚，玛丽亚也很高兴地给肖邦当起了导游。白天，两人在河边漫步，参观美术馆、博物馆、当地著名的歌剧院，还去了具有历史意义的圣母教堂（Frauenkirche），参观了教堂里的自鸣钟。晚上，他们会和家人一起到马切伊·沃津斯基伯父家做客，马切伊的宅邸位于热闹的拉姆皮舍大街（Rampische Strasse）上，能听到圣母教堂的钟声。沃津斯基家的这位族长失去了波兰的所有土地，但与其设法回到祖国生活在俄国沙皇的统治之下，他更愿意在萨克森国王的保护下以流亡者的身份度过余生。他热爱艺术，收藏了不少精美的印本和书籍，大部分时间都在这些书籍的陪伴下度过。他也是一个很注重礼节的人。马切伊应该也注意到了肖邦的才华，但很明显他不希望自己的侄女嫁给一个音乐家，因为音乐家不仅没有地产，而且还会消耗家族里所剩无几的资源。最终让肖邦希望破灭的就是马切伊和家族里的男性，但这是一年后的事情了。玛丽亚很快就俘获了肖邦的心，肖邦开始考虑建立起一段长久的关系。由于没有勇气直接表白，肖邦试着用音乐表达爱意。9 月 22 日，他为玛丽亚抄写了《降 E 大调夜曲》（op.9, no.2）的前几小节，并在下边写上了"要开心"（*Soyez heureuse*）。[②] 两天之后他为玛丽亚创作了（更准确地说是抄写了）著名的《降 A 大调圆舞曲》（op.69, no.1），并附上题 286

① 玛丽亚一直没有放弃钢琴演奏。华沙的报纸曾报道她在 1843 年举办了一场音乐会，演奏了肖邦的叙事曲，并称赞她"技艺精湛、才华出众"。

② 肖邦似乎忘记了他这首最著名的夜曲是 12/8 拍的。他粗心地画错了小节线，导致这段旋律成了 6/8 拍！复印版手稿请见 BFC，p.104。

词“献给玛丽亚小姐”（*pour Mlle Marie*）。手稿上标注的是“德累斯顿，1835 年 9 月”。这首圆舞曲在肖邦生前一直没有出版，直到 1855 年尤利安·丰塔纳将其收录进了他编辑的遗作中。由于玛丽亚在手稿上写下了“告别”（L’Adieu）一词，后世给这首圆舞曲起了一个感性的名字，称之为“离别圆舞曲”，但这个名字可能不会得到肖邦的认可。①

287 肖邦没有在德累斯顿进行公开演出，但在沃津斯基一家的劝说下，他参加了一场沃津斯基家举办的晚会，不少著名的波兰侨民也应邀出席了这一活动。特雷莎很擅长与这些显赫的家族打交道，并作为高贵的女主人接待客人。但这次的晚会却出了岔子。当晚发生了一件不寻常的事，也证明了肖邦确实处于政治监视之下。约瑟夫·克拉辛斯基是驻德累斯顿的波兰特使，从他的日记中我们了解到，当晚肖邦弹了几首自己的乐曲之后，开始即兴演奏起了波兰传统爱国歌曲——《波兰没有灭亡》。这首歌曲的别名为“东布罗夫斯基玛祖卡”，它将听众带回到了波兰被第三次瓜分后，波兰军团在拿破仑的指挥下作战的岁月。歌中有一句歌词唱道：“那些侵略者掠夺走的 / 我们

---

① 这首圆舞曲的复本第一次出现在玛丽亚的侄子安东尼·沃津斯基所写的传记体小说《弗里德里克·肖邦的三个故事》（*Les Trois Romans de Frédéric Chopin*, 1886）中。虽然作者是玛丽亚的侄子，但书中的内容大部分是虚构的。然而，后世不少肖邦的传记作家深陷在这杯毒酒中不能自拔。这首圆舞曲中第 65 至 95 小节右手旋律上出现了十二个有些不协调的重音降 D，肖邦在此标注了 tenuto（保持）。安东尼将这十二个重音解读为圣母教堂的午夜钟声，并认为第 81~88 小节代表肖邦乘坐马车离开了玛丽亚。这个解读完全是作者的主观想象。而且这个说法很难站住脚，因为十二个重音之后，又出现了四个没有规律的重音。人们对肖邦的音乐有过很多奇怪的解读，但这一个明显来自家族里的传说。作者写道肖邦和玛丽亚曾在斯乌热沃庄园周边手拉手散步，但实际上肖邦从未到过此地。他还说两人告别之后，玛丽亚曾到巴黎与肖邦重聚。玛丽亚第一次见到肖邦时只是个孩子，两人不可能那时就产生了感情。1836 年之后他们再也没有见过面，更别说在巴黎重聚了。玛丽亚去世之前，安东尼的小说已经出版了，但我们不知道她对这部作品有什么样的看法。

将用军刀取回"——这无异于一句战斗宣言。[1]听众当中有两位俄国大使馆的外交官，克拉辛斯基在日记中将他们称为"礼貌但冷漠的外交官施勒德和他可恶的秘书里希特"。这件事激怒了俄国人，第二天早上克拉辛斯基被召唤到俄国使馆接受讯问。俄国人质问他为何纵容肖邦演奏这样一首具有煽动性的歌曲。克拉辛斯基给出了一个完全合理的解释：他不知道肖邦会演奏什么，而且他也不能在别人家里命令一位音乐家即兴演奏什么曲子。"我永远不会忘记里希特的回答，"克拉辛斯基写道，"[他说：] 如果你想成为沙皇忠诚的子民，不想像造反者一样永远居留在外国的土地上，那你当时就应该将肖邦（误写为 Choppin）这样的煽动者赶出去，或至少制止他，然后离开那里。"[2]

克拉辛斯基说因为这件事，他后来申请护照延期时遭到了俄国当局的拒绝。而沃津斯基一家的情况更糟糕。他们的护照还在有效期内，却被告知为了他们的自身利益，他们最好离开德累斯顿。如果克拉辛斯基对这一外交事件的描述属实，那么
我们也可以想见，当时正在和俄国当局协商归还波兰地产一事 288
的文岑蒂·沃津斯基知道自己的女儿和俄国认定的"煽动者"谈婚论嫁时，内心会有多么不安。

IV

肖邦9月26日离开德累斯顿时，沃津斯基一家已计划前往马林巴德（Marienbad）疗养，肖邦也答应次年再去那里与他们重聚。肖邦离开后不久，玛丽亚就提笔给他写了一封长信，从信中可以看出，这个女孩不仅很想念他，而且已经爱上

① 1926年，这首歌正式成为波兰共和国国歌。

② GJK，附录I。

了他。肖邦读到这封信时，可能会产生这样一种印象，那就是不仅玛丽亚倾心于他，连沃津斯基一家都将他视为合格的追求者了。在信中他被称为家里的“第四个儿子”；他的椅子成了“弗里德里克的角落”，被原封不动地留在了那里；他忘带走的铅笔成了纪念品；一家人在餐桌上也会给肖邦留出一个空位，以表达对他的思念。这位16岁少女的信是这样写的：

> [德累斯顿，1835年9月]
>
> ……周六，你离开之后，我们都在客厅里踱步，想着几分钟前你还在这里。我们的眼里都是泪水。父亲不久后就到家了，由于没来得及与你告别，他心里很不好受。母亲总在伤心地回忆着你的小习惯，把你称为她的“第四个儿子弗里德里克”。费利克斯闷闷不乐，卡齐米尔试图开玩笑缓解气氛，但没有奏效，因为他表演时一会儿哭、一会儿笑。爸爸嘲笑着我们，也大笑起来，但他的笑只是为了不让自己哭出来。11点，声乐老师来了，这节课上得很不顺利，因为我们都唱不出来。我们的所有话题都与你有关。费利克斯让我把那首圆舞曲弹了一遍又一遍（那是你最后演奏的并送给我们的乐曲）。他们喜欢听，我也喜欢弹，因为它让我们想起那位刚刚离开的兄弟。
>
> 我把这首圆舞曲[离别]拿去装订。那个德国装订工
> 289 只看了一页，就无法移开他的视线了。（这个德国人并不
> 知道是谁写的！）晚饭时大家都吃不下东西，一直盯着你的位置和“弗里德里克的角落”看——那把小椅子还在原地，可能直到我们离开的那一天都会如此……

然后她请求肖邦照顾她的哥哥安东尼，安东尼出发前往西班牙参加内战，计划在途经巴黎的时候到肖邦家借宿。“请不

要对他置之不理，"玛丽亚祈求道，"能找到一位知心朋友，他会很高兴的。"最后她总结道——

> 我们一直很遗憾你的名字不是肖邦斯基，或至少是其他能体现你是波兰人的名字。如果真是那样就好了，当我们骄傲地说你是我们的同胞时，就不会遭到法国人的质疑了。我写的这些可能让你感到无聊了。你的时间是如此宝贵，让你读这些乱七八糟的句子真是一种罪过。但我敢肯定你一定没有读完。你一定只读了几行就把小玛丽亚的信丢在一边了——所以我也不必为耽误你的时间而怪罪自己……①

最后一段中有一句话值得我们注意，玛丽亚提到很遗憾肖邦的名字不是肖邦斯基，这是她受到家人影响而产生的一个观点。玛丽亚平淡的语言背后，隐藏着一件耐人寻味的事情。在波兰，一些有着外国姓氏的家族为了融入波兰社会修改了姓氏的拼写。尤其是德国人，比如施米特（Schmidt）变成了斯米特（Szmit），施罗德（Schroeder）变成了什雷德（Szreder），舒尔策（Schulz）变成了舒尔茨（Szulc）。米柯瓦伊也完全融入了波兰社会，但他一直拒绝更改姓氏，不愿隐藏他的法国血统。弗里德里克经常被波兰媒体称为Choppen、Szoppen或Szopen，这些叫法让他感觉很有趣。而对于肖邦斯基这个称呼，玛丽亚一定知道肖邦对此不感兴趣。

但比起波兰名字这件事，肖邦和沃津斯基一家的关系还面临着一个更紧要的问题。沃津斯基一家最关心的是肖邦的健康状况。从信中我们可以明显看出，特雷莎·沃津斯卡一开始是 290

① CFC, vol. 2, pp. 150–52.

支持女儿和肖邦恋爱的。但她也知道，要想结婚，玛丽亚必须得到家族里男性成员的支持，包括马切伊伯父的支持，而这并非易事。所有人都知道肖邦身体不好，并且特雷莎一直在敦促肖邦好好照顾自己、按照她的嘱咐改善身体状况，由此可见特蕾莎可能已经猜到他患上了肺结核。

V

肖邦返回巴黎途中路过莱比锡，在门德尔松的陪伴下停留了两天。一年前在亚琛相遇时，两人就约定好了这次见面。两人一起演奏，门德尔松弹了几段他新创作的清唱剧《圣保罗》，在演奏的间隙，肖邦弹了第25号作品中的几首练习曲。门德尔松说，两人弹琴时，一群好事的莱比锡人偷偷溜进音乐教室偷看，只为以后向人炫耀他们见过了肖邦。门德尔松被肖邦“一首很新的夜曲”［可能是当时还没出版的《降D大调夜曲》（op.27，no.1）］深深迷住，为了弹给他的弟弟保罗听，他只用了几小时就基本上学会了这首乐曲。后来他对姐姐范妮·亨塞尔（Fanny Hensel）说：“他的演奏有一种非凡的原创性，与此同时又是如此的精湛，可以说他是一位极其完美的演奏家。”① 第二天门德尔松带肖邦去位于格林大街（Grimmstrasse）的弗雷德里希·维克（Friedrich Wieck）家拜访。就是在这里，肖邦意外地见到了罗伯特·舒曼，此前两人从未谋面。四年前舒曼曾对肖邦的《“让我们携手同行”变奏曲》给予了盛赞，让肖邦受宠若惊。如今他是著名的《新音乐杂志》（*Neue Zeitschrift für Musik*）的编辑兼老板，仍十分欣赏肖邦的音乐。肖邦虽然与这两位同时期音乐家彬彬有礼地见了面，但隐藏在背后的事情却不容我们忽视。门德尔松和

---

① CFC, vol. 2, p. 154; KFC, vol. 1, p. 264.

舒曼都对肖邦的音乐赞誉有加，但肖邦却对他们的音乐不屑 291
一顾。此后不久舒曼和肖邦都将自己最伟大的作品献给了对方——肖邦将《F大调叙事曲》（op.38）题献给了舒曼，而舒曼则把他的《克莱斯勒偶记》（*Kreisleriana*）题献给了肖邦。虽然舒曼对肖邦的叙事曲大加赞赏，但肖邦认为《克莱斯勒偶记》唯一的可取之处就是它的封面设计。维克还向肖邦介绍了他16岁的女儿——音乐天才克拉拉（后来成了舒曼的妻子）。克拉拉弹了几首她自己的曲子，然后演奏了舒曼题献给她的《升f小调钢琴奏鸣曲》。这场演奏原本让肖邦倍感无聊，但当他看到克拉拉把他的第10号作品中的两首练习曲弹得如此精彩时，肖邦被深深地打动了。后来肖邦说，克拉拉是德国唯一一位知道如何演奏他的作品的女性。

虽然肖邦一直在努力争取沃津斯卡小姐的欢心，但在返回巴黎的途中，他不幸在海德堡病倒，据他自己说是患上了"流感"。他本想到海德堡拜访他的学生阿道夫·古特曼的父母，但由于病得很厉害，他不得不卧床休息，在海德堡停留了近一个星期。为了不惊动沃津斯基一家，他没把生病的事告诉任何人。但没想到却因此出了岔子。从德国传出谣言说他已经病逝，最终他不得不出面辟谣。肖邦的父母承受了几个礼拜无谓的悲痛，直到1836年1月8日的《华沙信使报》发布了辟谣的声明，他们才如释重负。声明是这样写的："谨此敬告杰出的演奏家弗里德里克·肖邦的朋友和崇拜者，过去几日里流传的肖邦死讯系毫无根据的谣言。"

但由于不知道肖邦的具体情况，肖邦的家人担心他仍未脱离生命危险，这样的担忧一直折磨着他的家人，直到肖邦来信说一切安好，他们才放下心来。肖邦的信没有被保存下来，但我们猜测这封信应该是在1月9日到达华沙的，也就是米柯瓦伊写了回信的那一天，他的回信一开头就抒发了强烈的情感，表达了他得知儿子安好的消息后是多么宽慰。他写道："我们从未如此期盼过这样一封信，这封信让我们等得如此焦急。我们在圣诞节前收到了可怕的消息［弗里德里克的死讯］，你无法想象我们处于什么状态，也无法想象我们经历了怎样的煎
292 熬。"① 米柯瓦伊对肖邦的批评不无道理。米柯瓦伊写道，一家人最后居然是从别人那里得到的确切消息。他们的好朋友一直在安慰他们不会有事的。丰塔纳夫人亲自来家里告诉他们，儿子尤利安 12 月 12 日还在信中提到弗里德里克，并未看出有任何异常。后来福斯滕·杰林斯基（Faustyn Zieliński）在《辩论杂志》上读到肖邦将在巴黎绍塞－昂坦街的晚会上进行即兴演奏，就赶紧跑到卢德维卡家把这个消息告诉了她。米柯瓦伊当时正和卢德维卡在一起，两人马上跑到卢瑟咖啡馆，好亲眼看看那篇文章。米柯瓦伊信中还提到了一条重要信息，能够解释接下来几个月发生的事情。玛丽亚的父亲文岑蒂曾在圣诞节期间到访肖邦家，询问弗里德里克的情况。由于没有收到确切消息，米柯瓦伊无法给文岑蒂一个满意的答复。沃津斯基家中的分歧可能就是从这一刻开始出现的：家族里的男性坚决反对肖邦和玛丽亚的婚事。只有特雷莎继续支持女儿，但最后她也放弃了。

1835 年 10 月的第三个星期，肖邦回到了巴黎，生活又恢复了常态：教课（仍是他的主要经济来源）、作曲，不分昼夜地去贵族家里社交，在那里即兴演奏，有时凌晨两三点才回到自己的公寓。沃津斯卡夫人肯定不会对这样的日程感到满意，她巴黎的朋友经常向她汇报肖邦的情况。1835 年至 1836 年冬天，肖邦的日程表就如同《伯克贵族名谱》和《名人录》的结合体。他和卡尔克雷伦纳共进晚餐，参加法国前首相埃

① CFC, vol. 2, pp. 164–65; KFC, vol. 1, p. 270.

利·德卡兹公爵（Duke Élie Decazes）在小卢森堡宫（Petit-Luxembourg Palace）举办的晚会，并为宾客演奏了一首圆舞曲［可能是《降E大调圆舞曲》（op.18）］。在卡罗尔·克尼亚杰维奇将军（曾在拿破仑时代与俄军作战）家参加私人派对时，他发现自己就坐在波兰流亡诗人亚当·密茨凯维奇和政治家尤利安·聂姆策维奇（Julian Niemcewicz）的中间。他还到亚当·恰尔托雷斯基亲王家参加波兰庆典，也时常去著名银行家奥古斯特·莱奥（Auguste Léo）家做客。我们还注意到在李斯特举办的一场派对上，肖邦见到了著名作家、哲学家皮 293
埃尔－西蒙·巴朗什（Pierre-Simon Ballanche）、作曲家贾科莫·梅耶贝尔（Giacomo Meyerbeer），以及后来与他成为密友的画家欧仁·德拉克鲁瓦（Eugène Delacroix）。李斯特刚从瑞士来到巴黎，在埃拉尔音乐厅举行了两场令人瞩目的演奏会。在5月18日的音乐会上，他为巴黎观众演奏了贝多芬的"槌子键琴奏鸣曲"。当时在法国，还没有人敢演奏这首高难度的乐曲。柏辽兹当时也在现场，对照着乐谱听完演奏后，他称赞李斯特是"又一位解开司芬克斯之谜的俄狄浦斯"[①]。我们不知道如果肖邦听了这场演奏会，会有怎样的评价。但李斯特将柏辽兹的交响乐《哈罗尔德在意大利》改编成钢琴曲时，肖邦表达过对这类音乐的反感，所以如果他在现场，我们也不难想象他的反应。

VI

在大部分时间里，肖邦一直惦记着去马林巴德见沃津斯基一家。1836年7月19日，他踏上长途旅程，一路经斯特拉斯堡、纽伦堡和拜罗伊特，最终在7月28日到达了马林巴德。

① 《音乐公报》，1836年6月12日。

他入住了豪华的白天鹅酒店，因为沃津斯基一家就住在这里，这次他登记为“来自巴黎的庄园主”——我们认为他这样写同样也是为了避开俄国人的监视。肖邦在马林巴德和玛丽亚一家度过了愉快的三周。所有人都看得出他和玛丽亚相爱了，肖邦也有理由相信沃津斯基一家是赞成他们的婚事的。8 月底，肖邦和沃津斯基一家一起回到了德累斯顿。然而，他一直没有表明心意，直到临别前一晚，他才鼓足了勇气。1836 年 9 月 9 日的黄昏时分[①]，肖邦终于向玛丽亚求婚，玛丽亚也答应了。特雷莎对两人的订婚表示了祝福，但要求肖邦暂时保密，好给她一些时间去说服她的丈夫。面对这个让他为难的请求，肖邦依
294 然接受了。同时，他也要经历一段测试期，在此期间他的健康状况将接受严密地观察。

肖邦返回巴黎的途中再次路过莱比锡，并于 9 月 12 日再次拜访了舒曼。“谁能想到进来的居然是肖邦！”舒曼惊叹道，“我们太高兴了。我们在一起度过了美好的一天，昨天又庆祝了一回。”[②] 这个庆祝指的是 9 月 13 日是克拉拉·维克的 17 岁生日。肖邦为舒曼演奏了他新出版的《g 小调叙事曲》（op.23），舒曼评论道：“对我来说这比什么都珍贵，他还弹了不少练习曲、玛祖卡、夜曲，每一首都无与伦比。”舒曼在《新音乐杂志》中讲述了肖邦的到访，并特别提到了肖邦演奏的《降 A 大调练习曲》（op.25，no.1）。

> 想象有一把音域宽广的风弦琴（Aeolian harp），被一位艺术家演奏出各种各样华丽的修饰音，但与此同时一

---

① 波兰语中的“灰色时分”（*o szarej godzinie*）指的就是人最感性且最不理性的日暮时刻。

② SBNF, pp. 77–78.

直能听见一个低沉的低音和一个温柔地歌唱的高音，你就大概能想象出他的演奏了。听完他亲自演奏，没有人会不喜欢这些乐曲。最值得一提的是《降A大调练习曲》，与其说它是一首练习曲，不如说它是一首诗。但是，如果你认为他把每一个小音符都弹得非常清楚，那你就错了。他的演奏更像是波涛般起伏的降A大调和弦，用踏板营造出了一种此起彼伏的效果。但在这些和声中间，能够听到一个一直持续的美妙的男高音，在进入柔美旋律后显得格外突出。[1]

克拉拉·维克当天也在场，演奏了几首她的新作，包括《音乐晚会》（op.6）和《钢琴协奏曲》（op.7）。舒曼不禁进行了一番比较，私下里评论道："克拉拉是一个伟大的演奏家，她演奏［肖邦的］作品时的表现力比肖邦自己还要丰富。"但他又补充道："只是看他坐在钢琴旁，就够令人感动了。"[2] 肖 295
邦也通过舒曼认识了当地一位商人的妻子亨丽埃特·福格特（Henriette Voigt）。亨丽埃特是一位优秀的业余钢琴家，很喜欢邀请知名艺术家到她家的沙龙做客。她也把肖邦请到家里演奏，之后在日记里留下了这样一段描述：

肖邦昨天来了，在我的钢琴上弹了半小时。他进行了即兴演奏，也弹了他的新练习曲。他是个有趣的人，他的演奏能吸引听觉敏锐的听众，而我也确实屏住呼吸听着他

---

① NZfM，1837年12月22日。

② SBNF, p. 79. 肖邦到访时，舒曼的《狂欢节》组曲正处于收尾阶段（1837年出版），组曲中包含了一首名为《肖邦》的乐曲。这首乐曲是世上第一首模仿肖邦音乐风格的作品。对于这样一首不仅以他的名字命名，而且明显带有他音乐"指纹"的乐曲，肖邦的反应我们依然不得而知。

> 的演奏。天鹅绒般的手指在键盘上滑过，或者说是掠过，轻盈得让人惊讶。我必须承认，他迷住了我，以一种前所未有的方式。最吸引我的是他自由的姿态和演奏。[①]

此前亨丽埃特从未听过肖邦的演奏，但那个难忘的下午过后，她马上跑去买来了所有能找到的肖邦作品。肖邦启程返回巴黎之前，还去约瑟夫·波尼亚托夫斯基（Józef Poniatowski）亲王的墓地敬献了花环，波尼亚托夫斯基是波兰的陆军元帅，曾为拿破仑作战，在莱比锡战役中英勇牺牲。这位亲王是当时波兰国王的哥哥，他的英雄事迹被波兰人广泛传颂，但肖邦敬献花环这件事在历史上却鲜为人知。肖邦从莱比锡出发后，途经卡塞勒（Cassel）时拜访了路德维希·施波尔，肖邦在华沙时经常演奏他的“钢琴五重奏”。路过法兰克福时，他顺道拜访了希勒和门德尔松。门德尔松不久前在这一年的杜塞尔多夫下莱茵音乐节上推出了清唱剧《圣保罗》的首演，大获成功，他刚刚和未来的妻子塞西尔·让勒诺（Cécile Jeanrenaud）订完婚，此时在法兰克福长住。

296 VII

9月底，肖邦回到巴黎绍塞－昂坦街的公寓后，再次病倒了。从德国乘公共马车回到法国需要18天，这样的长途跋涉让他疲惫不堪。他卧床不起，痰中带血，高烧不退。他的老朋友扬·马图辛斯基在家照顾他。马图辛斯基如今已成为一名医生，他一年前离开了华沙来到巴黎。当肖邦的前室友、两人共同的朋友亚历山大·霍夫曼医生搬走之后，他便搬来与肖邦同

---

① 沃尔夫冈·伯蒂歇尔（Wolfgang Boetticher）在《对罗伯特·舒曼生平与作品的进一步研究》（*Weitere Forschungen*）中发表了福格特的日记选段。BWF, pp. 53–55.

住。这样肖邦又有了一位"驻家医生"。没有人比马图辛斯基更适合给肖邦治疗了，从波兰来法国时，他也出现了肺结核的症状。六年后，年仅34岁的他就被这一疾病夺去了生命。华沙起义期间，马图辛斯基加入了波兰步枪兵团，获得了国家最高军事荣誉——军事十字勋章。在巴黎安顿下来后，马图辛斯基继续在当地的医院里做医生，在给波兰的妹夫写的一封信里，他描述了和肖邦在一起时的日常生活。

> 肖邦现在是巴黎首屈一指的钢琴家。他每天上很多钢琴课，但没有一节课的价格低于二十法郎。他也作了不少曲，他的作品备受追捧。我和他住在绍塞－昂坦街5号。这里离医学院和医院都比较远，但我仍有充分的理由住在这里——因为肖邦是我唯一的朋友。我们晚上有时去剧院、拜访朋友，或是在家享受安静的时光。①

虽然肖邦的健康状况很差，可能也是为了帮他恢复身体，1836年10月，他和马图辛斯基从绍塞－昂坦街5号搬到了38号——在同一条街上，但入口不同。这间公寓更为宽敞，阳光更充沛，如果马图辛斯基继续和肖邦同住的话，也会有更多自由活动的空间。但实际上，几周之后他就搬了出去，准备和一位法国骑兵军官的遗孀泰蕾兹·博凯（Thérèse Boquet）结 297
婚。1836年12月21日，两人在圣－奥诺雷街上的圣洛克波兰教堂举行了婚礼，肖邦也参加了他们的婚礼。与此同时，在英格兰住了一段时间的尤利安·丰塔纳又回到巴黎准备打拼一番事业，马图辛斯基搬走之后他便搬了进来。他和肖邦同住了两年，成了肖邦的秘书和抄写员。

① HSCC, p. 123.

VIII

肖邦告别沃津斯基一家之后不久，特雷莎就开始后悔没把订婚的事情跟肖邦谈清楚。她解释说，肖邦离开的那天，她牙痛得厉害，去拔了牙。“我十分不舒服，无法过多关注‘黄昏时分’的事，我们也没有充分地讨论这个问题。如果你当时留了下来，我们第二天便可以更透彻地讨论这个问题……”[①]特雷莎已经开始担心秘密订下的婚约可能会以失败告终。她开始责怪肖邦不好好照顾自己，敦促他晚上11点睡觉，喝止咳糖浆（一种含有鸦片的芳香糖浆）。就在特蕾莎和玛丽亚返回波兰前，她给肖邦发出了明确的指示：“回到华沙后我会给你写信，但现在我必须强调：只要你照顾好身体，一切都不是问题。”她总是不忘说起那句标志性的话：“记住，现在是你的测试期。”[②]之后她啰唆地说给肖邦寄去了一双特制的拖鞋和几双玛丽亚给他织的羊毛袜，催促他穿上保护身体。肖邦向她郑重承诺自己会穿上这些鞋袜，但由于后来肖邦并没有在信中提到这些事，特雷莎认为自己的话被无视，于是指责肖邦说谎：“你郑重承诺遵从我的指令，但从你的信里我看出你没说实话，
298 因为你只字未提拖鞋、羊毛袜，以及11点之前上床睡觉的事情。”[③]对此肖邦镇静地回复道：“我很尊敬您，我向您保证我没有说谎。我确实记得拖鞋的事，而且演奏的时候我会想着‘黄昏时分’。”[④]特蕾莎命令肖邦穿拖鞋和羊毛袜这一点可能会让现代人感到不解。根据当时的说法，“感冒”是通过人的足部

① CFC, vol. 2, p. 198; KFC, vol. 1, p. 286.

② CFC, vol. 2, p. 199; KFC, vol. 1, pp. 286–87.

③ CFC, vol. 2, p. 203; KFC, vol. 1, p. 290.

④ CFC, vol. 2, p. 207; KFC, vol. 1, p. 292.

进入身体的，因此足部保暖是预防疾病的最简单做法。[1]

肖邦拜访沃津斯基一家时，全家一直在期待一件事，和这件事比起来，玛丽亚的秘密订婚都显得不那么重要了。很长时间以来，沃津斯基一家都在准备返回波兰，流亡异国他乡五年之后，他们终于要收回波兰的地产了。玛丽亚的父亲文岑蒂已经先行一步，回到华沙处理相关事宜。这样的计划带来了一个重要的假设：如果肖邦和玛丽亚正式订婚，那么肖邦自然也要一起回波兰，两人的通信也包含了很多这样的设想。启程回波兰前不久，玛丽亚还在信中说希望能在斯乌热沃听到肖邦用他寄来的新钢琴演奏。在最后一封从德累斯顿寄出的信中（10月2日），玛丽亚在结尾写道："再见，5月或6月见。"[2] 然而事实证明她过于乐观了。

玛丽亚是一个听话的女儿，很容易受父母的影响。至于特雷莎·沃津斯卡，有人曾把她称为"悍妇"[3]。这个令人印象深刻的说法虽然有些刻薄，但不要忘记是特蕾莎一开始同意了她女儿和肖邦的婚事，后来又在破坏这桩婚事中扮演了重要角色，让肖邦承受了无谓的痛苦。沃津斯基一家一回到波兰，他们对肖邦的态度就立刻发生了改变。遥远的距离对这段感情产生了不可避免的影响。通信中的语言变得客气而正式，玛丽亚 299
也不再单独给肖邦写信，只是在母亲的书信后面加上一段简短的附言。同时，特雷莎也没有告诉肖邦她改变主意了，而是让肖邦继续心存希望，以便让肖邦为她办事。我们可以找出很多这样的例子。比如，她卑鄙地对肖邦说，回到华沙后，她不会

① 当时的法国杂志《流行年鉴》（*Almanach populaire*）为读者提供了不少这类知识。这份杂志的内容五花八门，涉及占星术、金融投资、戒酒协会，还有治疗疾病的民间偏方等。

② CFC, vol. 2, p. 205; KFC, vol. 1, p. 291.

③ HSLC, p. 323.

跟肖邦的父母说起这个“秘密”的婚约。她真的以为肖邦跟家人如此疏远，连这种消息都不告诉家里人吗？实际上肖邦的家人在订婚之后马上就知道了此事，他们认为肖邦会因此过上幸福的生活，为他感到高兴。而肖邦是如此的天真，用一位著名传记作家的话说，他一点没意识到自己被“占了便宜”。

沃津斯基一家收回斯乌热沃庄园之后，发现庄园已破败不堪。老房子里的钢琴已经坏得不能用了，因此特雷莎想到让肖邦寄一架普莱耶尔钢琴到波兰来，但她并没有说明费用将由谁承担。肖邦很乐意效劳，将钢琴寄到了格但斯克。从格但斯克到斯乌热沃还有 180 公里的路程，需要用马车把钢琴运过去。不久后，特雷莎又说自己在收集名人签名，让肖邦提供一些巴黎名人的签名，仿佛肖邦除了挨家挨户上门收集签名以外没有别的事儿可做一样。但这次他也同意了。他不仅收集了签名，还让卢德维卡抄写了他的七首波兰歌曲和《富有情感的慢板》（1830 年）准备一起寄给玛丽亚。校对完所有乐谱后，肖邦将这些手稿用精美的红色皮革装订起来，封面用金色的字迹写上玛丽亚的名字，将曲集和签名寄到了斯乌热沃。但是他的用心换来的却不是感谢而是非难。1837 年 1 月 25 日，特雷莎给肖邦写了一封怒气冲冲的信，这封信可以说是一个转折点，也一定让肖邦看到了他结婚的希望越来越渺茫。信很长，我们只节选其中重要的几段。

斯乌热沃，1837 年 1 月 25 日

我的好弗雷采克，

我们已经很久很久没有收到你的来信了，上一封信还
300 是在你寄来音乐包裹之后不久收到的，关于那个包裹，我必须要责怪你，而不是感谢你。还有那个“纪念品”[装订精美的纪念册]，多愚蠢啊！此外，你也没说钢琴总共

需要寄多少钱，我们得提前知道才能把钱准备好。请告知我钢琴将会送达格但斯克的具体地址。我们想如果阿道夫知道钢琴的到货地点，可以安排一辆马车去接，那里离我们只有 25 里格［180 公里］，春天之前我们就可以收到钢琴了。这里的生活很悲惨。自从我们从华沙回来，就没再踏出过大门，也没有请客人来过家里做客……（T.W.）

在这段没完没了的抱怨后边，玛丽亚加了一段附言：

妈妈责怪了你，可我要好好地感谢你，我们见面后，我更要好好地感谢你。你应该看得出来，我很懒得写信，因为我想等我们见面后再感谢你，那样我就不用把所有事情都写信告诉你了。妈妈已经描述了我们的生活状态，我也没什么其他要说的了，唯一想再告诉你的是冰雪开始融化了——很重要的消息，是不是？——对你来说尤其重要。这里安静的生活很适合我，因此我也很喜欢——暂时如此，当然我也不想一直这样。当你别无选择的时候，也只能苦中作乐了。我试着找些事情来做，打发时间。我正在读海涅的《德国》（*Deutschland*），简直太有意思了。我只能说这么多了，祝你安好。我想用不着重复我对你的感情。

你忠诚的秘书，

玛丽亚①

信里没有一个字是玛丽亚的真情实感，她的话大多是一些枯燥的陈词滥调。而特雷莎在末尾用了正式的署名"T.W."。费迪南德·赫西克指出，这封信令人非常不快，它冷漠、毫无 301

① CFC, vol. 2, pp. 210–12; KFC, vol. 1, pp. 294–95.

感情，有些地方甚至很无礼。① 他补充说，肖邦当时已经是欧洲颇有声望的音乐家了，特雷莎似乎根本不知道自己在给谁写信。

IX

肖邦与玛丽亚·沃津斯卡结婚的希望很快破灭了，他因此日渐消沉。1837 年 2 月，欧洲流感横行，肖邦也被感染，在家休养了几个星期。他不得不因此取消了一些计划，也没有参加 4 月 9 日李斯特在埃拉尔沙龙举行的音乐会。肖邦出现的症状包括高烧和频繁的出血，这一次他甚至患上了肺炎。他吞服碎冰缓解喉咙的炎症，却导致了慢性咳嗽和声音沙哑。② 病痛中的他在 27 岁生日那天（3 月 1 日）收到了一封母亲的来信，母亲说特雷莎·沃津斯卡联系了她，向她抱怨肖邦不遵守诺言，没有早睡早起、好好保重自己的身体。听闻这多嘴之人居然向母亲尤斯蒂娜告状，肖邦一定倍感愤怒。特雷莎一直通过她的人脉打探肖邦在巴黎的生活状态，听说他生病之后，便利用这个消息拉远沃津斯基一家和肖邦家的距离。

从这封信里我们也发现肖邦去找过一位占卜师，可见他认为比起沃津斯卡夫人，占卜师更能就未来的事给他一些可靠的消息。这位占卜师就是著名的玛丽·勒诺尔芒小姐（Mlle Marie Lenormand），她住在巴黎最混乱的图尔农街（rue de Tournon）上。在一间昏暗的房间里，她坐在一张老旧的皮革扶手椅上，脚边环绕着一只黑猫，面前的桌子上摊开一副她自己设计的卡牌。这些年来，不少名人曾找她算命，包括俄国沙皇亚历山大一世。惠灵顿公爵也曾找她算过有谁试图刺杀自

① HFCZ, vol. 2, p. 204.

② SHC, p. 118; BJT, p. 108.

己。勒诺尔芒曾被称为"圣日耳曼郊区的女预言家",但肖邦去的时候,她最辉煌的时代已经过去。她说肖邦的未来不仅会很幸福,而且还十分光明。但对于了解肖邦生平的人来说,这个预言离谱得不能再离谱了。一两年前,玛丽·达古(Marie d'Agoult)跟李斯特私奔之前也曾向她求问,得到的也是这样充满希望的答案,仿佛让她看到了粉红色的浪漫未来。但达古很快就会发现勒诺尔芒的预言不仅不准,甚至还指向了相反的方向。尤斯蒂娜强烈反对肖邦去占卜,她劝告儿子:"向我保证,亲爱的弗里德里克,你不会再去见她了。"[①] 但肖邦是否听从了母亲的建议,有没有再花冤枉钱窥探未来,这一点我们不得而知。不管怎样,未来似乎暗淡无光,而且有生以来第一次,他要面对一个现实问题,那就他患上的这一顽疾似乎是难以治愈的。 302

自从肖邦来到巴黎,阿斯托尔夫·德·屈斯蒂纳(Marquis Astolphe de Custine)侯爵一直是他最热心的崇拜者。屈斯蒂纳是一位著作家兼旅行作家。据文献资料记载,他一直是肖邦忠诚的朋友,发自内心地担心肖邦的健康问题。屈斯蒂纳发现肖邦身体每况愈下后十分担忧,曾多次邀请并催促肖邦到他的别墅度假。他的别墅位于昂吉安湖畔的圣格拉蒂安,离巴黎不远,他说:"我认为这样的旅行对你的健康有好处……你病了。而且更糟糕的,这个病可能会越来越严重。你在身体和精神上承受的痛苦到达了极限。"即便肖邦一直在努力隐瞒,但屈斯蒂纳一定知道肖邦遇到了什么问题,因为他还说了下面这段切中要点的话:

为了保住你过去的成就——这些成就预示了一个光

① CFC, vol. 2, pp. 214–15; KFC, vol. 1, p. 296.

> 明的未来——你现在只有一个选择：那就是像生病的孩子一样接受治疗。你必须承认只有一件事最重要：那就是健康。除了健康，其他问题都会自己解决。我是你的朋友，你可以跟我谈谈问题的关键是什么。你不肯离开巴黎是因为钱吗？如果是这样，我可以借钱给你；你之后再还给
> 303 我，但你必须休息三个月！如果爱情让你失望，让我们试试友情的力量。为你自己活着，也为我们活着。好起来之后，赚钱的日子还多着呢。①

但肖邦还是拒绝了屈斯蒂纳的盛情邀请，没有去德国休假三个月。据我们所知，他也没有接受屈斯蒂纳借给他的钱，但5月的一个周末，他确实去了位于圣格拉蒂安的别墅，屈斯蒂纳为他准备了一架普莱耶尔钢琴，还请了一些身份显赫、期待听他演奏的客人。屈斯蒂纳在附近的一家餐厅招待宾客享用了一桌盛宴，席间喝了不少香槟和勃艮第红酒，之后客人们回到别墅，听肖邦演奏了第25号作品中的两首练习曲和未完成的《F大调叙事曲》（op.38）中的第一部分。肖邦的校友约瑟夫·布若夫斯基当时也在巴黎常住，他和肖邦一起去了圣格拉蒂安，对当天的场景进行了详细的描述。②“肖邦给听众留下的印象毋庸赘言。”布若夫斯基写道：

> 他演奏了新创作的《降A大调练习曲》、《第二首叙事曲》的开头，还有《f小调练习曲》。热情的观众还想再听一首玛祖卡。肖邦马上弹了一首他的爱国诗，然后，就像一位爱国诗人一样，他来了灵感，即兴演奏了一曲战

① CFC, vol. 2, pp. 220–21; KFC, vol. 1, p. 302.

② CJFC, pp. 223–27；另见 BJT, p. 121。

> 歌。玛祖卡让观众们沉浸在了肖邦的乡愁中，而战歌响起后，雄壮的旋律和激昂的情绪触动了每一位正统的贵族，这首玛祖卡激起了他们心中的怀旧之情。演奏完毕，肖邦站起来后，在场的所有人也纷纷起身，上前围住了这位出色的演奏家；他们都有着正统的贵族血统，纷纷问肖邦他演奏的这首战歌叫什么名字。人们并不知道这首乐曲实际上是他即兴演奏的，所以肖邦说这是乌兰军团［波兹南著名的波兰轻骑兵］的军歌。在场的夫人们执意要求肖邦把这首乐曲改编成合唱曲，说她们想演唱这首歌。肖邦答应了，但用波兰语对我说："明天她们就会忘了这回事。"由此可见肖邦十分清楚巴黎沙龙里的常客是什么样的人。[①] 304

肖邦到屈斯蒂纳的别墅做客这件事也很有意思。当时侯爵身陷同性恋丑闻的事已人尽皆知，他因此被巴黎"最上层"的社会排斥，但他仍喜欢与艺术圈的人交往。在他写给肖邦的信里，除了赞美，也不乏直白的示爱和委婉的暗示，但肖邦对这些视而不见。肖邦也一定见过与屈斯蒂纳同居的情人——爱德华·德·圣巴尔贝（Édouard de Sainte-Barbe），还有经常和屈斯蒂纳同床共枕的年轻波兰伯爵伊格纳齐·古罗夫斯基（Ignacy Gurowski）。肖邦在圣格拉蒂安还见到了一个同样以放荡的生活而闻名的人，此人就是英格兰人爱德华·休斯·鲍尔（Edward Hughes Ball）。鲍尔年轻时从姑妈那里继承了一大笔遗产，人们给他起了一个外号，将他调侃地称为"黄金鲍尔"（Golden Ball）。除了把钱砸在赌场上，他还从英格兰国王手里买下了三座城堡，导致银行账户透支，不得不跑到法国躲债。到了法国，他以博·布鲁梅尔（Beau Brummel）为

---

① BJT, p. 121.

榜样，发明了黑领带，在时尚史中给自己找了一个位置。据说他跟众多情妇生下了至少六个孩子，同时又混迹于屈斯蒂纳的密友圈。伊格纳齐·古罗夫斯基伯爵在 1831 年从波兰流亡到法国，1835 年成了屈斯蒂纳的情人。他的恣意挥霍和喜怒无常给屈斯蒂纳的私生活带来了不少麻烦。后来古罗夫斯基和西班牙国王斐迪南七世的侄女、19 岁的伊莎贝拉·德·波旁（Isabella de Bourbon）公主私奔并秘密结婚，被法国驱逐出境。与公主私奔绝非易事，因为当时这位公主住在一间修道院里，由修士教育监护。据说古罗夫斯基雇了一辆去英格兰的马车，并在马车上草草举行了婚礼。两人婚后生了三个孩子，引
305 来了不少流言蜚语。聚会后两周，布若夫斯基返回了波兰，把他的这些见闻讲给了波兰的朋友听。如果“观其友，知其人”这句话说得没错，那么我们也不难猜测沃津斯基一家对肖邦与这些人交往会抱有什么样的态度了。返回波兰之前，布若夫斯基陪肖邦去了昂吉安的温泉，以缓解肖邦呼吸困难和持续咳嗽的症状。这些症状已经困扰他几周之久，在早上尤为严重。

1837 年春天，肖邦又收到了一份邀请，但被他断然拒绝。沙皇尼古拉宣称将授予肖邦“俄罗斯帝国宫廷钢琴家”的称号。这一头衔来得很意外，是由俄国驻巴黎大使卡洛·波佐·迪·博尔戈伯爵（Count Carlo Pozzo di Borgo）向肖邦传达的，他解释说肖邦没有参加华沙起义，不被视为政治逃亡者，因此被授予了这一头衔，此外他还将享受一笔终身津贴。肖邦的外甥安东尼·英德热耶维奇说，肖邦直白地拒绝了这一邀请，他回复波佐·迪·博尔戈说：“虽然我没有参加 1830 年的革命，但我支持那些革命者。因此我认为自己是一位流亡者：这是我唯一愿意接受的荣誉。”① 罗伯特·舒曼曾说肖邦的音乐

---

① HFCZ, vol. 2, p. 150.

“我的不幸”；肖邦与玛丽亚·沃津斯卡的通信

是“花丛中的大炮”，其实他的话放在这个背景下理解更为合适，但后世的人们常常误会了他的意思。如果像舒曼所说，肖邦的音乐作品如同武器，那么具有军事头脑的沙皇尼古拉自然想把它们带到圣彼得堡，让它们为罗曼诺夫家族服务。① 但肖邦拒绝了沙皇的邀请，表明了他和他的音乐都支持波兰的革命。

X

与此同时，沃津斯基一家把自己封闭在了斯乌热沃，玛丽亚也不再给肖邦写信了。玛丽亚和她的父母都没有展现出什么

---

① 人们对舒曼这句评论的理解常常脱离了上下文。舒曼说的其实是肖邦音乐的政治意义，而不是音乐中的诗意。他的原话是：“如果北方那个独裁的、权倾天下的君主知道有这样一个危险的敌人，这个敌人仅凭几首简单的玛祖卡就能对他产生威胁，那毫无疑问他会下令禁止这些音乐。肖邦的作品就是花丛中的大炮。”NZfM，1836 年 4 月 22 日。

风度，既没有对肖邦的求婚表示感谢，也没有给出一个拒绝的理由。特雷莎还会时不时地给肖邦写信，但在信中对女儿的事
306 只字不提。她最在意的是她的大儿子安东尼，经常为此找肖邦帮忙。长期以来特雷莎最担心的就是安东尼。他参加了华沙起义，逃离波兰后四处漂泊，到巴黎的时候还跟肖邦同住了一段时间。米柯瓦伊·肖邦提醒儿子不要借钱给安东尼，因为他花钱大手大脚，米柯瓦伊之前借给他的钱大多有去无回。但肖邦没有听从父亲的建议，还是把钱借给了他。后来安东尼加入了一个波兰骑兵团，被派去参加西班牙内战，并在 1837 年 5 月 24 日的韦斯卡战役（Battle of Huesca）中负伤。特雷莎听到这个消息之后快要急疯了，厚着脸皮向肖邦求助。她虽然不想让肖邦做自己的女婿，但有需要时她还是会找肖邦帮忙。肖邦从巴黎的波兰朋友那里打听到了一些消息，6 月 18 日将安东尼的伤势和战役的惨烈情况告诉了特雷莎。他说安东尼服役的波兰骑兵军团已全军覆没，但安东尼平安无事。[1]

1837 年 8 月，肖邦与沃津斯基一家几乎完全没了联系，他知道自己与玛丽亚的这场注定失败的婚约也走到了终点。大概就是在这时候，他把玛丽亚的信捆在一起，装进了一个大信封，用丝带系起来，写上了“我的不幸”（*Moja bieda*）这几个字。肖邦去世后，这个包裹才在他巴黎的公寓里被发现。肖邦后来提到沃津斯基一家时，说他们“自私自利、不讲道德、无情无义”[2]。

但现在看来，我们认为肖邦没和玛丽亚结婚是件好事。玛丽亚只是一个涉世未深的普通女孩。如果肖邦真的娶了沃津斯基家的女儿，他会失去自己的独立性，他的艺术发展会受到制

① CFC, vol. 2, p. 222; KFC, vol. 1, pp. 303–304.

② CFC, vol. 2, p. 309; KFC, vol. 1, p. 340.

约，而我们也无法听到这些等待着人们去充分表现的音乐作品
了。沃津斯基一家会要求肖邦回到波兰。离开巴黎的高雅生活
回到波兰将意味着肖邦艺术之路的终结。没有了巴黎的学生， 307
他也就失去了主要的经济来源。此外他也会失去沃津斯基一家
对他的尊重，所有这些都会让他的生活变得十分艰难。对于他
来说，家人、朋友和同行因仰慕他的才华而给予的无条件支持
至关重要，没有这些支持肖邦无法成功。

XI

玛丽亚·沃津斯卡的故事到这里还没结束。1840 年，玛
丽亚和弗里德里克·斯卡尔贝克的儿子约瑟夫·斯卡尔贝克订
婚，并于 1841 年 7 月 24 日结了婚。肖邦曾经的未婚妻嫁的
这个人肖邦一家不仅十分熟悉，而且他们从小就和这家人关系
非常好，肖邦的姐姐卢德维卡对此事愤愤不平，认为这是对他
们一家的背叛。她在信中写道："愿上帝宽恕他们。"[①] 但显然上
帝另有安排，两人的罗马天主教婚姻被宣告无效（nullum in
radice）——这个暗含没有圆房的意思。按照天主教规定，玛 308
丽亚等了两年之后再次结婚，嫁给了瓦迪斯瓦夫·奥尔皮谢夫
斯基（Władysław Orpiszewski）。两人婚后生下一子，起名
为塔德乌什，但 4 岁就夭折了。奥尔皮谢夫斯基一家最后搬到
了佛罗伦萨，经常邀请当地的波兰艺术家和作家去他们位于阿
泽利奥广场（Piazza d'Azeglio）的家里聚会。曾经窈窕美丽

---

① CFC, vol. 3, pp. 40–41; KFC, vol. 2, p. 16. 本书前文提到卢德维卡曾以约瑟夫·斯卡尔贝克为主角，写了一本名为《约齐奥的旅行》的书，如果我们还记得这一点，就能理解为什么卢德维卡认为他们遭到了背叛。1826 年，肖邦一家和斯卡尔贝克一家在赖纳茨温泉度假，卢德维卡以 7 岁的约瑟夫·斯卡尔贝克为原型写了一本书，那时的卢德维卡不会想到，这个小男孩长大后和抛弃了他弟弟的女人结了婚。

的玛丽亚后来也成了一个臃肿的老妇人。[1] 1881 年她的第二任丈夫死于肺结核之后（她自己应该也能看出其中的讽刺意味），她回到波兰和侄女玛丽亚·奥尔皮谢夫斯基一起生活。玛丽亚在 1896 年去世，享年 77 岁。她比肖邦多活了近半个世纪，最终因为和肖邦未成的姻缘而被后人铭记。

① 从玛丽亚暮年的照片中就能看出这一点，见 ECIB, p. 211。

英国插曲，1837年7月 309

> 他们这儿的东西都好大！厕所也大，但是没有一个地方能让人好好上厕所。
>
> ——肖邦写给丰塔纳的信①

I

沃津斯卡的事让肖邦陷入了痛苦的深渊，不少人向他伸出援手，希望帮他走出阴霾。但他不想打搅别人，更愿意待在巴黎静静疗伤。虽然他和约瑟夫·布若夫斯基拜访完屈斯蒂纳侯爵之后，6月去昂吉安温泉休养了三天，但他的精神仍旧很消沉，一直期盼着回绍塞－昂坦街上他和尤利安·丰塔纳同住的公寓里。后来卡米耶·普莱耶尔建议肖邦和他一起去伦敦旅行，他才同意前往。普莱耶尔自己也需要出去散散心。他年轻的妻子——钢琴家玛丽·普莱耶尔屡屡出轨，此时他刚刚痛下决心和妻子分开。1836年，玛丽生下了一个私生女（孩子的父亲很可能是她的新情人——德 310
国汉堡商人乔治·帕里什），这让他的婚姻不堪重负。②

卡米耶·普莱耶尔的妻子原名为玛丽·莫克，她曾与柏辽兹订婚，解除婚约时也闹得满城风雨。1831年，她嫁给了卡米耶·普莱耶尔，但这场婚姻从一开始就有问题。玛丽比普莱耶尔小23岁，长期对丈夫不忠。对于这种事情，做丈夫的总是最后一个知道。我们从梅耶贝尔给妻子明娜的信中就能找到一些佐证，明娜早年曾跟玛丽·普莱耶尔学过钢琴，因此梅耶贝尔给妻子转述了这个丑闻中的一个戏剧性事件："你曾经的钢琴老师卡米耶［玛丽］·莫克，也就是现在的普莱耶尔夫人，在自己家里

---

① CFC, vol. 2, p. 225.

② 普莱耶尔死后，玛丽的女儿于1858年10月9日获得了合法的身份。玛丽的女儿也叫玛丽，后来成了一名歌唱家。详见FLSL, p. 984。

311

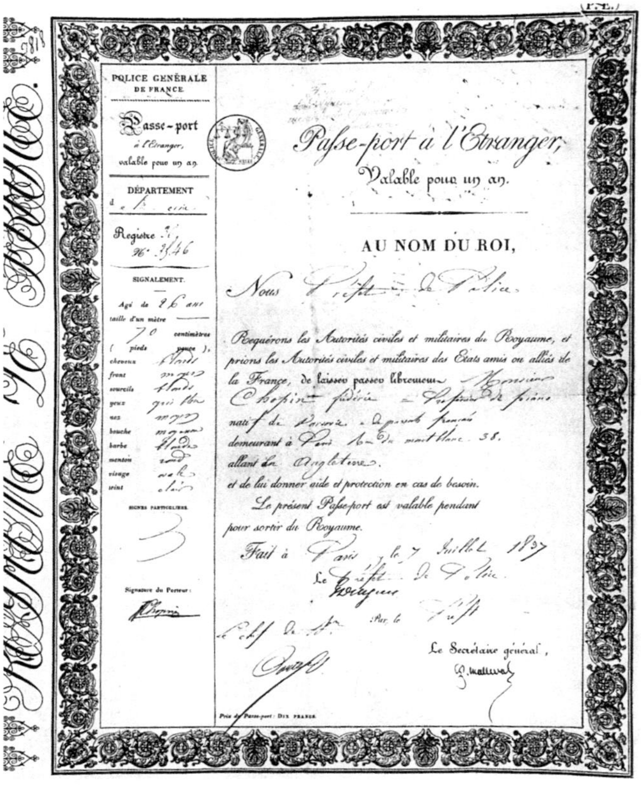

POLICE GÉNÉRALE DE FRANCE

Passe-port à l'Étranger, valable pour un an.

DÉPARTEMENT de la Seine

Registre
N° 3546

SIGNALEMENT.

Agé de 26 ans
taille d'un mètre 70 centimètres
(pieds pouce),
cheveux
front
sourcils
yeux
nez
bouche
barbe
menton
visage
teint

SIGNES PARTICULIERS.

Signature du Porteur : Chopin

Passe-port à l'Étranger,
Valable pour un an.

AU NOM DU ROI,

Nous Préfet de Police

Requérons les Autorités civiles et militaires du Royaume, et prions les Autorités civiles et militaires des États amis ou alliés de la France, de laisser passer librement Monsieur Chopin Frédéric Professeur de piano
natif de Varsovie
demeurant à Paris rue du mont blanc 38.
allant en Angleterre.
et de lui donner aide et protection en cas de besoin.
Le présent Passe-port est valable pendant
pour sortir du Royaume.

Fait à Paris, le 7 Juillet 1837

Le Préfet de Police

Par le Préfet

Le Secrétaire général,

Prix du Passe-port : DIX FRANCS.

肖邦的法国护照，签发日期为 1837 年 7 月 7 日被她的一个情人狠狠地打了一顿。出于嫉妒，这个情人拽着她的头发把她拖到了大街上。她的丈夫还一直以为这个轻贱的女人是世界上最贤良的妻子，这下才看清了真相。全巴黎都在谈论着她不光彩的行为。”[1] 从信中可知这件事发生在 1835 年，大概也就是在这个时候，玛丽怀孕了。同年晚些时候，卡米耶·普莱耶尔与玛丽正式分居，并从他的遗产继承人中删除了玛丽。

自己的家事整天被人议论纷纷，显然普莱耶尔需要换换环境。肖邦一直想去伦敦，他欣然接受了普莱耶尔的提议，但有一个条件：他必须匿名前往，不能让艺术界的朋友知道，也不能让沃津斯基一家知道。他认为只有匿名前往伦敦，躲开人们的视线，他才能享受旅游观光带来的纯粹快乐，忘掉沃津斯基一家带来的烦心事。肖邦申请了一份法国护照（签发日期为 1837 年 7 月 7 日），并在 7 月 9 日和普莱耶尔离开了巴黎。他们在法国布洛涅（Boulogne）登上渡轮，跨越英吉利海峡前往多佛（Dover）。这是肖邦第一次看到广阔的外海。“我稍后会告诉你大海给我带来了哪些有趣的想法和不悦的感受。”他对丰塔纳说。[2] 经过十八个小时的航行后，他们于 7 月 10 日到达了伦敦。

肖邦护照上的信息让我们对他的外貌特征有了一个准确的 312
了解：

年龄：26 岁	鼻子：正常
身高：1.70 米	嘴巴：正常
头发：亚麻色	胡须：亚麻色
额头：正常	下巴：圆
眉毛：亚麻色	脸型：椭圆
眼睛：灰蓝色	肤色：白皙

① GMB, vol. 2, p. 459.

② CFC, vol. 2, p. 225; KFC, vol. 1, p. 306.

两人入住了豪华的萨布洛尼埃酒店（Sablonnière Hotel），这家酒店位于克兰伯恩大街（Cranbourne Stree）和莱斯特广场（Leicester Square）拐角处。波兰诗人斯坦尼斯瓦夫·埃格伯特·科伊米安（Stanisław Egbert Koźmian）是丰塔纳在华沙时就认识的老朋友，当时他正住在伦敦。丰塔纳提前联系了他，告诉他肖邦即将前往伦敦，并在信中说："肖邦会在伦敦停留一周左右，最多十天，他不想见任何人……请你［对他的行程］保密。"① 肖邦下定了决心要隐瞒身份，因此他化名为"弗里茨先生"②，知道他行程的只有为数不多的几个人。

科伊米安全程接待了肖邦和普莱耶尔，还带他们游览了伦敦。之前丰塔纳曾告诉肖邦夏季的这段时间里，伦敦的天气会像意大利的天气一样好。但这个判断下得有些草率了。肖邦发现伦敦乌烟瘴气，几百个烟囱冒着黑烟，刺激着他的肺部。尽管如此，他对伦敦大加赞赏，说英格兰的女性、马匹、建筑、广场、宫殿、树木都让他印象深刻。英格兰的厕所尤其让他惊讶，他说厕所如同大理石宫殿，"让人没法好好地上厕所"③。有关这次英格兰之行的资料并不多，我们能找到最详细的描述出现在科伊米安给波兰的兄弟写的信中：

> 1837 年 7 月 25 日
>
> 肖邦已经在伦敦隐姓埋名地待了两周。除了我以外，他
> 313 谁也不认识，也不想认识任何人。我一整天都和他在一起，甚至有时整晚都在一起，比如昨晚。和他同行的是以钢琴和

---

① 丰塔纳这封信的日期为 1837 年 7 月 3 日。OFCL, p. 44.

② 肖邦的化名也很好理解。在德语里，"弗里茨"是"弗里德里克"的昵称，和波兰语中"弗里德里克"的昵称"弗里采克"（Frycek）发音相似，肖邦的家人和好朋友都叫他"弗里采克"。

③ CFC, vol. 2, p. 225; KFC, vol. 1, p. 306.

出轨的妻子闻名的普莱耶尔。他们来这里的目的是“享受伦敦”（pour se régaler de Londres）。他们住在高级酒店里，雇了一辆马车。简而言之，他们就是来这儿花钱的。我们有一天去了温莎，还有一天去了布莱克沃尔，明天要去泰晤士河畔的里士满。其他的事儿我只能晚点再讲，因为和他们在一起聊天、听“撒拉弗”演奏让我很开心。①

II

为了满足“花钱”的要求，三人不仅乘坐雇来的马车去了里士满、汉普顿宫、布莱克沃尔（以“全鱼宴”闻名）和温莎，还去了更远的奇切斯特（Chichester）和阿伦德尔（Arundel）。他们在阿伦德尔遇见了波兰革命事业在英国的主要推动者达德利·斯图尔特（Dudley Stuart）勋爵，他当时正在参加议会选举，但遗憾落选。也是在这里，肖邦在马车顶上围观了喧嚣热闹的英格兰乡村选举（就像狄更斯的《匹克威克外传》中主人公在伊顿斯威镇见到的那种）。他们几乎每晚都会去歌剧院或戏院。女高音歌唱家朱迪塔·帕斯塔（Giuditta Pasta）当时正在国王剧院演出，每场都座无虚席，肖邦十分欣赏她演唱的凯鲁比尼（Cherubini）的《美狄亚》（*Medea*）和贝利尼（Bellini）的《凯普莱特与蒙泰基》（*I Capuleti e i Montecchi*）。他也听了施勒德－德弗里恩特演唱的贝多芬的歌剧《费德里奥》，但似乎这场演出没有给他留下什么深刻印象。此外，他也在特鲁里街皇家剧院看了一场音乐会，这场音乐会由贝多芬纪念基金会赞助，著名钢琴家莫谢莱斯在乔治·斯马特（George Smart）爵士的指挥下演奏了贝

① HFCZ, vol. 2, p. 145.

多芬的“皇帝”钢琴协奏曲。但这场演出同样没能打动肖邦，他也没有去后台与莫谢莱斯见面，认为他的演奏“极其的巴洛
314 克”[1]。莫谢莱斯一直想认识肖邦，如果他知道肖邦当时就在伦敦，还听了他的演奏，一定会想方设法地找到肖邦。肖邦虽然不愿公开露面，但最后还是暴露了身份。普莱耶尔受到英国钢琴商詹姆斯·舒迪·布罗德伍德（James Shudi Broadwood）的邀请，去他位于布莱恩斯顿广场的家中参加了一场晚会。他把肖邦也带去了，并向人介绍说这是“巴黎来的弗里茨先生”。肖邦原本不会引起人们的怀疑，但晚宴后宾客们移步到音乐室时，有几位客人弹起了布罗德伍德的新款钢琴。他忍不住也上前试了试。刚弹了几个小节，人们就立刻被迷住了，识破了肖邦的真实身份。“只有肖邦是这样弹琴的。”肖邦和布罗德伍德就是这样相识的，并建立起了富有成效的合作关系。1848 年他再次回到英国时，布罗德伍德也给予了他不少帮助。1848 年，肖邦在所有重要的音乐会上演奏的都是布罗德伍德钢琴。

普莱耶尔在英格兰也成了人们议论的话题。玛丽·莫克对他的背叛，以及私生女的出生，都使他再次成为流言蜚语的攻击对象。就连科伊米安也在之前给家人的那封信里不太友好地将他称为“以钢琴和出轨的妻子闻名的普莱耶尔”。根据法国当时的法律，普莱耶尔没法与妻子离婚，但他可以采取其他办法。可能就是这时，普莱耶尔遇见了 21 岁的英国女子艾玛·奥斯本（Emma Osborn），准备把她带回巴黎建立一段事实婚姻。我们发现肖邦在 1839 年 1 月 22 日给普莱耶尔的信中隐晦地提到了艾玛，问候她的健康情况，可见从伦敦回去后的十八

① 指 7 月 20 日的一场音乐会，乔治·斯马特爵士指挥爱乐乐团演奏了第九交响曲。当时一份英国报纸公开反对为贝多芬立纪念碑，说：“德国人从来没为英国名人立过纪念碑。”受这种狭隘的爱国主义思想影响，观看那场演出的观众寥寥无几，莫谢莱斯苦涩地说：“这场音乐会是给空座位演奏的。”MAML, vol. 2, pp. 23–24.

个月里，艾玛已经住在了普莱耶尔的家里。应普莱耶尔的要求，艾玛将名字改成了艾玛·奥斯本·普莱耶尔。她成了肖邦的忠实粉丝。1855 年普莱耶尔死后，一些与肖邦有关的重要物品归她所有，包括肖邦的手稿和个人物品，最终这些物品几经辗转又回到了英格兰。1906 年，艾玛以 90 岁高龄去世，身后留下了一些令人难以置信的关于肖邦的回忆。①

III 315

当时莫谢莱斯已经在伦敦住了几年，他在日记里用哀怨的语气提到了肖邦的到访："肖邦在伦敦待了几天了，他是唯一一个谁也没见、也不想见任何人的外国艺术家，因为说话会加重他的肺病。他听了几场音乐会就消失了。"② 肖邦离开伦敦三周后，门德尔松也来到了伦敦。听说和肖邦擦肩而过，他给两人共同的朋友费迪南德·希勒写了一封信："据说肖邦两周之前突然到访伦敦，没拜访任何人，也没会客。有一天晚上他在布罗德伍德家精彩地弹了一曲，然后就匆匆离开了。人们说他仍然病得很重，看起来十分悲惨。"③

即便如此，他的演奏仍旧给人们留下了深刻的印象。第二年，1838 年 2 月 23 日出版的《音乐世界》（*The Musical World*）回顾并评论了肖邦的这次演奏。

---

① 艾玛对肖邦的回忆可参见维克托·吉勒（Victor Gille）的《浪漫的回忆：艾玛·普莱耶尔夫人》（*Souvenirs romantiques: Madame Emma Pleyel*），巴黎，1954。19 世纪 60 年代，艾玛·奥斯本曾在巴黎克莱芒·拉格里夫（Clément Lagriffe）照相馆拍摄过一张正式的照片（见 CCPLS, p. 8），从中可以看出她是一个十分俊俏的女人。她去世后埋葬在了拉雪兹神父公墓，正对着普莱耶尔家的墓碑。她的墓碑是在卡米耶死后半个世纪左右制作的，上边写着"普莱耶尔遗孀之墓"。

② MAML, vol. 2, p. 20.

③ HMBE, p. 90.

> 去年夏天他在伦敦短暂停留期间，只有为数不多的几个人有幸听到了他的即兴演奏。听过他演奏的人都会对此终生难忘。他可能是沙龙里最令人愉悦的出色钢琴家。他的动作如此轻柔，他精致而优雅、忧郁而温柔，演奏精准而有条理，整体效果堪称完美，体现了他精准的判断和高雅的品位，但在大型音乐厅或挤满了人的沙龙里，这样的演奏无法展现出其优势。

IV

关于肖邦第一次英格兰之行，我们能找到的官方记录只有
316 以上这些。但我们也了解到，在这次短暂的旅行中，肖邦联系了他的英国出版商克里斯蒂安·韦塞尔（Christian Wessel）。韦塞尔的办公室位于弗里斯街（Frith Street），距肖邦的酒店不到一公里。7月20日，他和韦塞尔签署了几份合同。这时韦塞尔已出版了不少肖邦的作品，数量有几十首，因此在肖邦的事务中他有着重要的利害关系。肖邦不怎么会说英语，这可能会让他感到孤立无援；但普莱耶尔愿意帮肖邦与韦塞尔交涉，还作为中间人一同签署了合同。[①] 此外也有不少证据表明，肖邦去伦敦的时候带了一些手稿，而不是空手去的。1837年10月，肖邦离开伦敦两个月后，韦塞尔就出版了他的《降A大调即兴曲》（op.29）等。一个月后，他又出版了《四首玛祖卡》（op.30）、《降b小调谐谑曲》（op.31）和《两首夜曲》（op.32）。韦塞尔赶在莱比锡和巴黎的出版商（布赖特科普夫和施莱辛格）之前出版了这些乐曲（即兴曲除外）。所有乐曲中，最耀眼的要数《十二首练习曲》（op.25），这部作品是韦

① WCB, p. 29.

塞尔在10月出版的，与布赖特科普夫和施莱辛格出版的时间大致相同。韦塞尔尤其擅长给肖邦的音乐加上描述性的标题，以吸引英国的演奏者。但他给《降b小调谐谑曲》起名为“沉思”（La Méditation），不禁让人怀疑他是否听了这部作品。两首夜曲被分别命名为“悲伤”（Il lamento）和“慰藉”（La consolazione）。因为韦塞尔知道，众多爱好弹钢琴的英国女士们正等着沉浸在《g小调夜曲》唤起的悲伤中，再被《降A大调夜曲》抚慰。后来他还将《F大调叙事曲》（op.38）起名为“优雅”（La Gracieuse），给《两首夜曲》（op.37）起名为“叹息”（Les Soupirs）。韦塞尔不顾肖邦的反对一意孤行，因为他担心以一般性的标题出版这些作品会让他亏钱。①

仅仅三周，肖邦的英格兰之行就结束了。忠诚的科伊米安 317
陪肖邦一直同行到布莱顿（Brighton）②，他们在那里参观了刚

① 从肖邦的信中可以看出，韦塞尔起的这些愚蠢的名字让他十分恼火，在1841年10月9日给尤利安·丰塔纳的信中，肖邦说：“说起韦塞尔，他就是个傻瓜和骗子……告诉他如果我的作品让他亏了钱，那一定是因为这些荒谬的标题。我已经禁止他附上这些标题，还跟斯特普尔顿先生［韦塞尔的合伙人］吵了几架，他还是不听。你还可以告诉他如果我凭良心做事，标题的事情过后，我不会再给他寄任何东西了。”（CFC, vol. 3, p. 86; KFC, vol. 2, p. 42.）肖邦和韦塞尔的合作一直不顺畅，接二连三地出现问题，让我们不禁好奇这段合作最初是如何开始的。韦塞尔的公司后来被埃德温·阿什当（Edwin Ashdown）收购，阿什当给了我们一个可能的答案。他指出肖邦在世期间，英格兰很少有人能演奏他的音乐，他还说：“韦塞尔的合伙人弗里德里克·斯特普尔顿并不是很有音乐天赋，但在巴黎听了肖邦的演奏后，他很受震撼。他确信肖邦的音乐很有前景，并说服韦塞尔买下所有肖邦的作品。当时能演奏肖邦作品的人很少，有很长一段时间他们并不赚钱，于是后来就不再出版肖邦的作品了。之后肖邦的作品都是克拉默出版的。”《音乐先驱报》，1903年4月1日，第99~101页。

② HFCZ, vol. 2, p. 148. 这份令人费解的信息已在各类文献中存在了100多年，最初是由费迪南德·霍西克提供的。如果科伊米安和肖邦在前往多佛的途中去了布莱顿，那么两人需要绕很远的一段路，会让肖邦的归途变得很不顺畅。当时多佛是前往法国的唯一港口。离布莱顿比较近的纽黑文（Newhaven）和福克斯通（Folkestone）港口在1837年都还没有开通跨海峡渡轮，虽然肖邦在1848年第二次造访伦敦时走的是福克斯通港口。

刚竣工的浮华的皇家建筑英皇阁（Brighton Pavilion）。之后肖邦乘渡轮从多佛出发，跨越英吉利海峡，7月底回到了巴黎。伦敦的短期旅行让他振作了不少，虽然在此期间他收到了特雷莎·沃津斯卡的来信（现已遗失），告诉他婚约已经取消。此前他一直心神不宁地等待着最后的消息，但收到信后他终于可以从沃津斯基一家给他带来的痛苦中解脱了。普莱耶尔继续留在伦敦，为把艾玛·奥斯本带回巴黎生活做着准备。

诋毁与赞美，1833 ~ 1838 318

> 他孜孜不倦地……写着刺耳的不协和旋律、生硬的过渡、突兀的转调，将旋律和节奏变得面目全非……
>
> ——路德维希·莱尔斯塔勃[1]

> 那种无与伦比的美妙，那种诗意和原创性，还有肖邦演奏中的完全自由和绝对清晰都难以用语言来表达。从任何意义上来说都是完美的。
>
> ——查尔斯·哈雷[2]

I

虽然在感情上经历了挫折，但自从和玛丽亚·沃津斯卡分手之后，肖邦在音乐界的地位也发生了改变。这时的肖邦已出版了丰富的作品，体现出了他的日益成熟与自信。肖邦不仅开拓了一条新的道路，还在这条路上走出了自己的风格。此外，他与欧洲三大知名出版商建立起了稳定的合作关系，包括巴黎的施莱辛格、莱比锡的布赖特科普夫与黑特尔、伦敦的韦塞尔。由于当时没有正规的版权法，肖邦可以将作品同时卖给这三大出版商，而 319
他也确实这么做了，通过出版作品获得了丰厚的收入。

但需要注意的是，肖邦的作品在1833年之前并不出名。在此之前流传最广的只有《“让我们携手同行”变奏曲》（op.2）。虽然《c小调回旋曲》（op.1）和《玛祖卡回旋曲》（op.5）很早就在华沙出版了，但这些他青少年时期的作品并没有走出波兰国界。1832年2月26日肖邦在巴黎首演时，人们只知道他是一位“波兰钢琴家”。直到1832年12月，肖邦把

---

① 《音乐界的伊里斯》，1833年7月5日。

② HLL, pp. 31–32.

从波兰带来的《四首玛祖卡》（op.6）和《五首玛祖卡》（op.7）出版之后，他的作品才开始不断涌现出来。1833 年 6 月之前，他出版了《三首夜曲》（op.9）、《三首夜曲》（op.15）和《e 小调协奏曲》（op.11）。此后的两三年里，肖邦发现出版商开始争先恐后地出版他的作品，包括《f 小调协奏曲》（op.21）、《b 小调谐谑曲》（op.20）和《降 b 小调谐谑曲》（op.31）、两本练习曲集（op.10 和 op.25）、《两首夜曲》（op.27）、《两首波兰舞曲》（op.26）及《g 小调叙事曲》（op.23）。

数量可观的作品让肖邦的声誉也提高了不少。正因如此，1836 年，音乐理论家 F.-J. 费蒂斯决定把肖邦收录进他正在编纂的《音乐家传记词典》（*Biographical Dictionary of Musicians*）。他给 26 岁的肖邦寄了一份问卷，希望肖邦提供一些关于工作和生活的一手资料。1836 年 3 月 27 日，肖邦寄回了填好的问卷。在“出生日期”部分，他写的是“1810 年 3 月 1 日”，再次证明布罗霍夫圣洛克教堂出具的受洗证明上，主持牧师写下的出生日期是错误的。

II

在这些作品中，最突出的当数第 10 号和第 25 号作品中的 24 首练习曲，它们在音乐史中占据了独特的地位。通过这 24 首乐曲，肖邦让这种原本只属于琴房的音乐体裁登上了音乐会的舞
320 台，并从此在这个舞台上占了一席之地。车尔尼、克莱门蒂、克拉默、德勒、胡梅尔、莫谢莱斯等人也写过很多练习曲，但他们的练习曲缺乏更高层次的音乐性，因此未能获此殊荣。相比之下，虽然肖邦练习曲的技术性也很强，但每首乐曲都如同一首精妙的小诗，以其纯粹的优美和精致俘获了所有听众的耳朵。肖邦的练习曲涵盖了各种钢琴演奏技巧，常被人评价为“全面”。但这一说法也不尽然，因为肖邦的练习曲中很少出现震音、颤音、

大跳、快速重复音、换手演奏（“交叉手”）等技巧，而这些技巧常出现在其他用以达到某些训练目的的练习曲中。不少练习曲都热衷于键盘上的炫技，很难达到真正的教育目的。肖邦不想加入这样的潮流中，也不屑于为自己的曲集起一个像车尔尼的《速度流派》和克莱门蒂的《名手之道》那样的大标题。

《十二首练习曲》（op.10）
献给弗朗茨·李斯特
（1833 年 6 月）

1.C 大调
2.a 小调
3.E 大调
4. 升 c 小调
5. 降 G 大调（“黑键”练习曲）
6. 降 e 小调
7.C 大调
8.F 大调
9.f 小调
10. 降 A 大调
11. 降 E 大调（“琶音”练习曲）
12.c 小调（“革命”练习曲）

《十二首练习曲》（op.25）
献给玛丽·达古伯爵夫人
（1837 年 10 月）

1. 降 A 大调（“风弦琴”练习曲）
2.f 小调
3.F 大调
4.a 小调
5.e 小调
6. 升 g 小调（“三度”练习曲）
7. 升 c 小调
8. 降 D 大调（“六度”练习曲）
9. 降 G 大调（“蝴蝶”练习曲）
10.b 小调（“八度”练习曲）
11.a 小调（“冬风”练习曲）
12.c 小调（“海洋”练习曲）

演奏者可以完整地练习曲集中的所有乐曲（这种做法在肖邦的时代很罕见，在现代却很普遍），也可以根据自己的喜好选择其中几首练习。所有的练习曲一脉相承，因此演奏者也可以从两部曲集中选出相似的乐曲放在一起练习。有一些证据表
321 明，从第 10 号作品中前六首乐曲的调性安排来看，肖邦可能原本打算按照两个一组的顺序编排乐曲（C 大调 /a 小调，E 大调 / 升 c 小调，降 G 大调 / 降 e 小调），每两首构成一对关系大小调——但第 7 首《C 大调练习曲》的突然出现打破了这个模式，这首练习曲的创作时间较晚。实际上，这 12 首练习曲是在 1829~1832 年陆续创作的，肖邦 1833 年上半年在出版前夕才将它们整理了出来。乐曲创作顺序和编号顺序也相去甚远。前两首练习曲确实是最早完成的，创作于 1829 年 11 月。但其中最著名的第 3 首《E 大调练习曲》可能是最后完成的，创作于 1832 年 8 月。肖邦曾经对乐曲的顺序进行过整体调整，最终才确定了现在的顺序。

第一部曲集由巴黎的施莱辛格出版于 1833 年 6 月 8 日，肖邦将它献给了弗朗茨·李斯特。仅仅两周之后，这些练习曲就出现在了李斯特的节目单上。6 月 20 日，肖邦在给费迪南德·希勒的信中写下了几句著名的话："我已经不知道我在写些什么了，因为此时此刻李斯特正演奏着我的练习曲，让我无比嫉妒，我真希望能偷来他的技巧来演奏我自己的练习曲。"[1] 李斯特带着这部曲集进行了欧洲巡演，在每个城市单独演奏其中的几首。1837 年 2 月 4 日，当他回到阔别已久的巴黎之后，又在埃拉尔沙龙的音乐会上演奏了其中的第 11 首和第 12 首练习曲。仅仅两个月后的 4 月 9 日，他在同一间音乐厅里照着肖邦的手稿演奏了当时还未出版的第 25 号作品中的第 1 首和第

① CFC, vol. 2, p. 93; KFC, vol. 1, p. 227.

2 首。肖邦很可能没有出席这两场音乐会，因为 1837 年初他的身体状态一直不太好。玛丽·达古伯爵夫人用委婉的话说："肖邦依然无比优雅地咳嗽着。"①

肖邦将第二部练习曲献给了李斯特的情妇玛丽·达古，但事实证明这是个错误的选择。后来达古和肖邦的情人乔治·桑反目成仇，使肖邦自己也受到了波及。今天我们知道肖邦原本打算把第二部练习曲也献给李斯特，但后来改了主意，将玛 322
丽·达古的名字写在了标题页上。因此当身在意大利的李斯特写信给乔治·桑，请她向肖邦转达谢意时，不知他内心是什么感受。②

---

① CFC, vol. 2, p. 216.

② 这个故事来源于布赖特科普夫档案中的一系列信件（SDNL, pp. 167–80），这些资料目前藏于达姆施塔特大学图书馆（Hochschulbibliothek in Darmstadt），1997 年由玛丽亚·埃克哈特首次出版。布赖特科普夫曾邀请李斯特参与肖邦作品选集（1878~1880）的编辑工作，让他负责前奏曲的部分。李斯特对布赖特科普夫说他更想负责练习曲的部分，"因为第一部是献给我的"。接着他补充道："实际上（当时）第二部也是。"（LLB, vol. 2, p. 258.）布赖特科普夫不得不尴尬地告诉李斯特第二部练习曲已经分配给了李斯特的死对头、柏林音乐大学（Berlin Hochschule für Musik）的钢琴系主任恩斯特·鲁道夫（Ernst Rudorff）。李斯特很有风度地做出了让步，同意负责前奏曲的部分。但当年是什么让肖邦改变主意，把第 25 号作品题献给了别人呢？我们猜测这件事和李斯特的轻佻作风有关。两三年前李斯特曾与玛丽·普莱耶尔约会，后者当时仍是肖邦的朋友兼同行卡米耶·普莱耶尔的妻子，而且两人还在肖邦出城期间，未经允许在肖邦的房间里幽会。尼克斯对这件事情很感兴趣，就此事采访了肖邦的学生薇拉·鲁比奥（Vera Rubio）夫人。采访的结果让他写下了这样一句令人印象深刻的话："情况过于敏感，不宜详细叙述。"但他还是加了一些信息："肖邦在房间里发现了些蛛丝马迹之后，毫不意外地被激怒了。"（NFC, vol. 2, p. 171.）尼克斯很有绅士风度，没有指出这件事的女主角是玛丽·普莱耶尔。但不需要尼克斯指出，因为李斯特自己就证实了女主角的身份。1839 年，李斯特在维也纳遇到了普莱耶尔夫人，他对玛丽·达古讲述这次偶遇时说："她问我记不记得在肖邦房间里发生的事……当然了，夫人，我怎么可能忘了？"（ACLA, vol. 2, p. 379.）肖邦也没有忘记这件事。他感觉被占了便宜，两人的友谊也再没有像以前那么深厚了。如果李斯特带到肖邦公寓里的是其他任何一个围在他身边的女性倾慕者，可能后果也不至于这么严重。肖邦最在意的是，玛丽是他的朋友、他的钢琴商普莱耶尔的妻子。在肖邦家的屋檐下，（转下页注）

讲到这里就需要简单介绍一下这些练习曲中的亮点。我们已经在前边的章节里提到过一些内容，比如在“肖邦和键盘”一章中，我们讨论过第 1 首 C 大调和第 2 首 a 小调练习曲的特点分别是练习手的伸缩性。第 3 首 E 大调练习曲值得特别一提，因为它如今已经成为世界名曲。试问还有其他“练习曲”获得过这样的殊荣吗？阿道夫·古特曼曾说，肖邦承认自己写过的所有旋律中，没有一个能和它媲美。而纯粹主义者对这首练习
323 曲不屑一顾，认为其旋律老套，不值得推崇。但即使是好莱坞配上的俗气歌词（“离别曲”）也没能让这首乐曲失去光彩。相反，很多听众听了歌曲之后找到了肖邦的练习曲，希望感受这段旋律的原始魅力。

肖邦原本将这个主题标作“活泼的”（Vivace），仿佛他自己都没看出这段旋律的风格。在我们今天看来，乐曲的节奏无疑属于“慢板”（Lento），音乐界基本上也一致认可这个观点。肖邦注明开篇主题的节拍器速度是♪=100，节奏较快，但

（接上页注②）给普莱耶尔戴绿帽子的人也不是其他一般的钢琴家，而是弗朗茨·李斯特，普莱耶尔的竞争对手埃拉尔钢琴的主要推广人。这样看来，两派的竞争似乎从音乐厅延伸到了闺房。当然，在绍塞－昂坦街的那间屋子里具体发生了什么我们不得而知。在这种情况下，人们的想象总是比现实还夸张。尼克斯从肖邦的学生威廉·冯·伦茨（Wilhelm von Lenz）那里得知，肖邦本人对于自己和李斯特的关系突变给出了一个很微妙的评论，他说：“我们是朋友，曾经也是好伙伴。”（NFC, vol. 2, p. 171.）

也由此看出肖邦预料到了人们会为这段旋律赋予过多的情感，于是加上了速度试图避免这种情况出现。不过，演奏乐曲中段时，确实需要用这种较快的节奏。中段出现的减七和弦是浪漫主义中的经典手法，但在肖邦之前，没有一个人能将它运用得像乐曲高潮部分一样出神入化。

说起肖邦的节拍器速度记号，他的每一首练习曲上都有这样的标记。除了一两首有争议的乐曲外，多数乐曲中的速度记号都很重要，需要演奏者严格遵守。1816 年，梅尔策尔（Maelzel）制作了第一台节拍器，从此人们将这种机械称为梅尔策尔节拍器。1817 年贝多芬在第一至第七交响曲中使用了速度记号之后，这一做法便在欧洲音乐家中流行了起来。肖邦在华沙时可能就有了一台早期的节拍器，在他早年创作的几部 324
作品中都可以看到这样的记号。肖邦在巴黎期间的作品中也有节拍器速度记号，他一直使用到 1836 年，直到创作完《十二首练习曲》（op.25）和《两首夜曲》（op.27）。此后乐谱上所有的速度记号都是编辑标注的，不是肖邦自己标注的。即便如此，肖邦仍习惯在钢琴上摆一台节拍器。学生节奏不准时，他也会使用节拍器给学生打拍子。肖邦之所以不再使用节拍器速度记号，可能是想给演奏者一些自由度。对于标注了“慢板”（Lento）、“行板”（Andante）、“快板”（Allegro）、“急板”（Presto）的乐曲，我们不难判断它们的速度，从肖邦的早期作品中我们就可以确定这些术语对应的速度。

有争议的一首乐曲是第 4 首《升 c 小调练习曲》。乐谱上标的是𝅗𝅥=88，但即便是对于急板而言，这个速度也有些过快了。长期以来，不少激进的演奏者为了达到这个速度，拼命地越弹越快，导致音乐失去了原本的光彩。这首乐曲和曲集中其他快节奏的练习曲一样，更适合用肖邦的普莱耶尔钢琴演奏。普莱耶尔的琴键更轻，不像现代的施坦威和贝希斯坦的琴键那么沉重。为了强调第 3 首和第 4 首练习曲之间的联系，肖邦在第 3 首练习曲手稿结尾处写道“与急板一起演奏”（*attacca il presto con fuoco*）——这里的“急板”说的就是第 4 首练习曲。①

325 《降 e 小调练习曲》（no.6）是一首放在夜曲集里也不会显得突兀的乐曲。它是一首沉郁至极的悲歌。不止一位评论家曾指出，这首曲子中的半音阶和声与多年之后瓦格纳创作的《特里斯坦》不谋而合。第二部练习曲集中也有这样深沉忧郁的乐曲，即《升 c 小调练习曲》（op.25，no.7），气质华丽而忧伤，旋律催人泪下，让人误以为它是一首夜曲。虽然最终出现在了

① 鉴于这些节拍器速度记号引起了诸多争议，我们有必要问：肖邦的节拍器到底准不准？阿瑟·赫德利曾经验证过这个问题，在 1965 年 5 月 17 日他给笔者写的信中，他确认说：“1936 年 8 月我（在华沙）亲眼看见了并检查了肖邦的节拍器，节拍器相当准确。”（AWC, box 4, f.8.）然而该设备在二战中被损毁。对于有些练习曲中过快的节奏记号，一个可能的解释是：它们属于练习时的建议速度，不一定适合在音乐会上演奏。

不同的曲集中，但如果说这两首乐曲是肖邦同时创作的，我们也完全不会感到意外。肖邦在明朗轻快的练习曲中间插入了这两首乐曲，更突显出它们沉郁顿挫的风格。

汉斯·冯·比洛对《降A大调练习曲》（no.10）的评价最高，他写道：“能够完美演奏这首练习曲的人可以恭喜自己登上了钢琴界帕纳塞斯山的顶峰。”① 这首练习曲是第10号作品中最具欺骗性的一首。在听众看来，乐曲似乎很直白。右手弹着动听的旋律，左手弹着琶音伴奏。但是在演奏者看来，这首乐曲一点也不直白。肖邦运用了大量的交错节奏（cross-rhythms）和切分音。旋律先是在三连音的背景上出现，随后背景变成了双连音。重音被突然切换，改变了乐句的重心，可以说每个音符的位置也随之发生了变化。关键性的最连音（legatissimo）之后是连续的断奏（staccato）。在降A大调上弹完这些之后，肖邦似乎是有意难为演奏者，又在A大调上重复了大部分内容，但在这个调上要用一个完全不同的手型演奏。虽然其他手指也要弹得很弱，但左手不时出现的必须被保持的降E，我们又该如何处理呢？借用塞缪尔·约翰逊博士的一句话（虽然他当时讨论的是其他的话题）就是：重点不是把它做好，能做到就很了不起了。 326

---

① 出自比洛版本练习曲的注解，BCS。

而“分解和弦”练习曲（no.11）则在和弦的广度上开辟了新天地，和弦在键盘上的分布范围之广是前所未有的。为了弹出琶音中的最高音，保持旋律的清晰完整，演奏者的手需要跨越十一度，还有一处甚至需要横跨十三度。

这首练习曲也让我们想起肖邦对钢琴演奏中各手指的作用有着独到见解。手在键盘上大跨度展开时，支撑指不一定总是中指，肖邦就经常鼓励学生使用食指支撑。在演奏这首练习曲中的琶音时，应将食指暂时作为手的“重心”。知道了手指的摆放位置，弹奏其他音符时就会容易多了。

第 12 首 c 小调“革命”练习曲给这部曲集带来了一个激动人心的结尾。如之前章节所述，这首乐曲是在华沙起义失败的政治背景下创作的。但它是否和 1831 年 9 月华沙起义失败有直接的联系，我们就不得而知了，如今传闻已和真相纠缠在一起，变得真假难辨。当时最早听到这首练习曲的人并没有将
327 它和华沙起义联想起来，因为“革命”练习曲这个名字是在肖邦去世之后才被加上去的。库拉克（Kullak）对这首乐曲的评价非常到位，他说这是一首“为左手而写的最一流、最精彩的练习曲”。这一评论可谓一语中的，因为它提醒了我们第 10 号作品中的练习曲大多侧重于右手的技巧练习，只有这首练习曲是个例外。

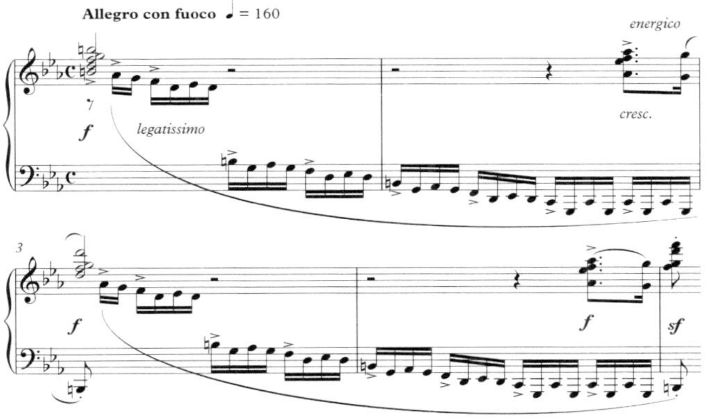

卡拉索夫斯基说这首乐曲让人联想到宙斯给人间降下雷火的场面。① 这个说法很形象，但是对于缺乏经验、只会“暴击”钢琴的演奏者来说，这个比喻也很有误导性。在拙劣的演奏者手中，“革命”练习曲变成了战场，失去了艺术的美感。就连平时口若悬河的钢琴演奏家科尔托在评论这首乐曲时也谨慎地说它体现了“革命的激昂怒吼”，而且在这首“激荡着整个民族豪情”② 的作品面前他似乎有些畏缩，不敢将自己平庸的准备性练习和指法编排运用于这首乐曲上。喧嚣狂乱的中段过后（汉斯·冯·比洛认为这里对等音的运用过于大胆，便在自己的版本里对记谱方式进行了简化），开篇激昂的主题再次出现（第 50 小节），被压抑的情感爆发最终在 C 大调上归于平静。乐曲最后的几小节（77ff）和贝多芬的《c 小调奏鸣曲》（op.111） 328
第一乐章的尾声部分（134ff）有着奇妙的相似之处，贝多芬的这部作品也使用了相同的调性，表达了类似的情感。我们不知道肖邦在维也纳创作这首乐曲时是否听过贝多芬的奏鸣曲，但肖邦肯定不会愿意看到自己的作品被拿来与它进行比较。

---

① KCLB, p. 201.

② 出自科尔托版本练习曲的注解，vol.1,p.78。

III

虽然第二部练习曲集《十二首练习曲》（op.25）1837 年 10 月才出版，但从逻辑上来说，它必须被看作第一部曲集的延续。其中有几首乐曲在第一部出版之前就完成了，但被收录进了第二部曲集。这些早期完成的作品可能是第 4 首到第 10 首练习曲中的几首，但实际的创作时间已无法查清。1836 年，肖邦在莱比锡为罗伯特·舒曼演奏这部曲集中的第 1 首练习曲时，他的手稿还未付梓。舒曼说这首练习曲让人联想到“风弦琴”，仿佛和声从风中“翻涌而出”，因此后世将其称为“风弦琴”练习曲。

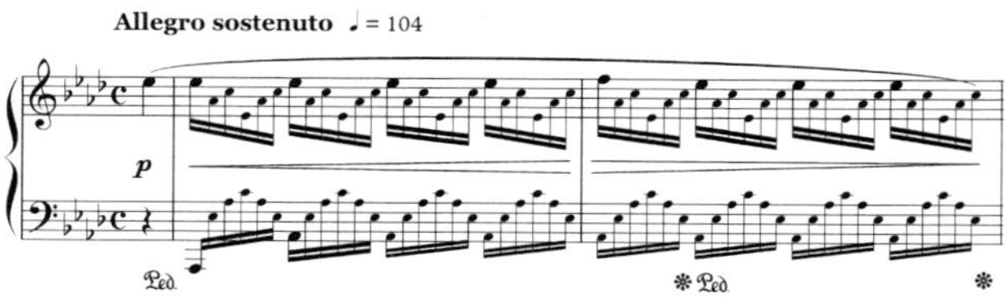

他回忆说肖邦的“和声中间”出现了一个男高音，从乐谱中可以看出，他的记忆是准确的。但这也让很多现代的编者费尽心机地去探索风弦琴和声下是否还埋藏着其他的旋律——那些可能肖邦自己都不知道的、并不是有意为之的旋律。而除此之外，能听出来的旋律无须在谱面上展现出来——这是音乐编辑的原则。

第 3 首《F 大调练习曲》的巧妙结构曾引起过胡戈·莱希滕特里特（Hugo Leichtentritt）的注意。他指出乐曲中段使用了不同寻常的 B 大调，于是问道：“F 调的曲子里为什么要用
329 B 大调呢？”由于 F-F′′ 这个八度被增四度 F-B 一分为二，如果从头开始的话，任何从 F 到 B 的转调都会再次变成从 B 到 F 的转调。因此在这个 F-B-F 的结构中，最后一部分的和声完全

成了第一部分的映像。①

曲集中还有三首以音程为名的练习曲（“三度”“六度”“八度”），但这些乐曲也蕴藏着丰富的艺术表现力。肖邦能将枯燥乏味的练习变成充满美感的音乐，这几首练习曲就是最好的范例。在“三度”练习曲中［《升 g 小调练习曲》（op.25，no.6）］，旋律如轻纱曼舞般轻盈，让人回味无穷。詹姆斯·赫尼克（James Huneker）曾精炼地评论说，这首练习曲最突出的首先是其音乐性，然后才是它的技巧性。可以说第 25 号作品中的所有练习曲都有这个有趣的特点。确实，正如肖邦在《钢琴技法概述》中所说，他认为没必要将 3 指和 4 指这对“连体婴儿”刻意分开。但他也通过用升 g 小调来写这首练习曲向演奏者做出了一点妥协。在其他调上分开 3 指和 4 指会更加困难。圣 - 桑有一句名言：“在艺术中，克服困难本身就是一种美。”

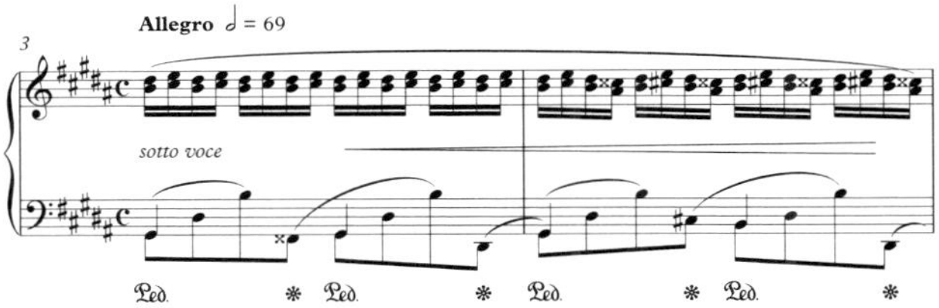

第 8 首《降 D 大调练习曲》，即“六度”练习曲，是这部曲集中最令人望而却步的一首。比洛认为这首练习曲是高级技巧训练中“不可或缺”的一首，虽然他承认这个词已经被用滥了，不足以体现乐曲的真正价值。但他又加了一个有益的补充：“这首练习曲可以解决演出前手指僵硬的问题，即使是技术最精湛的钢琴家也可以在上台前弹上六遍。”②

① LACK, vol. 2, pp. 165–67.

② BCS, p. 34.

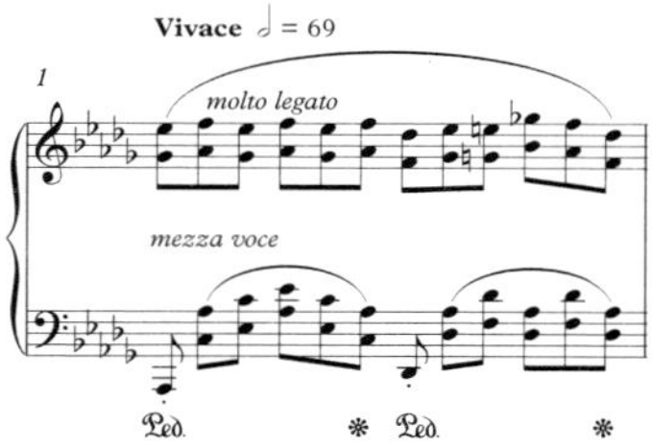

330 比洛的建议听上去有些残暴，其实则不然。“六度”练习曲只有 36 个小节，是曲集中最短的一首，弹一遍只需一分多钟。尽管如此，将这首音乐瑰宝作为其他乐曲的热身练习恐怕太过奢侈了。① 而第 10 首《b 小调练习曲》，即“八度”练习曲，则展示了两种不同风格的八度练习。在雷鸣般的第一段中，演奏者要从肩膀开始发力，用最大力度演奏出左右手的八度双音（在肖邦的作品中很罕见），而到了平静的中段，右手独自用八度编织出浪漫的旋律，直到雷鸣再次出现。尼克斯借用《圣经》中的意象将乐曲描述为“真正的万魔殿；中间有一段较为神圣的声音介入，但最终被地狱打败”②。

---

① 比洛的一位学生——埃玛·格罗斯库特（Emma Grosskurth）在李斯特的魏玛大师班学习时，曾经一个音一个音地倒着弹这首乐曲，让李斯特和其他同学感到颇为有趣。这个故事出自卡尔·拉赫蒙德（Carl Lachmund），当时他也参加了那个大师班，他描述说倒着弹的效果有一种“现代幽默感”。我们一般认为格罗斯库特小姐这个有趣的想法是比洛教给她的。LL, p. 309.

② NFC, vol. 2, p. 254.

在“冬风”练习曲（no.11）中，肖邦原本打算一开始就让乐曲坠入波澜壮阔的深渊。据说前边慢节奏的引子是他在亚历山 331
大·霍夫曼医生的建议下后加的，霍夫曼1833~1834年曾在绍塞-昂坦街的公寓和肖邦同住，每天听肖邦弹琴创作。这个故事是霍夫曼年轻的遗孀埃米莉亚·博任茨卡（Emilia Borzęcka）告诉我们的。霍夫曼的钢琴弹得很好，进入大学学医之前，他曾在华沙音乐学院学习，和肖邦在相同的艺术环境下受过熏陶。埃米莉亚告诉我们：“肖邦写完曲子之后不喜欢返工修改，只因为没有想到一个更好的开头，他就把这首练习曲一直放在那里。”很显然，肖邦一直在考虑给这首乐曲加个“引子”。埃米莉亚说：“这个念头纠缠了他好久，突然有一天晚上，他想到可以在练习曲前面加一段气质忧郁的引子，便从床上跳起来写下了这四小节。第二天肖邦把这段乐曲弹给我丈夫听，得到了他发自内心的称赞。就这样，曲集中倒数第二首的《a小调练习曲》有了开头的这四个小节。”① 引子的效果很理想，让接下来“有活力的快板”（Allegro con brio）显得格外光彩夺目。

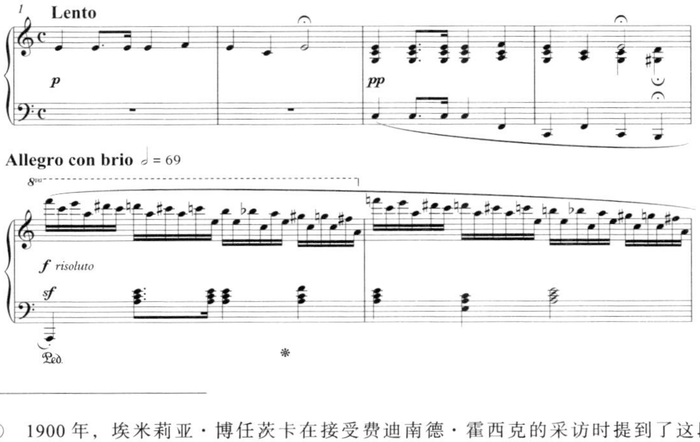

① 1900年，埃米莉亚·博任茨卡在接受费迪南德·霍西克的采访时提到了这段回忆，霍西克将这段长篇幅的访谈收录进了文章《关于肖邦的对话》（“Z rozmów o Chopinie”），见《国家》（*Kraj*）第32期第437~439页，及第33期第449~451页。另见HFCZ, vol. 2, pp. 56–57。

332 以荒凉的 a 小调创作的“冬风”练习曲可以说是第二部曲集中最难的一首。它引得一些人对第二部练习曲曲集的编排方式提出质疑：还有什么曲子能放在如此激烈的“冬风”练习曲之后呢？这个问题虽小，但是问得很有道理。“冬风”最后以跨越四个八度、力度为 *fff* 的快速上行音阶结束，仿佛暴风雨戛然而止。实际上，虽然第 12 首练习曲显然也是一首宏伟壮阔的乐曲，但它的光彩还是被“冬风”练习曲掩盖了。最后一首《c 小调练习曲》旋律如波涛汹涌，连续的琶音在键盘上此起彼伏，因此通常被称为“海洋”练习曲。

在平庸的作曲家手中，这样的乐曲结构可能都会沦为我们前文提到的“枯燥乏味的练习”，成为那种古板无趣的耐力训练，被人遗忘在年代久远、封面暗黄掉色的练习曲集里。但肖邦通过丰富多彩的和声推动着旋律，为它们赋予了生命力。更神奇的一点是，从这样雄浑壮阔的旋律中，你还能若隐若现地听到一个素歌（plainchant）般的旋律，曾有不少人误认为它就是素歌。

乐曲最后以加长的辟卡迪三度（*tierce de Picardie*）结尾，力度为 *fff*。唐纳德·托维（Donald Tovey）爵士盛赞这

首乐曲是“最伟大的练习曲作曲家写的最伟大的练习曲”[1]，可能很多人会同意他的观点。但我们要对此提出异议。虽然“海洋”练习曲波浪般的旋律有一种恢宏之感，但肖邦其他富有激情的练习曲也毫不逊色，这部曲集中就有几首激情澎湃的练 333
习曲，在争夺“最伟大”这个头衔上可以与“海洋”练习曲媲美。

24 首练习曲出版之后，肖邦在钢琴界获得了至高无上的稳固地位，虽然也有为数不多的几位艺术家可以与他平分秋色，但无疑他从没从这个位置上走下来过。这些无与伦比的作品可以被看作走向肖邦音乐世界的大门。他所有作品中的技术难点几乎都在练习曲集中出现过，而且攻克难点的钥匙就藏在这些乐曲中。这些练习曲也让我们看到，肖邦在钢琴音乐和交响乐之间划了一道明确的分界线。不少作曲家同时涉猎这两个创作领域，但肖邦却很少跨界。贝多芬、舒曼、门德尔松、勃拉姆斯等人创作的钢琴作品和交响乐，通过一点调整就能相互转换。但肖邦拒绝这样的音乐。来自钢琴键盘的音乐，就应为钢琴而生。以改编交响乐为目的创作钢琴曲，最终只会弄巧成拙。

IV

肖邦的音乐开始风靡欧洲之时，一位柏林的音乐批评家却不断地将矛头指向肖邦，这个人就是《音乐界的伊里斯》（*Iris im Gebiete der Tonkunst*）杂志的老板兼编辑路德维希·莱尔斯塔勃（Ludwig Rellstab）。莱尔斯塔勃早年曾在普鲁士部队里担任军官，也是一位业余钢琴家、诗人，后来他在蓬勃发展的音乐批评界找到了自己的位置。莱尔斯塔勃文风犀利，不

① TCM, p. 163.

少人对他避之不及。1827 年，他因诽谤亨丽埃特·桑塔格被判入狱，在施潘道监狱服刑。1836 年，他因恶意中伤柏林歌剧院（Berlin Opera）总监、普鲁士国王腓特烈·威廉三世甚为青睐的斯蓬蒂尼而再次被判入狱。当肖邦的第一部练习曲曲集（op.10）被送到他的书桌上时，他发表了一篇评论，从此被载入音乐谩骂史史册。他说：“手指畸形的人可以通过弹奏这些练习曲得到矫正；手指正常的人最好不要演奏，或至少在冯·格拉夫先生或迪芬巴赫先生［两位著名的整形医生］的指
334 导下演奏。”[①] 当时的莱尔斯塔勃并不知道，有一天他会为自己的话而后悔。但那时一切都已覆水难收，他对肖邦的反感已众所周知。几个月前他就向肖邦宣战，刻薄地批评了《五首玛祖卡》（op.7），说乐曲中充斥着“刺耳的不谐和音”和“突兀的转调”。[②] 此后他甚至变本加厉。所有人都知道约翰·菲尔德是夜曲的开创者，因此当肖邦出版第一部夜曲集（op.9）时，莱尔斯塔勃也不能放弃这样的机会，将肖邦和约翰·菲尔德比较了一番来羞辱肖邦：

> 菲尔德微笑时，肖邦扮了个奸笑的鬼脸；菲尔德叹息时，肖邦发出拙劣的呻吟；菲尔德耸耸肩，肖邦像猫一样弓起了腰；菲尔德加了点调味料，肖邦抓起一把辣椒粉丢了进去……把菲尔德动人的浪漫曲放在哈哈镜前面，让每一处细致入微的表达都被夸张放大，就得到了肖邦的作品。[③]

---

① 《伊里斯》，1834 年 1 月 31 日。

② 《伊里斯》，1833 年 7 月 5 日。

③ 《伊里斯》，1833 年 8 月 2 日。

莱尔斯塔勃对肖邦的诋毁持续了好几年，但肖邦对此置之不理，连他的朋友们都感到十分好奇。实际上莱尔斯塔勃也很好奇，他甚至不惜跨过行业底线，发表了一封据称是肖邦写给他的恐吓信，试图激起肖邦的还击，但现在一般认为这封信是莱尔斯塔勃自己伪造的。

> 你这个人简直坏透了，不配生活在上帝创造的大地上。普鲁士国王应该把你关进堡垒，这样世上就能少一个叛逆者、一个扰乱和平的人、一个全人类都唾弃的敌人，这样的人就应该呛血而死。我知道有很多人跟我作对，不光在柏林，在我去年艺术巡演过程中造访过的每座城市都有，尤其是在莱比锡这里，但我提醒你，也许未来有一天你会改变想法，所以不要这么不留情面。这是个非常非常差劲的行为，会让你走上穷途末路！你听明白了吗？你这 335
> 个卑鄙小人，批评界里冷酷无情、有失公允的无耻之徒，音乐界里出言不逊之人，柏林的败类。
>
> 你最忠诚的仆人，
>
> 肖邦 ①

为了蒙蔽读者，莱尔斯塔勃在信的下方写下了这样的话："这封信是否出自肖邦先生之手，我不知道，我也不会声称这封信就是他写的，我只是把信发表出来，是真是假就等着他来确认吧。"但肖邦依然没有理会。细想一下，就能

① 《伊里斯》，1834 年 1 月 31 日。肖邦华沙的亲人听说了这件不愉快的事情后，米柯瓦伊·肖邦写信建议道："继续激怒这个佐伊勒斯吧，你会向他们证明艺术是没有界限的。"（CFC, vol. 2, p. 110.）肖邦应该不会反感父亲将莱尔斯塔勃比作"佐伊勒斯"。佐伊勒斯是一位希腊语法学家，专门和荷马作对，据说最后因为批评国王被钉在了十字架上。

知道这封据称来自莱比锡的信不可能出自肖邦之手。肖邦在1833~1834年没有去过莱比锡，1833年他也没有在德国进行过“艺术巡演”。这封信是用德语写的，而肖邦的德语并不好；信中恶狠狠的口气也不像是肖邦的风格。肖邦每出版一部作品，莱尔斯塔勃就会兴致勃勃地诋毁一番，把它们批评得一无是处。最后，他终于发现自己下不来台了，因为欧洲所有知名批评家几乎都站到了罗伯特·舒曼的队伍里，按照舒曼所说的，“脱帽敬礼吧，先生们，这是个天才”，莱尔斯塔勃可能有一百个不愿意，但最终还是不得不摘下了帽子。1839年，他开始反悔。对于之前曾嘲讽过的《夜曲》（op.9, no.2），莱尔斯塔勃评论说：“这首乐曲装饰优美，充满了巧妙的和声效果……如果说它让这位著名作曲家更有名气，那也是理所当然的。”他承认要么是时代变了，要么是他自己变了；他强词夺理地说，不论是什么原因，现在他觉得肖邦的音乐十分优美。1843年莱尔斯塔勃到访巴黎时，他终于向肖邦低下了头。那时肖邦已成了欧洲的名人，莱尔斯塔勃不知道肖邦见到他时会是什么态度。他认为让李斯特写一封言辞委婉的介绍信可能会有所帮助，于是便拿着这样一封信去见
336 了肖邦，试图与他和解。①但关于这次会面，两人都没有留下任何记录。对于两人之间的云泥之别，恐怕只能借用一句孔子的话来概括：“当智者伸手指向月亮时，愚者却只看到智者的手指。”②

---

① CFC, vol. 3, pp. 128–29. 李斯特这封信可以算得上外交辞令中的经典之作。开头李斯特写道：“你和莱尔斯塔勃的事情无须找中间人来调和。”在信的最后，他自作多情地写道：“我对你的喜爱和尊敬矢志不渝，作为你的朋友，我愿随时为你效劳。”这时李斯特和肖邦已经几年没见了。莱尔斯塔勃并不知道，两位作曲家早年间就算有过深厚情谊，至此也已烟消云散了，这一情况也降低了这封信的价值。

② 西方人大多认为这是一句孔子的名言。引言实际出自佛教经典和（明）瞿汝稷汇编的禅宗《指月录》。——译者注

V

肖邦的崇拜者越来越多，其中最值得一提的是查尔斯·哈雷，他给我们留下了不少关于肖邦的珍贵回忆。哈雷 1836 年秋天从德国来到巴黎，本想跟卡尔克布雷纳学习钢琴。但试奏结束后，他对这位钢琴巨匠倍感失望，因为卡尔克布雷纳不仅贬低了他的演奏，还建议他先跟自己的一位学生学习钢琴。几天之后，银行家路易斯－朱尔·马莱（Louis-Jules Mallet）邀请他参加晚宴，在宴会上他发现自己旁边坐着的就是肖邦。

1836 年秋

> 当天晚上我听到了他的演奏，让我感觉妙不可言。我感觉自己仿佛进入了另一个世界，完全忘了卡尔克布雷纳的事情。我坐在那里，深深陶醉，惊叹不已，就算这时屋里突然出现一群仙子，我也不会感到惊讶了。那种无与伦比的美妙，那种诗意和原创性，还有肖邦演奏中的完全自由和绝对清晰都难以用语言来表达。从任何意义上来说都是完美的。我只能结结巴巴地说出几个赞美的词。但看到给我留下了这样的印象，他似乎很满意，然后弹了一首又一首，每一首都呈现出了不一样的美感，直到我五体投地，恨不得跪拜在他脚下。①

这次之后两人经常见面，成了朋友。哈雷一直住在巴黎，直到 1848 年欧洲革命爆发，他才不得不搬到了英格兰。在这 337
12 年间，他曾多次听肖邦演奏新创作的乐曲。在他的回忆录（1896 年）中，哈雷提到了很有趣的一点：虽然当时肖邦的作

① HLL, pp. 31–32.

品已经成了每个女学生的必练曲目，“但没有一个人能弹出他指尖下的那种奇妙效果”。哈雷写道：“听肖邦演奏时，你会失去所有分析能力，仿佛在一首即兴创作的诗歌中丧失了自我，只要音乐不停，你就会一直沉浸在它的魅力之中。”哈雷发现肖邦演奏中的自由节奏尤为奇妙。他始终记得有一次肖邦弹了一组玛祖卡，这些乐曲虽以3/4拍写成，但在肖邦的手中，它们听起来却像是4/4拍的。当哈雷提出质疑时，肖邦竭力否认。于是哈雷请他又弹了一遍，同时出声地每小节打四拍。肖邦笑了，说每小节第一拍的短暂延迟实际上是这个舞蹈的民族特色。哈雷说：“最神奇的是，你听到的是4/4拍，但感觉又像是3/4拍。”① 哈雷最后说，肖邦能跟他讨论这样的问题，应该是对自己非常友善了。他说得没错。几年之后梅耶贝尔听肖邦弹玛祖卡时也提出了类似的问题，结果两人大吵了一架，我们会在后边的章节里详述这件事。

VI

这时涌入法国的不只有波兰一个国家的避难者。意大利也开始了反抗奥地利统治的民族独立斗争，因此有大量意大利人流亡至巴黎寻求庇护。在19世纪30年代中期的巴黎，反抗当局统治、被剥夺财产或公民权利的波兰人和意大利人随处可见。意大利人与波兰人不同，他们没有在巴黎建立流亡政府，大多数人聚集在那些愿意敞开大门、举办各式各样慈善活动支援难民的贵族身边。其中最显赫的一位贵族是十分活跃的克里斯蒂娜·贝尔吉奥乔索－特里武尔齐奥（Cristina Belgiojoso-Trivulzio）公主。特里武尔齐奥被人称为“革命公主”，她是加里波第（Garibaldi）和马志尼（Mazzini）的

① HLL, p. 34.

朋友，也支持两人领导的统一意大利的事业。被米兰的刑事法 338
庭指控犯有叛国罪后，克里斯蒂娜流亡到了巴黎，在安茹街（rue d'Anjou）上买下了一栋富丽堂皇的宅邸，身边聚集了一众著名作曲家和作家，包括李斯特、贝利尼、梅耶贝尔、大仲马、缪塞、海涅等。后来，她认识了肖邦，因此肖邦也成了她家的常客。克里斯蒂娜是个歌剧爱好者。她曾跟贝利尼学习钢琴，早年也师从帕斯塔学习声乐。人们经常看见她在意大利剧院的包厢里，听着多尼采蒂、贝利尼歌剧中的咏叹调流泪，怀念着她回去不的祖国。

1837 年 3 月 31 日，贝尔吉奥乔索公主在巴黎的宅邸举行了为期三天的慈善活动，给不断增加的意大利难民筹集资金。不少艺术家参加了这一期间的活动，但人们最期待的是李斯特和西吉斯蒙德·塔尔贝格的钢琴对决。不久之前，塔尔贝格和李斯特分别在巴黎音乐学院和巴黎歌剧院登台亮相，赢得了各自支持者的盛赞，因此当时人人都在讨论的一个问题是：谁才是最伟大的钢琴家。为了得到答案，贝尔吉奥乔索公主安排的这场斗琴，成了那一年社交季的最大亮点。3 月 26 日，《音乐公报》刊登了以下预告："最引人注目的……无疑是两位钢琴天才的同台竞技，他们的对决让整个音乐世界为之悸动，恐怕结果也会如同罗马和迦太基一样难分高下。利斯特［误］和塔尔贝格先生将先后登台演奏。"

两人"先后登台演奏"的盛况对观众的吸引力极大，最后贝尔吉奥乔索公主将票价卖到了 40 法郎。这场音乐盛会也邀请了朗贝尔·马萨尔（Lambert Massart）、克雷蒂安·乌尔汗（Chrétien Urhan）、皮埃雷（Pierret）、马蒂厄（Matthieux），以及歌唱家塔卡尼（Taccani）、演奏家皮热（Puget）等。但是这些大师可能会后悔参加了这场演出，因为所有的目光都聚焦在了"罗马"和"迦太基"的较量上。塔尔贝格率先上台，演奏了他的保留曲目“摩西”幻想曲。之后李斯特演奏了他的“尼俄伯”（Niobe）幻想曲。观看了这场对决的评论家朱尔·雅南在《辩论杂志》（*Journal des débats*）上对当晚的演奏进行了评述：

> 这是一场了不起的对决。在这个高贵的府邸里，所有人
> 都凝神屏气地聆听着。观众都是声名显赫、才识过人的贵族，
> 最终大家认为李斯特和塔尔贝格两人都是胜者。这样的对决
> 恐怕只有在雅典阿勒奥珀格斯山上才能看到。两人都是胜利
> 339 者，没有失败者。借用一句诗人的话：结果未见分晓（ET AD
> HUC SUB JUDICE LIS EST）。①

两人都是胜利者，没有失败者。贝尔吉奥乔索无法满足于这样的评判。当别人问起她的看法时，她的官方回答后来被载入音乐史册的评论：“塔尔贝格是世界第一的钢琴家——但李斯特是独一无二的。”② 简而言之，李斯特是无可比拟的。

肖邦并没有观看这场对决，无疑他会认为在这种场合出现有失身份；不过，在对决之后的事情中，他却扮演了一个重要的角色。在慈善活动几周之前，贝尔吉奥乔索公主委托几位作曲家、钢琴家以贝利尼歌剧《清教徒》中激动人心的进行曲《吹响自由的号角》为主题共同创作一部变奏曲，旨在用这首号召人们拿起武器的爱国主义歌曲向占领她家乡的奥地利当局抗议。

---

① 4月3日刊。这里的“诗人”指的是贺拉斯，原句是“众人激烈争论，结果未见分晓”。朱尔·雅南用这句诗卖弄文采无疑是为了恭维贝尔吉奥乔索公主，阿勒奥珀格斯山是古希腊议会元老聚集在一起对有争议的事情进行评判的地方。鉴于公主的民主政治倾向，她一定很愿意看到自己的豪宅被比作“阿勒奥珀格斯山”。

② LLF, p. 45.

她将主题寄给了六位钢琴家，包括李斯特、塔尔贝格、皮克西斯、赫尔兹、车尔尼（当时正好在巴黎）和肖邦，并给这部作品起名为《“创世六日”变奏曲》（法语中 Hexaméron 是“六”的意思）。她的初衷是将作品出版，再通过出售乐谱赚更多的钱。李斯特负责整体把控，同时也负责创作引子、间奏和技巧华丽的终曲。显然，贝尔吉奥乔索公主希望六位钢琴家能同时出席演奏会，演奏各自的部分。因为这首乐曲的标题页上赫然写着——

创世六日 340

华丽的钢琴变奏曲

以贝利尼的《清教徒》进行曲

为主题

为贝尔吉奥乔索公主

援助难民的慈善音乐会而作

可能就是因为这个题词，再加上 1837 年 3 月 21 日《辩论杂志》的预告和《新音乐杂志》上一篇有误导性的报道，一些后世的研究者认为六位作曲家都出席了音乐会。但事实并非如此，而且当时《“创世六日”变奏曲》没有如期完成，也就没有在音乐会上演出。肖邦没能按时完成自己的部分，因此李斯特也没法完成他的间奏。慈善活动结束两个月之后，在 1837

年6月4日写给李斯特的信中，贝尔吉奥乔索公主表达了自己的沮丧之情："仍未收到肖邦的消息。由于我自尊心太强，担心他嫌我唠叨，所以也不敢询问。如果是你问的话，就不会有这样的问题了，因此能否请你帮我问问他柔板写得怎么样了？现在的进度真是一点也不快。再次请你帮一个忙，像以往一样，我将不胜感激。"①"进度真是一点也不快"这个有意思的评价是关于肖邦"广板"的最早记录，而最终肖邦的部分也成了这部作品的点睛之笔。

341 与其他部分盛气凌人、自以为是的变奏不同，肖邦的变奏为"自由"赋予了梦幻色彩，体现了一种对远方祖国的向往。这种体会是肖邦独有的，因为在这几位作曲家中，只有肖邦知道流亡异乡是一种什么样的感受。肖邦的变奏是以E大调——一个遥远、朦胧而朴素的下中音调创作的。其他人都沿用了贝利尼的原调，即降A大调，因此肖邦的变奏与其他部分构成了调性上的鲜明对比。这个巧妙的对比让人好奇它是怎么产生的。它不太可能出自李斯特之手，因为李斯特的任务是在各部分之间加上一些必要的过渡，但实际的情况我们也无从知晓了。

VII

人们常问的一个问题是：既然肖邦以《清教徒》进行曲为

① OAAL, pp. 135–36.

主题创作了《“创世六日”变奏曲》，那么贝利尼对肖邦产生了多大的影响呢？肖邦在华沙时从没听过贝利尼的歌剧，因为他的作品从没在华沙上演过，而肖邦到达巴黎时已经形成了自己的艺术风格。1832 年，肖邦在巴黎歌剧院首次听到了贝利尼的歌剧《海盗》（*Il pirata*）和《梦游女》（*La sonnambula*），他可能在这两部作品中看到了另一个自己。两人的相似之处很大程度上缘于他们对莫扎特和罗西尼歌剧的热爱，肖邦富有歌唱性的钢琴曲和贝利尼装饰华丽的咏叹调都受到了这些歌剧中坎蒂列那的启发。希勒提到，贝利尼的音乐曾深深地触动过肖邦。两人一起观看《诺玛》时，乔瓦尼·鲁比尼（Giovanni Rubini）演唱第二幕结尾那段著名的坎蒂列那曾让肖邦热泪盈眶。

1834 年初，贝利尼和肖邦先后在贝尔吉奥乔索公主的沙龙和意大利声乐教师丽娜·弗雷帕（Lina Freppa）夫人家中见过两次面。贝利尼在那不勒斯的时候就认识了弗雷帕夫人。在她家的晚会上，肖邦弹了钢琴，而贝利尼则滔滔不绝地讨论着他的歌剧，并在钢琴上展示了他的构思。贝利尼的法语很差（海涅形容他“像刽子手一样把单词都砍碎了”），而且据说他的意大利语也带有浓重的西西里口音。但这并不妨碍他和肖邦在音乐上找到共鸣。两人的性情也不无相似之处，他们都会在 342
创作过程中对细节反复推敲。贝利尼和肖邦一样，也喜欢出入上流社会。海涅（再次给我们描绘了一个生动的画面）在某个社交场合见到贝利尼时，说他“穿着轻便舞鞋和丝质长袜忧郁地叹着气”。贝利尼 1831 年时开始出现阿米巴性痢疾的症状，最终在 1835 年 9 月病逝，年仅 33 岁。[①]350 名歌者和巴黎歌

① 巴黎大学医学教授阿道夫·达尔马斯提供的尸检报告，详见 WVB, pp. 415–16。虽然报告的结果很清楚，但多年来仍有谣言说贝利尼是被毒死的。达尔马斯在贝利尼的肝脏里发现了恶性肿瘤，这才是他最终的死因。

剧院的独唱家在巴黎荣军院为他演唱了安魂弥撒，之后他被埋葬在了拉雪兹神父公墓。一些皇室成员也出席了葬礼，可见他生前的声誉之高。四位著名歌剧作曲家焦阿基诺·罗西尼、费迪南多·帕尔、米歇尔·卡拉法（Michele Carafa）和年过七旬的路易吉·凯鲁比尼为他扶柩。蜿蜒的送葬队伍在倾盆大雨中走向墓地，巴黎大街两旁站满了送行的群众。灵柩到达墓地后，已经被雨浇透的罗西尼发表了墓边演讲。肖邦当时正在德累斯顿拜访沃津斯基一家，因此没有参加这些令人悲痛的悼念活动。据说多年后肖邦在临终之际想听一曲贝利尼的咏叹调，这件事是真是假我们不得而知，至于肖邦要求死后被埋葬在贝利尼旁边，我们可以断定这个说法是假的。众所周知，贝利尼只是临时被埋葬在拉雪兹神父公墓。去世之后他的声誉越来越高，意大利人一直希望能将他的墓迁回祖国。但由于意大利国内的政治动乱还未平息，这个愿望一直没能实现。1876年，意大利人终于将贝利尼的遗体带回了他的出生地——西西里的卡塔尼亚（Catania），为他举行了最高规格的国葬仪式。

VIII

在那段时间里，肖邦经常出现在巴黎贵族家的宅邸和沙龙
343 里。曾听过他演奏的有路易－菲利普国王的长子奥尔良公爵、法国银行业大亨阿道夫·艾希塔尔男爵、奥地利驻法国大使夫人泰蕾兹·达波尼等。富有的马莱兄弟（“富可敌国的银行家”路易斯－朱尔与阿道夫－雅克）和奥古斯特·莱奥（肖邦合作的银行家，有时也是他的代理人）也经常在晚宴后的聚会上为大家介绍这位“来自华沙的钢琴家”。与这些家族的交往提高了肖邦的社会地位，而他也将自己最好的作品题献给他们，满足他们的虚荣心，以这种直白的方式表达对他们的感谢。在肖邦题献的名单里，有不少亲王、公爵、伯爵以及他们的配

偶、兄弟姐妹、子女。如果不是因为出现在了肖邦作品的标题页上，他们的名字恐怕早已在历史的长河中被人们遗忘了。其中，《四首玛祖卡》（op.6）标题页上的波利娜·普莱特伯爵夫人，即卢德维克伯爵的女儿，有一件轶事最为出名，但也许不过是晚会上乐曲间隙好事之人口中一个无聊的谈资罢了：当波利娜被问起希勒、李斯特和肖邦这三位曾经在她的沙龙里演奏过的钢琴家分别有什么优点时，她回答说，如果要选择的话，她会选希勒做朋友，李斯特做情人，肖邦做丈夫。①

遗憾的是，关于肖邦在这些场合演奏了哪些曲目，我们并没有找到可靠的记录。唯一能确定的就是他只弹自己的作品。有时肖邦也会乘着灵感的翅膀，弹上一段即兴曲，让宾客们陶醉良久。能听到肖邦即兴演奏的人是幸运的，因为从本质上来说这些音乐都是独一无二的。从乔治·桑1838年5月给德拉克鲁瓦草草写就的一个便条中就可以看出，每次肖邦演奏之前，人们奔走相告时的喜悦和期盼之情：“肖邦要给几位密友弹钢琴了。请在午夜时分过来。”② 对此柏辽兹抱怨道：“肖邦总是对人很疏远……如果你不是亲王、大臣或是大使，就别对听他的演奏抱太大希望。”③

IX 344

尽管柏辽兹发出了这样的感慨，但1838年初，肖邦确实参加了几场备受瞩目的音乐会，虽然没有收到钱，但他因此获得了更高知名度和业界好评。2月16日，肖邦在杜伊勒里宫为皇室和宾客演奏。弹了几首自己的作品后，他用国王的妹妹

① RLKM, vol. 1, p. 229.

② CGS, vol. IV, pp. 407–408.

③ 《辩论杂志》，1842年4月13日。

阿德莱德公主给出的一个主题进行了即兴演奏，《辩论杂志》用外交辞令写道，肖邦的演奏“大获成功，获得了皇后和公主们的不断祝贺”①。国王赏赐了他一套黄金装饰的银质茶具，上面刻着“法兰西国王路易－菲利普赠予弗里德里克·肖邦”。仅仅两周之后，1838 年 3 月 3 日，肖邦参加了一场为他的朋友夏尔－瓦朗坦·阿尔康举行的慈善音乐会。音乐会虽然在让－亨利·帕普漏风严重的演奏厅里举行，但仍吸引了不少观众。年仅 24 岁的阿尔康已经在钢琴演奏和音乐创作方面展现出了过人天赋，一些音乐家也积极登台献技，提携这位《音乐评论与公报》所说的“年轻的受益人”。其中包括小提琴家海因里希·恩斯特、大提琴家亚历山大·巴塔（Alexandre Batta）、歌唱家玛丽亚·阿利扎尔（Maria Alizard）和埃南（d’Hennin）小姐等。皇宫剧院的首席男高音皮埃尔·勒瓦索尔（Pierre Levassor）也参加了演出，以自己擅长的诙谐“小曲”给观众带来阵阵欢笑，为庄重的演出带来轻松的气氛。演出的重头戏是阿尔康当时还没有出版的《第三号室内协奏曲》，演奏者是阿尔康和他 12 岁的天才弟弟拿破仑，后者用另一架钢琴为阿尔康伴奏。之后阿尔康再次登台演奏了“几首他自己的精彩作品”②，包括两首独奏练习曲。最后压轴的是阿尔康亲自编排的贝多芬第七交响曲中小快板和终曲乐章的八手联弹，由肖邦（他一直在侧台上等候着）、齐默尔曼、古特曼和阿尔康共同在两架钢琴上演奏。鉴于肖邦很少掩饰自己对贝多芬的
345 反感，而且他对亨利·帕普的钢琴也没什么兴趣（更别说漏风严重的演奏厅了），因此可以说这次演出完全是他为了帮助阿尔康才参加的。

① 1838 年 2 月 19 日刊。

② 《吟游诗人》（*Le Ménestrel*），1838 年 3 月 11 日。

但最引人注目的一场是肖邦 3 月 12 日在法国鲁昂为支持他的华沙校友、小提琴家安东尼·奥尔沃夫斯基而参加的一场义务演出。1835 年，奥尔沃夫斯基从巴黎搬到了鲁昂，成了鲁昂爱乐乐团的首席。但他和乐团管理层不和，因此在筹备这场音乐会时，他需要一些精神上和经济上的支持。急于求成的他宣布举行一场大型音乐会，由大型管弦乐团演奏他亲自编排的舒伯特的交响曲和费迪南德·里斯的序曲，并请肖邦作为特邀嘉宾演奏《e 小调协奏曲》(op.11) 和《华丽的波兰舞曲》(op.22)。演出前，奥尔沃夫斯基组织了 15 场排练。他还租下了鲁昂市政厅的主厅作为演出地点，并将 500 张门票销售一空。但音乐会当天，他发现乐团里少了很多人。一位跟奥尔沃夫斯基作对的主管把乐手都调到艺术剧院参加阿莱维的歌剧《犹太少女》的演出。这一阴险的做法实在可气，《鲁昂日报》的一个专栏评论说："虽然事先做了所有保证，但昨天 [剧院管理层] 推出了一部大型歌剧，导致了奥尔沃夫斯基先生乐团成员的缺席。"① 没有管弦乐团，肖邦在弦乐伴奏下演奏了《e 小调协奏曲》，并独奏了《华丽的波兰舞曲》。面对座无虚席的观众和被大幅删减的节目单，肖邦决心帮助奥尔沃夫斯基渡过难关，于是演奏了多首额外的乐曲，包括新出版的《降 A 大调即兴曲》(op.29)。

① 1838 年 3 月 13 日刊。

346 1838年2月4日，也就是演出五周之前，《法国音乐》刊登了一篇文章，对《降A大调即兴曲》进行了谩骂式的评论。文章嘲讽道："对于这首即兴曲，我们最多只能说肖邦先生写了一些很好听的玛祖卡。"接着作者说肖邦为了抓住一个乐思，从各个大调追到各个小调，到最后也没有抓住，于是他便放弃了，用几个毫无新意的和弦草草收尾："看！一首即兴曲就这么诞生了。"这篇评论是匿名发表的，但人们普遍认为其作者是亨利·赫尔茨，他跟这家杂志有着直接的利益关系。赫尔茨的动机不难猜测，他自己也知道当时巴黎的沙龙里流行着这么一句话："塔尔贝格是国王，李斯特是先知，肖邦是诗人，而赫尔茨是推销员。"

鲁昂音乐会对于肖邦来说是一场胜利。一些评论家从巴黎追随他来到鲁昂，专程来听他的演奏。但唯一不幸的是奥尔沃夫斯基的光芒完全被肖邦掩盖，只被媒体称作"一位波兰的教授"。实际上，将聚光灯从奥尔沃夫斯基转到肖邦身上这件事基本上是由狡猾的出版商莫里斯·施莱辛格一手策划的。此前，施莱辛格将即兴曲作为《音乐公报》的增刊出版[①]，然后又派该杂志的评论家欧内斯特·勒古韦去报道这场音乐会。勒古韦将他职业生涯中最优秀的一篇评论献给了肖邦。他开篇写道："这是一场在音乐界有着重要意义的演出。"勒古韦全面地论述了肖邦在演奏中最具代表性、最独特的细腻表现与精湛技术。在文章结尾，他随笔提到了去年李斯特和塔尔贝格的对决引发的争论，并敦促肖邦"终结这场让艺术家们产生分歧的大型辩论；如果有人问起谁是欧洲首屈一指的钢琴家，李斯特还

---

① 1837年10月29日刊。《法国音乐》和施莱辛格的《音乐公报》之间的矛盾持续了很多年，最后施莱辛格和赫尔茨的一位学生进行了决斗，这件事成了双方对立的高潮。1834年4月29日，法庭对此事进行了判决，肖邦作为施莱辛格的证人被传唤，这让肖邦感到十分难堪。

是塔尔贝格？让全世界一起回答，就像那些听过你演奏的人说的那样——‘是肖邦’”。[①]

肖邦没有兴趣去争夺欧洲第一钢琴家的称号。虽然在鲁昂大获成功，但在此之后的三年里，他再也没有以钢琴家的身份 347
在公开场合演出过。他的人生轨迹即将发生改变，他打消了所有关于举办音乐会的想法，他也将因此离开巴黎——至少会离开一段时间。为了更好地讲述接下来的事情，以及这些事情是如何发生的，我们必须将时间倒回几年前。

---

① 1838年3月25日刊。

348 # 乔治·桑登场，1836 ~ 1838

迄今为止，我一直忠于我爱的人。

——乔治·桑[①]

［乔治·桑］用辞藻做外衣，将自己隐藏其中。

——雅罗斯瓦夫·伊瓦什凯维奇[②]

I

1836年10月中旬，李斯特和玛丽·达古伯爵夫人的回归让巴黎再次沸腾了起来。十八个月前两人私奔到瑞士，生下了私生女布朗迪娜，引来了不少流言蜚语，此次两人回到巴黎打算恢复他们的声誉。这成了李斯特众多崇拜者密切关注的话题，更成了好事者的谈资，而李斯特本人更是在《音乐旅人》（*Bachelor of Music*）系列文章的第一篇中详述了他和玛丽·达古在日内瓦和瑞士乡间小住的经历，并刊登在了施莱辛格的《音乐评论与公报》上供全世界赏读。同年夏天早些时候，乔治·桑曾带着她的随从到瑞士与李斯特会合。在她给家人寄去的“旅人的家书”中，有一封信讲述了一行人到沙莫尼山谷（Chamonix valley）和弗里堡（Fribourg）旅行的经历。众所周知，李斯特演奏了弗里堡教堂新安装的穆瑟管风琴，以莫扎特《安魂曲》中的“震怒之日”（Dies Irae）为主题即兴演奏了一首长篇幻想曲。乔治·桑将这件事写进了她的散文，并刊登在了《两世界评论》（*Revue des deux mondes*）杂志上。李
350 斯特和乔治·桑的这些文章如今成了学者们广泛参阅的材料，

---

① CGS, vol. Ⅳ, p. 435.

② IC, p. 344.

349

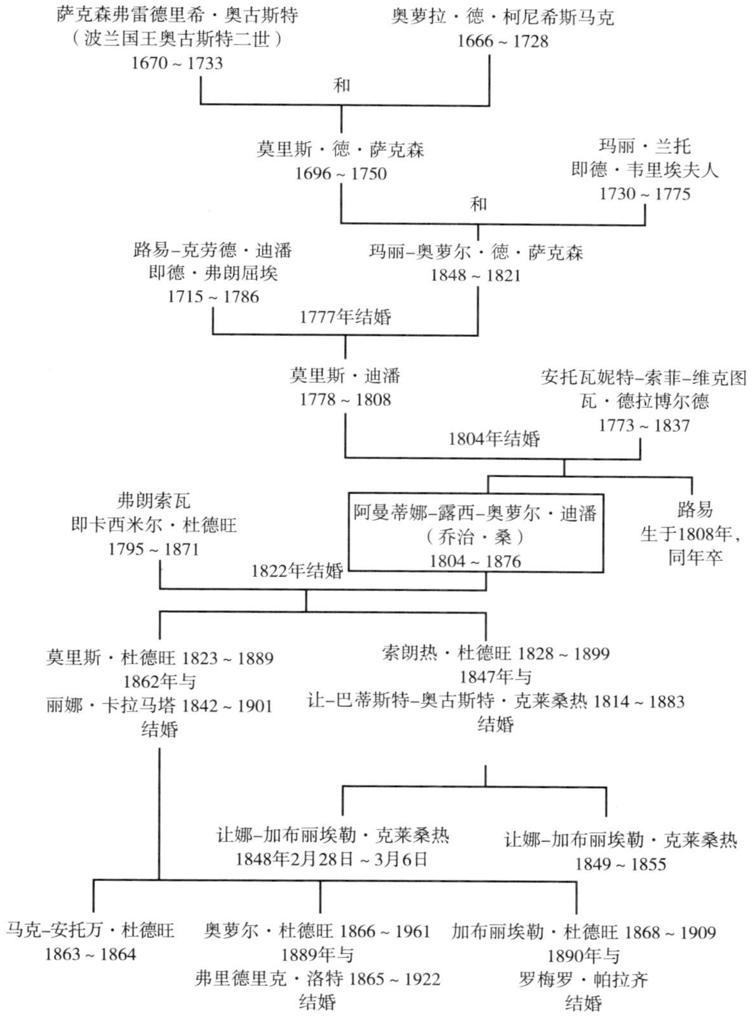

乔治·桑的家庭关系

如果有人希望更具体地了解这个在巴黎掀起了满城风雨的丑闻，那么这两篇文章更是必读材料了。

这对从日内瓦回来的爱侣在拉菲特街23号奢华的法兰西酒店安顿了下来，猜测着人们会以什么样的态度迎接他们。很快他们就有了答案。多位祝福者，包括罗西尼、梅耶贝尔、柏辽兹和肖邦本人，纷纷上门拜访，欢迎他们回到巴黎。玛丽举办了几场晚会，吸引了圣伯夫、巴尔扎克、海涅、维克多·雨果等文学界名流出席；很快，法兰西酒店就沉浸在了文化和艺术氛围中，变得热闹起来。当时乔治·桑已经回到了诺昂的乡间别墅，玛丽给她写了一封热情洋溢的信，邀请她来巴黎重聚。10月底，乔治·桑来到巴黎，在李斯特和玛丽的隔壁租下了一间套房。他们有时甚至合用一间客厅招待共同的朋友。乔治·桑曾在信中写道："如果我的朋友中有你不喜欢的人，我会在楼梯的平台上接待他们。"① 可能就是在10月底左右，乔治·桑与肖邦在法兰西酒店里偶遇过一两次。直到1836年11月19日，乔治·桑才在玛丽·达古的晚会上听到了肖邦的演奏，并深深地迷上了他。但这种感情并不是双向的。她的雪茄、男性化的装扮和张扬的举止都让肖邦反感。晚会之后，肖邦在回家路上对费迪南德·希勒说："桑真是个讨厌的女人！她真的是个女人吗？我很怀疑。"② 在给华沙家人的信中，他甚至更直接地说："她身上有种东西使我厌恶。"③

桑意识到了当晚的进展不太顺利，于是想找个机会补救。在李斯特和达古伯爵夫人的暗中推动下，肖邦于12月13日在
351 绍塞－昂坦街的公寓里举行了一场社交晚会。出席的名人包

① CGS, vol. Ⅲ, p. 571.

② CFC, vol. 2, p. 208.

③ CFC, vol. 2, p. 208.

括海涅、欧仁·德拉克鲁瓦、阿斯托尔夫·德·屈斯蒂纳侯爵以及小说家欧仁·休（Eugène Sue）。音乐家有梅耶贝尔、费迪南德·希勒、约翰·皮克西斯，还有当时在巴黎歌剧院成功举行了几场演出的男高音歌唱家阿道夫·努利。一些波兰侨民也参加了晚会，包括亚当·密茨凯维奇（被李斯特称为“北方的但丁”）、阿尔贝特·格日马瓦、扬·马图辛斯基、贝纳德·波托茨基伯爵，还有1791年波兰宪法的发起人之一、年老体弱但备受尊重的尤利安·聂姆策维奇伯爵。肖邦这一阶段的主要“书记官”约瑟夫·布若夫斯基在日记里对当晚的情景进行了详细的描述。[①]李斯特和玛丽·达古带着桑出现在了晚会上。迫切希望这次能留下一个好印象的乔治·桑穿着一条白色马裤配以红色腰带（波兰国旗的颜色）神气地登场了。这样的打扮让她赢得了外交上的胜利，受到了波兰侨民们的欢迎。之后她安静地坐在壁炉旁的躺椅上，抽着她“富有诗意”的雪茄（几乎可以肯定掺了鸦片），听着努利在李斯特的伴奏下演唱舒伯特的《魔王》等歌曲。

李斯特曾说肖邦对于向外界打开自己的家门总有些逃避情绪，即便对很亲密的朋友也是如此。他说得没错。但当肖邦打开大门时，他举办的活动总是那么令人难忘，这次也不例外。多年后，李斯特在他的肖邦传中回忆了当晚的情景。文中没有提到具体日期，但从细节中可以看出他说的就是这场晚会。[②]李斯特用诗意的语言描写了房间的尽头似乎延伸进了阴影之中，半明半暗下传来了普莱耶尔钢琴的琴声，但只闻琴声，不见钢琴，观众们坐在摇曳的烛光中被深深陶醉。直到肖邦从钢琴旁站起来，玛丽·达古给大家分发茶和冰激凌时，人们才回

① BJT, pp. 98–101.

② LC, pp. 90–93.

过神来。接下来是当天晚上的重头戏，肖邦和李斯特共同演奏了莫谢莱斯的《降E大调奏鸣曲》，肖邦弹第二声部，李斯特弹第一声部。皮克西斯帮两人翻谱，同时与大家交换着赞赏的
352 目光，表达他的欣赏之情。就是在这些场合中，情愫的种子被悄无声息地埋下，不久便绽放出了19世纪最著名的一段爱情故事。肖邦和桑轰轰烈烈的爱情，在肖邦身上显现得如此缓慢，而在桑身上却出现得如此迅速。两人似乎如此不登对，连他们最亲密的朋友都感到颇为费解。虽然有些学者持有不同意见，但肖邦和桑的恋情从萌芽阶段就是由玛丽·达古怂恿和推动的，达古无疑希望将人们的视线从她自己身上移开，给巴黎的好事之人一个新的谈资。

之所以说两人不登对，是因为肖邦矜持、冷漠，行为举止有些女性化，穿着打扮一丝不苟，对外表非常讲究，乔治·桑则傲慢、张扬，会直言不讳地表达自己激进的政治观点，外表十分男性化，将穿着男性服装作为她追求两性平等的外在表现。此时她已写了一些社会观念超前的戏剧和小说，尤其创作了不少关于妇女解放的作品，吸引了人们的目光。她有过众多情人，包括作家朱尔·桑多（Jules Sandeau）、记者亨利·德·拉图什（Henri de Latouche）、诗人阿尔弗雷德·德·缪塞、医生彼得罗·帕杰洛（Pietro Pagello）和律师米歇尔·德·布尔热（Michel de Bourges）等。1833年她出版的小说《莱丽亚》（*Lélia*）因"自由性爱"的理念为她招致了骂名，当时所有读过这部小说的人都认为它是乔治·桑本人的写照。比肖邦大6岁的乔治·桑最终将成为这段关系中的主导者。但那是一年多之后的事情了。此时的肖邦还身陷于与玛丽亚·沃津斯卡的秘密婚约中，结果尚不明了，而乔治·桑也没有和前任情人理清关系，这位情人就是剧作家费利西安·马勒菲耶（Félicien Mallefille），他当时是乔治·桑的儿子莫里斯的家教。

II

我们有必要在这里稍事停留，对这个即将与肖邦共同生活九年的女人的复杂性格多做一些介绍。有些传记作家认为乔治·桑对肖邦的影响完全是负面的。但实际上她给肖邦提供了一个有利于他创作的家庭环境。在这段长长的恋情中，肖邦将创作出他最伟大的作品，而两人分手后，肖邦的创作源泉似乎也逐渐枯竭。同时我们也不应忘记，肖邦的身体逐渐被疾病侵蚀时， 353
桑成了他最主要的照料者，多次陪伴他渡过难关。桑将对肖邦的生活产生诸多影响，如果就这样敷衍过去，仿佛接下来发生的事情跟她没有一点关系，这样的做法是不负责任的。

要了解乔治·桑，她本人的作品就是最好的信息来源。在乔治·桑的自传《我毕生的故事》（1850~1854）中，她滔滔不绝地自述一直奔涌了四卷才停下来。乔治·桑很擅长为生活赋予文学色彩，因此在阅读她的散文时，我们也需要谨慎对待。她曾跟几百位通信者写了数千封信，这些体量巨大的书信能让我们更好地了解她的复杂个性。但书信中也不乏亦真亦假的信息和虚构的事件，为阅读者设下了陷阱。有人说乔治·桑“用辞藻做外衣，将自己隐藏其中”①，这话说得没错。

III

桑的童年是在法国贝里地区的诺昂别墅度过的，她从寡居的祖母玛丽－奥萝尔·迪潘·德·弗朗屈埃（Marie-Aurore Dupin de Francueil）那里继承了这栋宅邸，后来这里成了她的家。桑的父亲莫里斯·迪潘（Maurice Dupin）的血统可以追溯到萨克森的弗雷德里希·奥古斯特（Friedrich-August），

---

① IC, p. 344.

即波兰国王奥古斯特二世。从小出生在富贵家庭的莫里斯·迪潘不满于在母亲的溺爱中过着养尊处优的生活，一心想要追求更刺激的人生。22岁时，他成了拿破仑部队中的一名中尉，被派驻到意大利给高级将领当副官。在这里，他被一位美丽但名声不太好的女子吸引，她就是乔治·桑未来的母亲索菲－维克图瓦·德拉博尔德（Sophie-Victoire Delaborde）——为了让故事更精彩，乔治·桑可能添加了一些虚构的内容。

乔治·桑形容母亲是“一个四海为家的人”。索菲－维克图瓦出身贫寒，父亲曾是一位旅店老板兼养鸟人，家道中落后
354 在巴黎码头以出售金丝雀为生。索菲－维克图瓦是个性感妩媚的女子，曾在巴黎剧院做舞蹈演员，后来未婚先孕生下一女，孩子的父亲就是她的情人之一。此后她成了一位法国将军的情妇，并跟着部队去了意大利。就是在这里，她遇到了这位将军的副官莫里斯·迪潘中尉。迪潘为她的魅力所倾倒，挖了将军的墙脚——即便如此，他还是在一两年间先后晋升为上尉和少校。迪潘·德·弗朗屈埃夫人看到自己的儿子竟痴迷于这样一个在她看来不比妓女强多少的女人，气得不能自已。当莫里斯试图把索菲－维克图瓦带回诺昂时，她更是将其拒之门外。于是莫里斯把他的情人安顿在附近的拉沙特尔（La Châtre），以此躲开家中的“暴风雨”。但不久之后“暴风雨”还是降临了。莫里斯被派驻到布洛涅之前不久，索菲－维克图瓦怀孕了，1804年6月6日，两人在巴黎秘密举行了民政婚礼，及时让腹中的孩子成了合法的婚生子女。不到一个月后，7月1日，两人的女儿阿曼蒂娜－露西尔－奥萝尔（Amantine-Lucile-Aurore）——也就是后来的乔治·桑——来到了这个世界。迪潘夫人听到此消息后，试图以没有神职人员在场为由宣告婚姻无效。这便是婆媳二人常年对立的开端，在此后的岁月里，迪潘夫人一直拒绝接受这个贫穷养鸟人的女儿成为家中的一员。

奥萝尔（桑喜欢让别人这样叫她）仅 4 岁时，她的母亲又生下了一个儿子，名叫路易。莫里斯所在的部队正在为拿破仑攻打伊比利亚半岛，因此全家都被莫里斯带到了西班牙。奥萝尔坚信路易生病时，给他看病的西班牙医生出于对法国人的仇恨故意治瞎了他的眼睛。后来莫里斯获得部队准假，带家人返回诺昂，但途中路易感染天花不幸夭折。桑的父母将他埋葬在了诺昂花园里的一棵梨树下。但不到一周后，一场更惨痛的悲剧降临了。在一个大雨滂沱的夜晚，莫里斯骑马从拉沙特尔返回诺昂，途中马受了惊，他被甩下马背摔断了脖子。人们把他的尸体送回家时，母亲痛苦的哭声给乔治·桑留下了深深的心理阴影。五十年后的她仍能清晰地回想起这段痛苦的儿时经历。

> 当时屋里的景象仍历历在目，一切就发生在我现在 355
> 住着的、写下这些痛苦回忆的房间里。母亲跌坐在床后边的椅子上。我还能看见她苍白的脸，她胸前散落的长长的黑发，还有我不断亲吻着的赤裸手臂。我还能听见她凄厉的哭声。她听不见我的哭声，对我的抚摸也无动于衷。德沙尔特［一位神父，奥萝尔的家教，正是他带来了这个噩耗］对她说："看看这个孩子，为她活下去。"①

葬礼上，4 岁的奥萝尔不明白为什么大家都穿着黑色的衣服，人们告诉她这是因为她的父亲去世了。之后她说了一句让母亲极为痛苦的话："我爸爸还死着呢吗？"乔治·桑说，她知道什么是死亡，但不知道死是永恒的。家里的仆人说，就在她试图安慰母亲的那个时候，人们看到一个鬼魂穿着他父亲的全

① SHV, vol. 1, p. 597.

套制服在诺昂的房间穿行，她对此将信将疑。父亲被埋葬在了离路易不远的地方。索菲－维克图瓦在这栋全是陌生人的房子里承受着巨大的悲痛，又得不到她渴望的慰藉，于是回到了巴黎的家人和她的私生女卡罗琳身边。为了确保她不会再回来，迪潘夫人以每年 1500 法郎的赡养费为条件，换取了一份协议，获得了奥萝尔的合法监护权。因此奥萝尔幼年不是住在诺昂，就是住在祖母巴黎的奢华公寓里。

父亲死后不久，奥萝尔就得知她有一个同父异母的哥哥，即伊波利特·沙蒂龙（Hippolyte Chatiron）。他是莫里斯·迪潘和迪潘夫人的女仆、一位当地木匠的女儿生下的私生子，比奥萝尔大 5 岁。伊波利特在贝里长大，后来成了诺昂的一位常客。虽然他和奥萝尔性格迥异，但两人的感情很好，并且这种感情因他们有着共同的父亲——一位很早就离他们而去的父亲——而更加深厚。

356 IV

奥萝尔的母亲和祖母经常就她的养育方式争吵不休。虽然之前签署的协议就是为了避免这种情况，但两人还是展开了一场拉锯战。奥萝尔把自己称为“祸端”。祖母坚持认为宗教教育更为优越，因此奥萝尔 13 岁时就被送进了修道院学习。“英国奥古斯丁女子修道院”虽然有着冷酷的名字和有些黑暗的历史（法国大革命后被用作监狱），但它是巴黎最好的一所寄宿学校。学校的经营者是一群英国修女，她们的教会在克伦威尔迫害天主教的时候逃到法国并开办了这所学校。奥萝尔在这里待了三年。她学习法语，按照规定穿修女们穿的紫色修女服，研读《圣人传》，在与世隔绝的环境中让这些“基督的新娘”打磨掉在乡间生活中养成的陋习，不久她便适应了这样的生活。奥萝尔在这样青涩的年纪就展现出了敏锐的思维和犀利的文笔。她把身边的女生分为了三类：愚钝的、顺从的，以及邪恶的。她把自己划分到了最后一类里，作为“修女中的恶魔”，她经常制造混乱，以至于连修道院院长都说她是个“狂徒”。这让她在女生当中很受欢迎，大家给她起了个直白的绰号，叫“面包”，因为在法语里她的姓“迪潘”（Dupin）是“面包”的谐音。在修道院里，她唯一能见到的男性是两位教士：维莱勒（Villèle）神父和普雷莫德（Prémord）神父。后者负责听她的忏悔，并为她制定日常生活中应该遵守的道德准则。贞洁是最重要的，任何试图玷污贞洁的人，“不论是谁，不论她有多么尊贵”，都必须被举报。如果有谁说了“邪恶的词语”，修女会让这种行为恶劣的女生跪下亲吻地板。这些十二三岁的女生生活在没有供暖的房间里，吃着粗茶淡饭。给家里写的信都要经过审查。有一次奥萝尔给祖母写的信被打开，修道院院长发现奥萝尔在信中把跟修道院有关的所有人都抱怨了一通，包括院长本人，最后直到迪潘夫人出面（在这件事上她支持了自己的孙女），奥萝尔才免受惩罚。成长在这种环境下，难怪奥萝尔后来变得如此叛逆。她背弃了教会，变成了自己笔下的 357
雷丽亚以及审查制度的反对者。当她想扯下伪善者的面具，揭露其背后隐藏的不端行为时，她经常会从青少年时期的丰富记忆中汲取素材。①

摆脱了英国修道院的束缚后，奥萝尔回到了诺昂的祖母身边。她最担心的是家人给她包办婚姻，当时家境不错的女孩一般都要面临这样的命运。但迪潘夫人突发中风卧床不起，因此安排相亲也不是她能关心的事了。养病期间，祖孙俩亲密的交谈使两人的关系更亲近了，于是老夫人将奥萝尔指定为她的继承人。后来，迪潘夫人的中风再次发作，导致她全身瘫痪，于

① SHV, vol. 1, pp. 961ff.

1821年12月26日去世。弥留之际，她对床边的奥萝尔说的最后一句话是："你最好的朋友就要走了。"祖母死后，奥萝尔继承了诺昂别墅，而且她发现自己已经财务自由了。这时她才17岁。只拿到了一小笔赡养费的索菲－维克图瓦对遗嘱提出了异议，但律师否定了她的主张。从此以后，奥萝尔母女两人间永久性的隔阂也更深了。

V

很快，求婚者纷纷造访诺昂，但都被奥萝尔打发走了。索菲－维克图瓦也打发走了一两个，此时她开始干涉女儿的私事。最后奥萝尔不顾母亲的反对，可能也是为了摆脱她的控制，在1822年9月17日与27岁的卡西米尔·杜德旺（Casimir Dudevant）结婚。[①]她用十万法郎和诺昂别墅做嫁
358 妆，在诺昂开始了新婚生活。奥萝尔说，她当时"天真得无可救药"，从没和男人同床共枕过的她发现这是一个愉快甚至是幸福的体验。不到一个月她就怀孕了。接下来的几个月里，卡西米尔每天都在诺昂附近的田野和森林里享受他最爱的消遣活动——打猎和射击。而奥萝尔则开始学做衣服，缝制些婴儿的衣物。后来针线活成了她的终身爱好，压力大的时候，她总喜欢做针线活来放松自己。

临产之际，夫妇俩去了巴黎，入住了佛罗伦萨酒店（Hôtel de Florence）。1823年6月30日，奥萝尔19岁生日的前一天，

---

① 有些文献中写道奥萝尔与卡西米尔结婚后获得了贵族头衔。卡西米尔是让－弗朗索瓦·杜德旺男爵和情人奥古斯蒂娜·苏莱的私生子，但他并没有贵族头衔。用奥萝尔的话说，她丈夫的头衔最多只相当于法国步兵中的少尉（SHV, vol. 1, p. 13），而且任何管她叫"侯爵夫人"的人都会遭到她的痛斥。多年后，1871年卡西米尔去世后，他们的儿子莫里斯·桑申请继承祖父的贵族头衔。因此，可能是莫里斯在母亲的墓碑上加上了"男爵夫人"这个头衔。不知道拥护共和制、反对各种形式的世袭传统的奥萝尔对此会作何感想。

她生下一子，取名为莫里斯。但在这时，她才懂得了“草率结婚，后悔莫及”这句话的真正含义。如果说刚开始时这场婚姻的前景是无法预知的，那么现在已经十分清晰，因为两人的感情已走上了下坡路。在诺昂时，她发现自己刚逃出母亲的控制，就又落入了丈夫的控制中。卡西米尔是一位专横的丈夫，想做家里的主人——虽然宅子并不是他的。开始的日子过得风平浪静，但当奥萝尔在家里摆上了一架钢琴，想要重拾早年对音乐的热爱时，卡西米尔提出了反对意见。奥萝尔写道：“我看到你不喜欢音乐，于是我就不弹了。”一些传记作家称奥萝尔没有什么音乐天分，但事实恰恰相反。她小时候曾跟祖母迪潘夫人学习钢琴及和声的基础知识。因此后来她能把曾经在贝里听到的民歌写下来，“包括一首肖邦喜欢的布列舞曲”。她在自传里说：“美妙的音乐对我的影响和感染比其他任何艺术都要强烈。”[①] 扼杀了奥萝尔的音乐爱好之后，卡西米尔也知道他给妻子的生活带来了一些不快。但这只是个开始。

卡西米尔是个花花公子，他每天晚上最喜欢做的事就是进入楼上仆人的宿舍，跟其中的两个姑娘——克莱尔和佩皮塔，享受云雨之欢。后来克莱尔怀孕了，但奥萝尔一直不知道孩子的父亲是她丈夫还是她同父异母的哥哥伊波利特，因为克莱尔对这两个人都曾微笑过。但不管怎样，对于这种多人参与的婚姻，奥萝尔有自己的解决办法，那就让更多人参与进来，我们很快就会讲到这件事。与此同时，奥萝尔也指责卡西米尔对庄园管理不力，还大肆挥霍她的家产。为此，她起草了一份旨在 359
保护两人各自利益的法律协议，如果事情真的到了不可挽回的地步，她可以在这份协议的保护下宣布婚姻无效。协议中的条

① SHV, vol. 1, pp. 625–26. 桑写过一部名为《孔苏埃洛》(*Consuelo*)的小说。从故事情节来看，这部小说只能是一个懂音乐的人写的。

款让卡西米尔很不安，因为他从中看到了自己无家可归的未来。两人经常在晚餐时大吵大闹起来，有时还当着客人的面，这时几杯酒下肚的卡西米尔就会破口大骂。有一次两人之间爆发了最激烈的争吵，由于奥萝尔不肯让步，卡西米尔命令她离开房间。“这是我家。”她当着所有客人的面提醒丈夫，拒绝妥协。[①] 怒不可遏的卡西米尔抓起墙上挂着的来福猎枪，但还没等他在愤怒中扣动扳机，猎枪就被和他一起喝酒的朋友亚历克西斯·迪泰伊抢了下来。

VI

此外，一直让人们议论纷纷的是奥萝尔的女儿索朗热的身世。人们有充分的理由怀疑孩子的父亲并不是卡西米尔，而是斯特凡纳·阿亚松·德·格朗萨涅（Stéphane Ajasson de Grandsagne）。两人的事情要追溯到几年之前，用安德烈·莫鲁瓦委婉的话说：“桑早就在她诺昂的房间里学会了情感上的解剖之术。”[②] 两人第一次见面时，斯特凡纳还是一名医学学生，奥萝尔的家庭教师、年迈的弗朗索瓦·德沙尔特神父找他给奥萝尔上过几节解剖课，他甚至还让奥萝尔协助他做手术。在此期间，奥萝尔参与了几台截肢和尸检手术。这样的护理经验使她具备了急救能力，看到血也不会恐惧。[③] 她还掌握了一
360 些药学知识，当拉沙特尔的居民出现什么身体不适时，她总能提供一些用药建议。从那时起，斯特凡纳就爱上了奥萝尔，但

① ML, p. 212.

② ML, p. 92.

③ 在自传中，桑描述了她和斯特凡纳工作时的具体细节：“他带来了一些德沙尔特需要的头、手臂、腿，向我展示一些基本概念。”（SHV, vol. 1, p, 1076.）她也拿到了一副年轻女性的骨架，挂在了诺昂的房间里，以便更好地了解人体结构。这些早期的医学经验后来派上了用场，毕竟不久之后桑就成了肖邦的主要照料者。

奥萝尔年纪尚小，没有结婚的考虑。而且斯特凡纳出身于贫穷家庭，有九个兄弟姐妹，奥萝尔的祖母也不会允许她为这样一个人牺牲大好前途。

1827 年秋天出现了一个转折点，斯特凡纳趁卡西米尔前往巴黎时来到了诺昂。斯特凡纳在贝里小住期间，两人形影不离，而且在当地居民面前他们对这种明显的恋爱关系也毫不避讳。斯特凡纳返回巴黎后，奥萝尔决定将这段关系继续下去。于是卡西米尔一回到诺昂，她就追随斯特凡纳去了首都。12 月 5 日，她到达巴黎，入住了三年前她生下莫里斯时住的佛罗伦萨酒店。奥萝尔在巴黎停留了两周多，给卡西米尔的解释是她找了多位医生给自己看病。她的身体情况确实很糟，由于斯特凡纳有医学界的人脉，当时最有名的几位医生对她进行了检查，包括萨尔佩特里厄尔医院（Salpêtrière Hospital）院长朗德雷 - 博韦（Landré-Beauvais）教授，但并没有发现什么严重的问题。奥萝尔的病症更多是精神上的，而不是身体上的，因为她的内心正经受着良心的拷问，原因很简单。如今我们知道当时她和斯特凡纳互写过一些亲密的情书。[1] 所有书信都指向了一个结论：奥萝尔此行来到巴黎的目的很明确，那就是将这段婚外情继续下去。当奥萝尔终于在 12 月 20 日左右回到诺昂时，她已经怀孕了。

索朗热出生在 1828 年 9 月 13 日。安德烈·莫鲁瓦曾细致地比较过谁是孩子父亲的可能性比较大。他推断奥萝尔是在索朗热出生前九个月，也就是 1827 年 12 月 13 日在巴黎怀孕的。当天，奥萝尔曾给卡西米尔写了一封信，异常直白地告诉

---

① 这些信在很长一段时间内归斯特凡纳的儿子保罗 - 埃米尔所有。见《一般观察》（*Le Moniteur général*），1900 年 1 月 6 日刊。

他斯特凡纳现在就在她的住处，而且会在这里住几天。[①]年底
361 她回到了诺昂，显然又重新开始和丈夫同房。但八个月之后索朗热就出生了，这又该如何解释呢？奥萝尔坚持说索朗热之所以会提前出生，是因为伊波利特的小女儿莱昂蒂娜·沙蒂龙（Léontine Chatiron）从诺昂的楼梯上摔了下来，导致她受惊吓早产。多年来，这一直是她的官方解释。但在《我毕生的故事》中，她留下了一个明显的线索，指向了事情的真相。她记叙了9月初，也就是索朗热出生前两周发生的一件趣事。有一天早上，她曾经的追求者奥雷利安·德·塞兹（Aurélien de Sèze）突然到访诺昂，发现她在客厅摆弄着婴儿的衣服。塞兹问道："你到底在干什么呢？""应该很明显吧，"她回答道，"我在争分夺秒地为某个可能会提早到来的人做准备。"[②]

索朗热来得是早是晚已经不是卡西米尔关心的事了。他和奥萝尔的关系已经到达了最低谷，奥萝尔甚至在生产时还无意中听到他和西班牙仆人佩皮塔在隔壁的亲密对话，证实了两人的婚外情。似乎这还不够，奥萝尔说，接着酩酊大醉的伊波利特踉踉跄跄地进了她的卧室，醉倒在了地上。就是在这样的情形下，索朗热出生了。

如果以上这些还不足以证明索朗热的生父是谁，我们也很容易就能找到其他证据。奥萝尔经常用亲昵的小名"斯特凡娜小姐"称呼索朗热。而斯特凡纳本人似乎也乐于承认自己的父亲身份。每当有朋友问他为什么要去诺昂时，他就会回答说："还能为什么？去看我女儿呗。"[③]我们之所以对索朗热的身世进行如此细致的讨论，因为这有助于我们理解为什么后来索朗

① ML, pp. 467–69，"对索朗热·杜德旺－桑身世的说明"。

② SHV, vol. 2, p. 90.

③ VGS, p. 122.

热和母亲，更重要的是和她的哥哥莫里斯发展到关系破裂的地步。我们并不知道年幼的索朗热具体知道些什么，以及她是何时知道的。但她一定听说过乔治·桑和她诺昂的情人们那些屡见不鲜的绯闻。每次斯特凡纳·阿亚松·德·格朗萨涅出现在诺昂，人们就会开始嚼舌根，而索朗热也一定注意到了，自己就是斯特凡纳最关心的那个人。后来，青少年时期的索朗热变 362
得越来越叛逆，经常对他人，尤其是她哥哥恶言相向，最终导致母亲怒火爆发，把她赶出了家门，这个戏剧性的事件也导致了乔治·桑与肖邦的决裂。

卡西米尔之所以能接受这样的悲惨状况，原因也不难理解。他刚在一系列草率的投资中损失了25000法郎，这些都是他和乔治·桑的共同财产，这让他为自己的无能而倍感屈辱。一直在财务问题上顺从丈夫意愿的乔治·桑将怒火一股脑地发泄了出来，指责卡西米尔糊涂愚蠢。"当一个人犯了大错时，咒骂和叹息是没有用的，自怨自艾只会害了你自己和所有人。有点男人样吧！"[①] 卡西米尔不愿分居，他还能去哪儿呢？吉耶里（Guillery）的祖宅不属于他，而是属于他名义上的母亲加布丽埃勒·杜德旺男爵夫人。这位男爵夫人拒绝让丈夫的私生子在吉耶里长大，也从不把他当作自己的骨肉对待，剥夺了他的继承权。于是卡西米尔只能像所有没出息的男人一样，在酒和女人身上寻找慰藉。忙碌的一天结束后，因糟蹋了妻子的钱而懊恼不已的卡西米尔会瘫倒在扶手椅上，打着鼾睡到天明。这场婚姻进入了休战期。卡西米尔离不开诺昂，离不开儿子，甚至离不开妻子，因为他需要物质保障。而对于奥萝尔来说，她现在掌握了有利局势。索朗热出生后，她便放弃了婚床，搬进了一层紧挨着孩子和保姆的房间，在这里卡西米尔没有接近

① CGS, vol. Ⅰ, p. 584.

她的机会。她整夜伏案写作，当清晨的第一缕阳光照进房间时，她会躺在自己安置的小床上入睡，这个房间已成为她逃离丈夫和这场岌岌可危的婚姻的港湾。

但她仍需下定决心跟丈夫一刀两断。最后还是卡西米尔让她迈出了这一步，当时的场面就如同她小说里的情景那么富有戏剧性。有一天，奥萝尔趁卡西米尔外出打猎时在他的书桌里翻找欠条，因为她担心在夫妻共同承担的债务问题上卡西米尔没有跟她说实话。奥萝尔在丈夫的文件里发现了一封写给她的
363 信，信封上写着："等我死了再打开！"这是卡西米尔的遗嘱，但乔治·桑说，由于上面写着她的名字，她毫不犹豫地打开了信封。信中的内容让她崩溃。"这是什么遗嘱！"她写道，"全是诅咒！"卡西米尔将他对妻子的积怨和对她人格的鄙视全部写进了信里。她感到自己在做梦，因为她从没想到过卡西米尔竟如此看不起她。她说："这封信让我彻底醒悟了。"[1]

两人展开了激烈的对峙，但奥萝尔态度很强硬，甚至逼哭了卡西米尔。她亲自起草了分居协议中的条款，拒绝做出任何让步。奥萝尔告诉卡西米尔她要离开他，打算每年去巴黎生活几个月。她要求每月从诺昂庄园的收入中拨出一部分作为生活费，这一点在婚前协议中就有约定。此外，必须聘请一位驻家家庭教师给孩子们上课，教师的薪水由卡西米尔承担。最终的协议还需要等律师理清所有事项之后才能敲定，但卡西米尔知道奥萝尔已经给他下了逐客令。她打包了行李，拥抱了孩子们，坐上了去往巴黎的公共马车。1831 年 1 月 6 日，她到达了巴黎。

等待她的是她此前在拉沙特尔认识的一位年轻人，有着一头金发的英俊男子朱尔·桑多（Jules Sandeau），和奥萝尔一

① CGS, vol. Ⅰ, p. 737.

样，他也怀揣着一个作家梦。没过几周，两人便开始了一段恋情，搬进了圣米歇尔码头（Quai Saint-Michel）的一个小公寓里同居。他们共同创作了一部名为《罗斯与布朗什》（*Rose et Blanche*，1831 年）的小说，全书一共五卷，但最后并没有赚到多少钱。在此期间，奥萝尔不得不回到诺昂暂住几天，一方面是为了准备马上要和卡西米尔打的官司，两人在这场纠纷中很快就会撕破脸，另一方面是选几件家具运到巴黎的公寓。奥萝尔回到诺昂时，卡西米尔、伊波利特和母亲索菲 - 维克图瓦都在等她，劝她留在诺昂，放弃她刚刚获得的自由。这让她拿起笔，写了一封著名的信向母亲阐述她的观点。

> 1831 年 5 月 31 日
>
> 我的丈夫可以随心所欲做他喜欢的事。他找情人，或者不找情人，完全取决于他。他可以喝酒，也可以喝水，想喝什么就喝什么，存钱还是花钱也如他所愿。他可以盖 364
> 房子、种花草树木、做买卖、经营房产和庄园，只要他认为合适……但是只有他给予我同样的自由才算公平。否则我会认为他可恨、可鄙——相信他也不希望这样。因此，我是完全独立的。我在他起床时睡觉，我可以去拉沙特尔，也可以去罗马，只要我愿意。我是半夜回家还是早上六点回家，都是我自己的事，别人管不着。①

就这样，“雷丽亚”获得了独立。1832 年末，她结束了和桑多的恋情，并带走了一个重要的纪念品：桑多姓氏中的第一个音节。从此，“乔治·桑”成了她的笔名，她也以这个名字为世人所知。同时，也是以乔治·桑的身份，她背负着生命中

① CGS, vol. Ⅰ, p. 888.

所有感情上的重担，在1836年的秋天初识了肖邦，并试图将他拉进自己的生活中。

VII

12月13日肖邦在公寓里举办的晚会让桑十分难忘。她多次试图把肖邦引诱到诺昂（让玛丽·达古做中间人），但肖邦总能找到不去的理由。桑甚至让玛丽说："告诉肖邦我崇拜他。"[1] 从1837年2月起，玛丽·达古以客人的身份在诺昂住了大半年，李斯特也会在音乐会档期允许的情况下到访诺昂。其他一些客人也会偶尔出现在这栋古宅里，包括男高音歌唱家阿道夫·努利。桑举办了几场精彩的艺术歌曲音乐会，其间李斯特用桑专门为他准备的埃拉尔钢琴为演唱者伴奏。乔治·桑说："弗朗茨一弹起钢琴，我就会感觉心头的负担轻了许多。"[2] 但不论她如何盛情邀请，肖邦始终没有出现。5月，肖邦的借口是他要去德国见老朋友蒂图斯，但最后他并没有去。6月，
365 他说自己正和布若夫斯基在昂吉安的温泉疗养。7月，他跟卡米耶·普莱耶尔结伴去了伦敦。桑一定以为，她的猎物——除此之外恐怕找不到更合适的词了——在故意躲着她。但1838年4月她再次到访巴黎时，情况发生了转变。她在朋友夏洛特·马利亚尼（Charlotte Marliani）家听到了肖邦的演奏，再次为他的音乐所倾倒。她给肖邦递了一张小纸条，上面潦草地写着"我爱慕你"。（当时和她在一起的朋友女演员玛丽·多瓦尔加上了一句"我也是！"）这是桑第一次对肖邦示爱。肖邦死后，人们还在他的文件里发现了这张纸条。桑再次听到肖邦的演奏是在阿斯托尔夫·德·屈斯蒂纳家的晚会上（5月8日），朱

① CGS, vol. Ⅲ, p. 765.

② SJI, pp. 45–46.

尔·雅南和维克多·雨果也参加了这场活动。这次她意识到自己必须采取行动了。

肖邦似乎矜持得过久了，至少在桑看来是这样。在一封洋洋洒洒写了6000多字、铺满32页纸的长信里，她向两人共同的朋友阿尔贝特·格日马瓦倾诉了心中的想法，讨论了爱、忠诚、道德和情欲等问题。写这封信时，桑仍以为肖邦和玛丽亚·沃津斯卡还订着婚，并不知道婚约已经取消了，原因很简单，那就是肖邦没有告诉她。这封信篇幅过长，无法全文展示，但我们从中选取几个段落，就可以看出她对肖邦与日俱增的感情。她首先写道肖邦的风度仍令她念念不忘，之后讨论了与肖邦交往的利与弊。

1838年5月

> 迄今为止，我一直忠于我爱的人，非常忠诚……我不是个见异思迁的人。恰恰相反。我一贯对真心爱我的人投入专一的感情，我很难一见钟情，我习惯和那些不把我当女人看待的男人相处，因此肖邦对我的影响让我感到很困扰。但我仍旧无法忘记他给我带来的惊异，正当我的生活似乎趋于平静、将要永远地安定下来时，我放任自己的心爱上别人，如果我是个非常骄傲的人，我就会为此感到羞耻……但如果上天要我们对人世间的爱忠贞不渝，为什么 366
> 又让迷路的天使与我们相遇呢？①

怪罪上天让她与天使相遇，为她带来困扰之后，桑谈到了问题的关键：是让精神和肉体屈服，还是回避这种欲望。

① 全文请见CGS, vol. Ⅳ, pp. 428–39。

> 因此，爱这个伟大的问题再次浮现在我心中。我曾说："没有忠贞，何谈爱情。"我要说的正是这个问题——我要和你讨论占有的问题。有人认为，忠贞和占有是分不开的。但我认为，这个观念是错误的；每个人都可能或多或少有些不忠，但当一个人允许自己的灵魂被入侵，在爱的驱使下允许别人轻轻地抚摸自己，这就构成了不忠，而接下来的事就没那么严重了，因为一个丢掉了心的人就丢掉了一切。相比之下，失身而不失心还算更好一些。因此，当两个人想要生活在一起时，他们不应以避免结合的方式来反抗自然规律和现实，而是应该被迫分开，最明智的做法——也是一种责任和真正的美德——就是回避。我此前没有认真地考虑过这些事，但是如果他在巴黎开口要求了，我应该会顺从，屈服于我内心诚实的想法，因为诚实，我痛恨所有谨慎、拘束、偏见和狡诈的行为。

在这篇长篇大论中，她也试图为自己背叛现任情人费利西安·马勒菲耶这件事推卸道德责任。她先铺垫了主题，提到了烦恼的根本原因——肖邦。

> 既然我对你绝对坦诚，那么我必须承认肖邦身上有一点令我不太满意：他回避的借口很差劲。直到现在，我一直认为，如果他因为尊重我、害羞或是对旧爱的忠诚而回避，那么没关系。这些需要做出牺牲，因此需要魄力和真
> 367 正的贞洁。
>
> ……我不记得他具体用的是哪个词了。我记得他说的是既定事实（certain facts）会毁了我们的回忆。这话不愚蠢吗？你觉得他真是这么想的吗？是哪个可恨的女人让他对肉体之爱产生了这种印象？是不是他有个辜负了他的

> 情人？可怜的天使！我希望所有在男人眼中玷污了这件事的女人被绞死，这是生命中最可敬的事、万物间最神圣的事，是人类最重要的行为、最美妙的奥秘，也是整个生命世界中最壮美的事。就像磁铁吸引铁一样不可阻挡，动物也会遵从性的法则相互追求。就连植物都知道这样的吸引法则，而世间唯一受到上帝恩赐，能够感受动物、植物和矿物世界感受不到的美妙的男人，却将这种令人兴奋的吸引转变成了理智中的一种观念，以这种方式去感知、去理解，要我说，只有男人把这奇迹变成了一种肉体和灵魂上的负担，用鄙视、冷酷和不齿的眼光看待它！多么奇怪。就是这种精神与肉体的分离导致了修道院和妓院的出现。

这是一次惊人的情感爆发。此前桑首次提出与肖邦发生亲密关系，遭到肖邦的冷漠回绝，但桑可能因此觉得肖邦更有魅力了。显然这封信让她理清了思路，但接下来的问题在于可怜的马勒菲耶，此时他还沉浸于无知的幸福当中，完全不知道自己将被抛弃。桑一直声称她能够应付马勒菲耶，说他不过是一块“顺从的封蜡，被我盖上了自己的印章，当我想换个名字时，只要我足够小心和耐心就能做到”[①]。为了多争取一些“换名字”的时间，她让“封蜡”陪着莫里斯到塞纳河下游旅行了两周，趁两人在鲁昂和勒阿弗尔（Le Havre）逗留期间，考虑如何在马勒菲耶回来之后不再让他进入自己的卧室。她决定对马勒菲耶进行一场说教，强调友谊胜过肉体之爱，并希望他能 368
明白，他已从低级的情人上升到了最可贵、最重要的地位，享受纯洁的友谊和陪伴。桑应该也预想到了，这位剧作家看清了真相后，精神受到了刺激。让马勒菲耶倍感屈辱的是，他在一

① CGS, vol. Ⅳ, p. 430.

两周之前还不知道自己的情敌就是肖邦时，写了一篇动情的文章赞美了肖邦并发表在《音乐公报》上，这篇文章的题词写道："致弗里德里克·肖邦先生，以表达我对您的喜爱和对您英雄祖国的同情。"① 一夜之间，马勒菲耶成了人们的笑柄，也变成了一个危险人物。马勒菲耶连续几晚徘徊在肖邦绍塞－昂坦街的公寓附近，激动地挥舞着一把匕首，当他发现桑从肖邦的公寓里出来时，便在大街上追赶她，桑不得不拦住一辆路过的敞篷马车匆匆逃命。接着，这个戏剧性的事件演变成了一场闹剧。马勒菲耶上楼猛砸肖邦的房门，试图伤害肖邦，多亏了身材魁梧的格日马瓦出面肖邦才得救。格日马瓦身高超过 1.8 米，马勒菲耶完全不是他的对手。马勒菲耶挑衅肖邦出来跟他决斗，但在桑的朋友们的劝说下，他放弃了这个荒谬的想法。当莫里斯的另一位家教亚历山大·雷伊直白地指出马勒菲耶的行为是多么荒唐时，被激怒的马勒菲耶要求跟雷伊决斗，直到两人都流了不少血之后场面才被控制住。最终马勒菲耶和此前无数被乔治·桑抛弃的情人一样，把自己封闭起来，在床上躺了几周，被自怨自艾的情绪淹没。而最初将桑和肖邦撮合到一起的玛丽·达古在一封写给朋友的信中幸灾乐祸地写道："我承认，这件事远比任何小说家能想象出来的故事都精彩。"②

369 VIII

1838 年 7 月，肖邦和桑成了恋人。但他们并没有住在一起。这次桑出奇地谨慎，几乎可以肯定是出于对肖邦的考虑。她在附近一家位于拉菲特街的酒店里租了一个小房间，用的是

① 1838 年 9 月 9 日刊。

② BRRS, p. 152. 乔治·吕班在 CGS, vol. Ⅳ, p. 487 中简要提到了马勒菲耶和雷伊的决斗。柯蒂斯·凯特对决斗的详细描述请见 CS, pp. 457–58。

乔治·桑；德拉克鲁瓦的油画
（1838 年）

370

肖邦；德拉克鲁瓦的油画
（1838 年）

婚前的姓氏迪潘夫人（Mme Dupin）。在那些没有和肖邦共度的夜晚，她会按照日常惯例，在书桌前伏案工作到第二天早饭之前。8月，桑说服德拉克鲁瓦给她和肖邦画了一幅画像，后来这幅画成了肖邦最有名的肖像。他们在圣日耳曼玛莱街的画室里摆好姿势。桑一边做针线活，一边听肖邦用一台小型立式钢琴演奏。这幅画的大部分背景已经遗失，德拉克鲁瓦死后画布被切成了两半进行拍卖。安托万·马蒙泰尔得到了双人肖像中肖邦的部分，后来遗赠给了卢浮宫。

在德拉克鲁瓦9月前往乡下之前，桑告诉他："我仍处于你离开前那种幸福的状态，我们晴朗的天空中没有一丝乌云。"[1]但现实仍充满了不确定性。肖邦担心着公众的舆论，而桑仍未摆脱马勒菲耶的威胁。她已经很久没有享受过平静的生活了，而现在这样的生活对她来说更是成了奢望。各种各样的烦心事持续困扰着她。她和卡西米尔·杜德旺在拉沙特尔法庭的官司已经持续了数月，耗费了她不少钱财。两人完全撕破了脸，以侮辱、同性恋、财产分割以及屡见不鲜的通奸等多种罪名指控对方。公开相互诋毁之后，两人接下来的交涉也让桑伤透了脑
371 筋，不得安宁。但最终她从卡西米尔手中夺回了诺昂，赢得了孩子的抚养权，取得了两项重大胜利。我们不知道肖邦对这场纠纷了解多少，但可以肯定的是桑一定向他隐瞒了那些最丑陋的细节。在这段艰难的日子里，桑的朋友、西班牙领事的妻子夏洛特·马利亚尼（Charlotte Marliani）成了桑的坚强后盾。桑经常到马利亚尼家里共进晚餐，向她倾诉自己的烦心事。

随着1838年秋天临近，两人何去何从成了一个越来越突出的问题。肖邦的健康问题和持续不断的咳嗽让桑十分担心。她的儿子莫里斯也患有某种风湿病，和肖邦一样，更适合去

---

① CGS, vol. Ⅳ, p. 482.

气候温和的地方生活。因此，当夏洛特建议他们去西班牙属地马略卡岛旅行、享受地中海的温暖阳光时，桑马上就爱上了这个想法。她对这个岛屿知之甚少——当时很少有“开化的”欧洲人知道这个地方——但正因神秘，它才充满了魅力，而且这个想法一旦在她的头脑中成形，她就什么反对意见都听不进去了。

虽然没有明说，但这次旅行实际上是一次蜜月之旅。马略卡岛远离巴黎，他们在那里可以免受流言蜚语的困扰，同时也可以避免两人的实质性关系让肖邦固守宗教思想的家人知道——至少可以先瞒上一段时间。他们绘制了地图，设计了路线：先经里昂和尼姆南下到达佩皮尼昂和旺德尔港，再从港口坐船前往巴塞罗那和马略卡岛。埃曼努埃尔·马利亚尼以西班牙外交官的身份为他们写了几封介绍信，后来派上了大用场。到了10月中旬，一切都已准备就绪。桑从寄宿学校接回了索朗热，从德拉克鲁瓦的画室接回了莫里斯（当时16岁的莫里斯刚开始跟这位大师学习绘画）。10月18日，她带着孩子们离开了巴黎，踏上了这段旅途的第一程。肖邦没有一起出发，他还需要多花几天把事情安排妥当。他请尤利安·丰塔纳照看同住的公寓，安排普莱耶尔将一架钢琴海运至马略卡岛，还向银行家奥古斯特·莱奥借了一笔钱作为旅费。所有事情安排好之后，他才沿着桑和孩子们的路线，南下前往佩皮尼昂。

372 # 马略卡岛上的冬天，1838 ~ 1839

再在西班牙待一个月，我们就会死在那里，肖邦死于忧郁和厌恶，我死于狂怒和愤懑。

——乔治·桑 [1]

I

10 月 27 日，肖邦乘坐公共马车离开巴黎；11 月 1 日，他在佩皮尼昂与乔治·桑和两个孩子会合。桑给夏洛特·马利亚尼写信时说：“肖邦在邮车上英勇地度过了四个夜晚，到达时看起来像玫瑰一样新鲜，像萝卜一样红润。” [2] 一行人从旺德尔港坐蒸汽船沿加泰罗尼亚海岸前往巴塞罗那。到达之后他们却迟迟无法踏上下一段旅程，于是便入住了四国酒店，与此同时桑忙着想办法继续前往马略卡岛。这时西班牙正深陷内战之中。早在安排行程时，桑就知道伊比利亚半岛的战争已经夺去了几万人的生命，此时正处于白热化阶段。但她一直是个不管不顾的人，这次也同样为了追求自己的快乐置肖邦和孩子
373 的安危于不顾。有一次，他们骑着驴子在附近郊游时碰到了几支西班牙部队，这些士兵是克里斯蒂娜女王的支持者，刚打完仗准备返回巴塞罗那。[3] 桑发现他们面容憔悴、饥肠辘辘、疲惫不堪，这样的情况很是危险。巴塞罗那城内也到处是堡垒和炮台，人们的行动受到了很大限制。晚上时常能听到远处的枪

---

① CGS, vol. Ⅳ, p. 577.

② CGS, vol. Ⅳ, p. 512.

③ 几乎可以肯定他们是马埃利亚战役（1838 年 10 月 1 日）中的残兵，在这场战役中皇家军队损失了 3000 多人，乔治·桑遇见的就是部队返回巴塞罗那途中掉队的士兵。第一场“卡洛斯战争”持续了近六年，直到 1839 年才结束，总共死伤超过 15 万人。

声；城外的游击队四处游荡，在城市边界不断试探，引来哨兵不时开火。乔治·桑一行人在巴塞罗那滞留了五天，等待着出发的机会。在此期间，他们认识了一位法国领事，还在港口停靠的一艘法国双桅帆船上用了晚餐。在三个月后坎坷的回程途中，这位领事也帮了大忙。

II

11 月 7 日夜幕刚刚降临后，乔治·桑一行人登上了一艘名为“马略卡人”（*El Mallorquin*）的小型明轮蒸汽船，这艘船每周往返于巴塞罗那和帕尔马之间两次。① 在温暖宁静的海上航行了一整夜之后，他们第二天临近中午时分在蔚蓝的天空和炎炎烈日下到达了帕尔马港。

桑前去寻找住处时，肖邦和两个孩子在码头茫然地站着，引得当地人向他们投来好奇的目光。几小时之后她空手而归。374
岛上的空房都被躲避战乱的西班牙本土人占满了。刚上岛就出师不利，岛民们的态度也没有帮上什么忙，无论她走到哪里，人们都是一副“事不关己、高高挂起”的样子。最后她只能在通往码头的主干道、城里最混乱的马里纳街（Calle de la Marina）租下几个家具不全的房间。房间脏乱不堪，楼下就是一个铜器作坊，敲敲打打的声音吵得桑无法工作，于是不到一

① “马略卡人号”作为运送肖邦和乔治·桑往返于西班牙本土和马略卡岛之间的轮船而获得了一些知名度，因此我们也对这艘船多进行了一些了解。“马略卡人号”由阿伯丁的达弗斯公司（Duffus & Co.）制造，铜架木质船身，重 400 吨，长约 45 米，宽 9 米。该船由两个加起来可提供 120 马力的锅炉驱动，同时配有纵帆桅杆。1837 年 9 月 7 日，“马略卡人号”被交付至帕尔马，经过一系列试航后，1837 年 10 月 6 日，该船搭载了 22 名乘客、一些动物和当地的农产品进行了从帕尔马到巴塞罗那的首航。“马略卡人号”可在 12 小时内完成这 220 公里的航行，具体时间取决于当时的天气和地中海上的盛行风。在 1838 年 11 月 8 日的乘客名单中可以找到肖邦、乔治·桑、桑的两个孩子和厨娘阿梅莉的名字。

肖邦和乔治·桑前往马略卡岛时乘坐的明轮蒸汽船“马略卡人号”；拉蒙·桑波尔·伊塞恩（Ramón Sampol Isern）绘制的水彩画

周他们就搬走了。[①] 至于肖邦，他本来也无法工作，普莱耶尔的钢琴还没运到，而没有钢琴，他就无法创作。

桑急需找个新的住处。虽然她拿着马利亚尼写给马略卡
375 岛侯爵、富有的卡尼金融家族以及岛上其他权贵的介绍信，但似乎没有人愿意伸出援手。我们从埃莱娜·舒萨·德·卡尼（Hélène Choussat de Canut）夫人的回忆录中找到了原因。[②] 岛上的权贵不知道应该对桑和她的旅伴作何反应。她没有家庭，以写作为生，穿着裤子，抽着雪茄，更恐怖的是，这个女人签名时居然用的是个男人的名字——乔治·桑。她身边还跟着两个长发男孩、一个同样男装打扮的小女孩；这几个人也不去教堂，说明他们可能做着一些罪恶的事情。频频碰壁

① SHM, p. 33.

② GVM, pp. 54–55; 另见 CHS, pp. 110–12。

的桑向法国驻帕尔马领事皮埃尔－伊波利特·弗吕里（Pierre-Hippolyte Flury）[①]求助，后者帮她联系到了一位戈麦斯先生，这位先生在距帕尔马不远的埃斯塔夫利门茨（Establiments）有一栋景色宜人的别墅，名为“松万”（So'n Vent），在加泰罗尼亚语里是“风之屋”的意思。别墅里零星散落着一些家具，和马略卡岛上同类建筑一样，房子的窗户没有玻璃，是敞开式的，这样更有利于温暖宜人的海风在房间里流通。别墅里没有正式的壁炉，但每屋有一个火盆，可以在需要的时候生火用。桑和肖邦都对这个新住处很满意，11 月 15 日他们搬了进去。这一天，肖邦兴奋地给丰塔纳写了一封信：

> 我现在在帕尔马，置身于棕榈、雪松、仙人掌、橄榄树、柑橘树、柠檬树、芦荟、无花果树、石榴树之间，全是只有在巴黎植物园温室里才能看到的植物。天空如绿松石，大海如天青石，山岭像翡翠，空气好得如同天堂一般。白天晴朗炎热，人们都穿着夏装；晚上能听见吉他声和歌声，几小时连绵不绝。这里有布满藤蔓的大阳台，也有阿拉伯人建造的古城墙。这里的一切，包括城市，都有着非洲特色。总而言之，生活很美妙！[②]

安顿下来之后，桑开始写作，肖邦则带着莫里斯在附近的乡间远足散步。这样的锻炼对肖邦很有益，他的健康状况一度好到让桑盛赞这座岛屿说：“这是片应许之地…… 超乎我的想象。”[③]但事实证明，她的话说得太早了。突然间，天堂急转

① 很多文献中经常将她误称为“弗勒里”（Fleury）。

② CFC, vol. 2, pp. 265–66; KFC, vol. 1, pp. 327–28.

③ CGS, vol. Ⅳ, p. 522.

376 直下变成了炼狱。一次肖邦散步回来赶上下雨，患上了支气管炎。别墅里十分阴冷，这时开敞式的窗户成了负担。火盆也很麻烦，烧火时烟很大，温度却不高。浓烟严重影响了肖邦的呼吸，桑不得不找工人给房子装上洛蒙德式壁炉，以便提高室温，减少烟雾。没过多久，冬雨倾盆袭来，墙壁因受潮起鼓。肖邦病得很重，咳嗽得无法控制，甚至开始咳血。桑找了位医生来给他做检查，这位医生来的时候还带了两位同事。关于这三位专家，肖邦留下了一段有趣的描述：

> 近两周我病得很重。虽然气温仍有18摄氏度，处处都是玫瑰、柑橘树、棕榈树和无花果树，但我还是感冒了。岛上三位著名医生给我检查了身体。第一位闻了闻我吐出的东西，第二位拍了拍我吐的部位，第三位听了听我咳嗽的声音。第一位说我已奄奄一息，第二位说我已无药可救，第三位说我已经死了。但是，我感觉和平常差不多……为了不让他们给我放血，或用水泡和泄液线给我治疗，我能做的只有这么多了……①

医生将肖邦的病诊断为肺结核，并上报给有关部门，这让桑十分气愤。西班牙的法律规定肺结核病例必须上报，但肖邦一行却因此遭了殃。戈麦斯先生把他们赶出了别墅，他烧掉所有的床褥，毁掉家具，重新粉刷了墙壁，还让桑承担所有费用。肖邦的病情传遍了帕尔马，人们像躲麻风病人一样躲着他们。商店店主拒绝向桑出售生活用品，两个孩子走在街上时也会被人扔石头。这时桑意识到他们必须离开帕尔马了。

一两周之前她到马略卡岛腹地远足时，在巴尔德莫萨村

---

① CFC, vol. 2, p. 274; KFC, vol. 1, p. 330.

（Valldemosa）发现了一座被荒废的加尔都西会修道院。这座始建于14世纪的修道院如今已改作他用，由当地政府管理，房间可对外出租。房间的租金低得离谱，于是桑以年租金35 377
法郎的价格租下了一个套间（包含三个相邻的隔间），当时她只想可以偶尔来这里安静地写作，但如今巴尔德莫萨成了她的救命稻草。肖邦和桑把行李装上了一辆手推车，在车夫的帮助下踏上了这段17公里的路程。这一天是12月15日，他们将在巴尔德莫萨度过59天。

III

巴尔德莫萨修道院坐落在半山腰，海拔300米左右，想上去并不容易，因为根本没有路。苦中作乐的肖邦说："路由暴风雨开辟，由泥石流修缮。今天这边还不能走，因为到处都是沟壑，明天只有驴子能通过——真想让你看看当地的交通工具！"[1]但最终他们到达这个不一般的住处，从山上俯瞰附近的村庄时，都不禁为这般壮丽景色惊叹。桑说，谁看到这样的景色都会被折服，"因为它超乎期望，超乎想象。诗人和画家能想象到的，都已经被大自然创造出来了"[2]。他们的房间由三个相邻的隔间组成，屋里有一些简单的家具，包括折叠床、旧桌子、藤条椅，黏土地面上还散落着蒲席。桑从当地村子里雇了一个名叫玛丽亚·安东尼娅的女人帮忙打扫房间和做饭，还找了一个名叫卡塔利娜的女孩做家里的女仆。玛丽亚·安东尼娅住在隔壁的隔间里，在那里给全家人做饭。桑说她"手脚

---

① CFC, vol. 2, p. 283; KFC, vol. 1, p. 333. 西班牙游记作家何塞·德·巴尔加斯·庞塞（José de Vargas Ponce）曾用更夸张的语言描写过马略卡岛上的路："所谓的路都是无法通行的绝壁，可怜的旅行者从帕尔马走到加拉措山，每一步都冒着生命危险……" PDM, p. 38.

② SHM, p. 99.

不干净”，抱怨她经常顺走自己的旧衣服和橱柜里的好东西。但玛丽亚·安东尼娅还有一个更严重的问题。她在村里有一
378 些朋友，不管谁家要办什么喜事，她都会把大家邀请到她的隔间来。有一回当地农民拉斐尔·托雷斯结婚，她为两位新人举办了一场喧闹的结婚派对，当晚宾客们喝酒狂欢，在响板、小提琴和跑调的曼陀林组成的“小乐队”伴奏下，彻夜跳着当地的霍塔舞和凡丹戈舞。桑说他们隔壁还躺着一个需要休息的病人，却只能静静地忍受着噪音，因为当地的警察不会提供任何保护，没准还会加入这场狂欢。玛丽亚·安东尼娅制造的麻烦还不止这些。有天晚上正值当地的圣安东尼节，一支火把组成的可怕队伍沿着黑暗的回廊向玛丽亚·安东尼娅的房间走来。[1]被歌声和响板惊扰的桑打开隔壁的门（“一扇结实的对开橡木门保护着我们”），举起灯笼想让光照得更远，却看到了一个吓人的路西法，穿着黑衣，戴着魔鬼的角，脸被涂成了血红色。魔鬼的身边围着一群人，有戴着鸟头和马尾的小恶魔，也有身着粉白色衣服的童贞牧羊女。桑说这个诡异的场景犹如“一场丑陋的化装舞会”，当地未开化的村民就是以这种方式庆祝宗教节日的。当这位“别西卜国王”（King Beelzebub）用西班牙语跟她说话时，桑才发现他只是一位律师，名字也是再平常不过的海梅·普恩斯（Jaime Prohens）。[2]

肖邦说他的隔间有着高高的拱顶，像一个高大的、直立的

---

① 桑在她的描述中说这是“忏悔星期二”的庆祝活动，她无疑是被村民们五颜六色的装扮误导了。每年1月17日的圣安东尼日是马略卡岛上最热闹的一个宗教节日。当天肖邦的一位波兰同胞卡罗尔·登博夫斯基（Karol Dembowski）到岛上拜访了他，登博夫斯基为了写一本关于西班牙内战的书当时正在西班牙和葡萄牙长途旅行，他在书中简要描述了这次见面（DDEP, p. 300）。乔治·吕班也曾详细地讨论过这次见面，详见 CGS, vol. Ⅳ, p. 559。

② SHM, p. 112.

棺材。这是一个很有预见性的比喻。那年冬天的马略卡岛一直阴雨连绵。晚上，一家人围坐在火炉旁讲述白天发生的事，试图以此振奋精神。一次被雨淋透的乡间远足，与当地村民的偶遇，或是意外发现了某种不寻常的动植物都能成为被分享的内容，有时莫里斯也会难得地给大家看看他白天的画作。[①]聊天总是伴着附近峡谷里呼啸而过的风的声音，还有无情地拍打在 379
窗户玻璃上的雨滴的声音。倾盆大雨停息之后，有时山间会降下浓雾，将修道院笼罩在冬日的阴冷之中。在浓雾的掩护下，天空中盘旋的山鹰和秃鹫有时会突然俯冲下来，一把抓住桑窗外石榴树上落着的麻雀。

对于肖邦来说，这样原始的生活环境可能会给他带来生命危险。12 月中旬，他的健康状况不断恶化，桑只好从帕尔马给他找来一位医生。到了这个时候，桑完全意识到她把肖邦带到马略卡岛导致了什么样的严重后果，她说内疚感“像铅一样坠在我的心上”[②]。当医生说肖邦患上了肺结核时，她指责医生的诊断是错误的。桑的医术不比医生高明，但她断定肖邦只是患上了喉结核。她不顾一切地坚持说肖邦“患肺结核的概率不比我自己患病的概率大”。从这件事中我们也能看出桑固执的性格，1849 年肖邦死于肺结核的消息被媒体广泛报道，但六年之后，也就是 1855 年，桑在出版修订版《马略卡岛的冬天》 380
时仍然没有删去这些内容。[③]直到最后，她依然坚持肖邦患的是喉咙感染。这位医生给出的治疗方案包括放血、饥饿疗法和食用奶制品，肖邦对此十分抗拒。医生警告桑，不放血肖邦就

---

① 其中有些画作具有纪实意义，在肖邦的肖像研究中占据了重要地位。

② SHM, p. 149.

③ 关于肖邦每况愈下的身体状况，桑在《马略卡岛的冬天》中这样直白地写道：“我们几乎能看到死神在头顶上盘旋，等着带走这个病人，我们手无寸铁地与死神搏斗着，努力让肖邦活下去。”SHM, pp. 148–49.

巴尔德莫萨修道院；莫里斯·桑绘制的水彩画（1839 年）

会死。但桑说直觉告诉她，如果放血肖邦才会死，于是她拒绝了医生的建议。

他们试了一段时间饥饿疗法，但这并不适合肖邦，因此也被放弃了。肖邦确实试着遵照医嘱食用了一些奶制品，其间还发生了一些趣事。由于山上没有奶牛，桑辗转买到了一些羊奶。羊奶是用罐子送到山上的，桑断定送奶的孩子一定在路上偷喝来着。因为她发现了一个神奇的现象，每次到了修道院，罐子里的奶似乎都比离开村子时还要满。用桑自己的话说，她决定打破这个“神迹”，直接买一只山羊，让玛丽亚·安东尼娅每天挤奶。除了这一个营养来源以外，她又买了一只能挤奶的长毛绵羊，让两只羊做伴。后来两只羊都挤不出奶的时候，她将怀疑的矛头指向了玛丽亚·安东尼娅，并把羊锁了起来。

这时肖邦依然没有钢琴，无法创作。肖邦给普莱耶尔写信说：“我渴望音乐，但因为没有钢琴，我没法创作……从这个方面来说，这里是个原始的国度。”[①] 离开帕尔马之前，他就曾给丰塔纳写信抱怨：

> 我得到的唯一消息就是钢琴已于12月1日在马赛装
> 上了一艘商船。我猜测这艘船可能会在港口停靠一整个冬
> 天，恐怕收到钢琴时我都准备回去了。这样除了要支付
> 500法郎的关税以外，我还得把它打包寄回去，真是“令 381
> 人欣慰”。与此同时，我的稿子在睡大觉，我却一点也睡
> 不着。我一直咳嗽，敷着药膏，等着春天或者其他东西的
> 来临。
>
> 帕尔马，1838年12月14日。[②]

12月底肖邦得知这台普莱耶尔立式钢琴不仅离开了马赛，而且已经在帕尔马海关停放一周了，支付完进口税（“这破玩意儿要花一大笔钱”[③]）后就可以清关了。最终海关放行之后，钢琴被拉上了巴尔德莫萨的山坡，搬进了肖邦的隔间里。有了台像样的钢琴之后，肖邦的状态好多了。在此之前他只能用当地的一台劣质钢琴将就，用桑的话说，那台钢琴给他带来的心烦意乱多于慰藉。肖邦很快完成了前奏曲的收尾工作，1月22日他把手稿寄给了丰塔纳，并让丰塔纳誊清一份给普莱耶尔。此前普莱耶尔同意以2000法郎的价格购买整套曲集。但我们很快就会看到，两人的合作关系没过多久就破裂了。

---

① CFC, vol. 2, p. 271.

② CFC, vol. 2, p. 278; KFC, vol. 1, p. 332.

③ CFC, vol. 2, p. 285; KFC, vol. 1, p. 333.

IV

肖邦的前奏曲是一系列精美的小型作品，演奏时最短的只有 40 秒，长的有 5 分钟左右。其中有些乐曲如格言般短小精炼。它们更像是内心的呐喊或独白，在情绪色彩上有欢喜也有悲哀，有阳光也有阴霾。虽然《二十四首前奏曲》中的乐曲可以单独演奏——确实也经常被单独演奏——但作为一个整体来听效果最佳。显然这也是肖邦的初衷，因为这 24 首乐曲以上行五度的排列方式对应了 24 个大小调——每首小调都是前一首的关系小调——如果我们从这些精美的音乐小品中随意挑选
382 乐曲来演奏，就看不出这样的特点了。

1.C 大调	2.a 小调
3.G 大调	4.e 小调
5.D 大调	6.b 小调
7.A 大调	8. 升 f 小调
9.E 大调	10. 升 c 小调
11.B 大调	12. 升 g 小调
13. 升 F 大调	14. 降 e 小调
15. 降 D 大调	16. 降 b 小调
17. 降 A 大调	18.f 小调
19. 降 E 大调	20.c 小调
21. 降 B 大调	22.g 小调
23.F 大调	24.d 小调

有些前奏曲在巴黎就已经完成，肖邦把它们和正在创作的作品一起带到了马略卡岛。有些乐曲处于雏形阶段，只是一些基本的构思，还需要大量的工作才能达到令肖邦满意的效果。

剩下的几首（至少有 4 首）是在马略卡岛上创作的。[①] 这些前奏曲将被题献给普莱耶尔，他已经向肖邦预付了 500 法郎，等到作品完成后再付余款，所以肖邦的首要任务就是按时交付作品。

后来当乔治·桑开始整理回忆，自述他们在巴尔德莫萨的生活时，她说肖邦是个“可憎的病人”[②]。身为小说家的乔治·桑难以克制自己的表达欲，用夸张的语言为读者描述了肖邦不时陷入低落和焦虑的样子。桑和孩子们喜欢在晚上探索这座荒废的修道院，借着月光或烛光在黑暗幽静的回廊里穿行。对于他们来说，这是一种探险。但据桑说，肖邦却认为修道院的回廊里鬼影重重，十分恐怖。晚上 10 点左右，桑和孩子们结束探险回到房间时，经常会发现肖邦处于一种近乎惊恐的状态，坐在钢琴前，“眼里充满了恐惧，吓得头发都立了起来”[③]。肖邦认出他们之后，就会继续弹起他刚刚创作的曲子——“在那 383
段孤独、悲伤、害怕的时间里不知不觉占据他内心的恐惧和煎熬”。在阅读这些段落时，我们也不要忘了乔治·桑写下这些内容时，马略卡岛之行已经过去了 15 年，那时肖邦也已经去世，无法对其中的任何内容进行反驳。桑甚至还试图在书中描述这些前奏曲是如何诞生的，其中有一个故事流传甚广。桑写道，有一次她和莫里斯去帕尔马采购日用品。那天大雨如注，

---

① 学术界对这几首前奏曲的创作顺序一直没有定论。但可以肯定的是《A 大调前奏曲》早在 1836 年就已经完成，因为这一年肖邦在德尔菲娜·波托茨卡（Delfina Potocka）的一本纪念册里抄写了这首乐曲。此外《降 A 大调前奏曲》也在 1837 年之前就完成了，因为这一年肖邦让丰塔纳抄写一份曲谱交给路易·菲利普国王的侍卫官莱昂·德·佩尔蒂（Léon de Perthuis）伯爵。在莫里斯·布朗的“索引”中，有四首前奏曲被认为是在马略卡岛上完成的，即第 2 首 a 小调、第 4 首 e 小调、第 10 首升 c 小调和第 21 首降 B 大调。

② SHV, vol. 2, pp. 419–20.

③ SHV, vol. 2, p. 419.

崎岖的道路被雨水冲刷成泛滥的小河。他们半路被车夫抛弃，浑身湿透，鞋也丢了，回到修道院时天已经黑了。到家后他们发现肖邦以为他们死掉了，陷入了绝望中。他坐在钢琴前，被想象中的幽灵折磨着，还看见自己掉进湖里淹死了——“沉重冰冷的雨滴有节奏地落在他的胸前”。就这样，著名的“雨滴”前奏曲诞生了。桑说：“那天晚上他创作的乐曲里充满了雨滴声，和修道院瓦片上的雨滴声交相呼应。”①

乐曲中重复出现的降 A（桑耳中的雨滴）到了中段变成了等音升 G，为乐曲赋予了阴森、不祥之感。

384 当桑向肖邦指出，处于痛苦之中的他无意中将屋顶上的水滴声写进了乐曲后——桑称之为“模仿性的和声”——肖邦竭力否认这种幼稚的说法，拒绝承认自己的音乐是对自然的模

① SHV, vol. 2，p. 421.

仿。[1]尽管如此，每当这首乐曲响起时，人们还是会想起桑的故事，而非肖邦自己的否认。

李斯特一直主张“雨滴”这个标题更适合《升 f 小调前奏曲》。这个说法令人费解，很少得到肖邦研究者的支持。相比之下，依然是桑的生动描述更能引起后人的无限遐想，她说这首乐曲描绘的是巴尔德莫萨山巅上乘风飞翔、随时准备俯冲下来袭击猎物的山鹰和秃鹫。和以往一样，肖邦对这类问题没有任何评论，而选择让音乐自己去说话。

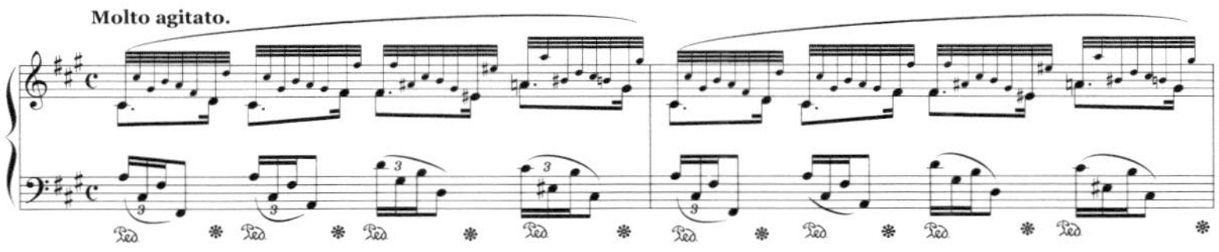

对前奏曲的讨论就算再简略，也不能忽视第二首《a 小调前奏曲》。它是肖邦所有作品中最荒凉凄冷的一首。这首只有 23 小节的短曲以“错误”的 e 小调开始，接着慢慢地经过 G 大调和 D 大调，最后命中注定般地回到了冰冷的 a 小调。同时，左手伴奏中如此无休止的不谐和音在肖邦的作品中实属罕见。如果说音乐确实是作曲家心境的直接表达，那么这首前奏曲把肖邦在巴尔德莫萨修道院“棺材般的房间”里居住时时常陷入的阴暗情绪表现得淋漓尽致。

---

① SHV, vol. 2, p. 421. 曾在马略卡岛上住了半个多世纪的英国诗人罗伯特·格雷夫斯（Robert Graves）翻译桑的作品时在此加了一个脚注，表达了自己的不同看法。“事实证明这是不可能的。”格雷夫斯说，从修道院的建筑结构来看，桑最多只能听到“雨滴从屋檐落到花园里的声音”。SHM, p. 171.

385 想要基于实际情况而非乔治·桑的叙述更真实地了解肖邦此时的心境，最好的方法就是阅读他的信件。其实肖邦从未在信中提到过“幽灵和恐惧”，或是水滴这些事情。比起魔鬼，他担心的是更现实的问题。肖邦和普莱耶尔就前奏曲达成的商业合作关系开始破裂，这搅得他心神不宁。但在这个表象背后，更深层次的问题是肖邦拿不出马略卡岛上的生活费了。离开巴黎的前一天，他向银行家奥古斯特·莱奥借了1000法郎作为此行的旅费，但现在莱奥（通过丰塔纳）催着肖邦还款。唯一的解决办法是让普莱耶尔把前奏曲的钱先给他，他再用这笔钱还给莱奥，但普莱耶尔不愿追加预付款，因为肖邦还没付钢琴的钱。这时的肖邦为了扭转局面可以说不择手段，并且让逆来顺受的丰塔纳去办这些苦差事。肖邦告诉丰塔纳，如果普莱耶尔继续拖款，就越过他把前奏曲交给其他出版商，包括海因里希·普罗布斯特（德国布赖特科普夫与黑特尔的巴黎代理商）、法国的莫里斯·施莱辛格和英格兰的克里斯蒂安·韦塞尔。为了吸引施莱辛格，肖邦还承诺把未来几部乐曲都交给他出版，包括第二首叙事曲和《两首波兰舞曲》（op.40）。普莱耶尔、莱奥、施莱辛格这些事搅在一起让肖邦十分生气，以至于他说出了一些反犹太的尖锐言论：“莱奥是个犹太人！……我要［给他］寄一封公开信感谢他，从头到脚（或者随便到哪）地彻底感谢他。无赖！”之后，他提到施莱辛格和普罗布
386 斯特时又说：“现在这些虱子不太来咬我了。”① 直到两个月之

① CFC, vol. 2, p. 284; KFC, vol. 1, p. 333.

后，他还在不停地发泄愤懑之情："如果非要和犹太人打交道，至少找个正统的犹太教徒。"① 在另一封给格日马瓦写的信中他继续抱怨道："犹太人和德国佬都是本性难移——事实就是这样，有什么办法？我是迫不得已才跟他们打交道的。"② 肖邦抱怨犹太出版商要割他的一磅肉，这样的反犹太形象和人们心目中不屑于被肮脏的金钱交易玷污双手的清高音乐家形象形成了鲜明对比。③

V

虽然没什么充分的理由，但人们常说马略卡岛之行是肖邦生命中最低产的一个时期。但实际上他不仅在这里完成了前奏曲，还完成了其他几部重要作品，包括《F 大调叙事曲》（op.38，他给这首乐曲加了个新结尾）和《c 小调波兰舞曲》

---

① CFC, vol. 2, p. 307; KFC, vol. 1, p. 339.

② CFC, vol. 2, p. 309; KFC, vol. 1, p. 341.

③ 想要捋顺这几首前奏曲复杂的出版情况绝非易事，我们得出的结论如下：最终乐曲在德国（布赖特科普夫与黑特尔，1839）、法国（阿道夫·卡特兰，1839）和英格兰（韦塞尔，1840）分别出版，这一局面对于肖邦而言十分有利。虽然法语和英语版本都题献给了普莱耶尔，但普莱耶尔把自己的所有权卖给了卡特兰，退出了这笔交易。扣除普莱耶尔的钢琴费用后，肖邦净赚了 2500 法郎。他给第二首叙事曲定下的价格是 1000 法郎，作品 40 号的两首波兰舞曲的总价是 1500 法郎。从 1 月 22 日他给普莱耶尔和丰塔纳写的两封信中可以找到相关细节（CFC, vol. 2, pp. 287–88）。德语版前奏曲题献给了肖邦在华沙时就认识并敬仰的钢琴家兼作曲家约瑟夫·凯斯勒。我们需要知道的是，1835 年凯斯勒在米兰出版意大利版的《二十四首前奏曲》（op.31）时，将这部曲集题献给了肖邦。一般被认为肖邦的前奏曲就是按照凯斯勒的模式创作的，因为后者的前奏曲虽然顺序毫无规律，但也涵盖了全部大小调，每一首也都十分简短精悍。肖邦的乐曲和凯斯勒的《二十四首练习曲》（op.20，创作于 1825 年）相似度更高，后者的练习曲也涵盖了所有大调和关系小调，按照下行五度循环的顺序排列，与肖邦的前奏曲相反。1829 年凯斯勒在华沙定居之后，肖邦曾到他家中参加过几场晚会，很可能就是那时听他演奏了这些练习曲。

（op.40，no.2）。①

387 肖邦在马略卡岛上创作的一首毋庸置疑的天才之作是第3首《升c小调谐谑曲》（op. 39），回到欧洲大陆后他又对这首乐曲进行了修改润色。也许是因为开篇强有力的八度乐段，肖邦将它献给了自己的学生阿道夫·古特曼——据说古特曼很擅长这种演奏技巧。除此之外，这首乐曲充满了奇妙之处。开头是无调的——可以说它的调性就是无调性（atonal）——似乎旋律在寻找着乐曲的主调。

主调找到之后，用作曲家艾伦·罗斯索恩（Alan Rawsthorne）话说，仿佛突然有人打开了灯。②

---

① 肖邦将第40号作品中的第一首A大调和第二首c小调波兰舞曲题献给了尤利安·丰塔纳。肖邦在巴黎时已经完成了《A大调波兰舞曲》，原本打算题献给蒂图斯·沃伊切霍夫斯基，但最后肖邦在两首乐曲前都写上了丰塔纳的名字。丰塔纳拿到手稿准备抄写付梓之前，曾大胆要求肖邦修改《c小调波兰舞曲》的中段。音乐风格成熟之后的肖邦很少会听从别人的意见，但这次他破例同意修改。“我会一直为你修改波兰舞曲的第二部分，直到我死的那一天。”肖邦动情地写道，以表达他对丰塔纳帮忙处理杂事的感激之情。“可能你也不会喜欢昨天的版本——虽然我在这段绞尽脑汁地想了大约80秒。”CFC, vol. 2, p. 371; KFC, vol. 1, p. 365.

② WFC, p. 69.

中段众赞歌（chorale）般的旋律让人联想到一群修道士在 388
空无一人的修道院回廊上边走边唱。这段用键盘中音区演奏的圣咏每一句结尾都装饰着一连串如瀑布般倾泻而下的音符——仿佛圣袍上镶嵌的碎钻。这一手法令人印象深刻，成了肖邦作品中的经典。

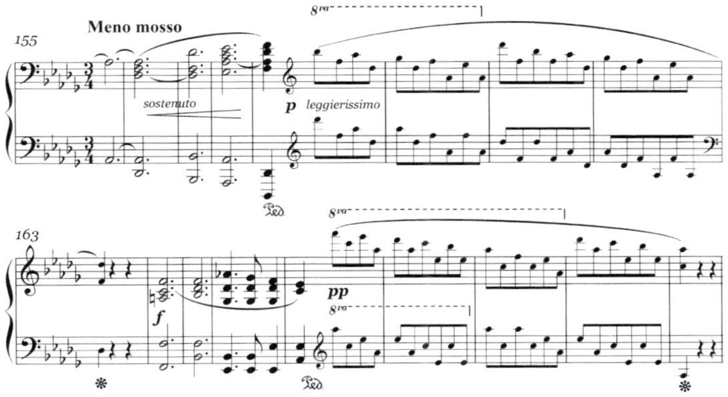

接下来还时不时地能听到素歌在回廊里飘荡，仿佛远处有一扇门被打开，让人们看到了里面正在做祷告的修道士。

肖邦奏鸣曲中的谐谑曲显然都是按照海顿、莫扎特和贝多芬的奏鸣曲、交响曲中常用的传统小步舞曲加三声中部模式创作的。但另外四首独立的谐谑曲则可以说是对奏鸣曲这种音乐体裁的革新。肖邦的谐谑曲不再在内部结构上区分“小步舞曲”和“三声中部”，而是用类似于两者的呈示部和展开部来代替，构成了一个完整的奏鸣曲式。《升 c 小调谐谑曲》的尾声有 110 小节，是全曲最长的一个段落，对此前出现的素材进
389 行了总结，将乐曲推向了高潮。尾声部分最突出的特点是众赞歌部分的再现，通过升华的手法“让荣光照耀了进来”。

这段旋律（542~554 的 12 小节）在格律上精准地对应了 155~167 这 12 小节的原始旋律，以一种激动人心的方式构成了形式上的呼应。那些认为肖邦只是个音乐小品作家、无法驾驭大型曲式的说法在这里便不攻自破了。

VI

到了 1839 年 2 月的第一周，肖邦显然已经病得很重，不能在这样阴雨连绵、寒冷刺骨的环境里继续生活下去了，于是桑开始做返程的计划。她想在岛上多停留一段时间、找个安静的环境写作的梦想破灭了。2 月 12 日，一行四人踏上了噩梦

般的下山之路，在泥泞和碎石中艰难行进，这是下山前往帕尔马的唯一道路。村里人因为害怕被传染，没有一个人愿意把马车租给他们，因此肖邦不得不坐在一种被当地人叫作比洛丘（Birlocho）的驴车上前往帕尔马。这段艰险的旅程使他元气大伤，吐血严重。第二天，被雨淋得狼狈不堪的几人在帕尔马码头登上了“马略卡人号”蒸汽船，准备经历 12 个小时的航行前往巴塞罗那。[1]但上船之后他们遇到了一个意料之外的状况，他 390

---

① CGS, vol. Ⅳ, p. 475. 这架肖邦在马略卡岛上使用的普莱耶尔钢琴后来的命运也值得一提，因为它的身世比小说还曲折。肖邦离开巴尔德莫萨修道院之后的 50 年里，人们不可避免地为这段悲惨的旅行故事赋予了浪漫色彩。桑和肖邦住过的房间成了忠实粉丝们的圣地，吸引了世界各地的肖邦音乐爱好者前来朝圣。1917 年，巴尔托洛梅乌·费拉（Bartolomeu Ferrà）在 2 号房间设立了一间肖邦纪念馆，他先是租下了这个房间，后来又买下了这个房间，称肖邦曾经在这里住过，而房间里最重要的物件就是那架号称肖邦曾经用过的立式钢琴。由于当时所有当事人都已经去世，没有人能推翻他的说法。多年来，有上百万名游客参观过这个纪念馆，为进入“肖邦的房间”看“肖邦的钢琴”花了不少钱。有些人只是来静静地瞻仰，有些人在钢琴键盘上放上鲜花，还有些人——其中不乏一些著名钢琴家——专程来此想要弹一弹这架钢琴，感受肖邦当时的心境。但现在我们知道，这些人不仅来错了地方，而且连膜拜的东西都搞错了。2011 年，这个房间和其中的钢琴都被帕尔马商业法庭认定为与肖邦无关，此前所有宣传都属于“虚假宣传”。法庭的判决中，有一个结论让音乐界哗然：2 号房间里的钢琴是由一家名为“奥利弗与苏奥”（Oliver y Suau）的西班牙公司在 19 世纪 50 年代，也就是肖邦死后生产的。那么这个诉讼是由谁提起的呢？诉讼目的又是什么呢？

肖邦一行人离开帕尔马几小时前，桑把这架普莱耶尔钢琴以 1200 法郎的高价卖给了银行家巴齐勒·卡努特，并用这笔钱还清了欠卡米耶·普莱耶尔的债。后来这架钢琴成了实业家加夫列尔·克格拉斯·阿门瓜尔的财产，他也是巴尔德莫萨修道院 4 号房间的所有者。这架钢琴的身世变得扑朔迷离也不足为奇。自肖邦离开马略卡岛之后，钢琴已经传了三代人，很多文件也已不知去向。爱德华·冈什（Édouard Ganche）曾前往巴尔德莫萨修道院，试图确认肖邦的房间和钢琴的真伪。经过一番仔细的研究，他断定克格拉斯家的钢琴就是普莱耶尔寄给肖邦的那一架（钢琴上的序列号 6668 和普莱耶尔钢琴厂登记簿上的记录一致）。冈什将他的调查结果发表在了 1932 年 6 月至 7 月的《波兰》（*La Pologne*）双月刊上。同年加夫列尔·克格拉斯·阿门瓜尔设立了自己的肖邦纪念馆，跟费拉竞争。多年来两家一直为此事相持不下，但也许是因为费拉家的推销技能更胜一筹，珍藏的手稿也更多，人们还是蜂拥至费拉家的纪念馆。2010 年肖邦 200 周年诞辰之际，克格拉斯家族终于按捺不住心中怒火，把费拉家告上了法庭。（转下页注）

391 们不知道这艘船会定期往西班牙本土输送100多头猪，为了让它们呼吸新鲜空气，这些猪被赶到甲板上。猪是马略卡岛的主要农产品，因此在回程的路上，它们的地位比乘客还要高。“马略卡人号”的船长加夫列尔·梅迪纳（Gabriel Medina）要求桑和肖邦待在甲板下憋闷的船舱里。晚上，熏人的恶臭让肖邦难以入睡。桑描述说，肖邦开始“一盆盆地吐血”，让她非常害怕。她说大约午夜时分，他们被鞭子的噼啪声吵醒，船员正在赶猪，让它们奔跑起来。据说这样能防止猪晕船，避免把甲板弄得更脏。① 甚至在到达巴塞罗那附近的浅水湾之后，乘客仍须待在船舱里，等所有猪都被赶下船之后，才能登上旁边等候的小船继续前往码头。最后直到那些“先生们”（借用桑讽刺的描述）都下了船，人类才能上岸。下船时桑和船长起了争执，船长坚持说肖邦睡过的床褥要被烧掉，让桑支付两倍的价格。讨价还价间，桑给一位路过的渔民掷了一枚硬币和一张纸条，请他到法国的双桅横帆战船“梅利埃格号”（*Méléagre*）送信，进港时她就发现这艘船正停靠在附近。接到她的求助后，“梅利埃格号”船长亲自过来将一行人转移到了自己的船上，这一绅士行为让桑十分感激。船上的外科医生马上对肖邦进行了治疗，

（接上页注①）帕尔马第二商业法庭负责此案的卡塔利娜·穆纳尔法官亲自前往修道院进行调查。她研究了一系列文件，包括房东与乔治·桑关于房间和家具租赁的信件往来和莫里斯·桑的一些画作，因为从画作中的窗外风景来看，这幅画只可能是在肖邦的房间里绘制的。穆纳尔法官的结论是肖邦曾经居住过的是克格拉斯家的4号房间。她还指出2号房间里的钢琴，也就是人们认为诞生了前奏曲和第三首谐谑曲的那架钢琴，是“一台马略卡岛上生产的劣质钢琴”，从来没有被肖邦弹过。（判决书全文保存在帕尔马商业法庭的记录中，判决号00023/2011年1月31日。费拉家族提起了上诉，帕尔马三位上诉法官组成的三人合议庭维持了原判，判决号00332/2011年10月19日。）如果说这个故事告诉了我们什么道理，那就是：盲目追星入歧途，理智判断少破财。

① SHM, p. 26. 罗伯特·格雷夫斯对桑此处的描述再次提出了异议，他指出桑听到的只是船离开南部岬角后海浪敲击船舷的声音。

成功止住了出血，用桑的话说是“救活了他”[①]。

回到西班牙本土后，他们又在巴塞罗那周边的乡村游玩了几天，甚至还去了一个名叫滨海阿雷尼斯（Arenys de Mar）的渔村远足，这次旅行让肖邦的身体开始逐渐转好。最后他们在2月21日登上了豪华的法国蒸汽船“腓尼基人号”（*Le Phénicien*）出发前往马赛。踏上甲板时，桑和孩子们不禁大声呼喊：“法国万岁！”

船从巴塞罗那出发后驶进了利翁湾（Gulf of Lion），经过36 392
个小时剧烈颠簸的航行后，他们最终于2月25日到达了马赛。下船后桑赶快找来了马利亚尼的朋友弗朗索瓦·科维埃（François Cauvière）医生，后者对肖邦进行了检查和精心的治疗。科维埃说肖邦的病情十分严重，于是把肖邦接到他位于罗马路71号的家里休养了几天。随着天气逐渐转暖，再加上科维埃医生在他的饮食里加入了大量奶制品，肖邦的身体状况有了明显的改善，桑给夏洛特·马利亚尼写信时说：“他真的好多了……不再吐血了，睡得也好，有些咳嗽但不厉害，最重要的是，他回到法国了！他睡过的床不会再被人烧掉，他伸出手时也没人再躲开了。”[②]

VII

桑和肖邦在马略卡岛上的经历成了她的痛苦回忆。桑唯一的排遣方法就是把这些事情写出来，邀请全世界的人分享她的痛苦。虽然这些痛苦很多都是她自己造成的，但她总会怪到别人身上。在《马略卡岛的冬天》这本书里，每一页都在表达一切都是马略卡岛岛民的错，而不是她自己的错。回首在岛上停留的十周，桑写道：“再在西班牙待一个月，我们就会死在那里，肖邦

① 这位“复活了”肖邦的外科医生名叫雅克－于贝尔·科斯特（Jacques-Hubert Costa）。在马略卡岛上给肖邦看病的三位医生的名字今已无人知晓。

② CGS, vol. Ⅳ, p. 578.

死于忧郁和厌恶，我死于狂怒和愤懑。他们刺中了我心中最敏感的地方，我看着他们去刺痛和伤害一个受苦的人。我永远不会原谅他们，如果我再写到他们，也将是充满怨恨的。”① 她用笔蘸满了怨恨的毒液，以此报复岛民，说他们是“愚蠢、爱偷东西、顽固的一群人”。这本书的初稿是桑回到诺昂之后的几个月里写的。在书中她把16万岛民称为懦夫、伪善者、小偷，甚至
393 将他们比作印度的猴子和波利尼西亚的野蛮人。桑还暗示巴尔德莫萨的村民很多都是早年间修道士和当地女子通奸生下的孩子。她故弄玄虚地问道：“从修道士不再干涉家庭私事到现在有二十年吗？”她发现岛民上的年轻人长相都很相似，自以为知道了答案。我们不知道桑是否在写作过程中把这本“血泪史”拿给肖邦看过，但当她在1841年1月的《两世界评论》上以连载的形式发表这部作品时，肖邦肯定读到了，并放心地看到文中没有一处提到他的名字，虽然他的密友都知道他跟谁去了哪里。② 当时两

① CGS, vol. Ⅳ, p. 578.

② 1842年，此书由伊波利特·苏弗兰（Hippolyte Souverain）公司首次出版。虽多次再版，但肖邦的名字从没在书中出现过。桑对肖邦身份最为接近的一个模糊描述是：“我家的一员，身体虚弱，患上了严重的喉咙感染。”（SHM, p. 46.）桑之所以如此小心地保护肖邦的身份，原因不难推测。我们知道两人去马略卡岛的部分原因是向世人隐瞒亲密关系，同时也为了避免让肖邦华沙的家人知道，因此现在如果让肖邦的家人了解到这场出了大乱子的“蜜月之旅”的细节，那么将非常尴尬。桑写《马略卡岛的冬天》这本书的目的不是宣布肖邦成了她的新欢，而是纾解马略卡人给她带来的痛苦。但在这一点上她的做法可能有些过激。曾有一位长期居住在马略卡岛的知识分子唐·何塞·夸德拉多（Don José Quadrado）写过一篇名为《驳斥乔治·桑》的文章对桑进行了言辞激烈的反驳，从各个角度驳斥了桑对马略卡岛的印象。这篇不太出名的文章被发表在了1841年5月5日出版的《帕尔马：历史文学周刊》上。与桑对马略卡岛和岛民不友好的印象相比，这篇文章给我们提供了一个相反的视角，因此还是值得一读的。在这篇驳斥性的文章最后，夸德拉多写了一句话，但后来他似乎又后悔了，因为按照他自己的说法，他担心这句同样尖酸刻薄的语言降低了他的可信度，他写道：“乔治·桑是最不道德的作家，杜德旺夫人是最下流的女人。”我们不知道桑是否看过这本不出名的杂志，但在她的再版书里她从没对这句话做出过回应。

人无疑将继续前往诺昂——他们最终的目的地。但肖邦太过虚弱，无法进行这样的旅行，而桑自己也不知道应如何向世人解释两人间的暧昧关系。他们在巴黎的朋友都很好奇这对从马略卡岛回来的情侣将如何出现在世人面前，并对此议论纷纷。于是桑暂且把“一家人”安顿在了马赛的博沃酒店（Hôtel de Beauvau），再思考接下来怎么办。与此同时她每天完成20页的书稿，一直工作到深夜。即便受到孩子们和闲杂人等的干扰，她还是把从马略卡岛上带回来的《雷丽亚》和《斯匹里底翁》（*Spiridion*）两部作品修改完了。桑照顾肖邦时，总有一 394
些人围在门口看热闹，她说这些人是“闲着没事干、爱管闲事、真正游手好闲的人”。而肖邦自己则心情很好，因为他感到身体逐渐康复，借用桑的话说，他弹着酒店为他准备的钢琴，“打发无聊的时光，为小屋带来诗意”[①]。

肖邦去往马略卡岛前是否曾留下了一份遗嘱呢？他在博沃酒店给丰塔纳写的一封信让我们相信确有此事。信中肖邦让丰塔纳帮忙处理一些杂事，说如果自己决定不回巴黎的话，请丰塔纳帮忙处置家具，接着他说：“我之前跟你说过，在我的书桌靠门的第一个抽屉里有一封信，只有你、格日马瓦或扬［马图辛斯基］可以打开。现在我请求你把信拿出来，不要打开，直接烧掉。看在我们友情的份上，请你务必这样做——这份现在已经没有用了。”[②] 如今我们已无法得知信中的内容、写信的日期，在任何资料中都找不到这封信的踪迹，我们只能推测丰塔纳确实烧掉了它。但不管信中写的是什么内容，肖邦从马略卡岛回来了，它就失去了意义。这封信成了肖邦传记作者心中的又一个遗憾。

---

① CGS, vol. Ⅳ, p. 625.

② CFC, vol. 2, p. 305; KFC, vol. 1, p. 337.

VIII

1839年3月的第二周，仍在马赛休养的肖邦收到消息，著名的男高音歌唱家阿道夫·努利从那不勒斯的巴尔巴耶酒店（Hotel Barbaie）三楼纵身一跃，自杀身亡。他只有37岁，留下了一个悲痛的妻子和六个年幼的孩子，还有一个孩子即将出世。多年来，努利一直是巴黎歌剧院最优秀的男高音，也是肖邦最欣赏的歌唱家之一。另一位男高音歌唱家吉尔贝-路易·杜普雷（Gilbert-Louis Duprez）进入巴黎歌剧院后，努利因不愿与他分享头把交椅而与歌剧院管理层发生了争执。1837年，努利搬到那不勒斯，进入圣·卡洛歌剧院，试图在那里继
395 续发展歌唱事业，但此时他的声音出现了问题，导致他陷入了抑郁。可能是因为对酒精依赖过度，他的记性越来越差。3月8日清晨，由于担心前一天晚上他在慈善音乐会上的演唱受到人们的批评，他跳出窗户结束了自己的生命。努利的遗体被运回法国，途经巴黎到达马赛。4月24日，人们在圣母山教堂为他举行了安魂弥撒。肖邦应努利夫人的邀请在葬礼上演奏了管风琴。在4月25日给丰塔纳的信中，肖邦写道："昨天我为努利演奏了管风琴，可见我已经好多了……他的遗体途经巴黎回到了这里，举行了安魂弥撒，他的家人请我弹琴，所以我在举扬圣体仪式中弹了琴。"①

桑对这场安魂弥撒进行了一番挖苦。她说可能是因为努利的死因，主持弥撒的主教似乎心怀不满，而且桑怀疑唱诗班是受人指使故意唱跑调的。那架可怜的管风琴则被她描述为"差劲的、发出尖锐声音的乐器——除了跑调以外没有别的用处"。桑声称，肖邦为了演奏努利早年的拿手曲目——舒伯特的《星

① CFC, vol. 2, pp. 328–29; KFC, vol. 2, p. 347.

辰》（*Die Gestirne*），才同意演奏这架管风琴，但它却限制了肖邦，让他无法演奏出努利歌声中那种恢宏高贵的气质（乔治·桑语）。所以肖邦用不协和的音栓演奏出了“哀伤的声音，柔和得如另一个世界传来的回声”①。桑十分气愤，由于免收50生丁的入场费，教堂里聚集了大量专程来听肖邦演奏的会众，但管风琴微弱的声音让他们无法好好地欣赏肖邦的演奏，使得观众们大失所望。桑还抱怨说她和肖邦都坐在管风琴的楼厢里，无法被观众看见——仿佛人们是专程来看她和肖邦，而不是参加努利的葬礼的。

整个3月和4月，肖邦一直被资金问题困扰着，他给丰塔纳和格日马瓦写信时说的全是关于出售手稿的事。显然桑仍承担着两人大部分的花销，肖邦也希望能改变这一状况。安东尼·沃津斯基还没把之前向他借的钱还上，使他更加一筹莫展。在3月2 396
日写给丰塔纳的信中，肖邦直言不讳地提到了这个问题：“安特克（Antek）要是再不还我钱，说明他要耍波兰人的心眼了——我指的是‘愚蠢’的波兰人的心眼——这话别跟他说。”② 大约十天后，他又给丰塔纳写了一封信，从信中我们可以看出肖邦可能也给华沙的沃津斯基一家写信说了这件事。“安特克的父母一定非常健忘，居然让我俩之间发生这种事［指安东尼可能以婚约解除为由拒绝还钱］。我只跟你说，他没有还钱就跑了。多么差劲的一家人。他们真是无所顾忌、没有良心！”③

IX

多亏了马赛和煦的春光和科维埃医生的悉心照料，肖邦逐

① CGS, vol. Ⅳ, p. 645.

② CFC, vol. 2, p. 305; KFC, vol. 1, p. 337.

③ CFC, vol. 2, pp. 308–309; KFC, vol. 1, p. 340.

渐恢复了元气。到了5月初，他的身体状况已经好到让桑又安排了一次去热那亚的短期旅行。肖邦一开始是拒绝的，担心如果再出现马略卡岛上的状况，他的身体会吃不消。但随着天气转暖，他的想法也发生了改变，开始期待到从没去过的意大利看看，毕竟在华沙起义的动荡年代，他还曾考虑过去意大利定居。而桑则对意大利有一些怀念，1833年的秋天，她曾和旧爱阿尔弗雷德·德·缪塞在热恋时去那里旅行过。5月3日，桑带着她的两个孩子和肖邦登上了明轮蒸汽船“法拉蒙德”（*Pharomond*），跨海到达了风景如画的意大利港口。在接下来的十天里，桑和孩子们在城市里四处探索，欣赏宫殿，参观画廊，研究名画与雕塑，享受着海岸线上的壮丽风景。肖邦可能没有参与这些需要体力的活动，但这次意大利的短期旅行让他的精神振奋了起来。

397 然而回程的旅途却不太顺利，5月16日他们跨海返回马赛途中遭遇了一场暴风雨。船在大浪中剧烈摇摆、艰难前行，几个人都晕船了。在海上行驶了近两天后，他们终于在5月18日靠岸。肖邦不得不在热心的科维埃医生家里又休息了几天，为此桑带有些许懊恼地写道：“我再也不喜欢旅行了；或者说，我现在的处境让我无法享受旅行了。”[1] 这对马略卡岛回来的情侣终于在1839年5月的最后一周离开了马赛，缓慢地向诺昂前进。他们乘渡船沿罗讷河（Rhône River）行驶到阿尔勒（Arles），在那里换乘公共马车，“像一对老老实实的中产阶级伴侣一样在沿途的小旅馆里过夜”[2]。至此，两人的蜜月之行便结束了。

---

① CGS, vol. Ⅳ, p. 655.

② CGS, vol. Ⅳ, p. 655.

在诺昂，1839 398

我仿佛置身于伊甸园之中。

——乔治·桑[①]

I

6月1日，肖邦和桑回到了诺昂。回家之后的桑十分愉悦，几小时内就把这栋古宅的所有角落都转了个遍，仿佛是在确认一切都和她七个月前离开时一样。诺昂承载着她最珍贵的回忆，处处让她忆起往事。她对摆着祖母旧家具的房间、窗外的庭院和花园、低矮的栗子树和远处的旷野都有着深厚的感情，后来她用优美生动的语言将诺昂的一切写进了自传里。

有些回忆太过沉重，无法以眼泪寄托哀思。桑的祖母长眠于一墙之隔的教堂墓地里，旁边躺着的是桑的父亲莫里斯·迪潘。出生不久就夭折的弟弟被埋葬在花园里，坟墓旁的梨树早已亭亭如盖。对于桑来说，诺昂不仅仅是一栋房子，它还是一座珍藏着回忆的有生命的宝库，赋予了她继续前行的力量。难
怪才回家不到三天，桑就把诺昂比作了伊甸园。 399

她恢复了日常惯例，通宵写作到天明，然后在书桌旁的小床上小憩几个小时。她会在接近中午时起床，帮忙安排午饭，然后跟家人一起用餐。白天她有时会到拉沙特尔远足，在朝向花园的露台上来一次简单的野餐，或是到距庄园不到两公里的安德尔河边散步。桑也会抽出时间给两个孩子上课。在马略卡岛上，她就曾试着给孩子安排一套日课，但因为要照顾生病的肖邦就没有继续下去，她带去的几箱书也基本原封不动地带了回来。在诺昂平静祥和的生活中，她重新开始了这项工程。为

① CGS, vol. IV, p. 664.

了准备每天的课程，她重温了希腊史和罗马史，还给孩子们讲了一些哲学和艺术导论。当时已经16岁的莫里斯是个很聪颖的学生，能够很快地吸收母亲教授的知识。而索朗热，用桑的话说，则“是另一码事了”。11岁的索朗热是个不听话的学生，开始出现叛逆的苗头，后来也变得越来越叛逆。而肖邦似乎能对索朗热起到安抚的作用，并开始教她弹钢琴，很快她就能和肖邦一起演奏一些四手联弹的乐曲了。诺昂的客厅里有一架钢琴，是两年前弗朗茨·李斯特和玛丽·达古来做客时桑专门为李斯特准备的。肖邦不喜欢这架钢琴，它最终被一架新的普莱耶尔钢琴取代。

刚开始，肖邦很享受诺昂无拘无束的生活，他可以自由安排时间。晚上他很早就寝，在桑工作的时候睡觉。肖邦的房间在二楼，紧邻桑的房间，可以俯瞰整个花园。附近的草坪和花坛都能尽收眼底，应该也能看到桑早年种下的两棵名叫莫里斯和索朗热的雪松树，如今这两棵树已经长得比房子还高了。肖邦的早餐会被送到房间里，一般会有一杯热巧克力，洗漱更衣后，他会在上午剩下的时间里写写曲子。下午，他很少跟桑和两个孩子到附近的乡间去探索，因为他很容易感到疲惫。如
400 果要悠闲地“散步”的话，他也会坐在桑或孩子们牵着的驴子上。不散步的时候，他就坐在树下休息，或摘一些花，但他很快就会感到厌倦，于是便回到房间把门关起来，接着写曲子。回到诺昂后，桑做的第一件事就是找来一位附近的医生——27岁的古斯塔夫·帕佩（Gustave Papet）——给肖邦进行全面检查。帕佩的诊断让他们松了一口气。肖邦身体并无大碍，“只是有些轻微的慢性喉咙感染，不保证能治好，但无须过分担心”①。这份诊断不禁让人怀疑帕佩是真的这么认为，还是他

① SHV, vol. 2, p. 425.

诺昂别墅；从花园拍摄的照片。肖邦的房间位于二层，左边数第三个窗户

只说了些桑希望听到的话。毕竟当时肖邦已经十分虚弱，走几步就会气喘吁吁。

晚餐一般安排在下午 5 点，用餐完毕后大家会进行些晚间娱乐活动。桑经常在诺昂接待客人，在晚饭后的闲适时光 401
里，肖邦也会同意为宾客弹一段钢琴，甚至发挥他远近闻名的模仿才华博众宾客一笑。用优美的钢琴曲迷醉了听众之后，他也很乐意用滑稽的表演打破刚才的美好意境。他会对着镜子整一整领巾，拨乱头发，表演一些人物，把观众逗得哈哈大笑。桑告诉我们，他会模仿“冷漠的英国人、无礼的老人、多愁善感的英国女士，或唯利是图的犹太人。虽然滑稽，但都是些可悲的角色。他表现得淋漓尽致，让人不断地赞叹他的才华”①。肖邦将哑剧和戏剧表演变成了诺昂的一个传统项目，大家可

① SHV, vol. 2, p. 442.

以随意加入，表演自己喜欢的角色。在这些娱乐活动的影响下，莫里斯·桑在诺昂建立了一个家庭木偶剧场，表演意大利假面喜剧（*commedia dell'arte*）中的固定角色，包括机灵鬼（Arlecchino）、守财奴（Pantalone）、假学究（Il Dottore）和小丑（Zanni）等。

II

这时乔治·桑发现自己陷入了一个意料之外的境地，而这件事也值得我们进行一番探讨。最开始策划马略卡岛的浪漫之旅时，桑无疑认为自己将由此踏上一段伟大的心灵之旅，与肖邦展开一段长久而热烈的恋情。她说的每一句话、做的每一件事都印证了这一点。她坚信如果治疗得当，肖邦会好起来的。但事实并非如此。恋情开始后不到四个月，桑就不得不面对一个现实问题：她的角色逐渐开始从情人转变成照料者，她自己的形象也从一个有性吸引力的恋人变成了一个义务照顾病人的修女。桑无法从这段感情里轻易地脱身出来，就算她真有这个打算也做不到，人们会说她无情无义、精于算计，但她并不是这样的人。

在这个问题上多数学者一致认为，从1839年夏天肖邦和桑回到诺昂后的头几周开始，两人就不再发生性关系了。学者
402 们认为，桑在卧室窗户左手边窗框刻下的日期——6月19日，他们回到诺昂后不到三周——就是她在以自己的方式纪念重获贞洁之日，可以说这一天她成了“自己卧室的女主人”。桑本人声称，从此以后她过得像个处女，“不论和他还是和其他人都是如此”[1]。多年后她这样描述了自己当时的处境——

① CGS, vol. Ⅶ, pp. 700–701.

> 在即将承担的新责任面前，我感到一阵恐惧。我不再幻想热烈的爱。我对这位艺术家怀有一种母爱般的感情，非常温暖，非常真实，但完全无法与母爱媲美，因为母爱是世上唯一一种纯洁又热烈的情感。
>
> 我当时还足够年轻，也许还能和爱、和所谓的热情做斗争。我的年龄、境况以及女性艺术家的宿命，尤其是她们厌恶短暂分心时的不确定性让我感到恐慌，虽然我很坚定不论发生什么我都将注意力放在我的孩子们身上，但我和肖邦温柔的友情里依然存在着微小但仍可能出现的危险。
>
> 但仔细思考之后，这种危险就消失了，甚至具备了相反的特质——它可以帮我隔绝一些我不再感兴趣的感情。虽然我已肩负了太多的责任和繁重的任务，但再多一个责任对我来说似乎多了一个实现禁欲的机会，而我对这件事情有着宗教般的热情。①

桑把自己塑造成了一位自我牺牲的楷模，一个努力将自己和对肉体的欲望隔绝开的人，以便于全身心地照顾孩子和这个命运托付给她的天才。以我们对桑的了解来看，逃脱婚姻的桎梏对她来说并不是件难事。在过往的所有恋情中，桑总是扮演着这样的角色，对此已经相当轻车熟路。现代传记作家柯蒂斯·凯特甚至直白地指出，桑认为与肖邦发生关系远不如听他 403
的音乐更令人兴奋，因为他已形容枯槁，稍微动一动就会咳嗽不止。②这时的肖邦十分消瘦，体重还不到43公斤。没人知道关于这段新建立起的柏拉图式的恋情，肖邦和桑之间进

① SHV, vol. 2, p. 433.

② CS, pp. 485–86.

行了什么样的讨论，但以桑的个性来看，两人之间肯定进行了一些探讨。我们唯一能确定的只有一件事：到了1839年夏天，热烈的爱情变成了同情。桑在这段感情中一直坚持着无性之爱，有时让肖邦都感到有负担。在诺昂期间，两人住在各自的卧室里，遵从不同的作息习惯——夜晚，她在他睡觉时写作；白天，他在她休息时创作。在共同的努力下，两人建立起了共生关系，从马略卡岛的痛苦经历中恢复了过来。在接下来的八年里，桑为肖邦提供了无微不至的、母亲般的关怀。这是件非常了不起的事，她对肖邦的奉献应该得到人们的认可。

在共同生活期间，肖邦创作了大量的乐曲，其中不乏一些佳作：

《十二首玛祖卡》，作品第50、56、59、63号
《六首夜曲》，作品第48、55、62号
《四首圆舞曲》，作品第42、64号
《降b小调奏鸣曲》，作品第35号
《b小调奏鸣曲》，作品第58号
《f小调幻想曲》，作品第49号
《降A大调叙事曲》，作品第47号
《f小调叙事曲》，作品第52号
《升f小调波兰舞曲》，作品第44号
《降A大调波兰舞曲》，作品第53号
《E大调谐谑曲》，作品第54号
《摇篮曲》，作品第57号
《船歌》，作品第60号
《波兰舞曲－幻想曲》，作品第61号

这些乐曲中，有很多是完全在诺昂创作的，有些则是部分在诺昂创作的，肖邦在此创作的乐曲还不止这些。与肖邦在诺昂共度的七个夏天也是桑最高产的时期，1839~1846 年，她出版了 12 部长篇小说、6 部短篇小说，还有一部戏剧。因此唯 404
一的结论就是这段恋情让两人相互扶持、共同进步，他们的作品就是最有力的证明。

III

关于肖邦的复杂个性，桑给我们提供了一些最清晰的描述。她敏锐地发现肖邦“是个安常守故的人，不愿意接受丝毫的改变”。生活中的一点点惊扰，或是日常惯例的一点点调整都能让他心烦意乱好几天；但出现重大变故时，他却似乎无动于衷，仿佛把自己封闭了起来。桑用一句精练的话做出了总结：“情绪的起伏和事件的严重程度不成正比。”[①] 肖邦也有阴暗的一面。谁要是想把他从钢琴边上拉开必定会遭殃，“通常会受到他的责难而非欢迎”，比如到了吃饭的时候，或者有不期而至的客人打乱了日常生活，他就会情绪很差，让人避之不及。“肖邦生起气来很可怕，他压抑住怒火的时候看起来就像要憋死了，比如在我面前就总是这样。”[②]

桑对肖邦创作过程的描写堪称经典——

> 他的创作是自发的、神奇的。仿佛无须寻找和酝酿他就能获得灵感。乐曲会突然地、完整地、令人惊叹地出现在钢琴上——有时会在散步时突然出现在他的脑海中，这时他会赶快扑到钢琴边，弹出来听一听。但这之后最艰苦

① SHV, vol. 2, p. 422.

② SHV, vol. 2, p. 447.

> 的工作才刚刚开始。他要努力地回想旋律中的一些细节，整个过程充满了犹豫不决和焦躁不安：他要反复推敲脑海中的整体构思，将其落于纸面，但由于难以完整复现（用他自己的话说），他会陷入一种绝望。他把自己关在屋子
> 405 里好几天，哭泣、踱步、掰断笔，一个小节也要重复修改上百遍，经常写下又擦掉，第二天再以孤注一掷的韧劲一丝不苟地重新开始。有时打磨一页乐谱要花掉他六周的时间，最终写下的可能就是第一稿。[①]

IV

尽管桑给了肖邦母亲般无微不至的关怀，但诺昂的生活还是经常让肖邦感到不顺心。桑写道：“他对田园生活的热情很快就冷却了下来。”她说肖邦在诺昂就想回巴黎，到了巴黎又想回诺昂。[②]桑有一些乡下的朋友喜欢不打招呼就来串门，这让肖邦难以忍受。桑同父异母的兄弟伊波利特·沙蒂龙是个酒鬼，肖邦觉得他十分粗野，缺乏教养。跟粗鲁的丈夫比起来，伊波利特的妻子埃米莉显得十分顺从，她胆小怕事的性格也没给肖邦留下好印象。桑用了一句反话来讽刺埃米莉的性格，说她“睡觉的时候”是个不错的朋友。[③]伊波利特经常不打招呼就带着三四个当地人出现在诺昂。享受完桑的款待之后，伊波利特会带着朋友到别的房间里去抽烟喝酒，吵闹地打着台球，然后兴尽而归。肖邦对这些活动没有一点兴趣，他更愿意回到自己的屋里，做自己擅长的事。1839 年夏天，有一段时间他

---

① SHV, vol. 2, p. 446.

② SHV, vol. 2, p. 441.

③ CGS, vol. I, p. 715.

参与了巴黎版巴赫48首平均律的修订工作。他说他不仅要修改印刷错误，还要修改那些所谓的巴赫研究专家的错误。他说：“我并不是说自己更懂巴赫，但我确实认为有时我才能正中要点。你看看——我还是吹嘘上了！”[①]肖邦手头没有其他版本，他完全凭记忆做出了所有的修订——由此可见他对巴赫的平均律已经烂熟于心。

在诺昂待了五周后，肖邦的忍耐已经到了极限。7月8日，他给巴黎的格日马瓦写了封信，恳求他放下手里的事情来诺昂做 406
客。“先坐邮车到沙托鲁（Châteauroux），差不多第二天中午就能到。再从那里换乘公共马车，两个半小时到达拉沙特尔……我们热情地互相问候之后，晚饭也就备好了。”在这封信后桑加了一段附言：

> 看看！我出尔反尔的丈夫，我们等着你，你却没有来。你让我们焦急地等待着，用虚无缥缈的希望哄骗我们。你真的一定要来，我亲爱的朋友，我们需要你。小家伙的身体时好时坏。在我看来他需要的不是诺昂这种安静、孤单、规律的生活。谁知道呢？也许需要去巴黎走走。与其看他在忧郁中浪费才华，我已经准备好了做出任何牺牲。[②]

一段时间以来，桑和格日马瓦一直开玩笑般以“你亲爱的妻子”和“你亲爱的丈夫”相互称呼，并把肖邦叫作“小家伙”，认为他们对肖邦的健康负共同责任。也是从这时开始，桑开始提到她的“三个孩子”，并把肖邦称作她的“常任病人”

---

① CFC, vol. 2, p. 349; KFC, vol. 1, pp. 353–54.

② CFC, vol. 2, pp. 345–46; KFC, vol. 1, pp. 351–52.

（invalide ordinaire）——由此可以看出桑现在是以什么样的眼光看待肖邦。这样的尝试无异于改变家庭结构，为两人之间的关系赋予新的性质，未来他们回到巴黎之后，就可以以这样的身份出现在世人面前。激情燃尽之后，必须找到一个合适的词描述两人的关系。肖邦似乎很乐于接受这个新身份，他也相应地找了一个模糊的词指代乔治·桑，在信中把桑称为"房子的女主人"或直接称"我的女主人"。1839年的整个夏天，桑和肖邦按照这个净化过的剧本进行着排练，等回到巴黎就正式上演。

格日马瓦于8月下旬到达诺昂，在这里住了两周。这可能是肖邦十个月以来第一次用母语聊天，他和格日马瓦用波兰
407 语说了些亲密的话。两个孩子听着大段大段的斯拉夫语感觉非常好玩，跑过来坐在肖邦和格日马瓦的身边，学着他们的卷舌音"rrr"和颗粒性的"szczyn"，又因为学不好而笑得前仰后

索朗热和莫里斯·桑；南希·梅里耶纳（Nancy Mérienne）绘（1836年）

合。在诺昂期间，格日马瓦应该从桑那里得知了两人现在的新处境。实际上，正是格日马瓦承担了帮他们在巴黎找新公寓的任务，为两人重返巴黎社交舞台做准备。

桑几乎和肖邦一样期盼回到巴黎去。她面临的经济问题日趋严峻。维持诺昂的正常运营是一笔巨大的开销，每个月要花掉她 1500 法郎。靠庄园的收入远远无法维持收支平衡。此外，根据最终的分居协议，她需要向卡西米尔支付 10000 法郎才能保住诺昂的所有权。她还向同父异母的哥哥伊波利特借了 14000 法郎，用以补上这些窟窿。桑的主要经济来源是写作——她称之为“下蛋”。回到诺昂后，桑就将主要 408
精力投入到了她的剧作《科西马：由爱生恨》（*Cosima: or Hatred Within Love*）中，这部剧的灵感可能来自她和玛丽·达古破裂的友情，这位和李斯特私奔的伯爵夫人十八个月前生下的第二个女儿就叫科西马。如今这部剧寄托了桑的全部希望，如果能成功，她就可以还清全部债款了。她原先的出版商弗朗索瓦·比洛（François Buloz）刚刚被任命为法兰西喜剧院的经理，桑好说歹说地把他劝来诺昂讨论这个项目。比洛告诉桑这部剧可以在新年期间投入排练，1840 年 4 月进行首演。这正是她急着回巴黎的最主要原因。她想见见演员，监督排练。

9 月 20 日肖邦写给格日马瓦的信证实了两人已经决定回到巴黎之后不再同住，在信中肖邦敦促格日马瓦帮他们分别找一间公寓。桑的住处不能离肖邦的住处太远，这样两人可以享受一些亲密时光，同时又可以有各自的生活。

我亲爱的！

帮我租一间小公寓，但如果现在来不及的话，大的也可以——只要有一间给我就行。至于她的公寓，她觉得太贵了，我劝她说多花点钱总比跟其他租户挤在一起好，但她不听。①

桑在这封信上加了一段长长的附言，提出了一系列要求。
409 比如肖邦的房间一定要朝南，阳光要充沛，还必须有一个单独的房间留给男仆。至于她的公寓，她说餐厅不需要太大，因为她最多也就同时招待十余位客人。孩子们的房间一定要有壁炉，但要距离她的卧室远一些。最后，公寓要干净整洁，这样到达巴黎之后他们只需要买些家具就可以入住了。

肖邦的传记作者似乎都对这些安排一笔带过，认为其中并未蕴含什么特殊含义。但如果把它放在马略卡岛之行的背景下，再结合两人在身体上和心理上经历的波动，可以看出此事是两人关系的一个转折点。让他们做出这个决定的原因有很多，但对于肖邦而言，这种安排最大的（同时是两人心照不宣的）好处就是即便他决定公开自己和桑的暧昧关系，他华沙的家人也不会听到多少流言蜚语。

给格日马瓦的信寄出五天之后，肖邦又给丰塔纳写了一封信，请他帮忙选购墙纸（带有深绿色镶边的鸽子灰色），购置些新家具，再把以前的旧家具（特别是他的书桌和床）搬出来。肖邦也让丰塔纳帮他雇一位男佣，最好是波兰人，工资不超过每月 80 法郎，不包伙食。这些费用都是肖邦用格日马瓦借给他的钱支付的。但他拿什么还格日马瓦呢？肖邦也考虑了这个问题。他让丰塔纳给伦敦的韦塞尔写信，说自己有六份新手稿，每份要价 300 法郎。任劳任怨的丰塔纳像以往一样英勇地承担了这些任务。到了 10 月，一切都已安排妥当。肖邦将搬进马德莱娜教堂后边的特龙谢街（Tronchet）5 号，桑和她

① CFC, vol. 2, p. 352; KFC, vol. 1, p. 355.

的两个孩子则准备搬进不远处的皮加勒街（Pigalle）16号，也就是她所说的“花园尽头两栋相邻的小楼”。

V

虽然肖邦会时不时地抱怨诺昂的乡间生活，但在此期间他完成了几部作品，包括《四首玛祖卡》（op.41）、《G大调夜曲》（op.3，no.2）、《升F大调即兴曲》（op.36）以及最著名的《降b小调奏鸣曲》（op.35）。从肖邦给丰塔纳写的一封信中可以看出，在1839年8月初，这部奏鸣曲的创作过程就已接近尾声：“我正在这里写一部降b小调奏鸣曲，其中包含了你知道的那首进行曲。这部奏鸣曲由快板、降e小调谐谑曲、那首进行曲，还有一个短小的终曲组成——终曲我大约写了三页。进行曲之后由左右手‘喋喋不休’（gossip in unison）地齐声合奏。”①

肖邦此处提到的“你知道的那首进行曲”指的就是著名的 410
《葬礼进行曲》，他在两年前就完成了这首乐曲，现在把它用作了奏鸣曲中的慢乐章。1840年这首奏鸣曲出版后不久，罗伯特·舒曼批评该作品的乐章之间缺乏整体性，甚至说肖邦把这首乐曲称为“奏鸣曲”是“任性甚至极为放肆”的做法。他的评论后来成了音乐批评史上的一句名言，他说“肖邦把四个最不听话的孩子拴在了一起”，指责他把四首不相关的乐曲“放在了原本不属于它们的位置上”。②

开篇四小节的引子［“庄板”（Grave）］和紧接着的第一

---

① CFC, vol. 2, p. 348; KFC, vol. 1, p. 353. 最后一句里，肖邦使用了一个自己创造的波兰语词“ogadują”（Lewa ręka unisono z prawą ogadują po marszu），这个词可能有多种含义，包括“怀有恶意地说闲话”以及“横向爬行或扯开”等。杰弗里·卡尔贝里（Jeffrey Kallberg）曾对这几个释义进行过颇有见地的辨析，见KCM, p. 4。

② *NZfM*, 1841年2月1日。

乐章都没有标注速度。肖邦只告诉我们后者要比前者“快一倍”（Doppio movimento），体现了两者间的紧密联系。一些研究者认为这里的速度是个不解之谜，但实际上并非如此。①从肖邦给丰塔纳的信中我们得知他把呈示部构思成了快板（Allegro），由此可以判断出引子的速度。

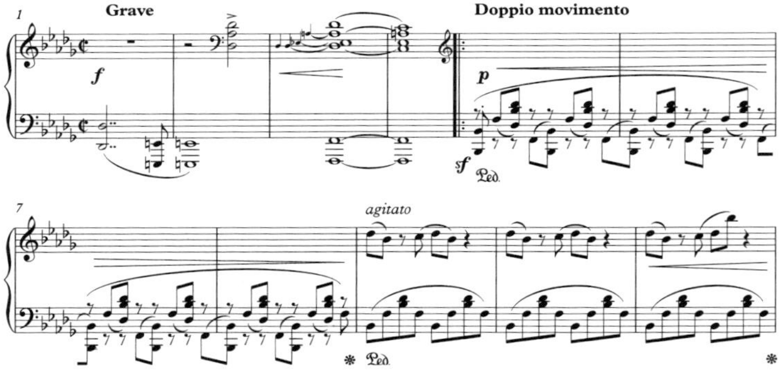

标注为“激动地”（*agitato*）的主部主题为第一乐章奠定
411 了动荡不安的基调，也为后边的展开部提供了大部分的素材。第一个主题之后没有出现明显的连接部，直接进入了副部。副部以主调的关系大调写成，其中包含了两个截然不同的主题：（a）和（b）。

（a）

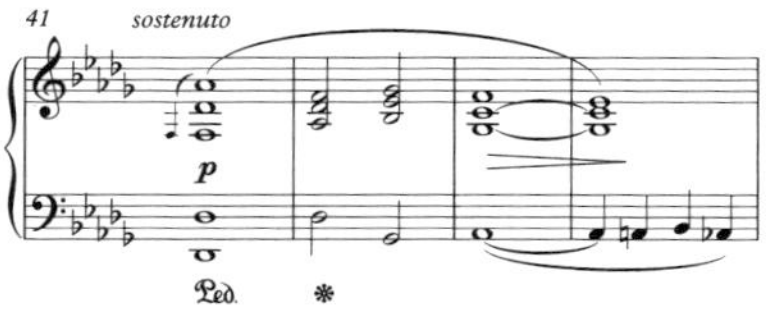

① WFC, pp. 158–59.

舒曼认为这部作品中唯一的可取之处就是第一个主题，说它的延伸部分“就像是贝利尼写出来的”。接下来，乐曲通过一个副题再次回到了贯穿整个乐章的激动情绪中。

（b）

近年来，第一乐章呈示部的反复方式引起了不少学者的讨论。演奏者应该返回最开头四小节的“庄板”，还是跳过引子，只返回“快一倍”的地方呢？过去人们一直坚信第二种方法是正确的，多数出版社采纳的也是这一版本，只有一两个引人注目的例外。但唯一一份留存至今的手稿（由阿道夫·古特曼所有）引起了人们的质疑，从这份手稿来看，似乎两种处理方法都说得通。在著名的布赖特科普夫与黑特尔完整版肖邦作品集（1878~1880）中，勃拉姆斯负责奏鸣曲部分的编辑工作，一贯认真仔细的勃拉姆斯直接对照手稿进行编辑，他判断 412
“快一倍”开头的终止线右侧没有两个点，因此并不是反复记号。近些年权威的波兰国家版（Polish National Edition）比勃拉姆斯更进一步，直接删掉了此处的双纵线，一并抹去了问题的根源，引发了人们的争议。虽然乐曲反复到哪里不是传记作者的关注重点，但这个问题对于演奏者来说无疑至关重要。毕竟过去几十年里，从灌录的唱片来看，钢琴家都未在反复时加上这段引子；加上开头四小节之后，这首19世纪钢琴名曲的主要特征就发生了重大改变。我们在此附上了唯一一

份现存手稿的副本，供各位读者揣测编辑认为肖邦是怎么想的。①

《降 b 小调奏鸣曲》（op.35）的开头几小节；阿道夫·古特曼版手稿

在展开部的高潮部分，肖邦将开篇引子的动机和主部主题
413 结合了起来，并把副部副题（b）衍生出的三连音也糅合了进来。三股音乐同时展开（这里拆成了三行），让声音的织体显得格外强劲有力。

① 手稿原本归布赖特科普夫与黑特尔出版社所有，现藏于波兰国家图书馆，索引号 MUS.22。阿道夫·古特曼的谱稿抄写自肖邦的原始手稿，后者已经遗失。1840 年，这部奏鸣曲的三个版本几乎同时出版。莱比锡的布赖特科普夫与黑特尔出版社使用的是古特曼的版本，巴黎的特鲁贝纳（Troupenas）和伦敦的韦塞尔使用的是肖邦的手稿。在这些早期版本中，只有布赖特科普夫的版本在“快一倍”的位置使用了反复记号，之后一个世纪里出版的乐谱大多沿用了这一版本，但勃拉姆斯参考古特曼的笔迹把反复记号改成了双纵线，因此只有布赖特科普夫的精选版（1878~1880）里没有反复记号。如需详细了解演奏时的处理方式，可参考查尔斯·罗森（Charles Rosen）对反复到“庄板”引子的论述，见 RRG, pp. 279–82。另外，也可以参考阿纳托尔·莱金对这一观点的反驳，见 LRC, pp. 568–82。莱金提醒我们，在 18 世纪和 19 世纪，出版商习惯性地不印出奏鸣曲快乐章引子之后的反复记号，认为反复到这里是理所当然的。

乐曲通过一个属持续音声部（第162~170小节）引入再现部时，我们本以为肖邦会按照第一维也纳乐派的悠久传统，从主部主题开始完整再现，但就在这里，肖邦展现出了他的独创性。在展开部中，主部主题被尽情展开之后（曾有位学者别出心裁地说这是段“催命般的”旋律[①]），再让它出现在再现部中就会略显累赘了。这一刻，肖邦对简练的追求成就了他，也成就了这首乐曲。展开部直接跳过人们预期的反复，省略掉了整个主部主题，直接从副部主题切入了再现部（第170小节）。呈示部有104小节，截短后的再现部只有60小节（除去尾声），然而这两部分却构成了完美的平衡，也再次证明了格式上的平衡和音乐上的平衡并不是一回事。据我们所知，这种删去主部主题，在结构上缩短乐章的做法是史无前例的，也使这一乐曲的再现部成了音乐分析中的经典。 414

后来肖邦还在《b小调奏鸣曲》（op.58）第一乐章［以及更后来的、经常被人忽视的《g小调大提琴奏鸣曲》（op.65）第一乐章］中再次使用了同一手法，显然他认为这个手法不仅十分有效，可能还会对奏鸣曲这一体裁产生深远影响。三十多年后，我们确实再次见到了这一手法——在柴可夫斯基《f小调第四交响曲》的第一乐章中，展开部没有回到主题，而是直接从副题进行再现。如果说我们从肖邦开拓性的作品中得到了

---

① ACMS, p. 59.

什么启示，那一定是当内容高于形式时，我们得以窥见未来；当形式高于内容时，我们只能囿于过去。

虽然肖邦的四首谐谑曲解放了谐谑曲这一体裁，将其发展为结构高度独立的单乐章音乐，但他奏鸣曲中的谐谑曲却大多十分传统。这些乐曲继承了贝多芬的谐谑曲传统，而贝多芬的谐谑曲则是由莫扎特和海顿奏鸣曲中古老的小步舞曲和三声中部发展而来。从技术角度来看，这个乐章一般都不太难。但相比之下，肖邦的这首谐谑曲却处处都是难点，是《降 b 小调奏鸣曲》中最难演奏的一个乐章，只有钢琴大师才能轻松驾驭。

乐曲以飞快的速度推进时，右手要完成跨度极大的四度双
415 音（double fourths），左手则是三度双音（double thirds）。
同时双手还要以相反的方向往键盘两头大跳，如果不集中精力，演奏者很容易在这里出错。

虽然该乐章的节奏是 3/4 拍，但肖邦在这个背景上加入了一些饶有趣味的对比，他会时不时地通过改变重音将小节“拆成”2/4 拍，如第 73~77 小节所示——这也是贝多芬谐谑曲中

的常用手法。

第三乐章《葬礼进行曲》在时间的考验下成为一首经典名曲，常被用在皇室成员、战斗英雄以及艺术家、科学家的葬礼上。《葬礼进行曲》超越了时间和地域，成了哀悼逝者的象征。从听到开篇庄严肃穆的和弦那一刻起，我们似乎就走进了一支宏大的队列，置身于一个气派而盛大的场合，感受到了现场的恢宏与壮丽。

然而肖邦在世期间，这首进行曲从没在葬礼上演奏过。更讽刺的是，这首乐曲第一次真正被用于悼念逝者正是在肖邦自己的葬礼上。他的葬礼于 1849 年 10 月 30 日在马德莱娜教堂举行，亨利·勒贝（Henri Reber）将乐曲改编成了管弦乐版本在现场演奏。1837 年肖邦完成《葬礼进行曲》最后的收尾工作，把手稿放在一边等待它的最终归宿时，他并不知道刚刚完成的正是未来自己葬礼上演奏的音乐。从仅存的手稿上可以看到，肖邦在结尾几小节下方写下的日期是 1837 年 11 月 28 日， 416
并签上了自己的名字。[1] 这个日子正是华沙起义纪念日的前一天，也是生活在巴黎的波兰人纪念国难的日子。我们同意波兰学者米奇斯瓦夫·托马谢夫斯基（Mieczysław Tomaszewski）的说法，即《葬礼进行曲》原本是肖邦为祖国写下的挽歌，但

① 这部分手稿的照片出版于 KCM, p.5。手稿可能曾经归阿瑟·赫德利所有，据说现已经遗失。

当它被放进奏鸣曲之后这层含义就消失了。从某种角度上说，这首进行曲和贝多芬“英雄”交响曲中的葬礼进行曲同样有名。我们很难理解舒曼为什么会认为这首乐曲“整体上令人反感”，还说如果改成“降D大调”的柔板也许效果会好很多[1]，这一评论体现了舒曼有时也是个墨守成规的人。舒曼指的自然是奏鸣曲中的四个乐章都写成了小调，这在古典奏鸣曲中十分罕见，在肖邦其他的作品中也没有出现过。但《葬礼进行曲》是这部奏鸣曲的核心，是整部作品的精髓。其他乐章要么是这一乐章的铺垫，要么是它的延伸。它不仅为整部作品奠定了阴沉的基调，与其他乐章也有主题上的联系，甚至可能促成了其他乐章的诞生。[2]由此可见，四个乐章绝非四个“不听话的孩子”，我们逐渐就会发现它们从来都是一家人。

标注为“急板”（*Presto*）的终曲无疑是肖邦写过的最不同寻常的一个乐章。这一部分只有75小节，演奏完差不多也只需75秒。不断回旋的八度齐奏紧跟在《葬礼进行曲》之后出现，让安东·鲁宾斯坦（Anton Rubinstein）联想到“夜风掠过墓地”，从此人们一谈到这首乐曲就会想到这个画面。舒曼认为终曲根本算不上音乐，批评它是一首“歪曲”，据说门德尔松也十分厌恶这首乐曲。[3]该乐章的一个特点就是视
417 觉和听觉的二元性，我们所听到的和在谱子上所看见的完全不同，如果不演奏出来，你很难想象它究竟是什么样的。这一乐章没有主旋律，几乎是无调的——全程用“很弱的声音”（*sotto voce*）演奏——直到最后乐曲回到降b小调，用一个极强（fortissimo）的和弦以最终的收束为全曲收尾。研究者

---

① *NZfM*，1841年2月1日。

② 部分内容可参见笔者之前写过的文章《肖邦和音乐结构》。WFC, pp. 245–47.

③ NFC, vol. 2, p. 227.

也纷纷指出第一乐章的“庄板”引子里就已出现了这一乐思的轮廓。

在写给丰塔纳的信中，肖邦用自创的词语“*ogadują*”（“螃蟹”的意思）说的就是这里，两只手齐奏着，像螃蟹一样在键盘上并排移动。此处肖邦没有做踏板记号，他标注的“很弱的声音”（*sotto voce*）一般被理解为不带感情地演奏。但海因里希·涅高兹在他颇有见地的评论中告诉我们，要弹出墓地中呼啸的夜风是一定需要踏板的。他指出“喋喋不休的齐奏”背后隐藏着许多美妙的和声，它们需要踏板的帮助才能显现出来。他写道：“试着勾勒出这首精彩终曲的和声结构，你就能一眼看出来了。”①

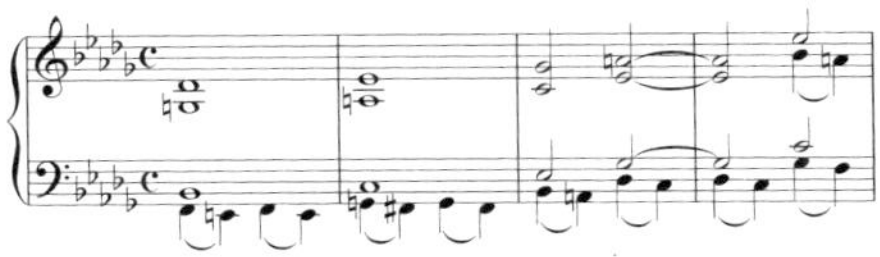

当年批评过这首奏鸣曲的乐评家们去世很久之后，它的价值才渐渐得到了人们的认可。最后几页无调旋律的支持者一直寥寥无几，直到近代它才受到了先锋乐派的追捧。此外，肖邦在致敬传统和追求创新之间取得的精妙平衡在当时也没有获得人们的认可与理解。在发展的过程中，这部奏鸣曲也必然 418

① NAP, pp. 166–67.

逃不过枯燥的学术研究。直到1960年，我们仍看到它被评价为“并非肖邦的一流之作”[1]。在所有批评的背后，是人们对肖邦在大型音乐作品控制力方面的误解。曾经所有奏鸣曲都必须用贝多芬和第一维也纳乐派建立的模式来评判。英国牧师雷金纳德·霍伊斯（Reginald Haweis）曾说：“他的小曲子成就很大，但大乐曲却格局很小。”[2]这句话之所以成为名言，无非因为它听起来很巧妙，容易被记住，但它却笼罩了肖邦的声誉多年，把他局限在了沙龙作曲家之流。如今这句评论成了始作俑者永远的遗憾。肖邦伟大、恢宏的构思将所有的批评踩在了脚下。今天，这部奏鸣曲成了浪漫主义钢琴音乐的代表之作，很可能会伴随钢琴艺术永世流传。

VI

乔治·桑一直坚持说从巴黎到诺昂的路很好走。但实际上，走这段路要花费30个小时，需要旅行者有一些耐力。载着邮件、货物和乘客的皇家邮政公司马车晚上7:00从巴黎出发，经过一整夜的行驶，第二天早上6:00到达奥尔良，让乘客在这里下车吃早饭。下午3:00到达维耶尔宗（Vierzon）后，乘客再吃一顿过了点的午饭，换马之后再坐另一辆马车前往沙托鲁。到了沙托鲁，去往诺昂的乘客需要再换乘小一点的马车踏上最后一段旅程，四小时后才能到达目的地。从诺昂返回巴黎的旅程更为艰辛，马车早上5:00出发，次日傍晚才能到达首都，旅客一般都没法睡个踏实觉。肖邦曾多次踏上这段艰辛的旅程。比如1844年的夏秋两季，肖邦的姐姐卢德维卡
419 和丈夫来看望他时，肖邦在诺昂和巴黎之间足足往返了五次。

---

① ACMS, p. 59.

② 《音乐与道德》（*Music and Morals*）（1872年）, p. 262.

宠物是可以带上马车的，这样的旅程会让人更不舒服，而且没人知道马车到达下一站时又会上来什么猫狗家禽。桑就曾带着她的两只狗匹斯托和莫普斯乘车，德拉克鲁瓦（很快也成了诺昂的常客）也曾把他的猫丘比特带上马车。

10月10日早上太阳就要升起的时候，肖邦和桑带着两个孩子离开了诺昂，晚上他们在奥尔良停留了一下，第二天傍晚到达了巴黎。刚开始的几天里，莫里斯搬进了肖邦特龙谢街上的新公寓和他同住，桑和索朗热则住在马利亚尼家里，直到皮加勒街上的公寓准备好之后才搬了进去。10月中旬，桑和肖邦住在各自的公寓里，以便让外界认为他们过着相互独立的生活。虽然有格日马瓦和丰塔纳的精心照料，但他们还是很快就放弃了这样的起居安排。随着冬天的临近，肖邦的房间变得又湿又冷，导致他咳嗽加重。他总是面色苍白又憔悴地出现在桑的公寓门口。桑也发现两个公寓之间有一段距离，去照顾肖邦时经常需要来回奔波，十分麻烦。最终肖邦放弃了自己的公寓，租下了桑公寓楼中一个较小的公寓，这样他可以和桑一家吃晚饭，如果桑有兴致组织什么社交活动的话，他也可以随时参加，同时又能拥有自己独立的空间。正如桑所说，这样的新局面建立起来之后，“我们不住在同一屋檐下，但只隔着一道墙”①。

① CGS, vol. Ⅴ, p. 551.

420 # 声名鹊起，1839 ~ 1843

> 肖邦是一位与众不同的钢琴家，他跟任何人都不一样。
>
> ——莱昂·埃斯屈迪耶①

I

在皮加勒街的公寓里安顿下来之后，桑便开始马不停蹄地工作，以期早日把《科西马》搬上舞台。但这部剧从一开始就遇到了不少问题。法兰西喜剧院的演员很不配合，他们不喜欢这部剧，认为剧本十分业余，总想修改台词。桑执意要让自己的好朋友女演员玛丽·多瓦尔扮演科西马这个角色。但多瓦尔并不是这家国有剧院的演员，新上任的经理弗朗索瓦·比洛需要找内政部大臣查尔斯·迪沙泰尔（Charles Duchâtel）伯爵特批此事，耽误了不少时间。之后剧作再次遭遇挫折，主演之一约瑟夫·洛克鲁瓦（Joseph Lockroy）的退出让整部剧陷入了岌岌可危的境地。1840 年 1 月，桑已经山穷水尽。最初比洛说自己“十五天之内”就能把这部剧搬上舞台，但后来他也为自己夸下的海口后悔了。最终首演被推迟到了 4 月 29 日。
421 与此同时，媒体也听到了风声，桑的死对头更是齐聚一堂准备看她出洋相。他们对剧中的老套情节嗤之以鼻，因为这部剧讲的是一位美丽的妻子与她冷酷无情的情人陷入了一场致命的恋情，最后被高尚的丈夫拯救的故事。这样一部归根结底在歌颂婚姻的戏剧，却出自一个在文字和行动上宣扬着“自由之爱”、嘲讽婚姻制度并因此震惊了世人的女性。因此《科西马》带着些许虚伪的意味。圣伯夫和巴尔扎克都读过她的剧本，两人

① 《音乐法国》，1841 年 5 月 2 日。

也都提醒过她这部剧可能会遭遇失败，提前帮她做好了最坏的打算。

这部剧上演之前，就有一个名叫查尔斯·拉萨伊（Charles Lassailly）的人率先向桑开炮。拉萨伊是一位名不见经传的诗人，经常打扮得油头粉面，曾经给巴尔扎克做过秘书。拉萨伊是个狂热的教徒，他不光批评《科西马》，还抨击桑本人，说她是“双性的女人”，是个阴阳人，她的儿子打扮得像个女孩，女儿打扮得像个男孩。（写完“预评”后没几周，他就因精神失常被送进了埃斯普里·布朗什医生的精神病院。两年后在精神错乱中死去。）首演当晚剧院里坐满了桑的宿敌。当然也有一些支持者，包括李斯特、玛丽·达古、巴尔扎克和肖邦，但他们的出席只让桑的失败变得更加难堪。帷幕拉起后没几分钟，观众就喝起了倒彩。演员无法进入状态，频频出错。观众骚动起来，就连经验丰富的多瓦尔小姐也慌了神。首演之后桑想立刻撤掉这部剧。但比洛让团队演出了七个晚上，直到它被羞辱殆尽。最后《科西马》不仅没能解决桑的财务问题，还让她十个月的心血和10000法郎的制作费付之东流，从现在的经济状况来看，她还不如不写这部剧。1840年的夏天桑和肖邦没有回诺昂，原因之一就是这部剧的败北——待在巴黎更省钱。①

II 422

与此同时，肖邦的经济状况有所改善。1840年早春，他把《降b小调奏鸣曲》卖给了布赖特科普夫与黑特尔出版社，一同售出的还有《第三首谐谑曲》（op.39）、《四首玛祖卡》（op.41）、《两首夜曲》（op.37）以及《升F大调即兴曲》

---

① 桑通过出售精装本《科西马》的版权赚到了5000法郎，弥补了一些损失。

（op.36），每部作品500法郎，共赚得2500法郎。[1]这些重要作品的出版提高了他的知名度，时隔近一年再次回到巴黎，他也吸引了不少学生。有四五个学生每天都会到他特龙谢街上的小公寓来，用他新购置的普莱耶尔三角钢琴上课，每节课20法郎。他的很多学生都天赋欠佳，未能成名，但他们能承担得起这样的学费。学费通常以现金支付，学生会把钱小心翼翼地放在壁炉上。肖邦有时坐在学生旁边耐心聆听，有时会用旁边一台小型立式钢琴做示范。虽然冬季寒冷的天气对他的身体造成了很大影响，但他在学生面前总是脾气很好。上课时学生经常看到他往额头上抹古龙水或小口喝着掺有鸦片的止咳糖浆来缓解喉咙的慢性炎症。

但也不是他的所有学生都天赋欠佳，有几位天资聪颖的学生就值得一提。肖邦从诺昂回来没多久，23岁的弗里德丽克·米勒（Friederike Müller）就从维也纳专程来巴黎找肖邦上课。此前她师从车尔尼，技艺上已经相当成熟。几周前她曾在泰蕾兹·达波尼伯爵夫人家的日场音乐会上演出并大获成功，吸引了众人的目光。这位达波尼伯爵夫人被人称为“绝美的泰蕾兹”，肖邦的《两首夜曲》（op.27）就是题献给她的。弗里德丽克给肖邦递上了多封介绍信，说她此行来巴黎就是专程找肖邦学习他本人的乐曲的。但肖邦略带嘲讽地说：“如果没有我的指导，人们就没法弹好我的曲子，这不免有些悲哀。”弗里德丽克谦逊地回答说她并不是这样的人，但仍有很多地方需要学习。肖邦被她一丝不苟的态度所打动，说道：“那弹段曲
423 子给我听听吧。”于是他们移步到钢琴旁。“他的矜持一瞬间就消失了，”弗里德丽克写道，“他亲切又溺爱地帮我克服紧张情

① 此前肖邦威胁布赖特科普夫说如果不满足他的条件，就停止与他们合作，他说：“低于这个条件我便不打算继续了。”CFC, vol. 2, p. 376.

绪，问我坐着是否舒服，让我一直弹到完全冷静下来，然后他温和地指出我手腕僵硬的问题，夸奖了我对乐曲的正确理解，并同意收我做他的学生，每周安排两节课。”

弗里德丽克跟着肖邦学习了18个月，成了他最优秀的诠释者之一。她的回忆录是一份很宝贵的资料，让我们了解到了肖邦的教学方法。[①] 肖邦给她布置了练习曲和前奏曲，可见她的钢琴造诣之高。1841年春天弗里德丽克的课程结束后，肖邦把难度极大的《音乐会快板》（op.46）题献给了她。正因如此，乐曲出版之后，李斯特把她称为“第46号作品小姐”。弗里德丽克让我们看到了肖邦是一位什么样的老师：

> 米库利曾说：“那时有一种神圣的艺术热情在他心中燃烧，他说出的每一句话都激人奋进、鼓舞人心。一节课通常要一口气连上几个小时，直到师生都精疲力竭。”我也曾有幸上过这样的课。有很多个周日，我在肖邦家从下午一点开始弹琴，直到四五点他才让我们下课。他有时也会弹，弹得是如此美妙；他不光弹自己的作品，也弹其他大师的作品，教学生如何演奏这些作品。有天早上他背谱演奏了14首巴赫的前奏曲和赋格，当我对这样了不起的演奏表达惊叹时，他回答说：“这种东西你永远忘不了。”

1840年12月20日，弗里德丽克刚上了几周课，肖邦便让她给“一大群人”（弗里德丽克语）演奏他新出版的作品《降b小调奏鸣曲》。这场社交活动在桑的公寓里举行，她的公寓比肖邦的宽敞得多。当天早上，弗里德丽克到达肖邦的住

① 这份回忆录实际上是弗里德丽克的日记节选，尼克斯拿到后将它收录进了NFC, vol. 2, pp. 340–43。

424 处，准备在演出前最后过一遍这首乐曲，但她非常紧张。肖邦问：“今天你弹得怎么没那么好了？”她回答说自己害怕。“怕什么？我认为你弹得很好。”肖邦安慰她说。“这些话让我镇静了下来。晚上表演时，肖邦对我的演奏很满意这个想法占据了我的大脑；我很高兴获得了肖邦的认可和观众的掌声。”在肖邦的鼓励下，弗里德丽克还演奏了《f小调协奏曲》中的小广板，“他在另一台钢琴上弹着美妙的伴奏”。大约在1841年4月5日他们上了最后一节课，肖邦将第10号作品中第3首和第4首练习曲的手稿送给了弗里德丽克，以示对她的欣赏。1849年，弗里德丽克嫁给了维也纳钢琴商约翰·巴蒂斯特·施特赖歇尔（Johann Baptiste Streicher），之后她按照当时的社会惯例放弃了职业钢琴家的道路。

像弗里德丽克这样优秀的学生并不多，但阿道夫·古特曼无疑是又一个例外，虽然他当时已经跟肖邦学了几年琴，但还是一直上着肖邦的课。此外我们也不应忘记14岁的钢琴天才乔治·马蒂亚斯（Georges Mathias），马蒂亚斯从1840年开始跟肖邦学琴，后来在巴黎音乐学院执教了30多年。三四年后，肖邦又多了两位优秀的学生，一位是从挪威专程来到巴黎向他求学的托马斯·迪克·特勒夫森（Thomas Dyke Tellefsen），另一位是卡罗尔·米库利，后者花了多年心血编辑了一部影响深远的肖邦作品集，以表达对恩师的敬意和怀念。值得特别一提的是18岁的歌剧演唱家波利娜·加西亚，1839年至1840年的冬天，她经乔治·桑的引荐认识了肖邦。波利娜是著名声乐教师曼努埃尔·加西亚（Manuel García）的女儿，也是著名女高音歌唱家玛丽亚·马利夫兰的妹妹。波利娜立志成为职业钢琴家，当时已经跟着弗朗茨·李斯特学了两年钢琴，李斯特认为她很有前途。但她著名的歌唱家姐姐英年早逝后，波利娜的母亲——同是女高音歌唱家的华金纳·西切斯（Joaquína Sitchez）要求她放弃钢琴事业，继承家族的传统，发展歌唱事业。肖邦初次见到波利娜时，她已经在国际舞台上崭露头角，刚在伦敦出演了罗西尼的歌剧《奥赛罗》中苔丝德蒙娜的角色并引起了轰动。两人对歌剧和钢琴有着共同的热爱。波利娜为肖邦的音乐所倾倒，不仅成了肖邦的学生， 425
跟他上了多年非正式的钢琴课，还成了他忠实的朋友。两人经常一起弹二重奏，波利娜还得到了肖邦的允许，把几首玛祖卡改编成了声乐曲，并带上了她的巡演之路。[1]1840年4月，波利娜嫁给了比她年长21岁的路易·维亚尔多，路易原是意大利剧院的总监，但婚后他便辞职，专心支持年轻妻子的事业。从此以后，她便成了著名的波利娜·维亚尔多。[2]

肖邦都让他的学生练习哪些乐曲呢？技术方面他会布置克拉默、莫谢莱斯和克莱门蒂的练习曲（他尤其推崇克莱门蒂的《名手之道》）。必练乐曲方面他最推荐巴赫的48首平均律和莫扎特的奏鸣曲。他也会根据学生的个人能力布置费尔德、胡梅尔、希勒、舒伯特和韦伯的曲子。偶尔他也会选一两首贝多芬的奏鸣曲，包括《月光》和《葬礼进行曲》，但贝多芬的其他乐曲都没能得到他的认可。肖邦从不让学生练习同时代作曲家李斯特和舒曼的曲子，门德尔松的也只挑少数几首。当然他自己的作品在教学中占据重要地位，尤其是学生主动要求时。他会在学生的乐谱上标注指法、踏板、节奏，这些记号如今成了指引现代钢琴家进入肖邦钢琴世界的钥匙。

我们前文提到，肖邦对学生展现出的耐心堪称典范，他也

---

① 我们将在后文简要讨论这些精彩的改编乐曲，见本书“英国：日暮穷途”一章，第616页，脚注②。

② 桑在促成这段婚姻的过程中也起到了重要的作用。当她听说自己的旧情人阿尔弗雷德·德·缪塞疯狂地爱上了这位年轻的歌唱家，追求她并向她求了婚时，她感到事情不妙，于是把路易·维亚尔多介绍给了波利娜。

会煞费苦心地确保学生掌握所有要点，但他的课并非总是风平浪静的。乔治·马蒂亚斯曾回忆说，肖邦偶尔也会被特别愚笨的学生逼到忍无可忍。有一回他控制不住怒火，抓起椅背，把椅子摔在了地上。[①] 每天折磨着他的慢性病有时也会把他逼到极限，让他撕下儒雅的面具发起脾气来。

426 III

肖邦的名气越来越大，而在这个过程中，法国王室也助了肖邦一臂之力。1839 年秋天，肖邦从诺昂回到巴黎后不久，就受邀到皇家宅邸圣克卢（Saint-Cloud）为玛丽－阿梅莉（Marie-Amélie）王后和她的近侍演出。这件事要从肖邦和伊格纳茨·莫谢莱斯刚建立起的友谊说起，当时在英国住了一段时间的莫谢莱斯刚回到法国，和妻子夏洛特住在她叔叔的豪华宅邸中，这位叔叔正是银行家奥古斯特·莱奥。我们知道肖邦前往马略卡岛之前曾向莱奥借钱，回到巴黎后他也时常到莱奥家中做客。

莫谢莱斯一直希望能见见肖邦，所以很自然地，两位作曲家第一次见面就是在莱奥家的一次晚会上，莫谢莱斯在日记中记录下了此事。他请肖邦弹了段曲子，听完之后他很高兴。“他给我弹了几首练习曲和他的新作‘前奏曲’。我也弹了几首自己的曲子。”一周之后他去了肖邦的公寓，听肖邦弹了《降 A 大调前奏曲》，“6/8 拍的那首，不断出现的降 A 仿佛是管风琴的持续低音”。肖邦的学生古特曼也在场，他照着手稿演奏了肖邦刚完成的《升 c 小调谐谑曲》。随后肖邦给大家演奏了同样还没有出版的《降 b 小调奏鸣曲》。最让莫谢莱斯印象深刻的是那些在他手中显得“生硬、缺乏艺术感的转调”在

① GC, pp. 241–42.

肖邦手里却变得十分悦耳，“他精灵般的手指几乎不动声色地滑过去。轻柔的演奏如呼吸一般，不需要很大力度就能表现出理想的对比”。① 一段可敬的友谊就这样开始了。当天在场的还有路易·菲利普国王的近侍官莱昂·德·佩尔蒂伯爵，他回去之后向王室提到了两位作曲家。没过几天，王室就邀请肖邦和莫谢莱斯于 10 月 29 日到圣克卢进行御前演出。演出当天晚上 9 点，佩尔蒂伯爵亲自接上两位作曲家驱车前往宫殿。这天下着倾盆大雨，一行人全都被淋湿了。莫谢莱斯给我们讲述了后续的故事。

> 王后问我们乐器——一架普莱耶尔钢琴——摆放得是 427
> 否合适，照明是否满意，琴凳的高度如何，等等；她对我们这样关心，不愧为一位平民王后。首先肖邦演奏了几首夜曲和练习曲，像过去的宫廷宠儿般受到了大家的赞美与欣赏。接着我演奏了几首练习曲，有新创作的也有以前的，也获得了类似的掌声。随后我们一起坐到钢琴旁，他还是演奏低音声部，就像他一贯坚持的那样。这一小群观众全神贯注地听着我的《降 E 大调奏鸣曲》，中途不时能听到她们发出“太棒了！真好听！”这样的惊呼。行板演奏完之后，王后小声地问她的随从：“再让他们弹一遍会不会有些失礼？”这句话无异于命令；我们又演奏了一遍，这次更加地忘我，在终曲部分沉浸在了音乐带来的狂喜之中。②

① MAML, vol. 2, pp. 39–40.

② MAML, vol. 2, p. 44. 1839 年 10 月 31 日的《音乐评论与公报》刊登了一篇音乐会的评论文章。

莫谢莱斯补充说当晚他和肖邦的才华都得到了认可，两人像兄弟一样尽情享受着胜利的喜悦，“彼此之间没有一点点的嫉妒”。他们离开皇宫时已是晚上11:30，雨已经停了，于是他们“这次沐浴着赞美”回家了。

故事还有一段无法证实的尾声。御前演出后不久，王室就派人联系莫谢莱斯，问他是否愿意接受皇家授予的荣誉军团勋章。据说这位钢琴家的回答是他更愿意接受一个“不那么平常”的荣誉。国王赏赐了他一只漂亮皮革旅行箱，肖邦开玩笑地说这是王室在暗示他离开巴黎。肖邦自己则得到了一个精美的压花铜底座塞夫勒瓷花瓶。

IV

正是在这样的背景下，莫谢莱斯邀请肖邦参与他正在编写的一部钢琴教材，名为《方法之方法》（*Méthode des Méthodes*）。这部精心编排的教材分为三部分，配
428 有乐评家F.-J.费蒂斯撰写的详细注解及序言。第三部分包含20首为高水平演奏者准备的进阶练习曲（Études de perfectionnement），是由本尼迪克特、德勒、亨泽尔特（Henselt）、李斯特、梅罗（Méreaux）、罗森海姆（Rosenheim）、陶贝特（Taubert）、塔尔贝格、爱德华·沃尔夫（Édouard Wolff），当然还有莫谢莱斯本人创作。几乎所有钢琴的演奏技巧，不论有多么极端，都能在曲集里找到自己的归宿。其中有一两首甚至可以说是脚上的体操。肖邦的“三首新练习曲”从所有乐曲中脱颖而出。这部曲集中也只有肖邦的练习曲成了经典名曲（虽然李斯特的“Ab irato”——《愤怒》——近些年来也开始受到人们的关注）。最让听众印象深刻的一点是这些乐曲虽为一部只关注技巧的曲集而作，但体现出了与炫技相反的特点。肖邦注重的不是手指的快速跑动、

强有力的和弦，而是节奏和音色上的细节，不仅涉及两只手的配合，也涉及手指间的配合。例如，第一首《f 小调练习曲》就以一个三对四的节奏型呈现：

而第二首《降 A 大调练习曲》则是三对二的节奏型。它也是三首练习曲中最知名的一首，其极富歌唱性的旋律线不仅能立刻吸引住演奏者，在广大听众听来也是很美妙的。

第三首《降 D 大调练习曲》（三首中看似简单实则最难的
一首）是一个音色的对比练习，要单手同时弹出连奏和断奏， 429
无疑是件难事。前两首练习曲要求左右手在节奏上各自独立，而第三首练习曲可以说是要求同一只手自我分裂，即在低音部分断奏，在高音部分连奏。虽然演奏者弹到这里都躲不过这个难点，但肖邦似乎还想特别引起演奏者的注意，在此标注了“*la melodia sempre legato*”（旋律一直保持连奏）。

莫谢莱斯说肖邦有“精灵般的手指”，在这里似乎带了另一层含义。右手的五个手指不光要独立弹奏，有时还要相互对立。据伊格纳茨·弗莱德曼（Ignaz Friedman）说，莫里兹·罗森塔尔弹这首练习曲时，只用拇指弹低音声部，给旋律部分留出了更多选择。唐纳德·托维爵士对这首练习曲的评价颇高，称它比第 10 号和第 25 号作品“两部伟大曲集中的几首精美小曲的水准高很多”。而提到右手上独特的技术难题，托维爵士指出：“肖邦是唯一一个以这种极端的形式将它系统化的重要作曲家。”① 如果想了解肖邦的钢琴练习曲和同时期其他作家的练习曲有何不同，“三首新练习曲”就是最好的例子。这些曲子马上就能让那些用蛮力而不是头脑弹琴的演奏者原形毕露。它们为我们展现了一个充满精妙之处的世界，在这里那些有着镀铬铁手的演奏大师并无施展之地。肖邦为“进阶练习曲”赋予了全新的、出人意料的含义，在这里精湛技艺指的是能表现出乐曲核心的那种平静而细微的声音的能力。

430 虽然莫谢莱斯很欣赏肖邦的演奏，但他对肖邦的作曲水平却没有那么欣赏。从他对这个话题的零星评论可以看出，莫谢莱斯是一位保守的音乐家，未能摆脱时代和地域对他的限制。“在肖邦的作品中，他最优秀的乐思都是孤立的；它们支离破碎，没能构成一个具有整体性的作品……我经常感觉他的乐段像是什么人在弹前奏，演奏者在每一个调和不同的谱号上浅尝

① TCM, p. 160.

辄止，似乎是在尝试某些旋律是否合适。”[1] 这段写于 1847 年的评论说的虽然是当时刚出版的大提琴奏鸣曲，但也代表了莫谢莱斯对肖邦的整体看法。肖邦去世后不久，莫谢莱斯给了肖邦一个明褒实贬的赞美，他写道肖邦具备很多优秀且与众不同的品质，但“他算不上典范”[2]。

V

《科西马》惨败带来的伤痛还未褪去，桑就比以往更拼命地投入到新小说《贺拉斯》（*Horace*，1841 年）的创作中。她的债务还没还清，只有靠写作赚够还债的钱。《贺拉斯》是一部真人真事改编的小说，是桑用来复仇的工具。《科西马》首演当晚到现场“支持”桑并目睹了这场惨败的朋友中，有一个心怀鬼胎的人，这个人就是玛丽·达古，《科西马》这部剧正是以她和李斯特的私生女命名的。几个月来，玛丽一直对桑心怀不满，《科西马》的失败让她幸灾乐祸起来。三年前玛丽到诺昂做客时，还坚定地说桑是“一个伟大的女人，上帝在她心中点燃了圣火”[3]。如今玛丽却写信给她们的共同朋友，包括巴尔扎克、圣伯夫、夏洛特·马利亚尼等人，公然嘲讽桑，使用的贬损之词让马利亚尼看后建议桑与玛丽断绝关系。毫无疑问，玛丽嫉妒桑和肖邦看似顺利的情人关系，与此同时她和李斯特的关系已岌岌可危，她很可能面临着被李斯特抛弃、独自抚养三个私生子女的命运，因为她放任自己的笔宣泄愤懑。《科西马》首演前夕，她对李斯特说：“我看肖邦和桑很快就会 431
分手，我们有些朋友认为他嫉妒心太强，他正在被自己的激情

① MAML, vol. 2, p. 171.

② MAML, vol. 2, p. 207.

③ AM, p. 75.

杀死，他折磨着自己，也折磨着别人。［桑］十分恼火，但她怕自己离开肖邦就会死掉！”[①]

我们不确定达古是否知道从马略卡岛回来之后桑就让肖邦过上了禁欲的生活，但鉴于她们以前经常会聊一些私密的话题，达古可能也知道了这件事。达古说肖邦“被自己的激情杀死”，恐怕也只能这样解释。玛丽在好友间散布关于桑的流言，说她发现桑长胖了，之后漫不经心地提到不知桑是否怀了孕，如果真的怀了孕，那孩子的父亲又是谁呢？暗指既然桑不再让肖邦进入自己的卧室了，那他多半无法获此殊荣。[②]这个话题是否传到了肖邦的耳朵中我们不得而知，但他和达古的关系明显疏远了。有一点是毋庸置疑的，桑十分清楚她和肖邦的禁欲关系让肖邦难以忍受。不论是在巴黎还是在诺昂，每次肖邦发现桑身边围绕着众多异性仰慕者，向桑发出赞美或获得桑的赞美时，他就会变得沮丧而多疑。桑的传记作者认为桑可能曾把一两个仰慕者带进过卧室，她试着瞒着肖邦，但似乎没有逃过玛丽·达古的眼睛，后者便把此事当作攻击昔日好友的武器。

桑没有听从马利亚尼的建议立刻和达古绝交，因为她知道“君子报仇，十年不晚”。她等待着时机出现，同时向巴尔扎克提议，如果他愿意讲一讲玛丽和李斯特私奔的事，没准能写成一个精彩的故事，而且故事的名字她都想好了，就叫“爱的船
432 奴”。巴尔扎克帮了她这个忙，写了一部名为《贝娅特丽克丝》

① ACLA, vol. 1, pp. 412–13.

② 瑞士作家查尔斯·迪迪埃（Charles Didier）未出版的日记为我们提供了大量关于此事的信息。在肖邦出现之前，迪迪埃曾追求过桑，但被桑拒绝。他在 1840 年 1 月写道：“据说 G. S. 怀孕了，谁干的？”迪迪埃把这个传言告诉了玛丽·达古，十分确信她会再告诉别人。我们继续翻看迪迪埃的日记，就会发现一条很有讽刺意味的记录。迪迪埃暗示 1842 年 1 月 30 日的晚上，他和玛丽一起去剧院看戏之后，玛丽委身于他（VCA, vol. 2, p. 122, n. 179; SCD, p. 113）。如果这个被日记封存的秘密传到了桑的耳朵里，桑一定会在《贺拉斯》再版时把这个故事加进去。

（*Beatrix*）的小说，收录进了他著名的《人间喜剧》，在小说中桑被刻画成了圣人般的主角费利西泰·德·图什（Félicité des Touches），玛丽·达古则成了罗什居德（Rochegude）侯爵夫人贝娅特丽克丝，一个衣着华丽、发型优雅，却头脑空空、自命不凡的社会名流。这件事让玛丽怀恨在心，但桑的报复还没结束。看到巴尔扎克的故事奏效之后，桑自己写了一部小说，让玛丽成了《贺拉斯》中的主角——性格虚荣自负、一心想成为艺术赞助人的沙伊（Chailly）子爵夫人。这位夫人身材扁平，骨瘦如柴，牙齿也有明显的问题。就连她最引以为傲的金色长发也是女仆的功劳，出席社交场合前她的女仆总是要花上几个小时为她梳妆打扮。在沙龙里她总是假装自己对什么都略知一二，但聊天的内容总是很肤浅，都是当天或前天晚上现学来的。这样的描写十分不留情面，彻底摧毁了两人的友谊。

不论发生什么事，桑一直坚持着她的生活规律——在烛光下通宵写作，破晓时才起身离开书桌，巴尔扎克说她“如同从洞穴里出来的蝙蝠，被阳光晃得睁不开眼睛”。巴尔扎克经常到桑在皮加勒街上的公寓做客，为我们清晰地描述了桑的居住环境：

> 乔治·桑住在皮加勒街16号，位于一个花园的尽头，楼下是面向大街的马车房和马厩。她有一间饭厅，里边摆着雕花的橡木家具。小小的会客厅装饰成了拿铁色，前厅摆着一只绝美的中国花瓶，里边插满了鲜花。屋里总是有一盆盛开的花。软装是绿色的。边桌上摆满了小摆件，墙上挂着一幅德拉克鲁瓦的画，还有卡拉马塔给她画的肖像……钢琴是大气的直立三角式，由檀木制成。在这里总能见到肖邦。她只抽雪茄，从来不抽其他香烟。一般她下午4点才起

> 床，这时肖邦已经给学生上完课了。要进入她的房间，需
> 433 要爬上一段逼仄陡峭的楼梯。卧室是棕色的。她睡在铺在地板上的两个床垫上，像土耳其人那样。看，这就是伯爵夫人的生活！①

肖邦几乎每天晚上都跟桑和她的孩子们一起吃饭。最后一个学生离开特龙谢街后，肖邦会乘坐出租马车走一小段路，到皮加勒街享受这样的家庭生活。每当桑召集一大群朋友来公寓里开派对时，肖邦也会接触到巴黎文化界各个领域的人物。路易·布朗、皮埃尔－西蒙·巴朗什、圣伯夫、巴尔扎克、欧仁·德拉克鲁瓦、玛丽·多瓦尔以及海涅都光顾过桑的沙龙。波兰小团体也经常出现，代表人物有格日马瓦，诗人斯特凡·维特维茨基（Stefan Witwicki）和亚当·密茨凯维奇，同为音乐家的尤利安·丰塔纳，以及政界元老尤利安·聂姆策维奇。在这些时候，桑的沙龙比波兰还要波兰。每当大家聊到意兴阑珊的时候，就会劝说肖邦弹些曲子。这时他会连着弹几个小时，直到精疲力竭，再做些即兴表演逗笑观众，随后桑送走所有客人，爬上陡直的楼梯，奋笔疾书直到天明。肖邦则会叫一辆马车回到特龙谢街的公寓，后来他搬进桑的公寓楼后，穿过连接两栋楼的花园就可以回到自己的房间了。

VI

1840年12月15日，为了给拿破仑一世举行国葬，整个巴黎陷入了停滞状态。拿破仑在滑铁卢战败后被英国人流放到圣赫勒拿岛直至去世，这次人们将他的遗体开棺取出后运回了法国。这位皇帝去世已经近二十年了，但法国人从没放弃把他

---

① BLH, vol. I, p. 527.

的遗体带回祖国的想法。经过路易·菲利普国王和参事们多年的努力，法国立法机构终于在1840年春天通过了这项议案，同意拨款200万法郎为拿破仑举行国葬。同年7月，一艘名为“美丽少女号”（*La Belle Poule*）的护卫舰在另外两艘船 434
的护送下从土伦（Toulon）出发，由国王的第三个儿子茹安维尔王子（一名职业海军军官）指挥，经过93天的航行到达了那座遥远的英国海岛，等待转移拿破仑的遗体。护卫舰的驾驶舱甲板上摆放着一个点着蜡烛的特制灵堂，上边挂着饰有拿破仑徽章的黑色天鹅绒布，中间有一个灵柩台，由四只镏金木质老鹰守护着。10月14日的午夜，人们借着火把的光，掘开了拿破仑的墓地。拿破仑的两位旧部下亨利－格拉蒂安·贝特朗（Henri-Gratien Bertrand）和加斯帕尔·古尔戈（Gaspard Gourgaud）随护卫舰一起来到了圣赫勒拿岛见证开棺，在场的还有一些拿破仑从前的侍从，包括随他一起流放到此地的贴身男仆路易·马尔尚伯爵。一队英国士兵将盖在墓地上的三块厚重石板移到一边，之后把棺椁抬到了地面上。桃花心木制成的棺椁被打开后，里面还有一个被封住的铅制棺材。人们拆掉内层棺材的螺丝，掀开棺材盖后，看到拿破仑的遗体完好无损地躺在里面，在场的人不禁纷纷动容。古尔戈将军、马尔尚伯爵和其他几位熟识拿破仑的人留下了眼泪。皇帝的头枕在一个垫子上，面容十分安详，嘴唇微张，能清楚地看到嘴里的几颗门牙。他穿着帝国护卫队上校的军装，佩戴着荣誉军团勋章，军帽摆放在大腿上。制服的扣子已经失去了光泽，军靴的缝线已经开裂，但除此之外看不到其他腐坏的痕迹。随舰医生雷米·吉亚尔（Rémy Guillard）检查完遗体之后，古尔戈将军下令将铅棺盖好，放进从法国带来的乌木棺椁，这个气势威严的棺椁是按照古罗马帝王的棺椁设计的，上边用铜鎏金字写着“拿破仑皇帝于1821年5月5日在圣赫勒拿逝世”（Napoléon

Empereur mort à Sainte-Hélène le 05 Mai 1821）。

拿破仑遗体开棺的细节和遗体运回法国的消息吸引了全国的注意，不论是在大街上还是沙龙里，人们都在谈论这个话题，媒体也进行了铺天盖地的报道。波兰侨民尤其有理由缅怀拿破仑，他们有很多同胞都曾跟着拿破仑四处征战并奉献了生
435 命；拿破仑建立的华沙公国仍是波兰的一个辉煌时期，肖邦也是在那时出生的。载着皇帝遗体的护卫舰于 11 月 30 日到达了瑟堡（Cherbourg），棺椁经由陆地被送上了一艘稍小些的船，从勒阿弗尔（Le Havre）沿塞纳河缓缓驶向巴黎。沿途有超过 100 万人来到塞纳河边目送这艘船。拿破仑应该会对这条路线很满意，他的遗愿就是被埋葬在塞纳河岸边，长眠于法国人民中间。但是政府已经决定在巴黎荣军院，即国家军事博物馆举行葬礼，并把他的遗体安葬在圣热罗姆教堂（Chapel of Saint Jérôme）。维克多·雨果对香榭丽舍大街上送葬队伍的描写可以说是无人能及。大街上挤满为拿破仑送行的人，还有很多人站在屋顶上，以这种方式赴历史之约。随着送葬队伍走进视线，空中回荡着低沉的大炮声和荣军院 15 分钟一次的鸣枪声，雨果说这样的场面十分震撼。他写道，“鎏金的灵柩台十分壮观”，大约有 10 米高、5 米宽，像“一座由 4 支队伍拉着的金山，每支队伍由 4 匹马组成……由层层叠叠的台阶构成金字塔状，下面有 4 个巨大的鎏金轮子支撑着。16 匹马从头到脚披着金色的布，只露出眼睛，如同幽灵般的神兽”。国民警卫队护送着送葬队伍行进，拿破仑军团中的 86 位军官举着 86 支部队的旗帜。“队伍后边跟着全城的拥护者，如同火炬后边飘着的烟。”①

与此同时在荣军院里，150 位来自巴黎音乐学院和巴黎歌剧院的一流歌唱家、演奏家正在弗朗索瓦·阿伯内克

① HCV，“皇帝的葬礼”（Funérailles de l’Empereur），pp. 98–112.

（François Habeneck）的指挥下共同演出了莫扎特的《安魂曲》。当乔治·桑听说波利娜·维亚尔多是四位独唱者之一时，她便请求这位年轻的朋友送她几张门票，以便和肖邦一起去听一场带妆彩排。她对维亚尔多说：“这两天肖邦一直在想办法去听你演唱，但我们不知道这场彩排的时间和地点。请记得告诉我，好让我听到当今最优秀的女歌唱家演唱过去最优秀的作 436
曲家的作品。”[①] 最终桑了解到带妆彩排将于 12 月 12 日在巴黎音乐学院举行，她和肖邦都出现在了预定好的包厢里。桑也拿到了 12 月 15 日荣军院葬礼和另一场《安魂曲》演出的门票。但当天气温直降到零下 14 摄氏度，所以我们不确定肖邦是否听了这场演出。最后桑将多出来的一张票送给了德拉克鲁瓦。肖邦是否因为在这里听到了莫扎特的《安魂曲》，所以才立下著名的遗嘱，要求在他的葬礼上演奏这首乐曲，对此我们只能猜测了。但我们知道他的遗愿实现时，波利娜·维亚尔多再次担任了独唱。还有一件事情也引起了我们的猜测：前文我们说到 12 月 20 日，就在拿破仑葬礼后的第五天，肖邦组织了一场晚会，邀请了一众宾客，还请弗里德丽克·米勒演奏了他的“葬礼”奏鸣曲，这件事恐怕并非巧合。对于那天的听众来说，“夜风掠过墓地”般的终曲让这一年在阴沉的气氛中结束了。

VII

随着 1841 年新年的到来，巴黎推出了不少丰富多彩的文化活动。1 月，桑和肖邦开始在法兰西公学院（Collège de France）听亚当·密茨凯维奇主讲的斯拉夫语言文化史系列讲座。当时密茨凯维奇刚刚被任命为斯拉夫文学教授，于是他放弃了洛桑的工作机会搬到了法国首都。很多波兰人都来听他的

---

① CGS, vol. V, p. 182.

课，支持这位民族诗人。1840年12月22日下午2点，著名的波兰史诗《塔杜斯先生》（*Pan Tadeusz*）的作者走上讲台发表了就职演说，台下座无虚席，观众中有亚当·恰尔托雷斯基亲王、83岁高龄的尤利安·聂姆策维奇（几个月后他就去世了），
437 还有法兰西学会和众议院的成员。密茨凯维奇激情澎湃的演讲让不少观众心情十分激动。波兰终于发出了自己的声音。

肖邦和桑也备受鼓舞，于是在1月5日和19日又听了两场讲座。坐在他们身边的有格日马瓦、维特维茨基，还有因参与克拉科夫的革命运动被华沙当局判处死刑的浪漫主义小说家塞韦伦·戈什琴斯基（Seweryn Goszczyński）。在场的还有欧斯塔黑·雅努什凯维奇（Eustachy Januszkiewicz），他是一名记者，也是十一月起义的策划者之一。雅努什凯维奇写道："来听密茨凯维奇讲课的人越来越多。他越来越自信，为我们展开了斯拉夫文化中一系列丰富多彩的画卷。昨天他谈

法兰西公学院报告厅（1844年）

到了斯拉夫语……我们听得如痴如醉。乔治·桑夫人坐在他旁边，在她身边站着的是肖邦。”[1] 历史学家奥尔特-迪梅尼（Ault-Dumesnil）写道：“[密茨凯维奇]为我们展示了一个完全未知的世界……我和桑女士一起听了他的讲座……她和著名钢琴家肖邦一起前来，听完又坐着他的马车离开。”[2]

此外肖邦也参加了其他一些活动。2月7日，波利娜·维 438
亚尔多在巴黎音乐学院举办了一场音乐会，肖邦听她演唱了几首亨德尔的咏叹调。虽然巴黎人认为亨德尔的音乐比较古板，但肖邦很喜欢他的作品。维亚尔多夫妇跟英国的女王陛下剧院（Her Majesty's Theatre）签了一份报酬丰厚的演出合同，正准备前往伦敦。在桑的盛情邀请下，他们在出发之前承诺这年夏天会到诺昂去做客。3月，肖邦听了12岁的钢琴天才安东·鲁宾斯坦（Anton Rubinstein）的一场演奏会，但他对于这个男孩的演奏有何评论，历史上并无记录。十几年后安东·鲁宾斯坦成了肖邦音乐的主要推动者，不禁让人猜测其中的原因。

VIII

在朋友们的劝说下和一次又一次的拖延后，肖邦终于同意于1841年4月26日在普莱耶尔音乐厅举办一场演奏会。随着演奏会的临近，肖邦陷入了紧张的情绪中，对此桑为我们留下了一段有趣的描述。“令人震惊的消息是小肖肖要举办一场无——比盛大的音乐会。他的朋友们纠缠了他许久，最后他终于妥协了。”没过多久他就后悔了，想取消这场音乐会。但演奏会的正式公告还没发出，门票就已经卖出去了3/4。桑写道：“没有什么比看着我们战战兢兢、犹豫不决的小肖肖被迫履行承诺更有趣的事了。

---

① HFCZ, vol. 2, p. 358.

② MZM, vol. 3, p. 130, n. 54.

他不会参与海报和节目单的设计，也不想有太多观众，只想举办一场低调的音乐会。他担心得要命，所以我建议他办一场没有蜡烛、没有观众、用破钢琴演奏的音乐会。”[①]

肖邦喜欢在公开演出前弹巴赫的48首平均律为手指“热身”，这次也不例外，因为这些乐曲能让他的手指放松下来。当天的助演嘉宾有歌剧演唱家劳拉·钦蒂－达莫罗（罗西尼曾专
439 门为她创作过几部歌剧）和小提琴家海因里希·恩斯特，但涌进音乐厅的尊贵观众都是专程来听肖邦演奏的。节目单里出现了几首他新出版的作品，包括《F大调叙事曲》（op.38）、《升c小调谐谑曲》（op.39）、《四首玛祖卡》（op.41）、《A大调波兰舞曲》（op.40，no.1）和几首前奏曲。这场演奏会之所以有名，是因为弗朗茨·李斯特在《音乐评论与公报》上对它进行了评论。李斯特当时暂停了自己的欧洲巡演，正好在巴黎听了这场音乐会。正常来说，这篇评论应该由《音乐评论与公报》的乐评家欧内斯特·勒古韦撰写，但李斯特找到了该期刊的出版商施莱辛格，说希望能有幸为自己的老朋友写一篇评论。当勒古韦提到李斯特将代替他撰写文章时，肖邦表达了些许担忧：“我更希望是你来写。”勒古韦回答说：“千万别这么想，我亲爱的朋友。让李斯特写这篇评论，对于公众和你来说都是件好事。你要相信他很欣赏你的才华。我保证他会为你开拓出一片美好的疆域。”“没错，”肖邦面色凝重地说，“但是在他的帝国里。”[②]

在这篇文章里，李斯特将他优美的文笔发挥到了极致。但在他的笔下，这场音乐会更像是一个社交活动，而非音乐盛会，因此引起了肖邦的不满。文章很长，我们只节选了部分内容。

---

① CGS, vol. Ⅴ, p. 282.

② LSS, vol. 2, p. 161.

上周一晚上8点，普莱耶尔先生的演奏厅灯火通明，楼梯上铺满了香气扑鼻的鲜花。从一辆辆马车上走下来的有最优雅的女士、最时尚的青年、最有名的艺术家，还有最富有的金融家和最显赫的贵族，以出众的家世、财富、才华、美貌闻名的社会名流和社会精英济济一堂。

舞台上矗立着一台打开的三角钢琴；观众们都找到了离舞台最近的位置落座。他们提醒自己，不要漏掉演奏者的任何一个和弦、一个音符，或是他提出的任何一个建议和想法。他们翘首期盼着，聚精会神，甚至到了崇拜的地步，因为他们等待的不只是一位技艺精湛的演奏大师，也不只是一位知名艺术家：这些都不足以形容这位演奏者——他们等待的是肖邦！

十年前他来到巴黎时，这里已经涌现了一批钢琴家，但 440
肖邦对坐上钢琴界的第一把交椅并无兴趣。多年来，无数钢琴演奏者为了生存陷入这场混战，但肖邦却能做到遗世独立……这位高雅细腻的艺术家从未受到任何攻击的干扰。批评者缄口不言，仿佛他们已听到了后世对肖邦的评价……从第一句的和弦响起的那一刻，这位艺术家就和观众建立起了一种最亲密的联系。他无须刻意制造悬念或抓住观众的注意力；他是在一个彼此心照不宣的气氛下演奏的。每一个音符似乎都是行云流水，一气呵成。两首练习曲和一首叙事曲是一定要安可的。如果不是担心音乐家苍白的脸上出现的疲惫，观众一定会要求每一首乐曲都加演一次。

肖邦的前奏曲是一组独特的作品。这些乐曲的实质和名字相去甚远，它们并不是什么的前奏，这些优美的前奏曲更像是当代伟大诗人的作品，轻柔地把灵魂带入了一个灿烂的梦幻世界，让灵魂升华到了理想的最高领域。前奏曲体现出的多样性令人折服，要想真正听懂这些音乐，你

> 需要对其中的手法和乐思进行细致的研究。即便如此，它们听起来仍像有感而发的即兴作品，仿佛是不费吹灰之力写就的。如同所有天才的作品一样，它们有着自由的气质和无限的魅力。
>
> 至于玛祖卡，这些如此多样又如此精美的音乐小品，我们应该如何评价呢？在法国文学最辉煌的时代，有一位文学大师说过："一首完美的十四行诗胜过一篇长诗。"对于肖邦的玛祖卡，甚至他的其他作品，我们也可以这样理解吧。在我们看来，有些玛祖卡比某些极长的歌剧还有价值……
>
> 弗朗茨·李斯特①

441 在文章的最后李斯特为肖邦献上了赞美之词，他说："艺术家能体验到最崇高、最合理的满足感难道不是那种超越自己的名声，高于自己的成就，甚至比自己的荣誉更伟大的存在感吗？"

这篇文章里其实没有什么冒犯肖邦的内容，却让肖邦十分恼火。李斯特的辞藻华丽浮夸，让肖邦感觉他拿出了高人一等的派头。他不需要李斯特的认可，尤其不想在法国知名音乐杂志上如此公开地获得这一"荣誉"。肖邦也可能认为说他身体虚弱的那句话有些多余。由于"苍白的脸上出现的疲惫"而无法加演，这样的评论似乎是在博取人们的同情。所有关于优雅的女士、著名的艺术家、富有的金融家纷至沓来的描述似乎让音乐会失去了严肃性，把它变成了一场时尚派对。这篇文章让肖邦更加相信，当时正在欧洲巡演并大获成功的李斯特已经成了一个追逐名利之

---

① 1841年5月2日刊。人们一度认为这篇文章是玛丽·达古替李斯特写的，老一辈的李斯特传记作者都极为推崇这个观点。但近些年的学者大多不赞同这个说法。WFL, vol. 2, pp. 368–96.

人，竭力讨取达官显贵的欢心。[①] 实际上，李斯特具备了音乐界 442

① 在此我们有必要解释一下肖邦对李斯特不满的深层次原因。李斯特已经在欧洲巡演了两年，全欧洲都为他折服。这时他已经是钢琴界最亮眼的星，大众媒体上充斥着对他的报道。李斯特的音乐会让人们歇斯底里，观众对他疯狂崇拜，收集与他有关的物品，但很多人认为这让音乐界蒙羞。“李斯特热”（出自海涅）横扫欧洲，乐迷对他的喜爱可以说到了丧失理智的地步。仰慕者蜂拥至他身边，争抢着他用过的丝绸手帕或天鹅绒手套，然后撕成碎片，[每人拿一片] 作为纪念品。疯狂的女“乐迷”收集他的头发，有不少资料提到乐迷甚至收集李斯特吸过的雪茄烟蒂，把它放在自己的乳沟里，其中的性暗示显而易见。门德尔松、舒曼和希勒等理智的音乐家对这种粗俗的英雄式崇拜私下里感到十分惊讶，并对李斯特嗤之以鼻，这点从他们的书信中就可以看出。此时李斯特的事业如日中天，几个月前他为祖国匈牙利举办了几场音乐会并大获成功，在莱奥·费斯特蒂奇（Leó Festetics）伯爵的牵头下，六位匈牙利权贵授予他一把著名的“荣誉之剑”。李斯特在匈牙利国家剧院演奏完《拉科奇进行曲》后（当时匈牙利处于奥地利的统治之下，在当局的审查制度下这首乐曲被禁），人们举行了“荣誉之剑”授予仪式。用一位在场者的话说，接下来的喧嚣“几乎能把死人都吵醒”。剧院外聚集了 5000 多人，要求这位钢琴家从马车上下来，沿着火把照亮的路走回酒店。巴黎的报纸对此大做文章，公开嘲讽李斯特。报纸常用漫画把李斯特描绘成“钢琴骑兵”，画中李斯特骑在马上，身着匈牙利王袍，稀里糊涂地把荣誉之剑别在了身体的右侧——实际应该放在左边。甚至连音乐期刊也加入了嘲讽李斯特的行列。《两世界评论》（1840 年 10 月刊）对李斯特和他的剑进行了一番嘲讽，引起了李斯特的激烈还击。此后期刊编辑不惜对李斯特进行人身攻击，说从他的法语文章里所有人都能看出他是匈牙利人（1840 年 11 月刊）。而这场论战就发生在肖邦音乐会之前的六个月。

现在李斯特来到巴黎“休整”，又会发生什么事呢？人们没过多久就等到了答案。李斯特在巴黎停留了一个月，举办了几场音乐会。3 月 27 日在埃拉尔音乐厅举办的一场最引人注目，当天他演奏了根据梅耶贝尔的歌剧《魔鬼罗勃》新创作的《回忆曲》，乐曲中充满了炫目的高超技巧，仿佛是为魔鬼本人创作的。演出让全场沸腾了。这首大师之作如此成功，以至于后来发生了一件著名的事。4 月 25 日（肖邦音乐会的前一天），巴黎音乐学院为纪念贝多芬举办了一场慈善音乐会。节目单上安排的都是贝多芬的作品，以“皇帝”协奏曲为最大亮点，李斯特负责钢琴独奏，柏辽兹担任指挥。但这时“李斯特热”效应出现了。观众强烈要求李斯特加演《魔鬼罗勃》，在喧嚣声中音乐会很难进行下去，于是李斯特只能顺从人们的意愿演奏乐曲，使得柏辽兹和乐队在台上无所事事地听着，纪念贝多芬的主题也暂时被抛在了一边。当时在巴黎靠音乐勉强糊口的理查德·瓦格纳在德累斯顿的《晚报》上发表评论，描述了李斯特引起的骚乱。在一场致敬贝多芬的音乐会上突然插入这样一首花哨的作品让瓦格纳很气愤，他讽刺道：“有朝一日天堂里的李斯特可能会受邀为天使们演奏他的魔鬼幻想曲。”（1841 年 5 月 5 日刊）最重要的一点是肖邦也目睹了这场骚乱。这件事就发生在他在普莱耶尔音乐厅举行音乐会的前一天，也正是这时他得知李斯特将代替勒古韦为他的音乐会撰写评论。

令肖邦不齿的所有特点——浮夸的技巧、观众的追捧、媒体的大肆宣扬。这个叱咤欧洲乐坛的匈牙利人不论走到哪里，都会受到人们的夹道欢迎，肖邦对此颇为不屑，给出了那句著名的评论："有一天他会成为议员，甚至是阿比西尼亚或刚果的国王——但他作品中的主题将会和报道一起被人们遗忘……"①

肖邦告诉华沙的家人李斯特的文章让他很恼火时，米柯瓦伊·肖邦回复道："我想知道一件事：这篇文章之后你见过李斯特吗？你还跟他保持着以往的友好关系吗？"②肖邦一定给出了否定的回答，因为这一年晚些时候米柯瓦伊又提到了这个话题："所以你在晚宴上遇见了李斯特。我知道你会表现得多么得体。虽然他一直在吹嘘，但你没跟他完全绝交是非常正确
443 的。你们曾经是朋友，现在跟他和平竞争是件好事。"③更能让肖邦满意的是《音乐法国》上的一篇评论，作者正确地将他称为钢琴演奏和音乐创作新流派的创始人。

> 肖邦是一位坚定的钢琴家。他为自己创作，也为自己演奏……可以说他开创了钢琴演奏和音乐创作的新流派……实际上，这位艺术家展现出的轻盈和甜美无人能及，他用这些特点在钢琴上开了先河；他的作品富于独创性，非同凡响，气质优雅，没有任何乐曲可以与之媲美。肖邦是一位与众不同的钢琴家，他跟任何人都不一样。
>
> 莱昂·埃斯屈迪耶④

---

① CFC, vol. 3, p. 73; KFC, vol. 2, p. 34.

② CFC, vol. 3, p. 97; KFC, vol. 2, p. 50.

③ CFC, vol. 3, p. 115; KFC, vol. 2, pp. 69–70.

④ 1841年5月2日刊。

虽然演出之前他倍感焦虑，但不论以什么标准来衡量，这场音乐会都可以说获得了圆满成功。肖邦不仅以此巩固了他在巴黎的名声，还赚到了一笔巨款。让桑难以释怀的是，“只举办了一场两个小时的音乐会，弹几个和弦，他就在观众的赞美、高呼的‘安可’和巴黎最动人的姑娘的前呼后拥中赚到了6000多法郎。这个无赖！”[1]她感叹道自己要在书桌旁勤勤恳恳工作三个月，才能赚到这么多钱。

IX

6月中旬，肖邦和桑从巴黎回到了诺昂。上一次离开这里已是两年前了，桑很高兴再次回到她的“伊甸园”。肖邦也期待在乡下放松一段时间，在闲适的环境中创作。然而这个夏天从一开始就不太平。7月5日晚，贝里地区发生了强烈地震，444
连巴黎都有震感。老宅的地板和墙壁仿佛被一只无形的手摇晃着，墙上的画掉到了地上，厨房里的餐具也都打碎了。月朗星稀的夜空突然暗了下来，仿佛被蒙上了薄纱，村里的女人们说这一定是“恶魔搞的鬼”。桑的爱犬匹斯托开始狂吠，附近田野里伊波利特养的奶牛也害怕地叫了起来。后来桑告诉德拉克鲁瓦说，肖邦吓得要命，因为他从来没经历过地震。接着雷雨猛烈来袭，整个7月都很潮湿阴郁。由于家里的钢琴年久失修，肖邦没法工作。桑发现钢琴给肖邦带来了不少烦恼：“当原本驯服的马不听使唤时，他会狠狠地一拳砸在钢琴上，但可怜的钢琴根本不理会！”[2]8月9日普莱耶尔运来了一架新钢琴，

① CGS, vol. V, pp. 290–91. 很多人并不赞同桑的看法，诗人斯特凡·维特维茨基就曾说：“试试读45分钟的诗，看看能不能赚到6000法郎！”

② CGS, vol. V, p. 391. 肖邦给任劳任怨的丰塔纳寄了一封急信：“告诉［普莱耶尔］给我寄一架好一点的钢琴来，我的不好用。” CGS, vol. V, p. 335, *n*. 我们猜测肖邦说的就是两年前桑为李斯特准备的那架埃拉尔钢琴。

肖邦也终于完成了几首曲子的收尾工作，包括《音乐会快板》（op.46）、《降A大调叙事曲》（op.47）、《两首夜曲》（op.48）和《f小调幻想曲》（op.49）。他把手稿寄给丰塔纳，让他抄写完寄给布赖特科普夫，四首作品总共要价2000法郎，没有商量的余地。忠犬般的丰塔纳再次忠诚地完成了任务，在此期间肖邦给他写信时照例用“骗子”“犹太人”“哈斯林格是个傻瓜”这些话贬损了出版商。[①]与此同时，路易和波利娜·维亚尔多在伦敦大获成功后，履行了他们的承诺来到诺昂做客，肖邦身边也终于有了些文化人的陪伴。夫妇俩在诺昂住了两周，不仅带来了英国音乐界的第一手消息，还透露了一件私密的事
445 情。刚刚过完20岁生日的波利娜怀上了他们的第一个孩子路易丝，预产期在12月中旬。

在1841年这个漫长的夏天，桑和肖邦原本想在诺昂过一段宁静的生活，但除了地震和出版商带来的困扰之外，还有一件事让他们的计划再次遭遇挫折。回到诺昂后不久，肖邦就遭遇了一场个人危机，让桑窥见了这个和她一起生活的男人心中不为人知的一面。一年前肖邦把他35岁的学生玛丽·德·罗齐埃（Marie de Rozières）推荐给了桑，说她很适合做索朗热的钢琴老师。桑欣然同意，从此德·罗齐埃成了桑家中的一位常客，在巴黎和诺昂都是如此；更重要的是，桑把她纳入了自己的圈子，与她成了好朋友。接下来事情的发展出乎了所有人尤其是肖邦的预料。1841年夏天，德·罗齐埃与安东尼·沃津斯基陷入了热恋，此人正是肖邦曾经的未婚妻玛丽亚·沃津斯卡那位游手好闲的哥哥，这时他离开了西班牙的波兰骑兵军

---

① 1841年肖邦给丰塔纳写的一系列的信件中，尤其是在9月和10月的信中，可以看出他对出版商越来越不耐烦。9月13日的信是在“凌晨3点”写的，肖邦还在信中画上了星星的符号，由此可见肖邦因不得不让丰塔纳代为处理的这些事情而辗转难眠。CFC, vol. 3, pp. 72–91; KFC, vol. 2, pp. 34–48.

团，在返回波兰途中路过巴黎。肖邦从尤利安·丰塔纳那里听说这个消息后十分焦虑，他担心安东尼会把自己和沃津斯基一家的不合以及他和玛丽亚·沃津斯卡婚约的私密细节告诉德·罗齐埃，他决定不惜一切代价阻止这段绯闻传到桑的耳朵里。气急败坏的肖邦在写给丰塔纳的信中把德·罗齐埃称为“不检点的女人”甚至是“荡妇”，无疑想通过诋毁传话的人来截断消息。

桑在这方面十分世故老成，从她和德·罗齐埃之间的通信来看，她对这件事并不在意，认为这只是不值一提的闲谈。她安慰德·罗齐埃说：“对我们所有人来说，你一直是完美的，我们早就知道应该如何珍惜你。”肖邦却做不到这一点，当得知桑可能会考虑邀请德·罗齐埃和安东尼来诺昂做客时，他罕见地和桑争执了起来。桑写道：“我觉得他要发疯了，他想离家出走，说我让他看起来像个无理取闹、嫉妒心强的疯子……他还说都是因为我和你说他的闲话。”桑补充说：“前两天他一整天都没跟任何人说一句话。”实际上，肖邦一想到自己曾经的感 446
情生活被人拿来说三道四，就会情绪激动，怒火中烧。（“沃津斯基一家根本不把我当钢琴家看。”①）好在这场危机在那年夏末就平息了，原因很简单，安东尼返回波兰前诱奸并抛弃了德·罗齐埃，她结婚的希望也就此破灭。肖邦看到德·罗齐埃被这个早就跟他断了友谊的人抛弃，更何况此人的妹妹还曾抛弃了自己，他的态度也缓和下来，跟德·罗齐埃重归于好。这件事让我们看到肖邦是多么重视自己的隐私，一旦发现自己的隐私被侵犯就会变得多么急躁。至于桑，她将两人之间发生争执的事情封存了起来，直到四年后才将这段回忆

---

① CFC, vol. 3, p. 67. 桑给德·罗齐埃写的信详见 CFC, vol. 3, pp. 52–55, 70–72, 77–78。

翻了出来，写进了自己的小说《卢克雷齐娅·弗洛里亚尼》（*Lucrezia Floriani*），用虚构的故事向世界讲述了他们共同度过的岁月。

此时肖邦把主要精力放在了新作品的出版工作上。丰塔纳圆满完成了所有任务，等到11月第一周桑和肖邦回到巴黎时，肖邦只需检查丰塔纳抄写的乐谱并确认给布赖特科普夫的最终回复，所有工作就完成了。

11月12日

先生们，

随附我的四份手稿：

音乐会快板，op.46

叙事曲，op.47

两首夜曲，op.48

幻想曲，op.49

收到后请尽快告知我。

您最真诚的，

F. 肖邦

皮加勒街16号[①]

447 不到三周，肖邦就收到了布赖特科普夫发来的银行汇票（“感谢您的准时交付，请收下我的谢意”）。有了足够的钱，肖邦短期内不必再为财务问题发愁了。

X

1841年12月1日，肖邦在杜伊勒里宫北侧新翻修的马森

① CFC, vol. 3, p. 92.

厅（Pavillon de Marsan）参加了一场御前演出。马森厅是路易－菲利普国王的长子斐迪南－菲利普王子、奥尔良公爵的宅邸，据称它是当时全法国最富丽堂皇的建筑，比皇家宫殿圣克卢还要奢华。有500多位宾客受邀出席了这场音乐会，包括来自普鲁士、瑞典、萨克森使馆的外交官。路易－菲利普国王的前首相阿道夫·梯也尔（Adolphe Thiers）吸引了众人的目光，围绕在他身边的是众多知名艺术家，包括德拉克鲁瓦、德拉罗什（Delaroche）和阿里·谢弗（Ary Scheffer）等。路易－菲利普一世和玛丽－阿梅莉王后带着三个年幼的孩子在演出前到达了现场，与他们同行的还有西班牙女王玛丽亚·克里斯蒂娜，后者被迫退位后来到法国寻求庇护。这是肖邦至此时为止见过的最尊贵的一群观众。朱莉娅·格里西、路易吉·拉布拉什和范妮·佩尔夏尼（Fanny Persiani）等著名歌唱家在雅克·阿莱维指挥的管弦乐团的伴奏下演唱了一系列多尼采蒂、梅尔卡丹特和罗西尼歌剧中的咏叹调。肖邦是在场唯一一位器乐演奏家，他以《降A大调叙事曲》（op.47）和一首较长即兴曲吸引了媒体的目光，用《音乐法国》中简单的话说，“王室成员对此惊叹不已”。这篇文章也指出，虽然钢琴家在公开场合演出时都习惯于使用新钢琴，但“肖邦毫不犹豫地演奏了宫廷五六年前购置的普莱耶尔三角钢琴，并用它奏出了格外纯净的音色——也证明了普莱耶尔钢琴的耐用性”[①]。肖邦演奏完之后，王后玛丽·阿梅莉亲自走到钢琴边向他表示祝贺，这一罕见的姿态受到了媒体的广泛报道。肖邦的姐姐卢德维卡在 448
演出后不久给肖邦写了一封信，从中我们得知肖邦当晚得到的报酬是一套昂贵的塞夫勒瓷器，而其他艺术家只收到了现金。这样的特殊待遇让卢德维卡很开心（“他们不敢给你钱……怕你

① 1841年12月5日刊。

不收”），但肖邦却不怎么高兴。[1] 几天后，桑写信给她的哥哥伊波利特说：“肖肖前天打着白领结去宫廷里演出，但他不太高兴。”[2] 肖邦可能更愿意用瓷器换路易吉·拉布拉什拿到的钱。

授课依然是肖邦的主要收入来源，占据了他大部分时间。桑听说“有些优雅的女士认为皮加勒街离她们住的高档街区太远了”之后十分气愤。但这些高贵的女士们收到肖邦的回信时可能会感到很惊讶，信中写道：“女士们，我收20法郎在自己的公寓里用自己的钢琴上课，比收30法郎去学生家上课教得更好，此外还省去了你们安排马车来接我的麻烦，所以请您自己选择。”这样的回复肯定不是肖邦自己想出来的。桑承认：“是我建议的，我劝了半天他才同意。”[3]

XI

1841年至1842年的冬天，虽然肖邦照例生了几场病，但2月21日他还是坚持在普莱耶尔音乐厅举行了另外一场音乐会，邀请了波利娜·维亚尔多和奥古斯特·弗朗肖姆为他助演。这一次他赚到了5000法郎。上次极尽赞扬之词夸耀肖邦音乐会收入的桑这次也仅仅称之为“巴黎的罕见成就”。肖邦在这场音乐会上演奏的曲目包括三首玛祖卡、第25号作品中的三首练习曲、四首夜曲［包括新出版的《降A大调夜曲》
449 （op.48，no.2）］、《降A大调叙事曲》（op.47），还有当时没

① CFC, vol. 3, p. 95; KFC, vol. 2, p. 52.

② CGS, vol. V, p. 522. 12月4日，肖邦在音乐会当天给父亲写的信中提到了演出的情况。虽然这封信已经遗失，但我们可以从米柯瓦伊12月30日的回信中推断出这封信的存在。米柯瓦伊写道：“你告诉我们你参加了晚会但却高兴不起来。”CFC, vol. 3, p. 96; KFC, vol. 2, p. 50.

③ CGS, vol. V, pp. 522–23.

有出版的《降G大调即兴曲》(op.51)。《音乐评论与公报》写道："如果说音乐是声音筑成的建筑，那么肖邦……就是最优雅的建筑师。"[①]《音乐法国》也赞扬了肖邦的音乐会，对名流云集的"社交场面"进行了夸张的描述，"香气扑鼻、香肩摇曳的美丽女士们都是最上流的沙龙争相邀请的对象"。文章写道，桑在两个年轻女孩（索朗热和奥古斯蒂娜·布罗）的陪伴下出场，吸引了众人的目光。"换作别人，被所有人炯炯的目光盯着一定会感到不自在；但乔治·桑则满意地微笑着低下头。"[②]如今台下坐着的不再是普通的观众，他们已经成了肖邦的信徒，用李斯特的话说，他们来到这里参加"拜肖邦教"的礼拜。

然而上天似乎有意要剥夺肖邦成功的喜悦。几天后肖邦得知他的启蒙老师阿达尔伯特·日维尼在音乐会当晚去世，享年86岁。悲伤的情绪笼罩了肖邦，他的病情也更加严重了。桑的身边再次出现了一个需要她每日照顾的病人。不久后她和肖邦的负担加重，肖邦的老朋友扬·马图辛斯基受肺结核折磨多年，现在进入了生命的最后阶段，他被送到皮加勒街，以便得到更好的照顾。4月20日，在皮加勒街的公寓里，肖邦和桑看着他痛苦地死去了。这对于肖邦来说是段恐怖的经历，他眼睁睁地看着自己的老朋友在剧烈的吐血和可怕的抽搐中死去。桑对波利娜·维亚尔多说："他死在我们怀里，整个过程缓慢而痛苦，肖邦对此感同身受，十分难过……一切都结束后，他崩溃了。"[③]马图辛斯基的葬礼和安葬仪式在蒙马特公墓举行，肖邦全程情绪十分低落，看到好朋友的遗孀泰蕾兹·博凯站在坟

---

① 1842年2月27日刊。

② 1842年2月27日刊。

③ CGS, vol. V, pp. 647–48.

墓旁边时，他的心情更加沉重了。桑深知她必须带肖邦离开皮加勒街，远离两间公寓上空笼罩着的死亡阴霾。不到两周，她
450 便打理好了所有事情，准备和肖邦回到乡下多住一阵子。他们5月5日离开巴黎，次日到达了诺昂。虽然中间出了一点小插曲，他们还是在诺昂一直住到了9月底。

这年夏天他们在诺昂接待了不少客人，包括欧仁·德拉克鲁瓦（他定期来给莫里斯上绘画课）、律师米歇尔·德·布尔热、演员皮埃尔·博卡奇、诗人斯特凡·维特维茨基、路易和波利娜·维亚尔多夫妇，以及玛丽·德·罗齐埃，她跟安东尼·沃津斯基分手后再次回到了桑和肖邦的圈子里。帕佩医生也来给肖邦进行了检查，发现他肺部的情况良好。这个好消息一定让病人自己也感到喜出望外，肖邦每天早上都会咳出大量的痰，让他感到难以呼吸。7月19日，普莱耶尔借给他的三角钢琴终于被卸下车搬进屋里，肖邦的情绪好了一些。在这架钢琴上，他完成了三首名曲：《f小调叙事曲》（op.52）、《降A大调波兰舞曲》（op.53）和《E大调谐谑曲》（op.54）。在进行得顺利时，创作就是他的救赎。

XII

在《降A大调波兰舞曲》中，肖邦把他的笔变成了利剑。在他的所有作品中，这首乐曲中的爱国主义热情燃烧得最热烈。由于每一页都回荡着雄壮与激昂的旋律，后世为这首舞曲加了个副标题，称之为“英雄”波兰舞曲。你也许会认为这个标题有些言过其实，但先不要急着下定论。让我们先回到1842年3月，在这首波兰舞曲出版前夕，波兰杂志《文学周刊》（*Tygodnik Literacki*）对“波兰民族诗人”亚当·密茨凯维奇和肖邦进行了一番令人惊异的对比。文章指出，此前为波兰发声的人一直是密茨凯维奇，但“自从他砸掉了自己的提

琴，成为一位深刻的思想者之后，肖邦便继承了这番事业，现在是他继续在我们心中点燃民族的圣火”①。密茨凯维奇被自己的同胞用不加掩饰的讽刺公开批评，同时肖邦被提升到了民族诗人的地位，着实令人感到惊讶。此前究竟发生了什么，使得舆论发生了这样的转变呢？ 451

继肖邦和桑年初参加的第一期讲座之后，1841 年 12 月 14 日，密茨凯维奇在法兰西公学院开始了第二期斯拉夫文学课程，但这次却遭到了人们的批评。曾经他用以讲述斯拉夫人和他们艰辛历史的激昂话语，现在却带上了其他的意味。密茨凯维奇成了弥赛亚主义者，他相信只有救世主才能从敌人手中解救波兰，这一观点让他的很多追随者感到十分诧异，因为他们大多相信那句古老的谚语：“上帝只救自救之人。”3 月 7 日，《文学周刊》与密茨凯维奇决裂，并宣称：“从我们目前的情况来看肖邦的立场可能比任何人都值得嘉奖。”②由于密茨凯维奇“砸掉了自己的提琴”，他便不再是波兰人眼中宣扬民族史诗的吟游诗人了。现在替波兰发声的是肖邦的钢琴。

“民族的圣火”这个诗意的表达也很适合用来描述《降 A 大调波兰舞曲》的象征意义。激动人心的引子常被比作战斗的号令，第 3~4 小节和第 7~8 小节低沉的鼓点穿插其中，是肖邦作品中最接近拟声手法的一个乐段。

---

① 1842 年 3 月 7 日刊。

② 《文学周刊》出版于波兹南，当时波兹南是反抗普鲁士占领波兰西部的主要阵地，1848 年起义期间这里发生了几场激烈的武装冲突。

452 这段引子还有一个有趣的特点，它是以“错误”的降 E 大调写成的。一开始会让人误以为它就是乐曲的调性中心，但随着乐曲的展开你会发现它其实是一个属持续音声部，将主调降 A 大调上的主旋律引了进来，仿佛石中剑被拔了出来。

肖邦不喜欢别人把这首波兰舞曲弹得太快，但演奏者们还是会经常忽略乐谱开头的“庄严地”（Maestoso）。查尔斯·哈雷回忆说有一次肖邦“把手放在我的肩膀上，说他很不开心，因为他听到这首华丽的《降 A 大调波兰舞曲》被弹得太快了（*jouée vite*）！破坏了这首伟大作品中所有雄壮、威严的气势。”①

① HLL, p. 34.

李斯特有时会在魏玛大师班上讲解这首波兰舞曲，并根据回忆指导学生演奏。他的学生苏格兰钢琴家弗里德里克·拉蒙德曾回忆说，有节课上“一位演奏者充满热情地弹着肖邦的《降 A 大调波兰舞曲》。当他弹到左手上著名的八度乐段时，李斯特打断他说：‘我不想听你能把八度弹得多快。我想听到的是波兰骑兵加速冲锋、击溃敌人之前的马蹄声。’”① 这个骑兵冲锋的画面十分生动，右手小号般的动机 也让画面完整了起来。拉蒙德回忆的事情发生在 1885 年，但在《降 A 大调波兰舞曲》问世后的 40 多年里，这一直是人们公认的演奏方法。六个和弦将听众引入了这个以出乎意料又对比精彩的 E 大调写成的著名插段。

左手上的八度引起了人们一些大胆的猜测，有人认为这 453
首乐曲可能和李斯特的“葬礼”（Funérailles）有一定联系，李斯特“葬礼”的题词中写着“1849 年 10 月”——也就是肖邦去世的时间。有人指出这首乐曲是李斯特为纪念肖邦而作，肖邦的波兰舞曲和李斯特的“葬礼”中相似度极高的八度乐段就是证据。但实际上，“1849 年 10 月”指的并不是肖邦

① LM, p. 68.

去世的日子。1849 年 10 月 6 日，十三位参加匈牙利独立战争（1848~1849）的将军被奥地利当局绞死，匈牙利首相包贾尼·拉约什（Lajos Batthyány ）被枪决，这一天成了匈牙利起义纪念日，李斯特的“葬礼”也是为了纪念这些烈士而作。除此之外，李斯特手稿标题页上所写的“匈牙利人”（Magyar）也能消除有关此事的所有疑问。

第 96~97 小节是钢琴演奏上最为精彩的瞬间。按照键盘的布局，演奏左手上循环的 E 大调八度时，手需要在键盘上逆时针运动。随后肖邦突然转成了升 D 大调，让左手以相反的方向顺时针运动。这样的舞步设计十分引人注目，也成就了不少职业钢琴家。在一些版本中，包括伊格纳茨·弗莱德曼的版本，这里的升 D 大调被改成了等音降 E 大调（记谱方式发生了变化，但音高不变），好让乐谱读起来更简单。但肖邦的记谱方式体现了一种特殊的心理活动，反映出他想以一种极端的方式呈现这个调性。从手稿[①]中可以看出，肖邦在写这一段时花了
454 很大力气才把这些重升音符落在纸面上，仿佛是想从视觉和听觉上一起体现其中的挣扎。

在魏玛大师班上，李斯特曾说主题再现之前的过渡段（lead-back）应让人听到低沉持续的炮火声，“仿佛刚才经过

① 藏于摩根图书馆，索引号 Heinemann MS 42。

的骑兵让我们想起了一场遥远的战役”——和他之前的描述构成了一幅连贯的画面。随后他坐在钢琴旁示范时，不光强调而且还稍稍延长了 *sf* 处的低音，并踩住踏板，演奏出了炮火低鸣的效果。李斯特的学生、美国钢琴家卡尔·拉赫蒙德（Carl Lachmund）写道：“他用加强的低音呈现出了独特的效果，开始是隔一段才出现一次，后来每小节都出现，让我们恍然大悟。”李斯特补充说他听肖邦这样演奏过，但并无记录表明他是何时听到的。[①] 这一拟声效果究竟是肖邦的初衷，还是源于李斯特自己的理解，至今尚无定论，但我们不能否认这个说法有存在的可能。

在整首乐曲中，主旋律曾多次再现升华，在第二拍上变化出了一些颤音——有一点小军鼓的感觉，为乐曲赋予了华丽的气质。

① LL, p. 66.

455 《降A大调波兰舞曲》具备了世界名曲的一个基本特点：百听不厌。每次听完，总让人还想再听一遍。“人民的声音就是上帝的声音”（*Vox populi, vox Dei*），这句话放在此处恐怕再合适不过了。1945年10月肖邦的心脏被送回华沙时，波兰举行了一系列庄严肃穆的全国性的仪式，在这些场合《降A大调波兰舞曲》也毫不意外地扮演了重要角色。这首乐曲是1842年夏天肖邦在诺昂完成的，次年出版时肖邦把它题献给了银行家奥古斯特·莱奥。

肖邦知道自己“替代”了密茨凯维奇成为波兰民族诗人之后有何反应呢？对此我们不得而知。但肖邦和桑，以及很多波兰侨民，都对密茨凯维奇感到既惊讶又失望。就在肖邦创作这首波兰舞曲时，密茨凯维奇开始迷信一位自称受到神启的波兰哲学家安杰伊·托维斯基（Andrzej Towiański），他怪异的观点让密茨凯维奇从弥赛亚主义者变成了通灵主义者，给他在法兰西公学院的讲座带来了负面影响。这位“波兰民族诗人”是否真的相信圣母玛利亚曾向托维斯基显灵，指引他改变历史进程，寻求超自然力量的干涉来解放波兰，我们可能永远都无法知道答案。但他肯定知道托维斯基成立了一个“主的事业”（The Circle of God's Cause）教会，并自封为教主，践行他漏洞百出的理念。不少人认为密茨凯维奇患上了妄想症，应该被送进精神病院。毫不意外地，这位诗人因迷信托维斯基失去了他的公信力，他的讲座也在一个学期之后走到了终点。密茨凯维奇曾在他最有名的诗作中写道：“我的名字叫作千百万人。”[1]1842年之后，再说起代表千百万人的声音时，人们便会

---

① 出自诗剧《先人祭》（*Forefathers' Eve*）第三部分第一幕。肖邦也为密茨凯维奇转而信奉弥赛亚主义感到很困扰，他曾给斯特凡·维特维茨基写信讨论此事：“还有比这更疯狂的事情吗？”CFC, vol. 3, pp. 191–92; KFC, vol. 2, pp. 130–31.

联想到肖邦和他的《降A大调波兰舞曲》。至于乔治·桑，从马略卡岛回来后不久她写了一篇赞美密茨凯维奇的文章，将他 456
盛赞为波兰这个英勇无畏的民族的先知。此事发生之后，再看这篇文章令人唏嘘不已。从此以后，密茨凯维奇的名字便再也没出现在桑和肖邦的宾客名单里了。

XIII

如欧洲很多乡间别墅一样，来诺昂做客的人可以按照个人喜好在庄园里自由活动，无须被迫和他人一起行动。桑理想中的聚会类似于古希腊的哲学研讨会，最智慧的学者和最优秀的人士可以在此交流思想，或是静静地做自己的工作。肖邦向来无法忍受桑朋友中较为聒噪的尤其是抽烟酗酒的那些人，因此他会回到自己的房间躲开他们。不久前，为了肖邦的健康着想，桑放弃了雪茄，改抽香烟。

这年夏天，德拉克鲁瓦第一次到访诺昂，后来他把这里当成了自己第二个家。在巴黎时他病得很重，喉炎久治不愈（后来被诊断为肺结核），于是他放下了为卢森堡宫图书馆绘制壁画的工作，准备遵照医嘱到乡间休养。这时桑帮了他大忙，邀请他去诺昂做客，也正是在这里他和肖邦结下了深厚的友谊。两人本来就认识，现在他们有机会就绘画和音乐进行一些深入的讨论，用“绘画的色调和音乐的声音”建立起了融洽的关系。德拉克鲁瓦惊喜地发现肖邦很愿意接受这个想法。他本来就喜欢肖邦的音乐，现在也开始喜欢上肖邦这个人。每天听着肖邦即兴演奏的音乐穿过古堡的墙壁飘进他的画室，他会感到自己被深深地感染。从桑的角度讲，她也希望德拉克鲁瓦能常来诺昂，因此两人商量着把庄园旁边的一个房子改成固定的画 457
室，供他和莫里斯绘画使用。德拉克鲁瓦这样描述了1842年他在诺昂度过的那个夏天：

> 除了和大家一起用餐、打台球或散步之外，你可以回到自己的屋里看书，或瘫在沙发上。时不时能听到微弱的音乐声飘进你的窗户、飘荡在花园里，那是肖邦在房间里创作，琴声混合着夜莺的歌声和玫瑰的芬芳……我和肖邦没完没了地聊着天，我真的很喜欢他，他是个很特别的人。他是我见过最名副其实的艺术家，是为数不多值得敬重的人。①

有时桑可能会感觉自己不是在组织研讨会，而是开了一家旅店，招待着源源不断、来来往往的客人。她一如既往地热爱交际，但这也意味着她的收入刚到账没多久就又被花掉了。赚钱的一个办法无疑就是把过去几个月里她创作的小说《孔苏埃洛》写完，这部作品马上就要在她和皮埃尔·勒鲁（Pierre Leroux）刚创办的月刊《独立评论》（*La Revue indépendante*）上连载。桑按照波利娜·维亚尔多的个性塑造了小说的主人公——一位名叫孔苏埃洛的西班牙歌唱家，讲述她以“道德纯洁战胜各种肉体上的诱惑”的故事。故事中的一个重要角色是孔苏埃洛的老师、音乐大师尼古拉·安东尼奥·波尔波拉，他鄙视浮夸的炫技，推崇纯粹的音乐性，这一人物特点可能来源于肖邦。后来这部小说大获成功，但它给桑带来的收入证明了桑并没有什么商业远见。仅仅几年之后，孔苏埃洛的人物原型波利娜·维亚尔多屈服于“肉体上的诱惑”，在她丈夫路易的眼皮底下，跟桑的儿子莫里斯展开了一段婚外恋，在诺昂掀起了一阵风波，我们会在后文说到这件事。后来波利娜在圣彼得堡演出时，煽动起了年轻的俄国小说家伊凡·

---

① LED, pp. 161,164.

屠格涅夫心中的欲火，屠格涅夫疯狂地爱上了波利娜，追随她回到法国，成了维亚尔多家中的“常驻小说家”——或者说，458 成了她住在家中的情人，没准就是她四个孩子中某一个的亲生父亲。

XIV

整个夏天经常困扰着桑的一个问题就是她和肖邦回巴黎之后应该住在哪里。她知道再回皮加勒街已经不可能了，因为那里充满了关于扬·马图辛斯基的病痛和死亡的回忆。最好的办法就是完全换一个环境，忘掉这些痛苦的回忆。夏洛特·马利亚尼再次帮上了忙，她提到新兴的高档街区奥尔良广场是个不错的选择，奥尔良广场位于巴黎九区，距离蒙马特不远。夏洛特不久前刚搬到这里，帮桑处理了一些房屋租赁的事情。奥尔良广场是仿照伦敦摄政公园住宅区的新古典风格设计的，出自英国建筑师爱德华·克雷西（Edward Cresy）之手。私密的门廊通向绿树成荫的庭院，古典风格的柱子装饰着白色石头筑成的公寓。中间的喷泉是19世纪50年代后加进去的。广场于1829年建成，以当时还是奥尔良公爵的路易·菲利普国王命名，被人们称为“新雅典”。最早的住户有大仲马，后来也住过其他一些名人，包括作曲家夏尔-瓦朗坦·阿尔康和夏尔·古诺、巴黎音乐学院的钢琴教授皮埃尔-约瑟夫·齐默尔曼、雕塑家让-皮埃尔·当唐、作家路易·埃诺（后来他写了一部著名的肖邦传记）、演员马尔斯夫人，还有芭蕾舞演员玛丽-索菲·塔廖尼。弗雷德里希·卡尔克布雷纳也在这儿住过一段时间。因此奥尔良广场可以说是一座名副其实的艺术名人堂。

1842年7月底，桑和肖邦从诺昂来到巴黎奥尔良广场看房时，他们立刻就爱上了这个地方。8月5日，他们签了两份单独的租赁协议，租金不菲。桑租下了较为宽敞的一间（5

号），价格是一年 3000 法郎；肖邦租下了较小的一间（9 号），一年 600 法郎，但他知道只要上几个星期的钢琴课就能赚够一年的房租了。夏洛特·马利亚尼住在中间的一间公寓里（7 号）。肖邦家境富裕的学生一般都坐马车来，广场中间的庭院
459 也方便他们停车。广场离戏院和歌剧院都不远，这对于肖邦来说是个意外惊喜。透过书房的窗户，肖邦可以看见桑的公寓，上完钢琴课之后他可以步行穿过庭院去桑的公寓吃饭，如果桑或者马利亚尼夫人在家里举办聚会，他也可以随时参加。这样的安排也很好地解决了两人如何保持情人关系以及如何展示给世人的问题。桑和肖邦在奥尔良广场可以享受亲密的家庭生活，同时又彼此独立。桑在自传里描述了这样的生活状态：

> 我们离开了皮加勒街的公寓，因为［肖邦］觉得不舒服，现在我们住进了奥尔良广场，做事利落的马利亚尼帮我们安排好了生活起居。她住在我们中间一间可爱的公寓［7 号］里。要去彼此的公寓——有时去她那，有时来我这，或者肖邦想给我们弹琴时我们会去他那里——只需要穿过一个宽敞干净、铺满石子、有树木点缀的庭院。我们可以一起在马利亚尼家吃饭，一起分摊费用。这样的安排很划算，而且我可以在马利亚尼夫人家见到形形色色的人，也可以跟更亲密的朋友去我家，或者在不想会客的时候工作。肖邦也很高兴自己能有一间漂亮、单独的会客厅，他可以在那里创作或休息。但他喜欢交际，除了上课以外很少回自己的公寓。①

① SHV, vol. 2, pp. 435–36.

签完各自的租赁协议一周后，桑和肖邦又回到诺昂继续招待客人。9 月 27 日，他们才和维亚尔多夫妇一起回到巴黎，次日搬进了各自的公寓里。接下来的七年里，肖邦一直住在奥尔良广场，直到去世前几周才离开。

XV

搬到奥尔良广场后，肖邦对一些作品进行了修改润色，《f 小调叙事曲》（op.52）就是其中之一。这部作品占据了一个特殊的高度。与同时期的“英雄”波兰舞曲（op.35）不同，这首叙事曲的魅力是逐渐展现出来的，但从未像“英雄”波兰舞曲一样受到过人们的追捧。尽管结尾部分洋溢着炽热的激情，但它一直是肖邦最私密的作品之一。然而，在肖邦的所有大型作品中，尤其在叙事曲中，这部作品最值得深入研究。肖邦对“主题升华”和“展开性变奏”技巧（均在前文中进行过充分讨论）的运用已成为他成熟时期的标志。但有趣的是，虽然肖邦在他创作的作品中常常使用这两种技巧，但两者从未同时出现在同一部作品中。随着《f 小调叙事曲》的问世，这一局面得以改变。在这部无与伦比的作品中，“主题升华”和“展开性变奏”成了肖邦大型音乐作品中的主要技巧，两者为同一个目的服务。它们让统一的整体变得丰富多彩，而这正是自作曲活动存在以来所有作曲家追求的目标。

这部叙事曲传承了巴赫和莫扎特的精神——不断交错出现的对位法（四声部的八度卡农一度呼之欲出）体现了巴赫的影响；而看似简单的主题则反映了莫扎特的风格，这样的主题出现在这位大师任意一部钢琴协奏曲的慢板乐章中都不会显得违和。令人惊讶的是，这部最伟大的叙事曲竟等待了如此之久才被人们接受，而在此过程中专家们一如既往地起到了阻碍作用。一位权威人士曾说，这部叙事曲的曲式让人“难以理解”，而他也确实没能正确理解，将这部作品描述为奏鸣曲式的“巧妙畸变”[①]，恰恰证明了这一点。暂且不说这种说法中暗含的贬低意味，这种理解完全是错误的。《f小调叙事曲》满足了典型的回旋奏鸣曲式的所有特点，这种曲式与奏鸣曲式稍有不同。肖邦之所以没有直接以曲式命名，是因为《f小调叙事曲》超越了曲式的限制。也就是说，曲式成了背景，衬托出前景中展开的音乐。该曲式的所有典型特征都出现了，仔细聆听的话很容易就能捕捉到。第一主题出现了三次（均以主调f小调出现）；第二主题以对比调性呈现，不断地重复再现；接下来是展开部；全曲的引子和尾声相呼应，构成了一个完整的结构。有人说，音乐曲式和税务局的表格不同，并非填好就行，这话说得没错。

我们也必须对《f小调叙事曲》的现实背景进行些讨论。就在肖邦创作草稿的时候，他听说了昔日恩师阿达尔伯特·日维尼去世的消息，也目睹了老朋友扬·马图辛斯基死前的痛苦挣扎。两件事让他失去了与波兰童年时光的重要联系。我们无法知晓《f小调叙事曲》是否体现了这些经历，但也不能否认这种可能性。肖邦搬到奥尔良广场是为了摆脱这段痛苦的回忆，但搬家消耗了他的宝贵精力，扰乱了他的日常生活。在诺昂时，他的生活也常被桑的众多访客（包括她的旧情人米歇尔·德·布尔热）搅得鸡犬不宁，因此我们能在肖邦的音乐中找到各种各样的丰富情感。

叙事曲以引子为开头，听众很快会发现，从调性上来说，这个引子的作用是衔接之后的回旋曲主题。

---

① ACMS, p. 108.

所有音乐家（包括年轻一代的音乐家，他们似乎已经逐渐失去了肖邦时代作曲家对调性的关注）都知道，通过属调（C 大调）进入 f 小调与直接进入 f 小调的听觉效果完全不同。试试跳过 C 大调的引子直接演奏这一乐段，你就能听出来有什么差别了。如果换一种比喻，那就是：有了相框，画面才更加完整。[①]

肖邦原本打算将乐曲写成 6/4 拍，这可能与《g 小调第一叙事曲》形成呼应。对于听众来说，乐曲是 6/4 拍还是 6/8 拍听起来没有任何区别，但对于演奏者来说差异却十分明显：音符的时值越短，音符密度越大，通常越需要演奏者放慢速度演奏。难道这就是肖邦最终选择将乐曲写成 6/8 拍的原因吗？

① 唐纳德·托维爵士在一篇关于音乐调性的深刻文章里提到，要描述这一现象，最接近的词恐怕就是“透视法”了。虽然这个术语是从视觉艺术领域借用来的，但我们也很难找到更贴切的词语。人们不需要掌握几何原理，也可以欣赏绘画或建筑中的透视法。在音乐中也是如此。听众无须了解和声法则，也可以感受到对比调性的效果。用托维的话说，要求进一步解释只是听者“没有用心聆听的借口”。

威廉·冯·伦茨曾对卡尔·陶西格演奏的叙事曲进行过有益的描述。作为肖邦的波兰同胞，陶西格也许是除肖邦本人以外第一位举办肖邦演奏会的钢琴家。陶西格对乐句的处理以及他坚持让每一个乐句结尾“余音绕梁”的做法让冯·伦茨印象深刻。[①] 当主题回到展开性变奏核心不加任何修饰的旋律时，旋律得到解脱，变得清晰明了。

极为不同的第二主题是一段田园般的旋律，如果出现在任何一首夜曲里都不会显得格格不入，它起到了一个传统的作用，即在主题之间以对比调性出现（注定一次次再现），每次出现都无一例外地凸显了主调 f 小调。到目前为止，乐曲中采取的都是常规手法。

而打破常规的是叙事曲中段突然出现的华彩乐段，我们有必要对其进行一些深入探讨。这一华彩乐段在乐曲的结构上起到了一个功能性的作用。肖邦将其移植（确实没有更合适的词语了）在了引子巧妙的反复（展开部结尾的第 129~134 小节）

① LPZ, p. 67.

和回旋曲主题最后一次再现之间。正如所有华彩乐段一样，乐曲的节奏和律动在这里陷入了停滞，但此处的停滞对于接下来的发展来说至关重要：主题以多声部八度卡农的形式再现，如果没有这个看似随意的华彩乐段为其铺垫，这段卡农的对位效果也不会如此出彩。简而言之，肖邦将小节线的限制打破，使得接下来的复调音乐显得适得其所。

这首叙事曲也时常出现在李斯特的大师课上，因此李斯特也讨论过该作品的一些特点以及应如何诠释这些特点。他对华彩乐段的评论颇有见地，值得我们注意。“不要弹得太快，这样的演奏是缺乏品味的。”李斯特时常会通过讽刺的手法来强调某个观点，因此他补充道：“调音师会沉迷于展示精湛的技术，有才华的钢琴演奏者不应该这样做。”[①] 炫技的琶音被说成调琴师收起工具、声称钢琴已经调好之前的试音，想必这是所

① LL, pp. 274-75. 奇怪的是，肖邦的华彩乐段是一个经常被人们忽略的话题，也许是因为它们总是藏在肖邦的音乐织体中，因此很少引起人们的注意。然而，这些乐段中藏着重要的信息。华彩乐段通常出现在协奏曲中，但肖邦的钢琴协奏曲中却没有华彩乐段。相反，它们出现在了协奏曲之外的几乎所有体裁中，在夜曲、练习曲和谐谑曲中起到了重要作用。《升 c 小调前奏曲》（op.45）就是个很好的例子，肖邦写过的最长的一段华彩就出现在这部乐曲中，占据了全曲总篇幅的 1/4。

有演奏者都唯恐避之不及的情景。

从第152小节开始，一切过往皆成为序章。再现部以全新的面貌出现，这也是肖邦作品长期以来为人称道的一个特点。回旋曲主题被赋予了新的紧迫感，旋律轮廓被装饰起来，在表现力方面它可以与肖邦的任何作品匹敌，但无疑达到了其他作品未能超越的高度。

第二主题的再次出现是出人意料的。它不仅与回旋曲主题形成了对比，也与自身形成了对比。肖邦让平静表象下沉睡的火山在此爆发，引出了全曲最激昂的一段高潮。原先的第二主题（第84小节）与如今的第二主题（第177小节）构成对比，是肖邦大型曲式处理手法中的一个典范。这一手法可以说对回旋奏鸣曲式的发展做出了新贡献。

拉赫马尼诺夫（Rachmaninov）为我们提供了一个特别的观点，即在结构精巧的作品中，应有一个高于一切的高潮。这个说法也许有待商榷，但放在《f小调叙事曲》这里却十分合适。从第198小节开始，一连串势不可挡的和弦将全曲推向了

巅峰，让此前出现的小高潮黯然失色。如果再表现出肖邦标记的“加速”（*stretto*）和“渐强”（*crescendo*）——无疑为演奏者增加了技术上的负担——就可以获得更佳的效果。最后一个标为 *fff* 的和弦在肖邦的作品中也是罕见的。

有些时候，此处无声胜有声。据说莫扎特曾说过，音乐的意义不在于音符，而在于音符间的休止。这个深刻的评论也适用于《f 小调叙事曲》。此处三个和弦后的延音记号（fermata）也应发挥这样的作用。优秀的钢琴家都能注意到它们并相应地做出停留。在不破坏乐曲连贯性的前提下，演奏者在这里休止得越久，就越能表现出后面下行和弦的缥缈之感，这些和弦很自然地引出了叙事曲令人望而却步的尾声部分。也许毋庸赘言的是，当时很多被认为十分优秀的演奏家在演奏叙事曲的尾声部分时都遭遇了滑铁卢。

大概是为了解释这首叙事曲的内在含义，世间流传着诸多关于它的传说，但这些说法都应该被摒弃。最糟糕的说法也许是这部作品表现的是密茨凯维奇的史诗《三兄弟》（*The Three Budrys*），此诗讲述的是三位立陶宛兄弟在父亲的要求下出国寻找宝藏，但最终他们带回的不是世俗的财宝，而是波兰的新娘。没有任何证据能够证明这一说法，也有学者正确地指出这种说法是荒谬的。不论这个说法多么可笑，但由于它是阿尔弗雷德·科尔托提出的，而作为肖邦的诠释者，科尔托的声誉是无懈可击的，因此很多人信以为真。科尔托是否相信他所推销的这个天方夜谭，或者他是否掌握了任何其他有价值的证据，我们无从知晓，但可以肯定的是这个说法绝非来自肖邦本人。只有那些闲着没事儿干的人才会试图去证明它的真实性。《f小调叙事曲》是一部不需要外部解释的作品，它不需要任何文学作品联系起来，哪怕是十分出色的文学作品，这种做法只会减损它的风采。①

1842年年底前不久，肖邦给布莱特克普夫与黑特尔音乐出版社写了一封简短的信，出售他的最新作品，这封信为我们提供了重要信息。对于还处于手稿阶段的《降A大调波兰舞曲》，肖邦要价500法郎。而对于《f小调叙事曲》，他要价

---

① 和他之前的很多人一样，科尔托被罗伯特·舒曼一句漫不经心的评论误导了。舒曼说肖邦在创作《F大调叙事曲》（op.38）时受到了密茨凯维奇一些诗歌的启发——“灵感来自密茨凯维奇的一些诗歌”（durch einige Gedichte von Mickiewicz angeregt worden sei）（*NZfM*, no. 36, November 1841, p. 142）。据说此事是舒曼在肖邦说出此话五年后“回忆”起来的，就是这句不经意的评论引发了如今的混乱。科尔托不愿放弃这个故事，还在他著名的叙事曲版本中继续添油加醋，将密茨凯维奇的几首诗歌与四首叙事曲一一对应了起来。虽然他告诫演奏者们不要把这些联想当真（甚至说这些联想是幼稚的），但他已经造成了难以消除的影响。没有人会说聆听肖邦的叙事曲对理解密茨凯维奇的诗歌有所帮助，那么我们为什么还要说阅读密茨凯维奇的诗歌对理解叙事曲有所帮助呢？这样的说法只会将我们带入思想的迷雾中，往往会使得关于音乐本质的任何讨论变得更加扑朔迷离。

600 法郎。肖邦在信中说："请在回信中回复我。"[①] 如果说价值可以用金钱来表达，那么肖邦直白的要价说明了一切。这首叙事曲于次年出版，献给了肖邦家境优渥的学生贝蒂·德·罗斯柴尔德男爵夫人 17 岁的女儿夏洛特·德·罗斯柴尔德男爵夫人。我们推测，这部作品是肖邦送给她的结婚礼物，1842 年 8 月 17 日，这位少女嫁给了她英国出生的堂兄纳撒尼尔·德·罗斯柴尔德——就像她的母亲贝蒂男爵夫人嫁给了她自己的叔叔詹姆斯·德·罗斯柴尔德一样。罗斯柴尔德家族正是通过族内通婚保证其金融财富的完整性。[②]

XVI

在奥尔良广场的新住所安顿下来之后，众多的访客让肖 460
邦应接不暇。俄国外交官威廉·冯·伦茨是肖邦最早的访客之一，他后来成为肖邦的学生，并在回忆录中讲述了那天见面的情景："他很年轻，不是很高——消瘦而憔悴，表情忧伤但很丰富，有着巴黎人的优雅举止。我很少见到气质如此迷人的人。"冯·伦茨告诉肖邦他曾跟李斯特学过几首玛祖卡，随后肖邦的反应一定出乎他的意料，肖邦问道："那你为什么还来找我呢？"当时的气氛让人感觉会面还没正式开始就要结束了，但冯·伦茨展现出了他的外交才华，他说："我希望能有幸跟您本人学习这些乐曲。我把您的玛祖卡看作文学。"此话一出，

---

① CFC, vol. 3, p. 126.

② 在肖邦的学生中，夏洛特一直是个被忽视的人物，她一直跟随肖邦学习钢琴，直到肖邦去世前的最后一年。此后她仍与肖邦的朋友们保持着联系，她跟弗朗肖姆学习作曲，跟托马斯·特勒夫森（Thomas Tellefsen）学习钢琴。她每周都在圣奥诺雷市郊区路（Faubourg Saint-Honoré）的豪华宅邸举办音乐会，肖邦偶尔也会参加。她拥有几份肖邦的手稿，是作曲家本人送给她的，后来她将这些手稿捐赠给了巴黎音乐学院。除《f 小调叙事曲》外，肖邦也将《升 c 小调圆舞曲》（op.64，no.2）献给了她。

气氛马上就缓和了下来。肖邦从马甲的口袋里掏出一只精美的小怀表，说道："我还有几分钟——我要出门了——之后谁都进不来了——请你见谅。"冯·伦茨不想在客套上浪费更多时间，于是便走到了钢琴旁。

> 那是一架普莱耶尔钢琴；我听说肖邦从来不弹别的钢琴。普莱耶尔钢琴的击弦比其他巴黎制造商的钢琴都要轻。还没坐下我就弹出了一个和弦，以便感受触键的深度（"这么浅！"我叫道）。这个反应，还有我的姿态，似乎让肖邦很满意。他微笑起来，慵懒地倚靠在钢琴上，用犀利的目光直直地盯着我的脸。我不敢看他，只偷偷瞄了他一眼，然后鼓起勇气抬起双手，弹起了《降B大调玛祖卡》——最具代表性的那首，李斯特教过我几个变体（variants）。① 我弹得不错。两个八度的"过音"（volata）比以往任何时候弹得都好，这架钢琴的琴键也比我的埃拉尔钢琴轻。肖邦饶有兴趣地小声说："那一小段不是你自己想出来的吧？是他教给你的！什么事他都要插手！好吧，他有胆。他弹给几千人听，而我却弹给一个人听！非常好，我可以给你上课。但只能一周两次——我最多上这么多。想找出来45分钟已经很难了……但你一定要
> 461 非常准时。一切都严格按照时间来——我这里就像鸽棚一样准时。"②

冯·伦茨课前总是会提前到肖邦家，在前厅里等待上课。

① 冯·伦茨说的就是那首著名的《降B大调玛祖卡》（op.7，no.1），冯·伦茨提到的"过音"是李斯特加入的炫技手法，但这种奏法已经失传。

② LPZ, p. 35.

他看到一位接一位的女士从肖邦的音乐教室里走出来，“一位比一位美丽”。其中一位是洛尔·迪佩雷小姐（维克托·迪佩雷上将的女儿），肖邦把1841年出版的《两首夜曲》（op.48）题献给了她。冯·伦茨评论说：“她是一个非常漂亮的女子，像棕榈树一般高挑又挺拔。”她是肖邦当时最喜欢的一位学生。上完课后，肖邦常会展示出他的绅士风度，护送洛尔走到楼梯旁，在门厅跟她告别，这是其他人很少能享受到的待遇。冯·伦茨也经常看到13岁的匈牙利音乐天才卡罗伊（卡尔）·菲尔奇出入肖邦的公寓。大约一年前，弗里德丽克·米勒在维也纳听了几场卡尔轰动全城的演出之后，将这位天赋过人的少年引荐给了肖邦。肖邦拒绝教冯·伦茨演奏《降b小调谐谑曲》，说对他而言“太难了”，但允许年轻的菲尔奇弹这首曲子，这让冯·伦茨有些嫉妒。但肖邦也鼓励冯·伦茨旁听了一两节课，因此他“经常能听到这首伟大的乐曲被演奏到极致”。当时菲尔奇正在学习《e小调钢琴协奏曲》，肖邦说这个男孩弹得比他好。后边我们还会详细介绍菲尔奇，因为他是肖邦所有学生里才华最出众的一位。

冯·伦茨为我们讲述了肖邦和梅耶贝尔之间那次著名的争执，两人曾就“自由速度”发生了激烈争吵。我们必须回顾一下这件事，因为从中可以看出肖邦与同时期音乐家，甚至是最著名的音乐家，在音乐阐释方面有时也存在一些分歧。那天肖邦正在指导冯·伦茨演奏《C大调玛祖卡》（op.33，no.2），这时梅耶贝尔突然走了进来。肖邦请这位了不起的作曲家坐下，并示意冯·伦茨继续演奏。

> “这是2/4拍的。”梅耶贝尔说。作为回应，肖邦让我再弹一遍，然后用铅笔敲着钢琴，大声地打着拍子。他的眼里有怒火在燃烧。“2/4拍。”梅耶贝尔轻轻地重复道。

> 462 这是我唯一一次见到肖邦发火。他苍白的脸颊出现了一抹绯红，看起来十分英俊。这个平时说话柔声细语的人大声说道：“是 3/4 拍的！”梅耶贝尔说：“让我用在我歌剧的芭蕾里，我展示给你看。”（他当时正在秘密地创作着《非洲女郎》）“是 3/4 拍的！”肖邦几乎喊了出来，然后他亲自弹了起来。他弹了一遍又一遍，大声地数着拍子，生气地跺着脚打拍子。但是没有用，梅耶贝尔始终坚持乐曲是 2/4 拍。最后两人不欢而散！当时在场的我感到十分尴尬。肖邦一句话也没说就回到了自己的房间，留下我一个人和梅耶贝尔坐在屋里。①

据说冯·伦茨是个说话喜欢添油加醋的人，他讲述的故事里也有很多有待澄清的地方。但不管怎样，故事本身听起来还是可信的。事后回想起这场争吵，他评论说：“肖邦是对的。虽然这首玛祖卡的第三拍总是一带而过，但它确实存在——但是我小心谨慎地没有与《新教徒》的作者就这个观点发生争执！”

我们无法知道为什么梅耶贝尔会把这一段听成 2/4 拍。柏辽兹曾回忆说肖邦从来不严格按照节拍演奏②，但这依然不能解

① LPZ, pp. 45–46.

② “肖邦不喜欢受节拍的约束……［他］就是没法严格按照节拍演奏。”BM, p. 436.

开其中的疑问——肖邦的钢琴上总放着一台节拍器，如果学生演奏得太自由就会受到他的严厉批评。在这一点上，李斯特给我们提供了极为有用的信息。他曾多次听肖邦演奏，提出了一个值得我们细细体会的说法："看那些树。风吹动着树叶，为 463
他们赋予了生命。但树岿然不动。这就是肖邦的自由速度！"[①] 对此唯一需要补充的就是，枝干不能随着树叶一起摇曳，否则整首曲子就要被吹跑了。

这一年年底，也就是1842年12月，肖邦收到了一封钢琴家安娜·德·贝尔维尔的来信。肖邦青少年时期就曾在华沙听过她的演奏，十分欣赏她演奏古典曲目时细致入微的表现。这时她已经嫁给了伦敦女王陛下剧院管弦乐团的小提琴家安东尼奥·乌里（Antonio Oury），想问问肖邦是否有什么新作品可以让她在伦敦演出时使用。肖邦回复说，自己的所有新作品都得交付给英国出版商韦塞尔。但作为补偿，他说自己有一首短小的圆舞曲，"是我有幸为您写的，但请您不要告诉别人。我不想将它公开"[②]。这首乐曲正是《f小调圆舞曲》（op.70, no.2），安娜可能以为它是肖邦专门为她创作的。但实际上，这也是一首肖邦抄写了多次，寄给了多位朋友的乐曲，"专为他们而作"——肖邦用这种省事的办法迎合朋友们的虚荣心。肖邦在世期间，至少有八份《f小调圆舞曲》的手稿在他的朋友间流传，大多是献给女士的，包括两年前他为德尔菲娜·波托茨卡纪念册抄写的那份。1855年，丰塔纳在他的肖邦钢琴曲遗作中编辑并出版了这首乐曲。

---

① LPZ, p. 47. 李斯特在他的肖邦传中提到了这个意象。肖邦的自由速度"如同风中摇曳的火苗，如同轻柔微风下荡漾的玉米田，如同在风的吹拂下不自觉地来回摇摆的树冠"（RGS, vol. 1, p. 82）。值得一提的是，肖邦是音乐史上第一位在乐谱上使用"自由速度"一词的作曲家。

② CFC, vol. 3, p. 125; KFC, vol. 2, pp. 75–76.

XVII

前文我们提到过卡尔·菲尔奇。鉴于他是肖邦所有学生
464 中最特别的一位，我们有必要对这个音乐天才多介绍几句。1841年11月底，这个11岁的男孩在他的哥哥兼旅伴约瑟夫的陪伴下从他们家乡——当时隶属于匈牙利的特兰西瓦尼亚（Transylvania）——千里迢迢来到巴黎，出现在了肖邦家的门口。兄弟俩是索斯谢拜（Szászebes）小镇上一位牧师的儿子，两人都有着过人的音乐天赋，但所有听过小卡尔演奏的人都说他是一个天才。约瑟夫比卡尔大17岁，一直担任着父亲的角色照顾卡尔，他时常写信给父母汇报情况，下文有些信息也来自他的信件。多亏了匈牙利贵族的慷慨扶持，菲尔奇的才华才没有被埋没，他先去了维也纳，跟弗雷德里希·维克学习了一段时间，然后被推荐到巴黎向肖邦求师。

肖邦读完约瑟夫递上的推荐信后，让卡尔弹段曲子给他听。男孩走到钢琴边，投入地弹起了塔尔贝格的《唐璜幻想曲》（op.14），维克和塔尔贝格原来的老师奥古斯特·米塔格都教他弹过这首乐曲。开篇瀑布般的音符刚把乐曲引入主题，肖邦就打断了他，说道："很棒，我的孩子。你的老师教得很好。"之后他离开了一小会儿，回来时带来了乔治·桑，她也请卡尔弹了段曲子。约瑟夫在信中写道，弹完之后，桑"热情地亲吻了卡尔，肖邦同意每隔一天的10点到11点给卡尔上课，我们便高兴地离开了"①。桑很喜欢这个孩子，经常邀请

① GNCF, p. 172.

他到皮加勒街的公寓做客，后来搬到了奥尔良广场的新家后也是如此。菲尔奇兄弟俩当时住在德·拉·罗什富科（de la Rochefoucauld）家里，这位公爵是法国最显赫的德·拉·罗什富科家族的族长，卡尔经常带着他的好朋友——10岁的阿蒂尔·德·拉·罗什富科（Arthur de la Rochefoucauld），上完课两人会在桑的家里打一会儿台球。乔治·桑搬进奥尔良广场的公寓后马上就置办了一个台球桌，供客人们消遣。

菲尔奇跟肖邦学习了18个月（1841~1843年），肖邦也花了不少的时间培养他。菲尔奇一周上三节课，比别的学生都要多，进步也很快。除了前文提到的《e小调钢琴协奏曲》和 465
《降b小调谐谑曲》，菲尔奇还学习了肖邦新创作的《降A大调叙事曲》（op.47）、《两首夜曲》（op.48）以及当时还未出版的《降G大调即兴曲》（op.51）。此外，巴赫、贝多芬、塔尔贝格、莫谢莱斯和韦伯的作品也出现在了卡尔的练习曲目中。肖邦对卡尔的演奏十分满意，认为他是自己作品的最好诠释者，亲切地称他为“我的小朋友”。有一次肖邦听完他的演奏惊呼道：“我的上帝！这个孩子！从来没有人像这他这么了解我……他的演奏不是模仿，而是相同的情感流露，他有一种不假思索就能准确演奏的直觉。他几乎不用听我弹，不用一点点示范，就能演奏出我的所有作品……”[①]有些人担心卡尔会过度模仿肖邦——显然他很崇拜肖邦——导致他失去自己的艺术特色。但菲尔奇回答说他无法用别人的情感来演奏。

约瑟夫写信告诉父母：“连肖邦都被这个大胆又独特的回 466
答惊呆了，他十分高兴。”[②]很多资料都提到卡尔在音乐方面有

① 费迪南德·丹尼斯（Ferdinand Denis）在1843年2月的维也纳杂志《幽默主义者》（*Der Humorist*）上报道了此事。

② HSCC, p. 217.

卡尔·菲尔奇；弗朗茨·艾布尔（Franz Eybl）绘制的版画（1841年）

着过人的记忆力。在课上听了肖邦演奏的《降G大调即兴曲》（op.51）后，他就能将整首乐曲复现出来。[①] 但跟接下来的壮举比起来，这件事就不算什么了。几个月后，卡尔在伦敦准备公开演出肖邦的《e小调钢琴协奏曲》时，由于乐队部分的谱子没能及时准备好，于是他凭记忆把总谱写了出来——这件事被伦敦《泰晤士报》的乐评人J.W.戴维森（J. W. Davison）记录了下来。[②]

肖邦和桑经常邀请客人们到奥尔良广场的公寓听卡尔演奏。有一次，卡尔为一群贵族的夫人小姐们演奏了那首著名的《c小调夜曲》（op.48，no.1）。演奏结束后，肖邦面向大家，把手放在卡尔的肩膀上说："女士们，这，就叫作才华。"1842年夏天，

---

① 莫里斯·布朗的《肖邦作品索引》和克雷斯蒂娜·科贝兰斯卡（Krystyna Kobylańska）的《肖邦作品手稿》（no.724）都提到了卡尔复写出即兴曲一事。

② NFC, vol. 2, p. 175.

肖邦和桑同往年一样回诺昂避暑，菲尔奇跟着李斯特上了几节课，当时李斯特刚刚从圣彼得堡凯旋。李斯特听了菲尔奇的演奏后，他在这位匈牙利天才身上看到了第二个自己。他宣称："当这个年轻人开始巡演时，我就可以关门歇业了。"① 作为同胞，李斯特肩负起了自己的责任，对卡尔十分照顾，还免费给他上课。后来李斯特重新启程前往科隆时，他给菲尔奇写了一封亲切的信，信中他称呼菲尔奇为"亲爱的、我最爱的魔术师"②。

菲尔奇是唯一一个跟肖邦学习了作曲的学生。在一份不知为何经常被人们忽略的小册子中，我们了解到肖邦曾指导卡尔以他十分熟悉的《降 G 大调即兴曲》为模板，创作自己的即兴曲。在这份草稿上可以看到肖邦的修改笔迹。卡尔去世后，约瑟夫·菲尔奇为了纪念早逝的弟弟，把他所有的手稿和信件编辑成了一份卷宗，其中就包含了这份乐谱。③

---

① LPZ, p. 36.

② LLB, vol. 1, p. 47.

③ 约瑟夫·菲尔奇的女儿伊雷妮·安德鲁斯（Irene Andrews）写过一本鲜为人知的 30 页的小册子，名为《一位肖邦钟爱的人》，于 1923 年在纽约由私人出版，文中提到了这份卷宗。卷宗不仅收录了即兴曲的草稿，还收录了一部为钢琴和管弦乐队而作的《音乐会曲》（*Konzertstück*），充分证明了卡尔的创作天赋。2005 年费迪南德·加耶夫斯基（Ferdinand Gajewski）编辑并出版了这部《音乐会曲》，并在《卡尔·菲尔奇手稿中的新肖邦风格作品》一文中对这些资料进行了讨论（Studi musicali XI [1982], pp. 171–77）。卷宗也包含了一系列卡尔和约瑟夫给父母写的信，我们在文中也引用了部分内容。阿瑟·赫德利在《弗里德里克·肖邦书信选集》中首次公布这些书信时，人们对其真实性提出了质疑，如今这样的质疑依然存在。赫德利称他从约瑟夫·菲尔奇的一位后人——英格兰的弗朗西斯·格温－埃文斯爵士（歌唱家弗朗西斯·洛林）手中找到了这份卷宗，直接从卷宗上抄录了这些内容。由于卷宗已不属于公共领域，所以我们不知道赫德利是从手稿还是从打印稿上抄录的。虽然不排除文本有被菲尔奇家人"编辑"过的可能，但卷宗中的很多内容，以及其中体现出的肖邦和卡尔之间的特殊感情，基本上都可以被其他资料证实。在这个问题上，可以参考玛丽·克莱因（Marie Klein）为卡尔·菲尔奇写的传记《肖邦的匈牙利门徒卡罗伊·菲尔奇》（*Chopin Magyar tanítványa Filtsch Károly*）。

467 在肖邦身边学习的这18个月里，菲尔奇曾有过几次公开亮相。在这些场合，肖邦要么和他同台演出，要么坐在观众席上显眼的位置观看。肖邦的其他学生都没有享受过这样的待遇。他们至少同台了五次，其中有三次演奏的都是肖邦的《e小调钢琴协奏曲》，每次肖邦都会用另一架钢琴为他伴奏，这首协奏曲也成了菲尔奇的保留曲目。颅相学学会备受尊敬的会长埃曼努埃尔·德·拉斯卡斯伯爵在一场演出后检查了卡尔的头骨，称他是“一个有着过人智慧和坚定意志的孩子”。1843年1月中旬，詹姆斯·德·罗斯柴尔德男爵在拉菲特街上的豪华府邸举行了一场盛大的音乐晚会，给了菲尔奇一个向更多人展示才华的机会。几周前，男爵夫人贝蒂在乔治·桑家里听了卡尔的演奏后，就决意要把这个男孩带进罗斯柴尔德家族的圈子里来。盛会当晚，这座著名的府邸里有着熠熠生辉的金银烛台和水晶器具、华丽的挂毯、价值连城的名画、光彩夺目的雕塑，身着制服的仆人们站在摆满了鲜花和冰块的桌子边，时刻准备为宾客们服务。当天有包括皇室成员在内的500位宾客出席了晚会，众多杰出艺术家，包括歌唱家波利娜·维亚尔多、朱莉娅·格里西和路易吉·拉布拉什也参加了演出。但所有的人都将目光聚焦到了菲尔奇身上，他再次在肖邦的伴奏下演奏了《e小调钢琴协奏曲》。指挥家弗朗索瓦·阿伯内克听说了
468 这次成功的演出后，又安排卡尔在巴黎音乐学院管弦乐团的协奏下再次演出了这部作品。

但最为轰动的是1843年4月24日菲尔奇在埃拉尔音乐厅举行的一场演出，他在观众的要求下多次返场。频繁的演出让他承受了过度的工作和巨大的压力，导致他积劳成疾。但当他坐在钢琴旁，看到人群中肖邦、桑和哥哥约瑟夫熟悉的面孔，卡尔还是振作起来，用尽全力演奏。虽然没有完整的记录，但他可能演奏了李斯特改编的《拉美莫尔的露西亚》（*Lucia di*

Lammermoor）和塔尔贝格的《唐璜幻想曲》，引起了全场的热烈反响。《音乐世界》（*Le Monde musicale*）的乐评人写道：“这就是我们想象中莫扎特的演奏，让我们想起了 20 年前的李斯特。”[①] 但最热烈的掌声是在卡尔演奏肖邦的练习曲和《c 小调夜曲》（op.48）时出现的，在夜曲的中段他再次展现出了歌唱般的触键和雷鸣般的八度。卡尔在观众的热情欢呼下谢幕了几次才结束了这场音乐会，之后他跑下台与肖邦拥抱，肖邦再次说出了那几个简单的字：“真棒，我的孩子。”[②]

就像他的突然出现一样，卡尔·菲尔奇从肖邦的世界里离开得也很突然，那时他还不到 13 岁。1843 年 5 月 22 日肖邦出发前往诺昂时，他满心以为自己秋天回到巴黎时，菲尔奇还会在那里等着他。但这位天才少年已经在英格兰取得了新的成就，从此肖邦再也没见到过他的“小朋友”。两年后，菲尔奇在维也纳准备登台演奏他的《音乐会曲》时突然病倒。后来他被匈牙利的资助人带到了威尼斯，在那里离开了人世，他的大好前程也随之葬送。

---

① LLB, vol. 1, p.28.

② LLB, vol. 1, p.28. 亨利·布朗夏尔（Henri Blanchard）在 1843 年 4 月 30 日的《音乐评论与公报》上对这场音乐会进行了评论。他写道：“在他身上，我们能看到那些经验丰富、自诩为一流演奏者的钢琴家所不具备的品质。”

米柯瓦伊·肖邦之死，1844

品行不端的人获得再多奖章也无用。

——米柯瓦伊·肖邦[①]

I

1844年5月3日，久病不愈的米柯瓦伊·肖邦在女儿伊
469 莎贝拉·巴钦斯卡家与世长辞，享年73岁。葬礼于5月6日举行，米柯瓦伊被埋葬在了波瓦茨基公墓，也就是肖邦的妹妹埃米莉亚长眠的地方。米柯瓦伊曾经的学生、肖邦家多年的老朋友扬·德凯尔特主教发表了墓边演讲。[②]次日，人们在米奥多瓦街（Miodowa Street）上的嘉布遣会教堂（Church of the Capuchins）里举行了安魂弥撒。不少华沙科学界和艺术界的精英都来到这里悼念米柯瓦伊。5月5日《华沙信使报》发表的讣告写道："他是一位伟大的父亲和丈夫，一位高尚的朋友。他身后留下了两个女儿和一个让全波兰引以为荣的儿子。"5月12日，《华沙信使报》发表了一篇颂文，以诗歌的形式歌颂了米柯瓦伊的美德，并说这份美德将由他著名的儿子传承下去。

470 高尚的肖邦与世长辞，但他为我们留下了
一位因才华而出名的儿子
他以伟大的品格
为我们的国家带来荣耀
在他的身上，一如在他的家庭里
父亲的美德将继续闪耀

---

① SRCY, no. 32, p. 249.

② 这篇墓边演讲提到了一些关于米柯瓦伊早年刚到波兰时的宝贵信息，手稿藏于华沙肖邦国家研究院，索引号F. 4528。

三周后，弗里德里克才收到父亲离世的消息，这个消息让他深受打击。他把自己关在奥尔良广场的公寓里，拒绝见任何人。乔治·桑写道："他一蹶不振，我不知道有什么办法能安抚他日益严重的焦躁情绪。"她请求奥古斯特·弗朗肖姆过来陪陪肖邦。她说："因为能帮到他的只有为数不多的几个人，而您是其中之一。我自己也备受他的悲痛折磨，没有力气去安慰他。"[①]悲痛欲绝的肖邦没有力气振作起来给母亲写信，桑只好写一封委婉得甚至有些过于辞藻华丽的信给尤斯蒂娜，描述肖邦因父亲离世而承受着的悲痛。她向尤斯蒂娜保证肖邦没有生病，而且在这样悲痛的消息面前他展现出了勇气和顺从，她说他们很快就会回到乡下，"让他在这场可怕的危机过后得到休息"。接着她说：

[巴黎，1844 年 5 月 29 日]

> 他只想您，想他的姐妹们和所有家人，他如此热烈地爱着你们，你们的悲痛让他感同身受、备受困扰。但至少对您来说，您不必担心他生活的外部环境。我无法寄希望于帮 471
> 他摆脱这种深沉、长久、合情合理的悲伤，但至少我可以照顾他的身体，像您本人一样给予他尽可能多的爱护和悉心照料。我向来愿意承担起这个爱的责任，我保证一定不会食言，我也希望夫人您对我有这份信心。

---

① CFC, vol. 3, p. 150. 桑的这封信写于 1844 年 5 月 26 日。从信中我们了解到肖邦直到 5 月 25 日才听到父亲的死讯，他们从剧院看完索福克勒斯的《安提戈涅》之后，桑亲自把这个消息告诉了他。就在第二天，5 月 26 日，桑告诉弗朗肖姆："我们可怜的肖邦刚收到他父亲离世的消息。"5 月 29 日，她给皮埃尔·博卡奇写信传达了同样的信息，告诉他肖邦正处于深深的悲伤中，然后她给尤斯蒂娜·肖邦写了一封慰问信。关于这个令人费解的信息延误，乔治·吕班给出了一个有趣的评论，详见 CGS, vol. Ⅵ, p. 556。除了这位乔治·桑书信集的著名编辑者，也有不少人对此感到"难以置信"。

我并不认识您正在哀悼的这位可敬的人，因此我不能说我对您的丧亲之痛感同身受。我的慰问，即便再真诚，也无法抚平您的伤痛；但我知道，如果告诉您我将把自己的时间奉献给您的儿子，并把他当作我自己的儿子，就能在一定程度上能给您带来一些慰藉。正因如此我才冒昧给您写信，向我最亲爱的朋友所深爱的母亲表达我的忠心。

乔治·桑[①]

信中有几点让我们感到意外。五年来，桑和肖邦一直维持着人尽皆知的情人关系，但这一点在信中没有得到丝毫的体现。桑把肖邦称为“我最亲爱的朋友”，并说她把肖邦当作自己的儿子。尤斯蒂娜在回信中也用了类似的说法，婉转地使用了同样模糊的语言，将儿子托付给桑，让她给予他“母亲般的关怀”。她恳求桑担任肖邦的守护天使，“因为您就像我的安慰天使一样，请收下我们充满敬意的感激，请您相信它就像您宝贵的奉献和关怀一样多。”[②]我们毫不意外地看到，这封信是桑主动写的，而不是肖邦让她写的。众所周知，逆境中的肖邦经常十分无助，他会用沉默建起一堵墙把自己与外部残酷的世界隔离开，这一点在此时更是显露无遗。但在母亲最悲痛的时刻，他都没法给母亲写信，在第一时间去安慰她，这确实显得有些不同寻常。

II

472 肖邦联系了妹夫安东尼·巴钦斯基，请他详细讲述了父亲去世和葬礼之前几周的具体情况。从安东尼内容翔实的长信中

---

① CFC, vol. 3, pp. 150–51.

② CFC, vol. 3, p. 152。

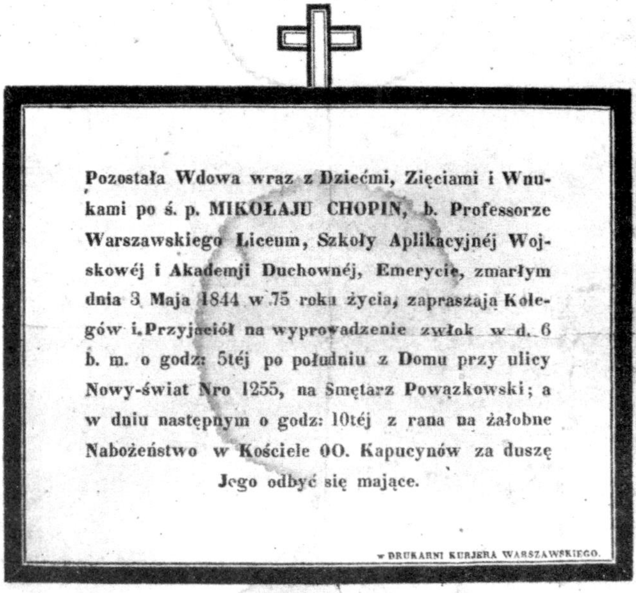

Pozostała Wdowa wraz z Dziećmi, Zięciami i Wnukami po ś. p. MIKOŁAJU CHOPIN, b. Professorze Warszawskiego Liceum, Szkoły Aplikacyjnéj Wojskowéj i Akademji Duchownéj, Emerycie, zmarłym dnia 3 Maja 1844 w 75 roku życia, zapraszają Kolegów i Przyjaciół na wyprowadzenie zwłok w d. 6 b. m. o godz: 5téj po południu z Domu przy ulicy Nowy-świat Nro 1255, na Smętarz Powązkowski; a w dniu następnym o godz: 10téj z rana na żałobne Nabożeństwo w Kościele OO. Kapucynów za duszę Jego odbyć się mające.

w DRUKARNI KURJERA WARSZAWSKIEGO.

米柯瓦伊·肖邦的葬礼公告，华沙，1844 年 5 月 5 日

我们了解到，巴钦斯基夫妇此前换了一套更为宽敞的房子，可以容下老两口同住，因此当时米柯瓦伊和尤斯蒂娜已从自己家搬到了巴钦斯基家。一家人住在新世界街（Nowy Świat）1255 号，这里是华沙最高档的大街，街上都是新古典风格的建筑。房子有个花园，于是风烛残年的米柯瓦伊在这里种了些葡萄，自己酿酒，从事起了法国洛林祖先的老本行。困扰他多年的肺结核对他的消耗越来越大，米柯瓦伊的气力也越来越弱。在最后的几周里，伊莎贝拉帮忙护理着父亲，卢德维卡和丈夫卡拉桑提也每隔一天来看望一次。在最后这个煎熬的阶段，米柯瓦伊一直很平静，他说：“我感谢全能的上帝赐予我这样善良、仁爱、高尚的孩子们！”他不惧怕死亡，在疾病面 473

前也展现出了坚韧的毅力。米柯瓦伊生前最后一晚，伊莎贝拉和安东尼都坐在他的床边。快到早上的时候，他感到自己大限将至，喊道："安东尼，亲爱的安东尼，今天不要离开我。"于是安东尼一直守在床边。米柯瓦伊的目光经常扫过房间，落在肖邦的肖像和半身像上，以此寻求慰藉。之后，用安东尼的话说："他睡去了，从各种意义上说都是如此，我希望所有人都能像他这样过完一生，最后像他这样死去。"①

迄今为止，这封信中最具启示性的一点是米柯瓦伊要求不要将他的遗体马上下葬，以免自己在坟墓里醒来。之所以做出这个决定，是因为他深受波兰科学家约瑟夫·贝乌扎（Józef Bełza）教授的影响，后者是肖邦家的好朋友，曾在巴钦斯基家住过一段时间。安东尼对此事是这样描述的：

> 多年来，有一位十分博学、为人诚恳的人［贝乌扎］一直试图在华沙建立一个机构，以便让逝者在下葬之前被安放在这里停留几天。他十分了解这些事情，曾在父亲还很健康的时候给他讲述过一些毫无规律的假死案例。我们亲爱的父亲鼓励他去实施这个项目。也正因此——父亲的记性很好，在最后的日子里又想起这件事——他让我们在他死后把他的遗体开敞放置一段时间，避免他遭遇在坟墓中醒来这样可怕的事情，这也没什么可奇怪的。

曾经人们认为肖邦在临终之际写下了一张字条，要求自己的遗体放置一段时间再下葬，现在基本可以断定这张著名的字

---

① 巴钦斯基的信标注的日期和地点为"1844 年 6 月于华沙"。CFC, vol. 3, pp. 152–58; KFC, vol. 2, pp. 93–98.

条实际出自米柯瓦伊之手。[①] 多年来，人们就此事展开了激烈 474
讨论，但安东尼·巴钦斯基的信有力地证明了这个要求是米柯瓦伊在他去世不久前提出来的。这份书面的指示还能起到一个

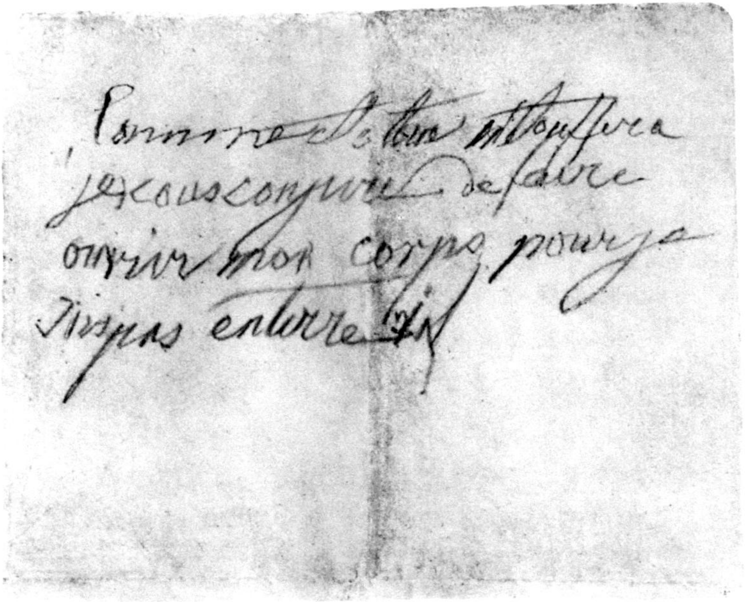

米柯瓦伊·肖邦的遗言：“由于咳嗽会让我窒息，因此我恳请你［们］将我的遗体开敞放置，以免我被活埋。”

---

① 见下方图片。“Comme cette toux m’étouffera, je vous conjure de faire ouvrir mon corps pour［que］je［ne］sois pas enterré vif”（由于咳嗽会让我窒息，因此我恳请你［们］将我的遗体开敞放置，以免我被活埋）。米柯瓦伊支持约瑟夫·贝乌扎在华沙建立一个短期安放逝者遗体以避免假死情况发生的机构（CFC, vol. 3, p. 156; KFC, vol. 2, pp. 96–97）。这份文件和其他归卢德维卡所有的家族遗物一样，由她保管，最终由她的女儿卢德维卡·切霍姆斯卡（Ludwika Ciechomska）女士继承。并无证据显示这张字条来自法国。肖邦临终之际所有在他身边的人都没有提到过这张字条。如果不是因为 1904 年米奇斯瓦夫·卡尔沃维奇在华沙和巴黎出版的著作《弗里德里克·肖邦未公开的纪念物》（*Souvenirs inédits de Frédéric Chopin*）中附上了字条的复印版，我们可能根本不知道它的存在。这张字条在二战中被损毁。

更实际的作用：如果宗教界、医学界、法律界人士因不支持贝乌扎为“未死之人”建立库房这样激进的想法并进行对他不利的审查，这张字条还可以保护贝乌扎。

475 为了向肖邦保证父亲是经过深思熟虑才做此决定的，并且米柯瓦伊当时是头脑清醒的，巴钦斯基又补充了一些细节。

> 你知道父亲总是很有远见，思维极其活跃。当我向他指出他的病并不危险，而且——感谢上帝——我们还在像往常一样在花园里摆弄着葡萄架，他微笑着说道：“我亲爱的安东尼，我说的是最终的结局。如果我康复了，那么这次的谨慎就没有必要了。”我亲爱的弗里采克，请不要认为他提出这个要求是因为他身体上承受的痛苦（可能会让他以为自己将不久于人世）。他平时就有这样的想法。几年前他就跟我提到过这件事。不要想象是否发生了什么可怕的事情，不要认为这样的要求来自他身体上的痛苦，或是认为他承受了比实际更严重的病痛，这样你就误会他了。一个公正的人，一个充满正义和正直、每天为他人的幸福而活着、为他人奉献了一生的人是不惧怕死亡的。我们的父亲没有感受到痛苦。他去世的时候很安详，他很安心，十分肯定自己的生命将在孩子们身上延续，因为他按照自己的心塑造了孩子们的心。他十分平静，内心充满了愉悦的自信，他知道家里人虽然不多，但是大家都非常坦诚，彼此之间的默契、亲情和相互的关爱让他确信大家一定都能获得幸福；这位可敬的父亲在日暮之年享受着我们的快乐和成功，因此他没有一点感到痛苦或忧伤的理由。每一天，他都会反复地告诉我们在这个世界上很难找到比他更幸福的父亲了。他经常说，如果你们相亲相爱、尊重彼此，上帝会保佑你们的；注意身体，照顾好你们的母亲。

> 因此，我亲爱的弗里采克，请相信我在信中所写的关于父亲的事情，他是一个如此值得尊敬的人。没有人比我更受他信任，没有人比我更了解他心中的秘密；正因如此，我可以确定地向你透露其中的真相，希望你可以从我肯定的话语中获得些许慰藉。

III 476

就是在这样的背景下，卢德维卡和丈夫卡拉桑提决定去法国看望肖邦。肖邦上次见到家人已是九年前的事了，他也有十四年没见到姐姐了，因此听说卢德维卡要来看他，肖邦欣喜若狂。他还从没见过卡拉桑提。桑也十分高兴，当时她和肖邦正在诺昂避暑，于是她邀请卢德维卡夫妇在她奥尔良广场的公寓里住几天，之后到诺昂做客。肖邦迫不及待地想要见到姐姐，于是自己先回到巴黎，7 月 16 日与卢德维卡团聚。

肖邦对德·罗齐埃小姐（她受托为卢德维卡和卡拉桑提准备公寓）说："我要被快乐逼疯了，不知道你今天能不能看懂我写的法语。"[①] 他喋喋不休地跟卢德维卡和卡拉桑提说着波兰语，急切地想从他们口中了解到父亲临终和葬礼的情况。在接下来的十天里，肖邦为两位特别的客人当起了导游，带他们在城市里观光。肖邦把自己的波兰朋友介绍给他们，甚至在奥尔良广场的公寓里举办了一场欢迎派对。夫妇俩去了奥古斯特·莱奥、弗朗肖姆和马利亚尼家做客，还去歌剧院看了演出。卡拉桑提是个机械迷，他兴奋地奔走于各类展览之间，搜寻新奇的机械发明，而肖邦则带着姐姐坐马车兜风，让她舒舒服服地欣赏这座城市的著名建筑。在此期间，三人也没有忘记去蒙马

---

① CFC, vol. 3, p. 166.

特公墓，在扬·马图辛斯基的墓碑前放上鲜花。

十天马不停蹄地四处奔走之后，肖邦已经精疲力竭。7月25日，他在姐姐和姐夫之前回到诺昂，以便为他们为期三周
477 的到访做准备。他也想逃离巴黎，避开喧嚣的“光荣三日”纪念活动。1830年7月的这场革命推翻了波旁王朝，将平民国王路易-菲利普推上了王位。卢德维卡和卡拉桑提不想错过这些激动人心的庆祝活动，于是留在了巴黎。为了特别款待两位客人，让姐姐和姐夫在最前排观看烟花表演，肖邦提前一两天请格日马瓦动用他宫廷里的人脉关系，买到了两张杜伊勒里宫窗边的票。格日马瓦未能同行，几天前他从公寓的楼梯上摔了下来，伤了尾椎骨，导致他行走不便。这时他正在昂吉安，每天把自己泡在矿物质温泉中缓解伤痛。

8月9日，卢德维卡和卡拉桑提到达诺昂，桑和肖邦以“主人”的身份热情欢迎并招待了夫妻俩。早上，卢德维卡经常和肖邦一起享用热巧克力早餐，坐在他卧室的沙发上闲谈，回忆他们在华沙度过的童年时光。桑把肖邦隔壁自己的房间空了出来，好让卢德维卡跟弟弟住得更近一些。卡拉桑提经常和莫里斯一起到周边的乡间探索，但他总是被恙螨（harvester bug）咬得很厉害。后来家里人常拿这件事开玩笑，第二年这些虫子的数量锐减，大家说都是卡拉桑提的缘故。肖邦冷淡地说：“他们喝了太多卡拉桑提的血，结果都死掉了。”以此调侃姐夫难以相处的性格。[①] 一家人也欣赏了不少音乐。卢德维卡对贝里当地的民歌很感兴趣，于是肖邦草草写下了几段旋律，后来把手稿寄回了波兰（其中两首民歌被乔治·桑当作配乐用在了她的戏剧《弃儿弗朗索瓦》中，如今它们成了肖邦的G大调和A大调布列舞曲）。有一天晚上肖邦和16岁的索朗热为

① CFC, vol. 3, p. 210; KFC, vol. 2, p. 144.

全家表演了四手联弹，之后在肖邦的劝说下，索朗热又演奏了一首肖邦教给她的贝多芬奏鸣曲。至于肖邦有没有给卢德维卡演奏过那年夏天他正在创作的杰作《b 小调奏鸣曲》，我们就不得而知了。但鉴于卢德维卡对弟弟的所有事都很关心，她可 478
能也听过。不管怎么说，这部巅峰之作在肖邦指尖下逐渐成形时，卢德维卡应该隔着墙壁听到了其中的一些旋律。

IV

首先引起我们注意的是《b 小调奏鸣曲》的调性选择。莫扎特和贝多芬的钢琴奏鸣曲没有一部是 b 小调的，肖邦肯定知道这一点。但他可能不知道舒伯特也从来没写过 b 小调的钢琴奏鸣曲，更不用说杜塞克、胡梅尔和韦伯了，门德尔松和舒曼也都对这个调性避之不及——这一切使得肖邦的奏鸣曲格外引人注目。音乐学研究经常有将简单问题复杂化之嫌，但在这里我们仍要问：为什么肖邦能够成为第一个用 b 小调写出多乐章大型钢琴作品的人？答案自然就在于他对键盘结构的不同理解。借用海因里希·涅高兹的话说，虽然 b 小调并不“适合人类的手型”，但它与那些适合人类手型的调性关系紧密——包括“贴键手型”的 D 大调、B 大调、E 大调和升 F 大调，这些都是奏鸣曲常用的调性。

第一乐章里包含了丰富的素材，足够再写两首奏鸣曲了。在六个相互对比的乐思中，我们列出了呈示部中的前两个。一个是英勇的、进行曲般的主部主题，以 b 小调为主调。

另一个是与前者构成了鲜明对比的副部主题，以关系大调D大调展开，堪称“没有歌词的咏叹调”。

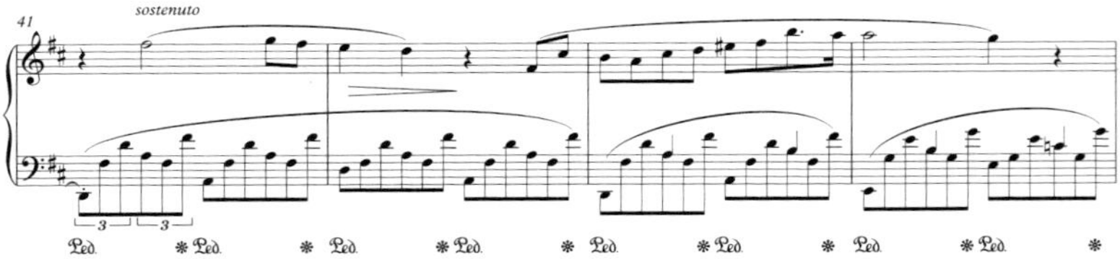

479 副部主题虽然听起来很新鲜，但它并不是凭空出现的。我们发现连接段中的第23~24小节就出现了它的影子，肖邦引入了旋律的雏形，将它处理为高声部和中声部的八度卡农。这是个精妙的手法，为接下来的主题赋予了完整性。但奇怪的是，《b小调奏鸣曲》经常被人诟病的一点就是主题间缺乏完整性。实际上，几乎从出版的那一刻起，它就受到了不少类似批评，尼克斯曾说《b小调奏鸣曲》的完整性“几乎和前几部作品一样难以辨认”[①]。这样的惋惜和莫里茨·卡拉索夫斯基（写了一本肖邦传的大提琴家）的苛刻评论不谋而合，卡拉索夫斯基写道：“作曲家似乎无法将他大量的想法协调地表达出来。”[②]汉斯立克（Hanslick）更是对肖邦驾驭奏鸣曲式的能力进行了全盘否定，用诗意的语言几乎给肖邦判了死刑，他说肖邦“把芬芳的花朵拆成一把一把的，但始终没能做成一个美丽的花环”[③]。对现代音乐学中所说的“接受史”感兴趣的人都不会忽略这样的评论，因为它让我们惊异于早期乐评家们对这部奏鸣曲发出的明枪暗箭，他们的观点如此根深蒂固，以至于我们今天仍能

---

① NFC, vol. 2, p. 228.

② KCLB, p. 362.

③ HAC, p. 167.

看到类似的说法。最后还是胡戈·莱希滕特里特向现代听众证明了主部主题和副部主题之间的联系是如此紧密，对织体稍微进行一点调整就可以把两者合在一起演奏。在分析中，他以下面这种形式呈现了两个主题[①]。

480

当我们把音乐的两个侧面——“分析”和“演奏”结合起来时，有时结果是很有启示性的。

在展开部的前半段，肖邦对主部主题进行了淋漓尽致的展开，用一连串高级的半音和声将其包裹了起来。尼克斯说这几页是“令人不适的浪费”，对于一个如此重要的乐段做出如此惊人的评价，显然他没有看出这个乐段的功能。如之前的《降b小调奏鸣曲》一样，主部主题已被展开到了极致，再出现在再现部中就会显得冗余，所以肖邦跳过了它。也就是说，奏鸣曲的前31小节被全部省略，直接从副部主题开始再现。这种天衣无缝的手法体现了肖邦在奏鸣曲式上继往开来的能力。简而言之，他为呈示部连接段的最后几小节（第31~41小节）赋予了新的功能，将它们放在了展开部的末尾（第142~151小节），把它们变成了一个再现前的过渡段。这样一来，乐曲不可避免地通过属持续音（升F）进入副部主题和主调B大调，完全绕开了主部主题。这样的结构压缩让德彪西惊叹道：“为什么一定要不惜一切代价地把同样的内容重复一次呢？‘让人

① LACK, vol. 2, p. 249.

牢牢记住它’有什么用呢？”德彪西的话是个反问句。但当我们听到肖邦是如何巧妙地压缩了主部主题，并通过引子进入副部主题时，就能明白他为什么要这样做了。

再现前的过渡段，原本是连接部　　　　副部主题

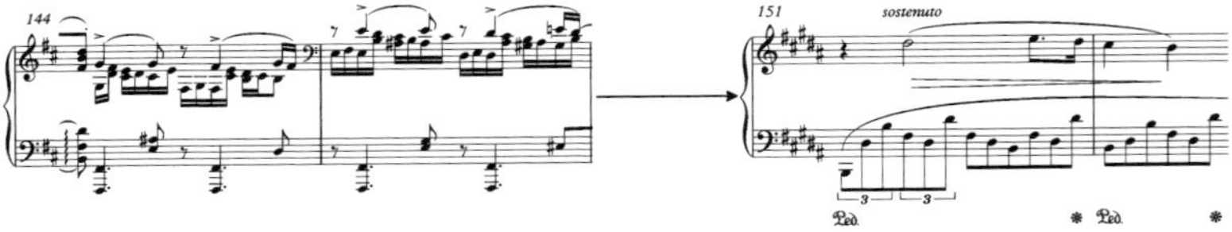

481 省去了 31 个小节后，再现部的长度只有呈示部的一半多；但与一些人给出的批评相反，这样大刀阔斧的删减并没有导致乐曲“缺乏对称性”。结构和音乐、时间和空间的平衡固然重要，但如果过分追求平衡，就会导致整体上的失衡。

人们经常用“门德尔松风格”来形容接下来这首速度飞快的谐谑曲，但实际上它与门德尔松的作品并没有多少相似之处。相反，它更能让我们想到舒曼的那句话：“肖邦出版作品的时候不需要署名，反正人们一听就知道是他的作品。”[①] 肖邦的个性就编织在这首谐谑曲中。正如此前《降 b 小调奏鸣曲》中的谐谑曲一样，这一乐章也采用了当时已有 100 年历史、从小步舞曲和三重奏发展而来的曲式。

① *NZfM*，1841 年 11 月 2 日。

同一曲式的乐曲形式相同，但结构各不相同。从谐谑曲与三声中部（虽然肖邦不这样叫）的衔接方式就可以看出这一点。用八度重音的主音降 E 结束了谐谑曲之后，肖邦通过等音升 D 转入了 B 大调，使得三声中部的调性与谐谑曲的调性形成了对比。 482

“中介动机”（x）在三声中部的中段出现了两次，将它与谐谑曲紧紧联系了起来，提醒着听众两者是同一个整体中不可分割的部分。

肖邦奏鸣曲中的乐章布局和贝多芬的布局十分不同，贝多芬一般会把慢乐章放在第二乐章，而肖邦的五部奏鸣曲（包括大提琴奏鸣曲和钢琴三重奏）中，慢乐章都被放在了第三乐章。在这部奏鸣曲里，标记为“广板”的慢乐章被赋予了夜曲的气质，很容易让人误以为它就是一首夜曲，乐曲的首位评论者在《音乐广讯报》上就指出了这一点。①

① *AmZ*，1846 年 2 月 4 日。评论者还指出这部奏鸣曲更适合小型沙龙，不适合在大型音乐会上演奏。这个观点被后来的事实推翻。

我们有必要对这个观点再进行一下延伸，这首广板实际上包含了两首“夜曲”，第二首（包含了一个以下属调E大调展开并形成了鲜明对比的中段）跟第一首比起来显得更加慵懒。我们经过深思熟虑才选择了“慵懒”这个词。演奏者的乐感越好，就会越害怕这段乐曲，库拉克说它是非常“自我”的，这话没错。它给人的印象是音乐悬浮在一个广袤、永恒的空间里。难点在于，演奏者不能沉浸于“自我”之中，而是要为永
483 恒加上时间限制。这首广板的开头颇为庄严（*gravitas*），演奏者必须要小心，不能把奏鸣曲的重心从第一乐章改到第三乐章，因为整部作品的重心本应在第一乐章，而不是第三乐章。只要演奏者足够注意，就不会出现这一问题。在音乐诠释中，局部的问题大多会对整体产生影响。

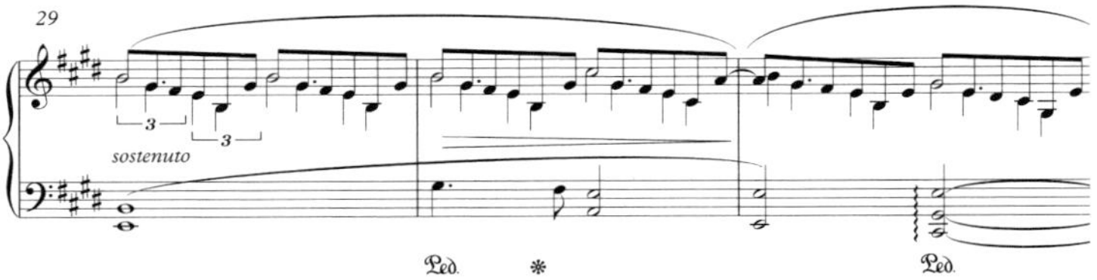

关注乐谱细节的人都不会忽略肖邦在谱写这些音符时倾注的心血。正如威廉·布莱克所说，“细微之处方显伟大”。特别引人注目的一点是肖邦要求演奏时右手每个音都要延长至下一个音出现之后，只有一两处例外。最终的效果就是一连串精致的重叠音，仅用手指，不用踏板就呈现出了最连音（*legatissimo*），如同晕染的色彩。钢琴演奏的世界里曾存在过很多这样的精妙技巧，但现在很多已经失传，没有人记得了。

标记为“激动的”（*Agitato*）的回旋曲终曲是一个光彩夺目的乐章，演奏时要从头到尾保持充沛的活力，否则就失

掉了乐曲的精髓。这一乐章对高超技巧的要求不言而喻。但有不少演奏者之所以会失败，是因为他们忽视了肖邦的提醒：“*Presto, non tanto*”——“非常快，但不能过快”。开头熠熠生辉的经过段一定要清晰，不能被模糊不清的声音包裹住，否则就失去了意义。肖邦的作品要用头脑来演奏，在这里尤其如此。

相较于第一乐章中丰富的主题对比，终曲里的素材就简练了许多。如果说第一乐章的旋律多到一部奏鸣曲装不下，那么第四乐章里的旋律就少多了，但这些也足够。仅用了两个对比明显的乐思，肖邦就成功地写出了一篇精彩而丰满的奏鸣回旋 484
曲。因此“少即是多”这句箴言经常被人们用来描述肖邦著名的精简能力。此外，终曲也是音乐史上为数不多的主旋律没有回到主调上的奏鸣回旋曲，再次体现了肖邦对古老曲式的创新能力。回旋曲开篇是一个八小节的引子，围绕属持续音展开，在一个戏剧性的停顿后，乐曲进入主旋律。

这个主题出现了三次，每一次肖邦都进行了不同的处理。可以说它是分阶段慢慢成形的。第一次出现时（第 9 小节），这个主题被包裹在右手的三连音中，很难辨认。我们第二次听到它时（在第 100 小节以出乎意料的 e 小调出现），这个主题置身于一个新的环境中，这次是以四连音为伴奏。

仿佛是想让旋律在乐谱上看起来更明显，第三次时这个主题直接单独出现，以六连音为伴奏。左手不断增加的音符——从三连音到四连音，再到六连音——展现出了一种越来越强的紧迫感，不断地提醒着演奏者肖邦在这一乐章开头标记的
485 *Agitato*（“激动的”）。

在回旋曲主题出现的间隙，肖邦加入了一个对比鲜明的插部，最开始的几小节（52~54）为后边的展开提供了丰富的素材。

肖邦在诺昂使用普莱耶尔钢琴创作的作品中，可能很少见到如尾声这样钻石般璀璨的乐段。据说维也纳音乐学院钢琴系主任汉斯·施米特（Hans Schmidt）教授第一次听到这一乐章时，就把它列为肖邦所有作品中最难的一首。

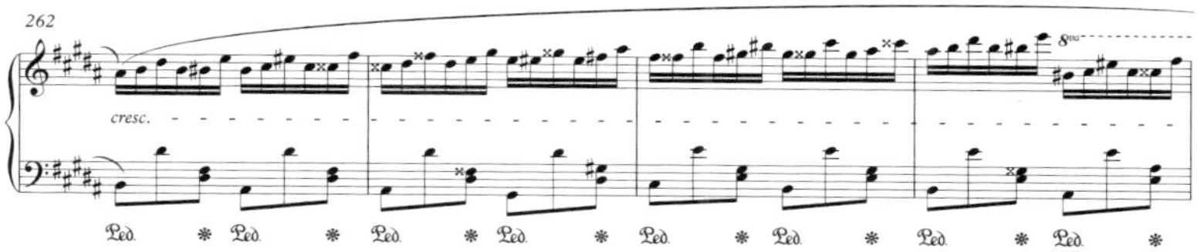

《b 小调奏鸣曲》一直未能像《降 b 小调奏鸣曲》那样受到人们的追捧，但如今有很多音乐家认为它也是一部伟大的作品——人们的态度正在慢慢发生转变。那个年代的批评者们听 486
惯了维也纳古典乐派的海妖之歌，认为这部作品有许多不足之处。此外，演奏者演奏它需要的不是技巧，而是策略，再加上要表现出深厚的情感，因此这部作品几乎只有殿堂级的钢琴家才能驾驭。可惜的是，大多数肖邦诠释者们最关注的仍是技巧——这里一个美妙的自由节奏，那里一个不同寻常的踏板效果，或是另一处暴风骤雨般的高潮。但要把这部奏鸣曲弹好，需要的远不止这些。在肖邦的所有作品中，最可能因演奏者的局限而顿失光彩的就是这部奏鸣曲。

《b 小调奏鸣曲》出版于 1845 年夏天，题献给了埃米莉·德·佩尔蒂伯爵夫人，在献词中肖邦别出心裁地使用了一个双关语，将伯爵夫人称为路易 - 菲利普国王近侍官莱昂 - 阿马布勒·德·佩尔蒂（Léon-Amable de Perthuis）伯爵“温柔的妻子”（amiable wife）。肖邦在世的时候，这部作品从来没有被公开演奏过。直到 1866 年 1 月，波兰钢琴家、作曲家亚历山大·扎日茨基（Aleksander Zarzycki）在华沙进行了乐曲的全球首演，才让世人重新了解到了这部奏鸣曲。①

① 华沙的《音乐与戏剧公报》（1866 年 1 月，no.17）对扎日茨基的演奏会进行了报道，当天扎日茨基还演奏了李斯特的一首狂想曲、舒曼的一首新事曲（novelette），还有亨泽尔特的一首练习曲。《音乐与戏剧公报》将奏鸣曲称为“这场音乐会上最伟大的作品”。

V

肖邦为《b小调奏鸣曲》润色收尾时，桑正在每晚辛勤地耕耘着她的新小说《安吉堡的磨工》（*Le Meunier d'Angibault*）。她发现卢德维卡是个很好的倾听者，因此第二天她总是乐于把新写完的段落读给她听。桑十分欣赏卢德维卡丰富的学识、周全得体的想法、优雅的法语，渐渐对她钦佩起来。桑后来承认这是她在诺昂度过的最快乐的一个夏天。她发现卢德维卡能对她弟弟的情绪起到稳定作用，在卢德维卡返回华沙之后，桑写信给她说："可以说你是他最好的医生，只要一提到你，他就能重获生活的希望。"①

8月28日，肖邦陪卢德维卡和卡拉桑提返回了巴黎。桑坚
487 持让他们乘坐家里舒适的马车到奥尔良，再从那里坐火车去巴黎。新开通的铁路将诺昂到巴黎的路程缩短了几个小时。再次在奥尔良广场安顿下来后，用肖邦自己的话说，他每天"一直陪姐姐四处奔走"。晚上他们去歌剧院听了梅耶贝尔的《新教徒》（*Les Huguenots*）和巴尔夫（Balfe）这一季早些时候推出的剧目《艾蒙的四个儿子》（*Les Quatre Fils Aymon*）。临别前不久，他们又挤出了点时间最后去了一次法兰西喜剧院，在那里看了肖邦一直很欣赏的著名女演员拉谢尔（Rachel）小姐扮演的经典角色。9月2日，夫妇俩在巴黎的最后一晚是在肖邦的公寓里听着他弹琴度过的。临别之际，肖邦和弗朗肖姆一起为好友们演奏了各式各样的室内音乐。这一夜大家都很晚才睡。肖邦在卢德维卡的纪念册里写下《春天》（*Wiosna*）这首歌曲时已是凌晨2:30。几小时后，在9月3日的清晨，卢德维卡和卡拉桑提踏上了返回华沙的漫漫长路。

① CFC, vol. 3, p. 171.

VI

六周的忙碌过后，肖邦已精疲力竭，需要休息。再次回到诺昂后，他写信给卢德维卡说自己打算在这里待几周。这一年贝里地区出现了秋老虎天气，在落日悠长的傍晚，桑得以对老宅进行一些修缮，或是打理一下花园。她在这里自得其乐，并不着急回巴黎去。而肖邦看着时间的流逝，开始变得焦躁不安，他在诺昂经常如此。他的学生还等着他回去上课，跟出版商也有几笔交易尚未完成。此前施莱辛格承诺以 600 法郎的价格购买《两首夜曲》（op.55）和《三首玛祖卡》（op.56），但他迟迟没有付款。肖邦让弗朗肖姆亲自去收取这笔钱，并从中拿走 500 法郎（肖邦为接待姐姐向这位大提琴家借了些钱，这笔钱显然是还给他的），把剩下 100 法郎留给自己。由于经常与出版商打交道，肖邦提醒弗朗肖姆说：“要跟他客气一点！”[1]11 月 13 日，他写信给玛丽·德·罗齐埃说自己几天后 488
就会回去，并告诉她：“请帮忙找人把我房间里的火生起来。”他总是很怕冷。

肖邦大约在 11 月 29 日回到了巴黎，赶上了那年冬天第一场暴风雪。他透过窗户看着奥尔良广场的庭院，写信告诉桑一切都被厚厚的积雪覆盖。他劝桑尽可能晚点回巴黎，“等到天气没有这么冷……大家都说这个冬天来得太突然了”。为了保暖，他甚至在裤子里边穿了三层法兰绒裤。由于公寓空了六个月，名叫扬的男仆花了几天才把屋子打扫干净，所以刚开始的一个多星期里肖邦一直到弗朗肖姆和德·罗齐埃小姐家吃饭。与此同时，桑从诺昂写信给肖邦让他帮忙处理各种各样的杂事，包括为她置办冬装。肖邦告诉桑：“你订的连衣裙是上

① CFC, vol. 3, p. 172.

等的黑色利凡廷里子绸（levantine）的，是我从十种面料里选出来的……裁缝考虑得很周到，她决心一定要让你满意。”这些琐碎的要求可能让肖邦没有时间处理自己的事情。他还没有购置钢琴，很多学生也不知道他已经回到了巴黎，导致他的收入受到了损失。肖邦对桑说：“直到今天才有第一个可能上课的学生来找我。他们都会慢慢回来的，所以我并不着急。”[1] 更让他担心的是他需要在桑回来之前找人清理她公寓里的烟囱，“他们来之前我不敢生很大的火”[2]。最后，这场早被预料到的寒冬还是击垮了肖邦，他患上了重感冒，止不住地咳嗽。12 月中旬桑回到巴黎时，她发现自己又成了肖邦的照料者。

恶劣的天气迟迟没有出现好转的迹象，让肖邦感觉自己“老得像个木乃伊”[3]。他抱怨说巴黎人不知道如何庆祝圣诞节和新年，还将巴黎人随意的庆祝方式与信奉天主教的波兰人热烈的庆祝方式进行了对比。由于身体十分虚弱，他需要男仆扬把他抱到桑的公寓里去；出远门时，他需要别人的搀扶才能上
489 下马车。但当弗朗肖姆、德拉克鲁瓦，尤其是格日马瓦等朋友来看望他时，他的精神就会振奋很多。格日马瓦的伤恢复得很好，现在“像个二十岁的小伙子一样手舞足蹈的”[4]。学生的归来给肖邦的生活带来一些使命感，让他安排起了自己的日程。学生们从 1845 年 1 月 5 日《音乐公报》上的一则短讯了解到了肖邦的回归：“肖邦回到了巴黎，带来了一部宏大的新奏鸣曲和一些变体［误］。这些重要的新作品很快就会出版。”

---

① CFC, vol. 3, p. 183.

② CFC, vol. 3, p. 181.

③ CFC, vol. 3, p. 183.

④ CFC, vol. 3, p. 192; KFC, vol. 2, p. 131.

VII

毫无疑问，“宏大的奏鸣曲”指的是肖邦刚刚完成的《b小调奏鸣曲》，但“变体”（variantes）是什么呢？这是肖邦对《摇篮曲》（op.57）的非正式叫法，从他的草稿中可以看出这个叫法是很合适的，因为全篇都是对同一个乐思的多种不同表达。肖邦勾勒出这些“变体”的雏形后，为它们编上号，按照1到14的顺序排列，整首乐曲也是按照这个顺序发展的，但是“变体”这个词并没有反映出这首无与伦比的摇篮曲中装饰华丽的旋律。肖邦创作的这首摇篮曲让世上所有摇篮曲黯然失色。

肖邦并没有在书信中提到过这首摇篮曲是为哪个小婴儿而写的，但我们猜测他创作时脑中可能确实有一个具体的对象。1843年夏天，波利娜·维亚尔多因前往维也纳出演罗西尼的歌剧《塞维利亚理发师》中罗西娜一角，把年幼的女儿路易丝交给乔治·桑，让她在巴黎和诺昂照看孩子。在此期间，桑给波利娜写过几封信，但1843年6月8日的一封信引起了我们的注意：“不管你喜不喜欢，路易丝叫我‘妈妈’，她说‘小肖邦’的样子能让世上所有姓肖邦的人都缴械投降。”之后她补充道：“肖邦很喜欢她，总是亲吻她的手。”[①]1845年6月，也就是这首摇篮曲出版前的一个月，波利娜把路易丝带到了诺昂。需补充的一点是，波利娜后来获得了这首摇篮曲的一份草 490
稿，一般认为是肖邦送给她的。遗憾的是肖邦将这首摇篮曲题献给了他的学生埃莉斯·加瓦尔小姐，终结了我们所有的猜想。但众所周知，肖邦的题词经常具有误导性。这首乐曲的题词只写着：“致埃莉斯·加瓦尔小姐——曾经的老师和朋友，F.

① CGS, vol. Ⅵ, p. 163.

F. 肖邦。”

这首总长为 70 小节的乐曲由降 D 持续音贯穿始终，左手的一个特点就是在主和弦和属和弦之间轻柔地来回摇摆，一直持续到乐曲的最后两小节。

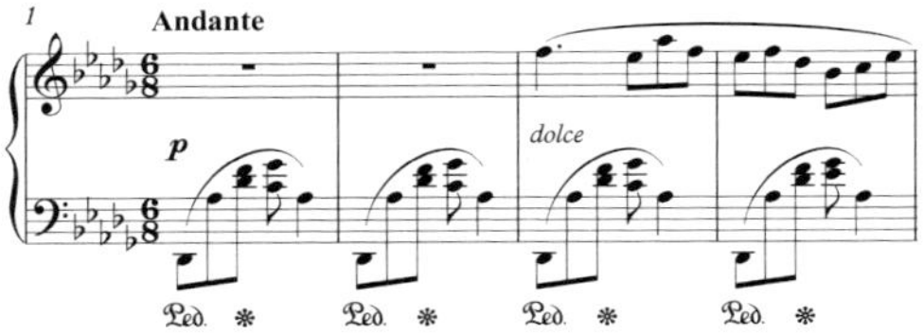

有人说这是在模仿摇篮前后摇摆的动作。睡眠之神修普诺斯被召唤而来。左手“摇晃摇篮”的同时，右手引入了一个四小节的简单旋律，接着由它承担了一次又一次的“变体”——颤音、阿拉伯风格（arabesques）、装饰音、加花乐句（fioriture）层出不穷。肖邦没有使用草稿中的全部“变体”——可见在早期创作素材时，肖邦原本构想的摇篮曲比实际出版的版本要长一些。在所有倾泻而出的装饰乐句中，下面（a）和（b）两个“变体”最具代表性。

（a）

（b） 491

托维曾提到，变奏曲式有一个特殊的美学问题：变奏像轨道上的行星一样不断反复出现，这样的运动应该如何停止呢？每转一圈，人们就会不可避免地期待着它再次出现。简而言之，这个过程开始之后，要如何停下来才能让乐曲有个圆满的结尾呢？传统上有两种方法，这两种方法贝多芬都使用过，而且肖邦也都知道。一是写个长一点的尾声，二是在最后一个变奏里加入赋格。这两种方法都可以起到缓冲的作用，避免生硬而突兀的结尾，不会让人感到意犹未尽。但肖邦再次给出了教科书式的处理方法，堪称变奏曲中的典范。他在第 55 小节出人意料地插入了一个预示着转调的降 C，可谓神来之笔。这个突如其来的音符持续了四个小节，似乎迟迟不愿结束。但最后它还是沉入了柔和的降 G 大调，营造出了一种慢慢“沉寂”的感觉。

492 不论此处是否暗示着孩子渐渐睡着，但乐曲最终以主调上不加修饰的开篇主题结束，让音乐落在了梦境之中，它传达出的就是孩子入睡的画面。

1844 年 2 月 2 日，肖邦在奥尔良广场的公寓里亲自为一些波兰朋友首次演奏了这首乐曲，在场的有斯特凡·维特维茨基、约瑟夫·扎莱斯基（Józef Zaleski）和克莱门蒂娜·霍夫曼 – 坦斯卡等。当时这部作品还未完成，同年晚些时候肖邦将它和其他作品一起带到了诺昂进行了润色收尾。这首摇篮曲堪称钢琴艺术中的瑰宝，其魅力是任何分析都无法阐释的。也许就像那个寓言所说：一位中国皇帝想知道夜莺为何能唱出美妙的歌声，但他叫人打开夜莺的喉咙后，却什么也没有找到。肖邦也是如此，在这架音乐机器中，存在着一个连机器自己都不了解的幽灵。

VIII

肖邦仍旧每天上四到五节课，但到了 1845 年 2 月底，由于“哮喘”发作，他只得停课，请让·莫兰医生来为他治疗。随着复活节的到来，他的病情有所缓解，在巴黎参加了几场特殊的活动。在耶稣受难日（3 月 21 日）这天，肖邦和桑去音乐学院听了莫扎特的《安魂曲》。在两天之后的复活节，他们和德拉克鲁瓦在同一地点听了海顿的《创世纪》。这两部著名的合唱曲被安排在这个基督教节日有着特殊的意义，两者一前一后的演出象征着死亡之后的重生，反映了基督教的教义。即便肖邦注意到了这一点，他应该也不会对此有过多的关注。多年来，他已经逐渐变成了一个彻底的不可知论主义者。

在 1844~1845 年冬天的大部分时间里，桑也一直身体欠佳，睡眠很差。她抱怨道：“公寓里太暗，看不见天空，也没有光。”她很不喜欢“穿着精美的及踝靴子在街上的黑泥里跋涉”，尤其是她还患上了风湿病，在沙龙里染上了嗓子疼的毛病。在诺昂该有多好啊，可以穿着木鞋在乡下真正的泥巴里蹚水！[①] 直到3月底，她还在抱怨巴黎的严寒还未退去，致使她 493 无法出门。但在诺昂时她的身体状况也不比现在好，她在咖啡和香烟的支撑下用十天时间写了十一章的《孔苏埃洛》之后，就出现了偏头痛和视力下降的症状。点着蜡烛工作一整夜之后，当她从昏暗的书房里走出来时，就会发现自己难以忍受清晨明媚的阳光，必须戴上厚厚的蓝色眼镜挡住光线。眼镜让她的脸变了形，当地人看到后觉得很好笑，但桑不觉得好笑，她十分担心自己的视力。她的新作《安吉堡的磨工》也无法以精装本的形式出版，最后她不得不妥协，在自由主义党派的《改革报》（*Réform*）上以连载的方式刊登，这样不完美的解决方案让她在经济和精力上的投入都无法得到满意的回报。此外，肖邦年少的学生卡尔·菲尔奇去世的消息传来之后，奥尔良广场再次被阴霾所笼罩，肖邦的悲伤也让桑受到了影响。

这段时间的生活中自然也有一些亮点，包括与莎翁戏剧演员威廉·麦克雷迪（William Macready）一次难忘的会面。麦克雷迪跨越英吉利海峡来到法国，在意大利剧院经营的旺塔杜尔大厅为1200名观众演出了英语版的《麦克白》和《哈姆雷特》。桑写了一封辞藻华丽的信邀请麦克雷迪到奥尔良广场做客，麦克雷迪给她回了信并和著名的美国旅行家乔治·萨姆纳（George Sumner）一起赴约，这让桑十分开心，几个人兴致勃勃地讨论了戏剧、莎士比亚和英格兰等话题，就连平时沉默寡言的肖邦也不时加入这场热烈的交流。桑和肖邦还在兰伯特府邸参加了一两场恰尔托雷斯基家族举办的波兰舞会，其中一场在1845年3月24日举行，肖邦称之为“盛大的复活节

① DCSN, p. 140.

宴会”。5月26日，他出席了一场同样盛大的活动并演奏了乐曲。5月29日，桑带着肖邦和孩子到剧院观看了从美国中西部来的一群印第安土著人出演的《艾奥瓦州的印第安人》（*Les Indiens Ioways*），为这一年的巴黎社交季画上了一个圆满的句号。这是桑第一次接触北美“野蛮人”题材的故事，她把感受写进了《巴黎野蛮人之旅的故事》一文中。这篇文章和詹姆斯·费尼莫尔·库珀于1826年出版的小说《最后的莫希干
494 人》有着异曲同工之妙，讨论的都是古老的、曾经骄傲地生活着的美洲土著人被所谓的“文明人”赶尽杀绝的故事。然而这些短暂的消遣并没有打消桑对巴黎的厌倦情绪，到了5月底，她终于受够了。“我在这里没有任何事可做，我很无聊。”[1]如果不是因为贝里地区爆发了斑疹伤寒，桑很想回到诺昂去。此外她也很缺钱，像往常一样，为了缓解经济上的困境，她加倍努力地挑灯夜战，以惊人的速度写出了一部名为《泰韦里诺》（*Teverino*）的短篇小说。小说讲述的是一位驯马的吟游诗人与一对无趣的意大利情侣同行，一路上给他们带来欢声笑语的故事。这样一个不切实际的故事让桑赚到了一些钱来支付紧迫的账单。6月中旬，桑和肖邦终于可以离开奥尔良广场的公寓，出发前往诺昂了。在这个记忆中最阴暗漫长的冬天过去之后，两人都很高兴能够离开巴黎。

此前一两周，肖邦买了一件非同寻常的东西。“这位大师买了一辆车！”桑难以置信地惊呼道。6月12日，他们返回贝里时乘坐的正是肖邦的新马车。马车有四个座位，但这次车上坐了五个人：桑、莫里斯、索朗热、肖邦和波利娜·维亚尔多。波利娜再次受邀到诺昂做几天客，结果在那里住了三周。

---

① CGS, vol. Ⅵ, p. 881.

悲伤的结局，1845 ~ 1847 495

> 肖邦让她［桑］中了邪，是她良知上的吸血鬼。
>
> ——亚当·密茨凯维奇[①]

> 要是他运气好一点，没有遇到乔治·桑这个荼毒了他一生的人，也许他能和凯鲁比尼一样长寿。
>
> ——沃伊切赫·格日马瓦[②]

I

1845 年的夏天和秋天，肖邦和桑的关系第一次出现了裂
痕，而且他也对诺昂的生活越来越不耐烦。这时困扰肖邦的有
几件事。首先他不得不辞掉那位名叫扬的波兰男仆，因为桑
的女仆苏珊与他不和。苏珊经常嘲笑扬浓重的波兰口音，而
扬则用难听的法语回敬她。肖邦写道："他会用很有趣的话骂
人，比如'丑得像头猪''脸长得像屁股'，甚至还有更精彩的
话。"[③] 而桑则说这个人"愚蠢又缺乏幽默感"。她不满意的一
点是扬摇的开饭铃总是很吵，有时候能足足摇上一刻钟，最后 496
她威胁这个可怜人说如果再不停下就要往他的头上泼水了。甚
至连孩子们都不喜欢扬。在这样的一致反对下，肖邦只能解雇
他。但肖邦并不想赶他走，因为扬是家里唯一一个能用波兰语
跟他说话的人。另外让肖邦烦心的还有钢琴的事，在巴黎的六
个月里这台钢琴被闲置，现在急需维护，却迟迟找不到修琴的
人。钢琴调不好，肖邦就没法弹琴，也没法创作。除此之外，

① KGS, vol. 3, p. 189.

② CFC, vol. 3, p. 442; KFC, vol. 2, p. 324.

③ CFC, vol. 3, p. 207; KFC, vol. 2, p. 141.

恶劣的天气也成了一个挥之不去的问题。

肖邦和桑从巴黎出发时，原本以为诺昂的夏天会同往年一样温暖和煦。但迎接他们的却是瑟瑟的冷风和乌云低沉的天空，最终降下了如同《圣经》里描写的那般暴雨，将整个贝里地区淹没。安德尔河决堤后，田野、马路和农庄被洪水淹没，许多人无家可归。虽然诺昂得以幸免，但伊波利特·沙蒂龙的房子和附近的花园也都受灾了。看着附近的草地都变成了湖泊，桑写道：“在我们平静的乡下，没人见过这样的景象。”[1]对此，肖邦用他典型的口吻轻描淡写地补充道：“我不适合乡下的生活。”[2]波利娜·维亚尔多的丈夫路易试图把她从诺昂接回巴黎，但由于主干道桥梁被冲垮，湍急的河水难以逾越，他不得不半路折返。7 月，夏天终于来临的时候，大自然似乎要把之前的阳光都补回来，天气变得酷热难耐，十分潮湿。洪水退去之后，被淹的庄稼开始在田里腐烂，到处弥漫着植物腐坏的味道。

由于道路被冲垮，波利娜·维亚尔多无法返回巴黎，在诺昂住了三周。肖邦很高兴能和这位让维也纳、柏林以及圣彼得堡的观众折服的著名女歌唱家一起演奏音乐。7 月 8 日，肖邦写信给奥古斯特·莱奥说他的脑中一直回响着美妙的音乐，“因为
497 维亚尔多夫人和我们在一起”[3]。波利娜早年曾师从李斯特，有着很高的钢琴造诣，这时她偶尔会接受肖邦的指导，肖邦也很好奇李斯特都教了她些什么。莫里斯一定在诺昂听到过两人的对话，他曾用一幅有趣的漫画描绘了“肖邦训斥波利娜·维亚尔多”的场景。

---

① CGS, vol. Ⅵ, p. 906.

② CFC, vol. 3, p. 200; KFC, vol. 2, p. 136.

③ CFC, vol. 3, p. 197.

“这是李斯特兹［误］的弹法。伴奏不能这么弹。”莫里斯·桑绘制的墨水画（1844 年 6 月）

很可能就是在诺昂，波利娜把几首肖邦的玛祖卡改编成了钢琴伴奏的声乐曲，以同时展示她作为歌唱家和钢琴演奏家的才华。肖邦鼓励她对乐曲进行改编，也没有反对她在巡演节目单中加入这些乐曲。1848 年，肖邦邀请她一同参加伦敦法尔 498
茅斯（Falmouth）勋爵家的演出时，她也当着肖邦的面演奏了一组玛祖卡改编的声乐曲。①

桑依然关心着肖邦的身体状况，她请来自己的内科医生帕佩给肖邦进行了全面检查。帕佩称肖邦“从各方面来看都十

① 我们会在后文详述维亚尔多改编的乐曲；见本书“英国：日暮穷途”一章，第 616 页，脚注 ②。

分健康，只是有一些疑病症的倾向”[①]。在肖邦确实患病的情况下却说他的病都是想象出来的，这让我们怀疑帕佩是否真的会看病；但桑对这个诊断很满意。至于肖邦，他陷入了倦怠的状态无法自拔。他的书桌上摆着未完成的手稿［包括《三首玛祖卡》（op.59）、《船歌》（op.60），还有《幻想波兰舞曲》（op.61）］，他知道回到巴黎就会开始不停地上课，没有时间创作，因此陷入焦虑之中。他每天躲在房间里，挣扎着想要把所有东西写下来，又不停地划掉写下的内容从头开始。写不出来时，他会丢掉手中的笔，在琐碎的小事上磨洋工，或是在房子里四处闲逛找事情做。有时他会走进去年 8 月卢德维卡和卡拉桑提住过的房间，试图重温昔日回忆。刚从寄宿学校回来的索朗热也会时不时地打扰他——给他端来一杯热巧克力，和他一起弹二重奏，或是邀请他到花园里散步，看园子里的人砍树。肖邦一般都会答应，虽然上午他总是会剧烈地咳嗽，不停地喝掺了鸦片的糖浆止咳。

II

索朗热马上就要 17 岁了，已经出落成了一个漂亮的金发少女，看起来比实际年龄成熟，走在路上也开始吸引人们的目光了。她很擅长卖弄风情，喜欢跟肖邦开一些无伤大雅的玩
499 笑。肖邦也知道在她散发女性魅力时如何恰当地回应她，毕竟他在一个女性众多的家里长大。但桑不这么认为，当她看到索朗热当着客人的面和肖邦调情并以此为乐时，她就知道女儿踏在了一条微妙的界线上。有人说肖邦甚至可能对索朗热怀有些许的爱意，过去五年里桑强加于他的禁欲生活让他很容易受到这个姑娘的吸引。任性的索朗热铁了心要和母亲在各种事上作

① CGS, vol. Ⅶ, p. 159.

对，桑发现自己开始管不住她了。曾经温柔的小猫咪变成了攻击性极强的小野猫，一旦家人或仆人碍了她的事，她就会亮出锋利的爪子。索朗热叛逆的原因其实不难理解。简单来说，索朗热的经历十分坎坷。三年前，她被送进巴黎的一所私立寄宿学校，校长是费迪南德·巴斯坎（Ferdinand Bascans）。此前她被米歇尔·埃罗（Michelle Héreau）夫人的学校退学，因为这位夫人显然拿她没有办法。之前还有过一位瑞典家教卡罗琳·苏伊士（Caroline Suez）小姐，但这位小姐也没能取得任何进展。为了驯服叛逆的女儿，桑把她送到了巴斯坎的学校。索朗热在这里度过了愤恨的三年，她很少见到母亲，感觉被家人拒之门外。[①]这所学校的纪律尤为严格，巴斯坎尽心竭力地培养学生的心智和思想，但在索朗热身上却收效甚微。此外，在索朗热的课程安排方面，桑也常常有自己的想法，让他十分为难。在一封直言不讳的信中，桑对巴斯坎说："索朗热远不像我希望的那样信奉上帝。"她让巴斯坎从女儿的日程中取消弥撒，"因为这是浪费时间，她只会借着这个机会嘲笑他人的虔诚"[②]。以前，桑会亲昵地把索朗热称为"小可爱"（Mignonne）。小姑娘亮出了利爪之后，桑将她称为"悍妇"，甚至"树懒女王"[③]，可见母女俩的关系直转急下。索朗热多 500
半也从当地的流言蜚语中得知自己是母亲和情人的女儿。在性格形成的重要阶段，母亲的缺席让她心中的愤懑日益发酵（而莫里斯则一直在桑的身边），她感觉自己像个外人。1845 年夏天，母女俩爆发了激烈的争吵，莫里斯也因为向着母亲说话被卷了进来。肖邦很明智地避开了这场争吵。多数时候他会把自

① RGSF, p. 51.

② CGS, vol. Ⅴ, pp. 617–19.

③ CGS, vol. Ⅵ, p. 631.

索朗热·桑；奥古斯特·克莱桑热绘（1847年春）

已关在书房里，在安静的环境下工作。但毫无疑问索朗热会去找肖邦倾诉，向他寻求慰藉；这让桑十分恼火。

很难想象索朗热居然和她哥哥莫里斯的性格有着如此的天差地别。莫里斯天生内向，他和肖邦的关系从来没有索朗热和肖邦那样亲密。此时他已22岁，桑打算把他培养成“诺昂的
501 主人”。已经展现出艺术天分的莫里斯最喜欢做的事就是穿着比安德裤（biande，一种贝里地区常见的宽松裤）在画板上作画，天气好时也会背着画板去室外创作。他热爱诺昂，总是不愿离开。巴黎灯红酒绿的生活对他来说没什么吸引力，而索朗热却飞蛾扑火般地热爱巴黎。一到社交季，索朗热几乎每周都会参加晚宴派对，或者去听音乐会、看芭蕾舞、参观艺术展。身为知名作家，桑经常收到希望得到她提携的同行给的赠票，她会把这些票送给爱社交的女儿，因为她知道莫里斯一心想回诺昂，对这些活动没有兴趣。索朗热和莫里斯在一起时可以说

应了那句老话：水火不相容。如果要强行把他们放在一起，结果只会适得其反。两人会突然争吵起来，搅得全家接连几天鸡犬不宁，把桑逼到崩溃的边缘。

1845 年夏天，桑把 19 岁的奥古斯蒂娜·布罗（Augustine Brault）带到诺昂，让家里的情况变得更加复杂，也为之后的麻烦埋下了伏笔。奥古斯蒂娜出身于巴黎的一个贫困家庭，这家人和桑的母亲是远亲。她的父亲约瑟夫·布罗是一位贫穷的裁缝。在专横的母亲阿代勒的管教下，她度过了艰辛的童年。桑对奥古斯蒂娜这个年轻漂亮的棕发少女格外关照，多年来一直定期资助这家人。她甚至还在巴黎音乐学院为奥古斯蒂娜弄到了一个名额，送她去学习钢琴和声乐，她的声乐导师就是波利娜·维亚尔多的弟弟曼努埃尔·加西亚。但很显然奥古斯蒂娜缺乏足够的天赋让她走上音乐道路，于是阿代勒考虑让女儿去做演员。而在这方面，她天赋更欠佳。这时桑介入了进来，她知道如果连小角色都拿不到的话，这一行的年轻姑娘很容易走上风尘女子的道路。她提出收养奥古斯蒂娜，并给布罗家一些适当的补偿。阿代勒开始有些犹豫，但最终答应了。于是桑让莫里斯去巴黎把奥古斯蒂娜接到了诺昂，从此“奥古斯蒂娜表亲”便成了家中的一员。桑对她的新女儿赞不绝口，“她具备一切优点，美貌、善良、年轻、诚实、温文尔雅、内心单纯”[①]。桑甚至考虑 502
让奥古斯蒂娜成为莫里斯的妻子。她无疑是出于好心，但结果却是好心办了坏事。桑没有考虑到索朗热的感受。从奥古斯蒂娜踏进家门的那一刻起，索朗热就把她看作自己的竞争对手，下定决心要和她作对，我们不久就会看到这件事引发的灾难性后果。

如今家里又多了一口人。除了给奥古斯蒂娜提供食宿，桑还要每月付给她的父母 50 法郎。1845 年夏天，为了养家糊口，

---

① CGS, vol. Ⅶ, p. 149.

桑埋头苦干，自称只用了四天时间就写出了中篇小说《魔沼》（*La Mare au diable*）。这是她所有作品中最优美的一个故事，一个以贝里地区的乡间生活为背景的田园童话。从桑给德拉克鲁瓦的一封信中我们得知，她原本打算将这本书献给肖邦，但不知为何又改变了主意。[①] 肖邦和桑没有一部作品是献给对方的，这是一件很有意思但很少受到人们关注的事。

那年夏天，有一件事出乎了所有人的意料，让诺昂又多了一个不可告人的秘密。莫里斯疯狂地爱上了波利娜·维亚尔多。这是一件无论如何都要保密的敏感事件，尤其不能让波利娜的经理人丈夫知道。当时波利娜 24 岁，有一个还在襁褓中的女儿。比他小两岁的莫里斯一年前就被她的魅力吸引，此时对她非常痴迷。原本这种情况本不会导致什么严重的后果，但唯一的问题就是：波利娜居然对他也有着同样的感情。多亏了乔治·吕班的细致调查，现在我们知道波利娜与这位苦恋情郎在她的乡间别墅私会之后，曾在 1844 年 9 月 20 日给乔治·桑写了一封几乎坦白了真相的信："短途旅行归来的莫里斯怎么样？我们向彼此保证要勇敢……暂时我不能说太多……我对他的爱是认真的……期盼你的早日回信——如果可能的话请用双
503 关语（double-entente）。"[②] 这里"双关语"的意思是让桑用密语回信，避免引起路易·维亚尔多的怀疑。柯蒂斯·凯特（Curtis Cate）说这件事"比小说还令人震惊"[③]。现在我们更能理解为什么桑想让莫里斯跟奥古斯蒂娜·布罗结婚，以及为什么她几乎没有阻拦这位姑娘失身于莫里斯。（后来索朗热说

---

① *Corr. générale d'Eugène Delacroix*（vol. 1, p. 278）, ed. André Joubin. Paris, 2 vols.,1936–38. 桑最终只给肖邦在华沙的姐姐卢德维卡寄去了一本签了名字的书。

② CGS, vol. Ⅵ, p. 632.

③ CS, p. 531.

是莫里斯让奥古斯蒂娜怀了孕。[①]）如果这段婚姻能成的话，她儿子和她最好的朋友的妻子之间的私通关系也会随之结束，因为奥古斯蒂娜肯定不会容忍这种事。这无疑让莫里斯十分为难，但他最后还是放弃了波利娜。在无可奈何的选择面前，莫里斯将自己的情感以一种隽永的方式升华：他为这位著名的女歌唱家画了一幅油画，如今展示于巴黎的勒南－谢弗博物馆（Musée Renan-Scheffer）。这幅画可以说是他的巅峰之作，展示了他作为德拉克鲁瓦学生的出色才华。

肖邦也对这些事情有所察觉。1844 年夏天，肖邦陪家人返回巴黎时，莫里斯坚持要和他们一起走，美其名曰在肖邦返回诺昂时与他做伴。但实际上，这个为爱痴狂的年轻人去了波利娜在布里附近的库恩塔韦内尔（Courtavenel）别墅，跟这位歌唱家厮混了一周多，与此同时肖邦自己返回了诺昂。肖邦告诉卢德维卡："你记得我们离开这里时，我曾预测说我会自己坐马车回来，我们的整个旅程实际上是为了走个形式。"[②]

III

整体而言，1845 年的夏天对肖邦来说收成惨淡。在诺昂的五个月里，他只完成了《三首玛祖卡》（op.59）。 504

No.1 a 小调

No.2 降 A 大调

No.3 升 f 小调

---

① 后来奥古斯蒂娜的父亲约瑟夫·布罗由于没能从桑的手里拿到更多钱，也在一本名叫《乔治·桑其人及其阴谋》的小册子里中伤她，布罗不仅指责桑把他未出阁的女儿引诱到了莫里斯的卧室里，还暗示她本人是个同性恋。

② CFC, vol. 3, p. 170; KFC, vol. 2, p. 109.

这三首乐曲十分具有独创性，它们采用的都是简单的回旋曲式。肖邦很清楚回旋曲式需遵循严格的固定模式，但他以大胆而巧妙的方式对这一曲式进行了创新——人们通常只注意到了他的巧妙，而忽略了他的大胆。他时而把乐曲的主题带回到“错误”的调上（no.1），时而让主题在键盘不同的音域再现（no.1 和 no.2），甚至时而将主题全部改写，以卡农的形式回归（no.3）。祖国的记忆从来没有走远。虽然这些乐曲是在诺昂写下的，但肖邦仿佛一直置身于马佐夫舍。曲中充满思乡之情，但背景中也闪烁着波兰人的诙谐幽默，一旦注意到这一点，你就会感觉到乐曲的层次更加丰富了。在第一首《a 小调玛祖卡》中，虽然从开篇的主题中很难预料到后边的乐曲风格，但我们几乎一眼就能看出它严肃的外表下隐藏的幽默感。

人们常说肖邦在这段旋律结尾引入的转调是“任性的”，但通过这样的转调，肖邦巧妙地从一个调切换到另一个调，再从这里过渡回到主题。亨内克对这首玛祖卡的评价颇高，他用浮夸的语言将这段形容为“一个巧妙的转弯把我们带离了熟悉的道路，走进了一片有些陌生的林中空地，这里的鲜花有着别样的芬芳”①。我们暂且不论他的话夸张与否，但比起一个和弦一个和弦地分析乐曲的和声结构，这样的描述也许更能帮助听
505 众理解音乐中的内容。

① HCM, p. 367.

主题第三次再现时，肖邦打破了古典回旋曲式的规则，没有回到主调 a 小调，而是将旋律带到了遥远的升 g 小调。两者虽然只差半个音，但懂音乐的人都知道在调性上它们相去甚远。不具备绝对音感的人很容易忽略这个细节。

接下来肖邦对第 13 小节的素材进行了巧妙的改写，“修正”了调性（亨内克所说的“陌生的林中空地”），回到了主调 a 小调，在左手的低音区最后一次呈现了主题。这首玛祖卡完美地展示了肖邦作曲时绝不允许自己像即兴演奏时那么自由。

第二首《降 A 大调玛祖卡》是这部作品中最有名的一首。应门德尔松之前的要求（“她最爱你写的作品”），肖邦为他的妻子塞西尔抄写了一份乐谱，寄到柏林，好让她放进纪念册里。①

① 乐谱上写着“以 F. 肖邦的名义敬献给 F. 门德尔松 - 巴托尔迪夫人。1845 年 10 月 8 日于巴黎”（原文为法语）塞西尔的纪念册保存在牛津波德林图书馆（Bodleian Library），索引号“MSS. M. Deneke Mendelssohn b.2, item 42”。1844 年圣诞节时，门德尔松明确提出请肖邦写点东西送给塞西尔，但肖邦拖延了差不多一年。他开玩笑地写道：“我亲爱的朋友，请努力地把这封信想象成我刚收到信就立刻给你的回信。” CFC, vol. 3, p. 218.

506

这是一个堂吉诃德式异想天开的乐思。甚至当诺昂的这些人为过去和眼前的现实问题而争吵不休时，肖邦依然能遁入一个全然不同、永恒而超俗的世界。这首《降A大调玛祖卡》中有一个乐段值得我们仔细研究，因为肖邦似乎在这里窥见了和声的未来。

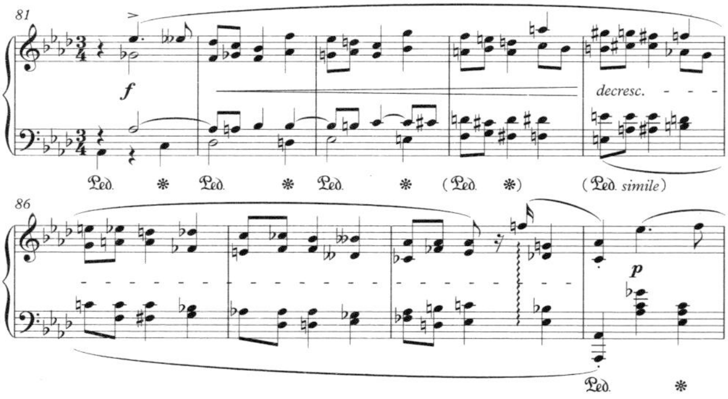

它不禁让人好奇思想保守的门德尔松看到肖邦为塞西尔抄写的乐谱时有何感想。对和声进行单独的分析即可发现，肖邦采用的不是简单的模进手法，其中还有一些陷阱。它体现了让莫谢莱斯难以理解、弹起来磕磕绊绊的那种转调。就连李斯特都对这类乐段的突然出现感到困惑，听到肖邦本人的演奏之前，他认为这些乐段是毫无逻辑（*non sequiturs*）的。至于这部作品中的最后一首《升f小调玛祖卡》，我们惊奇地发现它最初被写成了g小
507 调，降低半个调之前，这首乐曲和我们现在听到的版本颇为不

同。这是不是唯一一首肖邦写了两个版本的作品呢？查阅未出版的 g 小调版本的手稿就会发现，虽然在主要的肖邦作品目录中它常被称为“草稿”，但乐曲的构思已相当完整。[①]

似乎直到 1845 年 11 月《三首玛祖卡》出版前不久，肖邦才最终决定采用升 f 小调。很难说肖邦是因为什么改变了主意。可能仅仅是为了弹起来更舒服。在升 f 小调上演奏时，这首玛祖卡正好落于手掌之下，尤其是乐曲中间那个升 f 大调的插部，可能肖邦考虑到的就是这一点。此外，两个版本放在一起可以成为音乐分析的经典案例，不仅能让我们看出乐思可以如何与键盘的布局完美契合，也体现了键盘的布局有时决定了乐思。

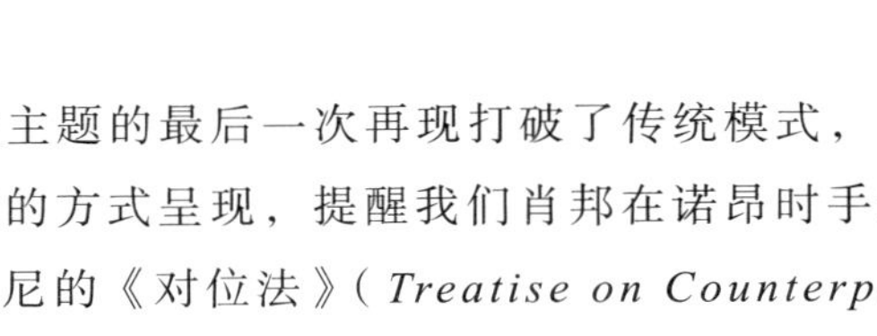

回旋曲主题的最后一次再现打破了传统模式，出人意料地以八度卡农的方式呈现，提醒我们肖邦在诺昂时手边总会放着 508
一本凯鲁比尼的《对位法》（*Treatise on Counterpoint*）。

① 藏于摩根图书馆，索引号 114343。

在《升 c 小调玛祖卡》（op.63，no.3，一年后创作的乐曲）中也能看到类似的手法，肖邦以严格的八度卡农再现了主题，让答句慢一拍跟在导句后面。①

509 IV

1845 年 11 月 28 日，肖邦准备返回巴黎给学生上课。出发前不久，桑十分担心他的身体状况，于是再次请来帕佩医生给他进行全面的检查。这次帕佩医生用新潮的听诊器检查了

①

玛祖卡是肖邦的作品中最具创新性的一个体裁。但随着后来这些乐曲的出现，很明显它还有极大潜力有待发掘。

肖邦的脉搏，触诊（或是说听诊）了身体的各处器官以寻找病征。帕佩称肖邦的各个器官都很健康，因此仍坚持之前的诊断，说他患的是疑病症。到了这时连桑都心生疑虑了。如果不是因为已经有了其他安排，她可能会让肖邦晚几天再走。但第二天她要带着两个孩子和伊波利特·沙蒂龙一起离开诺昂，去表亲维尔纳夫（Villeneuve ）家在图尔地区（Tours）附近的舍农索别墅（Chenonceau）做客。12 月 9 日，当桑终于到达巴黎时，肖邦显然已经病得很重，全城蔓延的流感让他再次病倒了。他声音沙哑，几乎无法说话，因此不得不取消了一些钢琴课，包括贝蒂·德·罗斯柴尔德男爵夫人的课，这位夫人一般每节课给肖邦 50 法郎，是他正常课时费的两倍多。桑发现自己再次成了肖邦的照料者，天气越来越冷，但她经常要来来回回地在奥尔良广场穿行，以满足肖邦的需求。很快她就病了，嗓子也哑了。马利亚尼夫人也病倒了，无法帮忙。12 月 13 日，桑给表亲阿波利娜·德·维尔纳夫（Apolline de Villeneuve）写信时咒骂这座城市说：“巴黎比以往任何时候都要黑暗、忧伤和阴郁。”[1] 圣诞节前夜，全家人都在咳嗽、打喷嚏，桑只能待在自己的房间里，几乎完全失语，这让她感到十分难受。肖邦对家中的悲惨境况总结道：

> 我问你，在新年前夕这个时候，怎样才能保持理智？门铃一直响个不停。今天他们都被感冒击垮了，我自己也咳嗽得很痛苦——这也没什么可意外的——但女主人的感冒很严重，她喉咙酸疼，无法走出房间，这让她十分烦恼。平时身体越健康的人，生起病来就越没耐心。对此并 510
> 没有什么良药，也没有什么道理可讲。这周整个巴黎都在

① CGS, vol. Ⅶ, p. 208.

> 咳嗽。昨晚来了一场暴风雪，电闪雷鸣 ，大雪裹挟着冰雹。塞纳河的河水十分汹涌。①

桑的病情十分严重，以至于两人的角色调换了过来，肖邦叫来了他的顺势疗法医生莫兰给桑看病。即便日常生活中出现了这些干扰，肖邦还是成功出版了《三首玛祖卡》(op.59)。他将这部作品以600法郎的价格卖给了柏林的施特恩（Stern），又将法语版本的出版权卖给了施莱辛格，多赚了300法郎。

到了圣诞节，肖邦的情绪陷入了低谷，于是他试图劝说母亲来巴黎小住几天。他说奥布列斯科夫一家去雅典看望女儿之后，在返程途中刚好路过华沙，母亲可以跟他们同行。尤斯蒂娜的回复不失母亲的关切，也一如既往地合情合理。她解释说由于风湿病，自己连短途旅行都无法完成，最多只能穿过华沙城去看望肖邦的姐姐卢德维卡。

> 我愿意跟你一起过一整个冬天，但是你，我可怜的儿子，你会怎么做呢？我只会给你添麻烦，你天性善良，因此我也深知你会因我而感到不安，你会认为我待着无聊、不舒服，有一千个担忧。不，我亲爱的孩子，我不会去的，尤其是你身边还有无微不至照顾着你的人，对此我感激不尽。②

真正来探望了肖邦的一个人是弗朗茨·李斯特，当时他正在法国各地巡演，12月中旬突然造访奥尔良广场。这次的谈话肯定提到了这年8月李斯特在德国波恩取得的成功。李斯特
511 拯救了为纪念贝多芬诞辰75周年而举行的铜像揭幕等一系列

---

① CFC, vol. 3, p. 228; KFC, vol. 2, p. 156.

② CFC, vol. 3, p. 232; KFC, vol. 2, p. 158.

活动，成了欧洲的热点话题。他资助了大部分活动，还承担了铜像的费用，这尊铜像至今仍矗立在波恩。但这件事最终导致他破产，让他身心俱疲，还引起了一些人的猜疑。[①]这次法国巡演就是为了填补一些经济上的漏洞。肖邦和其他著名音乐家一样，也收到了揭幕式的邀请，但他没有参加。对于庆祝活动本身，肖邦给出的唯一评论就是："李斯特让自己在波恩受到了拥戴。"[②]李斯特可能也发现肖邦对他不是特别亲切友好，两人已渐行渐远，奥尔良广场也被不安的气氛所笼罩。在过去这些年里，两人之间就算有任何残存的情谊，此时也已经消耗殆尽了。这是两位作曲家最后一次见面。

V

肖邦和桑努力维持着社交生活的表象，拖着疲惫的身体去看芭蕾舞和戏剧，和同样生着病的观众一起咳嗽、打喷嚏。12月12日两人看了一场芭蕾舞，不久之后又去看了迈克尔·巴尔夫（Michael Balfe）的新歌剧《塞维利亚的明星》（*L'Étoile de Séville*），这部歌剧让肖邦十分失望，但他很喜欢剧中的演唱。让他十分在意的是梅耶贝尔就坐在旁边的包厢里，此时他已经完成了两部十分优秀的歌剧——《先知》和《非洲女郎》——但肖邦至今也没能买到其中一场的票。让桑和肖邦高兴的是，他们的朋友女演员玛丽·多瓦尔在阿道夫·德内里（Adolphe Dennery）的新剧《玛丽－让娜》中出演主角，这部剧讲述的是一个工人阶级的妇女被没出息的丈夫抛弃，不得不把挨饿的孩子送到福利院的故事。肖邦写道："演得非常好，所有人都在抽泣抹泪，在剧院里到处都听到擤鼻涕 512

① 李斯特在这次贝多芬周年祭中承担的责任详见 WFL, vol. I, pp. 417–28。

② CFC, vol. 3, p. 212; KFC, vol. 2, p. 145.

的声音。”[①] 寒冷的天气再加上这样的情节剧，在1845年这个阴郁的冬天，手帕一定卖得特别好。新年过后，肖邦的身体状况依旧没有多大起色，但他还是在1月和2月到兰伯特府邸参加了恰尔托雷斯基亲王举办的两场波兰舞会。到了3月，肖邦还在跟顽固的感冒做斗争，于是桑决定在诺昂安装一套中央供暖系统，她让莫里斯负责绘制房子的平面图，然后找一家巴黎的公司安装设备。这又是一笔不小的开销，但桑可能考虑到这样做确有必要，不仅能让肖邦舒服一些，也能让她自己轻松一些。

实际上1845~1846年这个冬天对于桑来说也十分艰难，这可能是她第一次对这位她不得不照顾的“常任病人”公开表示出不耐烦，他频繁生病，对周遭的一切过分敏感，有时会突然发火，而且桑察觉到，只要肖邦看到经常在她身边转悠的那些男性——包括埃曼努埃尔·阿拉戈、皮埃尔·博卡奇、路易·布朗和28岁的维克托·博里（几乎可以肯定从1846年开始他和桑就成了情人，虽然是背着肖邦的）——跟她在一起时，他就会嫉妒发火。她告诉玛丽·德·罗齐埃：“我那天生气也是合情合理，我鼓起勇气跟他说了一些逆耳忠言，威胁他说我已经忍受到极限了。从那之后他就很讲理了。”[②] 也许亚当·密茨凯维奇说得对。这位诗人一直主张桑和肖邦的关系正在慢慢地杀死她。他甚至说：“肖邦让她中了邪，是她良知上的吸血鬼，是她苦难的源头，肖邦折磨着她，也许她最后会因肖邦而死。”[③] 如果说桑就是在这时找到

---

① CFC, vol. 3, p. 226; KFC, vol. 2, p. 155.

② CGS, vol. Ⅶ, p. 430. 肖邦爆发的醋意由来已久，不少资料中都有记录。据乔治·吕班称，从1843年7月20日桑给博卡奇的信中可以清楚地看出，桑已经告诉肖邦博卡奇曾是她的情人，她抱怨说自己用这样的“坦诚”换来的仅仅是肖邦的嫉妒。对此吕班加了一个冷冰冰的注释：“坦诚和犯罪一样，没什么值得感激的。”CGS, vol. Ⅵ, p. 202, n. 1.

③ KGS, vol. 3, p. 189.

了新小说的灵感，那也不足为奇。要把她和肖邦之间的事写成 513
一部小说，桑从身边就能找到各种各样的素材。1846 年春天，她开始潜心工作，把自己从“雷丽亚”变成了“卢克雷齐娅·弗洛里亚尼”——新小说中这个人物形象的主要目的就是以几乎不加掩饰的描述向世人展示她在肖邦生活中扮演的角色。

5 月 2 日，肖邦在公寓里举办了一场成功的派对，有音乐、有鲜花，桑将其形容为“盛大的场面”。恰尔托雷斯基亲王和亲王妃，以及萨佩哈（Sapieha）公主都参加了派对，客人还包括德拉克鲁瓦、路易·布朗、埃曼努埃尔·阿拉戈以及路易和波利娜·维亚尔多。肖邦弹了钢琴，波利娜·维亚尔多演唱了歌曲。可以说肖邦为桑举办了一场最好的送行派对。三天后她带着未完成的《卢克雷齐娅·弗洛里亚尼》手稿启程返回诺昂。肖邦的课程结束后，也在 5 月 27 日带着他自己未完成的手稿回到了诺昂。

VI

这时有一部作品给他带来了不少麻烦——《g 小调大提琴奏鸣曲》（op.65），两年之后肖邦才把它完成。早在 1845 年深秋，肖邦就把这首奏鸣曲带到了巴黎跟奥古斯特·弗朗肖姆一起排练，但没有取得太大进展。在 1845 年 12 月 12 日 ~26 日写给家人的信中，肖邦说：“我和弗朗肖姆一起试奏了大提琴奏鸣曲——效果不错。但不知道今年是否来得及出版。”[1] 十个月后，这部作品仍存在问题，他不得不承认：“对于我的大提琴奏鸣曲，我时而满意，时而不满意。每次我把它丢到角落之后又会重新捡起来。”[2] 直到 1847 年 10 月，弗朗肖姆给了一些技术性的建议后，这首奏鸣曲才算完成，肖邦也将乐曲题献

---

① CFC, vol. 3, p. 228; KFC, vol. 2, p. 157.

② CFC, vol. 3, p. 251; KFC, vol. 2, p. 175.

给了他（“致我亲爱的朋友及最亲爱的奥古斯特·弗朗肖姆，
514 F. F. 肖邦”①）。留存至今的200多页手写草稿足以证明肖邦创作时内心的挣扎。过去人们习惯性地将它诟病为“大提琴伴奏下的钢琴奏鸣曲”，直到近些年情况才有所改变。诚然，只有高水平的演奏者才能将奏鸣曲中不朽的第一乐章完美呈现，但这一点可能让很多人忽略了它的真正意义。如果演奏时将呈示部完整反复，第一乐章足足有十五分钟，几乎和其他几个乐章加起来一样长。但实际上这首奏鸣曲是一部优秀的大提琴作品（为此我们要感谢弗朗肖姆，他也提供了乐曲中的指法和弓法），如今成了大提琴曲领域的重要作品。以下出自第一乐章展开部的乐段就十分典型，对于钢琴演奏者来说十分具有挑战性。但如果能克服这些挑战，演奏者就能展现出由声音构成的美丽织锦，让大提琴在肖邦风格的背景上进行热烈的主题变化。

① “*À mon ami chéri et bien chéri Aug. Franchomme, FF Chopin.*”肖邦在其他作品的献词中从未表达过如此强烈的感情。

这是肖邦第五次也是最后一次尝试古典的奏鸣曲式［算上《g小调钢琴三重奏》（op.8）］，乐章的排列顺序也和前四 515 首一致——快板、谐谑曲、广板和终曲——广板乐章仍被放在谐谑曲和终曲之间，显然他很喜欢这样的排列顺序，从没有改变过。

广板乐章如同一首夜曲风格的咏叹调，让人联想到美丽的秋色（也被描述为“马勒风格”），这一乐章值得我们进行一番研究。在两三年前，弗朗肖姆以25000法郎的高价购买了一把斯特拉迪瓦里大提琴，该乐章宽广的旋律是否就受到了这把琴的启发呢？这把1711年的“迪波尔”斯特拉迪瓦里大提琴后来归姆斯季斯拉夫·罗斯特罗波维奇（Mstislav Rostropovich）所有，在他的一些唱片中可以听到这把琴的声音。我们也许可以稍微允许这样的想法存在，即肖邦写下下面这段旋律时，脑中想象的就是这把琴标志性的音色。

弗朗肖姆的所有著名品质都体现在了这段旋律中，悠长如歌的乐句与他优雅的运弓完美契合。这一乐章以宽广的3/2拍写成（在肖邦的作品中是绝无仅有的[①]），让人以为演奏它可能需要很长的时间。但这一乐章只有27小节，演奏只需4分多

① 除非我们算上令人费解的《升F大调前奏曲》（op.28），肖邦将手稿中的6/4拍改成了3/2拍，但却没有修改乐谱，让演奏者迷惑不已。两种拍号在不同版本的乐谱中都能见到。

钟——两者间的矛盾再次提醒了我们音乐上的节拍不能用秒表来衡量。

516 VII

经常让音乐历史学家感到遗憾的一件事就是很多作曲家还没来得及实现他们晚期作品中展现出的音乐理想就与世长辞了。正如格里帕策（Grillparzer）在舒伯特的墓志铭中写的那样："音乐在这里不只埋葬了一个丰富的宝藏，也埋葬了更美好的希望。"这句话同样适用于肖邦，如果肖邦能多活十年，几乎可以肯定他会留下更多值得我们深思的非凡之作。这里我们所说的不只是已有作品的延续，虽然从这方面讲也一定相当可观，但我们更多指的是他可以对一些试验性的曲式进行完善，这些尝试当时已初见端倪，但由于英年早逝，肖邦未能对其进行更深一步的探索。但不管怎么说，研究肖邦音乐语言的发展历程不是一件易事。他的音乐如此独特，以至于早期作品和晚期作品经常被人们混淆。长期以来，贝多芬的作品可以被划分为三个清晰的"阶段"，而对于肖邦的作品，我们却无法这样简单地处理。即便如此，还是有大量证据显示，1841 年之后肖邦的创作进入了一个全新的阶段，这时他开始对大型曲式进行大胆革新。

《升 f 小调波兰舞曲》（op.44）是一个转折点，这首乐曲突破性地在中段（central espisode）加入了一首玛祖卡，在乐谱上被标记为"玛祖卡节奏"（Tempo di Mazurka）——波兰舞曲中出现这样的指示令人感到难以置信。仿佛舞者们前一秒还在富丽堂皇的宴会厅里，下一秒就切换到了乡村广场。早在 1841 年 8 月，我们就看到肖邦给维也纳出版商彼得罗·梅切蒂（Pietro Mechetti）写信说："目前我有一份手稿要交给你。这是一首以波兰舞曲曲式写成的幻想曲，我把它称为波兰舞曲。"肖邦将这封信附在了写给丰塔纳的信中："我［给梅切蒂］提供了一份新手稿（类似波兰舞曲，但更像幻想曲）。”[①] 最终肖邦还是给这首乐曲起名为波兰舞曲，但从他最初的犹豫中可以看出，他本人也开始意识到自己的创作进入了一个新阶段。（显然在创作“幻想”波兰舞曲之前，这一体裁已在他的 517
脑海中萦绕多年了。）这首《升 f 小调波兰舞曲》的主旋律与次年创作的第 53 号作品“英雄”波兰舞曲的主旋律如出一辙，两者都体现出了极强的创新性。

前文提到的从宴会厅到乡村广场的切换是肖邦作品中极具代表性的手法，两种体裁相互交叠，预示着新内容的出现。近些年出现了一种新观点，认为中间插段其实不是玛祖卡，只是一个标注了“玛祖卡节奏”的乐段。[②] 这样的区分自然是毫无意义的。看一看华沙的肖邦国家研究院馆藏的手稿，这个说法就会不攻自破。从仅存 30 小节的草稿中可以看出，这一乐段最初被写成了一首单独的降 E 大调乐曲，已经有了玛祖卡的雏形，
最后肖邦将它丰富完善后加入到了正在创作的波兰舞曲中。[③] 518

---

① CFC, vol. 3, p. 66; KFC, vol. 2, p. 32.

② 关于这个问题，可以参见杰弗里·卡尔贝里具有开创意义的注解（KCLS, p. 269），卡尔贝里说这一乐段“从功能上说是特殊的”。

③ 转成 A 大调之后，草稿中的乐曲首先试探性地出现在了波兰舞曲的第 141~147 小节，之后完整地出现在了第 161~184 小节。这份草稿 2005 年由肖邦国家研究院获得，索引号 F.9904。我要感谢波兰国家版本的副编辑帕维乌·卡明斯基（Paweł Kamiński），是他让我注意到了这份草稿以及它在《升 f 小调波兰舞曲》中的出现。

必须要提到的是“玛祖卡节奏”之前那个严肃、战斗般的乐段，肖邦此前的作品中很少出现这般张狂凶悍的风格——如同军队昂首阔步，越走越近。

这个乐段不甚协调，光秃秃的八度被不停地用力砸出，一直持续 20 个小节，中间只偶尔停下来回顾了前面的一个副题，然后再次以毫不缓和的力度持续 16 个小节。这个乐段也明显缺乏歌唱性。在这 36 个小节里，这位以优美旋律著称的作曲家没有写任何旋律。肖邦的其他作品大多旋律丰富，极少出现这种情况。

同时期创作的著名的《f 小调幻想曲》（op.49）更为大胆地融合了不同体裁，已经不能算是幻想曲了。在这个具有梦幻感的名字背后隐藏着极为严谨的乐曲结构——乐曲采用了缩略的奏鸣曲式，包含一个徐缓的引子和完整丰满的快板呈示部。这部作品中还包含了另一个不太可能出现在“幻想曲”中的体裁——进行曲，不是一首而是两首，即引子（第 1~43 小节）中的慢节奏进行曲和第二主题（第 127~142 小节）中的快节奏进行曲。乐曲的结尾甚至用了宣叙调（第 320~322 小节），

提醒着人们它与歌剧的联系。曲式和体裁的融合是肖邦创作晚 519
期的主攻方向。[①]

1845 年，肖邦在给华沙家人的信中说他正在创作一部新作品，“名字我还没有想好”[②]。这是他第一次提到后来被命名为《幻想波兰舞曲》（op.61）的乐曲。从标题中就能看出，他将两个原本独立的体裁融合在了一部作品中。肖邦对作品名字表现出的迟疑让我们猜测他可能意外地发现了这两种截然不同的体裁可以被放在一起。《幻想波兰舞曲》是肖邦所有作品中结构最复杂的一部，它完全摆脱了传统模式的束缚，是钢琴音乐世界里一道亮丽的风景。

加上“幻想”这个限定词后，肖邦让波兰舞曲告别了过去的模式。乐曲中没有了波兰舞曲标志性的终止式结尾，这种第二拍为强拍的节奏原本来自舞会上的舞步。肖邦其他波兰舞曲中的三段式结构也消失不见，乐曲出人意料地没有“回到开头”再现主题。但肖邦还是保留了波兰舞曲中一些最基本的元素，包括最具代表性的，这一节奏型的反复闪现足以让我们辨认出乐曲的体裁。除此之外，《幻想波兰舞曲》也具有开创性意义。创作对于肖邦来说并不是轻而易举的。这部乐曲的草稿比肖邦其他钢琴独奏曲的草稿都要多，加起来共有 8 页，让我们看到这首《幻想波兰舞曲》经历了几个阶段的打磨才有了今天的样子，而且其中还体现出了一些出人意料的变化。乐曲原本以 c 小调开始，而不是降 a 小调——肖邦后来的

① 波兰传记作家米奇斯瓦夫·托马谢夫斯基提出了几个值得读者研究的问题，他指出这首幻想曲“隐晦地引用了”卡罗尔·库尔平斯基的爱国主义歌曲《利特温卡》（*Litwinka*）中的旋律，这首歌创作于十一月起义期间，在巴黎的华沙侨民中间流传甚广，肖邦可能也很熟悉这首歌。幻想曲中有一两个主题确实跟这首歌曲惊人地相似，如需进一步了解，请参见 TCSZ, pp. 218–20。

② CFC, vol. 3, p. 225; KFC, vol. 2, p. 155.

选择让乐曲的色彩暗淡了下来，也让我们看到有时乐思出现时就带着它自己的调性，而肖邦最终也找到了处理它的办法。为开篇部分赋予了幻想曲风格的上行琶音是肖邦后来加上的。正520 是这些“后加”的元素成了这部作品的标签，也成就了肖邦作品中一个经典的踏板效果。踩下延音踏板，仿佛神灯中的精灵被释放了出来。

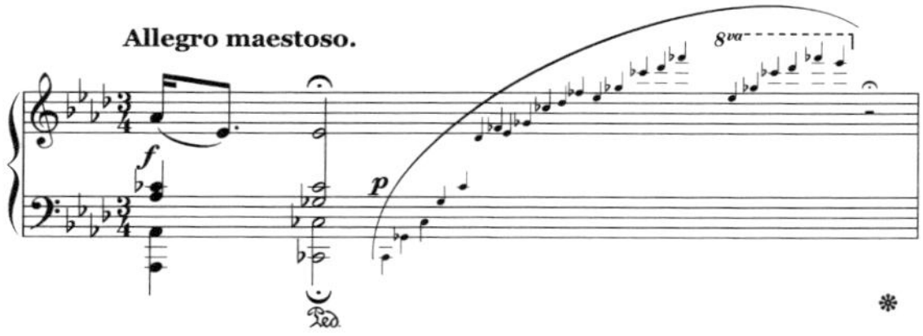

在一连串的泛音中，键盘从一端闪烁到另一端，中间夹杂着的不谐和音营造出了一种充满未来感的梦幻效果。接下来幻想曲风格的旋律努力向波兰舞曲靠拢，其间给了我们一些线索，预示着后面队列主题的出现。这段引子如同一个微缩版的交响曲展开部，有些学者也讨论过它与理查德·施特劳斯和瓦格纳作品之间的相似之处。进入波兰舞曲之后，首先出现的是舞步的节奏。

接下来波兰舞曲准备进入乐曲的主调，但直到第 27 小节，在乐曲开始近两分钟后，降 A 大调才姗姗来迟。

这是一个不太像波兰舞曲里会出现的乐段。此前肖邦波兰舞曲中盛大隆重和爱国主义的典型气质在这里都没有出现。相反，我们听到的仿佛是一个从前奏曲或即兴曲里偷偷带出来的 521 主题。可能正是这种体裁的混搭让最早的听众感到疑惑不解、出乎意料。慢节奏的中间插段也是如此，慵懒的气氛仿佛把我们带入了与波兰舞曲格格不入的夜曲的世界中。

但正是在主题再现中，肖邦展示出了音乐大师的精湛技艺。看似平静的外表下藏着十足的爆发力，这种力量在非比寻常的高潮处爆发，在肖邦的作品中也很少见。通过从波兰舞曲的各个部分抽取主题，将它们再现升华为连贯的旋律，肖邦再次完成了一项创新。这自然不是他第一次对前面出现的主题进行升华（我们在前文讨论过《g 小调叙事曲》和《升 c 小调谐谑曲》中都有令人印象深刻的例子），但这是他第一次将如此分散的主题集合起来，整个再现部一气呵成，展现出了比各部

分加在一起还要出色的效果。在这里，波兰舞曲的开篇主题［“半声”（*mezza voce*）］穿上了华丽的外衣，成为通往再现部分的大门，如同一双铁拳伸进了一副天鹅绒手套。

522 接着旋律不可避免地回到了中段主题［“稍慢”（*poco più lento*）］，升华后的旋律展现出了它的另一面，被赋予了英雄气概。

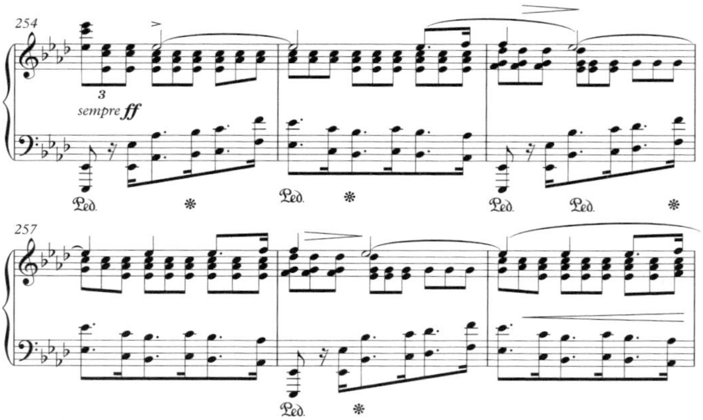

著名波兰作家、画家费利克斯·雅布沃琴斯基（Feliks Jabłczyński）甚至说：“在贝多芬的《英雄交响曲》和《热情奏鸣曲》中都找不到如此热烈的段落。”虽然这话有些夸张的

成分，但我们必须承认肖邦的作品中很少能找到比这几页更加激昂的段落了。完成于1846年夏天的《幻想波兰舞曲》可以被看作肖邦的绝唱。疾病侵蚀着他的身体，让他的事业也停滞下来。诚然，他著名的《船歌》（op.60）和最后的《两首夜曲》（op.62）此时还没有完成，需要一段时间的打磨才会呈现出最终的样子。但这两部作品都不像《幻想波兰舞曲》那样需要耗费肖邦大量的精力。伏尔泰曾说过一句至理名言："完美是优秀的敌人。"当我们翻阅《幻想波兰舞曲》的草稿，在每一页上看到肖邦内心的挣扎时，我们实际上看到的是肖邦将他眼中的"优秀"打磨成"完美无瑕"的过程。

《幻想波兰舞曲》似乎指向了一种新体裁的诞生，但肖邦的早逝扼杀了这种可能。这部作品花了很多年才走到了肖邦作品的前排，它的"接受史"十分曲折，如果只看作品刚问世时人们对它的评价，我们就会误入歧途。在这方面，李斯特有 523
一定的责任，他说这部《幻想波兰舞曲》"让人感到焦躁，甚至到了精神错乱的边缘"[1]。尼克斯也有样学样，指出《幻想波兰舞曲》是一部出格的作品，他告诉读者："从病态的内容来看，这部作品不属于艺术的范畴。"这些评论让我们感到难以置信。[2]实际上，尼克斯无意中触犯了一个不成文的忌讳。"永远不要对你不喜欢的音乐进行价值评判。"纵观批评史，不喜

---

① LC, p. 62. 很少有人知道的是，李斯特后来否定了自己的判断，而且是全盘否定。李斯特写下这句话的25年后，他承认自己当时犯了错误，没有领会到肖邦最后几部作品中的精妙之处，尤其是《幻想波兰舞曲》和《船歌》。"现在我十分欣赏这些作品。" LLB, vol. Ⅶ, p. 122.

② NFC, vol. 2, p. 248. 直到1965年，赫伯特·温斯托克（Herbert Weinstock）还将这首《幻想波兰舞曲》列入肖邦"有瑕疵的作品"中，认为应该将它"缩短24小节或30小节"，但并没有说明应该删掉哪24小节或30小节（WCMM, p. 282）。在近些年的传记作家中，吉姆·萨姆森（Jim Samson）为肖邦翻了案，他指出了这首乐曲的独到之处，尤其是复合主题结构中的内部细节。SMC, pp. 200–211.

欢通常代表着误解。从此两人便为持续了半个多世纪的讨论奠定了基调。人们也经常把《幻想波兰舞曲》与文学作品联系起来，尤其是将它与密茨凯维奇的长诗《塔杜斯先生》里的著名场景杨基耶尔的音乐会（由塔尔诺夫斯基指出）和斯沃瓦茨基的《里拉·维尼达》（*Lilla Weneda*）中的一些段落（由亚希梅茨基指出）联系起来；但这些说法似乎无法成立。演奏者比音乐学者更早领悟到这部作品的价值，在学术研究中被宣告死亡的同时，它的旋律仍活跃在音乐厅里。从传记作家的视角来看，肖邦能在这样的“多事之秋”写出这样的作品已是奇迹。

除了让他度日如年、难以工作的疾病之外，肖邦也渐渐发现（虽然还没说破）他和乔治·桑的关系开始出现问题，很可能会破裂。这场已潜伏多时的危机很快就会浮出水面。在1845~1846年这个凄惨的冬天，“雷丽亚”正逐渐变成“卢克雷齐娅·弗洛里亚尼”，而这件事带来的后果也是乔治·桑不曾预料到的。5月28日肖邦返回诺昂见到桑时，她已经完成了转变，不久后肖邦就会发现自己成了这片陌生土地上的一位陌生人。

524 VIII

前一年的夏天有多么阴冷，1846年的夏天就有多么酷热。为了缓解不断升高的气温带来的燥热，桑把自己泡在安德尔河里，她躺在河边的沙滩上，抽着香烟，让河水拍打着下巴。索朗热和奥古斯蒂娜也经常和她一起，用桑的话说，像一对小精灵或小鸭子在一旁玩水。肖邦则拒绝下水，他更愿意沉浸在这突如其来的热浪中，但如桑所说，当他开始出汗甚至散发出臭味时，他就会感到羞愧难耐。“看到这样一个不食人间烟火的人拒绝像平常人一样出汗，我们笑得眼泪都出来了；但是千万别告诉他，不然他肯定会生气。”肖邦把玛丽·德·罗齐埃给他买的一台小制冰机带到了诺昂，学会了制作冰激凌。桑对这个先进的机器赞叹不已，品尝了成品后惊呼道："我的天！乡下的一切都如此美好，为什么非要在巴黎忍受魔鬼的折磨，把自己折磨死呢？"①

7月，诺昂因桑的老朋友、热爱音乐的查尔斯·迪韦内（Charles Duvernet）的到来变得欢腾起来，迪韦内是桑的邻居，就住在附近的拉沙特尔。和他一起来的还有一位名叫埃莉萨·富尼耶（Elisa Fournier）的年轻女子，她为我们清晰地描述了诺昂晚会上的情景。就在这天晚上，肖邦给大家弹了几个小时的钢琴，临近午夜才结束。富尼耶写道："我从来没听到过如此才华横溢的演奏——如此简洁、温柔、随和而巧妙。肖邦首先为大家戏仿了贝利尼的歌剧，自己演唱了所有的角色。他的模仿非常细致入微，准确地抓住了作曲家的特点，逗得观众笑声连连。"随后他为苦难中的波兰同胞弹了一首祷告曲，让听众流下了感动的眼泪。接着他又演奏了一系列自己的作品，包括《葬礼进行曲》和一首"声音如警钟般的"练习曲。休息了一会儿后，在桑的提醒下（她哼唱出了开头的几个音符），肖邦用"这个地区十分常见的、旋律欢快的布列舞曲"
即兴演奏。当晚最吸引大家的是肖邦的惊人绝技：他用钢琴模 525
仿了一个坏掉的音乐盒。这段演奏如此出神入化，对细节的刻画如此精妙，以至于富尼耶写道：

> 如果不是身在现场，我们根本不能相信在肖邦手指下叮叮作响的是一架钢琴。潺潺的流水声和音筒转动时铁质音针发出的声音被模仿得惟妙惟肖，这时突然出现了一个微弱的、几乎听不到的旋律，它反复出现，直到机械坏掉

① CGS, vol. Ⅶ, pp. 370–71，392.

> 之后才停了下来。他弹的是一首民歌的旋律，感觉是一首提洛尔民歌，由于音筒上缺了一个音，所以每次到这个音的时候音筒都会被卡住一下。①

那天听了这场音乐的客人们都沉浸在诺昂表面的祥和气氛中，几乎没有人发现这个家庭正悄悄地分崩离析。这样的过程往往都是从小事开始的。格日马瓦来诺昂时，带来了一位肖邦家的老朋友，劳拉（洛尔卡）· 乔斯诺夫斯卡［Laura（Lorka）Czosnowska］伯爵夫人。肖邦想当然地认为几个人足够熟悉，便邀请劳拉来诺昂做客，但桑对劳拉的态度却并不友好。桑很欢迎格日马瓦，对劳拉却不是这样。她抱怨说劳拉身上的麝香味很浓，裙子上镶满了花哨的装饰，衣着朴素的桑向来对这种女性化的饰品嗤之以鼻。更糟糕的是，她还带着自己的宠物狗莉莉，这只小狗口臭熏天，惊得所有人倒吸一口凉气。她的麝香味让人想起她的狗，她的狗又让人想起她，因此桑不可避免地拿她开起了不合时宜的玩笑。肖邦认为这些玩笑十分无礼，私下里为这位家里的朋友感到愤愤不平。②早在华沙的时候他就十分同情劳拉，由于怀疑她有外遇，她的丈夫在她面前饮弹身亡。在桑的圈子里，格日马瓦是唯一一个知情的人，劳拉也从没对谁说过，默默地承受着这一切。肖邦的同胞约瑟夫 ·
526 诺瓦科夫斯基也受到了类似的冷遇，约瑟夫在华沙音乐高中时也是埃尔斯纳的学生，本打算来诺昂和肖邦团聚。但桑拒绝接待他，给出的理由是没有多余的卧室。肖邦之前被迫辞掉了自己的波兰男仆，现在又被剥夺了波兰朋友的陪伴，他开始觉

① LGSB, pp. 28–29.

② 劳拉在诺昂遭受冷遇之后，肖邦将次年出版的《三首玛祖卡》（op.63）献给了她，通过这种方式补偿了她。

得自己被边缘化了。但即便“房间不够”，桑还是让莫里斯把他的朋友欧仁·朗贝尔（两人是德拉克鲁瓦画室的同学）带到诺昂避暑，一贯对这些事十分敏感的肖邦意识到他被降级到了家中的从属地位。除此之外，还有其他迹象也表明，桑和肖邦之间的关系开始出现了问题。桑当着劳拉的面说，肖邦的姐姐比肖邦强一百倍。肖邦回答道：“这一点我十分清楚，只有卢德维卡这么可爱的人才能给这里的所有人留下好印象。”[①] 这句微妙的话为后来的事埋下了伏笔。对于无心之人，这样的对话只是无伤大雅的玩笑。但当两人的关系走上了下坡路，说话的方式就变得十分重要了，因为平静的表面下经常暗藏着汹涌的波涛。

IX

桑对肖邦越来越不耐烦，而她对这种情绪的处理方式也没有太出乎人们的预料。何不让这段恋情发挥余热，把它写成一部小说呢？《卢克雷齐娅·弗洛里亚尼》算得上一部真人真事改编的老套小说，以严重偏向桑的视角隐晦地描述了这些年她和肖邦之间的事情。卢克雷齐娅是一位著名而世故的女演员，她照顾着并爱上了一位体弱多病、有些神经质的年轻王子卡罗尔·德·罗斯瓦尔德。桑经常否认这个故事与她和肖邦存在任何联系，但这样的否认没有任何说服力，因为小说和现实之间的差距微乎其微。两人初次相遇时，卢克雷齐娅 30 岁，卡罗尔王子 24 岁——桑与肖邦的年纪也相差 6 岁。卢克雷齐娅遇见卡罗尔王子时，她已经有过好几段情史，还和几个男人分别生下了孩子，在全欧洲已十分出名——和桑自己的情况十分相 527
似。卢克雷齐娅给了卡罗尔无条件的爱，让他跟自己一起住在

---

① CFC, vol. 3, p. 246; KFC, vol. 2, p. 171.

弗洛里亚尼别墅，在他生病的时候照顾他——和肖邦在诺昂的情况类似——但对于这样全心全意的奉献，他却因她多年前的情史吃醋，以毫无依据的嫉妒每天折磨着她（“他变得不宽容，也让人难以忍受”）。最终卢克雷齐娅疲惫不堪，无法再承受这样的感情负担，过早死去了。桑为卢克雷齐娅赋予了她欣赏的所有优秀品质——她拥有孩子们的爱戴，能给予伴侣无条件的爱，鄙视好色的伪君子——桑不遗余力地为读者塑造出了理想中的自己。相比之下，卡罗尔王子性格内向，冷若冰霜，对卢克雷齐娅的主动表现得十分漠然——十年前肖邦无意中勾起桑的情欲时，他的这些品质给桑带来了不少痛苦。最后，卡罗尔王子来自“东欧”，有着波兰人的名字，这一点也是将肖邦与小说联系在一起的有力证据。书中有一段对卡罗尔的描写甚至和桑在自传中对肖邦的描写十分相似，但在小说中她可以写得更无拘无束。

> 他极其礼貌、内敛，没人能知道他头脑里在想什么。他越气愤，举止就越冷淡；人们只能从他礼貌行为中的冷酷程度判断他的愤怒程度。他很冷漠、拘谨、做作，对什么都不感兴趣。他有那样一种气质，喜欢轻轻地刺痛别人，享受其中的快感，但他总会把人伤得很深。他似乎觉得一切都没意思。他对每一个看法、每一个想法都不置可否。别人提议他参加什么消遣活动时，几乎可以肯定不管要说什么、不管说了什么，都会遭到他的鄙视。①

桑把卡罗尔刻画成了一只寄生虫，他吸食着卢克雷齐娅无限的爱，利用自己在弗洛里亚尼别墅的地位占尽了便宜，这样

---

① 桑，《卢克雷齐娅·弗洛里亚尼》，巴黎，1888，第 249~250 页。

的描述尤为无情。1840 年，甚至是在 1844 年，她都不可能写得出这样含沙射影的人身攻击，但到了 1846 年，这些话就已经倾泻而出了。书中刻画的肖邦形象哪怕有一点真实的成分， 528 那么桑肯定已经在谎言中生活多年了。她不可能承认这一点，因此她在自传中竭力否认卡罗尔王子和肖邦有任何的联系。她提醒读者：

> 卡罗尔王子不是一位艺术家。他是一个空想家，仅此而已。他不是个天才，没有特殊的天分。因此他绝非肖邦这样的伟大艺术家的写照。肖邦是个疑心很重的人，但他每天阅读我书桌上的手稿时，丝毫没有在这个角色里看到自己的影子。
>
> 尽管如此，有人告诉我从肖邦后来的反应中可以看出，他把自己想象成了卡罗尔。是和我作对的人——有些跟肖邦关系很近，他们称自己是肖邦的朋友，仿佛因此获得了让他痛苦的权力——让他以为小说展现的是他的性格。他的记忆力无疑在这时开始衰退；他忘了自己看过这本书。如果他能再读一遍就好了！①

桑的辩解毫无新意。李斯特坚信他知道这位卡罗尔是谁。在他的肖邦传里，李斯特想当然地认为卡罗尔代表肖邦，卢克雷齐娅代表桑，弗洛里亚尼别墅代表诺昂。在传记中，他不加删改地引用了桑对卡罗尔性格的描述，并将其理解为对肖邦的描述。桑开始写自传的时候，李斯特的肖邦传已经出版了好几年，因此桑知道自己必须解决这个问题。她的回应可以简单概括成一句话：李斯特被误导了。“有些人认为他们在我的一部

---

① SHV, vol. 2, p. 444.

小说里看出了一些［肖邦的］性格，就说我在小说里详细地描述了他。他们错了……李斯特在《肖邦传》中被带入了歧途，这本书的文风虽过于热情洋溢，但书中也有不少非常好的内容和非常美的叙述。”①

对于这个自私自利的解释，我们还需补充的一点是，1846年初夏她在诺昂给《卢克雷齐娅·弗洛里亚尼》收尾时，肖
529 邦就在隔壁的房间里创作《船歌》和《幻想波兰舞曲》。这部小说以连载的形式在1846年6月至8月的《法国邮报》（*Le Courrier français*）上发表，之后以精装本形式出版，为桑带来了12000法郎的丰厚收入。但这本书没能让桑的文学声誉提高多少，因为它不过是一部言情小说。正是书中的这种文笔，让福楼拜将桑称为“高产的奶牛”——这个诋毁她名声的说法一直流传至今。但这部作品也曾受过亨利·詹姆斯（Henry James）的赞扬，因为它体现了“文学来源于生活”这一当时在文化界大行其道的理念。②不管其文学价值如何，《卢克雷齐娅·弗洛里亚尼》终归是一场背叛。桑把自己和肖邦的亲密关系展示给外界以换取眼前的利益。从一个方面来说她的说法是真实的，虽然算不上有力的辩驳。她告诉读者每天早上她从房间里出来，把晚上完成的十多页稿子放在楼下的桌子上留给肖邦阅读。她补充说，肖邦甚至还会夸奖她的稿子，完全没在文字中认出自己，认为这本书不过也是一部随随便便的小说。德拉克鲁瓦也证实了这一点，有一次桑当着几位朋友的面大声读着稿子，当时他和肖邦也在场。他在一旁听得十分尴尬，坐立不安，而肖邦却完全没有意识到自己被几乎不加掩饰地写进了

① SHV, vol. 2, p. 444.

② 詹姆斯曾就乔治·桑写过一篇影响深远的著名文章，见1913年12月8日的《泰晤士报文学增刊》（*The Times Literary Supplement*）。

书里。肖邦一直没有读书的习惯（除了报纸几乎什么也不看），因此他肯定没有耐心细细阅读这样一部文学作品。所以说到底，肖邦是否在小说中认出了自己其实并不重要，桑对这一点也心知肚明。问题的关键在于桑是不是把肖邦写进了角色，答案显然是肯定的。

《卢克雷齐娅·弗洛里亚尼》引起了桑的朋友和同行的广泛兴趣，他们急切地翻阅着每一期的《法国邮报》，想要知道接下来发生的故事。当时正在特兰西瓦尼亚巡演的李斯特由于看不到最新一期的杂志尤为心急，还叫人给他寄了一份。桑是否通过这部小说告诉世人，她和肖邦之间人尽皆知的恋情已经开始走向终点了呢？所有人都在讨论着这个问题，但不久他们就会得到答案。真实情况比她能写出的任何小说情节更具有戏 530
剧性。就在桑的小说出版过程中，诺昂真人秀的舞台已经布置好，这个故事甚至比《卢克雷齐娅·弗洛里亚尼》还要精彩。

X

索朗热从寄宿学校回来后，桑就真切地体会到了歌德的那句名言："撒种容易收获难。"索朗热叛逆的行为和尖酸的话语在家中频频掀起波澜。面对这个不断制造麻烦的女儿，桑能想到的唯一办法就是很多家庭解决这种问题的传统方法：把索朗热嫁掉，越快越好。这时索朗热已经有了一个追求者，他就是年轻但贫穷的费尔南·德·普雷奥克斯（Fernand de Preaulx）子爵。25岁的费尔南出身望族，但没什么前途。肖邦和桑都很喜欢他，这段关系有些进展后，桑写信给夏洛特·马利亚尼说她觉得索朗热应该也不会反感被人叫作"夫人"。为了推进这段关系，桑打破了惯例，让这对年轻人整晚在索朗热的房间里独处，但结果却出乎了桑的意料。索朗热与费尔南相处越久，就越不喜欢他。他缺乏修养，也不会聊天。

桑从书房里拿了些经典读物借给他看，试图帮他弥补这些缺点，但只引来了索朗热异常尖刻的讥笑。于是他被屈辱地送回家了。

不久后，桑和索朗热在奥尔良广场马利亚尼夫人的公寓里参加了一场派对。客人中有一位退役的陆军上尉，名叫斯坦尼斯劳斯·达庞蒂尼（Stanislas d'Arpentigny），他带来了一个蓄着黑色胡须、长相如同墨菲斯托的男人，自从索朗热走进屋，他炙热的目光就没从她身上离开过。此人名叫奥古斯特·克莱桑热，是一位 33 岁的雕塑家，有着不光彩历史，他从一开始就表明了来意，想要认识著名作家乔治·桑。对话简短且直奔主题。母女俩必须到他的工作室去，让他为她们制作大理石半身像，完成后他会把雕像作为礼物送给她们。两人的虚荣
531 心被激起，很快就掉进了陷阱。她们几乎每天都去克莱桑热的工作室，看着他敲敲打打，用大理石将她们的形象栩栩如生地呈现出来。桑十分欣赏克莱桑热的才华，因此当他表现出对索朗热的兴趣时，桑感到自己没有理由阻拦，即便两人的年龄差了 15 岁。最初将克莱桑热引荐给桑的斯坦尼斯劳斯·达庞蒂尼看出事情的发展苗头后十分担忧，提醒桑提防可能出现的问题。克莱桑热是个挥霍无度的人，他债台高筑，经常酗酒，还在一位情人怀孕的时候殴打她并将她抛弃。桑对这些故事不置可否，认为这都是那些没有看到克莱桑热才华的人散播出来的——说得好像有才华的人就可以这样长期放纵自己、肆意而为似的。但不管怎么说，这些年来她也听过不少关于自己的类似传闻，她深知流言蜚语和含沙射影的指责是一位离经叛道的艺术家必须付出的代价。所以桑没有去质问克莱桑热，去扼杀他的热情，她认为可以先带索朗热回到诺昂，然后让事情顺其自然地发展。但后来的事情证明这是个让她后悔的错误决定。

XI

克莱桑热已在脑中形成了桑是个“有钱人”的印象，于是他决定对索朗热展开攻势。他先是用玫瑰花对索朗热狂轰滥炸，每天从巴黎寄来鲜花，引得当地人议论纷纷，之后这位雕塑家亲自来到了诺昂。桑写道，他“如恺撒”般出现，向索朗热求婚，盛气凌人地要她立刻给出答复。他下了最后通牒，想要在“二十四小时内”得到回复，不然就撤销求婚。看到他如此坚定，桑的所有顾虑都被打消了。她的社交圈中很少有具备这种品质的男性，完全没有意识到克莱桑热是故意这样做给她看的。桑惊叹道：“这位克莱桑热做什么事都随心所欲，什么时候想做就去做，不用吃饭也不用睡觉。”接着她兴致勃勃地写道：“这样不知疲倦、从不松懈的意志力让我惊叹又欣赏。”[①] 她不服 532
管教的女儿终于吸引了一个男人的注意，这个人也许能镇住她，甚至可能在艺术领域有所作为。桑一度让自己相信这个男人也许会成为第二个米开朗基罗，会为她富有艺术气息的家庭增光添彩。但索朗热会接受他的求婚吗？让桑惊喜的是，她同意了，于是诺昂上上下下都开始为这场匆忙的婚礼忙碌了起来。匆忙是有原因的。索朗热担心自己已经怀上了克莱桑热的孩子，她开始洗冷水澡，跳进冰冷的溪水里，好让例假早点到来，桑也开始慌张起来。为了避免当地人说闲话，她让莫里斯（当时正在巴黎）联系卡西米尔·杜德旺，马上起草一份结婚协议。她写信告诉莫里斯：“我们的处境现在很糟糕，买一份特殊的结婚许可，让人寄来。”[②] 索朗热当时还未成年，需要得到卡西米尔

① CGS, vol. Ⅶ, p. 660. 1847 年 3 月到 5 月，桑曾给十几个人写信，极尽赞美之词赞扬克莱桑热的美德，这些话没过多久就让她后悔了。

② CGS, vol. Ⅶ, pp. 671, 690.

的同意才能结婚，很快他们就拿到了这份文件。看到家里不会出现令人生疑的孩子，桑放下心来，欣喜地期盼着婚礼的举行。我们需要记住这一点，因为后来这段婚姻出现问题时，桑认为这都是别人的错而不是她自己的错。婚礼前不可避免地要谈到索朗热的嫁妆问题，这时克莱桑热了解到桑已经为索朗热准备好了 50000 法郎，并承诺后续还会追加，她也让索朗热成了她名下一处小房产的最终继承人，这处房产就是价值 200000 法郎的纳博讷公馆（位于拉丁区的哈珀街）。克莱桑热兴奋地返回了巴黎，满脑子都是如何帮他未来的丈母娘花钱的大计划。①

5 月 20 日，索朗热和克莱桑热在诺昂的小教堂里结了婚。这期间还发生了一场闹剧。婚礼前一天晚上桑拉伤了腿上的一块肌腱，不得不被人抬着走上红毯，在剧痛中完成了观礼。这是一个不好的兆头。桑的前夫卡西米尔在婚礼前三天都住在诺昂，让桑的心情变得更糟。婚礼之后的宴会上，莫里斯喝了不
533 少香槟，因妹妹结婚而自己却还单身掉下了“鳄鱼的眼泪”。在这样伤感的气氛下，莫里斯的父亲为了安慰他，便当着这对新人和所有宾客的面说他庆幸自己是个单身汉，这是年轻人最理想的状态，尤其是他看到了身边人的经历之后。卡西米尔的话源于他的个人经历，也源于他心头的些许不快。不知是有意的还是无意的，在婚礼的正式仪式上他的姓氏被略去，新娘仅被称为“索朗热·桑”。似乎这些还不够，婚宴上克莱桑热的弟弟兼伴郎喝得酩酊大醉，在伊波利特的怂恿下做出了一些粗鲁的事情。伊波利特平日里就经常喝得醉醺醺的，在索朗热的婚宴上自然也不能例外。如果桑在婚礼之前就知道期待着这笔横财的克莱桑热已经开始在巴黎大肆挥霍的话，可能她仅存的
534 一点冷静也会被一扫而光。就在克莱桑热挽着索朗热走在结婚

① CS, p. 553.

红毯上时，他已经欠下了高达24000法郎的债务。他把大部分钱都花在了给新婚妻子置办珠宝首饰、雇马车上，还奢侈地雇了两位制服笔挺的仆人随时听候索朗热的差遣。桑听说了这些事情之后才发现自己上当了，她这才看清克莱桑热的本来面目：一个粗俗的逐利者。诺昂突然风云大变。婚礼后不到两周，在言语辱骂、肢体暴力，甚至是死亡威胁轮番上阵后，桑把这对新婚夫妇赶出了家门。桑后来写道："婚礼后的情形让人难以置信……我们差点就割了彼此的喉咙。"①

XII

这期间发生的事情也构成了故事的主要部分。婚礼后没几天克莱桑热和索朗热就去巴黎度了个短暂的蜜月。被人催着还债的克莱桑热想通过抵押纳博讷公馆申请贷款但未成功，因为公馆虽是索朗热的嫁妆，但21岁之前她无权使用。大失所望的克莱桑热写信给桑，说他想回诺昂看看能不能将老宅抵押，作为桑承诺的嫁妆的首款。看了这封信后，桑如火山般爆发了。直到这时她才了解到克莱桑热一共欠下了多少债，以及这个女婿虚伪卑鄙的本质。克莱桑热和索朗热回到诺昂时，发现桑正怒气冲冲地等着他们。两人到诺昂之前，十几只装着克莱桑热雕塑工具和未完成作品的箱子就先到了，可见他们打算在诺昂常住下去，直到把嫁妆的问题解决。桑用彬彬有礼的冰冷态度迎接了他们，把他们领到房间，等待着第一枪的打响。这场战争很快就爆发了。

起因十分简单。索朗热想要出门骑马，专横跋扈地要求奥古斯蒂娜和她一起去。（如我们所知，奥古斯蒂娜·布罗是桑不久前收养的女儿，桑希望她能和莫里斯结婚。）奥古斯蒂娜佯装头疼，拒绝了邀请。索朗热压抑已久的嫉妒都在此时爆发 535

① ML, p. 314; CGS, vol. Ⅷ, p. 77.

奥古斯特·克莱桑热；版画，日期未注明

了出来。她摆出了一副伯爵夫人的架势，抓起马鞭，坐上敞篷马车，命令一位仆人马上去把奥古斯蒂娜叫下楼，因为她没有耐心一直等着。奥古斯蒂娜再次拒绝了。听到庭院里的吵闹愈演愈烈时，桑打开窗户，冲索朗热喊道奥古斯蒂娜是不会跟她一起去的。就是这样一件小事拉开了为期三天的战争的帷幕。桑备好了火药，克莱桑热帮她点燃了导火索。索朗热在晚餐时故意挑事，毫无缘由地指责奥古斯蒂娜（骂她是个荡妇）和莫里斯苟且并怀了他的孩子，由此战争正式爆发。① 正当索朗热

① 这个为了攻击奥古斯蒂娜、顺带抹黑莫里斯的罪名最早出现在画家泰奥多尔·卢梭（Théodore Rousseau）收到的一封匿名信中，卢梭曾短暂地跟奥古斯蒂娜订过婚。卢梭读到这封信后，质问桑为什么要让自己娶一个“二手货”。他利用这封信向桑索要高额的嫁妆，只有这样他才愿意接手这个姑娘。最后桑把他打发走了，说他的要求是“胡言乱语”，并且取消了婚礼。索朗热知道自己骂奥古斯蒂娜是“荡妇”时一定会刺痛这个可怜的姑娘。奥古斯蒂娜不知道匿名信是谁写的，有人猜测这封信可能就出自克莱桑热夫妇之手。

沉浸在攻击奥古斯蒂娜的喜悦中时，桑介入进来，严厉地责骂了索朗热的不当言辞。接着克莱桑热指责桑不尊重他的妻子，坚决要求她向索朗热道歉。桑回答说如果他们愿意，可以永远地离开这个家。到了这个节骨眼上，双方开始动起手来。克莱桑热和莫里斯发生了激烈的争吵，这位雕塑家站起身来，用木槌威胁莫里斯。桑冲到两人中间，扯着克莱桑热的头发，试图把他手中的木槌抢下来。作为回应，克莱桑热一拳打在了桑的胸口上。这让莫里斯失去了理智，跑出房间去拿枪。如果不是当地的助理牧师（这位两周前主持了结婚仪式的牧师现在亲眼看着美满婚姻的希望化作尘埃）招呼仆人一起阻拦，莫里斯可能当场就冲克莱桑热开枪了。这一切发生时，索朗热在一旁冷眼旁观，为自己制造的混乱沾沾自喜。

这些生动的描述引自桑在婚礼后不到七周写给玛丽·德· 536
罗齐埃的一封信，对于她这次的惨痛经历，桑补充道："这对糟糕透顶的夫妇昨天晚上离开了，他们深陷债务，放肆无礼还洋洋得意，留下了一段他们永远无法摆脱的丑闻。三天来，我在自己的家里承受着被谋杀的风险。我再也不想见到他们；也不会让他们踏进我的家门。他们太过分了。我的天哪，我从没做过什么坏事，怎么让我摊上这么个女儿啊！"① 在信的末尾，桑让德·罗齐埃保管好她奥尔良广场公寓的钥匙，以免"这对糟糕透顶的夫妇"进入。

XIII

肖邦幸运地对诺昂发生的这些事一无所知。前一年 11 月他就离开了诺昂，在之后的几个月里一直住在巴黎，根本没有想到自己再也回不去诺昂了。这时阻碍他返回诺昂的那场风波还

① CGS, vol. Ⅷ, pp. 11–13.

没发生。1846 年 10 月底，肖邦在桑的律师朋友埃曼努埃尔·阿拉戈的陪伴下试图返回巴黎，但卢瓦尔河地区的洪水十分严重，冲垮了附近的奥利韦桥，必须要从一架六米长的梯子下到卢瓦尔河的河岸上才能过河。很难想象身体羸弱的肖邦如何能跨越这样的险途。于是他等洪水退去之后，11 月 11 日再次踏上了旅途。① 这是桑第一次让肖邦独自一人返回巴黎，从这个耐人寻味的事情中也能看出两人的关系走上了下坡路。

桑一直没有把索朗热结婚的事告诉肖邦，直到最后一刻，也就是结婚预告公布时肖邦才获悉此事。那时已是 1847 年 5
537 月初，距婚礼只剩两周。有人说桑之所以这么做是考虑到肖邦当时的身体状况，肖邦因“哮喘”已病倒好几周，她是出于真心实意的关怀。桑说，既然肖邦的病让他无法回到诺昂参加婚礼，何必再告诉他更多细节徒增他的负担呢？但更有可能的是她不想向肖邦解释自己最近对克莱桑热产生的欣赏之情，以及因此接纳克莱桑热成了自己女婿的事情。毫无疑问，肖邦和桑大约同时认识了克莱桑热，但他一直不喜欢这个人。他为索朗热的幸福感到担忧，不赞成母女俩每天去这位雕塑家的工作室。他不喜欢克莱桑热专横跋扈的处事风格，也十分反感当时他在巴黎展出的最新作品——一个姿势有伤风化的裸女，“为了让人物的动作显得合理，他不得不在她的腿上缠了一条蛇。她扭曲的样子十分狰狞。这个雕塑刻画的是一位情妇，在巴黎十分有名”②。肖邦对于艺术中作品的女性形象并不是特别古板

---

① 莫里斯·桑用 15 幅画作描绘了 1846 年晚秋在卢瓦尔河谷泛滥的洪水，画面充满戏剧张力，比照片还要生动，为我们描绘了肖邦返回巴黎途中面临的现实阻碍。一辆公共马车出发后渐渐被上涨的洪水淹没；马车试图驶上地势较高的地方时有一个轮子掉了下来；一匹马摆脱缰绳跑走了，只留马车和车夫困在水中。影印版的部分画作可参见 S-DMS, pp. 102–105。

② CFC, vol. 3, p. 284; KFC, vol. 2, p. 204.

拘谨。但如果这样的刻画显然是为了哗众取宠，肖邦就会十分反感。在给家人的信中，肖邦再次表露了自己对这场婚姻的看法，虽然他这时还没听说正在诺昂全面爆发的那场风波。肖邦的评论很有意思，让我们了解到了克莱桑热的家庭以及这家人对这位浪子是多么漠然。

巴黎，1847 年 6 月 8 日

婚礼是在乡下举行的，在我生病的时候——说实话我并没有因此感到不悦，如果我去了不知道我还得忍受哪些面孔。至于那位年轻的丈夫，只有上帝知道他是从哪来的……他父亲是贝桑松（Besançon）的一位雕塑家，只在当地有些名气。他通过自己的劳动赚到了一些钱，现在都投资到当地的房产里了。他有一大家子人。这个儿子从小就受到了罗昂红衣主教（Cardinal de Rohan）的照顾，本来是要他从事神职工作的，但他干了六个月就放弃了，从事起了绘画和雕塑。从这时起他的人生轨迹就变得模糊不清了——做了很多不正当的事——这种事做得太多了，以至于他经常从一个地方辗转到另一个地方，最后去了意大利——后来由于债务缠身，他 538
不得不离开佛罗伦萨。他的父亲跟他断绝了关系，于是他参军加入了骑兵团，但在那也没待多久。两年前他制作了一尊农牧神的小雕像，引起了人们的关注。同年他制作了一尊女性雕塑和一些出色的半身像。他还给阿瓜多家［一个西班牙的银行业家族］的孩子们雕刻过半身像，然后他跟索朗热结了婚！他没有朋友也没有亲戚。他的父亲也没出席婚礼。这位父亲只写了封信，桑夫人也从来没见过他。①

---

① CFC, vol. 3, p. 288; KFC, vol. 2, p. 207.

肖邦并不知道，写完这封信之后没过几天，他就被卷入了桑和她不正常的家庭所经历的混乱中。让肖邦预感不妙的第一个迹象是索朗热的一封急信，她向肖邦借用马车，以便和克莱桑热尽快离开诺昂。桑肯定是拒绝了让她使用马车。索朗热告诉肖邦："我生病了，从布卢瓦坐公共马车会让我疲惫不堪。"（她怀孕了。）"我母亲大发脾气后，我就永远地离开了诺昂。请在巴黎等我。我必须马上见到你。"[①] 对一切一无所知的肖邦自然没有反对索朗热使用他的马车，在给桑的信里附上了一张亲切的字条。鉴于桑刚刚经历过的事情，借用一位传记作家的话说，这封信在她看来无异于一巴掌打在了脸上。不幸的是，桑的回信已经遗失，但肖邦把这封信拿给德拉克鲁瓦看时，后者用"残忍"来形容这封信。[②] 此时，桑担心索朗热在肖邦耳边说她的坏话，跟肖邦说桑之所以没让他这个夏天回诺昂，是因为她和到诺昂做客的记者维克托·博里有染。桑感到自己别无选择，只能强迫肖邦表明立场，但从肖邦给桑的回信中可以
539 看出，他礼貌地拒绝了。

巴黎，1847 年 7 月 24 日

我不需要跟你讨论克［莱桑热］先生的事。在你把你的女儿交给他之前，我并不熟悉克［莱桑热］先生这个名字。

至于她，我无法坐视不管。你应该记得，我经常替你的孩子们向你求情，不偏不倚，每次都如此，我相信永远爱他们是你的使命——因为这是世上唯一一种不会改变

① CFC, vol. 3, p. 294; KFC, vol. 2, p. 210.

② DJ, vol.1, p.236. 德拉克鲁瓦还提到信中可以看出桑的残忍、冲动和压抑已久的怒气。"作者时常羞辱那个女人（索朗热），信中愤怒的谴责仿佛是从某部小说或哲学论文中借来的。"

的爱。不幸可能会为这种感情带来阴影，但不会改变它的本质。

如果这种不幸让你不愿用心去听你女儿的事情，那么这种不幸一定是十分严重的，尤其是在她刚刚成为一个女人的时候，在她的身体状况比任何时候都需要母亲的照顾的时候。面临如此重大的事情，涉及你最神圣的爱，关于我个人的事，我必须不予理会，不予置评。时间会解决一切。我会等待——一如既往。

你最忠诚的，

肖

向莫里斯致以问候①

肖邦的信表明了他认为桑的不幸都源于她自己。开头的几句话一定让她十分震惊。这种指出了赤裸现实的提醒是桑无法承受的。这是肖邦给桑写的最后一封信，她的回信为我们解释了原因。

诺昂，1847年7月28日

……很好，我的朋友，遵从心的指引，并把它当作你良知的声音。我完全理解。至于我的女儿，没必要比去年更担心她的病。我的热心、我的关注、我的要求，甚至我的祷告都没改变她的行为，她是个很享受让自己生病的人。

如果说她需要一位母亲的爱，那你就误会她了——她 540
恨这位母亲，恶意中伤她，用最可怕的诽谤抹黑这位母亲最无辜的行为和家庭。你选择听她的倾诉，也许还相信她

① CFC, vol. 3, pp. 295–96.

的话。我不想挑起一场这样的战争。我更愿意看到你站到敌人的阵营里，而不是在一个我亲生的、喝着我的乳汁长大的敌人面前为我辩护。

那么，既然你认为她是值得你奉献的人，请好好照顾她。我不会因此怪你，但你要理解我有权利做一个气愤的母亲，从此以后我不会容忍我的权威和尊严被轻视。我受够了被欺骗、被伤害。我原谅你，从现在起我不会再说一句责备的话，因为你已经做出了真心实意的表态。这让我有些意外，但如果做出这样的表态让你的内心感到更自在、更坦然，我也不会纠结于这次奇怪的态度大转变。

别了，我的朋友。希望你早日摆脱所有疾病；希望你很快康复（我有理由相信）；我会感谢上帝让我们以这种奇怪的方式结束这份持续了九年的特殊友谊。请让我偶尔听到你的消息。

其他的没必要再说了。[①]

这封回信令人震惊。肖邦给桑留了扇门，桑却用力地把它关上了。也许这封长信里最让人震惊的不是这位小说家如何用夸张的语言把索朗热描述为“我亲生的、喝着我的乳汁长大的敌人”，而是她指责肖邦投靠敌人的那句话。桑怒不可遏，有很长一段时间，她不许诺昂的人提起索朗热的名字。桑通过这个惊人的方式告诉所有人，这个女儿对她来说已经不存在了。桑也开始清理肖邦居住过的所有痕迹。她打掉了自己和肖邦卧室之间的分隔墙，占据了他的房间；换掉了墙上的壁纸，把肖
541 邦的钢琴给普莱耶尔送了回去。从这时起，她对肖邦的评论充满了怨恨，甚至让我们怀疑她是不是短暂地失去了理智。桑对

① CFC, vol. 3, pp. 296–97.

肖邦最亲密的波兰朋友格日马瓦抱怨说：“他的心被紧紧地密封住了。”桑就此事给埃曼努埃尔·阿拉戈写了一封情绪激动的长信，在这封71页的信中她说：“九年来，虽然我充满活力，但我犹如行尸走肉。”①

① CGS, vol. Ⅷ, p. 48.

542 # 阴霾渐深，1847 ~ 1848

你更加痛苦，也更富诗意了；你作品中的伤感如今更加深入人心。

——阿方斯·德·屈斯蒂纳侯爵[1]

I

这时肖邦进入了人生中最阴暗的阶段。与桑的决裂让他备受打击，但朋友们纷纷来到他身边，试着帮他振作起来。弗朗肖姆、德拉克鲁瓦和格日马瓦都是奥尔良广场的常客；维亚尔多夫妇、马塞利娜·恰尔托雷斯卡和肖邦的其他波兰朋友也时常来慰问他。如今对索朗热和肖邦有关的一切都抱有偏见的桑只简单地把这一切归结为所有人都像肖邦一样“站到了敌人的阵营里”。两人的绝交让波利娜·维亚尔多十分忧心，她写信恳请桑重新考虑此事。“你说肖邦现在和索朗热是一伙儿的，他认为索朗热是受害者，还说你的坏话。我发誓绝对不是这样的，至少就他而言不是。”[2] 路易·维亚尔多在妻子的信里加的
543 一段附言可能帮了倒忙。在回顾索朗热婚礼带来的一系列风波后，路易评论道：“我担心有人挑拨你们的关系。”随后他补充了一句肯定会让桑大为光火的话：“这位母亲，难道她就没有一点错吗？”桑不仅无视了这个问题，还跟维亚尔多夫妇也断绝了关系。

在巴黎，肖邦依然有丰富多彩的活动可以参加。他与奥古斯特·莱奥和忠实好友德拉克鲁瓦一起出席晚宴，偶尔也会去看歌剧。也是在这个时期，肖邦和阿尔康的友谊更加深厚了。

---

① CFC, vol. 3, p. 325.

② CFC, vol. 3, p. 305.

阿尔康当时还住在奥尔良广场，肖邦有时会去他的公寓一直待到晚上。10月初，肖邦还到詹姆斯·德·罗斯柴尔德男爵家富丽堂皇的府邸做客，在巴黎城外不远处的费里埃城堡住了几天。11月18日和20日，肖邦受邀到兰伯特府邸为恰尔托雷斯基一家和他们的朋友演出，与朋友相聚的喜悦和现场的波兰氛围让肖邦的精神振奋了起来。12月，肖邦收获了《新音乐杂志》对《三首玛祖卡》（op.63）和《三首圆舞曲》（op.64）的好评。肖邦将第64号作品中的第一首圆舞曲——《降D大调"小圆舞曲"》——题献给了德尔菲娜·波托茨卡，德尔菲娜当时回到了巴黎，再次短暂地出现在了肖邦的生命中。2月中旬，肖邦与德尔菲娜和她的客人共进晚餐，之后为他们演奏了乐曲。除此之外，在1847~1848年这个艰难的冬天里的大部分时间，虽然他的身体状况明显越来越差，但他还是在身体允许的情况下教了几个学生，也完成了《大提琴奏鸣曲》（op.65）的出版。从这时起，肖邦的经济情况开始出现困难。

肖邦的学生简·斯特林目睹了他经历的一切。桑一搬走，她马上就搬进了桑的公寓。过去四年里，斯特林和她富有的姐姐凯瑟琳·厄斯金（Katherine Erskine）一直活跃在肖邦的巴黎社交圈里。斯特林在1844年成了肖邦的学生，现在一周上三节课。姐妹俩经常拜访肖邦，努力帮他把生活变得更舒适些，两人逐渐成了肖邦社交圈的核心，帮肖邦处理了不少他不愿意做的杂事。斯特林已经爱上了肖邦，在接下来的几个月里，她给肖邦提供了不少物质支持，几乎可以肯定是她将肖邦从贫困之中解救了出来。

II 544

肖邦终于在朋友们的劝说下同意举办一场音乐会。在1848年2月10日肖邦写给卢德维卡的信中，他解释了这件事的原委。有一天早上，普莱耶尔、奥古斯特·莱奥、托马斯·阿尔布雷赫特和莱昂·德·佩尔蒂伯爵（路易·菲利普国王的音乐总监）来到了肖邦的公寓，开始温和地给他施压。他们保证说肖邦什么都不用做，只需坐下演奏，其他事情都有人安排。他们会预定2月16日的普莱耶尔音乐厅作为这次的演出场所，也会联系一些助演嘉宾，这些嘉宾肯定会帮忙的，因为大家都知道肖邦既没钱，也没精力独自撑起这场演出。肖邦感到盛情难却，最初的反对想法也开始动摇。除了弗朗肖姆是肖邦强烈要求的，其他助演嘉宾都由肖邦的“朋友委员会”选出。收到邀请的有巴黎音乐学院的著名室内演奏家、教授、小提琴家让－德尔芬·阿拉尔（Jean-Delphin Alard），曾在梅耶贝尔的歌剧《先知》中扮演主角的男高音古斯塔夫－伊波利特·罗歇（Gustave-Hippolyte Roger），还有波利娜·维亚尔多年轻的侄女女中音安东尼娅·莫利纳·德·芒迪（Antonia Molina de Mendi）。

肖邦已经六年没有公开演出过了。当媒体上刊登了演出的暂定通知，让人们看到这位西尔芙（Sylph）可能愿意打破沉默，屈尊为大家演出时，咨询信如洪水般向普莱耶尔的办公室涌来。演出前两周，音乐会的日期才最终确定下来。几小时之内，300张票以每张20法郎的价格售罄。其中皇室预定了40张票。有600人被列入了候补名单，精明的普莱耶尔承诺他们3月10日还有另一场音乐会，但肖邦否定了这个想法：“我肯定不会再演一场，这一场就让我受够了。”[①] 这场音乐会确实让他感到十分不安。他将首次公开演奏三部新出版的作品：《船歌》《摇篮曲》《大提琴与钢琴奏鸣曲》。奏鸣曲尤其费了他不少精力，几周前他还在不停地修改，直到出版前的最后一刻才

① CFC, vol. 3, p. 320; KFC, vol. 2, p. 228.

完成。查尔斯·哈雷曾听肖邦和弗朗肖姆私下里排练过这部乐曲，亲眼见过这部作品给作曲家带来的麻烦。那天肖邦身体不 545
适，哈雷说他走向钢琴的样子“像一只半开的折刀”，但当他开始演奏并熟悉了乐曲后，“精神就掌控了肉体”[①]。这时音乐会已经临近，人们抢购门票的热情让肖邦十分紧张，因为他知道自己要开始认真地练习了，他说：“我感觉现在自己比什么时候弹得都差。”[②]让肖邦更苦恼的是，他再次被每年横行巴黎的流感击倒了。为了缓解肖邦的焦虑，普莱耶尔把他最好的钢琴，也就是音乐会上要使用的那一架钢琴送到了肖邦的公寓，让他先熟悉一下。普莱耶尔还承诺用鲜花装饰舞台，甚至在过道和舞台铺上地毯，以便营造出一个客厅的优雅氛围，让肖邦在舒适自在的环境下演奏。这样的安排，恐怕没有一位音乐家会不满意。

2月16日，周三晚上8:30，肖邦走上了普莱耶尔音乐厅的舞台，观众们对他报以热烈的掌声。他身体虚弱，面色惨白，但走起路来依然腰板笔直。观众都是社会名流，其中不乏一些贵族。《音乐评论与公报》用浮夸的语言写道，观众中有“家世最显赫的贵族女子，穿着她们最优雅的服饰”。杂志提到，另一群精英也出席了音乐会：“艺术家和音乐爱好者中的精英们为他们抓住这次机会而欣喜，这位音乐界的西尔芙承诺再次让人们听到他的声音，哪怕只有几小时。”[③]肖邦的朋友们，包括格日马瓦、屈斯蒂纳、恰尔托雷斯基、德拉克鲁瓦和简·斯特林，都围绕着钢琴坐在舞台上。

---

① HLL, p. 36.

② CFC, vol. 3, p. 322; KFC, vol. 2, p. 229.

③ 1848年2月20日刊。

546 肖邦音乐会

于

普莱耶尔沙龙

1848年2月16日

上半场

莫扎特钢琴、小提琴、大提琴三重奏，

演奏者：肖邦、阿拉尔和弗朗肖姆先生

咏叹调，由安东尼娅·莫利纳·德·芒迪小姐演唱

《夜曲》
《船歌》 } 由肖邦先生作曲并演奏

咏叹调，由安东尼娅·莫利纳·德·芒迪小姐演唱

《练习曲》
《摇篮曲》 } 由肖邦先生作曲并演奏

下半场

《g小调钢琴与大提琴奏鸣曲》中的谐谑曲、柔板和终曲

作曲：肖邦先生；演奏者：作曲家及弗朗肖姆先生

《魔鬼罗勃》中的一首新咏叹调，

作曲：梅耶贝尔先生；演唱者：罗歇先生

前奏曲
玛祖卡
圆舞曲 } 由肖邦先生作曲并演奏

伴奏：阿拉里和加罗德先生

节目单上的第一首曲目——莫扎特三重奏，可能是肖邦最爱的那首 E 大调三重奏（K.542）。《音乐评论与公报》写道：“这首乐曲被演奏得如此出色，以至于人们感觉以后不可能再听到如此精彩的演奏了。”[①] 但最吸引这些乐迷的是《船歌》。查尔斯·哈雷当时也观看了演出，肖邦对乐曲难点的处理方式给他留下了深刻印象。

> 他演奏了《船歌》的后半段，从那个需要使出全力的 547
> 地方开始，使用的却是完全相反的很弱（pianissimo）的力度，但他却处理得如此有韵味，让人怀疑这种新解读是不是比人们习惯的那种更合适。[②]

从哈雷的描述中我们推测他所说的是乐曲的尾声，由第 92 小节渐强（crescendo）引入，乐谱上标记着“很强”（*fortissimo*）和“更快地”（*più mosso*）。在此后的 18 个小节里，洪水的闸门被打开，键盘被强有力的声音淹没，这是当时的肖邦没有力气做到的。

此外，尾声部分最后几个小节背景中华丽的持续低音构成

---

① 1848 年 2 月 20 日刊。

② HLL, p. 36.

的丰富和声也成了钢琴史上的典范。

在音乐会的下半场，肖邦还需振作起来应对大提琴奏鸣曲中的挑战。从节目单中可以看出，奏鸣曲的第一乐章被跳过，几乎可以肯定这是出于对肖邦身体状况的考虑，观众们只听到了谐谑曲、广板和终曲。（在接受尼克斯的采访时，肖邦的学生卡米耶·迪布瓦夫人说肖邦没有演奏第一乐章，是因为他排练给朋友们看时效果不佳，我们认为这个说法并不可信。①）在音乐会的最后，肖邦演奏了一系列前奏曲、玛祖卡和圆舞曲，并以新出版的《降 D 大调“小圆舞曲”》（op.64，no.1）作为安可曲结束了这场演出。回到休息室时，肖邦几乎晕倒。

《公报》上各大专栏对他当晚表现的赞美之词几乎构成了一篇长长的颂文。

548 > 这位西尔芙信守了他的诺言，是如此成功，如此热情！比起描述、分析、揭示这地球上绝无仅有的演奏的奥秘，我们从观众的反应，从他燃起的热情中更能看出这一点……听懂了肖邦的音乐，就认识了他这个人。所有观看了周三演出的人都会对此深有体会。

介绍了肖邦演奏的曲目后，文章继续写道：

> 不要问他将这些或大或小的杰作演奏得如何。我们从一开始就说了，我们不会尝试去细数这样一位技艺精湛的杰出天才在演奏中展现了多少精巧的细节。我们只能说他的魅力没有一刻不让观众沉醉，甚至在音乐会结束之后很

---

① NFC, vol. 2, p. 207.

长一段时间里仍让观众回味无穷。[1]

《吟游诗人》也不甘示弱，用诗一般的语言赞美了肖邦。文章将肖邦称为“妙不可言的艺术家，只通过一根手指的轻触与这个凡尘世界相连”，还将肖邦的演奏比作“花的叹息，云的耳语，星的呢喃”[2]。

音乐会后，肖邦收到的最诚挚的一封贺信来自他多年来的崇拜者德·屈斯蒂纳侯爵，他说：“你将观众变成了自己的朋友。”这句话道出了很多人的心声，几乎可以作为肖邦的墓志铭了。

> 置身于人群之中，却感觉是在和你独处；说话的不是钢琴，而是一个灵魂。多么伟大的灵魂啊！请为你的朋友们照顾好自己。能不时地听到你的琴声对我们来说是个慰藉，尤其是在黑暗即将到来的时候……
>
> 永远忠诚的，
>
> A. 德·屈斯蒂纳[3]

III 549

“黑暗即将到来。”不到一个星期，屈斯蒂纳的预言就应验了。2 月 22 日，巴黎爆发了革命。人们厌倦了“平民国王”路易－菲利普。这位君主与法国世袭王位并无实质联系，1830 年七月革命（“光荣三日”）后，共和国没能建立起来，路易－菲利普被意外地推上了王位。路易－菲利普想要讨好所有人。

---

① 1848 年 2 月 20 日刊。

② 1848 年 2 月 20 日刊。

③ CFC, vol. 3, p. 325.

他喜欢手臂上挂着一把雨伞在巴黎街头漫步，将工人称为“我的朋友”，将警卫称为“我的同志”。但当大规模的失业和饥饿开始席卷全国时，法国人再也无法忍受这位傀儡君主的表演，决心推翻他。人们建起了街垒，开始了斗争。人群聚集在皇宫外彻夜不归，高唱着“马赛曲”呼吁改革。皇家军队对着人群猛烈开火，造成50位造反者死亡，多人受伤。当人们临时找来手推车运走尸体时，被派来维持秩序的国民警卫队因为看到了当时惨烈的场面，也加入了革命。这件事成了一个转折点。人们挖出上百万块鹅卵石、砍掉了4000多棵树，在全城建起了一道道街垒。不到48小时，国王的藏身之处圣克卢宫就被一大群怒吼着的暴民包围。为了避免引发内战，路易－菲利普被迫退位，和家人逃往英国。

肖邦在音乐会结束后就卧床了，这些骚乱没让他的内心产生一点波澜。他在床上躺了数日，深受流感的残余影响，对窗外的枪声和楼下激烈的肉搏战充耳不闻。大街上到处都发生着流血事件，没有停息的意思，因此3月10日的第二场音乐会也不可能再举行了。人们纷纷逃离城市，巴黎的艺术生活也陷入了停滞。肖邦写道：“商店开着，但没有顾客。手里握着护照的外国人等待着离开，但他们哪也去不了，只能等被破坏的铁路线被修好。”在这样的混乱中，肖邦听说索朗热生下了一
550 个女婴，于是给她写了一封贺信。他说：“你可以想象，你女儿出生的消息比共和国成立还令我开心。”①

5月4日，肖邦感觉自己可以接受邀请去拜访夏洛特·马利亚尼和她的朋友了。和四处风流的丈夫分开后，夏洛特从奥尔良广场搬到了两公里外莱韦克城街（Ville-l’Évêque）18号的一间公寓。由于暴乱，街道上布满了大坑和碎石，让人们难

① CFC, vol. 3, p. 329.

以出门，因此肖邦必须乘马车跋涉过去。当天有一位客人是法国驻摩洛哥副领事埃德蒙·孔布（Edmond Combes）。这个具有传奇色彩的人物曾游历红海海岸，还在阿比西尼亚住了几年。他写过一本关于这个国家的书，因此被人们亲切地称为“阿比西尼亚人”。肖邦第一次见到孔布就很喜欢这个人，当天晚上两人一起离开了马利亚尼夫人的公寓。

下楼的时候，他们在前厅意外地碰见了乔治·桑。这是个让桑和肖邦都避之不及的尴尬场面。肖邦问候了她，问她最近是否得到了索朗热的消息——“一周前，昨天，前天？”桑说没有。“那么请允许我通知你，你当外祖母了，”肖邦回答道，“索朗热生了个小女孩，我很高兴能成为第一个告诉你这件事的人。”他抬了抬帽子，继续走下楼去。到了楼下时，他突然意识到自己忘了说母女平安这件重要的事。但由于无力再爬上楼，肖邦让孔布去传达了这条消息。桑下楼迫切地向肖邦询问关于女儿身体状况的更多细节，肖邦把知道的所有情况都告诉了她。之后她询问了肖邦本人的健康状况。“我说我还好，把看门人叫来开了门，在阿比西尼亚人的陪伴下回到了奥尔良广场。”这些都可以从次日，也就是3月5日，肖邦写给索朗热的信中看到，我们有必要记住这些内容，因为它们与七年后桑给出的描述形成了鲜明对比。此后桑和肖邦再也没有见过面。埃德蒙·孔布描述这次见面对肖邦的影响时说：“我把他送回了家，他非常伤心，非常抑郁。”①

在《我毕生的故事》中，桑也对这个场景进行了描述，但 551

① CFC, vol. 3, pp. 331–32。孔布与肖邦相遇后仅四个月就死了，这件事和他的旅行故事一样传奇。孔布刚到叙利亚担任外交官后没多久，他的女儿奥古丝塔就在距大马士革不远的马拉巴因霍乱而死。他和妻子在回大马士革的路上被一群怀有敌意的狂热宗教分子（“穆斯林”）阻截，遭到他们的攻击，他最终因伤势过重在一个仓院里屈辱地死去了，但他的妻子幸存了下来。CGS, vol. IV, p. 899.

她的版本就是给别人看的。她写道："1848 年 3 月我见过他一次。我紧紧握住了他冰冷、颤抖的手。我想跟他说话，但他逃走了。现在轮到我说他不再爱我了。我为他省去了痛苦，把一切留给天意和未来。"① 多年来她一直用这样的说法精心粉饰着事实，从未改变过。与肖邦偶遇之后仅 15 个月，当桑听说一位不太熟的朋友，格里耶・德・伯泽兰（Grille de Beuzelin）夫人，想要帮他们俩和解时，她就已经想好要如何描述这件事了。"他赶忙避开了我。我叫人去找他，他不情愿地回来了，不谈他自己，也不谈我，用他的态度和表情展示了气愤，甚至几乎是恨意。"② 肖邦给索朗热的信直到近代才被出版，在此之前，桑的说法一直是人们能看到的唯一版本，但桑的话最好留给其他证言去推翻。

索朗热的孩子名叫让娜－加布丽埃勒，出生不到一周就死去了，5 月 7 日被埋葬。刚给索朗热写完祝贺信没几天，肖邦就发现自己又要写一封慰问信。"你一定要坚强和冷静。为剩下的人照顾好你自己。"③ 也许这件憾事带来的唯一一个好结果就是它最终促成了索朗热和母亲的和解，不过那是很久之后的事了。

552 IV

革命爆发、路易－菲利普被废黜后，桑就马上回到了巴

---

① SHV, p. 448.

② CFC, vol. 3, p. 427.

③ CFC, vol. 3, p. 334. 1849 年 5 月 14 日，索朗热告诉肖邦她又生了一个女孩，"上次的那个有多小，这个就有多大"（CFC, vol, 3, p. 410）。为了纪念姐姐，这个孩子的名字也叫作让娜－加布丽埃勒。家里人都管她叫"妮妮"。索朗热与克莱桑热出现矛盾后，"妮妮"在诺昂和外祖母生活了两年。桑十分疼爱她的外孙女，很愿意把她当自己的孩子抚养。1854 年春天，克莱桑热出现在了诺昂，从桑的手里抢走了孩子，目的就是给她们带来痛苦。"妮妮"6 岁时死于猩红热，那时索朗热和克莱桑热已经分道扬镳了。

黎，与她的左翼朋友们庆祝共和国即将成立。看到君主制被推翻，桑感到无比高兴，并自称共产主义者。她的一些老同行甚至被拉马丁（Lamartine）领导的临时政府任命，其中包括路易·布朗、埃曼努埃尔·阿拉戈，还有桑的老情人费利西安·马勒菲耶。肖邦难以置信地说："想象一下！马勒菲耶管理着凡尔赛！路易·布朗成了劳工委员会的主席！而巴尔贝斯则掌管了卢森堡宫！"[①] 肖邦的惊愕不无道理。他们没有一个人具备管理经验，更别说掌管一个国家了。阿尔芒·巴尔贝斯（Armand Barbès）因参加1830年的七月革命被监禁了18年，这时刚被监狱释放。马勒菲耶是个名不见经传的诗人，无法胜任管理凡尔赛的工作，甚至连为此事赋诗一首都做不到，仅身居高位三天就走人了。至于路易·布朗，他制订的公共事业计划可以说是一个彻头彻尾的败局。当时全国失业现象严重，这也正是革命爆发的主要原因，为此布朗想出了一个新奇的解决方案。他雇了5万名工人在战神广场挖沟，再雇另外5万人把沟填起来。最后他因不称职而被最初任命他的同僚们罢免，差点被愤怒的工人杀死，不得不逃到伦敦避难。毫无疑问，肖邦不是共和制度的支持者，看到君主制被推翻，他感到十分惋惜。多年来肖邦一直受到路易－菲利普皇室的照顾，与一直支持他的皇家近侍也有着深厚的情感。

1848年的革命也被称为"民族之春"。柏林、德累斯顿和维也纳的君主们惊恐地看着路易－菲利普的遭遇。卡尔·马克思《共产党宣言》的出版似乎也在提醒着他们命运的到来，书中最著名的一句话号召人们："全世界工人团结起来！无产阶级失去的只是枷锁，而他们获得的将是整个世界。"革命的大火烧遍了欧洲，柏林、德累斯顿、维也纳、佩斯（Pest）和

① CFC, vol. 3, pp. 329–30.

553

弗里德里克·肖邦；路易－奥古斯特·比松拍摄的银版照片（1847 年）①

① 曾经人们认为这张著名的银板照片拍摄于 1849 年夏天，地点是肖邦的出版商莫里斯·施莱辛格的巴黎办公室，肖邦的主要肖像集都采用了这一日期。现在我们知道这张照片是比松在圣日耳曼洛克塞鲁瓦街（Saint-Germain l'Auxerrois）65 号的工作室拍摄的，时间是 1847 年底，当时肖邦和乔治·桑刚分手不久。肖邦在世时，这张照片属于施莱辛格的个人收藏品，之后归莱比锡的布赖特科普夫与黑特尔出版社所有。后来，华沙的肖邦国家研究院得到了这张照片。原版照片在二战中被损毁，我们今天看到的是银板照片的照片，由贝内迪克特·耶日·多雷斯在 1939 年之前的某个时间拍摄。

米兰的动乱共导致了几万人死亡。波兰从1831年起就成了一座坟场，它的命运似乎已尘埃落定，它还会再崛起吗？3月15日，普鲁士统治下的波兹南爆发民间起义，消息传到巴黎时，波兰侨民们沸腾了。五天后，一支新成立的波兰军团准备进军大波兰地区（Greater Poland），这支军团可能是由普鲁士监狱大规模赦免的波兰人组成的。志愿者从欧洲各地涌来，为军团壮大力量。恰尔托雷斯基亲王从巴黎赶到克拉科夫指挥作战。波兰独立的夙愿被重新燃起，在巴黎尤为如此。5月15日，波兰独立斗争的支持者聚集在巴士底狱，高喊着“波兰万岁”的口号。人群行进到国民议会，要求政府就支持波兰发布正式声明。很多人认为左翼杂志《真正的共和国》（*La Vraie République*，乔治·桑也是该杂志的撰稿人之一）发表的社会主义思想促成了这次的示威。桑也加入了示威，她感到自己梦想中长久的共和国已近在眼前。当人们冲进议会大楼，涌入辩论室时，桑也在现场。混乱持续了两个小时，直到国民警卫队向示威者亮出了刺刀，局面才被控制住。示威的领头人，包括桑的一些同伴，都被关了起来。这对于他们来说都是一个政治斗争中的耻辱。混乱中，桑看到一个女人从楼上的窗口向人群发表慷慨激昂的演讲，当问到这人是谁时，有人告诉她：“这是乔治·桑。”她赶忙逃到诺昂，担心自己会失去自由，甚至失去生命。当她为同伴的命运和逝去的梦想哀悼时，她写道：“这愚蠢得多么无可救药！”① 554

当肖邦听说正在纽约的尤利安·丰塔纳打算回到欧洲参加起义时，他告诫这位老朋友说：“不管我们有多心急，让我们等到事态明朗，这样我们才不会白费力气，要把力气留到需要的时刻。这个时刻已经不远了，但还不是今天。也许还要一

① CGS, vol. Ⅷ, p. 457.

个月，也许还要一年。这里的所有人都相信，在秋天到来之前我们的事情就能见分晓。”[①] 肖邦显然对欧洲的政治局势十分了
555 解。他告诉丰塔纳报纸上全是谎言，波兹南还没有成立起共和国。他敏锐地补充说普鲁士的德国人肯定不会允许的，他们宁愿流血也不愿让自己成为大波兰版图的一部分。他对丰塔纳说：“如果你想做正确的事，就待在原地。”

肖邦虽然能给朋友理智的忠告，但自己却做不到这一点。《华沙信使报》在报道肖邦上个月举办的音乐会时，补充了一条似是而非的消息，说肖邦打算马上离开法国，引发了人们的热烈讨论。这条消息让肖邦的家人看到了不切实际的希望，他们以为肖邦可能会返回波兰，尤其是如果波兹南起义能向有利的方向发展的话。这样的可能让尤斯蒂娜非常高兴，因此在3月5日，也就是肖邦的命名日，她给肖邦写了一封信：

> 华沙，3月5日
>
> 你给我们写的信如同一份狂欢节礼物，几行直接来自你的字句比那些我们经常听到的间接传闻更能平息我们的担忧。尤其在流感肆虐你居住的地方时，这种担忧尤甚，你可以想象我们的焦虑心情。《华沙信使报》报道说你举办了一场音乐会，将尽快离开巴黎。当然我们会想：“他会去哪呢？”有人说“去荷兰”，有人说“去德国”，还有人说“去彼得堡”。而我们，渴望见到你的人，心想：“也许他会回这里来。”全家马上开始争论让你住在哪里。巴钦斯基夫妇已经准备好把他们的公寓让出来；卢德维卡也是。就好像一场幼稚的肥皂泡游戏。

① CFC, vol. 3, p. 337; KFC, vol. 2, p. 239.

你慈爱的母亲[①]

最终的结果确实成了“肥皂泡游戏”。这些虚无缥缈的希望，如肥皂泡一样随风飘荡，不久就破碎了，没留下一点痕迹。肖邦选择了面临重要抉择时他经常做的事情：他拖延着，等待命运逼迫他做出决定。

① CFC, vol. 3, p. 330; KFC, vol. 2, p. 235.

556 英国：日暮穷途，1848

他仿佛把观众当作知己，向他们轻诉着微风和月光，而不是暴雨和雷鸣。

——詹姆斯·黑德维克的日记[①]

I

随着革命动乱的爆发，巴黎的富裕人家不可避免地纷纷逃离了这座城市，带走了肖邦的许多学生。他发现自己陷入了收入微薄的境地，也没有什么好办法可以弥补损失。此外，霍乱也在巴黎蔓延，剧场和歌剧院都关了门。朋友们劝他离开法国一段时间，于是他接受了他的苏格兰学生简·斯特林长期以来的邀请前往英国。在英国他能赚到丰厚的演出费，而且简·斯特林有一些上流社会的亲戚，可以介绍肖邦给他们上钢琴课。肖邦总共在英国住了七个月，这段相当长的时期在很多资料中都有记载。他在伦敦、曼彻斯特、格拉斯哥和爱丁堡举
557 办了重要的音乐会，被上流社会“接纳”，为英格兰和苏格兰贵族进行了无数次的私人演出。他被引荐给了维多利亚女王和阿尔伯特亲王，与惠灵顿公爵、阿尔弗雷德·德奥赛（Alfred d’Orsay）伯爵、威廉·梅克皮斯·萨克雷、查尔斯·狄更斯、托马斯·卡莱尔、乔治·霍格思、拉尔夫·沃尔多·爱默生（当时正在伦敦常住）等人来往。虽然这次英国之行对肖邦而言来得很是时候，但他在艺术上的成功是以健康为代价换来的，几乎可以肯定地说，这次旅行加速了他的死亡。

---

① HBG, p. 200.

II

经历了艰难的跨海航行之后，肖邦于4月20日的傍晚到达伦敦，住进了卡文迪什广场附近本廷克街10号的一个临时住处。[①] 这个住处是简·斯特林和她的姐姐凯瑟琳·厄斯金为肖邦租下的，两位苏格兰女士费尽了心思，甚至给肖邦提供了印有他名字首字母的稿纸和他最爱的热巧克力，但房间并不合肖邦的心意。他甚至都没把巴黎运来的普莱耶尔三角钢琴的包装打开。这天是濯足节，随着复活节小长假的临近，伦敦的社交生活也逐渐停滞了下来。于是肖邦借着这个"无聊又安静"的机会离开了住处，驱车前往泰晤士河畔金斯敦（Kingston-upon-Thames）拜访流亡英国的法国皇室成员，但关于这次旅行的文献记录寥寥无几。[②] 讨论的话题大多关于政治、巴黎的革命（当时已经蔓延到柏林，很快就会威胁到维也纳），以及最重要的"波兰问题"。英国政府同情波兰的命运，最近的波兹南起义燃起了人们对民族主义的激烈讨论。几周来，报纸上充斥着波兰人和普鲁士人为了一块曾经属于波兰的领土展开军事对抗的消息。导致了数百人伤亡的米沃斯瓦夫战役（4月30 558
日）是波兰反普鲁士斗争中的一次阶段性胜利，引发了议会两院中不少人的激情演讲——最著名的要数达德利·斯图尔特勋爵的演说，他是波兰事业在英国的主要推动者。波兰起义失败后，又有新的一批波兰流亡者涌入西欧，加入了之前的流亡者队伍，其中有几百人定居在了英国——至少短期内将会停留在

---

① 简·斯特林写信给弗朗肖姆说："跨海不太顺利，下了雨——他在驾驶室里……感谢上帝他似乎没有感冒。" MI, XL/13, pp. 36–37.

② 路易－菲利普退位之后和家人一起到英国避难，住进了维多利亚女王借给他的豪华宅邸克莱尔蒙特（Claremont），位于萨里郡（Surrey）的伊舍（Esher）附近，路易－菲利普流亡英国期间一直住在这里，直到1850年8月26日去世。

这里。因此肖邦刚踏上阿尔比恩的海岸，就意外地发现自己置身于一场波兰民族主义的浪潮中。[①]

与此同时，他也找到了另外一个住处。在卡罗尔·舒尔切夫斯基少校（一位参加过 1830 年起义的老兵，他是亚当·恰尔托雷斯基亲王在伦敦的代理人）的帮助下，肖邦搬进了多佛街 48 号更宽敞的公寓里，在这个伦敦市中心的高档社区住了三个月。在这里，肖邦把他的普莱耶尔钢琴拆了箱，让布罗德伍德公司的工人安装了起来。此前肖邦同意在英国的所有演出中都使用布罗德伍德钢琴。实际上，肖邦最早接到的一个邀请就是到大普尔特尼街（Great Pulteney Street）33 号布罗德伍德展厅挑选在此后英格兰和苏格兰巡演中使用
559 的钢琴。[②]5 月 2 日，布罗德伍德将一架三角钢琴送到了多佛街，放在了肖邦的会客厅里。听到这个消息之后没几天，皮埃尔·埃拉尔也“急忙提供了他的服务”，于是肖邦在伦敦的

---

① 虽然英国报纸开始对没完没了的“波兰问题”颇有微词，抱怨它让英国增加了国库开支，但总体来说这并不影响肖邦受到英国人民的热情欢迎。达德利·斯图尔特勋爵一直在推动着波兰的事业，他是波兰之友文学协会的创始人兼会长，也是马里波恩（Marylebone）的议员。他以议员的身份推动英国财政部拨款几万英镑用以支持波兰的事业，管理着每年给生活在英国的波兰人发放的几百英镑生活补贴。斯图尔特勋爵于 1848 年 5 月 16 日和 8 月 23 日在下议院发表的演讲有力地支持了政府向波兰流亡者发放补贴这一做法，其中有些流亡者从 1831 年开始就一直生活在英国。另见 SALA 中他的重要演讲《致波兰人》。

② 肖邦就是在这时认识了年轻的调律师、钢琴技师 A. J. 希普金斯。希普金斯毕生都在布罗德伍德的公司供职，晚年成了一位著名的乐器历史学家。但直到 1899 年，在他第一次（也是唯一一次）见到肖邦的 51 年之后，希普金斯才试着回忆并写下了他的所见所闻。虽然时隔如此之久，但他对肖邦演奏的描述出奇得详细，需要我们注意的是，他听到的是去世前不久的肖邦的演奏，当时肖邦的身体十分虚弱，以至于他在布罗德伍德展厅演奏时需要被人搀上台阶。但一坐在钢琴旁，肖邦就展现出了很多让他在钢琴教学史中占据特殊地位的演奏特点。希普金斯写道：“他的手肘很靠近身体，演奏时只用指尖，不用手臂的力量。他根据演奏的音阶和和弦使用简单、自然的手型，运用他能想到的最简单的指法，哪怕这样的指法有悖常规。他会在一个同音上换指，就像管风琴演奏者那样频繁。”HHCP, p. 5.

公寓里有了三架上好的三角钢琴，分别来自欧洲最有名的三个钢琴商。[1]

受欧洲大陆革命局势的影响，伦敦聚集了很多跨越海峡来到英格兰寻求发展的音乐家。歌唱家里最著名的是珍妮·林德（Jenny Lind）和波利娜·维亚尔多，钢琴家包括查尔斯·哈雷、乔治·奥斯本、埃米尔·普吕当、弗雷德里希·卡尔克布雷纳，此外还有最著名的西吉斯蒙德·塔尔贝格，当时他已经和女王陛下剧院签订了下一乐季的十二场演出。柏辽兹也在伦敦。四个月之前，这个性格暴躁的法国人在指挥家路易·朱利安（Louis Jullien）的邀请下带着对丰厚收入的期望来到了伦敦。但现在他只能在英格兰消磨时间，由于巴黎的银行体系已经崩溃，他自己没法回国，也无法把赚到的钱带回巴黎。我们必须感谢柏辽兹滞留伦敦，因为他对英国首都的艺术生活进行了最诙谐的描述。面对突然间涌入伦敦的一大批艺术家——“一群群歌唱家”“不过四五千名一流钢琴家”——他颇为忧虑，担心自己的饭碗会被抢，这让我们感到十分有趣。但整体而言他是对的。这时的伦敦有着全欧洲最丰富多彩的艺术生活。对于肖邦来说，这是最适合他的地方。

5月4日，肖邦在“瑞典夜莺”珍妮·林德的个人邀请下前往干草市场的女王陛下剧院，听她演唱贝利尼歌剧《梦游女》中的阿米娜一角，演出门票销售一空，维多利亚女王和惠灵顿公爵也观看了演出。肖邦告诉格日马瓦：

> 我刚从[干草市场]的意大利歌剧院回来。J.林德今年首次献唱，女王本人也是自宪章运动以来首次公开

① CFC, vol. 3, p. 341; KFC, vol. 2, p. 243.

> 560 露面。① 两人都引起了热烈反响。让我同样印象深刻的是老惠灵顿，他坐在皇家包厢的下方，像狗舍里君主的看门犬一样。我之前认识了 J. 林德，她彬彬有礼地送了我一张名片和一张位置绝佳的前排票。我的位置非常好，一切都听得很清楚。她是个无与伦比的瑞典人，不仅有着平常人的那种光芒，也如同北极光一样。她在《梦游女》中的表现十分出色。歌声自信而纯粹，弱音如发丝般柔滑。②

五天之后的 5 月 9 日，林德的竞争对手波利娜·维亚尔多在伦敦的科芬园剧场（Covent Garden Theatre）同样出演了《梦游女》中的阿米娜。肖邦没有出席，但听说维亚尔多把由他的玛祖卡改编的声乐曲带到了伦敦并打算唱给伦敦的观众时他很开心。5 月 12 日，维亚尔多在科芬园演唱了一组玛祖卡，受到了观众的热烈欢迎，还进行了加演。肖邦也没有出席。他当时正和珍妮·林德共进晚餐，“之后她给我唱了一些瑞典歌曲，直到深夜”③。

---

① 一个多月来，由于宪章派在下议院门外进行游行示威，维多利亚女王一直没有在公共场合出现。宪章运动是一场影响深远的工人阶级运动，多年来宪章派通过《人民宪章》要求议会实施一系列社会改革，但不断被拒绝。4 月 10 日，就在肖邦到达伦敦后不久，宪章运动的领导人组织了一场前往议会的游行。原本预计将有 50 万人在肯辛顿下议院集结，前往政府所在地。与此同时政府部署了几万名手持木棒的“特别警察”，阻止宪章派跨过泰晤士河大桥进入威斯敏斯特。结果那天下了雨，赴约前来的人很少，游行被取消。但不管怎样，受到持续的社会动乱和欧洲大陆暴力冲突蔓延的威胁，英国当权派十分担忧，皇室也暂时撤出了公众的视线。但珍妮·林德在观众中的呼声很高，因此维多利亚和阿尔伯特认为她的音乐会是皇室再次出现在臣民面前的最好时机。

② CFC, vol. 3, p. 342; KFC, vol. 2, p. 244. 在书信集里，这封信的日期大多被错误地写成了“5 月 11 日”。珍妮·林德 5 月 4 日在女王陛下剧院（干草市场）举行了这场成功的回归演出。

③ CFC, vol. 3, p. 344; KFC, vol. 2, p. 245.

III

561

5月10日，肖邦以钢琴家的身份在肯辛顿的戈尔公馆（Gore House）进行了他的伦敦首演。戈尔公馆是玛格丽特·布莱辛顿（Margaret Blessington）夫人和阿尔弗雷德·德奥赛伯爵的宅邸，两人没有举行宗教婚礼就幸福地生活在了一起，丝毫不受流言蜚语和世俗眼光的影响。[①] 可能是因为还没适应布罗德伍德钢琴沉重的触键，肖邦找人将他的普莱耶尔钢琴搬到了戈尔公馆。这是目前所知肖邦在英国期间唯一一次没有使用布罗德伍德钢琴的公开演出，虽然他平时练习时仍使用普莱耶尔钢琴。

接着他接到了许多来自伦敦豪华宅邸的邀请。这些演出大多数是由简·斯特林促成的。斯特林在维尔贝克街附近有一处临时住所，她把这里当作大本营，坚持不懈地向人们宣传肖邦和他的音乐。肖邦受邀前往了安妮·安特罗伯斯夫人位于皮卡迪利的奢华宅邸（5月12日）、萨瑟兰公爵夫人的斯塔福德公馆（5月15日）、卡文迪什广场的盖恩斯伯勒伯爵夫人家（5月24日）、伊顿广场的阿德莱德·萨尔托里斯（Adelaide Sartoris）太太家[②]（6月23日）、公园巷的哈特·迪克太太家（6月29日）和圣詹姆斯广场的法尔茅斯伯爵家。肖邦在这些场合的演出通常以“平静的行板”开场，之后演奏《降b小调谐谑曲》（op.31），接下来他会弹几首练习曲、《船歌》（op.67），以及几首前奏曲、玛祖卡和圆舞曲。有人说肖邦由于身体虚弱只能演奏一些片段，但如此内容丰富的节目单推翻

---

① 德奥赛伯爵与布莱辛顿夫人15岁的继女结婚后，公开地与布莱辛顿夫人住在了一起。

② 这位就是歌唱家阿德莱德·肯布尔（Adelaide Kemble），著名演员范妮·肯布尔（Fanny Kemble）的妹妹。

了这种说法。实际上，演奏能让他重获新生。

5 月 15 日在萨瑟兰公爵夫人豪华宅邸举行的演出最为引人注目。斯塔福德（如今的兰开斯特）公馆以其富丽奢华而闻名，据说比女王的宫殿还要气派。这次的盛会为庆祝萨瑟兰公爵和公爵
562 夫人小女儿的洗礼而举行，英国贵族中的精英人士纷纷出席。经人引荐，肖邦见到了维多利亚女王、阿尔伯特亲王和拜伦夫人，还有惠灵顿公爵。他用严肃庄重的语气描述了这次会面。肖邦说拜伦夫人是“一个奇人——我完全可以想象她会让拜伦感到无聊”[1]。至于维多利亚和阿尔伯特，他只写了简短的三句话：“女王陛下平易近人，跟我说了两次话。阿尔伯特亲王走到了钢琴边。大家都说这很罕见。”至于铁公爵，肖邦只说他是“老惠灵顿”，同时说他身边的人“和他地位相同——虽然与他并不相似”[2]。颇具影响力的《伦敦新闻画刊》用一句话总结了肖邦在这场盛会上的表现：“周日，肖邦在斯塔福德公馆为女王陛下进行的钢琴演奏引起了轰动。”[3] 演出获得成功后，肖邦被告知女王可能会邀请他到白金汉宫演出，但他最终也没有收到这份邀请。几天前，爱乐协会邀请肖邦在他们颇负盛名的音乐会上演奏一首钢琴协奏曲，但肖邦拒绝了邀请。这样的演出机会是很多音乐家求之不得的，因此肖邦的拒绝让一些跟宫廷音乐总监说得上话的音乐家感

① CFC, vol. 3, p. 370; KFC, vol. 2, p. 266.

② CFC, vol. 3, p. 367; KFC, vol. 2, p. 264. 萨瑟兰公爵夫人作为最早向肖邦发出邀请的人是十分合理的，她的丈夫萨瑟兰公爵是波兰之友文学协会的副会长，和达德利·斯图尔特一起致力于为波兰流亡者筹集资金。在前文提到的斯图尔特的演讲《致波兰人》中有这样一段话：“在本协会促成的所有文娱活动中，最有趣或者说最成功的莫过于在萨瑟兰公爵和公爵夫人的奢华府邸斯塔福德公馆举行的日场音乐会。夫人对波兰事业的慷慨支持体现在多个方面，她热心于赈济难民，不遗余力地为宾客呈现了多场精彩的日场音乐会，为愿意伸出援手的人们带来了益处；她的成功也是我们有目共睹的。她宏伟的宅邸云集了各界精英，以价格为 2 几尼的演出门票为协会筹集了大量的资金。”SALA, p. 31.

③ 1848 年 5 月 20 日刊。

到十分不满。宫廷里的演出邀请一般是通过宫廷音乐总监发出的，这位总监认为肖邦既然拒绝了音乐会的演出邀请，可能也会拒绝白金汉宫的邀请。肖邦以身体抱恙为由拒绝了爱乐协会的邀请，但真实的原因是他不想和协会的交响乐团只进行一次公开排练就去演出——“观众可以免费观看排练。这样还怎么一遍一遍反复地排练？”① 因此肖邦选择放弃这场音乐会和相关的报酬。7 563
月 7 日肖邦在圣詹姆斯广场法尔茅斯伯爵家的演出也值得一提。与其他的演出不同，这是一场吸引了 200 名观众的公开音乐会。《每日新闻》对其进行了详尽的报道。

> 观众人数众多，穿着入时，他们对这场演出十分满意。肖邦先生演奏了“平静的行板”、第 31 号作品中的谐谑曲、著名练习曲集中的一首精选之作、一首“夜曲与摇篮曲”，以及几首前奏曲、玛祖卡和圆舞曲。在这些各式各样的乐曲中，他以惊人的方式展现了他作曲家的出色才华和演奏家的非凡技艺。如历史上的所有大师一样，他的音乐带有强烈的个人特点。作品十分精美，和声新颖，处处体现了出色的对位技巧和精妙的设计；但我们又从未听过如此自然流露的音乐。这位演奏者似乎放任自己沉浸在遐想和感觉的冲动中——他沉溺于幻想中，又似乎是下意识地将脑海中一闪而过的思绪和感受倾诉了出来……
>
> 肖邦先生不追求用响亮的声音和灵活的机械技巧来震惊观众。他克服了无数的困难，却是如此地举重若轻、平稳流畅，始终是如此细腻和优雅，以至于听众完全感受不到这些地方的实际难度。精巧的细节处理、流水般丰满而柔和的音色、珍珠般圆润清晰的快速乐段都是他的演奏特

① CFC, vol. 3, p. 368; KFC, vol. 2, p. 265.

点；而他的音乐特点则是自由的思绪、多变的表达，以及这位艺术家忧伤浪漫的天然气质。①

564 肖邦在演出前最后一刻邀请了波利娜·维亚尔多为他助阵，维亚尔多再次演唱了一组由肖邦玛祖卡改编的声乐曲。两人虽有着多年的友谊，但肖邦在邀请维亚尔多之前还是犹豫了。实际上，在这一整个乐季里，维亚尔多在多场音乐会上演唱了这些改编的玛祖卡，包括科芬园剧院那场座无虚席的演出，每次都大获成功，因为这些乐曲展示了她歌唱、钢琴演奏和作曲三方面的才能。②然而，肖邦发现维亚尔多在节目单中将他的名字略去之后，他感到有些吃惊。肖邦写道："节目单上不再是'肖邦的玛祖卡'，只写着'维亚尔多夫人编曲的玛祖卡'——似乎这样看起来更好。"之后他敏锐地补充道："对我来说都一样；但这背后的心思有些狭隘了。她想成功，又怕某份报纸不喜欢我。那份报纸曾说她演唱了没人认识的'某位肖邦先生'的曲子，还说她应该唱些别的曲子。"③

---

① 1848年7月10日刊。从肖邦的信件中我们了解到这篇未署名的评论是乔治·霍格思写的。在给家人的一封信中，肖邦说在最近见到的社会名流中，有一位是霍格思，"他是沃尔特·司各特的挚友。他在《每日新闻》（*Delinius*）上给我的第二场演奏会写了一篇非常好的文章"。CFC, vol. 3, p. 369; KFC, vol. 2, p. 265.

② 这些乐曲是在肖邦完全同意的情况下改编的，维亚尔多在法尔茅斯伯爵家音乐会上的演唱也证明了肖邦对它们的认可。当时这些乐曲还没有出版，维亚尔多最终在1864年——也就是肖邦去世多年后——出版了前六首乐曲，从中可以看出她委托了一位当时不太出名的法国诗人路易·波梅（Louis Pomey）为这些乐曲填了词，标题分别为《十六岁！》（op.50, no.2）、《我的爱》（op.33, no.2）、《爱之痛》（op.6, no.1）、《妖艳女郎》（op.7, no.1）、《小鸟》（op.68, no.2）和《离别》（op.24, no.1）。1888年她出版了另外六首乐曲。维亚尔多对几首玛祖卡进行了变调，以便适应她的音域，甚至将肖邦题献中的人名换成了她自己的朋友和熟人。仔细研究维亚尔多的改编曲就会发现，尽管作为国际知名歌唱家的她工作十分繁忙，但维亚尔多的钢琴演奏水平依然不减当年。她不时用华彩和花腔乐段装饰声线，同时又能兼顾伴奏，这样全面的才华在歌唱家中是罕见的。

③ HSCC, p. 322.

现在我们更能理解为什么肖邦邀请维亚尔多时会有些犹豫了。维亚尔多在科芬园演唱玛祖卡改编曲的第二天，J. W. 戴维森就在他的杂志《音乐世界》上发表专栏文章对改编曲进行了尖锐的批评，文章大意如下：

> 她的歌声十分精巧，展现了最细腻的情感，她的钢琴伴奏也证明了她是一位成熟且技艺娴熟的钢琴演奏者。但是如果说人声可以被用作一种媒介，将难听而做作的钢琴音乐变得动听而迷人，这样的说法是我们无法接受的。在赞叹维亚尔多夫人能够对如此枯燥乏味的音乐进行改编的同时，我们也必须质疑她选择这些乐曲的品味。[①]

565

MONSIEUR CHOPIN'S

Second Matinee Musicale,

FRIDAY, JULY 7th, 1848,

AT THE RESIDENCE OF

THE EARL OF FALMOUTH,

No. 2, St. JAMES'S SQUARE;

TO COMMENCE AT FOUR O'CLOCK.

Programme.

ANDANTE SOSTENUTO ET SCHERZO (Op. 31)........*Chopin*

MAZOURKAS DE CHOPIN, arrangées par *Madame Viardot Garcia*
Madame VIARDOT GARCIA et Mlle. DE MENDI.

ETUDES (19, 13, et 14)........................*Chopin*

AIR, "Ich denke dein"........................*Beethoven.*
Madame VIARDOT GARCIA.

NOCTURNE ET BERCEUSE........................*Chopin.*

RONDO, "Non più mesta"......*(Cenerentola)*......*Rossini.*
Madame VIARDOT GARCIA.

PRELUDES, MAZOURKAS, BALLADE, VALSES........ *Chopin*

AIRS ESPAGNOLES, Madame VIARDOT GARCIA
et Mlle. DE MENDI

1848年7月7日，肖邦在圣詹姆斯广场法尔茅斯勋爵家中举行的音乐会节目单

① 1848年5月13日刊，第312页。

将玛祖卡说成“难听而做作的”乐曲，因维亚尔多在公演中演唱这些乐曲而质疑她的品味，戴维森让这位著名的歌剧天后陷入了两难选择，要么放弃这些乐曲，要么从节目单中删去肖邦的名字。维亚尔多选择了后者。她猜到既然除了这件事，戴维森对她所做的其他事情都赞扬有加，那么把肖邦的名字隐去，戴维森就不会再攻击她改编的乐曲了。事实证明的确如此。6月27日，维亚尔多在白金汉宫为维多利亚女王、阿尔伯特亲王和400名受到特别邀请的宾客演唱这些乐曲时，节目单上写的是“玛祖卡，演唱者：维亚尔多夫人，编曲：维亚尔
566 多夫人”[1]。因此肖邦说维亚尔多讨好《泰晤士报》的心思有些狭隘。但不管怎么说，她同意在7月7日法尔茅斯勋爵家的音乐会上演唱之后，肖邦的名字又出现在了节目单上，从上页的传单上就能清晰看出这一点。

这场演出门票的价格是1几尼。扣除各项费用后，肖邦最终获得了约100几尼的丰厚报酬。

IV

J. W. 戴维森与肖邦的对立为他在音乐史上留下了一片骂名，因此我们也不能对此事避之不谈。肖邦到达英国两年前，戴维森被任命为伦敦《泰晤士报》的首席乐评家之后（他一直在这个职位上坐了32年），便开始利用职位之便对音乐界的事情发表高谈阔论。由于他也在1836年创办了《音乐世界》并担任该周刊的编辑，此时他开始对伦敦的音乐界施加控制。肖邦在阿德莱德·萨尔托里斯家举行演奏会之后，戴维森就在《音乐世界》的专栏中用带有讽刺意味的赞美对肖邦的到来表示了“欢迎”。

---

① 《泰晤士报》，1848年6月28日。

> 肖邦先生最近在萨尔托里斯夫人（曾经的阿德莱德·肯布尔小姐）的宅邸举行了两场钢琴音乐会，似乎让他的崇拜者十分高兴；出席了第一场演奏会的林德小姐似乎是这些崇拜者中最热情的一位。我们一场也没有去，因此就这个话题没什么好说的。女王万岁！[1]

早在1841年，戴维森就曾把肖邦说成“难听旋律的制造者”[2]，而且他也没打算改变自己的观点。看着越来越多的新 567
闻报道肯定了肖邦的重要性，戴维森做出了一个奇特的回应。他禁止了所有与肖邦有关的话题。肖邦在英国列岛逗留期间，《泰晤士报》没有对他报道过一个字，就仿佛他从来没存在过。作为英格兰最知名的报纸，这样的遗漏令人震惊。

戴维森的保守是出了名的。他把自己看作传统的捍卫者。他给自己赋予的使命就是宣扬和保护贝多芬和门德尔松这两位音乐之神的声誉，任何与这两位主张相悖的作品都要受到批判——有时还会被视为劣作。（从戴维森把舒伯特称为“过誉的大老粗”，把威尔第称为“音乐史上最大的骗子，写的都是些垃圾”就能看出这一点。）尤其是门德尔松，他做的事永远都是对的。前一年11月这位作曲家突然去世后，戴维森更是将门德尔松从凡人提升到了圣人的高度，把自己封为英格兰“门德尔松教”的大祭司。当时旅居巴黎的德国重要音乐家都在献给门德

---

① 1848年7月8日刊。戴维森用拉丁语写的这个祈使句“女王万岁！”（Vivat Regina！）具有双重含义。首先他表示尊重珍妮·林德（当时的“歌唱女王”）的观点，她的观点值得重视。另一方面他也以此模仿维多利亚女王，对于王国内她不支持但又无法控制的事情，女王通常会保持沉默。

② 《音乐世界》，1841年10月28日。肖邦辞世多年之后，戴维森写道肖邦跟柏辽兹相比是“怒吼着的狮子身边一直忧郁伤感的跳蚤”，这时他对肖邦的反感达到了极点。《音乐世界》，1877年11月17日。

尔松遗孀塞西尔的纪念册上致了辞，当戴维森听说肖邦拒绝在纪念册上签字时，他勃然大怒。戴维森严厉地斥责了肖邦的行为，诋毁说肖邦在他眼里只是个弹钢琴的，不过写了几首钢琴回旋曲和舞蹈旋律而已。[①]但正如肖邦后来所解释的，他认为这是个礼节上的问题。这份献礼原本就是德国音乐家写给德国人看的。“怎么能让我一个波兰人去签名呢？”他问道。戴维森因其激烈言辞和对肖邦恶毒的指责而受到人们的批评后，在《音乐世界》周刊上为自己辩护，用的是他最擅长的办法——继续攻击。

> 我上周关于肖邦先生和已故的费利克斯·门德尔松－巴托尔迪的恶毒评论招致了一些人的批评。这样的批评是
> 568 不公正的。我的那些评论并非出于恶毒，而是出于对已故的大师的敬意。这位大师身上凝聚了音乐的所有精髓，他的离世可以说让今后一个世纪的艺术发展成为空白……如果不欣赏肖邦先生的音乐成了恶毒的证据，那就让我永远被人称作“恶毒”吧。[②]

我们无须引述戴维森这篇控诉的全文，但他的最后一句话——“门德尔松与肖邦相比，就像是太阳和打火匣里的小火花”——可以被收录进《音乐恶言大词典》中。

这些话写于1847年12月，即门德尔松死后仅五周，我们有必要留意这个日期。从几年前戴维森对肖邦的《四首玛祖卡》(op.41)的评论就能看出他的态度有多么恶劣。当时肖邦

① 《音乐世界》,1847年12月4日。纪念致辞上标注的是“巴黎,1847年11月28日”,多位旅居巴黎的德国音乐家，包括卡尔克布雷纳、黑勒、哈雷和皮克西斯等，都签了名字。

② 《音乐世界》，1847年12月11日。

的英格兰出版商韦塞尔将这份乐谱冠以宽泛的标题“波兰的纪念品”并寄给了戴维森，戴维森说它“混杂着吵闹而夸张的声音和令人难以忍受的刺耳音响”。为了向保守的维多利亚时代的读者证明他的说法，戴维森不惜对肖邦进行人身攻击，下面这段话可以说代表了他职业生涯中的最低点。

> 目前来看，可怜的肖邦之所以会犯下这样的错是有原因的，他深陷大女巫乔治斯［误］·桑的魔咒之中无法自拔，这个女人的情史和情人的数量与优秀程度同样有名；我们也很疑惑这个曾经让伟大又糟糕的宗教和民主主义者拉梅内（Lammenais）动心的人怎么会满足于将她梦幻般的人生挥霍在肖邦这样一个艺术界的无名之辈身上。①

将肖邦的“错误”归结到他与乔治·桑的风流韵事上既毫无道理，又十分愚蠢，让肖邦无法辩驳。但把肖邦称为“艺术界的无名之辈”就十分荒谬了。在这个情况下，韦塞尔出面编辑了一本名人录，收录了二十几位著名音乐家——包括肖邦、 569
李斯特、车尔尼、柏辽兹和无意中引起这场骚乱的门德尔松本人——以示对肖邦的肯定。戴维森就像遇到天敌的乌贼一样，只好喷出墨水作为障眼法。他写了一篇强词夺理的文章作为回应，其主旨大意是“当肖邦先生的地位被潮流抬高时，我们无法看清他的真实水准”。他说韦塞尔和斯特普尔顿的公司为音乐界做出了贡献，在祝愿他们一帆风顺之后，他请求他们谅解自己“刺破了几个泡沫”②。历史上有不少评论家因错误的评论被后世贻笑大方。但接下来发生的事情却是史无前例的。韦

① 《音乐世界》，1841 年 10 月 28 日。

② 《音乐世界》，1841 年 11 月 4 日，第 293~295 页。

塞尔委托戴维森写了一份宣传册赞扬他刚刚贬低过的这位作曲家，名为《论弗里德里克·肖邦的作品》，出版于1843年。在这篇匿名的吹捧文章里，每一句话都散发着虚伪的恶臭，文中的阿谀奉承推翻了戴维森本人此前曾散播的所有言论。从第一句就能看出这是一篇什么样的文章。“在一个音乐骗子横行的年代，伟大光芒的出现是一件值得所有善于思考的艺术爱好者关注的事件——对于那些有责任在大事件被遗忘之前将其载入史册的人，这件事不容忽视。”这一次，他说肖邦的音乐特点是“一种深刻而诗意的气质”，他最新的作品成了“过人智慧的产物”，而之前被说成不值一提的协奏曲现在却“只有伟大的贝多芬的协奏曲才能与之媲美”，等等。同时期的塔尔贝格、车尔尼、赫尔茨和德勒跟这位波兰人比起来，都是在浪费时间，创作着“新形式的无意义之作，一首比一首更加不值一提”。戴维森这篇长达18页的颂文最后以一个反问句结束：“除贝多芬和门德尔松以外，世上成就最高的钢琴作曲家［除了肖邦］还有谁呢？”[1] 戴维森为何会出现如此惊人的态度转变？答案很简单，那就是钱。他收了别人的钱才写下了这样的懦弱之
570 词。而且文章是匿名发表的，因此他也不需要向读者解释他为什么会令人匪夷所思地“转变立场”。[2]

至于肖邦是否知道或在意韦塞尔的宣传册是谁写的，答案

① 这段话及戴维森其他虚伪美言的例子请见DEC，戴维森将肖邦的音乐称为“虔诚信徒的《古兰经》”。为避免读者不理解这个概念，他又补充说是“异教徒的犹太法典”。

② 从戴维森职业生涯后期发生的事情可以看出，他的观点是可以被收买的。戴维森死后，接替他担任《泰晤士报》首席乐评家的弗朗西斯·许弗（Francis Hueffer）发现家门口的礼物堆成了山，这些礼物此前都是送给戴维森的。据《泰晤士报》官方资料记载，许弗不得不雇了一辆四轮手推车，把音乐家们送给他的礼物一一送还。戴维森的传记作家称他为“音乐恶棍”，这是个很难被否认的说法。RMM, pp. 3, 75–77。

我们不得而知，但从肖邦给家人的信中就看出他十分清楚戴维森是个什么样的人。开始在伦敦演出、受到人们关注并赚到了一些钱之后，肖邦给家人写信说："关于我的日场演出，很多报纸都刊登了不错的短评——除了《泰晤士报》[没有刊登任何消息]，这份报纸的评论者是个叫戴维森的人（是已故的门德尔松的信徒），他不认识我，以为我是门德尔松的对手（别人告诉我的）。我不介意，但你会发现在这个世界上人们总有不说实话的理由。"①

V

伦敦的生活成本十分高昂。肖邦多佛街公寓的房租为每星期 10 几尼，此外他还要向男仆和马夫支付薪水。肖邦告诉家人，在伦敦举行一场演出他能赚到 20 英镑。实际上他的出场费通常比这要高，他现在有了一些英格兰学生，以每节课 1 几尼的价格每天在家上几节课，收入足够他支付账单。尽管如此，肖邦肯定也会偶尔被英格兰贵族的态度惹恼。罗斯柴尔德老夫人询问过他的价格后说，虽然他琴弹得很好，但价格有些高得过分。还有一次来了位夫人，她的女儿当时正跟另一位钢琴家上课，每周两节课，每节课 0.5 几尼，但她还想给女儿安排几节肖邦的课。然而当她发现肖邦的课时费是另一位钢琴家的两倍时，她表现出了疑虑，并说对于她家孩子的音乐发展而言，一周一节课就足够了。还有一位学生跟着肖邦上了几节课之后，没付钱就直接消失了。肖邦十分了解这些客户的本质，多数人找他上课不过是为了向别人炫耀。肖邦积攒了一些与英格兰贵族相处时发生的精彩故事，等着回到巴黎讲给那些可能感兴趣的朋友听。 571

① CFC, vol. 3, p. 368; KFC, vol. 2, p. 265.

“哦，肖邦先生，您的费用是多少呢？”

“夫人，我收取 25 几尼。”

“哦，但我只想听一首短短的小曲子。”她双手交握，惊呼道。

“价格都是一样的。”

“哦，这么说您可以演奏很多曲子了！”

“两个小时都行，如果您喜欢。”

“好，那就这么定了。我需要预付 25 几尼吗？”

“不，夫人，之后再付就行。”

“哦，那太好了！”①

伦敦的有钱人一般会在 7 月离开伦敦，因此首都各种形式的艺术生活也会随之停滞下来，导致肖邦的收入日渐减少。这时他便开始为著名的苏格兰之行做准备，简·斯特林已经先行一步到了那里，不知疲倦地奔走于苏格兰的名门望族之间，为肖邦的演出做准备。

VI

如今简·斯特林成了肖邦生活中每天都会出现的人，她也继续推动了之后许多事情的发展。简·斯特林的父亲约翰·斯特林是基彭戴维（Kippendavie）和基彭罗斯（Kippenross）两个庄园的地主，简·斯特林是十三个兄弟姐妹中年纪最小的一个。1804 年，简·斯特林出生于邓布兰（Dunblane）的基彭罗斯庄园，但到了十五六岁的时候她的双亲都已去世，于是
572 小姑娘搬到了年纪比她大得多的姐姐凯瑟琳家里。凯瑟琳是詹

① HFCZ, vol. 3, p. 183.

姆斯·厄斯金的遗孀，两人结婚后仅五年，詹姆斯·厄斯金就在1816年去世了。在过去的两个世纪里，斯特林家族借着东印度贸易的发展热潮积累了大量的财富。简的一些祖辈曾在牙买加开办甘蔗种植园，获得了财务自由。詹姆斯·厄斯金死后，他的弟弟托马斯成了厄斯金家族所有地产的管理者，也负责掌管大家族中许多成员的财务状况，包括简和凯瑟琳的。

这两位出身富贵的姐妹形影不离；为了学习艺术，两人四

简·斯特林；阿希尔·德韦里亚绘制的肖像（约1842年）[①]

① 简·斯特林身边站着的这个小女孩很少被人提到。她是弗朗西丝·安妮·布鲁斯，第七任埃尔金伯爵托马斯·布鲁斯的小女儿，是简的外甥女。布鲁斯勋爵1841年在法国去世，之后简曾照顾过这个小姑娘一段时间。

处游历。19 世纪 40 年代初她们在巴黎住了一段时间。在这里，简跟着肖邦的学生英格兰钢琴家林赛·斯洛珀学习钢琴。通过
573 斯洛珀的介绍，简可能在 1843 年见到了肖邦。次年，她成了肖邦的学生。肖邦认为她的水平不错，曾说："有一天你会弹得非常非常好。"① 凯瑟琳有时会陪着简去上课，也是在这样的场合里她们遇见了索朗热，使得索朗热在她的回忆录里勾勒出了两姐妹的形象："在这位大师家中的课上，你会经常看到两个身材高挑、有着苏格兰血统和身型的人，她们苗条、苍白，看不出实际年龄，面色严肃，穿着黑色衣服，不苟言笑。在这阴郁的外表下，隐藏着两颗高尚、慷慨、热忱的心。上课的这位名叫斯特林小姐，陪她一起来的是她的姐姐厄斯金夫人。"②

没过几个月，肖邦就把创作完成的《两首夜曲》（op.55）献给了简，这件事可以说象征着两人友谊的开始。对简来说，这份友谊很快发展成了深沉而长久的爱恋，但肖邦却无法回馈她的感情。在肖邦看来，他和简之间的关系是纯粹的友谊，而且他从来没有改变过自己的立场。刚开始，肖邦并未对此事感到担忧。他很享受"两位苏格兰女士"对他给予的关注，也很感谢她们的慷慨和善意。但随着时间的推移，他开始感到困扰，虽然两位女士只是想让肖邦过得更舒适些。最后肖邦到达苏格兰后，听到有传言说他和简正在谈恋爱，甚至考虑结婚，这件事便成了"最后一根稻草"。他对她的态度发生了剧变，在信中批评简和她的姐姐，甚至说了一些坏话，而对于这样辜负了她们好意的批评，两姐妹一无所知。早在 6 月初，肖邦曾给格日马瓦写信倾诉，从中就能看出他的真实感受："我善良的苏格兰女士们对我很好。除了出门应酬，我总是和她们在

① GSFC, p. 135.

② CFCS, p. 238.

574

肖邦在英国的足迹：1848 年 4 月～11 月

一起。但她们总是四处奔走，坐在颠簸的马车里在伦敦转来转去，拿着名片社交。她们想让我去拜访她们的所有熟人，虽然我已经如同一具行尸走肉。”①

到了 7 月中旬他几乎忍耐到了极限：“我的苏格兰女士们
575 人很好……但她们烦得我不知道怎么办才好。”② 肖邦待在伦敦时还能掌控一些自己的事务。但一到了苏格兰，他就只能听任斯特林姐妹的摆布，而奇怪的是两姐妹并没有意识到她们给肖邦带来的压力。在给格日马瓦的信中，肖邦将他所处的困境表达得最为明确：“她们会出于礼貌地把我闷死，而我也会出于礼貌地让她们闷死我。”③ 肖邦的苏格兰之行就是在这样的尴尬处境下进行的。但直到 11 月 21 日，就在他离开英国返回法国的前一天，他才把他对简和凯瑟琳的冷酷控诉发泄了出来：“在这里再多待一天，我就是不死也会疯掉。我的苏格兰女士们太烦人了。愿上帝保佑她们！她们缠住了我，我也没法从她们身边挣脱开。”④

如果知道了肖邦对她的真实看法，简·斯特林一定会十分伤心。她给予了肖邦无止境的慷慨帮助，换来的不应是这样的冷漠回报。但随着故事的展开，我们看到肖邦在这个语言不通、人生地不熟的国家每天都在承受着颠沛流离，因此也更能体会他陷入了无力应对的艰难处境。如果他的苏格兰女士能意识到，肖邦最需要的并非其他，而仅仅是一个温暖的房间、一架钢琴和充分的休息，那么他的苏格兰之行可能会更加顺利。但当肖邦跨过了英格兰的北境之后，简和凯瑟琳便下定决心向

---

① CFC, vol. 3, p. 348; KFC, vol. 2, p. 248.

② CFC, vol. 3, p. 354; KFC, vol. 2, p. 253.

③ CFC, vol. 3, p. 390; KFC, vol. 2, p. 278.

④ CFC, vol. 3, p. 403; KFC, vol. 2, p. 289.

尽可能多的人炫耀她们这位著名的客人，让他陷入了最终可能加速了他死亡的繁忙日程当中。

VII

8月5日星期六上午9点，亨利·布罗德伍德的一位代表在伦敦尤斯顿（Euston）火车站为肖邦送行，他慷慨地买了三个头等座——一个给肖邦，对面的一个给肖邦放脚，还有一个给他新雇的男仆丹尼尔。 576
布罗德伍德让缪尔·伍德给肖邦做旅伴兼翻译，他是一名音乐会推广商，在格拉斯哥和爱丁堡有自己的音乐商店。坐火车前往爱丁堡走的是新开通的西海岸线路，途经伯明翰和卡莱尔，全程650公里，历时12小时。布罗德伍德在爱丁堡当时最好的酒店——位于圣安德鲁斯广场的道格拉斯酒店为肖邦预订了房间，让他在长途旅行之后得到充分休息。第二天星期日，肖邦坐着斯特林姐妹的朋友为他提供的马车悠闲地探索这座城市，著名的古城堡和开阔的海景给他留下了深刻的印象。后来他把印有这些风景图片的信笺寄给了华沙的家人。他也去了滑铁卢广场12号缪尔·伍德的音乐商店，查看从伦敦用蒸汽船运来的布罗德伍德三角钢琴是否完好无损。[①] 在这次会面中，他们大概也讨论了缪尔·伍德为肖邦安排的两场重要音乐会，一场在格拉斯哥，另一场在爱丁堡。谈话间，肖邦无意中听到一位盲人钢琴家正在弹他的一首玛祖卡，这人显然对曲子十分熟悉。刚踏上苏格兰的土地不到24小时，他听到的第一首乐曲就是自己的作品。

肖邦从爱丁堡出发，去了城外20公里处的科尔德庄园

---

① 这是一架编号为17001的布罗德伍德重复击弦专利钢琴。8月5日星期六上午，蒸汽船皇家威廉号从伦敦去往利斯和格拉斯哥方向的码头出发，将它运往苏格兰，以供肖邦在格拉斯哥和爱丁堡演出时使用。CCS, p. 25.

（Calder House），庄园的主人是简·斯特林的姐夫詹姆斯·托菲肯勋爵，一位 78 岁的鳏夫，他派了一辆马车把肖邦接到了家里。到了庄园，肖邦不仅发现这里有一架布罗德伍德的三角钢琴，还发现简·斯特林的普莱耶尔钢琴也在等着他，是简专程从伦敦运来供他使用的。主人给肖邦安排的房间能将花园的美景一览无余，花园被树木点缀着，远处是连绵起伏的山丘。这座古宅有着悠久的历史。300 年前，肖邦楼上的房间里曾住过苏格兰宗教改革者约翰·诺克斯（John Knox），他曾在这里违抗罗马教宗的命令，冒着生命危险主持圣餐仪式。据说这栋房子里经常有个穿红色兜帽的幽灵出没，但它并未在肖
577 邦暂住期间现身，让肖邦多少有些失望。古堡有些地方的墙壁厚达 2.4 米，让肖邦倍感惊奇。他在没有尽头的走廊里走着，看到墙上“挂满了祖先的画像，颜色一个比一个深，面孔一个比一个更具苏格兰特点”①。肖邦很喜欢与托菲肯勋爵相处，他曾是东印度公司的一名船长，能用磕磕巴巴的法语跟这位有名的客人聊天。肖邦的房间离别人的房间很远，可以不受任何干扰地弹琴。他午餐之前很少露面，中午会和大家一起在餐桌旁用餐。下午，肖邦有时会跟斯特林姐妹坐马车兜风，天气不好的时候他就在屋里写信。

晚餐一般设在 7 点，长长的餐桌旁经常会坐 20 多位客人，享受托菲肯勋爵的款待，他们想待多久就待多久，来去自由不受约束。肖邦有时甚至会在大家的劝说下弹些苏格兰歌曲，客人们也会随着音乐一起哼唱起来。肖邦在科尔德庄园一直待到了 8 月底。虽然简·斯特林和姐姐一直很关心他（“我的任何需要都会马上被满足”），他还是向弗朗肖姆抱怨说他感到不自在，一个像样的构思也没有，无法创作，感到十分烦躁。他写

① CFC, vol. 3, p. 362; KFC, vol. 2, pp. 258–59.

道："我感觉自己脱离了正轨，像是一头出现在假面舞会上的驴子，又像一根被装在低音提琴上的小提琴 E 弦。"[1] 肖邦说自己身处一个格格不入的世界，这样的奇特描述体现了他心中的疏离感，也使得时常笼罩在他身上的阴郁情绪更加浓重。这时尤利安·丰塔纳在返回美国的途中路过伦敦，他的来信让肖邦感到更加失落了。肖邦绝望地写道："如果我没有病得这么厉害，我明天就要回到伦敦拥抱你。无疑我们很久都不会再见面了。我们像两台羽管键琴（cymbały）[2]，被时势弹出悲惨的小颤音。"丰塔纳的信让肖邦想起了许多逝去的同胞，他在信中提到了扬·马图辛斯基、安东尼·沃津斯基、斯特凡·维特维茨基和伊齐多尔·索班斯基。他继续用乐器的比喻写道："我们的音板还完好无损，但琴弦已经断了，有几个弦轴也跳了出来。真正的问题在于我们是独一无二的著名制琴师斯特拉迪瓦 578
里的作品，而他已经去世，没有人能把我们修好了。"[3]

在科尔德庄园暂住的三周里，肖邦努力让自己振作起来，为 8 月 2 日曼彻斯特的音乐会做准备，这场演出将成为他英国之行的一个最大亮点。就算肖邦再不愿意举办这样的音乐会，60 英镑的高额出场费也足够让他屈服。虽然这个活动是由亨利·布罗德伍德推动的，但实际上的出资人是富有的实业家萨利斯·施瓦贝（Salis Schwabe）。在施瓦贝家的奢华宅邸——位于曼彻斯特郊区米德尔顿（Middleton）的克伦普索尔庄园（Crumpsall House）里，肖邦以客人的身份受到了施瓦贝一家的款待。8 月 25 日星期五早上，肖邦和丹尼尔乘公共马车从科尔德庄园出发，10:30 在爱丁堡坐上了火车。8 个小时

---

① CFC, vol. 3, p. 361; KFC, vol. 2, p. 257.

② 双关语，波兰语中"cymbały"也有"傻瓜"或"笨蛋"的意思。

③ CFC, vol. 3, pp. 363–64; KFC, vol. 2, pp. 259–60.

爱丁堡附近的科尔德庄园，简·斯特林的姐夫托菲肯勋爵的府邸；照片（约 1930 年）

后，他们到达了新贝利街（New Bailey Street）的索尔福德（Salford）火车站。两人到达克伦普索尔庄园时已是傍晚，精
579 疲力竭的肖邦被丹尼尔抱上了楼，卧床休息了 24 个小时。

VIII

萨利斯·施瓦贝是一位著名慈善家，也是曼彻斯特皇家医院的一位董事，肖邦音乐会筹集的资金将全部捐赠给这家医院。[①] 演出当天，绅士音乐厅（Gentlemen's Concert Hall）

① 萨利斯·施瓦贝（1800~1853）出生在德国威斯特伐利亚（Westphalia）地区的奥尔登堡（Oldenburg），出生时家人给他起的名字是萨洛蒙·本·埃利亚斯（Salomon ben Elias），萨利斯（Salis）这个奇特的名字是由萨洛蒙和埃利亚斯这两个希伯来名字组合而来。受德国反犹太情绪影响，萨利斯 17 岁时就移居英国，这个自由的国度给他带来了诸多机遇，他便在这里开始了新的生活。萨利斯到达英国时，工业革命刚刚开始，他在英格兰北部看到了机遇，开了一家白棉布厂。1832 年他搬到了曼彻斯特，在米德尔顿郊区罗德斯（Rhodes）租下并翻新了几年前在路德派骚乱中被烧毁的丹尼尔·伯顿制造厂，开设了施瓦贝棉布印花厂，（转下页注）

里座无虚席，部分原因在于玛丽埃塔·阿尔博尼（Marietta Alboni）、阿马利娅·科尔巴里（Amalia Corbari）和洛伦佐·萨尔维（Lorenzo Salvi）三位著名的意大利歌唱家也参加了演出，演唱罗西尼、威尔第和贝利尼歌剧中著名的咏叹调。超过 1200 名观众观看了音乐会，是肖邦所有演出中观众人数最多的一场。从宣传单上的注意事项就可以看出这场音乐会是一场高规格的社交活动："所有男士需身着晚礼服，佩戴白色或黑色领巾，否则不允许入场。"马车车夫绕着音乐厅行驶到门口，等这些富有的音乐爱好者下车之后，还要排着队"让马车 580
转向牛津街"，直到音乐会开始后有不少马车仍在排队。肖邦最厌烦的就是这样人满为患的公开演出。

从节目单可以看出，肖邦在上半场演奏了一首夜曲（具体编号不详）和《摇篮曲》（op.57），下半场演奏了一首玛祖卡、华尔兹和叙事曲（具体编号不详）。他不得不对演出的曲目做了些修改，我们很快就会说到其中的原因。①

（接上页注①）最兴盛时占地面积有 32000 多平方米，有约 750 名工人。1846 年，施瓦贝为他的工厂加上了最辉煌的一笔——一根高达 109 米的烟囱。烟囱由 150 万块砖构成，底部直径为 6.7 米，顶部直径为 2.74 米，是当时欧洲最高的烟囱（从曼彻斯特几英里外就能看到，被当地人称为"罗德斯的巨物"）。修建历时 8 个月，耗费了施瓦贝 5000 英镑——在当时可以说是斥巨资。我们之所以提到这些数字，是因为 20 世纪 80 年代烟囱被拆掉时，技术团队花了四年的时间才完成这项工作。直接爆破可能会对附近的居民构成巨大威胁，因此工人只能一砖一瓦地、艰难地把它拆掉。

这根大烟囱给肖邦留下了深刻印象，在写给格日马瓦的信中肖邦还提到了它。他补充说："我现在住在我的好朋友施瓦贝家里，你可能在莱奥家见过他……他是个犹太人，或者说和莱奥一样是个新教徒。他的妻子特别和善。"（CFC, vol. 3, pp. 382–83; KFC, vol. 2, p. 273.）从这句不经意的评论中可以看出肖邦在巴黎时已经和施瓦贝一家很熟悉了，这家人在香榭丽舍还有另外一栋宅邸。

① 肖邦上半场实际演奏了"平静的行板"和一首谐谑曲（可能是降 b 小调第二奏鸣曲中的那首，但经过了一些修改）；下半场他演奏了夜曲、一组练习曲（具体编号不详）和第 57 号作品《摇篮曲》。由此可知他跳过了叙事曲、玛祖卡和圆舞曲。完整的替代版节目单可参见 BCM, pp. 22, 25。

CONCERT HALL, MANCHESTER.

MONDAY EVENING, AUGUST TWENTY-EIGHTH, 1848.

DRESS CONCERT.

MISCELLANEOUS.

Part First.

OVERTURE..............................."Ruler of Spirits"...*Weber.*

TERZETTINO......Signora ALBONI, Signora CORBARI, and Signor SALVI......"Io t'amava"......(Nabuco)......*Verdi*

RECIT. è CAVATINA......Signora CORBARI......"Come provar"......(La Cantatrice Villane).......*Pacini.*

ROMANZA.........Signor SALVI.........."Ciel pietoso".........(Uberto).........*Verdi.*

NOCTURNE et BERCEUSE—PIANO-FORTE..................Mons. CHOPIN..................*Chopin.*

CAVATINA è FINALE............Signora ALBONI............"Non più mesta"...........(Cenerentola)..........*Rossini*

DUETTO......Signora CORBARI and Signor SALVI......"Vieni in Roma"......(Norma)......*Bellini.*

An Interval of Twenty Minutes.

It is particularly requested that Parties in promenading round the Hall will keep to the right.

Part Second.

OVERTURE ...."Prometheus"...................................*Beethoven.*

DUETTO...............Signora ALBONI and Signora CORBARI..............."La Regatta Veneziano".............*Rossini*

ROMANZA..........Signor SALVI.........."Una furtiva lagrima".........(L'Elisir d'Amore).........*Donizetti.*

MAZOURKA, BALLADE, et VALSE—PIANO-FORTE.........Mons. CHOPIN.........*Chopin.*

DUETTO..........Signora ALBONI and Signor SALVI........"Un soave non so che"........(Cenerentola).........*Rossini*

ARIA...........Signora CORBARI.........."Oh, dischiuso"..........(Nino).........*Verdi.*

TYROLIENNE.............Signora ALBONI..............."In questo semplice"................(Betly).............*Donizetti*

TRIO...Signora ALBONI, Signora CORBARI, and Signor SALVI..."Cruda sorte"...(Ricciardo è Zoraide)...*Rossini.*

OVERTURE.................."Il Barbiere di Siviglia"..................*Rossini.*

Leader of the Orchestra..Mr. SEYMOUR.

TO COMMENCE AT SEVEN O'CLOCK PRECISELY.

☞ *The Committee earnestly request the co-operation of the Subscribers in maintaining silence during the Performances*

Subscribers are informed that the 15th Rule will be strictly enforced:—"That no gentleman residing in or within six miles of Manchester is considered as a stranger, or admissible to either Public or Private Concerts without being previously elected a Subscriber; and that gentlemen who have permanent places of business in Manchester are considered as residents."

No Gentleman will be admitted except in Evening Dress, with either White or Black Cravat.

Carriages, in setting down and taking up Company, are to have their horses' heads towards Oxford-street.

Cave and Sever, Printers, 18, St. Ann's-street, Manchester.

581 肖邦在绅士音乐厅的演出，曼彻斯特，1848年8月28日；音乐会节目单

《曼彻斯特卫报》（*The Manchester Guardian*）的报道抓住了当晚演出的精髓：

> 肖邦看上去大约30岁［实际上他已经38岁了］。他身形瘦削，步履蹒跚，神态虚弱，几乎带着一种痛苦的神情。但一坐在钢琴旁，这样的神态就消失了，他似乎全身心投入到了音乐之中。肖邦的音乐和演奏风格有着同样鲜明的特点——优雅多于活力，作品中精巧细腻多于简单全面——演奏中优雅流畅的触键多于对乐器有力而紧张的掌控。
>
> 他的作品和演奏都堪称室内乐中的完美之作——适合配合最典雅的乐器四重奏——但在设计的广度和明确性上还稍有缺陷，在大型音乐厅里的演奏效果也略显不足。以上就是我们在周一晚上第一次听肖邦先生演奏后产生的印象。当地最优秀的一些业余音乐爱好者对他报以热烈掌声，并要求他安可最后一首乐曲，其他四位伦敦艺术家也获得了同样的赞美。[①]

虽然受到了好评，但肖邦的朋友都能明显看出他生病了，而 582
且他的演奏缺乏力度。查尔斯·哈雷后来评论肖邦的演奏时写道："令人心痛又十分明显的是，他已时日无多了。"[②] 出乎肖邦意料的是，他的一位旧相识、爱尔兰钢琴家乔治·奥斯本负责在这场音乐会上为歌唱家们伴奏。肖邦听闻此事后，恳求奥斯本在他演奏时离开音乐厅。"我不适合在这么大的空间里演奏，我的作品也展现不出效果。你的在场对于你和我都是件痛苦的事。"尽管如此，奥斯本还是坐在大厅后边的一个肖邦看不见的角落远远

---

① 1848年8月30日刊。肖邦用的是一架布罗德伍德重复击弦三角钢琴（no.17047），是此前一个月肖邦在布罗德伍德的展厅选好的，被特地从伦敦运到了这里。肖邦的曼彻斯特公演及相关活动的详情请见BCM和WCMM。

② HLL, p. 37.

地听了他的演奏。“我为他欢呼、鼓掌……但他的演奏太过细腻，无法引起人们的热烈反响，我真心为他感到遗憾。”①

《音乐世界》刊载了一篇评论，其中的观点与奥斯本不谋而合。了解这份杂志与肖邦的过节的人都不会为文中的负面论调感到意外。文章的作者并不是戴维森，但肯定是个想讨好他的人。作为“门德尔松教”英国分会的大祭司，戴维森一定愿意看到肖邦名誉受损。作者用居高临下的语气将肖邦称为“法国著名钢琴家、作曲家，在这些领域是个新奇人物”，之后通篇对肖邦只字未提，直到文末才明褒暗贬地写道：

> 关于肖邦先生的钢琴演奏，我在此不宜多言，望诸位读者谅解。他没有让我感到惊讶，也没有让我感到非常满意。毫无疑问，他的演奏十分完美——也许有些过于完美，甚至称得上手段高明——他的细腻与表现力也毋庸置疑；但我认为他缺少了利奥波德·德·迈尔（Leopold de Meyer）的震撼力、塔尔贝格的活力、赫尔茨的气魄和斯滕戴尔·贝内特（Sterndale Bennet）的优雅。尽管如
> 583 此，肖邦先生无疑是一位伟大的钢琴家，他的演奏总是能让人感受到些许的愉悦。②

这篇文章也没对肖邦的作品进行任何评价。《兰开夏郡大众广告报》（*Lancashire General Advertiser*）的评价就更正面一些，承认他的作品“非常具有原创性”。对肖邦赞誉有加的是《曼彻斯特信使报》（*Manchester Courier*），评论者说

---

① ORFC, p. 101. 查尔斯·哈雷也和奥斯本一样失望。哈雷一定是回想起了肖邦早年间精彩绝伦的演出，因此对于这场音乐会，他只说了一句暗含深意的话：“这个……月，肖邦来了，弹了钢琴，但没有几个人能理解他。” HLL, p. 111.

② 1848 年 9 月 9 日刊。

虽然肖邦不是塔尔贝格，但他的“演奏风格纯真而纯净”，而且“在出色的触键和细腻的表达方面”无人能及。《曼彻斯特信使报》还写道肖邦的夜曲、练习曲和摇篮曲赢得了观众的“热烈掌声”，一首没有提到名字的安可曲“极具美感”。①

曼彻斯特的观众中没有几个人知道，就在音乐会的前几天，肖邦刚遭遇了一场车祸，用他自己的话说，这场车祸差点要了他的命。那天他和丹尼尔坐着双座轿式马车在科尔德庄园附近行驶，马车由两匹年轻的英格兰纯种马拉着。突然一匹马被绊了一下，受惊狂奔了起来，另一匹也跟着狂奔起来。两匹失去控制的马向坡下飞奔去，缰绳被挣断，车夫被甩到地上，摔得鼻青脸肿。丹尼尔从马车里跳了出去，但肖邦没有力气跳车。无人驾驶的马车踉踉跄跄地冲向了悬崖，如果不是因为勾住了一棵树，可能就掉下去了。两匹马被撞坏的车压住，也都受了伤。肖邦写道：“万幸的是我没受伤，只是车子颠簸时磕青了腿。”但他补充道：“想到可能摔断手脚我就后怕。如果成了瘸子我也活不下去了。”②

肖邦是否在曼彻斯特举办了两场演出呢？之所以要问这个问题，是因为肖邦传记作家贝纳德·加沃蒂（Bernard Gavoty）在1974年宣称他有一封肖邦写给索朗热的信，肖邦在信中讲述了一件不寻常的事。 584

> 我给一些英国朋友演奏《降b小调奏鸣曲》时发生了一

① 1848年8月30日刊。

② CFC, vol. 3, p. 386; KFC, vol. 2, p. 275.《曼彻斯特卫报》在音乐会的评论后边描述了这场意外。为了向读者解释为什么肖邦没有按照印好的节目单演奏，《曼彻斯特卫报》详尽地叙述了这场事故，并评论说：“除了几处挫伤以外，肖邦安然无恙。但他受到了惊吓，无法排练原本打算在曼彻斯特演出的新作品（我们听说他‘精神高度紧张’）。因此演出方案才出现了一些变化。”

> 件怪事。快板和谐谑曲演奏得很顺利，正当我准备演奏进行曲时，突然，我看到一些受诅咒的幽灵从琴箱里冒了出来，就是当年我在修道院那个阴森的夜晚看到的幽灵。我不得不走出房间冷静片刻，之后我继续弹琴，没把这件事告诉任何人。[1]

这封信如今已无迹可寻。加沃蒂说这封信是他在伦敦买到的，上面标注的日期是“1848年9月9日”，也就是说它是肖邦回到苏格兰后在约翰斯通城堡写的。加沃蒂说肖邦演奏《葬礼进行曲》这件事发生在“8月29日……曼彻斯特的一个沙龙里”，当时《曼彻斯特卫报》的一位乐评家观看了演出，他“惊讶地记录下了这个小插曲”[2]。但一些传记作家提出这场演出最可能是在克伦普索尔庄园里进行的，当时肖邦就住在这里，萨利斯·施瓦贝也喜欢在这里举行私人音乐会。但不管怎么说，这封信中存在一些令人疑惑的地方。《曼彻斯特卫报》并没有提到这场演出，而加沃蒂却说报纸的评论家写了一篇评论。曼彻斯特当地的其他报刊也没报道这件事。更令人费解的是，肖邦当时身体极其虚弱，从房子的这头到那头都需要他的仆人帮忙，在这样的情况下，他如何能有足够力气演奏体力要求最高的一部作品。（有些报道提到在绅士音乐厅公演的前一天，肖邦需要男仆把他抱上和抱下舞台。）此外，苏格兰的那场车祸刚过去不到两周，他的淤青也没有痊愈。在这种情况下，他不得不修改甚至放弃了一些演出的曲目，但加沃蒂却说他仍旧能够完整演奏这首又长又费力的奏鸣曲。最后，信中提
585 到十年前曾在巴尔德莫萨修道院折磨过他的“受诅咒的幽灵”如今又在曼彻斯特出现，迫使他离开房间，在演奏《葬礼进行

---

① GC, p. 283.

② GC, p. 283.

曲》之前让自己冷静下来，对此我们应该如何看待呢？实际上是乔治·桑，而非肖邦，在《我毕生的故事》中讲述马略卡岛之行时第一次提到了这些幽灵，但这本书在肖邦去世五年后才出版。尽管存在诸多疑点，但这封信还是让人们形成了甚至固化了一个印象，即肖邦在曼彻斯特演奏了他的《降 b 小调奏鸣曲》。除非还有其他证据能够证明这一点，否则我们不能仅凭借一封来历不明的信件就断定这样一场演出的存在。

IX

在克伦普索尔庄园休息了一两天之后，肖邦于 9 月 1 日回到了爱丁堡。他在科尔德庄园的家庭医生、出生在波兰的亚当·维什琴斯基（Adam Łyszczyński）的家里住了一晚，这位医生使用了多种顺势疗法为肖邦治疗，成了他在苏格兰期间主要的医学顾问。9 月 2 日，肖邦继续前往格拉斯哥，住在了简·斯特林寡居的姐姐安妮·休斯顿（Anne Houston）的约翰斯通城堡里。[①]简的家人把肖邦照顾得无微不至，连他随口一提的事都要尽力满足（甚至让人从法国每天给他寄报纸），但他仍感到寂寞和沮丧。最初几天明媚的阳光被阴天替代后，潮湿的浓雾缭绕着古宅，掩盖了周边的乡间美景，让肖邦变得郁郁寡欢。他对格日马瓦说："我不太好，心情压抑，人们对我的过分关注让我厌烦。我无法呼吸，也无法工作。"但在这封信的后边肖邦又展现出了他的幽默感，让现代的读者看了也会会心一笑。肖邦发现曾跟自己说过话的一位苏格兰夫人据说是玛丽·斯图尔特的第十三代表亲，此事是站在这位夫人身边的丈夫以极其严肃的神情向他透露的。肖邦对此表示惊讶之后继续 586

① 巧合的是，约翰斯通城堡在二战期间成了波兰士兵的临时营舍，当时的波兰仍没能逃过血雨腥风，使得不少波兰人流落他乡。1956 年，为修建住宅区，这座城堡被推倒，只有两个塔楼被留了下来。

写道："他们似乎都是表亲，不论男的还是女的，都来自一个大家族，这个家族很有名，但在欧洲大陆却没人听说过。整个谈话都围绕着宗族关系，就像《圣经》里的福音书一样：谁生下了谁和谁，这个人又生了谁，他又是谁的父亲，能写整整两页，一直追溯到耶稣基督。"①

简·斯特林在她亲戚家各式各样的豪华宅邸中为肖邦安排了多场演出，包括米利肯庄园（Milliken House）、斯特拉赫庄园、基尔庄园、威肖庄园、加贡诺克庄园和汉密尔顿宫等，因此肖邦马不停蹄地奔波着，用他自己的话说，被从一个地方"运到"另一个地方。苏格兰这一年的社交季被一种特别的欢腾气氛所笼罩。9月初，维多利亚女王和阿尔伯特亲王带着三个孩子来到苏格兰珀斯郡，在他们新购置的巴尔莫勒尔城堡度了三周假。由于皇室的到来，苏格兰吸引了比平时更多的公爵、勋爵和夫人们，他们跟随着皇室离开伦敦，住进了这些安排了肖邦演出的贵族宅邸中。肖邦发现"每次有英格兰上流社会的人来苏格兰……午饭的餐桌上都能坐满三十人"。之后他又对维多利亚和阿尔伯特两人发表了评论：

> 这里也来了很多名媛（诺顿夫人几天前刚刚离开），还有不少公爵和勋爵。今年来的贵族比往年更多，因为女王到了苏格兰，昨天突然坐火车路过此地。她必须在某个日期前回到伦敦，但雾太大，她没有像来的时候那样坐船回去；虽然船员和随从都在等着她，但她还是在阿伯丁（Aberdeen）坐上了夜间火车，以这种寻常的方式返程。他们说阿尔伯特亲王一定很高兴，他总是晕船，而女王则像真正的海上霸主一样，从来不怕坐船。②

① CFC, vol. 3, p. 384; KFC, vol. 2, p. 274.

② CFC, vol. 3, pp. 388–89; KFC, vol. 2, p. 277.

约翰斯通城堡的地理位置很方便不知疲倦的简·斯特林安 587
排肖邦到她的亲戚家演出，近的地方有简的姐姐伊丽莎白和姐夫内皮尔上将居住的米利肯庄园，远的有她的哥哥詹姆斯·斯特林上校居住的格伦蒂安庄园（Glentyan House）。简最奢侈的愿望是把肖邦带到她的出生地——邓布兰附近的基彭罗斯庄园，但最终没有成行，省去了肖邦的奔波之苦。9月初，约翰·默里勋爵和玛丽·默里夫人邀请肖邦前往他们在阿盖尔郡（Argyllshire）的斯特拉赫庄园。默里勋爵是苏格兰的军法署署长，他的妻子玛丽曾在伦敦上过肖邦的钢琴课。肖邦将她称为“我的一位60岁的学生”，可见他对这位学生并不重视，但显然这位夫人对肖邦的事情十分热心。从地图（第574页）中可以看出，肖邦要经历一段艰难的旅途才能到达偏远的斯特拉赫村，1848年这个小村庄只有不到100户人家和500名居民。路上的天气阴沉多雨、变化无常，而肖邦要乘坐蒸汽船横渡长湖（Loch Long）到达阿登廷尼（Ardentinny），再下船乘坐马车沿着崎岖的无名道路抵达庄园。这段路总共要花上四个多小时。斯特拉赫庄园坐落在法恩湖畔（Loch Fyne），坐拥苏格兰大地的壮丽景色，是肖邦到过最北边的地方。他在这里逗留了一周。除了具有音乐才华以外，默里夫人还是位优秀的希腊语和拉丁语学者，对英国文学也颇有研究。她的法语也很流利，应该足够供她与肖邦聊天，肖邦在斯特拉赫庄园的晚宴上跟别人寒暄时，默里夫人也能够帮上不小的忙。①

---

① 默里夫人曾向波兰钢琴家塞西莉娅·齐亚伦斯卡（Cecylia Działyńska，1836~1899）透露过关于肖邦教学方法的一些重要信息。此前齐亚伦斯卡在巴黎师从弗朗西斯·普朗泰（Francis Planté），1859年她前往斯特拉赫向当时已经71岁的默里夫人了解关于肖邦的一些往事。齐亚伦斯卡将这些信息连同她从马塞利娜·恰尔托雷斯卡那里获取到的信息收录进了1882年出版的小册子里。1861年10月5日的《格拉斯哥先驱报》（*Glasgow Herald*）刊载了一篇关于默里夫人的内容详尽的讣告。

588 X

让肖邦心神不宁的一件事是即将在格拉斯哥商人音乐厅举行的演出，此前缪尔·伍德已经发出公告称演出将于9月27日进行。节目单上写的是“日场音乐会”，来看的观众并不多。《格拉斯哥先驱报》写道，观众“虽不多，但是格外显赫”。之所以会出现这种情况，是因为主办方“西苏格兰贵族绅士夫人联合会”异想天开地把门票价格定为了0.5几尼的高价。财富和官爵的关系就如同马车和马，但这样的组合通常会导致音乐厅的座位坐不满——后来简·斯特林就从此事中吸取了教训。

亚历山大·恰尔托雷斯基亲王和马塞利娜·恰尔托雷斯卡亲王妃带着他们的小儿子马塞尔出席了音乐会。一两天前，他们突然来到爱丁堡。肖邦听到这个消息后赶忙从格拉斯哥坐火车去问候了他们。恰尔托雷斯基一家的出现极大地缓解了肖邦的消沉情绪，而肖邦的演奏也让他们振奋了起来。受到革命动乱的影响，恰尔托雷斯基一家被迫放弃了维也纳的住所。奥地利和匈牙利双方已经展开了几场会战，维也纳也处于动乱之中，被革命者占领，虽然这种情况并没有持续太长时间。暴徒抓住了国防大臣拉图尔（Latour）伯爵后，将他绞死在了路灯灯柱上，皇帝斐迪南五世也带着亲眷逃离了即将被阿图尔·戈尔吉（Artúr Görgey）将军的部队占领的维也纳。不论什么级别的贵族，在帝国首都维也纳继续待下去都是不安全的。能在格拉斯哥听到肖邦的演奏对恰尔托雷斯基一家是个巨大的安慰，而后来肖邦从他们身上得到的安慰是此时的十倍。从这时起到肖邦生命最后一刻，马塞利娜亲王妃成了肖邦生命中一个忠诚、令他安心的存在，也成了他的主要照料者。

在格拉斯哥的音乐会上，肖邦请来女高音歌唱家朱列塔·阿德拉西奥·德·玛格丽特（Giulietta Adelasio de Marguerittes）为他助演。①

肖邦先生音乐会节目单 589

商人音乐厅

1848年9月27日

肖邦 行板和即兴曲

古列尔米 浪漫曲：《山茶花》

朱列塔·阿德拉西奥·德·玛格丽特（女高音）

肖邦 练习曲

尼德迈耶 浪漫歌曲：《湖泊》，拉马丁创作的诗歌

阿德拉西奥夫人

肖邦 夜曲和摇篮曲

古列尔米 船歌：《夜色很美》

阿德拉西奥夫人

肖邦 前奏曲、叙事曲、玛祖卡、圆舞曲

两点半开始

门票：数量有限，每张0.2几尼

缪尔·伍德先生，布坎南街42号

① “朱列塔”即朱莉娅·格兰维尔，她的父亲是意大利移民，也是伦敦的一位著名医生（皇家学院院士奥古斯塔斯·博齐·格兰维尔），朱莉娅嫁给了阿德拉西奥·德·玛格丽特伯爵之后才以这个名字在舞台上出现。1848年革命爆发后，她的丈夫逃离了法国，此时几乎完全依赖妻子的收入。在英格兰逗留了一段时间后，这对入不敷出的夫妇去了美国定居，在那里，她继续靠演出和做记者养活丈夫。1852年法兰西第二帝国建立后，拿破仑三世将玛格丽特伯爵召回法国，他抛弃了朱莉娅，朱莉娅也和他离了婚。肖邦似乎是在巴黎时认识的这对夫妇，几乎可以肯定，让这位“朱列塔”——当时在英国生活的流亡贵族中的一员——与肖邦同台演出是肖邦自己的主意。

节目单很不详细，模糊得令人心急。在过去的两周里，缪尔·伍德一直试图让肖邦给出音乐会的节目单，甚至追到苏格兰乡下，但始终没能得到一个准信。肖邦就是没法敲定演出的曲目。因此伍德只能用手上仅有的信息勉强应付，凑出了这样一张节目单。我们通过 D. C. 帕克先生拥有的一张带注释的节目单才了解到肖邦当天实际演奏了哪些乐曲。他演奏了《平静的行板》（op.22），接着是《升 F 大调即兴曲》（op.36）、第 25 号作品中的两首练习曲、《夜曲》（op.27）和《夜曲》（op.55）（后者是题献给简·斯特林的）、第 7 号作品中的一
590 组玛祖卡、第 64 号作品中的一组圆舞曲。这场音乐会上难度最大的乐曲是《F 大调叙事曲》（op.38）——但在生命的最后几年里，他演奏这部作品时总会跳过最激烈的几个段落。

那天下午的音乐会让《格拉斯哥先驱报》的评论家感到十分困惑，他很快就与读者分享了自己的感受。将肖邦称为“了不起的法国钢琴家”之后——这个描述一定让波兰读者感到很奇怪——作者继续写道：

> 我们很难以一种能让不严谨的音乐家听懂的方式评论肖邦的演奏和他的作曲风格。他风格独特，作品中使用了奇怪又新奇的和声，经常让人感到难以理解。在周三演奏的乐曲中，他在修饰主题时使用的怪异而独具创意的方式尤其让我们感到惊讶。他的主题经常只有几个音符，并不比音阶里常用的音符多多少。当天观看了演出的人可以从夜曲和摇篮曲看出这一点。简单的主题贯穿全曲，他在这个主题上堆积了大量我们能想象到的最诡异的和声、不协和和弦及转调。而在另一个主题里，曲调中一个简单音符以单调的脉动不断出现，如同一串奇诡的音乐装饰。现场观众都能明显看出的一点是肖邦的音乐中充斥着忧郁和伤

> 感的情绪。确实，如果让我们用三个词来形容他的乐曲，那就是新奇、悲情和难以理解。肖邦先生显然是个身体虚弱的人，似乎饱受体弱和疾病的困扰。也许正是因为这样脆弱的身体状况，他的音乐作品中才会出现我们所说的那种忧郁情绪。我们倾向于认为这位大师的作品更适合在家 591
> 中演奏，而非在音乐厅演奏；同时我们也深知这些作品具有一些技术上的特色，一定会让它们成为大量业余钢琴演奏者珍藏的作品。①

可惜的是，朱列塔却受到了冷遇。《格拉斯哥先驱报》的评论家在文章的最后写道她的演唱缺乏激情，“没有一点吸引力”。

苏格兰旅行家、日记作家詹姆斯·黑德维克（James Hedderwick）对这场音乐会进行了更带有个人色彩的描述，也为我们更全面地展示了肖邦的形象。音乐会这天下午 2 点，黑德维克碰巧走到了商人音乐厅的大门外。一辆优雅的四驾马车在哈奇森大街（Hutcheson Street）音乐厅门外停了下来。这在当时的时间和地点是个罕见的情景，于是黑德维克上前询问执勤的警察这里在办什么活动。警察告诉他“有一位肖邦先生在办音乐会”。这位警察把肖邦的名字说得十分奇怪，在黑德维克听来很像苏格兰语里的液体容积单位。② 接着他走进了音乐厅。

> 进门之后，我发现音乐厅里坐了大约 1/3 的人。观众

① 9 月 28 日刊。其他评论见《格拉斯哥信使报》（9 月 2 日）和《格拉斯哥宪报》（*Glasgow Constitutional*，9 月 28 日）。

② 在苏格兰，“chopin”是一种液体容积单位，相当于半品脱。

都是贵族，其中有波兰爱国主义独立运动的代表人物恰尔托雷斯基亲王，此外还有汉密尔顿公爵家的几位代表，坐在不远处的是布兰泰尔勋爵和勋爵夫人，后者是位十分美丽的女人，不愧是女王最爱的萨瑟兰公爵夫人的女儿。附近其他的贵族和绅士也都在现场，我猜测这些夫人小姐中有很多都跟这位巴黎当红的伟大钢琴家上过高级的课程。

很明显观众中有一些肖邦先生的好友。我从没见过这位先生的肖像，也没读过或听说过对他的介绍，但我的注意力很快就被一位看起来有些虚弱瘦小的人吸引了，他穿
592 着浅灰色的套装，包括一件色调和质地相同的礼服大衣，在朋友当中走来走去，不时掏出表看看时间，似乎

身体只有郡吏手指上一颗玛瑙那么大。①

看到这个小小的灰色身影，我马上认出他就是大家都来一睹风采的那位音乐天才。他没有胡须，也无络腮胡，有着浅色的头发，脸庞苍白而消瘦，他的外表很特别，引人注目；当他最后掏出表看了一眼，走上舞台，坐在让他闻名于世的乐器旁的时候，他立刻吸引了所有人的目光。

将肖邦的细致和塔尔贝格、德勒以及李斯特的聒噪（“从狂热的键盘上撕下狂野的音乐之魂”）进行了对比后，黑德维克说肖邦的演奏带有一种“极致的甜美和轻逸”。用“回旋流动的音符，他编织出了珍珠花环”②。

---

① 出自莎士比亚的《罗密欧与朱丽叶》第一幕第四场。这是茂丘西奥形容春梦婆麦布女王（Queen Mab）的话，她是精灵们的稳婆，为熟睡的人类带来梦境。

② HBG, pp. 199–202.

音乐会结束后（肖邦净赚了90英镑），简·斯特林和休斯顿夫人把肖邦带回了约翰斯通城堡，并邀请恰尔托雷斯基一家、托菲肯勋爵、默里勋爵和勋爵夫人、缪尔·伍德和亚当·维什琴斯基夫妇一起共进晚餐。默里夫妇特地从150公里外的斯特拉赫赶来见肖邦，年过七旬的托菲肯勋爵也从科尔德庄园远道而来。也许这是肖邦来到英国后第一次感受到喜爱他的贵族朋友们对他的支持。晚宴上，显贵的宾客济济一堂，为了感谢大家，肖邦多停留了一会儿，用波兰语和法语与宾客们交谈。这一天就这样圆满地结束了，后来肖邦写信告诉格日马瓦，这场晚宴对他的帮助很大，让他重获新生。

之后肖邦在珀斯郡的基尔庄园（Keir House）住了几天，
斯特林家这栋富丽堂皇的祖宅位于亚伦桥附近，是简的表亲、 593
30岁的单身汉威廉·斯特林的宅邸。后来他继承了爵位，成了威廉·斯特林－马克斯韦尔爵士家族名义上的族长。肖邦很欣赏简的这位表亲，他酷爱艺术收藏，喜欢向客人展示他的各种无价之宝，包括穆里罗和其他西班牙大师的画作。

威廉·斯特林的书房藏书丰富，和这位有修养的、渊博的学者十分相称。几个月前，他刚出版了那部让他闻名于世的书籍：三卷本的《西班牙艺术家年鉴》（*Annals of the Artists of Spain*）。作为一名业余钢琴演奏者，威廉·斯特林很喜欢肖邦的音乐，据简说，他还曾模仿肖邦的演奏刻苦地练习《F大调叙事曲》。在基尔庄园，我们再一次看到了妙语连珠的肖邦。他对苏格兰安息日的著名评论就是在这个与世隔绝的地方写出来的。“星期天——没有邮件，没有火车，也没有马车（想出去透透风都不行），没有船，甚至连可以吹口哨逗逗的狗都没有。”①

---

① CFC, vol. 3, pp. 386–87; KFC, vol. 2, p. 276

> ［肖邦告诉格日马瓦］我早上什么都干不下去，一直到下午两点，穿戴整齐之后，我就会感到很烦躁，喘着气一直到晚饭时间。用完晚饭后，我还得跟男人们坐在饭桌旁，听他们谈话，看他们喝酒。虽然已经无聊至极了（他们很有礼貌，用法语给我解释着桌上的谈话，但我还是心不在焉），可我还是得打起精神，因为过一会儿他们就会让我弹琴了。之后，善良的丹尼尔把我抱到楼上的卧室里（如你所知，英国宅子的卧室一般都在楼上），帮我更衣，扶我躺下，留一根蜡烛，之后我便可以自由地喘着气，做着梦，直到天明，然后一切又从头开始……①

XI

10月4日，肖邦在爱丁堡女王街的霍普顿大厅（Hopetoun Rooms）举行了他在苏格兰的最后一场公演。据说
594 为了避免再出现上周在格拉斯哥演出时观众坐不满的情况，简·斯特林买了100张票分发给了亲朋好友，结果音乐厅座无虚席。这场音乐会恰逢苏格兰地区一年一度的社交盛会喀里多尼亚狂欢节（Caledonian Rout），在这一周的时间里贵族们白天参加赛马大会、打猎、射击等活动，晚上举办晚宴、猎人舞会及其他娱乐活动。简·斯特林以“娱乐活动”的名义发出了不少赠票，这样做是为了保证出席肖邦音乐会的都是“上流人士”。由于肖邦没有精力准备新的曲目，于是他把最近在格拉斯哥演奏过的一些乐曲搬到了爱丁堡的音乐会上。

① CFC, vol. 3, p. 389; KFC, vol. 2, p. 278.

霍普顿大厅，女王街

肖邦先生的晚场音乐会

1848 年 10 月 4 日

1. 行板和即兴曲
2. 练习曲
3. 夜曲和《摇篮曲》（op.57）
4. 华丽的大圆舞曲
5. 广板和行板
6. 前奏曲、叙事曲、玛祖卡和圆舞曲

八点半开始

门票：数量有限，每张 0.5 几尼

缪尔·伍德，滑铁卢广场 12 号

这场音乐会有一个特别之处，它是肖邦职业生涯中唯一一场没有邀请助演嘉宾的演出。音乐会持续了两个小时，肖邦演奏了至少 15 首乐曲，还有一些安可曲。就算对于身体健康的钢琴家来说，能进行这样的演出也是个了不起的成就了。而对于身体极度虚弱的肖邦而言，这场演出可以说是英雄事迹了。当天早些时候，肖邦在他的日记里写下了“魔鬼”一词，可见他走上舞台之前的焦虑心情。

据《爱丁堡广告报》（*Edinburgh Advertiser*）报道，多数爱丁堡的社会精英都出席了音乐会，“还有不在少数的陌生人”。这份报纸评价说肖邦优雅的演奏“对于听惯了现代乐派‘吵吵闹闹’的作品的人来说显得格外动听”。文章尤其对肖邦演奏的《摇篮曲》赞赏有加。《爱丁堡时事报》（*Edinburgh* 595 *Courant*）则更进一步，将肖邦的作品誉为“钢琴音乐古典佳作的典范”之后，评论者说肖邦的演奏是“我们听过的最完美的演奏”。作者继续说，虽然肖邦明显缺乏门德尔松、塔尔贝格和李斯特的力度，但“作为室内钢琴家他是无与伦比的”[①]。

最后《苏格兰人》（*The Scotsman*）用一篇颂文将赞誉推向了高潮，成为肖邦整个英国之旅中获得的最高评价。

> 星期三晚上霍普顿大厅里坐满了来听这位著名钢琴家演奏的宾客。任何同意独自为观众演奏两个小时的钢琴家都必须非常善于长时间吸引观众的注意力、满足观众的期望。而肖邦先生在这两方面都很成功。他演奏了自己的音乐，这些作品堪称天才之作。他的演奏技艺从各方面讲都非常精湛……“电闪雷鸣”乐派的钢琴家——据我们所知这一乐派是从法国兴起的——让欧洲的年轻小姐们陷入了狂热的崇拜中，她们充满野心地、疯狂地效仿这种演奏风格。这种业余的尝试带来的后果令人惋惜，它几乎彻底毁掉了下一代人良好的、理性的演奏……肖邦先生的作品有一种独特的魅力，但这种魅力只有通过他细致入微的演奏才能展现出来。我们猜测他的作品旋律中的一些显著特点来自对波兰著名民歌的回忆——来源于对命运多舛的祖国的回忆，而动人表达则来自“眼泪所不能表达的深厚情感”。他演奏得无比精致和完美，再加上恰到好处的不时发力，都让我们惊异于这样一个看似瘦弱、轮廓鲜明的人身上原来蕴藏着如此过人的才华。[②]

---

① 1848年10月7日刊。在这场音乐会和之前的格拉斯哥音乐会上，肖邦演奏的都是布罗德伍德重复击弦专利三角钢琴，编号17001，我们在前文提到这架钢琴是从伦敦运来的，8月5日到达爱丁堡，由缪尔·伍德公司保管。音乐会之后，这架钢琴也一直由缪尔·伍德保管，直到1849年3月以30英镑的高价卖给了一位苏格兰客户。CCS, p. 34.

② 1848年10月7日刊。

XII 596

这时肖邦在苏格兰已经待了十一周，在此期间他进行了三场公演（算上曼彻斯特的那场），在十多个乡间别墅演奏过——其中有些他还去了好几次。肖邦已精疲力竭，随着秋季的寒冷天气席卷苏格兰大地，他的不适症状也愈发严重——咳嗽、痰中带血、持续性地感到疲倦乏力。爱丁堡音乐会之后的第二天，他被带回了科尔德庄园，继续过着前些天那种乏味的日常生活。他告诉阿道夫·古特曼：

> 我拖着疲惫的身体从这个勋爵家到那个勋爵家，再从这个公爵家到那个公爵家。我发现无论走到哪里，除了极度友善和无限热情的主人，到处都是上好的钢琴、美丽的绘画、藏书丰富的书房；此外还有马匹、猎犬、无止境的晚宴以及我不怎么用得上的酒窖。你很难想象英国庄园里的这种极致奢华和舒适。①

对于刚举行的这场音乐会，肖邦一本正经地调侃道：“我在爱丁堡办了音乐会。当地的所有贵族都来听我演奏。他们都说很成功——一点点的成功，一点点的钱。”实际上肖邦已经无计可施了。他的“苏格兰女士们”再次掌控了他的生活，先是让他陪着她们去拜访了因弗拉里（Inverary）的阿盖尔（Argyll）公爵夫人，又去威肖见了贝尔哈文（Belhaven）夫人，最后拜访了汉密尔顿公爵，这位公爵的宏伟府邸汉密尔顿宫位于拉纳克郡（Lanarkshire），它可能是肖邦在苏格兰见过的最奢华的府邸。汉密尔顿宫不仅是当时苏格兰最富丽堂皇的

① CFC, vol. 3, p. 393; KFC, vol. 2, p. 281.

建筑，据说也是西方世界第五大非皇家宅邸。[1]他们甚至还商量带肖邦去汉密尔顿公爵阿伦岛上的宅邸（该岛隶属于汉密尔顿家族），但最终没有成行。

在汉密尔顿宫做客期间，肖邦拿起笔，再次用讽刺的话
597 语将心中的不满情绪宣泄了出来，他不得不陪着公爵们和夫人们消磨时间，在饭桌上心不在焉地听着没有实际内容的对话，身边这些有钱阶级似乎对音乐本身也不够尊重。让他无法接受的一点是，在英国，音乐不被看作一门艺术，而只是一门手艺——如同木工或瓦工一样，算不上一个正经职业。有一次他给宾客们演奏了几首曲子后，一位“重要的女士”（grande dame）拿出了一把六角手风琴，煞有介事地演奏起了极为难听的音乐，让肖邦十分诧异。还有一次一位女士在吉他伴奏下表演了吹口哨。肖邦总结道：“你能怎么办呢？在我看来似乎这些人都有点古怪。”但当她们过来请求他演奏“第二首叹息”[《G大调夜曲》（op.37，no.2）][2]或是评价他的演奏说“我很喜欢你的铃声”，他还是表现得十分谦逊。每次演奏完，都会有人说他的演奏“如流水一般”。“我还从来没有给哪位英国女士弹完琴没有听到她说：‘如流水一般（Leik water）！’”接着他补充道：“她们都盯着自己的手，深情地弹着错音——上帝救救她们吧！”[3]在这封信里，他附上了两张人物漫画：“一幅画的是一位戴着假领子、打着裹腿的勋爵——他是个结巴——另一幅画的是一位公爵，他穿着带马刺的红皮靴，外边罩着一件类似睡衣的长袍。”

---

① 由于担心附近煤矿的地下隧道导致宫殿地基不稳，20世纪上半叶这座宫殿被拆除。

② 肖邦的英国出版商韦塞尔给《两首夜曲》（op.37）起了个法语副标题——《叹息》（*Les Soupirs*）。

③ CFC, vol. 2, p. 395; KFC, vol. 2, p. 283.

有时虔诚的凯瑟琳·厄斯金还会拿出她的《圣经》，试图劝说肖邦皈依新教。她内心的幽默感隐藏得太深，很少能被她表现出来。她标记了几章《圣经》中的诗篇给肖邦阅读，热切地与他讨论关于灵魂和死后之事。① 作为一个放弃了信仰的天 598
主教徒，肖邦尚能应付这样的对话，但对接下来发生的事，他就有些不知所措了。简·斯特林经常在他身边（这时简已经把肖邦介绍给她的所有亲戚了），以至于有传言说他们就要结婚了。简爱上了肖邦这件事毋庸置疑，但她的感情只是单方面的。关于两人恋爱关系的传言肯定也跨越海峡传到了欧洲大陆，因为当格日马瓦小心翼翼地向老朋友打听此事时，肖邦直白地回复道：

> 这种事必须要有生理上的吸引。而未婚的那位［简］和我过于相似了。一个人怎么能跟自己亲吻呢？……友情就是友情，我曾经明确地说过，但不能以友情的名义做其他事。即便我爱上了一个人，她也如我所愿爱上了我，那我也不会结婚的，因为这样我们没有东西吃，也没有地方住。而有钱

① 在肖邦的相关文献中，凯瑟琳·厄斯金经常被塑造成一个拿着《圣经》的古怪传教士，帮助和怂恿她的妹妹简追求肖邦。但了解了她的人生经历之后，我们也会对她产生一些恻隐之心。在她和詹姆斯·厄斯金短暂的婚姻中，凯瑟琳曾生下四个孩子，但都在出生后没几天就夭折了。凯瑟琳仅 25 岁时，詹姆斯也去世了，从此以后她便过上了极其漫长的寡居生活。凯瑟琳和詹姆斯被埋葬在邓迪（Dundee）附近的林勒森墓地（Linlathan Churchyard），和他们的两个孩子安和詹姆斯长眠在一起。另外两个孩子玛丽和凯瑟琳则被埋葬在了爱丁堡的灰衣修士教堂墓地（Greyfriars Churchyard）。

肖邦的最后一首圆舞曲——《B 大调圆舞曲》，就是写给凯瑟琳·厄斯金的，手稿上写着"献给厄斯金夫人的圆舞曲 /F. 肖邦"，日期为"1848 年 10 月 12 日"（原文均为法语）。因此我们猜测这首乐曲可能是肖邦在爱丁堡演出之后，前往贝尔哈文夫人的威肖庄园之前这段时间在科尔德庄园里创作的。20 世纪 50 年代，阿瑟·赫德利在伦敦的一个私人收藏中发现了未出版的手稿，但现在已经遗失。对这部作品的概述请见科贝兰斯卡目录（Kobylańska Catalogue）, no. 1245。

> 的女人想找的是一个有钱的丈夫——就算她选择了一个没钱的男人，那他也得年轻力壮，而不是体弱多病。自己没有钱还说得过去，但两个人都没有钱那就是最大的悲哀了。我也许会在医院里死去，但我不能留下一个受苦的妻子。[①]

为了让格日马瓦抓住重点，肖邦补充道："我离棺材比离婚床更近。"肖邦死后，斯特林将她的余生全部奉献给了对肖邦的缅怀，几乎把肖邦变成了一种信仰。简·韦尔什·卡莱尔（Jane Welsh Carlyle）曾在伦敦见到她面色苍白地为肖邦服丧，说她"如同肖邦的寡妇"，在斯特林生命最后的十年里，这就是她为自己赋予的角色。

在汉密尔顿宫暂住期间，肖邦患上了感冒，需要医生的治疗。因此，肖邦苏格兰之行的最后一周是在他的波兰同胞亚当·维什琴斯基医生家度过的，这位医生和他的苏格兰妻子伊丽莎白住在爱丁堡沃里斯顿新月街（Warriston Crescent）10号。维什琴斯基是科尔德庄园的家庭医生，用了些顺势疗法为
599 肖邦治疗。因为当年的华沙起义，维什琴斯基被迫离开了祖国，流亡到了英国，最终在爱丁堡获得了医学学位并定居在了这里。在爱丁堡开设了自己的诊所后，维什琴斯基把名字的拼写由"Łyszczyński"改成了更容易读的"Lischinski"，无疑是为了方便苏格兰朋友、邻居和病人称呼他。肖邦十分喜欢维什琴斯基家里的波兰气氛，也很高兴能够用波兰语和这位医生说话。为了让肖邦住得更舒适些，维什琴斯基一家把家里的儿童房空了出来，给这位著名的客人当作卧室，同时把隔壁的房间给了丹尼尔；在此期间，他们把孩子们交给住在附近的一位朋友照看。伊丽莎白·维什琴斯基后来回忆说："肖邦白天

① CFC, vol. 3, p. 397; KFC, vol. 2, p. 284.

起床很晚，早上会在房间里喝汤。他的仆人每天为他卷头发，他的衬衫、靴子和其他东西都非常整洁——他其实是个小公子（petit-maître），比任何女人都更注重外表。”晚上用过饭后，他会坐在火炉边瑟瑟发抖。之后他会走到钢琴边，“弹琴暖暖身子”[1]。维什琴斯基医生的顺势疗法似乎对肖邦有所帮助，几天后他感觉自己有劲儿多了，可以坐长途火车返回伦敦了。

XIII

10 月 31 日到达英国首都后，肖邦住进了圣詹姆斯广场 4 号舒尔切夫斯基少校为他找好的住处。他喜欢打开窗户好让呼吸更顺畅些，但又怕冷，因此他让丹尼尔升起火，穿着外套烤火。出门基本上是不可能了。伦敦的雾让他害怕，大雾里混杂着数千根烟囱排放的有毒气体，会让他止不住地咳嗽。马塞利娜·恰尔托雷斯卡亲王妃住进了肖邦之前在多佛街上的公寓，承担起了照料他的工作。她请来了当地的顺势疗法医生亨利·马兰（Henry Malan），这位医生的妻子是盖恩斯伯勒夫人的一位侄女，在他的帮助下，肖邦的一些严重症状得到了缓解。
马塞利娜亲王妃也找来宫廷医师、英国肺结核的一流专家詹姆 600
斯·克拉克爵士给肖邦看病。[2]但这样的医学专家也都没有什么好办法，只给出了一个显而易见的建议：离开英国到气候更

① NFC, vol. 2, p. 293.

② 詹姆斯·克拉克爵士从维多利亚女王青年时期起就是她的私人医生。1837 年 18 岁的女王登基后授予了他准男爵的头衔。詹姆斯爵士可能在 1848 年 11 月 22 日对肖邦进行了检查，但没有留下任何诊断记录。我们了解到这位女王的专属医师其实对肺结核有着非常错误的认识，他认为肺结核不具有传染性，而是“跟个人体质有关”，是一种只局限于病人本身的家族遗传病，不会传染给接触者。早些年詹姆斯爵士在意大利旅行时，曾在罗马的医院见到过肺结核病人的隔离病房，当时他还批评了这种做法（LHT, p. 27）。肖邦说他从詹姆斯爵士那里得到的只有“祝福”。

好的地方去。就是在这样严峻的病情之下，肖邦接受了一场演出邀请。11 月 16 日，他在吉尔德大厅（Guild Hall）举行的一年一度的波兰慈善音乐会和假面舞会上演奏了乐曲。

这场活动是由达德利·斯图尔特勋爵赞助的，目的是为波兰流亡者募集善款。肖邦知道他必须不惜一切代价支持自己的同胞。如今他是波兰最有名的音乐家、最著名的波兰流亡者，现在之所以能住在伦敦，在一定程度上也要感谢波兰朋友的帮助。他怎能拒绝这样的邀请呢？每天照顾他的马塞利娜·恰尔托雷斯卡也是这场慈善舞会的主要支持者之一，肖邦感觉有必要还这份人情。于是，在马兰医生的帮助下（“他给我开了点药，让我能上台演奏”[①]），肖邦从病床上起来，被抱进楼下等待他的马车里，前往伦敦另一头的吉尔德大厅，在那里将他仅剩的才华展示给有兴趣听他演奏的人。

这是一个不幸的决定。很多人似乎都不知道肖邦在这里的演出。他的演出设在老会议厅，隔壁就是跳着舞、吃吃喝喝的人群，还有参加假面舞会的人进进出出。布罗德伍德给肖邦准备了一台三角钢琴[②]，肖邦虽然身体十分虚弱，但也用尽了全力。演出结束后，肖邦没有留下来参加舞会，而是叫来了马车返回住处。《泰晤士报》就这次的活动发表了一则短评，但没有提到肖邦。没有一份印刷版节目单被保留下来，从现场朋友
601 们的零星描述和另一篇报纸报道中我们得知肖邦可能演奏了几首练习曲和一些其他曲目。林赛·斯洛珀在这场音乐会上指挥了一支由演奏家和歌唱家组成的小乐队，他清晰地记得肖邦演奏了第 25 号作品中的降 A 大调和 f 小调练习曲。《太阳报》特

---

① CFC, vol. 3, p. 399; KFC, vol. 2, p. 286.

② 这架钢琴也是布罗德伍德重复击弦专利三角钢琴，编号 17047。同年早些时候，肖邦在伦敦演出时使用的就是这架钢琴，之后它被运到曼彻斯特供肖邦使用。目前这架钢琴成了科布收藏（Cobbe Collection）中的藏品。CCS, pp. 20, 56.

别提到了这场演出的糟糕环境：

> 由于门口人群拥挤，我们未能在舒适的环境下欣赏这场演出……肖邦先生演奏了一系列钢琴练习曲，展现了优雅的技巧和细致入微的演奏风格。然而，如果能在一间安静的客厅里，而不是在这样一个嘈杂而浅薄的人群中听他的演奏，我们可能会更为满意。让肖邦展现出特殊魅力的那些品质是如此精巧而高深，是那些只热衷于物质享受的人无法欣赏的。[1]

恰尔托雷斯卡公主给巴黎的叔叔亚当·恰尔托雷斯基亲王写信时说肖邦“演奏时像个天使”，她没有提到音乐会的负面因素，但委婉地批评了那些狂欢者，说他们接受的“艺术教育有些问题”[2]。最终是住在伦敦的音乐评论家弗朗西斯·许弗（Francis Hueffer）给我们留下了一个恰当的总结。这场演出过去很久之后，许弗采访了一些当时在场的人，评论这场遗憾的活动时他说：“让肖邦在这样一个地方演出是好心办了坏事。”[3]

XIV

11月23日，亨利·布罗德伍德开车把肖邦和丹尼尔送到了火车站，为这位作曲家送行。马塞利娜·恰尔托雷斯卡和她的丈夫亚历山大亲王也带着他们的小儿子马塞尔在站台上跟肖 602

---

① 1848年11月17日刊。除此之外只有《伦敦新闻画报》提到了这场演出，文章只写道：“著名法国钢琴家［误］肖邦也出席了活动，他演奏了几首优美的作品，赢得了观众的阵阵掌声。”（11月18日）

② CB. 马塞利娜写给亚当·恰尔托雷斯基亲王的信，未出版，日期为1848年11月17日。

③ HMS, p. 64.

邦告别。马塞利娜亲王妃带来了亚当·恰尔托雷斯基的另一位代理人莱昂纳德·涅季维兹基（Leonard Niedźwiedzki），让他做肖邦的旅伴。他上了车，坐在肖邦旁边。① 火车刚开动，肖邦就突发急病，右侧肋骨下方出现了痉挛。涅季维兹基惊恐地看着，以为肖邦就要死了。肖邦解开了马夹和裤子上的扣子，开始给自己按摩。他解释说这样的事情经常发生，等到一行人到达福克斯通时，他似乎就已经好了起来。三人在福克斯通吃了午饭，有汤、烤牛肉和红酒，并把酒“打包”，然后跨海前往布洛涅。② 在布洛涅度过了一个无眠的夜晚后，肖邦和两位旅伴坐上了返回巴黎的火车。到了巴黎北站后，他们乘出租车回到奥尔良广场，格日马瓦、弗朗肖姆和玛丽·德·罗齐埃正在这里迎接他们。肖邦已经七个月没有见到自己的公寓了。由于担心要在这里过冬，肖邦坚持让格日马瓦在他回来前一周就把火生好，白天黑夜一直燃烧着，以便驱散房间里的潮气。格日马瓦也在客厅里放了一大束紫罗兰，用肖邦的话说，好让他经过客厅回到卧室时能感受到一点诗意，他说：“我知道我将会在那里躺上很久很久。” ③

---

① 莱昂纳德·涅季维兹基曾是波兰军队的一名军官，当时以流亡者的身份在伦敦定居，此后搬到了巴黎。后来他成了巴黎的波兰图书馆馆长。他在未出版的日记里记叙了与肖邦同行的经历。波兰科学院，库尔尼克（Kórnik），索引号 2416。

② 1848 年，从英国福克斯通前往法国布洛涅的跨海航行需要 1 小时 45 分钟。这一年年初到布洛涅的火车开通后，从伦敦到巴黎全程只需要 12 小时，而肖邦上一次去英格兰的时候则花了 18 个小时。每天有三班明轮蒸汽船搭载着邮件和乘客往返于英法港口之间，包括从福克斯通出发的“威廉·华莱士号”（*William Wallace*）和“埃默拉尔德号”（*Emerald*），以及从布洛涅出发的吨位为 190 吨的“布洛涅城号”（*City of Boulogne*）（BC-C, p. 110）。跨海的船上可能没有什么遮挡，11 月的寒冷天气加上早期明轮蒸汽船的摇晃颠簸可能都对他造成了猝不及防的伤害。

③ CFC, vol. 3, p. 403; KFC, vol. 3, p. 289.

肖邦之死，1849 603

他的生命不是缓缓流逝，而是突然消失的。

——沃伊切赫·格日马瓦①

I

肖邦还没来得及把行李打开，就听到了让·莫兰医生去世的消息。莫兰医生是肖邦在巴黎的顺势疗法医生，死于这年年初暴发的霍乱，肖邦也是因为这场霍乱才前往了英国。这个消息来得很突然。莫兰从 1843 年就开始为肖邦治疗，他也是肖邦 4 月出发去英国之前见到的最后一个人。当时他为肖邦进行了全面的检查，给了他一些顺势疗法的建议，教他如何在即将到来的旅途中照顾自己。肖邦很信任莫兰，跟他之间的亲密关系也是和其他医生之间少有的。

在肖邦生命的最后几个月里，他接受了三位法国著名医生的治疗。莫兰死后，他找到了一位肺结核的权威专家。皮埃尔·路易是巴黎一位十分有名的医生，他的著作《肺结核研究》（*Recherches sur la phthisie*）至今仍被看作该领域的奠
基之作。他给肖邦的建议与他书中的观点相同：喝苔藓茶（一 604
种草药茶）、止咳糖浆（缓解慢性咳嗽）、麻醉剂（缓解疼痛，让病人感觉舒适），保证充分的休息。路易医生这种温和的治疗方法遭到了当时不少医生的反对。受弗朗索瓦·布鲁赛（François Broussais）医生及其支持者的影响，这些医生建议

① CFC, vol. 3, p. 442; KFC, vol. 2, p. 462.

患者采用更为激进的疗法，包括放血、医蛭、水泡以及几乎等同于绝食的饮食法。布鲁赛毫不留情地对患者进行放血治疗。“在巴黎的医院里，每天被放出来的血有几加仑。”①

第二位曾在这一时期为肖邦治疗的医生是路易医生请来的一位顾问。让·布拉什医生是巴黎科尚医院（Cochin Hospital）的一名主治医师，因在肺结核领域发表的论文而闻名。布拉什实际上是一名儿科医生，听说这件事后，重病中的肖邦也不禁开起了玩笑，说布拉什很适合给自己治疗。他幽默地评论道：“我是有点孩子气。”②

肖邦医疗团队里的第三位医生也是肖邦临终时唯一在场的医生。让-巴蒂斯特·克吕韦耶（Jean-Baptiste Cruveilhier）医生在学术界享有很高的地位，他是巴黎大学病理学教授，被誉为史上最伟大的病理解剖学家之一。塔列朗（Talleyrand）和夏多布里昂（Chateaubriand）都接受过他的治疗，他的病理学图册至今仍是该领域的重要著作。

II

从英国回来后，肖邦的身体状况很差，只好完全放弃了
605 教课。肖邦让几位想继续跟他上课的学生去找薇拉·德·科洛格里沃夫夫人（这时已是画家路易吉·鲁比奥的妻子）。她是一位高水平的钢琴演奏者，从1842年开始跟肖邦学习钢琴，

① LHT, p. 29. 需要指出的是，直到1882年，肺结核的根源肺结核杆菌才被罗伯特·科克（Robert Koch）医生发现。即便如此，科克也花了几年时间才研发出直接作用于肺结核杆菌的“结核菌素”疫苗。路易医生的温和疗法可能就是现代疗养运动的前身，这一运动由德国的赫尔曼·布雷默（Hermann Brehmer）医生和他的学生彼得·德特魏勒（Peter Dettweiler）在19世纪下半叶发起，很快就传遍了欧洲，甚至还传到了美国。和1849年的其他疗法相比，这种治疗虽然也令人不舒服，但必须承认它是肖邦能找到的最人道的治疗方法了。

② LHT, p. 30.

1846 年曾给肖邦当过助教。简 · 斯特林也在这些学生之中，但她还是会每周来看望肖邦。肖邦的朋友都很关心他，时常到奥尔良广场探望他。格日马瓦和弗朗肖姆一直都是肖邦家的常客。3 月 30 日，德拉克鲁瓦在德尔菲娜 · 波托茨卡和玛丽亚 · 卡莱伊斯（Maria Kalergis）的陪伴下一起出现在肖邦家，给时日无多的肖邦带来了不少欢乐。

肖邦在奥尔良广场的邻居夏尔 – 瓦朗坦 · 阿尔康也来问候过他。肖邦喜欢跟阿尔康静静地讨论音乐，可能就是在这样的场合下，他将未完成的《钢琴技法》赠予了这位老朋友，也许是希望阿尔康能够将它利用起来。肖邦肯定听说了去年由于有人从中作梗，阿尔康没能被音乐学院评为教授的事。阿尔康与音乐学院院长丹尼尔 · 奥柏因此事发生的争执被搞得人尽皆知，对他造成了严重的心理影响，导致他后来关上了心门，隐居了 40 年之久。① 德拉克鲁瓦有时会和肖邦一起吃晚饭，和他谈谈心，德拉克鲁瓦日记中的一些记录让我们看到了作曲家糟糕的身体状况。比如 4 月 14 日他写道：“一晚上都在肖邦家。我发现他处于昏厥的边缘，几乎没有呼吸了。”② 由于无法继续教课，肖邦失去了主要的经济来源。在英国赚到的钱所剩无几，而且由于无法创作，他面临着逐渐陷入贫穷的境地，但我们也将看到，肖邦的朋友绝不会袖手旁观。肖邦偶尔坚持出一两次门买点东西，但他会一直裹着保暖的披风坐在马车里，让售货员把东西拿给他。他稍微用点力气就会上气不接下气，需

---

① 德拉克鲁瓦在 1848 年 4 月 7 日的一篇日记里提到了两人的不和（DJ，vol. 1, p. 283）。在钢琴系担任了 30 多年系主任的皮埃尔 · 齐默尔曼去世后，没有任命阿尔康接替他的职务，而是选择了被人公认造诣平庸的安托万 – 弗朗索瓦 · 马蒙泰尔（Antoine-François Marmontel）。1848 年 8 月 23 日阿尔康给乔治 · 桑写信时说这是“最不可思议、最令人不齿的任命”，希望得到她的支持推翻决定。“请帮助我，夫人……” FCA, p. 17.

② DJ, vol. 1, p. 288.

606 要男仆把他抱上或抱下楼梯。

1849 年 3 月，霍乱和往年一样拜访了巴黎，但这次的疫情尤为严重，当月就以 568 人的死亡宣告它的到来。巴黎阴暗狭窄的街道自从中世纪以来就没有改变过，如今它们成了疾病和瘟疫的温床。一下雨，马路上就形成了混杂着人和动物排泄物的污水坑，霍乱病菌也能轻而易举地进入饮用水系统。4 月，又有 1896 人死于霍乱。5 月的死亡人数增长到 4488 人，而到了 6 月这个数字飙升到 9149 人。[1]6 月去世的人中，最著名的是卡尔克布雷纳，虽然他逃到了附近的昂吉安莱班温泉，但终究没能幸免。两天后，歌唱家安洁丽卡·卡塔拉妮也被这场瘟疫夺去了性命。[2]

肖邦决定离开奥尔良广场的公寓，6 月中旬，他搬到了巴黎远郊、塞纳河畔的夏乐区（Chaillot）避暑。肖邦在夏乐街 74 号一栋漂亮的别墅二楼租下了几个房间，这里可以远眺巴黎，景色很开阔。从窗户可以看到巴黎圣母院、荣军院和杜伊勒里宫。房租很高，要 400 法郎一个月，而且这时他还很缺钱。帮肖邦安排搬家的纳塔利娅·奥布列斯科夫公主没有告诉他真实价格，自己付了一半的房租。[3] 肖邦不敢相信自己这么幸运，只要 200 法郎就可以住在这么美丽的地方。肖邦的好友们听说了他的困境后，纷纷借钱给他。弗朗肖姆给他寄了 1000 法郎，罗斯柴尔德家族也借给了他差不多的金

---

① 从 3 月到 10 月，巴黎的死亡人数共计 19615 人。数据来源于《巴黎市和塞纳河各省统计研究》（*Recherches statistiques sur la ville de Paris et le département de la Seine*），1860 年出版于巴黎。

② 这位就是 1819 年到华沙演出时给了少年肖邦一块金表的安洁丽卡·卡塔拉妮。后来她和一位法国外交官结了婚，住在巴黎。

③ 奥布列斯科夫公主的女儿凯瑟琳·德·苏佐（Catherine de Souzzo）公主是肖邦的学生，肖邦的《f 小调幻想曲》（op.49）就是献给苏佐公主的。

额。在伦敦帮了肖邦不少忙的马塞利娜·恰尔托雷斯卡亲王妃甚至为他找了一位名叫卡塔日娜·马图谢夫斯卡（Katarzyna Matuszewska）的波兰护工，并向她支付薪水。年迈的尤斯蒂娜·肖邦也在华沙听说了肖邦的糟糕处境，6月她给这位有名的儿子寄去了1000法郎，并告诉他如果需要钱，可以如何从波兰得到帮助。① 607

但这些帮助与简·斯特林和她姐姐厄斯金夫人的厚礼比起来就相形见绌了，两人给肖邦匿名寄去了25000法郎。装着这笔钱的密封包裹3月就到了肖邦巴黎的公寓，但并没有到达肖邦手里。斯特林到夏乐街看望肖邦时发现他依然很缺钱，感到十分震惊，便小心翼翼地打探那些钱的去向。② 她发现包裹被肖邦的看门人艾蒂安（Étienne）夫人私自拦截下来并“放在了别的地方”。至于包裹最后是怎么找到的，这个故事可以说是十分离奇了。简·斯特林先是要求艾蒂安夫人回忆并她解释为什么没有把它交给肖邦。艾蒂安夫人回答说自己没有印象收到过这个包裹，于是简·斯特林找到了当时十分有名的透视通灵师亚历克西斯，此人以其通灵能力在巴黎富人中享有很高的

---

① KFC, vol. 2, p. 298.

② 按照1848年英镑和法郎之间的汇率计算，这是一笔十分可观的钱。当时1英镑相当于25法郎，因此简给肖邦的25000法郎约合1000英镑。这些由英格兰银行提供的数字反驳了近些年出现的一种说法：有人提出简·斯特林不可能像人们认为的那样，给了肖邦大量的经济支持，因为她并没有那么多钱。持这种看法的人认为珍妮·林德才是这笔钱真正的出资者，她让简·斯特林为她“掩护”，但一直没有充分证据可以证明这种说法。（对这个说法感兴趣的读者可参考 JCSN, pp. 68–80。）简·斯特林的遗嘱证明了她完全有能力拿出这么多钱。她拥有苏格兰东北铁路公司、大西部铁路公司、苏格兰西部银行的股份，还有巨额的现金储蓄。贝尔哈文勋爵和埃尔金伯爵以房产为抵押向她借了数量可观的钱，并向她支付利息。简唯一的遗嘱执行人是她的姐姐凯瑟琳·厄斯金，她按照简的慷慨遗嘱将遗产赠予了众多亲戚朋友之后，继承了剩余的所有财产。简的遗嘱存放于苏格兰国家档案馆，索引号NASC70/4/63，5号文件夹。凯瑟琳·厄斯金比简还要富有，她的遗嘱也存放于苏格兰国家档案馆，索引号NASC70/4/116。

608 声誉。① 亚历克西斯向斯特林保证他能够解开这个谜团，但首先他需要接触一些艾蒂安夫人的个人物品，比如她的衣服，或是一缕头发。肖邦撒了个小谎，拿到了艾蒂安夫人的头发，并把它送到了亚历克西斯那里。这位通灵师有些神通，否则也赚不到那么多钱。他断言装着钱的信封被藏在了艾蒂安夫人床边的一台挂钟后边，没有被打开。他补充说，艾蒂安夫人在等待“某些临近的事情”发生之后，再决定如何处理这个信封。这个委婉的说法指肖邦即将到来的死亡，此后他就用不上这笔钱了。简·斯特林找来了几周前送过包裹的那位信使与艾蒂安夫人对质，这位送信者准确说出了她把包裹放在了哪里，因此她不得不把东西拿了出来。包裹没有被打开过，钱也没被动过。最后这一点对艾蒂安夫人很有利，肖邦似乎因她受到怀疑而愤愤不平，坚持认为艾蒂安夫人只是记错了，并没有什么其他企图。当厄斯金夫人羞愧地出现，承认她和简·斯特林没跟肖邦说实话，作曲家突然开始怒斥她，用他的话说，送了她几条逆耳忠言。“除非这些钱是英格兰女王或库茨小姐［身价百万的银行家族继承人］给的，否则我不可能同意收下如此慷慨的赠礼。”② 他还认为斯特林和厄斯金把这么一大笔钱交给一位他们不认识的送信人，甚至没有让他向艾蒂安夫人要一张收据是十

---

① 亚历克西斯·迪迪埃（Alexis Didier，1826~1886）自 16 岁起就开始做通灵透视的生意。他出身于一个贫困家庭，有九个兄弟姐妹。亚历克西斯从小就展现出了非凡的通灵能力，但在 1847 年，也就是简·斯特林找到他的前两年，他突然在全国出了名。那时德·米尔维莱（de Mirville）侯爵决心向世人证明亚历克西斯是个骗子，但之后的事却引起了轰动。德·米尔维莱请来著名魔术师让·欧仁·罗伯特－乌丹（“现代魔术之父”）给亚历克西斯设下了一系列陷阱，包括复杂的纸牌游戏、描述远方一栋他从没见过的房子，或是蒙着眼睛读他从没读过的书。最后让罗伯特－乌丹相信亚历克西斯确实有通灵能力的是在他出牌之前，亚历克西斯就准确地说出了他要出的牌。当时的报道中说“罗伯特－乌丹的脸色突然变得惨白”。

② CFC, vol. 3, pp. 429–30; KFC, vol. 2, pp. 309–10.

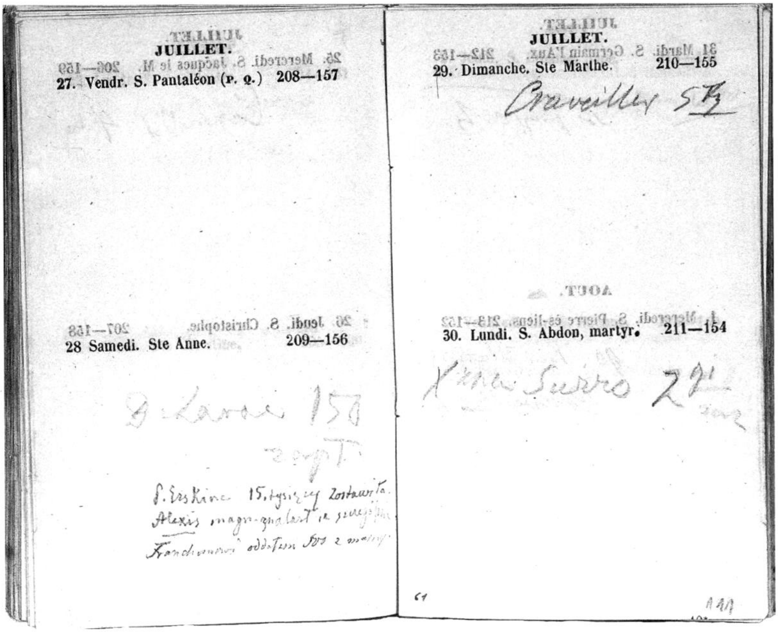

“厄斯金夫人留下了 15000 法郎。”肖邦的日记记录，1849 年 7 月 28 日

分愚蠢的做法。肖邦评论说，面对这样的愚蠢行为，“我感到十分诧异，但也无能为力”。一开始他拒绝收下这份厚礼，但最终在两人的劝说下留下了一部分。[①]1849 年 7 月 28 日，就在他跟厄斯金夫人对质的那天，他在日记里留下了一句简短的 609 话：“厄斯金夫人留下了 15000 法郎。灵媒亚历克西斯以一种神奇的方式找到了这笔钱。”[②]

---

① 肖邦对这件事的详细描述请参见 1849 年 7 月 28 日他写给格日马瓦的信（CFC, vol. 3, pp. 429–32; KFC, vol. 2, pp. 309–10）。后来索朗热在关于肖邦的回忆录中提供了另外一些佐证。CFCS, pp. 237–38.

② 肖邦 1848~1849 年的日记藏于华沙弗里德里克·肖邦博物馆，索引号 M/380。

III

6月21日，肖邦经历了两次严重的吐血，腿上也开始出现浮肿。克吕韦耶医生被叫到夏乐街，从他的诊断来看，肖邦无疑已进入了肺结核的晚期，病情已不可逆转。从这时到肖邦病逝不到四个月的时间里，肖邦一直在接受克吕韦耶的治疗。
610 最近这次发病让他十分害怕，他给姐姐卢德维卡写了一封吐露心声的信，恳求姐姐来看望他。

> 1849年6月25日
>
> 我的生命，
>
> 如果你们［指卢德维卡和卡拉桑提］能来，请务必要来。我生病了，医生的治疗比不上你的陪伴。如果你缺钱，就借一些。等我好了，我可以轻而易举地把钱还给借钱给你的人。①

由于卡拉桑提不愿意去法国，卢德维卡遇到了不少麻烦，但她没把这些事告诉肖邦。一个多月后，卢德维卡终于办下来了俄国当局签发的签证，卡拉桑提要求她向肖邦的母亲借钱支付旅费。后文我们还会说到这一连串的麻烦事，其中不乏一些令人难以置信的曲折。

拖延了六周之后，卢德维卡、卡拉桑提和他们14岁的女儿卢德卡（Ludka）终于在8月9日到达了夏乐街，住进了肖邦的公寓。肖邦无比开心，开始的几天里卢德维卡几乎在他身边寸步不离，用波兰语和他聊天，给他讲述家乡发生的大事。这时肖邦开始出现失眠的症状，因此卢德维卡会整夜陪在他

① CFC, vol. 3, p. 417; KFC, vol. 2, p. 301.

身边。卢德维卡说："他喜欢在深夜聊天，向我诉说他的忧伤，把苦恼倾诉给我这个爱他、理解他的人听……我忍住泪水，不让他知道我也会因他的痛苦而难过。"① 而卡拉桑提很快失去了耐心，认为肖邦过分占用了他妻子的时间，而且他在夏乐街附近也没什么可做的，于是便试图说服妻子和他一起回华沙。卢德维卡表明了态度，说她要陪肖邦到最后一刻；于是卡拉桑提把妻子和女儿留在夏乐街，自己返回了波兰。

肖邦在夏乐街也有一些固定的访客。23 岁的外交官查尔斯·加瓦尔（Charles Gavard）从巴黎来过这里几次，他后来回忆 611
说自己曾在肖邦床边给他读书，陪伴他几小时之久。让他印象深刻的一点是，肖邦总是会避免自己的绝望情绪影响到朋友。

> 这位病人回避任何会让我伤心的话题，为了打发时间，他一般会恳求我从书房拿本书读给他听。大多数时候，他会从伏尔泰的《哲学辞典》中选几页。他十分欣赏这种洗练的风格和凝练的语言，以及关于品味这一问题的清晰论断。例如我记得我给他读的最后一篇文章就是与品味有关的。②

古特曼和弗朗肖姆也来夏乐街看望过肖邦，他们的出现让作曲家的精神振奋了起来。另一位让肖邦十分高兴的访客是珍

---

① 科贝兰斯卡：*Ruch Muzyczny*, no. 20, Warsaw, 1968。

② JJ, vol. I, p. 601. 我们在前文提到伏尔泰是米柯瓦伊·肖邦最喜欢的一位作家，有趣的是他的儿子也对这位伟大的不可知论者有着类似的兴趣。顺带一提，查尔斯·加瓦尔是通过他的姐姐埃莉斯与肖邦认识的，埃莉斯是肖邦的学生，《摇篮曲》（op.57）就是献给她的。查尔斯被任命为法国驻伦敦大使馆的一等秘书后，匆匆写下了《关于肖邦的回忆》（*Souvenir de Chopin*），其中包含了一些有益的内容。他先是把手稿借给了莫里茨·卡拉索夫斯基，后者在他的肖邦传第十二章中引用了手稿中的大量内容。后来这份文件归弗里德里克·尼克斯所有，他也经常引用其中的内容。

妮·林德，她在短期造访巴黎期间突然来到夏乐街，为肖邦和他的好友们唱歌。忠诚的格日马瓦却不能如他和肖邦所愿经常出现，当时他因参加政治活动被警察监视，因为担心被捕，只能小心行事。他是波兰民主协会（Polish Democratic Society）的创始人之一，该协会策划在即将到来的选举中推翻路易 - 拿破仑国王新成立的政府，由于引起了当局的怀疑，他不得不转为地下活动。而雪上加霜的是，格日马瓦不久前在巴黎证券市场亏了一笔钱（原本也是他从证券市场上赚到的），现在的生活十分窘迫。普莱耶尔借给肖邦一架三角钢琴，并叫人送到了夏乐街，据说古特曼和弗朗肖姆都曾弹琴给肖邦听。此时的肖邦已经十分虚弱，走路都需要别人搀扶。但他是否还能创作呢？对于肖邦什么时候创作了目前所知他的最后一部作品《g 小调玛
612 祖卡》（遗作 Op.67，no.2），学者们众说纷纭，但一般认为这首乐曲是在夏乐街完成的，时间不晚于 1849 年初夏。

至于在很长一段时间里被人们感性地称为“肖邦最后一首玛祖卡”和最后一部作品（这个称号是丰塔纳赋予它的）的《f 小调玛祖卡》（遗作 Op.68，no.4），实际上是奥古斯特·弗朗肖姆根据肖邦从这个阶段一直追溯到 1846 年的一些草稿“重组”而成，完成时间不晚于 1852 年 6 月。①

① 1852 年 6 月 18 日，简·斯特林写信给肖邦的姐姐卢德维卡：“我寄给您……弗朗肖姆从肖邦在夏乐街写的最后一首玛祖卡中整理出来的内容，大家都觉得他的字迹无法辨认。”看一看被肖邦遗弃的手稿（保存在肖邦博物馆，索引号 M. 236-1958）我们就能知道弗朗肖姆“整理”肖邦的乐谱时面临多大的困难了。

IV

到了8月中旬，巴黎的霍乱疫情有所平息，肖邦搬回了奥尔良广场。波兰诗人塞浦路斯·诺尔维特（Cyprian Norwid）来看望肖邦时记录下了他病逝前的样子，后来他也为肖邦写了一篇感人的讣闻。

> 我发现他穿戴整齐地躺在床上，臃肿的腿脚上裹着袜子和便鞋。他姐姐的轮廓与他出奇地相似，正坐在他身边……他看起来十分优雅，在厚厚床帘的阴影里依靠在垫子上，裹着披肩。如以往一样，就连他最平常的动作里都透露出某些优雅与不朽……某种希腊文明最鼎盛时期的雅典贵族所崇尚的气质……他用不时被咳嗽和气喘打断的声音责备 613
> 我最近没有来看他。他用最孩子气的方式嘲笑我奇怪的性情，这显然能让他开心，于是我马上就展示起来。我和他姐姐聊天时，他咳嗽得更厉害了。最后到了他要休息的时间了，于是我准备离开。他紧握着我的手，把头发从额头上甩开说："我要离开这个……"然后就被咳嗽打断了。听到这里，我感觉必须要反驳他，于是我说起了人们常说的客套话，拥抱着他，向对一个健康人那样说道："每年你都说你要离开这个世界了，但是感谢上帝，你还活着！"但肖邦在咳嗽完之后继续说道："我要离开这个公寓，搬到旺多姆广场去。"①

搬家是个需要慎重考虑的决定。1849年8月30日（据肖邦的日记记载），克吕韦耶和他的两位同事来到奥尔良广场肖

① GNCK, vol. V, pp. 37–39.

邦的公寓，对作曲家进行了全面的检查。肖邦想要离开巴黎去一个气候更温暖的地方，而检查的目的就是确定这个想法是否可行。三位医生一致否定了这个想法。肖邦从一个房间走到另一个房间都十分费力，在床上不倚靠着东西也无法坐起来。医生建议他找一间朝南的公寓。几个朋友一起帮肖邦找了个新住处，这个昂贵的公寓有五个房间，位于巴黎最高档的街区旺多姆广场12号的二楼，此前俄国大使馆就在这栋楼里。他们找来了肖邦的另一个朋友托马斯·阿尔布雷赫特（Thomas Albrecht）帮忙，阿尔布雷赫特是一名葡萄酒商，也是萨克森王国驻巴黎的领事，他的办公室就在这栋楼里。简·斯特林监督工人将肖邦的东西从奥尔良广场搬到这里，甚至还把普莱耶尔借给肖邦又被他留在夏乐街的红木三角钢琴也带了过来。有一些无法证实的证据表明她可能也为肖邦的新公寓支付了房租。肖邦在9月9日搬进了这间公寓，他继续卧床，再也没有离开这里。

614 V

想要重现肖邦病逝前几天令人心痛的状况并非易事，不是因为见证人太少，而恰恰是因为在场的人太多了。卢德维卡、格日马瓦、索朗热、阿道夫·古特曼、马塞利娜·恰尔托雷斯卡亲王妃、波利娜·维亚尔多、德尔菲娜·波托茨卡和简·斯特林等人对肖邦生命的最后几天和临终前场景的“目击描述”给后世留下了诸多矛盾，本书作者不得不冒险从中摘取内容。有些描述——尤其是卢德维卡、格日马瓦、索朗热和恰尔托雷斯卡这些在场者的描述——是经得起时间检验的，是可靠的。而其他人的描述则需谨慎对待，因为他们的说法虽然也对我们有所帮助，但有些是道听途说来的。尽管如此，有一件事基本上是可以肯定的。

肖邦刚搬进旺多姆广场，就有谣言说他大限将至。波利娜·维亚尔多描述了当时不像话的场面，通往肖邦卧室的前厅里挤满了看热闹的人，他们吵着要看作曲家最后一眼，想听他说最后一句话，或是顺手带走一件纪念品。她用嘲讽的语气回忆道："所有上流社会的尊贵女士都觉得自己有义务送肖邦一程，她们蜂拥至肖邦的卧室，但房间里已挤满了匆忙地给肖邦画像的艺术家。"[①]朱尔·雅南（Jules Janin）也同样批评道："在他的前厅里，不知道有多少位公主、伯爵夫人、侯爵夫人，甚至还有几位资本家夫人，她们跪着祈祷，等待着他咽气。"[②]我们甚至听说有一位摄影师想把肖邦的床推到窗边，以便拍摄银版照片时获得更好的采光。最后古特曼把这些人都赶了出去。[③]

德尔菲娜·波托茨卡当时正在法国尼斯（Nice），她听说肖邦即将去世的消息后马上赶回了巴黎，并在10月15日，也就是肖邦去世前两天到达了巴黎旺多姆广场。有一个流传甚广的说法是两人含泪重逢后，肖邦请德尔菲娜唱歌给她听。他向 615
来热爱她的歌声。但这个场景往往被人们浪漫化，相关的说法有些混乱。李斯特和卡拉索夫斯基（两人均不在场）都说德尔菲娜唱了斯特拉代拉（Stradella）的《赞美诗》[④]和马尔切洛（Marcello）的《诗篇》。古特曼回忆说她唱的是马尔切洛的《诗篇》和佩尔戈莱西（Pergolesi）的一首咏叹调。弗朗肖姆则肯定地说她唱的是贝利尼《滕达的贝亚特里切》（*Beatrice*

① CFC, vol. 3, pp. 450–51; KFC, vol. 2, pp. 325–26.

② JJ, vol. I, p. 476.

③ 除了维亚尔多和雅南，格日马瓦也讽刺道："肖邦的崇拜者，不论是衣衫褴褛还是身着貂皮，连续四个日夜在这里跪着念祈祷文。" CFC, vol. 3, p. 443; KFC, vol. 2, p. 462.

④ 斯特拉代拉著名的《圣母赞歌》（"Hymn to the Virgin"）据说具有神奇的特质，在1677年曾从杀手的手中救过这位作曲家一命。

di Tenda）中的咏叹调，没有唱别的。格日马瓦说肖邦听到的是贝利尼和罗西尼的曲子，让真相更加扑朔迷离。但当时肖邦已时而清醒、时而昏迷，喘不上气来，不禁让人怀疑肖邦是否真的在意她到底唱了什么。

在挤满卧室的人当中，在我们看来最重要的一位就是艺术家泰奥菲尔·克维亚特科夫斯基（Teofil Kwiatkowski），肖邦去世的几天前他就在这里支起了画板，描绘出了肖邦临终前的一系列生动画面。在任何一本肖邦肖像集中都能看到这些了不起的画作，它们比任何文字都更生动地传达出了肖邦弥留之际的一系列重要事件和肃穆景象。肖邦去世之后，简·斯特林看到了这些画作，便委托克维亚特科夫斯基创作一幅油画，把围在肖邦床边的一些人画出来。这幅画自然是画家凭借记忆绘制的，而且他行使了一些特权。肖邦、卢德维卡、马塞利娜、格日马瓦，甚至还有克维亚特科夫斯基本人都出现在了画面中。我们知道简·斯特林看到自己没在画中出现时感到十分失望。①

最不受欢迎的客人是肖邦青年时期的波兰朋友亚历山大·耶沃维茨基（Aleksander Jełowicki），此时他已成了一位神父。耶沃维茨基坐在肖邦身边长达几个小时，催促他忏悔并接受临终圣礼，但被肖邦拒绝了。多年来他对天主教已疏于信奉，他认为到了绝望的时候才行圣礼是一种虚伪的做法。鲜为
616 人知的一点是，肖邦对于宗教礼仪的态度十分冷淡。来到巴黎

① GSFC, p. 129. 她向卢德维卡坦言道："我很遗憾自己没有出现在画中。"与克维亚特科夫斯基的想法不同，斯特林一直不愿公开展示这幅画，她在信里补充说："我不想让人们看着画端详他临终时的场景。"她说如果这幅画还归自己所有的话，"我会在死的时候把它烧掉"。顺带一提，在克维亚特科夫斯基的一个早期版本中，耶沃维茨基神父被画在了卢德维卡的身后。我们猜测他可能是在简·斯特林的要求下将这位神父删去了。两幅画请见 BFC,p.331。

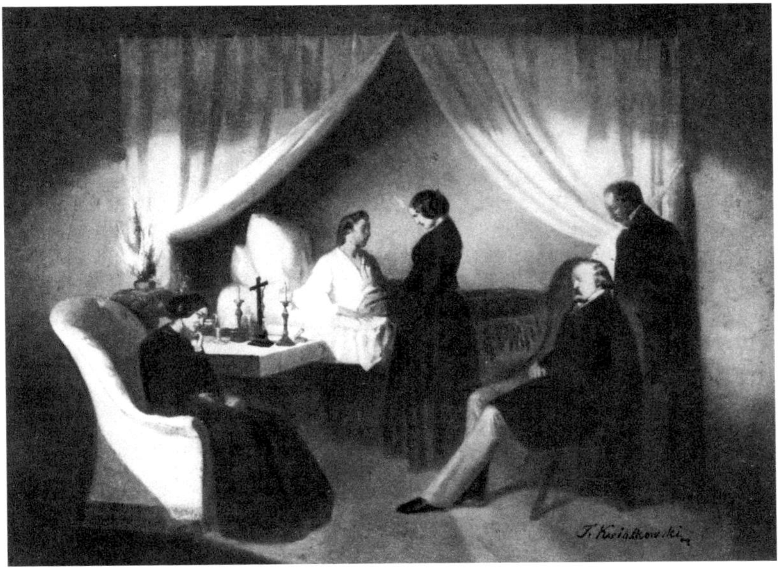

肖邦临终之际；泰奥菲尔·克维亚特科夫斯基绘制的油画（1849 年 10 月）。站在床边的是马塞利娜亲王妃，在她右边坐着的是格日马瓦，后边站着的是克维亚特科夫斯基。卢德维卡坐在左边，旁边的桌子上放着圣器

后，他从来没参加过弥撒或天主教集会，从来不去忏悔，他家里没有《圣经》，据人们所知他也没有再读过《圣经》。因此我们不难推测这时的他已成为一个不可知论者。肖邦的时代还没有这个词，“不可知论”是在他死后才出现的（1861 年由托马斯·赫胥黎提出），但他具备了无信仰者的所有特点。耶沃维茨基执意坚持，认为将这位著名的同胞从永恒的地狱中拯救出来是他的使命。病逝前的第四天，被疾病折磨得极其虚弱的肖邦允许了耶沃维茨基主持临终仪式，让耶沃维茨基将十字架放在了他的嘴唇上。在耶沃维茨基自私自利的描述中，他声称肖邦十分感激他主持的仪式，想要给他一大笔钱表示感谢，但被他拒绝了。据他所说，肖邦回答道：“钱不多，因为我所 617

获得的是无价的！没有你，我的朋友，我会像一头猪一样死去。”[①]波利娜·维亚尔多听说之后十分气愤，她后来写道：“他像烈士一样死在神父的手里，他们花了整整六个小时强迫他亲吻十字架，直到他咽下最后一口气。”[②]

比起宗教仪式，肖邦担心的是一些更世俗的事情。他多次表达遗愿，希望死后所有未出版的手稿都被烧掉。在去世前几小时，他把这个艰巨的任务交给了他的同胞格日马瓦，后者向他们的朋友奥古斯特·莱奥汇报了自己接到的这一重任：

> 他告诉我：“人们会发现很多未完成的作品。以我们之间友情的名义，我请求你将它们都烧掉，除了一部[钢琴]技法的开头，我把它送给了阿尔康和勒贝，看看他们能不能用得上。其他的无一例外，都必须被烧掉，因为我向来非常尊敬公众，我出版的东西都要尽可能完美。我不希望冠有我名字的、会让大众失望的作品被四处传播。”[③]

幸运的是，最终承担这个重任的并不是格日马瓦或是肖邦任何一位朋友。作为他最亲密的家人，肖邦的姐姐卢德维卡获得了处置权，而她拒绝执行肖邦的遗嘱。假如当初她遵从了肖邦的遗愿，那么肖邦的很多作品我们今天就听不到了，包

---

① 这时肖邦已没有钱可以给他了。这段话引自耶沃维茨基给华沙的泽维尔·格罗霍尔斯卡（Xavier Grocholska）夫人写的一封内容详尽的信件，日期为 1849 年 10 月 21 日（CFC, vol. 3, pp. 445–50; KFC, vol. 2, pp. 318–21）。多年之后，耶沃维茨基基于这封信的内容撰写了文章《肖邦之死》（“Chopin’s Tod”），该文章 1877 年刊登于《德国瑰宝》（*Deutschen Hausschatz*）杂志上，同年耶沃维茨基去世。耶沃维茨基曾吹嘘自己在担任圣职后不久就得到了觐见罗马教宗的机会，但后来被证实这是个假消息，此事也进一步降低了他的可信度。

② CFC, vol. 3, p. 450; KFC, vol. 2, p. 325.

③ CFC, vol. 3, p. 443; KFC, vol. 2, p. 324.

括《幻想即兴曲》、八首玛祖卡、五首圆舞曲、《e小调夜曲》、双钢琴回旋曲以及《十七首波兰歌曲》中的大部分乐曲。毫无疑问，肖邦是个完美主义者，但在这些作品中我们很难找到瑕疵。最终，肖邦的家人将这些手稿交给了作曲家的书记官尤 618 利安·丰塔纳，在之后的几年里他编辑并出版了自己的肖邦作品集。

VI

肖邦死于1849年10月17日凌晨2点，享年39岁。在他病床边的有卢德维卡、索朗热、克维亚特科夫斯基、耶沃维茨基、古特曼[①]，还有克吕韦耶医生。最后一刻即将到来时，克吕韦耶医生拿了一支蜡烛举在肖邦因窒息而变得灰暗的脸上方，发现他已经没了反应。他轻声问肖邦是否难受，肖邦低声说“不了”（Non plus）。这是他说的最后一句话。索朗热是看着他去世的，后来她写道：“他死去的时候眼睛盯着我，十分可怕。我能在黑暗中看见他那双失去光泽的眼睛。哦，他的灵魂也已经死了。”[②]克吕韦耶医生对肖邦进行了局部解剖，按

---

① 多年后肖邦的外甥女卢德卡·英德热耶维奇坚持称肖邦去世前古特曼没有在场，但这个说法是不可信的。一直在肖邦身边并看着他去世的索朗热给出的说法就与之相反。卢德卡当时只有14岁，大人们不太可能让她一起守夜，目睹她舅舅痛苦的死亡。她的回忆录刊载于1882年8月9日的《华沙通讯》上，此时距肖邦去世已有33年，她的记忆也已经模糊。让人惊讶的是她怎么会忘了古特曼是她舅舅葬礼上的扶柩者之一。古特曼本人在这篇文章发表后两个月去世，不可能对此进行反驳。多年来他一直居住在佛罗伦萨，他放弃了钢琴，以绘画为主业。

② 《肖邦之死》。1852年的手稿藏于法国国家图书馆（Bibliothèque Nationale），索引号Res.Vmc. ms. 23。（另见乔治·桑的《浪漫主义面孔》，no.349，p.83。）多年后索朗热详尽地回忆了肖邦弥留之际的景象。她不仅再次提到了肖邦离世时“失去光泽”的眼睛，还证实了作曲家死在古特曼的怀里（CFCS, p. 231）。汉娜·弗鲁布莱夫斯卡－斯特劳斯在《肖邦研究6》（*Chopin Studies 6*）第72页就这篇文章进行了有益的评论。

照肖邦的遗嘱摘除了心脏，将其放在一个水晶罐中用酒精保存起来，最后这颗心脏被卢德维卡带回了华沙，永远地安放在了圣十字教堂。肖邦的心脏在1863年的起义和二战中幸存了下来，至今仍长眠于此。克吕韦耶医生的解剖报告存放于市政厅档案馆，但在1870~1871年的巴黎公社起义中与其他档案一起被损毁。

619 已有多位传记作家对肖邦死后几小时发生的事情进行过梳理记录。但他们大多忽略了一个问题：克吕韦耶是在哪里进行的解剖呢？我们可以确定的是当天中午他的遗体就已经被运走了。因为这时两名市政厅司法部的官员（欧仁·劳沃法官和他的秘书查尔斯－安托万·巴里）来到肖邦的公寓，依照法国法律对他的个人物品进行盘点，之后将公寓封了起来。整个过程历时七个多小时。他们进入肖邦的卧室后整理出一个详尽的清单，包括对家具、床帘、床单、衣物和肖邦躺过的床的描述，如果肖邦的遗体还在现场，这项工作恐怕很难完成。① 人们曾认为克吕韦耶医生将肖邦的遗体搬到了他在国立医学科学院（Académie Nationale de Médecine）的研究所中，并于10月18日进行了解剖，将心脏移除，对其他部分进行防腐处理，然后等待遗体被运送至马德莱娜教堂。② 近些年出现了一个更有说服力的观点，认为解剖和防腐处理都是肖邦去世的那天早上在他的公寓里进行的，之后劳沃法官才来盘点了他的遗物。克吕韦耶是一位技术高超的病理学家，有着丰富的解剖经验，而且移除心脏也是一个相对较小的手术。他的研究所位于巴黎六区，距离肖邦的公寓3公里多，将肖邦的遗体运过去解剖再送回旺多姆广场供人们瞻仰在运输方面也会带来不必要的麻

① MDD, Part I, p. 5.

② SHC, pp. 147–48.

烦。此外，克吕韦耶应该一定希望在血液凝固前尽快完成防腐处理。这个操作并不复杂，需要将防腐液注入动脉，同时将血液从附近的静脉抽出，这种常规操作克吕韦耶交给一位助理就可以完成。我们知道肖邦死后的第三天（10月19日），他的 620
遗体已经“完成了防腐处理，穿戴整齐，被陈列在那里，周围摆满了鲜花，供朋友和访客最后一次瞻仰这位大师的遗容”[①]。这句话出自格日马瓦的信件，他当时去了旺多姆广场，回信向莱奥介绍肖邦辞世的情况。

沉重肃穆的葬礼开始之前，克莱桑热就进入存放着肖邦遗体的房间，借着烛光给肖邦的脸和手铸模。卢德维卡看到第一次完成的模型时，被它扭曲的样子吓了一跳，坚持要求这位雕塑家再试一次。于是克莱桑热又在肖邦的脸上涂了一层湿石膏，设法抹平了一些肖邦去世时痛苦挣扎的痕迹。这个美化后的“遗容模型”被收录进了很多肖邦肖像集里，但它和肖邦真实的遗容相去甚远。[②]也是在这个时候，人们纷纷前来献花。肖邦对鲜花的喜爱是众所周知的，人们敬献的鲜花是如此之多，以至于李斯特用这样富有诗意的语言描述了当时的场景：“他所躺的床和房间本身都消失在五颜六色的鲜花之下。他似乎安息在一个花园中。”[③]

肖邦去世前曾要求在葬礼上安排乐团演唱莫扎特的《安魂曲》。但要让女歌唱家在葬礼上演唱，必须先要得到巴黎大主教加斯帕尔·德格雷里（Gaspard Deguerry）神父的批准，因此葬礼被拖延了将近两周，直到10月30日才举行。在此期间，肖邦的遗体被安放在教堂的地下室里。上一次莫扎特的《安魂

① CFC, vol. 3, p. 444.

② 被卢德维卡拒绝的第一版模型的照片请见 ECF, p. 199。

③ LC, p. 180.

曲》在巴黎演出还是在1840年拿破仑的遗体被从圣赫勒拿岛运回法国进行国葬的时候，因此这一点吸引了不少人来参加葬礼。那天是个温暖和煦、几乎晴朗无云的星期二，早上11点，教堂外就聚集了大量的观众。大约有3000人在教堂内向肖邦的一生和他的作品致敬，巴黎艺术界的多数重要人物都派代表出席了葬礼。只有持印刷邀请函的人才能获准入内，卢德维卡仔细地亲自监督了整个检票过程。

中午时分，马德莱娜教堂的大门被打开，四位扶柩者亚历

621

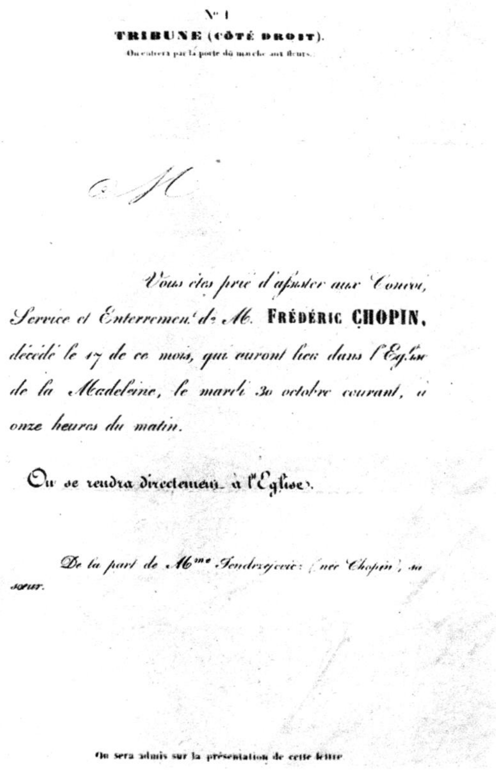

N° 1

TRIBUNE (CÔTÉ DROIT).

On entrera par la porte du marché aux fleurs.

M

Vous êtes prié d'assister aux Convoi, Service et Enterrement de M. **FRÉDÉRIC CHOPIN**, décédé le 17 de ce mois, qui auront lieu dans l'Église de la Madeleine, le mardi 30 octobre courant, à onze heures du matin.

On se rendra directement à l'Église.

De la part de Mme Jendrzejewicz (née Chopin), sa sœur.

On sera admis sur la présentation de cette lettre

肖邦葬礼邀请函

山大·恰尔托雷斯基亲王、奥古斯特·弗朗肖姆、阿道夫·古特曼和欧仁·德拉克鲁瓦[①]每人提着墓布的一条绶带，沿教堂正厅将肖邦的灵柩抬向圣坛。走在灵柩后边的是亚当·恰尔托雷斯基亲王和贾科莫·梅耶贝尔，之后是主要的家庭成员卢德维卡和她的女儿卢德卡，走在最后边的是作曲家的好友。灵柩被放在一个高出来的特制灵柩台上，灵柩台挂着黑色的墓布，占据了正厅和圣坛之间的弧形区域。这一切都是在《降 b 小调奏鸣曲》中《葬礼进行曲》的伴奏下进行的，乐曲由亨利·勒贝改编成了管弦乐作品。在接下来的仪式中，教堂的管风琴师勒费比尔－韦利（Lefébure-Wély）在管风琴上演奏了 e 小调和 b 小调前奏曲。与此同时，准备演出莫扎特《安魂曲》的大型合唱团和管弦乐团正在奋力处理一个特殊的问题。他们被安排在了教堂的尽头，被黑色的幕布挡着。演出开始时，幕布被 622
拉开了一部分，只露出了男歌唱家，而女歌唱家则继续被帘幕遮挡着。当时女歌唱家在教堂里演出被认为是“不合教规”的，因此观众只能听到她们的声音，不能看到她们的样子。对于这个折中的安排，恐怕只有大主教会感到满意。四位著名的独唱者包括让娜·卡斯泰兰（女高音）、波利娜·维亚尔多（女低音）、亚历克西斯·杜邦（男高音）和路易吉·拉布拉什（男低音）。二十年前，拉布拉什也曾有幸在维也纳贝多芬的葬礼上作为独唱者演唱这首乐曲。管弦乐团和合唱团来自巴黎音乐学院，由纳西斯·吉拉尔担任指挥，他们的演出价格不菲，带来的账单金额为 2000 法郎。整场葬礼的总花销是这个价格的两倍多，由简·斯特林和厄斯金夫人承担。

---

① 肖邦去世时德拉克鲁瓦正在法国鲁昂，三天后他才收到肖邦的死讯。在 10 月 20 日星期六的日记里，他写道：“午饭后我听说可怜的肖邦去世了。说来也怪，今天早上起床之前我就有种不祥的预感。以前我也曾有过几次这样的预感。太遗憾了！世间留下的都是无耻之徒，美好的灵魂都已逝去！” DJ, vol. 1, p. 325.

环视恢宏的教堂内部，诗人泰奥菲尔·戈蒂耶被摄人心魄的美所震撼。他说在教堂之外，大自然沉浸在令人惊喜的宜人秋色中。突然，从马德莱娜教堂敞开的大门间，“一束金光欢喜地掠过正厅，丝毫没有意识到自己误入了一场葬礼”[①]。一时间灵柩台被照亮，仿佛带上了一丝欢愉的气氛。

英国乐评家、肖邦的宿敌J.W.戴维森也代表《音乐世界》出席了葬礼，并补充了一些现场的细节。

> 一进门，我们就发现这座恢宏的现代帕特农神庙里挤满了人。正厅和过道、唱诗席、装饰墙面的宏伟廊柱上方的走廊、廊柱之间和后方的间隙、风琴台、环绕唱诗席的走廊以及窗户底下都站满了来看弗里德里克·肖邦最后一眼的人……现场可能有超过4000人。正厅和唱诗席之间有一座高高的灵柩台，挂着黑色和银色的墓布，墓布上饰有“F.C.”的字样。[②]

623 仪式结束时，会众走进了灿烂的阳光之中，送葬队伍也开始了长达5公里的路程，从马德莱娜教堂走到肖邦最终被埋葬的拉雪兹神父公墓。亚当·恰尔托雷斯基亲王和梅耶贝尔走在灵车的后边，扶柩者仍是亚历山大·恰尔托雷斯基亲王、德拉克鲁瓦、弗朗肖姆和古特曼，这次还多了卡米耶·普莱耶尔。一些贵族老爷们让他们的马车先到墓地去，自己则与夫人和大家一起走在肃穆的队列中，用跟所有人一样的方式向肖邦表示敬意。按照肖邦的遗愿，墓地里没有举行仪式，没有音乐，也没有墓边演讲。灵柩下葬的时候，人们并

① 《新闻报》(*La Presse*)，1849年11月5日。

② 《音乐世界》，1849年11月10日，第705~706页。

没有把肖邦1831年从波兰带到法国来的土壤撒在他的墓地上。①现在看来，这个虚构的场景是从次年发生的真实事件中衍生出来的。

葬礼过后不久，肖邦的朋友们成立了一个委员会，筹钱为肖邦建造纪念碑。牵头人有普莱耶尔、格日马瓦和德拉克鲁瓦，但他们经常意见不合，在猜测肖邦可能想要什么样的效果时也总是各有各的想法。克莱桑热在还没有筹到钱、自己也还没被正式任命的时候就开始了设计工作，让人严重怀疑他的动机。②最终估算出的纪念碑造价是4500法郎，这样高昂的价格可能会导致项目流产。后来仍是简·斯特林出手相助，提供 624
了这笔费用。1850年10月17日，肖邦逝世一周年之际，这

---

① 肖邦为何要在1830年11月离开波兰时带一罐波兰的土壤呢？他从未想过自己会永远地离开家乡，在此之前的海外旅行中我们也没听说过他会随身带着波兰的土壤。只有在1830年波兰起义爆发后，他才突然发现自己成了一位流亡者。肖邦的早期传记作家似乎有充分的理由让他离开家乡时带上一把波兰的土壤，也有足够的远见让他一直保存了19年之久，在巴黎频繁搬家期间也没有将它抛弃，直到它最终完成使命。

② 克莱桑热在1849年夏天霍乱爆发期间带着索朗热和他们的第二个孩子来到了巴黎。这个将一家人暴露在高风险之下的任性做法激怒了肖邦。但缺钱的克莱桑热来到巴黎只有一个目的，那就是赚钱。为死后的肖邦制作面部模型，以及为这双享誉欧洲的手制作手模，这样的机会太过诱人，让他无法拒绝。在讨论过肖邦之死的众多作家中，只有著名的波兰诗人、散文家雅罗斯瓦夫·伊瓦什凯维奇有勇气公开说出了别人都不敢说的话，即："克莱桑热盼着肖邦死去。"他等不及肖邦咽气，在肖邦还活着的时候就开始制作墓碑的模型。之后他将这个平庸之作展示给德拉克鲁瓦，后者虽然对这个设计大为不满，但还是在索朗热的劝说下同意让他为作曲家制作纪念碑。伊瓦什凯维奇说克莱桑热早已安排好了一切，他还借用波兰谚语犀利地指出："他用灵床上的蜡烛给自己烤蛋糕！"（IC, p. 344.）简·斯特林在纪念碑竣工后向克莱桑热支付了4500法郎，还从他手中买下了肖邦脸部模型，在此之后简·斯特林一反往日的克制，评价说克莱桑热这样做不是出于什么崇高的目的，他恨肖邦。这话不是她随便说的。肖邦死后的几个月里，斯特林时常造访克莱桑热的工作室了解纪念碑的进展，她有大量的时间了解克莱桑热的品格，形成一些个人印象。肖邦一向对克莱桑热十分反感，如果他知道这个人从他的死亡中获取了丰厚的利益，肖邦一定会感到十分厌恶。

马德莱娜教堂，1849 年 10 月 30 日这里举行了肖邦的葬礼

块纪念碑终于在拉雪兹神父公墓揭幕，造型出人意料地简单朴素。在揭幕仪式上，一把波兰的土壤被撒在了墓地上，这把土壤是肖邦的家人专门为了这个活动从波兰寄来的。卢德维卡没有出席揭幕仪式。在巴黎度过了艰难的五个月后，精疲力竭的她在 1850 年 1 月返回了华沙。

625 VII

人们经常问的一个问题是：为什么肖邦去世后没多久，他的贵重物品就被散播到了各地？乍一看这是件很难理解的事情。比如，乔治·桑在诺昂逝世后，她的所有椅子、地毯、床帘、茶碟、水桶、油画都被完好保存，这些日常用品马上成了纪念她的圣物。巴尔扎克的情况也是如此，他比肖邦晚一年去世。一夜之间，他在巴黎的公寓就变成了一座博物馆，至今仍维持着原样。虽然肖邦去世的时候比这些人都有名，但他的情况却有所不同。在寻找答案的过程中，我们发现肖邦家里出现了一个令人意外的不愉快状况，在肖邦去世几周前就在静静酝酿，此时终于爆发。

肖邦病逝时没有立下遗嘱。按照法国法律规定，司法部官员需在肖邦去世后二十四小时内对他的财产进行全面盘点并查封房屋。只有确认相关税款都已缴纳、债务都已还清后，才能将物品解封交给他最近的亲属——对于肖邦来说就是他的母亲。卢德维卡是母亲的全权代表，她听从了肖邦许多朋友的建议，打算将一切保持原样，把公寓变成肖邦博物馆。这个计划在卢德维卡心目中非常重要，最后却未能实现。直到 1968 年，肖邦死后近 120 年，我们才了解到其中的原因。这一年，一份被称为《卢德维卡的自白》的重要文件得以公之于众。这是一封卢德维卡写给丈夫卡拉桑提·英德热耶维奇的谴责信，信中卢德维卡控诉了丈夫在肖邦临终之际的所作所为，以及他在肖邦财产清算中扮演的角色。这封信揭示了夫妻两人之间存在的矛盾，以及在卢德维卡处理弟弟个人物品时，这种矛盾给她带来的艰难抉择，信中的内容令世人哗然。①

VIII 626

正如前文所说，卡拉桑提一开始不愿意离开华沙。后来他也不愿意出一家人的旅费，因此尤斯蒂娜·肖邦拿出了 5000 兹罗提，既没有要求他们还，也没有得到还款。申请护照的过程也是一波三折，在此期间卡拉桑提一直定不下来如果他拿不到签证，就让谁或是不让谁跟卢德维卡一起去法国，让她备受煎熬。最终卡拉桑提拿到了签证，但他坚决要求肖邦的妹妹伊

---

① 手稿藏于华沙肖邦国家研究院，索引号 M.327。

莎贝拉·巴钦斯基和肖邦夫人留在波兰照顾他们的三个孩子。没有带伊莎贝拉去法国这件事让卢德维卡抱憾终生。自从肖邦 1830 年离开波兰之后，伊莎贝拉就再也没见过这位哥哥，十分渴望能在他临终之际陪在他身边，这样也能为卢德维卡减轻不少负担。有一次，卡拉桑提在巴黎感觉无聊了，就开始埋怨卢德维卡在她弟弟的病床边花了太多时间。卢德维卡把故事补充了下去：

> 我们和弗［里德里克］在一起时，他似乎重获新生。但我注意到了你似乎对事事都不满意，一点也不体恤他的性情和习惯。你是否记得当我彻夜坐在他的床边时你有多生气？是否记得我因为他而睡眠不足时你如何责备我？也许你是出于关心——但这让他很痛苦，也让我备受煎熬。我来就是为了照顾他、护理他、安慰他，只要能给他带来一刻宽慰，什么困难我都能克服。他喜欢在深夜聊天，向我诉说他的忧伤，把苦恼倾诉给我这个爱他、理解他的人。直到最后我仍抱有缥缈的希望。

但卡拉桑提不是靠缥缈的希望活下去的。几乎可以肯定的是他嫉妒肖邦的名声，难以忍受人们对肖邦的吹捧奉承。没过多久他就对巴黎的情形失去了耐心，抛下了妻子和女儿返回了
627 华沙，在华沙继续对卢德维卡施加影响。从“自白书”中可以看出卡拉桑提认为肖邦深陷债务。他听说了艾蒂安夫人的事，知道简·斯特林给了肖邦 25000 法郎，担心斯特林会让卢德维卡把没花的钱还给她。他在华沙散播谣言称肖邦欠下了大量的债务，但实际上并非如此。卢德维卡继续写道：

> 我知道他没有欠下你以为的那些债：钱都还清了。还

> 有一笔没有还的钱，很快就会还上。弗［里德里克］不止一次提到这件事。他十分担心，我不得不恳求他不要担心。这笔钱数目不大，很容易就能筹集到。他死后，我曾对他忠诚的朋友说，我把替他还钱看作自己最神圣的职责。他们先是说肖邦没有欠他们的钱，然后请求我不要再考虑这件事，也不要再提这件事。

但在如何处理肖邦的个人物品这个问题上，卡拉桑提展现出了他最不友善的一面。听说卢德维卡想要建立一座肖邦博物馆时，他阻止了这个想法。显然，一座纪念他小舅子的博物馆是他根本不会考虑的。于是卢德维卡说她决定自己出资，把肖邦的个人物品运回华沙交给家人保管。卡拉桑提勃然大怒。用卢德维卡的话说：

> 为此我收到了人生中最令我痛心的一封信。你命令我卖掉所有东西，一件不留，还给我寄了一封所有人签名的授权信。你还说："什么也不要留，一个破烂也不许带到我的房子里。"哦，我的心在滴血。

她恳求他不要这样，但收到的唯一回复仍是让她变卖所有东西的命令。在与卡拉桑提对峙的过程中，卢德维卡在一件事情上坚持了己见。肖邦去世的当晚，她和马塞利娜·恰尔托雷斯卡进入了肖邦的卧室，趁法国当局查封房间之前，把所有手稿和信件装进手提箱并带回了自己的住处。她不想让任何机密 628
性质的文件落入警察甚至俄国外交人员的手中，因为俄国人正想知道肖邦和巴黎的波兰侨民之间有哪些来往。她把自己的"不正当行为"透露给卡拉桑提后，卡拉桑提指责她无知又自私。①

在卢德维卡的要求下，肖邦个人物品的拍卖会于11月30日，也就是肖邦去世整整六周后，在青年街（rue des Jeûneurs）42号匿名举行。在肖邦的公寓里举行拍卖会原本可以更方便，但卢德维卡不忍看到肖邦的东西被大批的陌生人来回端详，她本人也拒绝在现场出现。只有肖邦的好朋友知道此事。仅存的一份报纸广告提到出售的商品有“上好的家具、银器、水晶、地毯、织物、一只金表、男性衣物、帘子等”，但没提到这些遗物的主人是谁。将名字省去也影响了拍卖会的收入。如果写上肖邦的名字，原本可以筹到更多的钱。扣除各项费用并完成结算后，卢德维卡拿到了不算多的6142.4法郎。她用婚前的名字“路易丝·肖邦”签署了收据。②简·斯特林买下了很多东西，包括阿里·谢弗画的肖像、一套塞夫勒产的瓷器、罗斯柴尔德男爵送给肖邦的珍贵的小箱子以及一些贵重的挂毯。事后她慷慨地让人把这些遗物连同其他一些物品运到
629 华沙交给了肖邦的母亲。她把另外一批纪念品寄到了苏格兰。

① 卢德维卡知道肖邦去世的地方——旺多姆广场曾是俄国大使馆所在地。她也知道肖邦与亚当·恰尔托雷斯基交往甚密，多年来曾多次在兰伯特府邸公开演出，最近和英国的波兰流亡者也有联系，早些年还被俄国当局拒签过护照，这些经历肯定也不会被那些想看到波兰流亡政府倒台的人忽略。卢德维卡之所以能够在法国当局到来之前带走肖邦的书信，是因为她成年后就一直生活在并且也即将回到俄国当局统治的波兰，在这样的生活环境下她有一种天然的警觉。卢德维卡没有说明过她从肖邦的卧房中拿走了哪些书信，但她足够敏锐，知道肖邦房间里随处散落的他与格日马瓦、丰塔纳以及其他波兰流亡者之间的书信不仅对这些人不利，也会对她华沙的家人不利。这一行为被卡拉桑提——一位每天深陷于俄国官僚体制中的波兰律师——称为“物质”。而肖邦学者们更关注的是卢德维卡找到并保留下来的另外两份书信：一份被肖邦用纸包起来并标上“我的不幸”的著名包裹，里面装的是来自玛丽亚·沃津斯卡的旧书信，另一份是来自乔治·桑的宝贵信件。

② MDD, Part 3, p. 16. 这张收据详细地记录了肖邦的个人物品以及售出的价格，此外也记录了肖邦去世后每件物品的去向。显然肖邦旺多姆广场的公寓曾装饰奢华，不乏上好的家具与地毯。

（1859年斯特林去世后，这些物品也被送到了肖邦夫人那里。）斯特林的另一个善举是以1500法郎的价格买下了普莱耶尔借给肖邦的钢琴，并把它作为礼物寄给了华沙的卢德维卡，随附的赠言是“致路易丝”。[①]1861年肖邦夫人去世时，这些珍贵的物品由肖邦的妹妹伊莎贝拉·巴钦斯基继承，此外，她也在1855年卢德维卡去世时继承了一系列肖邦和卢德维卡之间的重要书信。这时伊莎贝拉拥有的肖邦纪念品总价值是历史上所有私人收藏中最高的。1863年起义期间，俄国士兵洗劫了伊莎贝拉的公寓，导致这些极其重要的遗产被损毁。

这件事中骇人听闻的细节再次让我们看到肖邦的遗产总是如此命运多舛。1863年9月19日，华沙的俄国总督费奥多尔·贝格（Fyodor Berg）将军乘坐马车在一队士兵的护卫下经过巴钦斯基一家居住的扎莫伊斯基宫。突然从楼上的一扇窗户中飞出一颗炸弹，炸伤了将军的一位副官和两匹马。作为报复，贝格将军将楼里所有人赶到街上，逮捕了所有男性，并纵容士兵在大楼里进行掠夺。肖邦60岁的妹夫安东尼·巴钦斯基也被关进监狱，惨遭毒打。士兵进入巴钦斯基家后，打开窗户把所有东西扔到大街上——家书、手稿、家具，还有肖邦少年时期弹过的布赫霍尔茨钢琴——然后将所有东西付之一炬。伊莎贝拉家保存着肖邦的大量遗物，结果全都被烧毁。只有当时由肖邦的侄女卢德卡（当时已成了切霍姆斯基夫人）继承的普莱耶尔钢琴幸免于难，这架钢琴现在被华沙肖邦博物馆收藏。[②]

---

① 这架编号为14810的普莱耶尔钢琴就是肖邦夏乐街公寓里的那架钢琴。这件乐器没有被公开拍卖，是简·斯特林在1849年12月11日直接向普莱耶尔购买的。

② 多年后，肖邦的外甥安东尼·英德热耶维奇告诉费迪南德·霍西克：“我记得在诸多箱子里，有两三个纸箱装着肖邦没有修改更正过的手稿，都是些——在他看来——不值得出版的草稿。我母亲去世后，这些资料都存放在巴钦斯基家里…… 1863年被大火烧掉了。”（HSC, Part One, pp. 254–55.）至于那一架见证了肖邦少年时期所有音乐灵感的布赫霍尔茨钢琴，塞浦路斯·诺尔维特在著名诗歌《肖邦的钢琴》中纪念了它的损毁。在描述这场大火时他写道“火焰烧得如圣十字教堂的钟楼一样高”，见MCW, pp. 190–91。

630 IX

卡拉桑提了解到拍卖的具体情况以及卢德维卡的处理方式之后，要求卢德维卡提供一份完整的核算单。卢德维卡告诉他她还要用这笔不算多的收入向商家和旺多姆广场公寓的装修承包商付款，以及支付肖邦葬礼请柬的印刷和邮寄费用。扣除完这些及其他杂项费用后，也就没有剩下多少钱了。卢德维卡想把在夏乐街照顾肖邦的波兰护士卡塔日娜·马图谢夫斯卡带回华沙，认为她也许可以给孩子们做家庭教师，教他们法语。但卡拉桑提拒绝让这个女人进他的家门，于是卢德维卡问她的母亲是否愿意雇她，肖邦夫人欣然同意，虽然家里也没有太多事要做。为了泄愤，卡拉桑提解雇了为他们工作了多年的德国女仆，故意给卢德维卡增加家务的负担。对此，卢德维卡在她的“自白书”中只写道：“你变得越来越小气，从朋友变成了暴君，而我，则从你的朋友变成了奴隶。”她痛苦地回忆道：“哪怕稍稍提到他你都会生气——因为你，我不得不放弃我的回忆。”

被这些烦心事折磨地身心俱疲的卢德维卡此时只想回到华沙。但更让她痛心的是，卡拉桑提几乎切断了与她家人的联系。卡拉桑提让她到波兰边境与他会合，于是1850年1月初，卢德维卡从巴黎出发了。这是一场噩梦般的旅程，当时正值隆冬，到处都是冰天雪地。她的行李里有许多肖邦的东西，还带着那个装着他心脏的水晶罐。一路上她要经过许多海关检查点，由于担心被扣押，她把水晶罐藏在裙子下面，因为一般海关不会对她进行搜查。她拿着一份俄国护照，在仅有卢德卡和
631 马图谢夫斯卡的陪伴下走完了全程。恶劣天气导致行程延误，三人到达波兰边境时竟发现毫无耐心的卡拉桑提已经独自返回了华沙。这反而是件好事，卢德维卡得以先绕道巴钦斯基家，开心地与她的三个儿子、伊莎贝拉和母亲尤斯蒂娜团聚。当

时天色已晚，但一家人迫切希望听到卢德维卡亲口讲述过去几周里发生的令人悲痛的事情，直到凌晨才睡去。由于卡拉桑提明确表态他不会雇用马图谢夫斯卡，她被留下照顾尤斯蒂娜。可以肯定卢德维卡也把不少肖邦遗物留给了巴钦斯基一家保管，包括装着他心脏的水晶罐，因为她大概不敢把这个罐子带回家。卡桑拉提的态度如此强硬，他最不愿意在自己家中看到的应该就是这样一个遗物，一个他和卢德维卡都清楚会受到万人景仰的遗物。因此肖邦的心脏暂时由伊莎贝拉和尤斯蒂娜保管，直到卡拉桑提去世后才被交还给卢德维卡。[①] 实际上卡拉桑提对于卢德维卡没有提前告知他就去了巴钦斯基家这件事十分气愤，认为卢德维卡对他不诚恳，让他感觉受到了排斥——事实也确实如此。

卢德维卡的“自白书”是在卡拉桑提去世之后写的，因此他没有读过这封信。就两人当时的婚姻状况而言，如果卡桑拉提在世时看到这封言辞激烈的信，这场婚姻也不可能继续下去了。卡拉桑提于 1853 年去世，两年之后卢德维卡也随丈夫而去。[②] 我们相信她不想伤害卡拉桑提。我们认为她是出于对天才弟弟永恒不变的爱，迫不得已才拿起了纸笔，给丈夫写了这样一封超越生死的信。她写下这样的叙述是受到良心的驱使。用这样一种本质上私密的方式将事实阐述清楚也许能帮助她在回忆的时候保持一些理智。人们曾在卡桑拉提去世后将他看作肖邦家一位正直的代表性人物，但在卢德维卡言辞激烈的抨击

---

① 安东尼·英德热耶维奇（出生于 1843 年）回忆说，小时候曾在波德瓦莱街（Podwale）的家中见过这个装着心脏的罐子。

② 卢德维卡死于 1855 年冬天席卷华沙的那场霍乱。她去世几天后，华沙的报纸上便出现了歌颂她的悼文。这些文章尤其赞扬了她作为学者、爱国者和母亲展现出的美德。见 1855 年 11 月 3 日的《华沙公报》和 1855 年 11 月 8 日的《日报》（*Gazeta Codzienna*）。

632 下，他的形象崩塌了。人们发现他是个不近人情的人，给卢德维卡的生活，以及伊莎贝拉和尤斯蒂娜的生活带来了悲痛。

X

卢德维卡从肖邦卧房里拿走了一系列来自乔治·桑的信件，并带着它们踏上了艰难的归途，这些信后来怎样了呢？载着卢德维卡和两位旅伴的火车停靠在波兰边境小镇梅斯沃维采（Mysłowice）时，卢德维卡担心这些信被俄国警察没收，如果被拿去翻译她自己也会被扣押，于是她将这些信交给了住在当地的S.库日尼茨基（S. Kuźnicki）保管，此人是肖邦家的熟人，也是一家外贸公司的合伙人。后来库日尼茨基迟迟没有把信送到华沙去，因为他也担心信件会被俄国警察审查，导致他的货物被扣押。这个情况十分不妙。后来亚历山大·小仲马在梅斯沃维采暂住时碰巧看到了这些信，他幸灾乐祸地将其中的内容告诉了父亲亚历山大·大仲马，后者把这件事转告给了乔治·桑。小仲马读了这些信后，感觉自己发现了金矿。他告诉父亲：

梅斯沃维采

1851年5月15日

想象一下吧！现在我手里拿着她和肖邦十年间的所有信件！之前让你猜一猜我有没有把它们复制出来，这些信比塞维涅（Sévigné）夫人那些出了名的信还有意思！我给你寄了一个笔记本，里面都是信里的内容，因为不幸的是这些信只是借给我的。谁能想到，在梅斯沃维采，遥远的西里西亚腹地，居然能找到一堆来自贝里的信？①

① KGS, vol. 3, pp. 627–28.

从桑和大仲马的信件中可以看出，她疯狂地想要拿回这些信。她在这些信中表露了太多真实想法，而且她必须不惜一切代价避免世人窥探她和肖邦这段长期关系中的私密细节。不到一年之后，小仲马迫于父亲的压力，将这些信从保管人的手中偷走，并在桑的迫切要求下找机会把信交给她。1851 年 6 月 3 日，小仲马自以为是地告诉桑："几天后我会到达法国，亲自把你想要的信交给你，不论英德热耶维奇夫人同意与否。"① 后来桑听说小仲马在前往诺昂途中被索朗热留住时，她再次感到大事不妙。她不想让索朗热读到这些信，于是大惊失色，催促小仲马把包裹交给一位名叫加布里埃尔·法朗潘（Gabriel Falampin）的律师，让他把信捎给她。然而法朗潘没能尽职地完成任务，他不知道这些信的重要性，把包裹放在一边就不管了。最终小仲马找到了装着信的包裹，亲自把它带到了诺昂。桑读到自己和肖邦过去的信件时会有何感想呢？对此我们不得而知，但在她回忆整理旧事时，想到所有证据都已掌握在自己的手中，她一定感到很欣慰。她将这些信丢进火里，看着它们烧成了灰烬。②

633

① KGS, vol. 3, p. 629.

② 小仲马在 1851 年 8 月给桑写的一封信证明了这一系列事件。这封信没有出版，藏于法国国家图书馆，n.a.fr. 24812, fol. 13。另见《浪漫主义面孔：乔治·桑》，第 83 页。

635 # 尾 声

真理是时间的女儿，不是权威的女儿。

——弗朗西斯·培根[①]

I

在卢德维卡生命中最后艰难的几年里，她最担心的就是肖邦未出版手稿的命运。她想将这些数量众多的作品出版，虽然肖邦的遗愿与之恰恰相反。卢德维卡会弹钢琴，是一位业余作曲家，她的音乐天赋也得到过肖邦的肯定。她应该就是在翻阅这些封存多年的手稿时被其中闪耀的才气所吸引，感到这些作品需要被人们看见。

那么应该委托谁来整理手稿、挑选出优秀作品并将其付梓呢？肖邦的家人找到了尤利安·丰塔纳，请他对肖邦未出版的作品进行尽可能完善的处理，以遗作形式出版。没有人比丰塔
636 纳更熟悉肖邦的创作过程了，而且直到今天仍有肖邦研究者将肖邦和丰塔纳的笔迹混淆。丰塔纳有经商的背景，对法律也很熟悉，因此可以代表肖邦的家人与出版商沟通，处理相关的财务问题。

卢德维卡的担心不无道理。肖邦去世后没多久，市面上就出现了未经授权的肖邦未出版作品。1851 年，肖邦的家人偶然发现了两首她们不曾见过的玛祖卡（G 大调和降 B 大调），由华沙的鲁道夫·弗里德莱因（Rudolf Friedlein）公司在未经许可的情况下出版。次年，在克拉科夫又出现了《b 小调圆舞曲》（op. 69，no. 2）和《f 小调圆舞曲》（op. 70，no. 2），是 J. 维尔特（J. Wildt）公司在同样未经授权的情况下以《两

---

① 《新工具论》（*Novum Organum*），卷一，箴言 84。

637

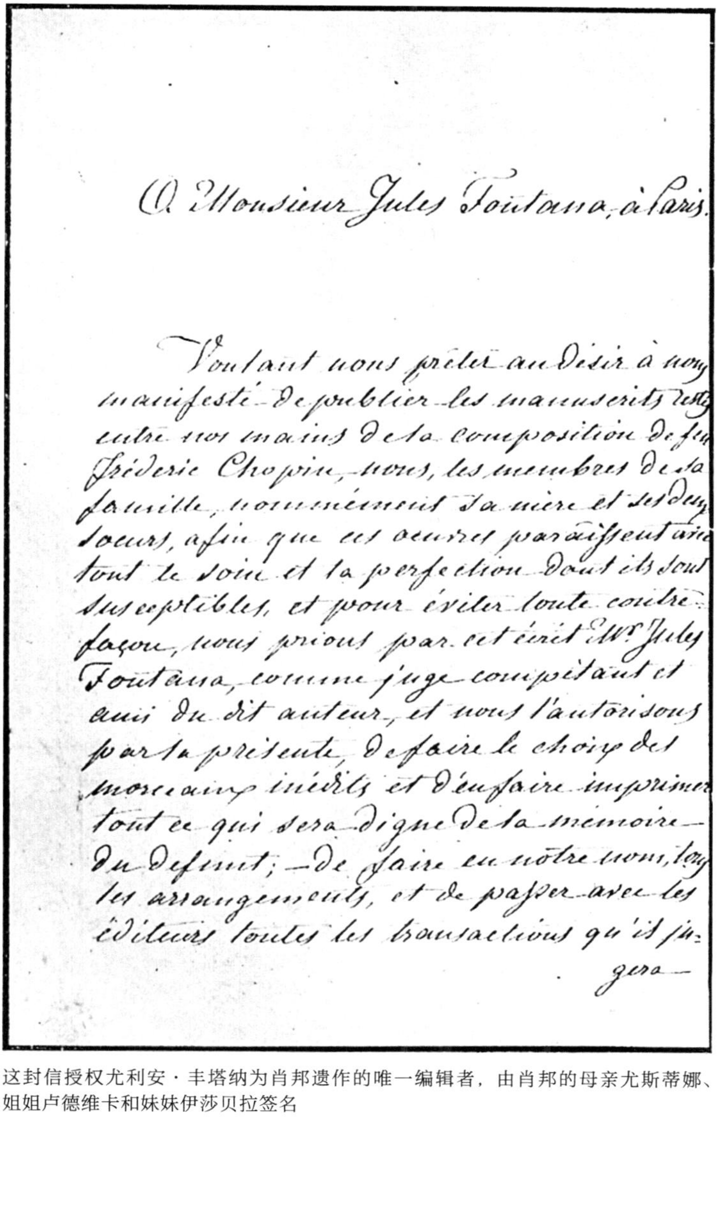

A Monsieur Jules Fontana, à Paris.

Voulant nous prêter au désir à nous manifesté de publier les manuscrits restés entre nos mains de la composition de feu Frédéric Chopin, nous, les membres de sa famille, nommément sa mère et ses deux soeurs, afin que ces oeuvres paraissent avec tout le soin et la perfection dont ils sont susceptibles, et pour éviter toute contrefaçon, nous prions par cet écrit Mr. Jules Fontana, comme juge compétant et ami du dit auteur, et nous l'autorisons par la présente, de faire le choix des morceaux inédits et d'en faire imprimer tout ce qui sera digne de la mémoire du défunt; — de faire en nôtre nom, tous les arrangements, et de passer avec les éditeurs toutes les transactions qu'il jugera —

这封信授权尤利安·丰塔纳为肖邦遗作的唯一编辑者，由肖邦的母亲尤斯蒂娜、姐姐卢德维卡和妹妹伊莎贝拉签名

638

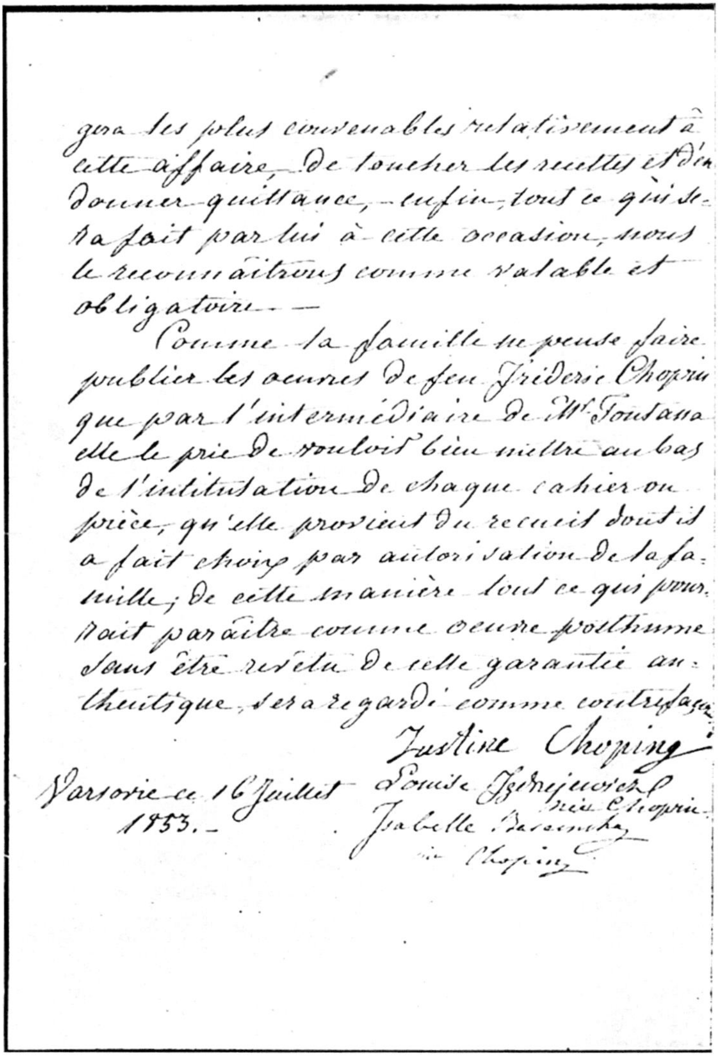

gera les plus convenables relativement à
cette affaire, de toucher les recettes et d'en
donner quittance, enfin, tout ce qui se-
ra fait par lui à cette occasion, nous
le reconnaîtrons comme valable et
obligatoire. —
Comme la famille ne pense faire
publier les oeuvres de feu Frédéric Chopin
que par l'intermédiaire de Mr Fontana
elle le prie de vouloir bien mettre au bas
de l'intitulation de chaque cahier ou
pièce, qu'elle provient du recueil dont il
a fait choix par autorisation de la fa-
mille; de cette manière tout ce qui pour-
rait paraître comme oeuvre posthume
sans être revêtu de cette garantie au-
thentique, sera regardé comme contrefaçon.

Justine Chopin
Louise Jędrzejewicz née Chopin
Isabelle Barcińska née Chopin

Varsovie ce 16 Juillet 1853. —

首伤感的圆舞曲》（Deux Valses mélancoliques）这个似是而非的名字出版的。没过多久，英国的 J. J. 尤尔（J. J. Ewer）出版公司也盗用了这几首圆舞曲。丰塔纳写信告诉卢德维卡："我们的曲集出版后，就要对他们采取法律手段了。"[1] 卢德维卡担心如果不采取行动，事情会愈演愈烈。她知道肖邦的很多手稿都在私下流通。多年来肖邦曾毫不吝啬地在朋友、学生、认识之人的签名册或留言本上写下他的乐谱，甚至在受到款待时留下整份手稿作为纪念。这些手稿在市场上很有销路。

正是在这种情况下，肖邦的家人起草了一封授权书，将肖邦正版作品的出版权授予了丰塔纳。

致巴黎的尤利安·丰塔纳先生：

我们许可您出版我们所拥有的已故的弗里德里克·肖邦手稿，同时我们——肖邦的家人，即他的母亲和两个姐妹——迫切希望这些作品能以最完善的形式出版，避免伪造情况的发生。我们要求尤利安·丰塔纳先生——作曲家称职的评判者和朋友——对未出版的作品进行精选，将所有值得用以纪念逝者的作品出版，并以我们的名义认真负责他认为与此事相关的所有工作以及与出版商的交易，收取版税并告知收入。最后，我们将至此为止他所做的一切 639
视为合法有效且具有法律约束力。

由于肖邦的家人有意通过丰塔纳先生作为中间人独家出版已故的弗里德里克·肖邦的作品，肖邦的家人要求他在每本分册或作品的标题页底部注明，此作品是他经肖邦家人合法授权挑选出版的精选集中的一部分；在这种情况下，所有没有授权保证的遗作作品都将被视为盗版。

① EJF, p. 41.

尤斯蒂娜·肖邦
卢德维卡·英德热耶维奇（娘家姓肖邦）
伊莎贝拉·巴钦斯基（娘家姓肖邦）
华沙，1853 年 7 月 16 日①

II

在此我们有必要对丰塔纳多介绍一两句。自 1844 年起，丰塔纳就从肖邦的生活中消失了。在此之前他作为肖邦的书记官，给予了肖邦巨大的帮助。据估计在 1837 年至 1844 年间，丰塔纳帮肖邦抄写了大约 50 份作品，从《练习曲集》（op. 25）到《f 小调幻想曲》（op. 49）不一而足，法语、德语和英语版都是基于他抄写的乐谱发表的。在这些义务劳动中，丰塔纳没有收取任何酬劳。他做这些事情是出于友情，也是出于他对肖邦才华的仰慕。

我们提到丰塔纳后来就从肖邦的生活中“消失”了。他清楚地看到自己将永远生活在肖邦的阴影之下，最终感到这样的从属地位难以为继。肖邦越来越专横的要求也开始蚕食两人的友情，这些事情占据了他大部分的生活，让他心力交瘁。除了抄写乐谱以外，作曲家的来信里包含了各种各样的要求，从找
640 公寓、挑选合适的墙纸、挑选帽子和马甲，到与出版商交涉、监督工人把他的普莱耶尔钢琴从巴黎运送至帕尔马等，无穷无尽。

丰塔纳给波兰的表亲写信时坦白道：“我一直期待我的一位好友能帮我发展事业，但他总是那么不真诚、虚伪、不友好。为了逃离他的影响，我离开了巴黎一段时间，这对我十

① BC，插页第 109、110 页。

分不利。回来之后我才开始创作。”[1] 这位“朋友”显然就是肖邦。大约一个月前，丰塔纳就向伦敦的同行斯坦尼斯瓦夫·埃格伯特·科伊米亚（Stanisław Egbert Koźmian）表达了同样的想法：“这些年来肖邦对我的道德支配就是我至今没有写出任何作品的原因。见他总是如此虚伪、有所企图，我便跟他断绝了关系，开始创作。”[2] 这些尖锐的话语应该是丰塔纳极度痛苦时的情感宣泄。多年来他将肖邦的利益置于自己的利益之上，希望肖邦能有所表态，而不是对他的事业不闻不问。没能在巴黎成为一名钢琴家又深陷债务危机的丰塔纳说他打算移居到新大陆。1844 年他突然离开法国，让肖邦感到十分震惊。从肖邦的角度看，他可能感觉自己被抛弃了。确实，在接下来的四年里，丰塔纳没有收到肖邦的一封信。

丰塔纳先是去了古巴，在哈瓦那有了些名气，一度成了哈瓦那爱乐协会的总监。后来他在纽约定居，和帕格尼尼的学生、小提琴家西沃里（Sivori）四处巡演。他在纽约举行了几场独奏音乐会，1846 年 10 月 15 日在纽约阿波罗厅（Apollo Rooms）举行的那一场中他演奏了肖邦的《f 小调幻想曲》（op. 49），是这部乐曲在美国的首演。在古巴期间，丰塔纳结识了家财万贯、在当地拥有大量地产的达尔库尔（Dalcour）家族，认识了这家人 26 岁女儿的卡米拉（Camila）。当时卡米拉已经嫁给了一位名叫斯蒂芬·卡特利·坦南特（Stephen Cattley Tennant）的英国商人，有了四个年幼的孩子。然而两三年后，丰塔纳在纽约定居之后，卡米拉却以一种戏剧性的方式再次进入了丰塔纳的生活。 641

① OFCL, pp. 94–95. 这封信写于“巴黎，1842 年 5 月 7 日”。这位表亲是科内利亚·德·韦尔尼（Kornelia de Verny）子爵夫人，丰塔纳向她寻求经济帮助未果。

② OFCL, p. 91.

III

1848年11月3日，卡米拉的丈夫斯蒂芬·坦南特在法恩伯勒（Farnborough）火车站因一场事故身亡。拜访完英格兰的亲戚之后，他跑上站台，在火车还没完全停稳时就试图打开车厢门，结果他滑倒并跌入了车轮和站台之间的狭小空隙中。车轮从他身上压了过去，导致他当场死亡。[①]

30岁的卡米拉成了一位带着五个孩子的寡妇。经济独立、有着财产继承权的她离开哈瓦那去了纽约，在那里找到了丰塔纳。这让丰塔纳十分惊讶。至于她为什么要这么做，现在我们已经有了答案。1844年丰塔纳在古巴的时候，两人曾有过一段秘密恋情，1845年5月卡米拉生下了她和丰塔纳的私生女费尔南达·莱奥卡迪亚（Fernanda Leokadia），并把她作为斯蒂芬·坦南特的孩子抚养，可能孩子的真实身世一直没人知道。坦南特突然亡故后，情况就不一样了。几周后丰塔纳和卡米拉就在曼哈顿马尔伯里街（Mulberry Street）的圣帕特里克老天主教堂（St. Patrick's Old Cathedral）结了婚。之后他们搬到了巴黎，在蒙日龙（Montgeron）置办了一个舒适的新家，距波兰桂冠诗人亚当·密茨凯维奇的住处不远。1853年，卡米拉为丰塔纳生下了一个儿子，名叫尤利安·卡米洛·亚当（Julian Camillo Adam），密茨凯维奇成了孩子的教父。这可能是丰塔纳一生中最快乐的时光。但幸福总是短暂的，不到两年，卡米拉再次怀孕，但在生产时因肺炎去世，刚出生的女儿索菲娅也没有活下来。悲痛万分的丰塔纳将妻女埋葬在拉雪兹神父公墓后，踏上了前往英格兰的悲伤之旅，将继子的监护权交给了坦南特家。然而等待丰塔纳的残酷现实是卡米拉去世

---

① 1848年11月6日的伦敦《观察家报》报道了这起事故。

后，他的收入来源也逐渐干涸。丰塔纳曾几次前往美国和古巴试图获得卡米拉的遗产，但都无功而返。卡米拉去世时没有留下遗嘱，她在哈瓦那的兄弟获得了财产的控制权，几乎没给丰塔纳留下一分钱。于是他回到巴黎，偶尔上一些钢琴课，过上了看似体面、实则贫穷的生活。 642

就是在这样窘迫的境地下，丰塔纳完成了肖邦遗作的编辑工作，将其分为两部分出版。第一部分出版于 1855 年 5 月，也就是他妻子去世后的两个月，由钢琴独奏曲组成。第二部分出版于 1859 年，由十六首波兰歌曲组成。

尤利安·丰塔纳编辑的肖邦遗作
由尤利安·丰塔纳编号

I：钢琴作品（1855 年由柏林施莱辛格和巴黎 J. 梅索尼耶兄弟出版）

Op.66 升 c 小调幻想即兴曲（1834 年）
Op.67 四首玛祖卡
　no.1 G 大调（1835 年）
　no.2 g 小调（1848~1849 年）
　no.3 C 大调（1835 年）
　no.4 a 小调（1846 年）
Op.68 四首玛祖卡
　no.1 C 大调（约 1830 年）
　no.2 a 小调（约 1827 年）
　no.3 F 大调（约 1830 年）
　no.4 f 小调（约 1846 年）
Op.69 两首圆舞曲
　no.1 降 A 大调（1835 年）

no.2 b 小调（1829 年）

Op.70 三首圆舞曲

no.1 降 G 大调（1832 年）

no.2 f 小调（1842 年）

no.3 降 D 大调（1828 年）

Op.71 三首波兰舞曲

no.1 D 小调（1827~1828 年）

no.2 降 B 大调（1828 年）

643 no.3 f 小调（1828 年）

Op.72 e 小调夜曲（约 1828 年）

c 小调葬礼进行曲（1826 年）

三个苏格兰人（1826 年）

Op.73 C 大调双钢琴回旋曲（1828 年）

II：十六首波兰歌曲，op.74（1859 年由施莱辛格出版）

no.1 愿望（Życzenie，1829 年）

no.2 春天（Wiosna，1838 年）

no.3 悲伤的河流（Smutna rzeka，1831 年）

no.4 祝酒歌（Hulanka，1830 年）

no.5 她的样子（Gdzie lubi，1829 年）

no.6 离开我的视线！（Precz z moich oczu!1827 年）

no.7 信使（Poseł，1831 年）

no.8 英俊小伙（Śliczny chłopiec，1841 年）

no.9 旋律（Melodya，1847 年）

no.10 战士（Wojak，1831 年）

no.11 爱侣双折（Dwojaki koneic，1845 年）

no.12 我亲爱的（Moja pieszczotka，1837 年）

no.13 已无所求（Nie ma czego trzeba，1845 年）
no.14 戒指（Pierścień，1836 年）
no.15 新郎（Narzeczony，1831 年）
no.16 立陶宛歌谣（Piosnka litewska，1831 年）

第十七首歌曲《来自坟墓的赞美诗》（*Śpiew grobowy*，1836 年）在 1872 年被添加到了曲集里。

在第一部分的前言中，丰塔纳披露了一些值得关注的信息，他说："我不仅在此期间多次听［肖邦］弹过所有的作品，也曾在他面前演奏过这些乐曲，从那之后我便记住了这些乐曲被肖邦创作出来时的样子，现在我将它们以这种方式呈现出来。"他还提到他所掌握的手稿不止这些，只从中挑选了一些他认为有价值的乐曲发表出来。①

IV 644

完成这份工作后，丰塔纳拒绝收取任何酬劳。②他编辑的钢琴作品共有 23 首之多，包括著名的《幻想即兴曲》（op. 66）、《e 小调夜曲》（op. 72，no.1）以及经久不衰的《降 G 大调圆舞曲》（op. 70，no.1）。甚至可以说如果没有丰塔纳，这些作品可能就永远地被埋没了。尼克斯曾有失公允地说"肖邦不明智的朋友呈现给世人的大多是微不足道的残缺之作"，

① 卢德维卡也整理了一份肖邦未出版作品的列表，其中她尝试标注的创作年份与丰塔纳标注的年份不尽相同。这份目录被称为《卢德维卡的作品列表》，最早由米奇斯瓦夫·卡尔沃维奇（Mieczysław Karłowicz）出版于 1904 年。KSFC, pp. 210–12.

② "我拒绝了来自柏林和巴黎的付款，其中一部分是肖邦的家人提出要给我的，能看到我的名字与不朽的艺术家的名字放在一起我感到很荣幸，我也很愿意为拯救这位朋友和大师流散的财富做出贡献，除此之外我不希望也不接受任何奖励。"HFC, p. 442.

在这样的说法面前，我们更需铭记丰塔纳的功劳。①

1855年5月，卢德维卡在去世之前四个月欣慰地看到了第一部分的出版。丰塔纳按照授权书的要求在每一份作品的页脚加上了声明："鉴于弗里德里克·肖邦的家人授权J.丰塔纳先生为中间人并按照他的选择独家印刷肖邦未出版的作品，任何在本曲集之外出版的肖邦遗作将被视为盗版，违者必究。"

1856年1月14日，为了推广这些作品，丰塔纳在普莱耶尔音乐厅举行了一场音乐会，演奏了四首玛祖卡、两首圆舞曲（均未注明编号）和《幻想即兴曲》。除了《幻想即兴曲》以外，其他乐曲都是全球首演。《幻想即兴曲》的首演由肖邦的学生恰尔托雷斯卡公主于1855年3月在巴黎进行。德国男高音歌唱家赫尔·林道（Herr Lindau）在这场音乐会上用波兰语演唱了几首当时还未出版的波兰歌曲。亨利·布朗夏尔在《音乐评论与公报》中对音乐会进行了如下评论："颇具才华又认真勤勉的肖邦演绎者丰塔纳先生用他悦耳的演奏让我们看到了肖邦不仅是一位卓越的钢琴音乐作曲家，也是一位民族伤感歌曲作曲家。"②

接下来的几个月里丰塔纳举行了另外两场音乐会，演奏了其他一些乐曲。在1875年2月11日最后一场音乐会上，他和路易丝·沙伊贝尔（Louise Scheibel）小姐共同进行了《C大调双钢琴回旋曲》的首演。波利娜·维亚尔多也参加了演出，
645 用她的响亮名声支持这一活动，以此纪念这位逝去的朋友和导师。她也用波兰语演唱了几首波兰歌曲，亨利·布朗夏尔评论她的演唱"带着亦喜亦悲的气质，在此之前她演唱了《阿尔及尔的意大利女郎》（*l'italiana in Algeri*）中人们耳熟能详的

① NFC, vol. 2, p. 271.

② 1856年1月20日刊。

咏叹调”[1]。

在生命的最后几年里，丰塔纳穷困潦倒，疾病缠身，几乎让他提前感受到了死亡的滋味。但他依然笔耕不辍。他将《堂吉诃德》从西班牙语译成了波兰语，写了一本天文学通识读物和一篇关于波兰语正字法的论文。双耳失聪后，他感到生活失去了意义。在不断加深的经济困境和无法演奏音乐的窘境之中，1869 年 12 月 23 日，丰塔纳用一氧化碳结束了自己的生命。[2] 自杀前他安排好了一切，把 16 岁的儿子尤利安连同亡妻卡米拉留下的一点财产托付给了老朋友奥古斯特·德·巴泰勒米（Auguste de Barthélemy）。后来小尤利安去了新奥尔良，和卡米拉的一位姐妹——洛利塔·奥利维尔（Lolita Olivier）姨妈生活在了一起。丰塔纳则被埋葬在了蒙马特公墓，和其他波兰侨民一同长眠于此。

现代音乐学家大多倾向于对丰塔纳避而不谈，认为他编辑的乐曲不具备学术研究的价值。事实果真如此吗？即便是在最理想的情况下，乐谱编辑都是一项困难重重的工作，声音与符号之间经常存在着难以逾越的鸿沟，不论是演奏者还是编辑者，都有可能跌入这个深渊。诚然，丰塔纳在肖邦的乐谱上添加力度、节奏、节拍和踏板记号时，他并没有什么可靠的依据，有的只是他对作曲家工作模式的深入了解，但这一点就足够令人羡慕了。有数百万人听过并承认了这些乐曲，包括古今多数著名的肖邦音乐演奏者，他们全心全意地接纳这些乐曲，在演奏会上演奏这些乐曲，不带有任何偏见。四十多年前，波兰国家版肖邦作品集的主编、著名波兰学者扬·艾凯尔曾告

---

① 1857 年 2 月 15 日刊。

② 丰塔纳的自杀方式是经过深思熟虑的。他写道：“我极厌恶鲜血和被砸烂的大脑。不要发出声音，也不要引起骚乱。何必惊动邻居呢？ 两大盆煤炭就行。”丰塔纳信件全文见 OFCL, p. 194。

诉我们，是时候为丰塔纳正名了。[①] 我们非常愿意响应他的号召。

646 V

出版肖邦的遗作并不是唯一一件让卢德维卡忧心的事情。肖邦葬礼之后不到两周，她就收到了一封李斯特的来信，信中李斯特表示想出版“几页东西”来纪念肖邦。李斯特在信中随附了一份包含十二个问题的问卷请卢德维卡回答。

> 夫人，
>
> 我与令弟有着长久的友谊，我一直将他看作我们这门艺术中无上的荣耀，对他秉持着真诚而深厚的敬意，因此我深感自己有义务出版几页东西来纪念他。这些内容可能会以 3 到 4 个折页的小册子出版。为了确保内容尽可能准确，请允许我向您申明我与这位著名逝者的亲密关系，并向您呈递若干与撰写传记有关的问题。望您在空白处写下回答，对此我将不胜感激。
>
> 我的秘书贝洛尼先生有幸将这份问卷呈递给您，他也会尽快将您的回复带给我。
>
> 尊敬的夫人，请接受我最崇敬、最诚挚的问候。
>
> F. 李斯特
>
> 比尔森（Pilsen），1849 年 11 月 14 日 [②]

卢德维卡没有回复这封信。肖邦葬礼后两周就收到这样的

① 艾凯尔写道：“不论它有何缺陷，丰塔纳编辑的肖邦遗作对当代编辑的工作具有重要意义。” EJF, p. 58.

② KSFC, p. 200.

信可能让她感到有些唐突。此外，问卷中也包含了一些关于肖邦和乔治·桑的问题，让卢德维卡感到颇不得体。直觉告诉她李斯特写不出一本像样的传记，后来也有充分的证据证明了这一点。当时卢德维卡正因肖邦财产拍卖会忙得焦头烂额，于是她把信和问卷转交给了简·斯特林，斯特林尽其所能回答了问题。[①]但李斯特有没有看斯特林的回复呢？如果他真的看了，那么他几乎没有使用其中的任何内容。李斯特用以纪念肖邦的 647 "几页东西"很快变成了一本极华而不实的小册子，充满了浮夸的溢美之词，让人难以卒读，这本书更能让我们看出李斯特的为人，而非肖邦的为人。对此我们必须责怪李斯特的新欢、波兰公主卡罗琳·冯·赛恩－维特根施泰因（Carolyne von Sayn-Wittgenstein），传记中的很多内容都是她写的。该书遭到了人们的痛斥，被称为"文学上的巴别塔"[②]。

李斯特的肖邦传最早由埃斯屈迪耶先生的公司出版于1852年。一年之前，这些内容就在《法国音乐》(*La France musicale*，1851年2月9日至8月17日）杂志上分17期进行了连载。斯特林读到这本传记时大失所望，说了一些尖锐的话。她对卢德维卡说："您一定不会喜欢新出的这本书。有一位非常可靠的人用了句俗话评价说：'他往盘子里吐唾沫，毁了大家的胃口。'"斯特林尤为不满的是李斯特完全没有提到肖邦独特的演奏风格："至于那优美而创新、将钢琴转变成了一种新乐器的演奏理念，他甚至一个字也没提，让我感到无比惊讶。难道他不懂吗？可能他就是故意不说。"在这封谴责信的

① 为了让大家对肖邦的生平有更多了解，我们将李斯特的问卷和斯特林的回答放在了本书附录中。

② MAL, p. 179. 关于李斯特的写作水平和这本书的创作过程，笔者在《李斯特传》第二卷"魏玛的抄写员"一章中进行了更全面的探讨，具体内容请见第379~380页。

最后，斯特林说："他虚荣且狭隘，只想着自己。"①

格日马瓦或丰塔纳原本都可以写出更好的传记，而且在肖邦去世后的几周里两人都曾表达过这样的意愿。他们不仅与肖邦相识多年，而且都有跟他用波兰语说话和通信的优势。但丰塔纳听说李斯特写了肖邦传记后就泄气了，直接放弃了这个想法。"李斯特是要署名的，他的名字很有权威。如果我胆敢批评或评论［肖邦］，读者就会问：你是谁啊？如果我署上我的名字，人们会说我是'无名之辈'（connais pas）！"丰塔纳说他整理完所有信件后，发现肖邦足足给他写过58封信。手握如此重要的资料库，丰塔纳完全可以写出一本优秀的传记，但李斯特"往盘子里吐了唾沫"，毁了丰塔纳的胃口。

648 此外，我不仅了解作为艺术家的肖邦，也了解他的为人。世人不知道他的圆通得体和过人的幽默感，但我十分了解，毕竟我已经认识他三十多年了。但如果我掀开帘幕，让人们看到与公众看法不尽相同的那一面，人们会说我是出于嫉妒和自私才这样做的。归根结底，要展示一个人私密的一面，又无法拿出证据，读者怎么能相信呢？因此，如果署名，我就会处于不利的立场；但如果匿名，整件事就缺乏了严肃性和责任感。②

至于格日马瓦，这时他开始用法语写一些内容详尽的草稿，当时正进展顺利。他掌握着大量的回忆，跟肖邦和乔治·桑两人都是好朋友，能从独特的视角让我们了解两人的复杂关

① W-SC, p. 140.

② OFCL, pp. 147–54. 节选自丰塔纳1861年6月6日写给波兰同胞斯坦尼斯瓦夫·埃格伯特·科伊米安（Stanisław Egbert Koźmian）的信件。这封信让我们看到了丰塔纳与肖邦亲密交往中许多私密而辛酸的回忆。

系。此外，肖邦给他写的信比给任何人写的都要多。他声称自己要写“一部内容翔实、比他去世后报纸上的所有报道都真实的传记”，至于他有没有实现这个目标，我们已永远无法知道答案。[1]他最失策的一点是让简·斯特林看了他写的内容，斯特林不仅批评了他的写作风格，还将自己的疑虑写信告诉了卢德维卡。格日马瓦坚持了自己的想法，但在这个过程中他失去了原本可能对他最有帮助的两位女士的支持。更大的问题是后来他双目失明，最终没能完成这部传记。1854年格日马瓦移居瑞士时把草稿带到了那里，但如今草稿已经遗失。鉴于简·斯特林在保留肖邦遗迹方面做出的贡献，我们很难怪罪于她。但在寻找最合适的传记作者这件事情上，她确实造成了不少阻碍。格日马瓦未完成的传记原本可以为后世传记作家提供最可靠的信息来源。但结果在接下来的二十五年里，传记作家们完全迷失了方向。实际上斯特林将作为钢琴家的肖邦理想化了，她无法理性地看待作为普通人的肖邦，无法看到他身上的缺点。她希望把肖邦“树立成一座丰碑”。因此在她看来，任何 649
没有怀着崇敬之情纪念肖邦的传记都是不可信的。

1871年格日马瓦去世后，肖邦传记作者的角逐再次展开。由于能和格日马瓦匹敌的唯一“对手”尤利安·丰塔纳已在两年前过世，此时已没有优势明显的候选人准备上场了。出人意料的是，这一空缺被华沙出生的大提琴家莫里茨·卡拉索夫斯基（Moritz Karasowski）填补上了，卡拉索夫斯基虽从没见过肖邦，但他认识肖邦的家人（英德热耶维奇家的孩子和巴钦斯基一家），从他们手中轻而易举地拿到了所有未出版的信件和资料。卡拉索夫斯基似乎有能力写出一部内容权威的肖邦传。此前他已经完成了一部简短的乔治·翁斯洛传

① CFC, vol. 3, p. 454.

（1856年），后来还写了一本与波兰歌剧相关的著作（1859年），由于会说波兰语，他也比肖邦传记的其他竞争者更具优势。1877年，他的专著《弗里德里希·肖邦：生活、作品和书信》（*Friedrich Chopin: Sein Leben, seine Werke und Briefe*）以德语出版。卡拉索夫斯基曾在1862年10月的《华沙图书馆》（*Biblioteka Warszawska*）上发表过一篇有关肖邦少年时代的短文，他的肖邦传可能就是由这篇文章衍生而来。1863年波兰起义和随后的政治镇压发生后，卡拉索夫斯基离开华沙，定居在了德累斯顿，成为宫廷管弦乐团中的一名大提琴手。在这里，他开始正式撰写肖邦传。卡拉索夫斯基一直和肖邦的妹妹伊莎贝拉保持着联系，后者不断地为他提供资料和信息。尽管如此，他还是浪费了这个绝佳的资源。今天的学术界对他的著作十分失望，将他称为“传闻编造者”。这个罪名很容易被证实，翻阅他的著作就能发现当今文献中的很多传闻和传说就来自他的叙述，这些明显是肖邦家人多年来口口相传的内容被卡拉索夫斯基写进了书里。

但最终让卡拉索夫斯基名声尽毁的是他处理肖邦书信时的轻率态度。翻译错误随处可见，信件内容被歪曲。[①] 卡拉索夫
650 斯基甚至在肖邦的信件中凭空加入一些在他看来能够吸引读者的内容。我们只需看一个例子：在肖邦于“1828年9月16日，柏林”写给父母的信中，卡拉索夫斯基擅自加入了对德国科学家亚历山大·冯·洪堡的外貌描述，当时肖邦在柏林参加科学大会，洪堡是此次会议的主席。他写道：“[洪堡]不过中等身材，相貌算不上英俊，但从他宽阔高挺的额头和深邃的目光中可以看出学者的过人智慧，他是一位人性方面的伟大学者，也

① HSLC, pp. 67–77.

是一位出色的旅行家。”[1] 在肖邦的原文里根本找不到其中的任何一句话。卡拉索夫斯基之所以加上这段内容，可能是因为他的书将在德国出版，面向的是德国读者，因此对德国知名学者的赞美——尤其是来自一位波兰人的赞美——想必会受到读者的欢迎。然而令人感到不可思议的是，卡拉索夫斯基1863年离开华沙之前并没有把伊莎贝拉借给他的信件复制下来。结果1863年巴钦斯基家被俄国人洗劫时，这些资料全部被损毁。卡拉索夫斯基对此给出的牵强解释是："我把原信还给肖邦的家人时，完全没想到几个月后它们就被毁坏了……损失是巨大的、难以弥补的，因为这些来自巴黎一个极为辉煌的时期的信件数量无疑是十分可观的。”这段惋惜之词摘自卡拉索夫斯基肖邦传的初版前言，4年后，在1881年的再版本中，这段话就被删掉了。

弗里德里克·尼克斯（Frederick Niecks）的出现让肖邦传记摆脱了想象和传说，跨进了音乐学的领域。尼克斯1845年出身于杜塞尔多夫的一个音乐世家，曾师从莱奥波德·奥尔（Leopold Auer）和尤利乌斯·陶施（Julius Tausch）学习小提琴和钢琴。除此之外，他也颇具语言天赋，会说多门欧洲语言。同时精通音乐演奏和音乐学无疑成为他撰写肖邦传记的显著优势。1868年，亚历山大·麦肯齐（Alexander Mackenzie）爵士邀请尼克斯担任爱丁堡四重奏乐团的中提琴手，于是他搬到苏格兰，加入了英国国籍。在此期间他也担任邓弗里斯（Dumfries）方济各会教堂（Greyfriars Church）的管风琴演奏者。1891年他被任命为爱丁堡大学里德音乐学教授（Reid Professor of Music），这时他已出版了一部两卷本的肖邦传，在很长一段时间内被视为该领域的权威。这 651

① KCLB, p. 44.

部《弗里德里克·肖邦其人其乐》（*Frederick Chopin as Man and Musician*）于1888年首次出版，成了这一领域的新标杆，经历了三次再版。但这并不意味着它经得起时间的考验，如今尼克斯的肖邦传受到了不少现代学者的指摘。但他依据当时所掌握的信息尽了最大努力，而且直到二战之前，这部著作在英语学术界的突出地位一直是难以撼动的。尼克斯的一个巨大优势是他采访了很多熟识肖邦的人，其中包括费迪南德·希勒、阿道夫·古特曼、爱德华·沃尔夫、卡米耶·迪布瓦、查尔斯·哈雷爵士、奥古斯特·弗朗肖姆，还有曾在爱丁堡给肖邦治疗的苏格兰医生亚当·维什琴斯基。最重要的是尼克斯直接联系到了弗朗茨·李斯特，这位匈牙利作曲家为他提供了一些最早可以追溯到一九三几年的宝贵回忆。虽然有些人给了他一些错误的信息——尽管是出于好意——但他的调查方法在当时来说是极为公正和专业的。

没有人会因尼克斯不知道米柯瓦伊·肖邦的法国出身而责怪他，这件事被埋藏得太深，直到近些年才被人们发现（米柯瓦伊自己也隐瞒得很彻底，连他有名的儿子对此都毫不知情）。我们也不会责怪他标错了几封重要信件的日期，导致叙事的顺序出现了一些错位，因为直到20世纪50年代人们才出版并理清了这些信件的正确时间顺序。但尼克斯并不了解肖邦和乔治·桑分手的原委，在这种情况下他还是应该保持沉默，而不是妄加揣测，以至于直到1926年弗拉迪米尔·卡列宁（Wladimir Karénine）出版了四卷本大部头的乔治·桑传记之后，他错误的说法才被更正。

第二次世界大战之前，波兰以外的肖邦学者很少有人听说过费迪南德·霍西克这个名字。而到了1941年他去世的时候，霍西克已积累了大量的研究成果，让他站在了该领域的前沿。他的两本主要著作《肖邦：生平及作品》（*Chopin: Życie i*

twórczość)(三卷本)和《肖邦书信汇编》体现了这位学者对肖邦研究做出的终身贡献。霍西克是一位出版商，也是一位职业记者，他从1928年起便开始担任波兰知名日报《华沙通讯》 652
的总编辑。虽然后来繁忙的编辑工作让他脱不开身，但他还是将令人震惊的大量时间贡献给了他心目中的这位音乐伟人，不断地收集关于他的资料。霍西克的肖邦传出版于1910年，恰逢肖邦的百年诞辰，这部著作只能用不朽来形容。霍西克本人称是尼克斯的肖邦传促使他写下了这本书。正如他在前言中所说，看到当时最优秀的肖邦传是由一位外国人撰写的，他感到十分惭愧，也感到自己有义务更正尼克斯著作中的各种错误，尤其是关于肖邦早年波兰生活经历的错误。[1]霍西克的作品一直没有被成功翻译成其他语言，因此受众并不广泛。虽然第一卷出版后没多久就有出版社筹备将它翻译成意大利语和德语，但随着第一次世界大战的爆发，这件事被搁置，战后也没有重启。

多年来，有人对霍西克的著作大加赞赏，也有人说它过分详尽，读起来令人疲倦。有人曾用“啰唆”一词形容他滔滔不绝的叙述。奇怪的是霍西克作为报刊编辑的专业素养没有发挥作用，没有阻断他奔涌的文字。他事无巨细，将所有可信的零碎信息都收录了进去，不论有价值与否，因此近几年有一位肖邦传记作家说他是“波兰历史漫谈家中最有名的一位”[2]。尽管如此，没有一位肖邦研究者能绕过霍西克的传记。如今学者们常提到的一个问题是霍西克让人们注意到了一系列信件，当时霍西克认为它们是肖邦和德尔菲娜·波托茨卡伯爵夫人之间的未出版通信，但后世研究者认为这些信是伪造的。霍西克说

---

① HFCZ, vol. 1, pp. 14–15.

② ZCPR, p. 304.

他尝试了很多办法，但始终没有找到这些信。他写道："肖邦1833~1849年给德尔菲娜·波托茨卡写的很多信件据说都被保存了下来。"① 和当时的许多人一样，他相信肖邦与德尔菲娜曾
653 有过一段热烈的恋情，这些信就是证据。但人们发现这些信并不存在时，他已经去世了。现代学者将这份臭名昭著的信件称为"肖邦－波托茨卡的书信"，1945年它首次出现在公共视野中时没有引起任何人的怀疑，结果证明这份困扰了两代传记作家的信件只是一场精心设计的骗局。

VI

我们需要插入一段内容才能说清这件事的原委。1825年，年仅18岁的德尔菲娜嫁给了米奇斯瓦夫·波托茨基（Mieczysław Potocki）伯爵，在这场不幸的婚姻中她生下了两个女儿，但她们都夭折了。1829年，她逃离了这场婚姻，搬到了巴黎。在这里，德尔菲娜因美貌吸引了众多著名的追求者。据说在19世纪30年代，她的情人包括奥古斯特·弗拉奥伯爵、奥尔良公爵（路易－菲利普国王的儿子），还有蒙福尔公爵（拿破仑·波拿巴的侄子）。由于情人众多，人们将她称为"穿裙子的唐璜"。似乎是为了证明这一点，巴尔扎克给他的波兰情人埃韦利娜·汉斯卡（Ewelina Hańska）写信说："德尔菲娜·P. 夫人……周日还去剧院看戏，周一就生了个孩子。"② 虽然没人出面承认自己是孩子的父亲，但这个孩子显然不是波托茨基伯爵的。伯爵已与德尔菲娜分居多年，当时他正住在图利钦（Tulczyn）的庄园里。当伯爵的家人试图调和这对不般配的夫妻之间的矛盾时，德尔菲娜曾到图利钦匆匆地见

① HFC, Preface, p. iv.

② 这封信的日期是1835年3月11日。BLH, vol. 1, p. 236.

了丈夫一面，但最终两人不欢而散。提起了离婚诉讼后，她永远地离开了波兰。

1830年肖邦到访德累斯顿时第一次见到了德尔菲娜。1831年，肖邦到达巴黎后最先拜访的几家人中就有德尔菲娜家。11月18日他写道："今天我和科马尔一家吃了晚饭。昨天我和米奇斯瓦夫美丽的妻子［德尔菲娜·］波托茨卡夫人吃了晚饭。"[①] 可见肖邦从19世纪30年代初就和德尔菲娜及其家人十分熟悉了。毫无疑问，肖邦很喜欢她，也很欣赏她的歌声，有时还会给她上钢琴课。德尔菲娜为获得丰厚的补偿而与丈夫 654
协商离婚，肖邦也和她有所来往。至于两人之间是否存在性爱关系，所有的证据似乎都否定了这一点。那时德尔菲娜有很多其他的情人，因此人们从没把这两个人的名字联系在一起过。但1836年《f小调钢琴协奏曲》出版时，肖邦将这部原本打算献给康斯坦奇娅·格瓦德科夫斯卡的作品转而献给了德尔菲娜·波托茨卡伯爵夫人也不是毫无原因的。在此一年前，米柯瓦伊·肖邦给弗里德里克写信，委婉地问他为什么没有"把树和果实联系起来"。

1835年4月11日

> 我想可能是因为一些特别的原因，你没有将乐曲献给原来的那个人，那么你想把它留给谁呢？让我意外的是，到目前为止你一直没有找到一个机会把树和果实联系起来。其中一定有什么实实在在的阻碍。难道你无法克服吗？虽然你不太在意，但出版之后这种事总能引起人们的关注。[②]

---

① CFC, vol. 2, p. 15; KFC, vol. 1, p. 187.

② CFC, vol. 2, p. 142; KFC, vol. 1, pp. 256–57.

米柯瓦伊提到“实实在在的阻碍”明显是在试探儿子，他显然知道肖邦的这部作品原本是打算献给康斯坦奇娅·格瓦德科夫斯卡的。一些学者推测他可能听说了肖邦和德尔菲娜之间的朋友关系，而这一点也被后来的题献证实了。但肖邦没有回答父亲的问题。

德尔菲娜的一生挚爱不是肖邦，而是波兰诗人齐格蒙特·克拉辛斯基（Zygmunt Krasiński），1838 年她前往那不勒斯看望母亲和姐妹卢德米拉、纳塔利娅时与这位诗人相识。对此霍西克给出了一句尖锐又精辟的评论：“克拉辛斯基不久后就走了财运，继承了他祖先因走财运而积累下来的财产。”[1] 克拉辛斯基比德尔菲娜大六岁，他将德尔菲娜看作自己的缪斯，深深地爱上了她，不顾父亲的竭力反对要跟她结婚。克拉辛斯基的父亲早已为才华横溢的儿子安排了另一条道路，让他跟相貌平平的伊丽莎·布兰尼茨卡女伯爵结婚，和德尔菲娜比起来，这位女伯爵最大的优势就是没有绯闻。

655 肖邦辞世半个世纪之后，人们开始嚼起舌根，说肖邦曾是德尔菲娜的一位情人。这个传闻的来源就不太可信。亚历山大·霍夫曼医生（1833~1834 年曾寄宿在肖邦巴黎公寓里的波兰医生）年轻的遗孀在丈夫去世多年后称，她“想起”丈夫曾告诉她肖邦和德尔菲娜有过一段暧昧关系，而且他还在肖邦绍塞－昂坦街 5 号的公寓见到德尔菲娜在那里过夜。但千万别忘了，如果说肖邦和德尔菲娜之间真的有过一段风流韵事，那么这件事发生时埃米莉亚·博任茨卡·霍夫曼夫人还在襁褓之中，而且即便这么多年后她的记忆没有出错，此时也已经没人能证实她的说法了。尽管如此，半个世纪后她在接受费迪南德·霍西克的采访时还是说了这件事，霍西克将它收录进传记中，之后此事

① HFC, Preface, p. v.

便流传开来。这时，唯一缺少的自然就是证据，没有证据这个故事无法成立。就在这时，一位名不见经传的音乐教师——保利娜·切尔尼茨卡（Paulina Czernicka）出现了，她声称自己掌握着大量的证据。

肖邦－波托茨卡的书信都是由她提供的，她凭借一己之力掀起了一场轩然大波。这件事要从1945年说起，切尔尼茨卡夫人上了一档波兹南的电台节目，在节目中她提到肖邦和德尔菲娜有一些不为人知的书信，而且这些书信被保留至今。节目引起了一阵骚乱，华沙的肖邦学会要求查看信件手稿，并有意购买这些信件。切尔尼茨卡解释说手稿在她的一位亲戚手里，这位亲戚是德尔菲娜的娘家科马尔家族的一位远亲①，除此之外她一直闪烁其词。接着她发表了声称是从信件中摘录的一些打印出来的段落，其中的内容令人哗然。有些段落相当污秽，其中色情及带有性暗示的话语都是在肖邦已出版书信中不曾见到过的。此外信中也有对李斯特、舒曼和门德尔松等肖邦同时代音乐家的批评，这些内容和他在世时表达过的看法完全对不上 656
号。尤其令人倍感惊奇的是信中提到了肖邦的创作和性生活之间的联系。下面的这两个段落就很有代表性：

> 我想再说说灵感和音乐创作方面的事，虽然这些事可能会让你厌烦，但你会发现它们和你有很大关系。我逐渐意识到一件重要的事情，那就是只有我很久没拥抱女性时，我才会有乐思和灵感……解决办法很简单。不论创作者是谁，只要不让他接触女性，就可以让他身体里的精力涌入大脑，而不是阴茎和睾丸，这样也许可以激励他创作出最优秀的艺术作品。

① 至今没有发现切尔尼茨卡和科马尔家族存在任何血缘上的联系。

> 想想吧，我最亲爱的芬德列奇科［Findeleczko，波兰语中将德尔菲娜的音节反过来形成的昵称］，毫无意义地冲撞你时，我损失了多少宝贵的液体和精力。我没让你怀孕，因此只有上帝才知道我永远地损失了多少优秀的灵感……也许是叙事曲和波兰舞曲，甚至还有一整首协奏曲，都永远地消失在了……①

这样的句子没必要再读下去了。这些文字发表后，保利娜·切尔尼茨卡一夜之间出了名，此外她还不时抛出一些其他段落来反驳质疑她的人。电台节目播出几个月后，她在一篇名为《肖邦与诗人们》（“Chopin i poeci”）的文章中公布了另外十一个波托茨卡信件中的段落。②需要注意的是，切尔尼茨卡从来没有公布过实际意义上的信件，都是些声称摘自未出版手稿的零散片段，而且谁也没见过这些信。切尔尼茨卡似乎也有预知未来的能力。当罗伯特·舒曼的亲朋好友还没看出他会在 1845 年试图自杀并在恩德尼希精神病院度过最后岁月时，切尔尼茨卡笔下的肖邦就说出了这样的话：“那个舒曼迟早会疯掉，我能预料到而且我保证他会疯的。”肖邦一生中只在路
657 过莱比锡时见过舒曼两次。第一次在 1835 年 10 月，第二次在 1836 年 9 月。每次见面的时长不过几个小时。十八年后舒曼才被送进精神病院，在此期间两位作曲家也没有过更多接触。

VII

人们经常忽略的一点是切尔尼茨卡夫人是一位穷困潦倒、没有工作的音乐家，她有一个智障的儿子，此时丈夫已经去

① SSCDP, p. 187.

② 首次发表于《科学与艺术》（*Nauka i sztuka*），1946 年 5 月~6 月刊。

世，她在贫穷和愈发严重的精神问题中挣扎着。切尔尼茨卡家有遗传的精神病，她的两个兄弟和母亲都死于自杀。考虑她的动机时，我们必须要了解这些背景。除了出名以外，她似乎也想从这件事里牟取些经济利益。随着人们要求她拿出书信手稿的呼声越来越高，切尔尼茨卡在多次回避推诿之后，终于接受了肖邦协会的邀请，同意把手上所有波托茨卡的信件带到华沙。但对于接下来发生的事，她给出的唯一解释让人难以置信。她说自己在火车站等车时，有个德尔菲娜家的人从她手里抢走了这个宝贵的包裹，因为他们不想看到这些信被公布出去。1949年9月，除了名声以外一贫如洗的切尔尼茨卡自杀了，将许多秘密带进了坟墓，这一年恰好也是肖邦的百年祭。这些“书信手稿”的下落至今仍无人知晓，因为切尔尼茨卡始终没有拿出过手稿。她公布的只有一些声称从大量书信中节选并打印出来的片段。

切尔尼茨卡死后，人们在她家里发现了一个纪念肖邦的圣坛，当时有人将其描述为“一间肖邦小教堂”。此外她在巴黎学习音乐学的经历也被发现是伪造的。人们在切尔尼茨卡的书房里找到了大量与肖邦相关的资料，发现她将真实书信中的一些句子勾了出来，并添油加醋地写进了伪造的片段中。人们还发现了一个“分类账本”，在本子上她用不同颜色的笔迹模仿肖邦的语言风格，这成了对她最不利的证据。本子上包含了
104 个书信片段，其中一些已被她打印并公布了出来，但还有 658
不少新段落，显然是为了以后继续出版。[1] 人们等着看书信手稿，她就必然要创造出手稿给人们看。此时的切尔尼茨卡家一定如同一家假冒文本的制造加工厂，一旦有人提出要求，她就会大刀阔斧地用剪刀和胶水攒出一封信。语文学证据表明，这

① 这份足足有 262 页之多的账本可在华沙肖邦博物馆查阅到，索引号 M. 418-1960.

些文本最有可能是在1926年至1945年期间伪造的，其中有些语言是19世纪30年代的波兰不曾使用过的，直到后来才流行起来的，通过这些用法就可以判断出造假的时间。

研究者很快就分成了两派。20世纪70年代，肖邦研究学界出现了大分裂，两派学者公开地，有时也指名道姓地展开了论战。这场论战的主要参与者之一是马特乌什·格林斯基（Mateusz Gliński），他认为这些文本是真的。在《肖邦：给德尔菲娜的信》（*Chopin: Listy do Delfiny*）一书中，格林斯基从正反两面详尽地论证了此事。他的核心论点是，不能因为书信中的语言粗俗且带有色情意味就说它们不是肖邦写的，这个观点在当时和今天都为他赢得了不少支持者。莫扎特就是个典型的例子，他虽然是个音乐天才，但给表亲玛丽亚·安娜·特克拉（Maria Anna Thekla）和其他家庭成员写信时，他却很喜欢用那个最不雅的词语，不惮于说些粗俗不堪的话。为什么肖邦就不能如此呢？在我们的心目中，肖邦一直是个文雅、敏感的人，他厌恶一切粗俗的事物，对女性十分尊敬，从没有给其他女性写过这样的信，但如果给德尔菲娜的信有悖于我们对肖邦的印象，那么该改变的是我们的印象。但格林斯基的观点被人轻而易举地驳倒了：只有信件的提供者能证明信是真的，而其他人只能证明信是假的。

这个说法是格林斯基的死对头阿瑟·赫德利提出来的。他在《弗里德里克·肖邦书信选集》（*Selected Correspondence of Fryderyk Chopin*，1962年）的附录中对波托茨卡的信件
659 进行了激烈的攻击。多年来这两位学者一直针锋相对。赫德利直接把他的观点带到了波兰，1961年10月，在涅博鲁夫（Nieborów）举行的一场专门讨论德尔菲娜信件真实性的国际会议上提出这些信是假的，并得到了官方的支持。后来他在上文提到的著作里公布了官方对他的支持，受到了广泛关

注。[1] 原本这件事可以就此了结，但令赫德利失望的是，在某些希望“保持开放的态度”的学者的坚持下，官方支持被撤回，导致双方的争论愈演愈烈。主张撤回的学者之一就是著名的肖邦书信编著者布罗尼斯瓦夫·E. 叙多，他是肖邦学会时任秘书长。1949 年肖邦百年祭期间他编著了一套完整的波托茨卡书信集，显然是想靠这部著作出名。[2] 但问题是他还主编了一部内容详尽的《弗里德里克·肖邦书信集》，一共三册，当时也即将出版。那么问题来了：他会把饱受争议的波托茨卡书信收录进这部旨在成为业界权威的资料中吗？在第一卷的前言中，他讨论了这些信件的发现和由来，从中可以看出他确有此意。他也提到了两位合作者苏珊·谢奈和丹尼丝·谢奈与他看法不同，可见他的编辑团队中存在分歧。但叙多在书信集出版编辑过程中突然离世，意味着他的工作将由另外两位编辑接替。两人没有收录波托茨卡的书信，但把理由藏在了一个极不显眼的地方，感兴趣的读者可以查阅第二卷的索引部分，在德尔菲娜·波托茨卡词条下方有一段 500 多字、用小号字体印刷的说明。

与此同时，肖邦的传记作家持有什么看法呢？你可能认为他们会紧跟该领域学者的步伐，但实际也有一些显著的例外。卡齐米尔·维申斯基（Casimir Wierzyński）在他读者甚广的肖邦传里大量引用了波托茨卡书信中的内容，而且一次也没 660
有提到过这些信的真实性有待考证——只有在全书的最后，他

---

① HSCC, p. 386. 虽然主办方多次承诺，但涅博鲁夫的会议记录一直没有公开出版。会议记录可在肖邦国家研究院查阅到，索引号 Pr. 5660-64。

② MFC, pp. 49–73: “肖邦未出版书信节选”。在现知唯一一封德尔菲娜写给肖邦的真实信件中（日期为 1849 年 7 月 16 日，德尔菲娜到巴黎看望肖邦不久前从亚琛寄出），她表达了对肖邦身体状况的关心，同时这封信的措辞是十分正式的，不是恋人会使用的语气。这封信以“亲爱的肖邦先生”开头，落款是“D. 波托茨卡”。CFC, vol. 3, pp. 423–24; KFC, vol. 2, p. 306.

简要地提到了这个话题曲折的历史，并相信“这些他获取到的段落正如表面所看到的那样”[①]。我们很容易得出的一个结论就是，在真相和精彩的故事之间，他选择了后者。维申斯基是一位小有名气的波兰诗人，他的书受众很广，被翻译成了几种语言，1971 年以平装本再版时阿图尔·鲁宾斯坦为此书作了序。露丝·乔丹（Ruth Jordan）也在她的《夜曲：肖邦传》（1978 年）中大量引用了波托茨卡书信中的内容，使得她的著作和维申斯基的书一样，无法成为传世经典。在前言中，她先是从正反两方面讨论了这个问题，然后表态说“赞成的人占多数”[②]，好像这个问题只需投票就能解决一般。

1969 年赫德利去世后，波兰学者耶日·玛丽亚·斯莫特（Jerzy Maria Smoter）接过了他手中的火炬。斯莫特的著作《关于肖邦写给德尔菲娜·波托茨卡的“书信”之论战》（*Spór o'listy' Chopina do Delfiny Potockiej*）于 1967 年出版，不久后他对内容进行了扩充，再版了该书，这使他成了反方的主要发言人和格林斯基的主要对手。斯莫特花了多年时间搜集相关资料，他所有的文章都是旗帜鲜明的，他认为德尔菲娜的书信是伪造的。到了这时双方似乎陷入了僵局，各路辩论者也渐渐偃旗息鼓，退回到各自的阵营中。

1973 年，六份声称是波托茨卡书信手稿复印件的图片被首次公布后，情况发生了改变。关注此事的公众无须再依赖于见过打字稿的学者的描述，终于可以亲眼看到书信的样子了。波兰作曲家塔德乌什·塞利戈夫斯基（Tadeusz Szeligowski）去世后，人们在他的文件中找到了这些图片，他的家人称这些信是切尔尼茨卡 1947 年给塞利戈夫斯基的。至于这些信件是

---

① WLDC, p. 422.

② JN, p. 12.

谁制作的，又为什么被交给了塞利戈夫斯基，答案无人知晓，但很可能都是切尔尼茨卡伪造的。塞利戈夫斯基的一位亲戚亚当·哈拉索夫斯基（Adam Harasowski）将图片发表在了《音乐观点》（*Musical Opinion*）[①] 杂志上，并且推断说“书信可 661
能是真的”，这再次引起了人们的激烈讨论。有波兰的报纸称图片中的笔迹确实出自肖邦之手，报道流传开后又掀起了一阵风波。媒体论战似乎一触即发，学术界一片混乱。为了一举平息纷争，扬·艾凯尔请来华沙警察局的犯罪学专家对图片进行法学调查。理夏德·索萨尔斯基（Ryszard Soszalski）上尉和瓦迪斯瓦夫·武伊齐克（Władysław Wójcik）上校分别进行了调查，得出的结论可谓清晰明了。他们报告称图像被放大并放在显微镜下观察后，可以明显看出一些字母被微调过，此外也能看出剪刀裁剪的痕迹，这无疑是个重要的证据。警官宣布：“由此可以推断出的唯一结论是这几封有争议的书信是拼接合成的结果。”也就是说，信件是伪造的。[②]

有不少人曾尝试对这一结果进行再调查，其中一位是美国著名笔迹学家奥德韦·希尔顿（Ordway Hilton）。20 世纪 70 年代，希尔顿在肖邦传记作家乔治·马雷克（George Marek）和玛丽亚·戈登-史密斯（Maria Gordon-Smith）的邀请下进行了一次独立调查。[③] 看不懂波兰语的希尔顿声称有一两份复印件存在是肖邦真迹的可能性，但没直接说这些图片就是真的。由于华沙方面已经给出了定论，而且他们的结论从来没被推翻过，希尔顿这个谨慎的说法如今也无人理会了。三代

---

① 1973 年 5 月刊，文章标题为《真迹还是赝品？》。

② 波兰学者沃伊切赫·诺维克（Wojciech Nowik）在《“肖邦”给德尔菲娜的书信：争议回顾与漫谈》（华沙，2001）一文中对此事进行了颇有见地的梳理，他写道：“可以下的一个定论就是‘给德尔菲娜的书信’是伪造的。”NCL, p. 189.

③ 见《希尔顿的报告》，MC, pp. 264–67。

学者已经将这个问题研究得十分透彻，因此现在再去调查这件事也没有什么意义了。尽管如此，“肖邦 – 波托茨卡的风流韵事”仍是一个充满吸引力的话题，仍不断出现在各类文献中。那么，19 世纪 30 年代时肖邦和德尔菲娜到底有着什么样的关系，以至于霍西克如此关注，甚至可以说因此掀起了一阵风波呢？对于关注它的人来说，这个故事最大的魅力在于没人能证
662 明它是假的。但只要我们承认这些“书信”是后来伪造的，是居心不良之人展示给我们看的，那么这样的情况对于我们了解肖邦生平也不会产生什么实质影响。这张拼图似乎处于不断变化之中，而且总有些学者想让它一直处于这种状态。但如今的结论似乎已足够清晰。这些资料全部由臆想狂保利娜 · 切尔尼茨卡伪造，我们应看清这些信件的本质：它们就是一场卑鄙的骗局。

VIII

似乎伪造的肖邦书信还不够，所谓的肖邦“日记”也没少让传记作家烦心。这件事的原委同样十分曲折，要从一个世纪前说起。1907 年 1 月 3 日，《新音乐报》（*Neue Musik-Zeitung*，编辑部位于莱比锡和斯图加特）出版了几段声称出自肖邦日记的文字，消息一出便掀起一阵风波。德语标题“*Chopins Tagebuchblätter autorisierte Uebersetzung von Helene Wiesenthal*”让人感觉这些文字大有来头，翻译出来的意思是“肖邦日记节选：海伦妮 · 维森塔尔获得授权的翻译”。至于维森塔尔夫人的这些内容是从哪种语言翻译出来的，谁“授权”她翻译的，甚至她最早从哪里拿到的原文，处于极度兴奋之中的人们无暇顾及这些微不足道的问题，直到后来才想起来去搜寻答案。这份文本似乎有着难以估量的价值，也许能让我们了解到此前一直不为人知的肖邦和乔治 · 桑的私

生活。

日记很快就在国际媒体上流传开，短短几个月后，一个名叫加斯顿·克诺斯普（Gaston Knosp）的人在《音乐指南》（*Le Guide musical*，1907 年 9 月 8 日至 15 日）上发表了一篇内容详尽的文章，他把日记选段翻译成了法语，并加上了一个明确的标题《肖邦的日记》（*Le Journal de Chopin*）。文中写道：“这几页手写的日记在不久前刚刚被发现。这些内容是用波兰语写的，让我们对此前的一些传闻和猜想有了全新的认识。”德语版日记首次发表时，就有持怀疑态度的人指出日记中有些内容，如日期和姓名，与真实情况不符。时间、人物和地点混淆严重。对于这些指控，克诺斯普先生进行了辩解，大意是我们只需修改一两处内容，其他就都对得上了。他还找了 663
一些肖邦研究者来支持他的看法，他声称胡戈·莱希滕特里特也认为这份文本确实出自肖邦之手。克诺斯普先发制人，告诉读者日记是用肖邦的母语波兰语写的，虽然后来这个说法被证明不实，但他得以暂时躲过了对手最尖锐的攻击。

我们从开头一条写于“巴黎，1837 年 10 月 10 日”的记录就能看出这是一份什么样的日记：

> 我又见了她三次。仿佛只是昨天的事。我弹琴时，她深情地凝望着我的眼睛。我选了一些较为伤感的乐曲……她靠在钢琴上。眼睛里充满了炽热。我的心被她俘获！……她爱我……奥萝尔［乔治·桑］，多么可爱的名字！如同晨光驱逐了黑暗。

暂且不说这里的语言多么毫无新意，1837 年桑虽多次邀请肖邦去诺昂做客，但肖邦一直没有赴约。除了 1 月初在巴黎住了七天以外，那一年桑甚至没有到过巴黎。

> 马略卡，1838 年 11 月 16 日
>
> 我们两人的灵魂在大海中央的这个岛屿上独处。晚上，我躺在床上听海浪冲击鹅卵石的声音。丽贝卡·斯特林来看望我们了。她带来了一些紫罗兰，英格兰的大紫罗兰。不论是白天还是夜晚，潮湿的修道院房间中都弥漫着浓浓的花香。修道院十分阴冷，风从门的裂缝中吹进来，整晚门都在嘎吱作响。太冷了。

斯特林小姐从未去过马略卡岛，而且她也不可能在肖邦和桑的“海岛蜜月”期间来看望两人。1843 年斯特林才与肖邦相识，而且她如何不远万里地将一束英格兰紫罗兰从英国带到马略卡岛又不让它凋谢，这个问题也没必要讨论了。此外所有人都知道斯特林的名字是简，肖邦为什么叫她“丽贝卡”呢？
664 克诺斯普先生承认这一点有些奇怪，但他认为丽贝卡这个名字一定有什么象征意义，需要学者们花些时间去研究。还有一个细节也被人们忽略。肖邦和桑 12 月 15 日才到达巴尔德莫萨修道院。但在这封信里我们发现肖邦没见到修道院就开始抱怨房间漏风了。

最后一段可能是所有节选中最怪异的一段，写于一个叫作“斯特灵城堡”（Castle Stirling）的地方。

> 斯特灵城堡，1848 年 6 月 16 日
>
> 我的灵魂无情地诅咒你、厌恶你！奥萝尔，你的吻像火一样灼烧我。我陷入了不安之中！何时才能得到安宁？我不久将长眠于波兰的土壤之下。银罐里有一把波兰的土壤。我可以把它握在手里！有着音乐之魂的亲爱的祖国！一把来自你富饶大地的土壤总是伴我左右。它们会被

撒在我的坟墓上，我的胸口上——那死亡的、折磨着我的累赘。至于那颗燃烧跳动的心，他们必须把它完整地取出来，让它回到它的故土——亲爱的波兰！

6月16日肖邦在伦敦，这时他还没到过苏格兰。8月初他到达苏格兰后住在了科尔德庄园，而不是“斯特灵城堡”，斯特灵郡有一座居高临下的中世纪古堡，但也不叫这个名字，况且肖邦从未去过斯特灵。至于装着波兰土壤的银罐子，肖邦在世时从没提到过要把祖国的土壤撒在自己的坟墓上。正如我们所知，肖邦下葬一年之后，人们为了在拉雪兹神父公墓举行肖邦纪念碑揭幕仪式，才觉得有必要从华沙找来一些波兰的土壤撒在他的坟墓上，这个仪式在肖邦去世两年后的1850年10月17日举行。

肖邦要是在1848年6月就知道自己的心脏会被摘除并送回华沙，恐怕他自己都会大吃一惊。这个遗愿是一年之后他在去世前不久提出来的——再次证明日记并非出自肖邦之手，是可疑之人在多年之后写的。至于“奥萝尔”这个称呼，桑肯定不喜欢别人用这个名字叫她。肖邦和桑的其他情人都没有这样称呼过她。写这份日记的人可能对肖邦主要的生平事迹有一些了解，足够让一般读者相信，但如果我们对日记进行仔细研究，就会发现它漏洞百出，经不起推敲。那么这份文件是谁伪造的呢？ 665

人们将目光转向了海伦妮·维森塔尔夫人，当被逼问她从哪里得到的肖邦“日记”时，维森塔尔夫人回答说一位来自马萨诸塞州南安普顿的美国小说家珍妮特·李（Jeannette Lee）给了她一份英文文本，德语版日记就是从英文翻译过来的。这样很多事就说得通了，因为日记读起来确实像是言情小说里的内容。维森塔尔夫人大大方方地告诉采访者，她给这位作者翻译过许多类似的文章。显然，没人告诉过她肖邦一句英语也不会说，正是这一点为人们敲响了警钟。当采访者要求维森塔尔夫人多提供些关于这位“珍妮特·李”的信息时，她停顿了好一会儿，然后给出了一个不幸的消息，说她已经和李小姐失去了联系，也找不到她的地址了——作为给同一位作者翻译过多篇文章的“授权翻译”，她居然联系不到这位作者了。尼古拉·斯洛尼姆斯基（Nicolas Slonimsky）写了一篇有趣的文章总结了事件的始末，他将肖邦的“日记”称为“维森塔尔夫人的小作品”。[①] 最初日记在《新音乐报》上公布后，最早对其提出质疑的人就有波兰钢琴家莫里兹·罗森塔尔（Moriz Rosenthal），他指出日记的文本和卡拉索夫斯基（前文提到的“传闻编造者”）的德语版肖邦传有一些相似之处。为此，《音乐》（*Die Musik*）杂志的编辑邀请费迪南德·霍西克发表他的看法，霍西克用一篇长达6000字的文章谴责了此事，说除了日记是伪造的以外，不可能再有其他结论了。[②] 加斯顿·克诺斯普也终于悔改，做了该做的事，在1909年4月15日的《音乐信使》（*Le Mercure musical*）杂志上发表文章，撤回了自己之前的主张。他哀叹道：“好吧，不管怎么说，这份‘日记’是伪造的。”

666 原本这件事到了今天也该成了过眼云烟，但即便已被公认为伪造品，这段文字还是不断地出现在文献资料中。就连肖邦和桑的著名传记作家也曾被它迷惑。乔治·桑研究领域的重要学者安德烈·莫鲁瓦（André Maurois）和路易丝·文森特（Louise Vincent）都曾因此误入歧途，塔德·舒尔茨（Tad

① 《音乐季刊》（*The Musical Quarterly*），1948年10月。

② 《所谓的肖邦日记》（Ein angebliches Tagebuch Chopin's），《音乐》（*Die Musik*），第29卷，1908~1909。

Szulc）在撰写《肖邦在巴黎》（20世纪、21世纪之交时出版的一部著作）时也曾沦陷于这首海妖之歌。只要他们的著作还有人阅读和引用，“日记骗局”就会一直存在下去。在那些不切实际、将肖邦刻画成喷着香水的梦想家的传记里，这些单相思的话语总能找到它们的一席之地。但我们应该看清“肖邦日记”的真正归宿：它只能与毫无新意的庸俗文字为伍。

IX

塞缪尔·泰勒·柯勒律治曾用雄辩而诗意的语言提醒我们，时间的巨轮在黑暗中不断前行，但历史“是船尾的灯笼，只照耀在我们身后的波浪上”。这是个震撼人心的画面，让我们感受到探索的航行永无止境。对于肖邦传记作家来说尤其如此，正如我们在这篇尾声中不断看到的那样，传记作家们一直饱受矛盾和模糊信息的困扰。即便如此，我们进行本文这种回顾性的梳理时也必须一丝不苟，因为它让我们看到肖邦去世后发生的事往往比他在世时的经历还要精彩。

被“船尾的灯笼”照亮的大事件中，没有几个比2014年4月14日临近午夜时在华沙圣十字教堂里发生的事件更引人注目了。当最后一位礼拜者离开教堂后，几位受到特别邀请的参与者聚集在这里，见证肖邦的心脏被从石柱后方的安放处取出。见证者包括华沙大主教、文化部部长、肖邦国家研究院院长和两位法医学家。这是一个秘密举行的仪式，没有邀请任何媒体。几位见证者拍了很多照片，并用蜡油将装着心脏的罐子密封，以免罐中液体挥发。参加仪式的人都宣誓对此严 667
格保密，外界对这场仪式毫不知情，直到五个月后的2014年9月，相关信息才被公布。结果可想而知，有些人对此表示强烈抗议，认为取出心脏的过程应由国际观察员见证，并由独立法医专家对心脏进行检查。美联社（Associated Press）拿到了几张严格挑选过的心脏照片，从中可以看到一个膨大的白色器官漂浮在水晶罐里琥珀色的液体（可能是科尼亚克白兰地）中。对照片内容进行图像检查后人们在心脏上发现了与肺结核有关的瓣膜囊肿。参加了心脏取出仪式的塔德乌什·多博什（Tadeusz Dobosz）医生确认了这个发现，并且他说这个仪式的意义更多是精神上的，而非科学上的。他对美联社的记者说："当晚的精神是崇高的！"① 心脏被放回原位之前，大主教进行了祷告，祈求上帝的保佑。到了第二天早上，仪式的所有痕迹都被抹去，教堂的参观者完全没有发现前一天晚上发生的事。

但为什么要举行这样一场仪式呢？多年来，一直有人向政府申请把肖邦的心脏取出来进行基因检测，以判断肖邦的准确死因，但政府一直没有同意。有些医学专家提出击垮肖邦的身体并最终导致他死亡的可能是囊性纤维化，而非肺结核。在肖邦的时代，人们还不知道有囊性纤维化这种病，其症状与肺结核相似，经常被当作肺结核治疗。如果能获取心脏的组织样本，这个问题就能解决，但取样有可能会破坏心脏。波兰人向来对肖邦怀有深厚的情感，因此公众舆论也不支持医学家去打扰这件圣物。对于很多人来说，这样的行为无异于亵渎。肖邦的遗体虽然在法国，但他的心脏现在在波兰，被庇护在圣十字教堂。虽然其间出现过一两个小插曲，但 1880 年 2 月的祝圣仪式之后，他的心脏就一直安息在这里。

我们有必要对这"一两个小插曲"进行详细叙述，因为它们具有重要意义，如今仍让人难以忘怀。心脏被卢德维卡带回华沙后，由她和母亲共同保管。后来可能是遵照卢德维卡在
668 1855 年去世前提出的要求，心脏被放在圣十字教堂的地下墓穴中，水晶罐上既没有牌子也没有铭文。1878 年，一位名叫

① 美联社发布，2014 年 11 月 17 日。

亚当·普乌戈（Adam Pług）的记者曾在这里看到盒子里的水晶罐，并在华沙的一份杂志上发表了篇报道，让人们注意到了它。[①]他的文章引起了人们的广泛兴趣，点燃了公众的爱国热情。1880年2月29日星期天，肖邦的心脏被移到主教堂，并举行了正式的祝圣仪式。人们将心脏安放在教堂的一个廊柱中，柱子上挂着一块气派的大理石牌子用以纪念肖邦，在祝圣仪式一周后的3月5日，也就是肖邦的命名日，人们举行了牌匾的揭幕仪式。但肖邦的心脏并非一直在这里没有被移动过。

二战期间，当波兰的战火烧得最猛烈的时候，华沙因1944年的九月起义而遭到军事报复，城市的大部分地区都面临着被毁灭的威胁。这时肖邦的心脏被一位热爱音乐的德国军官埃里希·冯·德姆·巴赫－泽莱夫斯基（Erich von dem Bach-Zelewski）将军保管，然而在保护遗物的同时，这位将军还参与了杀害了20万名波兰人的大屠杀。这件事也是非常出人意料。让肖邦的心脏免于灭顶之灾的人竟是为这个城市带来灭顶之灾的人。圣十字教堂遭到破坏前不久，巴赫－泽莱夫斯基将军安排人将心脏交给华沙大主教安东尼·斯拉戈夫斯基（Antoni Szlagowski）保管，后者将它托付给了华沙郊区米拉努韦克（Milanówek）的圣黑德维希教堂（St. Hedwig's Church）的牧师。肖邦的心脏一路由德国士兵护送，这件事还被记录在了纳粹的一部宣传片中。之后心脏一直被保存于此，直到战争结束。米拉努韦克正巧是后来肖邦书信集的编著者布罗尼斯瓦夫·叙多居住的地方，他为我们叙述了心脏当时的状况。叙多申请查看这件国宝，经允许后亲眼看到了水晶罐。他

---

① 出自画报《耳朵》（*Kłosy*），1879年，第62页。“亚当·普乌戈”是该杂志编辑、著名作家安东尼·彼特凯维奇（Antoni Pietkiewicz）的笔名。两个月前，1878年11月7日《华沙公报》上的一篇文章激起了他的好奇心，文中提到肖邦的心脏被放在“华沙的一个教堂里”。

写道，在一个外表光滑的深色橡木盒中，放着一个有光泽的雕花乌木内匣。“匣盖上有一个心形银牌，刻着弗里德里克·肖邦的名字和他的生卒日期。匣子里有一个被密封的大水晶罐，心脏被完好地保存在透明的酒精里。心脏的大小让人有些意
669 外，可能是疾病的缘故，这颗心脏对于一个中等身高的人来说有些过于大了。和肺结核一样，心脏疾病也是导致肖邦英年早逝的主要原因。”① 战争结束后，叙多作为弗里德里克·肖邦学会的秘书长向华沙新成立的共产党政府申请举办一场仪式，把肖邦的心脏送回圣十字教堂。纳粹战败后，圣十字教堂已成为一片废墟，当时正在修复当中。新政府看出了这件事中的政治利益，于是安排了一条国家元首级别的路线，把心脏从米拉努韦克运回华沙圣十字教堂，让人们的爱国热情迸发出来。

利奥波德·彼奇克（Leopold Petrzyk）神父手捧肖邦的心脏走过仪仗队，走向热拉佐瓦沃拉的肖邦出生地，1945 年 10 月 17 日

① 叙多的报告由米奇斯瓦夫·伊奇科夫斯基（Mieczysław Idzikowski）收录进了他编纂的文献资料中，日期为 1946 年 2 月 9 日，藏于肖邦国家研究院，索引号 6559。

1945年10月17日，肖邦逝世96周年之际，他的心脏途经热拉佐瓦沃拉被送回波兰首都，这条迂回的路线共90多公里长，道路两旁站满了人，家家户户都插上了国旗。光是热拉佐瓦沃拉就聚集了上百名参加纪念活动的群众。由于没有公 670
共交通，有人是走着来的，有人是骑车来的，还有人是坐着农用车来的。很多照片显示肖邦出生地的房前屋后有很多人进进出出，可见这场活动是经过精心安排的。当天早上7点，米拉努韦克的斯拉戈夫斯基大主教主持了一场弥撒，将盒子移交给圣十字教堂的牧区长利奥波德·彼奇克神父之前，大主教发表了一段简短的演说："一年前我将这位波兰伟人的心脏从华沙的战火中带了出来……将它放回原位……愿它成为我们坚韧不拔的民族精神的象征。*Dixi*[①]。"随后盒子被彼奇克神父放入车中，送往热拉佐瓦沃拉。然而在这个过程中发生了一件非同寻常的事。运送途中载着肖邦心脏的汽车被一列快速行驶的车队超过，车里坐的是国家元首。然而车队前进了一小段距离之后便停了下来，给肖邦的车子让路并一路跟着它开到了热拉佐瓦沃拉。在这里，一支波兰仪仗队已集结完毕，全体立正等待车队的到来。从当时拍摄的一张照片中我们看到彼奇克神父手捧盒子走在通向房屋的马路上，身边是布罗尼斯瓦夫·叙多（左）和波兰钢琴家博莱斯瓦夫·沃伊托维奇（Bolesław Woytowicz）（见第730页）。

政府代表和外交使节都在小屋里等待见证接下来的仪式。小盒被放在了一个鲜花簇拥的底座上，后边摆着一幅肖邦的肖像作为背景。利奥波德·彼奇克神父代表斯拉戈夫斯基大主教将心脏呈交给了国务委员会主席博莱斯瓦夫·贝鲁特（Bolesław Bierut），后者发表简短的讲话后将遗物转交给了

① "*Dixi*- 我说完了。" MDT.

华沙市长。接着这些要员移步到另一个房间，观看波兰著名钢琴家亨里克·什托姆普卡（Henryk Sztompka）的钢琴演奏。什托姆普卡早年间曾师从帕德雷夫斯基，在这个小型演奏会上他演奏了《降A大调波兰舞曲》（op. 53）和《富有感情的慢板》（“回忆”夜曲）等曲目。

当天晚些时候，护送着肖邦心脏的车队出发前往华沙。下午，圣十字教堂里举行了纪念性的礼拜仪式，电视台对仪式进
671 行了全国转播。参加仪式的人群中有波兰总统和总理以及各国代表，包括英美两国的外交使节。仪式由彼奇克神父主持，牧师兼音乐学家希耶罗宁·法伊希特（Hieronim Feicht）神父发表了一篇令人难忘的演说。他指出：“肖邦的心脏不是宗教信仰的圣物，而是民族精神的象征，它的重要意义不亚于国王的遗物，正如这位音乐大师的伟大不亚于甚至超越了国王的伟大。”[1]心脏被放回了原位，人们在石柱上重新挂上了一个大理石牌子。此后肖邦的心脏一直安息在这里，直到2014年4月14日被取出进行了前文所说的仪式。回归华沙的纪念仪式是肖邦去世之后的巅峰时刻。教堂、国家、军队和普通群众都在这一天向他表达了敬意。活动彰显出的爱国情怀仍对后世产生着影响，从每次有人提出检测心脏组织的申请都被政府否决就可以看出这一点。文化部部长波格丹·兹德罗耶夫斯基（Bogdan Zdrojewski）曾说过一句十分到位的话：“提取样本可能会让我们了解肖邦的死因，但这不能成为我们打扰他心脏的理由。”[2]这句话代表了大多数人的想法。

波兰政府承诺将在五十年后——也就是2064年——再次对肖邦的心脏进行检查，到那时所有仪式的参与者应该都已离

---

① 《自由波兰》（*Wolna Polska*），1945年10月30日。

② 美联社发布，2014年11月17日。

开了这个世界。但有一点是肯定的：随着这个日期的临近，柯勒律治所说的“船尾的灯笼”会让我们看到更多这样的小故事，而它们只有经过时间的沉淀才能显现出来。肖邦的身后事将在未来的未知领域中继续着这场“奥德赛之旅”，而与此同时他的音乐将继续为未来世世代代的人带来欢乐与慰藉。

附 录

李斯特《肖邦传》问卷

1849年11月14日
致英德热耶维奇夫人，
婚前名卢德维卡·肖邦

肖邦去世后，李斯特给肖邦的姐姐卢德维卡寄了一份关于肖邦的问卷，当卢德维卡把填写问卷这个苦差事交给简·斯特林时，斯特林发现自己处于一个尴尬的境地。她尽最大努力回答了所有问题，多年来这份文件也受到了一些关注。这是有史以来第一次有人试图向肖邦身边的人索要如此之多关于他的信息。

李斯特关于肖邦和桑关系的问题问得不甚明智，因为此时肖邦的葬礼才过去仅仅两周，而桑也还健在。李斯特认为他有权利问这个问题（正如他在问卷中所说），因为最早是他让肖邦和桑认识了彼此，他见证了两人关系的开始，也见证了他们的决裂。读完这份问卷，我们很容易得出一个结论，那就是李斯特和斯特林在某些问题上玩起了猫捉老鼠的游戏。李斯特通读过桑的小说《卢克雷齐娅·弗洛里亚尼》，他清楚地知道桑在书中用虚构故事作为掩饰讲述了她和肖邦破裂的感情。但他还是问道："据说卢克雷齐娅·弗洛里亚尼与王子的爱情故事描述的就是他们俩的关系，这种说法可信吗？"同样读过这本书的斯特林知道书中的主要细节都是真实的，但她不打算把她的证词写给李斯特。她含糊其辞地写道："[肖邦]在所有关系中都如此温柔而正直，我们很难从这些私密的文字中找到他的形象。"

斯特林的回答有些是有所保留的，有些则避重就轻，还有一两条略带敌意。例如，当李斯特漫不经心地问道肖邦是否要求穿着演出服下葬时，斯特林回答中的讽刺意味已十分明显。

她回答说，只见过肖邦一次的人都知道，他不会在穿什么去见上帝这件事上多费心思。当李斯特问到肖邦音乐会的性质和数量时，斯特林还提醒李斯特说肖邦不愿意在“场面盛大的沙 674
龙”里演出，不难看出这是对李斯特的讽刺，因为李斯特本人就非常喜欢参加这类演出。

从李斯特的《肖邦传》可以看出，他几乎没有使用斯特林回复的内容。但这份问卷依然十分有价值，因为其中的问题都至关重要。问卷原稿现已遗失。幸运的是斯特林抄写了一份寄给了波兰的卢德维卡，也许是希望得到她的认可。这份手稿由米奇斯瓦夫·卡尔沃维奇在华沙发现。1904 年，他将问卷连同简·斯特林的回答一起发表[①]，手稿现藏于肖邦博物馆，索引号 M/328。

问题 1

肖邦的出生日期和出生地。

问题 2

他的童年是什么样的？是否有何童年轶事或情况可以体现他当时的品味与习惯？

回答 1 和 2

前两个问题只能由他的母亲根据记忆来回答，他的母亲还健在。肖邦同辈的回忆不足以回答这两个问题。

问题 3

他的音乐才华最早是什么时候显露出来的？最早学的是什

① KSFC, pp. 200–203.

么曲子？对他来说难吗？他从小就会即兴创作吗？

回答 3

肖邦在学琴之初已经显露出了过人的音乐才华。在学习和声原则时，与其说他是初次学习，不如说他回忆起了一项忘记了的技能。也许由于身体虚弱，对他来说即兴演奏比创作更轻松，创作时他总是精益求精，难以满足自己高雅品味的要求。

问题 4

他上的是哪所学院或学校？你是否知道他最喜欢的同学的名字？他的音乐才华是否在那时就已经显现，受到了人们的欣赏？他朋友的父母是否被他的才华和思想所吸引，因而经常邀请他到家中做客？他是否在 1824 年前后经常光顾［卢德维卡］切特维廷斯卡公主家，因为他和公主的儿子们是同学？他是否光顾过华沙最有名的［乔安娜］沃维茨卡公主家的沙龙？

675 **回答 4**

他的父亲是一个非常博学的人，受聘于华沙大学。在肖邦上学时，华沙大学聚集了许多出色的教授。得益于在家接受的教育，他在上学之前已经培养出了出色的能力。他深受同校学生们的喜爱。在他的一生中，他始终没有忘记过昔日的同学。后来在巴黎与他重逢的同学都可以证明，肖邦对他们十分热情，愿意继续与他们亲密交往，重温青少年时期的回忆。他超常的天赋为他敲开了许多华沙权贵家的大门。康斯坦丁大公及其夫人也十分关注这个非凡少年的惊人发展。

问题 5

他是否关心 1830 年的革命？1830 年 11 月及次年他在哪

里？他当时为何离开波兰？他是否将父母留在了波兰？此后还与父母保持着联系吗？离开波兰后他去了哪里，有何计划？他在维也纳和慕尼黑举行了几场音乐会，举行音乐会的目的是什么？这是他的首次公开演出或是他首次举行音乐会吗？

回答 5

他从未参与过祖国的任何政治活动。1830 年 11 月他已经离开波兰，而且再也没有回去过。他是一个如此忠诚的波兰人，从未与流亡的同胞分离过。作为一个忠诚的儿子，与家人的分离让他痛苦。四年前［实际上是五年前］，死亡夺走了他父亲的生命，他从来没有停止过悼念他，他含着从心底不断涌出的热泪怀念着家的温暖。之后，就像今天一样，他的姐姐卢德维卡长途跋涉来到这里给予他无尽的关爱，旅途的疲惫没有让这样的关怀减少半分。

离开华沙之前，肖邦举行了几场音乐会，之后在维也纳和巴黎也举行了几场。即便音乐会大获成功，他依然不愿以这样的方式来挥霍自己的才华。他的天赋需要获得更多独立性，而不是去取悦没有特征的观众，通常这些观众的需求都是模糊的，带有先入为主的偏好。他们很难理解超越常规的东西，会把艺术家或诗人降低到他们的层次，而不是提高自己的层次。此外，肖邦给观众的印象不仅通过他细腻的音乐作品呈现，也通过他出色的演奏呈现，但它们禁不起场面盛大的沙龙中明亮灯光的照耀。

问题 6

在巴黎期间，肖邦跟哪个波兰家族交往最多？去世之前他最喜欢和哪些朋友来往？

我和肖邦的关系十分亲密，因此也许有权利问一些关于他和桑夫人关系的问题。我也想了解一些关于马略卡岛之旅的细

676

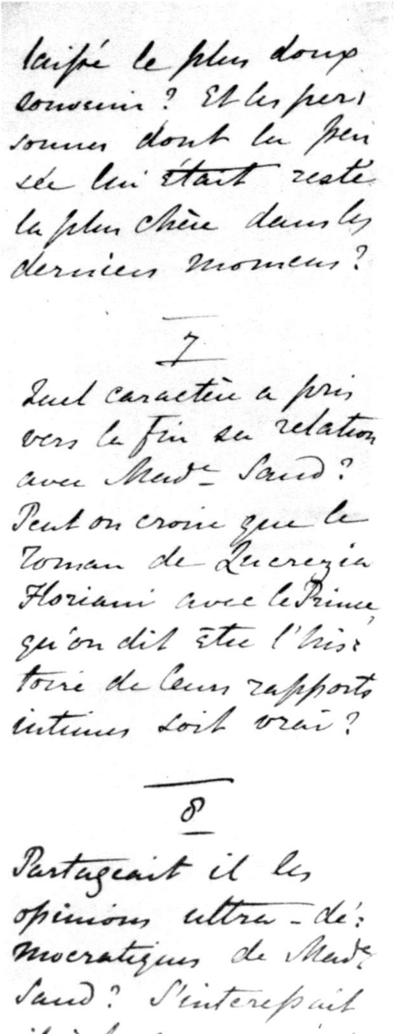
laissé le plus doux
souvenir? Et les per-
sonnes dont la pen-
sée lui était restée
la plus chère dans les
derniers momens?

7

Quel caractère a pris
vers la fin sa relation
avec Mad^e Sand?
Peut on croire que le
roman de Lucrezia
Floriani avec le Prince
qu'on dit être l'his-
toire de leurs rapports
intimes soit vrai?

8

Partageait il les
opinions ultra-dé-
mocratiques de Mad^e
Sand? S'intéressait
il à la cause qu'elle

简·斯特林抄写的李斯特问卷中的一页

节以及他对这次旅行的印象。哪段生活给他留下了最甜蜜的回忆？在他临终之际，哪些人对他来说最重要？

回答 6 677

所有生活在巴黎的波兰家族都很爱护他。不论是兰伯特府邸还是最普通的民宅，他走到哪里都备受人们的欢迎。在最后痛苦的三天里，这些家族的人都跪在他的床边，分享着他们的眼泪与哀伤。没有什么比这样的死亡更能凸显出他生命的价值。

问题 7

最后他和桑夫人的关系怎么样了？据说卢克雷齐娅·弗洛里亚尼与王子的爱情故事描述的就是他们俩的关系，这种说法可信吗？

回答 7

肖邦的私生活对他来说是个私密的庇护所。他很少分享私生活中的细节，因此这些内容也不宜写进传记中。前往马略卡岛旅行期间他患上了重病，此后他的体力再也没有恢复。因此不可避免地，他曾经乐观的精神也日渐消沉。他太过高贵优雅，不会愿意承认小说《卢克雷齐娅·弗洛里亚尼》中的王子形象影射的就是他自己，因为他在所有关系中都如此温柔而正直，我们很难从这些私密的文字中找到他的形象。

问题 8

肖邦是否与桑夫人一样持有极端民主观念？他是否关心她支持的事业？他和路易·布朗、勒德吕－洛兰以及桑夫人圈子中其他名人的关系如何？

回答 8

他的政治观点与上述这些人的激进观点没有共同之处。他从不宣扬自己的观点，也不受任何观点的影响——毕竟两者没有区别。他有着清晰的头脑，不会被时代的弊端所影响；他有一颗伟大的心，让他对这些思想无动于衷；他有着充分的判断，不会让自己卷入这种政治动荡中。

问题 9

1848 年 2 月时他已经跟她［桑］断了联系吗？可能是什么原因呢？是不欢而散还是和平分手？他因此感到痛苦，还是泰然处之？他是否经常住在诺昂，是否喜欢在诺昂生活？

他最后一次见到桑夫人是在什么时候？是否是他要求见的？

他临终前是否提到了她，怀着什么样的感情？

回答 9

桑夫人女儿［索朗热］的婚姻似乎让她那段时间的生活过得十分艰难，肖邦再在诺昂住下去就会引发严重的后果。肖邦去世时桑的女儿孝顺地守在他床前。她的母亲没在巴黎。临终之际他没有提到她。

678 问题 10

他为什么在 1848 年前往伦敦？在那里停留了多久？后来为什么返回法国？据施莱辛格说，他给维多利亚女王上了几节钢琴课，由于他病得很重，是女王亲自来到肖邦的住处上课。此事是否属实？

回答 10

他在一些朋友的劝说下前往了英格兰，在那里停留了八个月；但是英国的气候对他的身体造成了致命的影响。英国上流社会对他十分友好，但除此之外他从没提到过与英国王室有什么特殊关系。

问题 11

他从哪一年开始患上了胸部疾病？去世前他的精神怎么样？他的人生有遗憾吗？死亡来临时他是否感到恐惧？他从什么时候开始停止了创作？他无法创作之后是否表达了希望继续创作的愿望？他是否留下了未完成的作品，是哪一类的？

回答 11

尸检没有发现造成他死亡的根本原因。心脏的问题比胸的问题更严重。这是纯净灵魂的死亡，他顺从并信仰主。临终之际他丝毫没有被死亡的阴霾所笼罩。从他的表情中可以看出他相信信仰与爱。他明确指示要将他未出版的作品全部烧掉。

问题 12

他临终时是什么样的？音乐杂志报道说他感到死亡临近时要求穿上音乐会的演出服。是否确有此事？

他接受临终圣礼了吗？他要求进行圣礼还是拒绝圣礼？临终时在他床边的是哪一位牧师？

回答 12

只见过肖邦一次的人都知道，他不会在临终之际还关心自己穿什么衣服，他的心胸没有这么狭隘。他像忠诚的天主教徒一样接受了圣礼，在他的老朋友耶洛维茨基神父的引导和主持下完成了所有祷告。

肖邦作品总目录

（按字母顺序排列）

肖邦作品的完整目录仍在不断完善中，学者们仍面临许多尚无定论的日期和有待填补的漏洞。最可靠的两个以主题目录分别是克里斯蒂娜·科贝兰斯卡（1979年德国版）和霍明斯基及图尔沃（1990年波兰版）的目录。笔者主要参考了霍明斯基－图尔沃的肖邦作品年表，但根据最新的研究结果进行了一些微调。同时笔者也在研究中参考了莫里斯·布朗具有开创意义的《肖邦：按时间顺序排列的作品索引》。虽然其中的一些内容被后来出版的肖邦作品目录推翻，但它是唯一一份英文目录，包含了其他地方找不到的信息，并且至今仍被广泛参考。我综合了三个目录中的内容，对于需要查询更多信息，而不是简单地以字母顺序检索作品的读者可能会有所帮助。

CT= 霍明斯基－图尔沃①

KK= 科贝兰斯卡②

MB= 布朗③

---

① Józef Michał Chomiński and Teresa Dalila Turło. *Katalogue dzieł Fryderyka Chopina* (A Catalogue of the Works of Fryderyk Chopin). Warsaw, 1990.

② Krystyna Kobylańska. *Frédéric Chopin. Thematisch-Bibliographisches Werkverzeichnis*. Translated from the original Polish edition (1977) by Helmut Stolze. Munich, 1979.

③ Maurice J. E. Brown. *Chopin: An Index of His Works in Chronological Order*. London, 1972.

作品名称	作品编号	创作日期	首次出版日期	题献	CT	KK	MB
钢琴独奏曲							
A 大调音乐会快板	46	1834~1841	1841	弗里德丽克·米勒	1	673~678	72
G 大调平静的行板	22	1830~1835	1836	弗朗西斯男爵夫人	149	268~272	88
g 小调小行板（改编自肖邦的歌曲《春天》）	74:2	1838~1848（五个版本）	1968	莎拉·戴斯特	130	1101	117
叙事曲							
g 小调	23	1835（1831 年草稿）	1836	纳撒内尔·冯·施托克豪森男爵	2	273~279	66
F 大调	38	1839	1840	罗伯特·舒曼	3	601~609	102
降 A 大调	47	1841	1841	波利娜·德·诺瓦耶小姐	4	679~687	136
f 小调	52	1842	1843	夏洛特·德·罗斯柴尔德男爵夫人	5	732~738	146
升 F 大调船歌	60	1845~1846	1846	施托克豪森男爵夫人	6	807~814	158
降 D 大调摇篮曲	57	1844	1845	埃莉斯·加瓦尔小姐	7	774~782	154
波莱罗舞曲	19	1833	1834	埃米莉·德·弗拉奥伯爵夫人	8	246~249	81
布列舞曲（两首）	—	1846	1968		—	1403~1404	160B
f 小调八度卡农	—	1839	未出版		—	1241	129B
降 B 大调如歌的	—	1834	1931		9	1230	84

续表

作品名称	作品编号	创作日期	首次出版日期	题献	CT	KK	MB
低音大提琴部分（门德尔松的一首三部分 b 小调卡农中的）	—		1930（影印本）			1411	69
降 G 大调对面舞曲	—	1827	1934（影印本）		—	1391	17
埃科塞斯舞曲	72:3	1829	1855		11~13	1069~1085	12
D 大调							
G 大调							
降 D 大调							
f 小调幻想曲	49	1841	1841	凯瑟琳·德·苏佐公主	42	702~707	137
升 c 小调幻想即兴曲	66	1834	1855	弗朗塞斯·莎拉·戴斯男爵夫人	46	932~939	87
a 小调赋格	—	1841	1898		238	1408	144
即兴曲							
降 A 大调	29	1837	1838	卡罗琳·德·洛博伯爵夫人	43	479~484	110
升 F 大调	36	1839	1840		44	581~587	129
降 G 大调	51	1842	1843	若阿纳·埃斯特拉齐伯爵夫人	45	723~731	149
降 E 大调广板	—	1847	1938		49	1229	109

续表

作品名称	作品编号	创作日期	首次出版日期	题献	CT	KK	MB
进行曲							
军队进行曲	—	1817	1817		—	890	2
葬礼进行曲	72:2	1826	1855		50	1059~1068	20
降 b 小调奏鸣曲中的葬礼进行曲	—	1837	1840		202	570~580	114
玛祖卡							
两首玛祖卡	—	1826	1826		100~101	891~900	16
G 大调							
降 B 大调							
G 大调	—	1829	1879		102	1201~1202	39
a 小调	70:2	1829	1902				
四首玛祖卡	6	1830	1832	波琳娜·普莱特伯爵夫人	51~54	26~46	60
升 f 小调							
升 c 小调							
E 大调							
降 e 小调							

续表

作品名称	作品编号	创作日期	首次出版日期	题献	CT	KK	MB
五首玛祖卡	7	1830~1831	1832	新奥尔良的保罗·埃米尔·约翰斯	55~60	47~79	61
降 B 大调							
a 小调（第二版）							
f 小调							
降 A 大调（1824 年创作；修改）							
C 大调							
D 大调（第二版）	—	1832	1880		—	1224	71
降 B 大调	—	1832	1909	亚历山德里娜·沃沃夫斯卡小姐	103	1223	73
四首玛祖卡	17	1832~1833	1834	丽娜·弗雷帕夫人	60~63	220~236	77
降 B 大调							
e 小调							
降 A 大调							
a 小调							
C 大调	—	1833	1870		—	1225~1226	82

续表

作品名称	作品编号	创作日期	首次出版日期	题献	CT	KK	MB
降 A 大调	—	1834	1930		—	1227~1228	85
四首玛祖卡	24	1833	1836	莱昂·阿马布勒·德·佩尔蒂伯爵	64~67	280~296	89
g 小调							
C 大调							
降 A 大调							
降 b 小调							
四首玛祖卡	30	1837	1838	玛丽亚·德·维滕贝格亲王妃	68~71	485~504	115
c 小调							
b 小调							
降 D 大调							
升 c 小调							
四首玛祖卡	33	1838	1838	鲁热·莫斯托夫斯卡伯爵夫人	72~75	520~548	115
升 g 小调							
D 大调							
C 大调							
b 小调							

续表

作品名称	作品编号	创作日期	首次出版日期	题献	CT	KK	MB
四首玛祖卡	41	1838~1839	1840	斯特凡·维特维茨基	76~79	626~645	
e 小调							122
B 大调							126
降 A 大调							126
升 c 小调							126
a 小调（“新生代”）	—	1840	1842		106	918	134
a 小调	—	1840	1841	埃米尔·加亚尔	105	919~924	140
三首玛祖卡	50	1842	1842	莱昂·施密特科夫斯基	80~82	708~722	145
G 大调							
降 A 大调							
升 c 小调							
三首玛祖卡	56	1843	1844	凯瑟琳·马伯利	83~85	761~773	153
B 大调							
C 大调							
c 小调							
三首玛祖卡	59	1845	1845		86~88	791~806	157

续表

作品名称	作品编号	创作日期	首次出版日期	题献	CT	KK	MB
a 小调							
降 A 大调							
升 f 小调							
三首玛祖卡	63	1846	1847	劳拉·乔斯诺夫斯卡伯爵夫人	89~91	836~848	162
B 大调							
f 小调							
升 c 小调							
四首玛祖卡	67		1855		92~95	940~965	
G 大调		约 1835		安娜·姆沃科谢维奇小姐			93
g 小调		1848~1849					167
C 大调		1835		克莱门蒂娜·霍夫曼夫人			93
a 小调		1846					163
四首玛祖卡	68		1855		96~99	966~987	
C 大调		约 1830					38
a 小调		约 1827					18

续表

作品名称	作品编号	创作日期	首次出版日期	题献	CT	KK	MB
F 大调		约 1830					34
f 小调		约 1846					168
E 大调中板（“秋叶”）	—	1843~1844	1910	安娜·谢雷梅季耶夫伯爵夫人	107	1240	151
夜曲							
e 小调	72:1	1827~1830	1855		126	1055~1058	19
升 c 小调（富有感情的慢板）	—	1830	1875	卢德维卡·肖邦	127	1215~1222	49
三首夜曲	9	1830~1831	1832	卡米耶·普莱耶尔夫人	108~110	87~108	54
降 b 小调							
降 E 大调							
B 大调							
三首夜曲	15	1830~1833	1833	费迪南德·希勒	111~113	198~215	
F 大调							55
升 F 大调							55
g 小调		1833	1833				79
两首夜曲	27	1835	1836	泰蕾兹·达波尼伯爵夫人	114~115	357~369	

续表

作品名称	作品编号	创作日期	首次出版日期	题献	CT	KK	MB
升 c 小调							91
降 D 大调							96
两首夜曲	32	1836~1837	1837	卡米耶・德・比林伯爵夫人	116~117	510~519	106
B 大调							
降 A 大调							
c 小调	—	1847	1938		128	1233~1235	108
两首夜曲	37				118~119	588~600	
g 小调		1838	1840				119
G 大调		1839	1840				127
两首夜曲	48	1841	1841	洛尔・迪佩雷小姐	120~121	688~701	142
c 小调							
升 f 小调							
两首夜曲	55	1843	1844	简・斯特林	122~123	749~760	152
f 小调							
降 E 大调							
两首夜曲	62	1846	1846	德・肯纳茨小姐	124~125	822~835	161

续表

作品名称	作品编号	创作日期	首次出版日期	题献	CT	KK	MB
B 大调							
E 大调							
波兰舞曲							
g 小调	—	1817	1817	维多利亚·斯卡尔贝克伯爵夫人	161	889	1
降 B 大调	—	1817	1934（影印本）		160	1182~1183	3
降 A 大调	—	1821	1902	沃伊切赫·日维尼	162	1184	5
升 g 小调	—	1822	1864	卢德维卡·杜邦夫人	163	1185~1187	6
降 b 小调	—	1826	1881	威廉·科尔贝尔	164	1188~1189	13
d 小调	71:1	1825	1855	米哈乌·斯卡尔贝克伯爵	157	1034~1054	11
降 B 大调	71:2	1828	1855		158	1034~1054	24
f 小调	71:3	1828	1855		159	1034~1054	30
降 G 大调	—	1829	1870		165	1197~1200	36
降 E 大调华丽的波兰舞曲（同时发行了乐队伴奏）	22	1830~1835	1836	弗朗塞斯·莎拉·戴斯伯爵夫人	149	268~272	58
两首波兰舞曲	26	1834~1835	1836	约瑟夫·德索埃	150~151	345~356	90
升 c 小调							

续表

作品名称	作品编号	创作日期	首次出版日期	题献	CT	KK	MB
降 e 小调							
两首波兰舞曲	40	1838~1839	1840	尤利安·丰塔纳	152~153	615~625	
A 大调（“军队”）							120
c 小调							121
升 f 小调（“悲剧”）	44	1840~1841	1841	夏尔·德·博沃亲王妃	154	663~667	135
降 A 大调（“英雄”）	53	1842~1843	1843	奥古斯特·莱奥	155	739~743	147
降 A 大调幻想波兰舞曲	61	1845~1846	1846	安妮·韦雷夫人	156	815~821	159
前奏曲							
（二十四首）	28	1836~1839	1839	卡米耶·普莱耶尔（法国版）；J.C. 凯斯勒（德国版）	166~189	370~478	
C 大调							124
a 小调							123
G 大调							107
e 小调							123
D 大调							107
b 小调							107
A 大调							100

续表

作品名称	作品编号	创作日期	首次出版日期	题献	CT	KK	MB
升 f 小调							107
E 大调							107
升 c 小调							123
B 大调							107
升 g 小调							107
升 F 大调							107
降 e 小调							107
降 D 大调（“雨滴”）							107
降 b 小调							107
降 A 大调							100
f 小调							107
降 E 大调							107
c 小调							107
降 B 大调							123
g 小调							107
F 大调							107
d 小调							107

续表

作品名称	作品编号	创作日期	首次出版日期	题献	CT	KK	MB
降 A 大调	—	1834	1918	皮埃尔·沃尔夫	191	1231~1232	86
升 c 小调	45	1841	1841	伊丽莎白·切尔尼切夫公主	190	668~672	141
回旋曲							
c 小调（另见钢琴二重奏）	1	1825	1825	博古米乌·林德	192	1~5	10
玛祖卡舞曲型回旋曲	5	1826	1828	亚历山德里娜·德·莫里奥罗勒伯爵夫人	193	22~25	15
C 大调（另见钢琴二重奏）	73	1828	1954		196	1086~1091	26
降 E 大调	16	1833	1833	卡特琳·哈特曼小姐	195	216~219	76
谐谑曲							
b 小调	20	1831~1832	1835	托马斯·阿尔布雷赫特	197	250~254	65
降 b 小调	31	1837	1837	阿代勒·德·菲尔斯滕施泰因伯爵夫人	198	505~509	111
升 c 小调	39	1839	1840	阿道夫·古特曼	199	610~614	125
E 大调	54	1842	1843	让娜·德·卡拉曼小姐（德国版）；克洛蒂尔德·德·卡拉曼小姐（法国版）	200	744~748	148

续表

作品名称	作品编号	创作日期	首次出版日期	题献	CT	KK	MB
奏鸣曲							
c 小调	4	1827~1828	1851	约瑟夫·埃尔斯纳	201	928~931	23
降 b 小调	35	1839	1840		202	570~580	128
b 小调	58	1844	1845	埃米莉·德·佩尔蒂伯爵夫人	203	783~790	155
练习曲（曲集 I：12 首）	10	1829~1833	1833	弗朗茨·李斯特	14~25	109~163	
C 大调							59
a 小调							59
E 大调							74
升 c 小调							75
降 G 大调（“黑键”）							57
降 e 小调							57
C 大调							68
F 大调							42
f 小调							42
降 A 大调							42
降 E 大调（“琶音”）							42
c 小调（“革命”）							67

续表

作品名称	作品编号	创作日期	首次出版日期	题献	CT	KK	MB
练习曲（曲集 II：12 首）	25	1832~1836	1837	玛丽·达古伯爵夫人	26~37	297~344	
降 A 大调（“风弦琴”）							104
f 小调							97
F 大调							99
a 小调							78
e 小调							78
升 g 小调（“三度”）							78
升 c 小调							98
降 D 大调（“六度”）							78
降 G 大调（“蝴蝶”）							78
b 小调（“八度”）							78
a 小调（“冬风”）							83
c 小调（“海洋”）							99
“三首新练习曲”	—	1839~1840	1840		38~40	905~917	130
f 小调							
降 A 大调							
降 D 大调							
降 A 大调塔兰泰拉舞曲	43	1841	1841		205	654~662	139

续表

作品名称	作品编号	创作日期	首次出版日期	题献	CT	KK	MB
变奏曲							
以“瑞士少年”为主题（德国民歌）	—	1824	1851	卡塔日娜·索文斯卡	227	925~927	14
以帕格尼尼为主题（“纪念帕格尼尼”）	—	1829	1881		229	1203	37
以埃罗尔德的歌剧（《路德维克》中的“环舞”）为主题	12	1833	1833	艾玛·霍斯福德	226	178~180	80
《创世六日》（多位作曲家以贝利尼《清教徒》中的进行曲为主题创作的六首变奏曲）	—	1837	1839	克里斯蒂娜·贝尔吉奥乔索公主	230	903~904	113
圆舞曲							
a 小调（草稿）	—	1829	1955		224	1238~1239	40（B）
降 E 大调	—	1829~1830	1902		—	1212	46
降 E 大调	18	1831	1834	劳拉·霍斯福德	207	237~245	62
三首圆舞曲	34				208~210	549~569	
降 A 大调		1835	1838	图恩·霍恩施泰因小姐			94
a 小调		1831	1838	C. 迪夫里男爵夫人			64

续表

作品名称	作品编号	创作日期	首次出版日期	题献	CT	KK	MB
F 大调		1838	1838	A. 艾希塔尔小姐			118
降 A 大调	42	1840	1840		211	646~652	131
三首圆舞曲	64	1846~1847	1847		212~214	849~869	164
降 D 大调（“一分钟圆舞曲”）				德尔菲娜·波托茨卡			
升 c 小调				罗斯柴尔德男爵夫人			
降 A 大调				卡塔日娜·布兰尼茨卡伯爵夫人			
两首圆舞曲	69				215~216	988~1006	
降 A 大调（“离别”）		1835	1855	玛丽亚·沃津斯卡			95
b 小调		1829	1852	威廉·科尔贝格			35
三首圆舞曲	70				217~219	1007~1033	
降 G 大调		1832	1855				92
f 小调		1842	1855				138
降 D 大调		1829	1855				40
降 E 大调（“绵延的”）	—	1847	1955		223	1237	133
两首圆舞曲	—	约 1829			220~221		

续表

作品名称	作品编号	创作日期	首次出版日期	题献	CT	KK	MB
E 大调			1867			1207	44
降 A 大调			1902			1209~1211	46
e 小调	—	1830	1868		222	1213~1214	21
a 小调	—	1847	1955		224	1238~1239	150
歌曲							
十七首波兰歌曲	74		1859		129~145	1092~1381	
愿望（Życzenie）		1829					33
春天		1838					116
悲伤的河流		1831					63
祝酒歌		1830					50
她的样子		1829					32
离开我的视线！		1827					48
信使		1831					50
英俊小伙		1841					143
旋律		1847					165
战士		1831					47
爱侣双折		1845					156

续表

作品名称	作品编号	创作日期	首次出版日期	题献	CT	KK	MB
我亲爱的		1837					112
已无所求		1845					156
戒指		1836					103
新郎		1831					63
立陶宛歌谣		1831					63
来自坟墓的赞美诗		1836	1872				101
两首歌曲							
着迷（Czary）	—	1830	1910		146	1204~1206	51
挽歌（Dumka）	—	1840	1910		147	1236	132
钢琴二重奏							
托马斯·莫尔变奏曲 – 四手联弹	—	1826	1965		228	1190~1192	
c小调回旋曲（改编自钢琴独奏曲c小调回旋曲）– 四手联弹	1	1825	1834		192	1~5	10
C大调回旋曲（改编自钢琴独奏曲C大调回旋曲）– 双钢琴曲	73	1828	1855		196	1086~1091	27

续表

作品名称	作品编号	创作日期	首次出版日期	题献	CT	KK	MB
室内音乐							
为钢琴、小提琴、大提琴而作的 g 小调三重奏	8	1828~1829	1832	安东尼·拉齐维乌亲王	206	80~86	25
为钢琴和大提琴而作的 C 大调引子与波兰舞曲	3	1829~1830	1831	约瑟夫·默克	148	16~21	41/52
以梅耶贝尔的《魔鬼罗勃》为主题为钢琴和大提琴而作的 E 大调华丽的二重奏	—	（1831）	1833	阿代勒·福雷小姐	10	901~902	70
为钢琴和大提琴而作的 g 小调奏鸣曲	65	1845~1846	1847	奥古斯特·弗朗肖姆	204	870~888	160
以罗西尼的《灰姑娘》为主题为长笛和钢琴而作的 E 大调变奏曲	—	1824	1955（影印本）			1392	9
为钢琴和乐队而作的乐曲							
以莫扎特《唐璜》中的《让我们携手同行》为主题创作的变奏曲	2	1827	1830	蒂图斯·沃伊切霍夫斯基	225	6~15	22
A 大调华丽的波兰民歌幻想曲	13	1828	1834	约翰·皮克西斯	41	181~187	28
F 大调克拉科维亚克音乐会用大回旋曲	14	1828	1834	安娜·恰尔托雷斯卡亲王妃	194	188~197	29

续表

作品名称	作品编号	创作日期	首次出版日期	题献	CT	KK	MB
f 小调协奏曲	21	1829~1830	1836	德尔菲娜·波托茨卡公爵夫人	48	255~267	43
e 小调协奏曲	11	1830	1833	弗雷德里希·卡尔克布雷纳	47	164~177	53
降 E 大调华丽的大波兰舞曲（“平静的行板”钢琴独奏曲被附在了该乐曲之前，两者一起出版）	22	1830~1831	1836	弗朗塞斯·莎拉·戴斯伯爵夫人	149	268~272	58

参考书目

ACC Azoury, Pierre. *Chopin Through His Contemporaries: Friends, Lovers, and Rivals*. London, 1999.

ACLA Agoult, Marie d'. *Correspondance de Liszt et de la Comtesse d'Agoult*. Edited by Daniel Ollivier. 2 vols. Paris, 1933–34.

ACMS Abraham, Gerald. *Chopin's Musical Style*. Revised ed. London, 1960.

AM Agoult, Marie d' ("Daniel Stern"). *Mémoires*, 1833–54. Edited by Daniel Ollivier. Paris, 1927.

AmZ *Allgemeine musikalische Zeitung*, Leipzig. Cited by issue.

AWC The Alan Walker Collection. Archival Letters and Documents, 1956–2007. Special Collections, McMaster University, Canada.

BAS Bülow, Hans von. *Ausgewählte Schriften, 1850–1892*. 2nd ed. Herausgegeben von Marie von Bülow. Leipzig, 1911.

BC Binental, Leopold. *Chopin: Dokumente und Erinnerungen aus seiner Heimatstadt*. Translated from the Polish by A. von Guttry. Leipzig, 1932.

BC-C Burtt, Frank. *Cross-Channel and Coastal Paddle Steamers*. London, 1934.

BCM Brookshaw, Susanna. *Concerning Chopin in Manchester*. Private publication, 1951.

BCS Bülow, Hans von (ed.). *Sämmtliche Klavier-Etuden von Fr. Chopin*. Munich, 1889.

BFC Burger, Ernst. *Frédéric Chopin. Eine Lebenschronik in Bildern und Dokumenten*. Munich, 1990.

BJT Brzowski, Józef. Travelogue: "Artistic Impressions of a Journey Through Germany and France, 1836–37," collated and translated by Marie-Paule Rambeau and Ewa Talma-Davous in *Chopin e il suono di Pleyel*. Villa Medici Giulini, Italy, 2010.

BLH Balzac, Honoré de. *Lettres à Madame Hańska*. 2 vols. Paris, 1990.

BM Berlioz, Hector. *Mémoires*. Paris, 1870. Translated by David Cairns. London, 1969.

BRRS Bory, Robert. *Une retraite romantique en Suisse. Liszt et la Comtesse d'Agoult*. Lausanne, 1930.

BSH Barbedette, H. *Stephen Heller: His Life and Works*. Translated by Robert Brown-Borthwick. London, 1877.

BWF Boetticher, Wolfgang. "Weitere Forschungen an Dokumenten zum Leben und Schaffen Robert Schumanns." *Robert Schumann: Ein romantisches Erbe in neuer Forschung*. Mainz, 1984.

CB Czartoryski Bibliothèque, Paris. Unpublished documents cited by date.

CCPLS *Chopiniana in the Collections of the Polish Historical and Literary Society. The Polish Library in Paris*. Edited by Arkadiusz Roszkowski. Paris, 2010.

CCS Cobbe, Alec. *Chopin's Swansong: The Paris and London Pianos of His Last Performances Now in the Cobbe Collection*. London, 2010.

CEC Clavier, André. *Emilia Chopin*. Liège, 1974.

CFC *Correspondance de Frédéric Chopin*. 3 vols. Edited, revised, and annotated by Bronisław Edward Sydow, with Suzanne and Denise Chainaye. Paris, 1953–60.

CFCS Clésinger, Solange. "Frédéric Chopin, souvenirs inédits." *Revue musicale de Suisse romande*. Winter 1978, no. 5.

CGS *Correspondance de George Sand*. Collected, arranged, and annotated by Georges Lubin. 26 vols. Paris, 1964–91.

CHS Choussat, Hélène. *Souvenirs*. Palma, 2010.

CJFC Czartkowski, Adam, and Zofia Jeżewska. *Fryderyk Chopin*. Warsaw, 1970.

CKS *Fryderyk Chopin: Kurier Szafarski*. Edited with an introduction and notes by Hanna Wróblewska-Straus. Warsaw, 1999.

CM Czartoryski, Prince Adam. *Memoirs of Prince Adam Czartoryski and His Correspondence with Alexander I*. Edited by Adam Gielgud. 2 vols. London, 1888.

CPG Courcey, Geraldine de. *Paganini the Genoese*. 2 vols. Oklahoma, 1957.

CS Cate, Curtis. *George Sand*. Boston, 1975.

CSP *Chopin e il suono di Pleyel* (Chopin and the Pleyel Sound). Villa Medici Giulini, Italy, 2010.

CTP Coxe, William. *Travels into Poland, Russia, Sweden, and Denmark*. 2 vols. London, 1784.

DCSN Delaigue-Moins, Sylvie. *Chopin chez George Sand à Nohant. Chronique de sept étés*. Châteauroux, 1986.

DDEP Dembowski, Karol. *Deux ans en Espagne et en Portugal, pendant la guerre civile, 1838–1840*. Paris, 1841.

DEC Davison, James William. *An Essay on the Works of Frédéric Chopin*. London, 1843 [published anonymously].

DGP Davies, Norman. *God's Playground: A History of Poland*. 2nd ed. 2 vols. New York, 2005.

DJ Delacroix, Eugène. *Journal de Eugène Delacroix*. With Introduction and Notes by André Joubin. Paris, 1932.

ECE Eigeldinger, Jean-Jacques. *Chopin vu par ses élèves*. 2nd ed. Neuchâtel, 1979. Translated as *Chopin: Pianist and Teacher, as Seen by His Pupils*, by Naomi Shoher with Krysia Osostowicz and Roy Howat. Cambridge, 1986.

ECF Eisler, Benita. *Chopin's Funeral*. New York, 2003.

ECIB Ekiert, Janusz. *Fryderyk Chopin: An Illustrated Biography*. Warsaw, 2009.

EJF Ekier, Jan. *Julian Fontana as the Editor of Chopin's Posthumous Works*. Chopin Studies 7. Warsaw, 2000.

FCA François-Sappey, Brigitte (ed.). *Charles-Valentin Alkan*. Paris, 1991.

FLSL *Franz Liszt Selected Letters*. Translated and edited by Adrian Williams. Oxford, 1998.

GC Gavoty, Bernard. *Frédéric Chopin*. Translated by Martin Sokolinsky. New York, 1977.

GCW Goldberg, Halina. *Music in Chopin's Warsaw*. New York, 2008.

GFF Grattan Flood, William. *John Field of Dublin: Inventor of the Nocturne*. Dublin, 1920.

GJK Gajewski, Ferdinand. "The Apotheosis of the Dąbrowski Mazurka"—Appendix I: Extract from the unpublished diary of Józef Krasiński (1838). *Studi Musicali*. Accademia nazionale di Santa Cecilia. Florence, 1990.

GMB *Giacomo Meyerbeer, Briefwechsel und Tagebücher*. Edited by Heinz and Gudrun Becker. Berlin, 1960–85.

GNCF Gajewski, Ferdinand. "New Chopiniana from the Papers of Carl Filtsch." *Studi Musicali* XI, 1982.

GNCK Gomulicki, J. W. (ed.). "Czarne Kwiaty" (Black Flowers), in *Pisma Wybrane*, Warsaw, 1968.

GNP Gottschalk, Louis Moreau. *Notes of a Pianist*. Edited with a Prelude, a Postlude, and Explanatory Notes by Jeanne Behrend. New York, 1964.

GSFC Ganche, Édouard. "Dans le souvenir de Frédéric Chopin." *Mercure de France*. Paris, 1925.

GVM Godeau, Marcel. *Le Voyage à Majorque de George Sand et Frédéric Chopin*. Paris, 1959.

HAC Hanslick, Eduard. *Aus dem Concertsaal. Kritiken und Schilderungen aus den letzten 20 Jahren des Wiener Musiklebens*. Vienna, 1870.

HBG Hedderwick, James. *Backward Glances, or Some Personal Recollections*. Edinburgh and London, 1891.

H-BZW Hugo-Bader, Kazimierz. *O dawnej i nowej Żelazowej Woli* (On the Old and the New Żelazowa Wola). Warsaw, 1937.

HC Hedley, Arthur. *Chopin*. London, 1947.

HCM Huneker, James. *Chopin: The Man and His Music*. London, 1910.

HCV Hugo, Victor. *Choses vues: souvenirs, journaux, cahiers, 1830–1885*. Texte présenté, établi et annoté par Hubert Juin. Paris, 2002.

HFC Hoesick, Ferdynand. *Chopiniana*. (Chopin's correspondence, etc.). Warsaw, 1912.

HFCZ Hoesick, Ferdynand. *Chopin: Życie i twórczość* (Chopin: His Life and Works). 4 vols. Kraków (reprint), 1962–68.

HHCP Hipkins, Edith J. *How Chopin Played. From Contemporary Impressions Collected from the Diaries and Notebooks of the Late A. J. Hipkins, F.S.A.* London, 1937.

HLL Hallé, Sir Charles. *Life and Letters*. London, 1896.

HMB Heine, Heinrich. *Musikalische Berichte aus Paris*. 1841. In *Sämtliche Werke*, vol. 9, edited by Fritz Strich. Munich, 1925.

HMBE Hiller, Ferdinand. *Felix Mendelssohn-Bartholdy: Briefe und Erinnerungen von Ferdinand Hiller*. Cologne, 1874.

HMS Hueffer, Francis. *Musical Studies*. Edinburgh, 1880.

HMVA Herz, Henri. *Mes voyages en Amérique*. Paris, 1866.

HRP Hube, Romuald. *Romualda Hubego Pisma* (The Writings of Romuald Hube), edited by Karol Dunin. Warsaw, 1906.

HSC Hoesick, Ferdynand. *Słowacki i Chopin. Z zagadnień twórczości* (Słowacki and Chopin: Some Problems Arising from Their Work). Warsaw, 1932.

HSCC Hedley, Arthur. *Selected Correspondence of Fryderyk Chopin*. Abridged and translated from Bronisław Sydow's three-volume collected edition. London, 1962.

HSLC Harasowski, Adam. *The Skein of Legends Around Chopin*. Glasgow, 1967.

HW-S Helman, Zofia, and Hanna Wróblewska-Straus. "The Date of Chopin's Arrival in Paris." *Musicology Today*, 95–103. Warsaw, 2007.

IC Iwaszkiewicz, Jarosław. *Chopin*. Warsaw, 1938.

JCSN Jorgensen, Cecilia and Jens. *Chopin and the Swedish Nightingale*. Brussels, 2003.

JJ Janin, Jules. 735 *Lettres à sa femme*. Textes décryptes, classés et annotés par Mergier-Bourdeix. 3 vols. Paris, 1973–79.

JN Jordan, Ruth. *Nocturne: A Life of Chopin*. London, 1978.

KCLB Karasowski, Moritz. *Friedrich Chopin. Sein Leben und seine Briefe*. 3rd ed. Dresden, 1881.

KCLS Kallberg, Jeffrey. "Chopin's Last Style." *Journal of the American Musicological Society* 38, no. 2, Summer 1985.

KCM Kallberg, Jeffrey. "Chopin's March, Chopin's Death." *19th-century Music* 25, no. 1.

KCOL Kobylańska, Krystyna. *Chopin in His Own Land: Documents and Souvenirs*. Collected and edited by K. Kobylańska. (Translated by Claire Grece-Dąbrowska and Mary Filippi. Editor, Janina Wierzbicka.) Kraków, 1956.

KFC *Korespondencja Fryderyka Chopina*. 2 vols. Edited by Bronisław Edward Sydow. Warsaw, 1955. Cited whenever Chopin's correspondence is written in Polish.

KGS Karénine, Wladimir (pseudonym of Mme V. D. Komarova). *George Sand, sa vie et ses œuvres*. 4 vols. Paris, 1899–1926.

KK Kolberg, Oskar. *Korespondencja* (Complete Works, vol. 62). Wrocław-Poznań-Kraków-Warsaw, 1965.

KSFC Karłowicz, Mieczysław. *Souvenirs inédits de Frédéric Chopin*. Translated from the Polish by Laure Disière. Paris, 1904.

LACK Leichtentritt, Hugo. *Analyse von Chopin'schen Klavierwerke*. 2 vols. Berlin, 1921–22.

LC Liszt, Franz. *F. Chopin*. Paris, 1852. Translated with an Introduction by Edward N. Waters. New York, 1963.

LCS Litzmann, Berthold. *Clara Schumann: Ein Künstlerleben*. 3 vols. Leipzig, 1902–1908.

LED *Lettres de Eugène Delacroix (1815–1863)*, recueillies et publiée par M. Philippe Burty. Paris, 1878.

LGSB Lubin, Georges. *George Sand en Berry*. Brussels, 1992.

LHT Long, Esmond R. *A History of the Therapy of Tuberculosis and the Case of Frédéric Chopin*. University of Kansas Press, Lawrence, 1956.

LL *Living with Liszt: The Diary of Carl Lachmund, an American Pupil of Liszt, 1882–1884*. Edited, annotated, and introduced by Alan Walker. Stuyvesant, N.Y., 1995.

LLB La Mara (ed.). *Franz Liszts Briefe*. 8 vols. Leipzig, 1893–1905.

LLF La Mara. *Liszt und die Frauen*. 2nd ed. Leipzig, 1919.

LM Lamond, Frederic. *The Memoirs of Frederic Lamond*. Glasgow, 1949.

LPZ Lenz, Wilhem von. *Die grossen Pianoforte-Virtuosen unserer Zeit*. Berlin, 1872.

LRC Leikin, Anatole. "Repeat with Caution: A Dilemma of the First Movement of Chopin's Sonata, Op. 35." *The Musical Quarterly* 85, no. 3, 568–82.

LSS Legouvé, Ernest. *Soixante ans de souvenirs*. 4 vols. Paris, 1887.

MAL Melagari, Dora. "Une Amie de Liszt, la Princesse de Sayn-Wittgenstein." *La Revue de Paris*, September 1, 1897.

MAML Moscheles, Ignaz. *Aus Moscheles' Leben, nach Briefen und Tagebüchern, herausgegeben von seiner Frau*. 2 vols. Leipzig, 1872–73.

MC Marek, George R., and Maria Gordon-Smith. *Chopin*. New York, 1978.

MCPW Mikuli, Carl. *Foreword to Frederick Chopin's Pianoforte Works*, edited by Mikuli. Leipzig, 1880.

MCW Mysłakowski, Piotr. *The Chopins' Warsaw*. Translated by John Comber. Warsaw, 2013.

MDD Musielak, Henri. "Dokumenty dotyczace spadku po Chopinie" (Documents Regarding Chopin's Estate). *Ruch Muzyczny*, nos. 14 (July 2), 15 (July 16), and 16 (July 30), Warsaw, 1978. This three-part article traces the disposition of Chopin's property after his death.

MDT Mysłakowski, Piotr, and Krzysztof Dorcz. *Tułacze serce Chopina* (Chopin's Wandering Heart). Warsaw, 2014. Unpublished manuscript in the Chopin National Institute, Warsaw.

MFC Mizwa, Stephen P. (ed.). *Frédéric Chopin, 1810–1849*. New York, 1949.

MFPC Mysłakowski, Piotr. "Finding the Place Where Chopin's Talent First Manifested Itself." *Journal of the International Federation of Chopin Societies*, no. 23, 19–26. Warsaw, 2013.

MI Chopin, Fryderyk. "Miscellania Inedita." Edited by Krystyna Kobylańska. *Ruch Muzyczny*, XL/4. Warsaw, 1996.

ML Maurois, André. *Lélia: The Life of George Sand*. Translated by Gerard Hopkins. New York, 1953.

MMML Mason, William. *Memories of a Musical Life*. New York, 1901.

MPC Marmontel, Antoine. *Les Pianistes célèbres. Silhouettes & Médaillons*. 2nd ed. Paris, 1887.

MRCG Madariaga, Isabel de. *Russia in the Age of Catherine the Great*. London, 1981.

MSFC Mysłakowski, Piotr, and Andrzej Sikorski. *Fryderyk Chopin: The Origins*. Translated by John Comber, with a Preface by Jim Samson. Warsaw, 2010.

MWRS *The Musical World of Robert Schumann: A Selection from Schumann's Own Writings*. Translated, edited, and annotated by Henry Pleasants. London, 1965.

MZM Mickiewicz, Adam Bernard. *Żywot Adama Mickiewicza* (The Life of Adam Mickiewicz). 3 vols. Poznań, 1894.

NAP Neuhaus, Heinrich. *The Art of Piano Playing*. Translated by K. A. Leibovitch. London, 1973.

NCGB Nowaczyk, Henryk F. *Chopin w podróży. Glosy do biografi*. Warsaw, 2013.

NCL Nowik, Wojciech. "The Chopin Letters to Delfina: Meanders of the Controversy Re-visited." Published in *Falsifications in Polish Collections and Abroad*, edited by Jerzy Miziołek in collaboration with Peter Martyn. Institute of Archaeology, Warsaw University, 2001.

NFC Niecks, Frederick. *Frederick Chopin as Man and Musician*. 3rd ed. 2 vols. London, 1902.
NZfM *Neue Zeitschrift für Musik*. Edited by Robert Schumann. Leipzig, 1834–44. Cited by issue.
OAAL Ollivier, Daniel (ed.). *Autour de Mme d'Agoult et de Liszt (Alfred de Vigny, Emile Ollivier, Princesse de Belgiojoso). Lettres publiées avec introduction et notes*. Paris, 1941.
OFCL Oliferko, Magdalena (ed.). *Fontana and Chopin in Letters*. Translated by John Comber. Warsaw, 2013.
ORFC Osborne, G. A. *Reminiscences of Frederick Chopin*, from the "Proceedings of the Musical Association," Sixth Session. London, April 5, 1880.
PDM Ponce, José de Vargas. *Descripción de la Isla de Mallorca*. Madrid, 1778.
PPS Przybyszewski, Stanisław. *No drogach duszy* (On the Paths of the Soul). Kraków, 1900.
P-SCB Pereświet-Soltan, Stanisław. *Listy Fryderyka Chopina do Jana Białoblockiego* (Letters of Fryderyk Chopin to Jan Białobłocki). Warsaw, 1926.
RGS Ramann, Lina (ed.). *Franz Liszt's Gesammelte Schriften*. 6 vols. Leipzig, 1880–83.
RGSF Rocheblave, Samuel. *George Sand et sa fille, d'après leur correspondance inédite*. Paris, 1905.
RLKM Ramann, Lina. *Franz Liszt als Künstler und Mensch*. 3 vols. Leipzig, 1880–94.
RMM Reid, Charles. *The Music Monster: A Biography of James William Davison, Music Critic of* The Times *of London, 1846–78*. London, 1984.
RRG Rosen, Charles. *The Romantic Generation*. Cambridge, 1995.
SAC Smoter, Jerzy Maria. *Album Chopina (L'Album de Chopin), 1829–1831*. Kraków, 1975.
SALA Stuart, Lord Dudley Coutts. *Address of the Literary Association of the Friends of Poland to the Poles*. London, 1850.
SBNF *Robert Schumann's Briefe. Neue Folge*. Herausgegeben von F. Gustav Jansen. Leipzig, 1904.
SCD Sellards, John. *Dans le sillage du romantisme: Charles Didier*. Paris, 1933.
SCP Szulc, Tad. *Chopin in Paris. The Life and Times of the Romantic Composer*. New York, 1998.
S-DMS Sand, Christiane and Delaigue-Moins. *Maurice Sand, fils de George*. Tours, 2010.
SDNL Saffle, Michael, and James Deaville (eds.). *New Light on Liszt and His Music: Essays in Honor of Alan Walker's 65th Birthday*. Stuyvesant, N.Y., 1997.
SHC Sielużycki, Czesław. *On the Health of Chopin: Truth, Suppositions, Legends*. Chopin Studies 6. Warsaw, 1999.
SHM Sand, George. *Un hiver à Majorque* (*A Winter in Majorca*). Translated and annotated by Robert Graves from the Paris edition of 1869. Majorca, 1956.
SHV Sand, George. *Histoire de ma vie*. Œuvres autobiographiques, 2 vols. Texte établi, présenté et annoté par Georges Lubin. Paris, 1971.
SJI Sand, George. *Journal intime*. Published posthumously by Aurore Sand. Paris, 1926.
SLV Sand, George. *Lettres d'un voyageur*. Paris, 1869.
SMC Samson, Jim. *The Music of Chopin*. London, 1985.

SPFS *Pamietniki Fryderyka hrabiego Skarbka* (The Memoirs of Count Fryderyk Skarbek). Edited by Piotr Mysłakowski. Warsaw, 2009.

SRCY Skrodzki, Eugeniusz (writing under the pseudonym "Wielisław"). "Kilka wspomnień o Szopenie z Mojej Mlodości" (Some Recollections of Chopin from My Youth), published in *Bluszcz* (Ivy), nos. 32–36, August–September, Warsaw, 1882.

SSCDP Smoter, Jerzy Maria. *Spór o 'listy' Chopina do Delfiny Potockiej* (Controversy over Chopin's "Letters" to Delfina Potocka). Kraków, 1976.

TCM Tovey, Donald Francis. *Essays in Musical Analysis: Chamber Music*. London, 1956.

TCSZ Tomaszewski, Mieczysław. *Frédéric Chopin und seine Zeit*. Translated from the Polish by Małgorzata Kozłowska. Laaber, Germany, 1999.

VCA Vier, Jacques. *La Comtesse d'Agoult et son temps, avec des documents inédits*, 6 vols. Paris, 1955–63.

VGS Vincent, Marie-Louise. *George Sand et le Berry*. Paris, 1919.

WCB Willis, Peter. *Chopin in Britain*. New York, 2017.

WCMM Weinstock, Herbert. *Chopin, the Man and His Music*. New York, 1965.

WFC Walker, Alan (ed.). *Frédéric Chopin: Profiles of the Man and the Musician*. New York, 1967.

WFL Walker, Alan. *Franz Liszt*. 3 vols. New York, 1983–96. Vol. 1: *The Virtuoso Years, 1811–1847*. Vol. 2: *The Weimar Years, 1848–1861*. Vol. 3: *The Final Years, 1861–1886*.

WLDC Wierzyński, Casimir. *The Life and Death of Chopin*. Translated by Norbert Guterman. New York, 1949.

W-SC Wróblewska-Straus, Hanna. "Listy Jane Wilhelmine Stirling do Ludwiki Jędrzejewiczowej" (Letters from Jane Stirling to Ludwika Jędrzejewicz). *Rocznik chopinowski* 12 (1980), 140.

WVB Weinstock, Herbert. *Vincenzo Bellini: His Life and His Operas*. New York, 1971.

WZW Wojtkiewicz, Mariola. *Żelazowa Wola: The History of Chopin's Birthplace*. Translated by John Comber. Warsaw, 2012.

ZCPR Zamoyski, Adam. *Chopin, Prince of the Romantics*. London, 2010.

ZFC Zieliński, Tadeusz A. *Frédéric Chopin*. Translated from the Polish by Marie Bouvard, Laurence Dyèvre, Blaise and Krystyna de Obaldia. Paris, 1995.

索　引

说明：加粗的页码指此中文版页码，其余页码为英文版页码，即本书页边码。

图书在版编目（CIP）数据

肖邦：生平与时代 / (英) 艾伦 · 沃克 (Alan Walker) 著；胡韵迪译. -- 北京：社会科学文献出版社, 2022.3

书名原文: Fryderyk Chopin: A Life and Times

ISBN 978-7-5201-9122-7

Ⅰ. ①肖… Ⅱ. ①艾… ②胡… Ⅲ. ①肖邦(Chopin, Fredreric Francois 1810-1849) - 生平事迹 Ⅳ. ①K835.135.76

中国版本图书馆CIP数据核字（2021）第200369号

肖邦：生平与时代

著 者 / [英] 艾伦 · 沃克（Alan Walker）
译 者 / 胡韵迪

出 版 人 / 王利民
组稿编辑 / 段其刚
责任编辑 / 周方茹
文稿编辑 / 许文文
责任印制 / 王京美

出 版 / 社会科学文献出版社 · 联合出版中心（010）59367151
地址：北京市北三环中路甲29号院华龙大厦 邮编：100029
网址：www.ssap.com.cn
发 行 / 社会科学文献出版社（010）59367028
印 装 / 北京盛通印刷股份有限公司

规 格 / 开 本：889mm×1194mm 1/32
印 张：25.875 字 数：647千字
版 次 / 2022年3月第1版 2022年3月第1次印刷
书 号 / ISBN 978-7-5201-9122-7
著作权合同登记号 / 图字01-2020-3324号
定 价 / 158.00元

读者服务电话：4008918866